최신판

CEO와 실무자를 위한

# 외국환거래 신고
# 검사 실무

신민호 · 이성준 · 마성태 공저    정일석 감수

**SAMIL** | 삼일인포마인

# 머리말

　우리나라는 1960년대 정부의 경제개발계획과 대기업이 주도하는 산업화가 이루어지면서 약 60년 동안 세계의 모든 나라들이 부러워 할 정도로 엄청난 경제성장을 이루었다. 단적으로 1980년 18억 7천만 달러(금 제외)에 불과했던 우리나라의 외환보유고는 2019년 1월 현재 4,055억 1천3백만 달러(금 제외)를 기록하여 1980년 기준으로 비교하여 보면 규모면에서 무려 약 217배나 성장하였다.

　외환보유고는 우리나라가 가지고 있는 외환채권의 총액으로 국가의 지급불능사태에 대비하고 외환시장 교란 시 환율 안정을 위해 중앙은행이 보유하고 있는 외환의 규모를 나타낸다. 2017년 말 외환보유고를 기준으로 하면 OECD 가입국에서는 일본(1조2,322억 4천4백만 달러), 스위스(7,676억 8천만 달러)에 이어 3위를 차지하여 미국(1,112억 5천2백만 달러)을 앞설 정도로 위상이 높아져 있다.

　그러나 이러한 압축성장의 이면에는 뼈를 깎는 고통도 있었다. 1996년 12월 OECD 가입 후 1997년에 들어서서 기업들이 연쇄적으로 도산하면서 외환보유액이 급감했고, 외환 위기 속에 우리나라는 외환보유액이 한때 39억 달러 수준까지 급격히 감소했지만, IMF에서 195억 달러의 구제금융을 받아 간신히 국가부도 사태를 면했던 뼈아픈 역사가 있는 것이다.

　부존자원은 없지만 우수한 인적자원을 보유하여 원자재부터 완제품에 이르기까지 수출과 수입을 하고, 세계를 돌아다니며 해외직접투자를 하고 공장을 짓고 제품을 생산하여 수출하여 먹고 사는 우리나라는 무역의존도는 물론 대외거래 의존도가 가장 높은 나라이다. 무역의존도나 대외거래 의존도가 높은 우리나라에서 외환의 중요성은 생명줄과 같은 것이다. 우리가 장래에 선진국의 반열에 진입하더라도 외환의 중요성은 약화되지 않을 것이기 때문에 잘못된 대외거래 및 외환 관리로 인해 외환보유고가 급감하여 국가부도사태에 직면했던 1997년의 외환위기를 절대로 잊어서는 안된다.

1960년대부터 1997년까지 우리나라의 경제성장을 뒷받침한 외환을 제도적으로 관리해온 것이 「외국환관리법」이었다. 1997년 외환위기를 겪으면서 IMF의 권고안을 수용하여 1998년 9월 「외국환거래법」을 제정하였고, 1999년 4월 1일자로 시행하면서 종전의 「외국환관리법」을 폐지하여 외환거래에 대한 사후보고 및 건전성 감독 위주의 사후관리에 중점을 둔 새로운 외국환관리체계를 구축하였고, 새로 제정된 「외국환거래법」이 1997년 외환위기 이후의 눈부신 경제성장을 이끌어 왔다.

현행 외국환거래법은 국내와 해외에 거주하는 국민들이나 국내에 거주하는 외국인들에게 정부 입장에서 반드시 관리가 필요한 외국환거래에 대하여 신고의무와 보고의무를 부여하고 있다. 외국환거래에 대한 국민들이나 외국인들이 신고기관인 외국환은행, 한국은행, 관세청(세관), 금융감독원에 제때 정확하게 신고하고 필요한 경우 사후보고하는 것이 정부의 외국환 수급에 대한 정확한 통계와 이를 바탕으로 실효성있는 정책을 마련하는 것을 가능하게 하여 경제를 발전시킬 수 있는 토대를 마련하는 것이다. 즉, 우리 국민들이 외국환거래 신고의무를 제때 정확하게 이행하는 것은 단순한 법이 정한 의무의 이행일 뿐만 아니라 국민으로서 우리나라 경제발전의 토대를 튼튼하게 하는 의미있는 행위인 것이다.

국민과 기업들이 외국환거래를 하면서 신고의무를 성실하게 이행하는 것은 정부가 외국환 수급 및 국제수지에 대하여 정확한 관리가 가능하고, 이를 바탕으로 실효성 있는 경제정책을 마련하도록 하여 제2의 외환위기가 재발하는 것을 방지하는 첩경일 뿐만 아니라 우리나라가 선진국의 반열에 진입하는 필수적인 요건의 하나라고 생각한다. IMF 권고안에 따라 신고의무만 이행하면 자유롭게 외국환거래를 할 수 있는 제도를 갖추고 있는 것이 현행 외국환거래법이다. 대외거래 의존도가 높은 취약한 경제구조를 가진 우리나라의 특수한 사정에서 현행 외국환거래법에 의한 외국환거래의 관리는 신고의무를 기초로 하는 필요 최소한의 관리이기 때문에 국민이나 기업들이 앞장서서 신고의무를 이행하여야 한다. 우리가 우리나라의 특수한 사정을 고려하지 않고 외환 자유화라는 미명하에 신고에 의한 최소 수준의 외국환거래에 대한 관리마저 포기한다면 이는 우리나라의 미래에 대한 관리를 포기하는 것과 같다.

특히 외국환거래를 하는 기업이 신고의무를 불성실하게 이행하는 경우 실무자를 처벌하는 경향이 있는 다른 법률에 따른 의무 위반과 달리 외국환거래법에 따른 의무 위반의 경우에는 외국환거래 행위를 한 기업의 대표자를 책임자로 처벌하는 경향이 있으므로 CEO와 실무자는 각별히 주의하여야 한다. 실무자가 외국환거래 신고실무를 게을리 하면 본인보다 기업의 CEO가 처벌될 가능성이 더 많으므로 주의하여야 하며, CEO도 다른 일은 실무자에게 전권을 맡기더라도 외국환거래 신고실무만큼은 CEO 자신이 직접 책임을 지게되므로 자신의 일은 자신이 직접 챙겨서 신고의무 이행 여부를 확인할 필요가 있는 것이다.

외국환거래법은 너무 복잡하여 이해하기 어렵다는 것이 일반인들의 보편적인 생각이었다. 법령을 위주로 의무의 내용을 나열하는 것이 그간 외국환거래법 서적의 기본적인 틀이었다. 본서는 국민과 기업 CEO와 실무자가 외국환거래 신고실무를 쉽게 이해하여 신고할 수 있고, 관세청의 외환검사 실무를 쉽게 이해하여 대응할 수 있도록 하는 데에 초점을 맞추었다. 따라서 본서의 제명은 「외국환거래 신고·검사 실무」로 하되, 그 내용은 국민과 기업들이 신고의무를 부담하는 경상거래와 자본거래, 가상화폐에 대한 신고실무와 외환검사 실무 그리고 외국환거래법 위반에 대한 벌칙만을 그 내용으로 포함하였다. 외국환거래법의 외국환업무취급기관과 환전영업자와 외국환중개회사 부분은 일반 국민과 기업들의 신고의무와는 거리가 있어 법령 및 규칙과 함께 추후에 별권으로 발간하기로 하였다. 본서에서는 외국환거래 신고실무 및 외환검사 실무에서 접할 수 있는 가능한 모든 신고서식을 포함하려 하였고, 그에 대한 기재 요령을 상세히 기술하여 일반 국민이나 기업의 실무자도 쉽게 신고서식을 작성할 수 있도록 하였다. 또한 각 장이나 절의 말미에는 필자들이 실무를 처리한 외국환거래법 위반 조사사례를 추가하였고, 실무 사례와 한국은행 등 정부의 유권해석 사례를 추가하고, 외국환거래법 위반에 대한 대법원 판례들을 수록하였다.

뿐만 아니라 제4장 가상화폐 거래에 대한 신고실무에서는 최초로 가상화폐 거래 중 비거주자의 해외에서의 가상화폐 거래를 제외한 거주자의 가상화폐 대외거래와 비거주자의 가상화폐 국내거래, 거주자와 비거주자 간의 가상화폐 거래가 외국환거래법에 따른 신고의무를 부담한다는 것을 밝혔고, 가상화폐 거래에 대한 가상화폐 거래자들이 성실한 외국환 신고의무를 이행하는 것이 가상화폐를 외국환거래법상 지급수단으로 인정받을 수 있는 시기를 앞당길 수 있다는 점을 밝혔다. 아울러 외국환거래 전문가의 입장에 국민과 기업들의 경상거래는 물론 자본거래에 대한 미신고 확인시 사후신고가 중요하다는 점을 강조하였고, 특히 가상화폐 거래에 대한 외국환 신고를 미이행한 것으로 확인하는 경우 반드시 사후신고를 통하여 외국환거래법 위반 형사리스크를 제거할 것을 제안하였다.

제5장 외환검사 실무에서는 관세청이 서울본부세관 직제를 개편하면서 조사2국을 신설하여 불법외환거래 검사 및 조사업무를 전담하도록 조사관 및 검사관들을 2019년 1월부터 기업에 대한 외환검사가 본격적으로 시작된다는 점을 밝히면서 외환검사에 대응하는 가장 합리적인 준비는 외환검사 health check(사전점검)이며, 외환검사 health check(사전점검)을 통해서 외환거래 형사리스크를 제거할 것을 제안하였다.

본서의 출판을 계기로 국민과 기업들이 외국환거래 신고의무의 중요성을 깨닫고 외국환거래에 대하여 신고의무를 성실하게 이행하는 건전한 풍토와 문화가 조성되기를 기대해 본다. 마지막으로 출판을 결정해주신 삼일인포마인의 송상근 대표와 조원오 상무에게 감사드리고, 바쁜 일정임에도 편집에 최선을 다해 주신 임연혁 과장에게도 감사드린다. 물심양면으로 본서의 출간을 뒷받침해준 아내와 가족들에게 고마운 마음을 전한다.

2019년 2월 17일
논현동 구산빌딩에서
共著者  申旼昊・李盛俊・馬成泰

# 추천사

관세청은 1996년 수출입신고 수리제도를 도입하면서 수입물품에 대한 관세 등 부과고지 체제에서 신고납부 체제로 전환한 이래 기업이 스스로 납부한 관세 등에 대한 사후심사, 즉 사후 기업(법인)심사를 정기적으로 실시하였다. 지난 20여 년간의 정기 기업(법인)심사 결과 이뤄지는 세관의 부족세액 추징(과세처분)과 그에 대한 기업의 불복절차를 통하여 관세심사 행정이 매우 정교하고 치밀해졌을 뿐만 아니라 납세자인 기업의 성실신고 수준도 크게 향상되었다.

우리와 같이 무역의존도나 대외거래의존도가 높은 나라는 외환관리의 중요성이 상대적으로 매우 높다. 외국환거래법은 외환수급, 국제수지 등에 대한 정확한 통계를 바탕으로 실효성 있는 경제정책을 수립하기 위하여 국민과 기업들에게 외국환거래에 따른 신고의무를 부여하고, 세관, 금융감독원, 한국은행에 외환검사권을 부여하여 국민과 기업의 신고의무 이행을 점검하도록 하고 있다.

그러나 최근까지 외국환거래법에 외환검사에 대한 규정만 있을 뿐 여러 가지 이유로 세관 등에 의한 본격적인 외환검사는 이루어지지 않고, 다만 세관 등이 단편적으로 외국환거래법 위반행위를 단속해 왔다. 이에 따라 국민과 기업의 외국환거래 신고의무에 대한 인식의 수준은 우리나라의 높은 외환보유고(2019년 기준 4,055억 1천3백만 달러, 금 제외)에 비하여는 상당히 낮은 편이다.

관세청은 최근 급격히 증가하고 있는 무역금융범죄, 재산국외도피 등 우리사회의 정의를 해치는 반사회적 행위를 적극적으로 단속하고 수출입기업과 환전영업자의 외환거래를 모니터링하기 위하여 2018년 9월 관세청 서울본부세관에 외환조사 및 외환검사를 전담하는 조사2국을 신설하였다. 동 조사2국에는 불법 외환거래 단속, 즉 외환조사를 전담하는 4개과(외환조사과, 외환조사 1~3관)와 외환거래 모니터링 및 외환검사를 전담하는 외환검사과가 있으며, 62명의 외환조사관과 외환검사관으로 구성된다. 관세청은 2019년부터 수출입기업에 대한 외환검사도 정기적으로 실시할 계획이다.

수출입기업의 외국환거래 업무는 대부분 자금부서에서 집행하지만 기업의 CEO가 최종적으로 승인하기 때문에 외국환거래 신고의무 위반에 대해서는 CEO가 형사책임을 지는 경우가 대부분이다. 기업경영에 전념해야 할 CEO의 입장에서는 신고의무 위반에 대한 형사책임은 엄청난 심리적 압박이 아닐 수 없다. 기업에 대한 외환검사는 관세심사와 달리 형사처벌 위험을 수반하기 때문에 기업의 CEO는 세관의 외환검사에 대하여 각별한 주의를 기울여야 한다.

이런 중차대한 시기에 CEO와 실무자를 위한 「외국환거래 신고·검사 실무」를 출간하게 된 것은 대단히 고무적인 일이다.

공저자인 신민호 박사는 전 직장인 법무법인 율촌 등에서 15년 동안 파트너 관세사로 근무하면서 외국환거래법위반 및 특정경제범죄가중처벌법 제4조(재산국외도피) 위반사건을 가장 많이 처리한 전문가로서 탁월한 해결능력을 인정받고 있다. 공저자인 이성준 고문은 관세청, 서울세관 등에서 30년간 외환수사관으로서 잔뼈가 굵은 외환거래 조사전문가로 뛰어난 수사능력과 핵심사실 파악능력을 인정받아 왔다. 또한 공저자인 마성태 부회장은 관세청과 기획재정부 세제실 등에서 19년 동안 수출입통관실무, 관세법령 및 관세정책 입안 업무를 담당하다가 법무법인 율촌 관세팀 제1호 전문가로 영입되어 활동하였고, 2009년부터는 관세법인 HnR에서 활동하고 있으며 외국환거래법령에 대한 해석과 신고실무에 뛰어난 전문가로 평가받고 있다.

3인 공저자의 CEO와 실무자를 위한 「외국환거래 신고·검사 실무」가 국민은 물론 기업의 CEO 및 실무자들이 널리 애독하는 서적이 되어 외국환거래 신고수준과 외환검사에 대응하는 기업의 수준을 한 단계 업그레이드하는 계기를 만들어 낼 것으로 믿어 의심하지 않는다.

특히, 기업 CEO 및 실무자들이 외환거래 신고 및 검사절차를 이해하는 데에 큰 도움이 될 것이므로 일독하기를 권하며, 외환 미신고나 사후신고 또는 외환검사에 대한 의문이 있는 경우 외국환거래 신고·검사 실무 전문가인 3인의 공저자들의 조력을 받아 위험을 제거하고 글로벌 기업경영에 전념할 수 있기를 바란다.

2019년 2월
감수인, 전 서울본부세관장 정일석

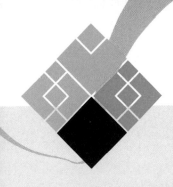

# 일러두기

외국환거래법 제2조 제3항 제3호: 법 2-3-3으로 표기

외국환거래법 시행령 제2조 제3항 제3호: 영 2-3-3으로 표기

외국환거래규정 제2조 제3항 제3호: 정 2-3-3으로 표기

외국환거래의 검사업무 운영에 관한 훈령 제2조 제3항 제3호: 검훈 2-3-3으로 표기

질서위반행위규제법 제2조 제3항 제3호: 질서법 2-3-3으로 표기

질서위반행위규제법 시행령 제2조 제3항 제3호: 질서영 2-3-3으로 표기

# 차 례

# 차 례

제 **1** 장

# 외국환거래법의 개관

수출입거래 또는 무역거래를 규율하는 대외무역법, 무역거래, 용역거래와 자본거래 등에 따른 외국환거래를 규율하는 외국환거래법, 국제 무역거래에 따라 수입되는 물품에 대한 관세의 부과·징수 및 수출입물품의 통관을 규율하는 관세법을 일컬어 무역 3법이라 한다.

대한민국 국민들이 무역거래, 용역거래와 자본거래 등에 따라 외국환거래를 하는 경우 정부는 외국환거래를 적정하게 하고, 외국환거래 기타 대외거래의 자유를 보장하고 시장기능을 활성화하여 대외거래의 원활화 및 국제수지의 균형과 통화가치의 안정을 도모하기 위하여 외국환거래의 전체 또는 일부에 대하여 규제할 수 있다. 외국환거래법은 우리나라 국민의 외국환거래를 관리하는 기본법이다.

##  외국환관리 제도의 변천

### (1) 외국환관리의 기초 마련기(1945년~1961년)

외국환관리제도는 해방 후인 1946년 1월 미 군정법령 제39호 「대외무역규칙」이 제정된 후 부족한 외국환을 효율적으로 사용하기 위해 외환지급을 중점적으로 관리하는 방식으로 운영되었다.

### (2) 외국환관리법 시기(1962년~1997년)

1960년대에 들어서면서 경제개발 5개년 계획을 추진함과 동시에 수출증대 노력을 통한 외국환의 획득과 사용을 관리하는 체제를 도입하여 1961년 12월 31일 「외국환관리법」을 제정하였다. 당시 우리나라는 만성적인 외국환의 부족을 겪고 있었다. 제정 「외국환관리법」은 외환의 지급을 관리하면서 원칙적으로 규제하고 예외적으로 허용하는 방식(Positive System)을 적용하였다. 정부는 「외국환관리법」을 통해 개인과 기업의 외국환 사용을 억제하는 한편 부족한 외국환을 효율적으로 배분하고 관리하여 경제성장과 국제수지 안정에 기여하였다.

점차 경제가 성장하면서 1976년 하반기부터는 중동지역에서 해외건설공사 수주가 급증하였고, 세계 경기의 회복에 따른 수출 증가에 힘입어 국제수지가 급격히 개선되었다. 우리나라 국세 수시의 개선과 세세적인 무역자유화 추세에 맞추어 규제 일변도였던 수입에 대한 자유화 조치를 단계적으로 시행하는 한편 해외 여행객 증가 추세에 맞추어 해외여행경비 한도를 늘리는 등 외환관리를 다소 완화하였다.

1980년대에 들어서서 우리나라의 경제가 지속적으로 성장하면서 수출입규모가 확대됨에 따라 교역국들로부터 시장개방 압력이 높아졌다. 이러한 추세에 대응하기 위하여 1988년 11월 8일에는 IMF 8조국[1]으로 이행하면서 외환자유화 조치를 시행하였다.

1992년 9월에는 무역거래와 용역거래를 포함하는 경상거래에 대한 외국환관리를 종전의 '원칙규제·예외허용 체계(Positive System)'에서 '원칙자유·예외규제 체계(Negative System)'로 개편하였다.

우리나라 정부는 1993년 8월 모든 금융거래를 금융거래 당사자 실제 본인의 이름으로 하도록 하는 금융실명제를 도입하였고, 1996년 12월에는 경제협력개발기구(OECD; Organization for Economic Cooperation and Development)에 가입하였으나, 1997년 말 외환위기를 맞으면서 외국환거래의 자유화는 급속도로 진전이 이루어지게 되었다.

## (3) 외국환거래법 시기(1998년~현재)

1997년 말 외환위기를 맞게 되면서 우리나라 정부는 국제금융기구(IMF; International Monetary Fund)의 권고안을 수용하여 외국환거래제도를 전면적으로 개편하였다. 우리나라 정부는 외환거래에 대한 사후보고 및 건전성 감독 위주의 사후관리에 중점을 둔 새로운 외국환관리체계를 구축하기 위해 1998년 9월 「외국환거래법」을 제정하여, 1999년 4월 1일자로 시행하면서 종전의 외국환관리법을 폐지하였다.

구 외국환관리법은 대외거래의 조정 및 관리를 목적으로 하였는데, 새로이 제정된 외

---

1) IMF 8조의 의무를 이행하기로 수락한 IMF 가맹국을 가리킨다. 우리나라는 1988년 11월에 8조국으로 이행되었다. IMF 8조는 모두 5개항으로 되어있다. 1항과 5항은 선언적 조항으로 1항에 IMF 회원국은 원칙적으로 모두 8조의 규정을 준수해야 함을 규정하고 있고, 5항은 IMF 업무집행에 관한 자국의 제반 경제자료를 제출해야 함을 규정하고 있다. 2항에서는 상품과 운송, 여행, 보험 등의 서비스무역에 따른 외환지급은 정부 간섭 없이 자유롭게 이루어져야 함을 규정하고 있으며, 3항에서는 다른 나라와 특정통화를 우대하는 차별적인 통화협정을 맺거나 외환거래 종류에 따라 서로 다른 환율적용을 금지하고 있고, 4항에서는 자국통화를 보유한 다른 회원국이 경상지급을 위해 자국통화를 매입해주도록 요청하는 경우 이를 매입할 것을 규정하고 있다.[매일경제 용어사전 참조]

국환거래법은 대외거래의 자유를 보장하고 시장기능을 활성화하여 대외거래의 원활화, 국제수지의 균형 및 통화가치의 안정을 통하여 국민경제의 발전에 기여함을 목적으로 하고 있다.

1999년 4월 새로이 제정된 외국환거래법을 시행하면서 제1단계 외국환거래 자유화 조치를 시행하였다. 제1단계 외국환거래 자유화 조치는 기업 및 금융기관의 대외영업활동과 관련된 대부분의 외국환거래를 자유화하고, 자본거래에 대한 규제를 '원칙규제·예외허용 체계(Positive System)'에서 '원칙 자유·예외규제 체계(Negative System)'로 개편하는 것을 주된 골자로 한다.

2001년 1월에 시행된 제2단계 외국환거래 자유화 조치에서는 제1단계 자유화 조치에서 유보되었던 여행경비, 해외이주비 및 해외예금 등의 한도를 폐지하는 등 개인의 외환거래를 자유화하였다.

2002년 7월에는 개인의 증여성 송금을 자유화하는 등 외환거래상의 절차적 규제 등을 완화하고, 2006년에는 외국환거래법 제정시 마련된 자본거래 허가제에 대한 일몰 기한이 도래함에 따라 자본거래에 대한 정부의 허가사항을 신고사항으로 전환하는 등 지속적으로 외환자유화를 추진해오고 있다.

## 2 외국환거래법의 개정 연혁

### (1) 외국환거래법 제정(1998.9.16. 폐지제정, 1999.4.1. 시행 법률 제5550호)

우리 경제에 필요한 외자를 원활히 유치할 수 있도록 외국인의 국내투자환경을 개선하고 금융기관과 기업의 국내외 외환거래를 단계적으로 전면 자유화함으로써 국가경쟁력을 강화하는 한편, 이에 따른 부작용을 최소화하기 위하여 외자를 취급하는 금융기관에 대한 건전성 감독을 강화하고, 평상시 외자유출입 상황의 지속적인 동향 점검과 국내외 경제상황의 급격한 변동시에 효과적으로 대처할 수 있는 각종 안전장치를 강화하기위해 종전의 외국환관리법을 폐지하고 외국환거래법을 제정하였다. 구체적인 개정 내용은 아래와 같다.

가. 법의 제명을 "외국환거래법"으로 하고, 종전의 외국환관리법은 이 법 시행 (1999.4.1.)과 동시에 이를 폐시함(법 제명 및 부칙 제3조).

나. 종전의 외국환관리법은 외국환거래 기타 대외거래의 합리적인 조정 또는 관리를 입법목적으로 하였으나, 이 법은 대외거래의 자유보장을 입법목적으로 하여 대외거래에 대한 제한은 필요한 최소한의 범위 안에서 행하여지도록 함(법 제1조 및 제4조 제1항).

다. 유사시에 외국환거래에 대한 긴급 안전조치를 발동할 수 있는 요건을 국제규범에 맞게 조정하고, 외환위기시 외국으로부터 유입된 단기외화자금의 일부를 한국은행 등에 강제예치시키는 가변예치의무제도를 실시할 수 있도록 함(법 제6조).

라. 외국환업무를 취급할 수 있는 기관을 모든 금융기관으로 확대하고 그 절차도 인가제에서 등록제로 전환하여 각 금융기관의 고유업무에 수반되는 업무는 앞으로 모든 금융기관이 취급할 수 있도록 함(법 제8조 제1항 및 제2항).

마. 환전상에 대한 인가제를 등록제로 전환하여 일정한 시설만 갖추면 누구나 환전업무를 자유로이 영위할 수 있도록 함(법 제8조 제3항).

바. 종전에는 대외지급에 대하여 신고제와 허가제를 병용하였으나, 앞으로는 신고제는 폐지하고 허가제도 제한적으로만 운영하도록 하여 국민과 기업의 외국환거래의 편의를 제고하고 은행의 업무부담을 경감하도록 함(법 제15조).

사. 상계 등 일부 외국환결제방법에 대한 허가제를 전면 폐지하여 자유화하되, 대외거래의 통계작성을 위하여 신고의무만을 부과하도록 함(법 제16조).

아. 종전에는 자본거래에 대하여 허가제와 신고제를 병용하면서 허가제를 폭넓게 적용하였으나, 앞으로는 허가제의 경우 그 대상을 최소한으로 축소하여 자본거래를 대폭 자율화하되, 이러한 예외적인 일부 제한도 한시적으로 2000년 말까지만 그 효력을 가지도록 함(법 제18조 및 부칙 제2조).

자. 외국환거래 자유화에 따라 기업의 외국환거래자료를 신용정보로 제공할 수 있는 근거를 마련하고 보고의 효율화를 촉진하기 위하여 전자문서에 의한 업무처리의 근거를 마련함(법 제21조 및 제24조).

차. 외국환거래자료를 중계·집중·교환하는 기관을 지정하여 운영할 수 있는 근거를

마련함(법 제25조 제2항).

카. 행정처분 위반시 벌칙을 부과할 수 있도록 하여 행정처분의 실효성을 제고하고, 경미한 위반사항에 대하여는 과태료를 부과하도록 함(법 제27조 내지 제32조).

우리 경제에 필요한 외자를 원활히 유치할 수 있도록 외국인의 국내투자환경을 개선하고 금융기관과 기업의 국내외 외환거래를 단계적으로 전면 자유화함으로써 국가경쟁력을 강화하는 한편, 이에 따른 부작용을 최소화하기 위하여 외자를 취급하는 금융기관에 대한 건전성 감독을 강화하고, 평상시 외자유출입 상황의 지속적인 동향점검과 국내외 경제상황의 급격한 변동 시에 효과적으로 대처할 수 있는 각종 안전장치를 강화하는 내용의 외국환거래법을 제정하였다.

## (2) 외국환거래법 개정(2000.10.23. 일부개정, 2001.1.1. 시행 법률 제6277호)

당초 정부는 국가경쟁력을 강화하고 국민경제생활의 편의를 제고하기 위하여 2001년 1월 1일부터 외환거래의 전면자유화를 시행하기로 하였다. 그러나 당시 국내외 시장여건의 변화와 국제금융질서개편을 위한 새로운 논의가 국제적으로 진행되고 있는 점을 감안하여 자본거래허가제의 적용시한을 5년간 연장하는 등 외환자유화의 일정을 일부 조정함으로써 우리 경제여건에 맞게 단계적으로 외환자유화를 추진하기 위하여 개정하였다.

## (3) 외국환거래법 개정(2005.12.14. 일부개정, 2005.12.14. 시행 법률 제7716호)

외국환거래법의 실효성을 확보하기 위하여 필요한 경우 다른 법률의 규정에 불구하고 재정경제부장관이 외국환의 매매에 관한 사항, 자본거래에 관한 사항 등을 통보하는 대상기관에 종전의 국세청장 및 관세청장 외에 금융감독원장을 추가함으로써 불법외환거래 단속업무를 보다 효율적으로 추진하기 위하여 개정하였다.

## (4) 외국환거래법 개정(2007.1.26. 일부개정, 2007.1.26. 시행 법률 제8266호)

외국환업무취급기관 등은 그 업무를 영위하기 위하여 충분한 자본·시설 및 전문인력을 갖추어 미리 재정경제부장관에게 등록하거나 인가를 받아야 하고 외국환업무취급기관 등이 관련 법령에 위반한 때에 재정경제부장관은 등록 또는 인가의 취소 등을 할 수 있도록 하고 있는바, 등록 또는 인가의 취소 등의 사유를 구체화하여 법률에 규정하는 한편, 외국환거래의 당사자가 관련 법령을 위반하여 거래한 경우 1년 이내의 범위 안에서 관련 외국환거래 또는 지급 등의 정지 또는 제한이나 허가의 취소 등을 할 수 있도록 하고 있는바, 그 구체적인 처분의 기준을 법률에 규정하기 위하여 개정하였다.

## (5) 외국환거래법 개정(2009.1.30. 일부개정, 2009.2.4. 시행 법률 제9351호)

외환시장 상황에 따라 외국환평형기금의 원화채권과 외화채권 발행을 신축적으로 조정할 수 있게 하여 외환시장 안정 기능을 강화하고, 이 법 위반자에 대한 거래정지 처분 및 형벌 사유를 축소하며, 과태료·과징금의 금전형 제재를 도입하여 제재의 실효성을 도모하는 한편, 법 문장을 원칙적으로 한글로 적고, 어려운 용어를 쉬운 용어로 바꾸며, 길고 복잡한 문장은 체계 등을 정비하여 간결하게 하는 등 국민이 법 문장을 이해하기 쉽게 정비하고, 그 밖에 현행 제도의 운영상 나타난 일부 미비점을 개선·보완하기 위해 개정하였다.

주요 개정 내용은 아래와 같다.

가. 「외국환거래법」과 「자본시장과 금융투자업에 관한 법률」 간의 정합성 제고(법 제3조 제1항 제7호·제9호 및 제9조 제6항)

　1) 「자본시장과 금융투자업에 관한 법률」이 제정됨에 따라 「외국환거래법」상의 용어 및 외국환중개회사의 법률 적용 여부 등과 관련하여 두 법의 정합성을 제고할 필요가 있음.

　2) 「자본시장과 금융투자업에 관한 법률」의 "증권", "파생상품" 개념을 「외국환거래법」에서 수용하여 용어의 개념 을 일치시키고, 현재 「외국환거래법」 적용대상인 외국환중개회사에 대하여 「자본시장과 금융투자업에 관한 법률」의 적용을 배제하되 투자자 보호에 관한 조항은 준용하도록 함.

　3) 두 법의 용어의 개념을 일치시키고, 외국환중개회사에 대한 법률 적용 여부를 명확히 함으로써 외환 정책의 집행이 원활해 질 것으로 기대됨.

나. 외국환업무취급기관 등에 대한 과징금 조항 신설(법 제12조의2 신설)

　1) 외국환업무취급기관 등이 불법적인 영업을 하여 부당한 이익을 취득한 경우 이를 환수할 수 있는 제재수단이 필요함.

2) 외국환업무취급기관 등이 등록·인가 없이 영업하거나 외국환업무 범위를 위반하여 영업한 경우 위법행위로 취득한 이익을 박탈하는 과징금 조항을 신설함.

3) 위법행위로 인한 이익에 대한 과징금을 부과함으로써 실효적인 제재가 가능해짐.

다. 외국환평형기금의 원화채권과 외화채권 발행에 신축성 부여(법 제13조 제10항)

1) 외환시장의 변동에 효율적으로 대응하기 위해서는 외국환평형기금의 원화재원과 외화재원 조성을 신축적으로 운용할 필요가 있음.

2) 외국환평형기금의 재원 조성을 위해 채권을 발행할 경우 외환시장 상황에 따라 원화채권과 외화채권을 탄력적으로 발행할 수 있도록 외화국채 발행의 경우 국회의 별도 의결을 받도록 한 「국채법」 제4조에 대한 예외조항을 신설하고, 외화채권 발행 규모가 당초 기금운용계획 대비 20% 이상 변경된 경우 변경명세서를 국회 소관 상임위에 제출하도록 하여 국회가 이를 점검할 수 있도록 함.

3) 외환시장의 상황에 따라 효율적으로 재원을 운영할 수 있으므로 정부의 외환시장 안정 기능이 강화될 것으로 기대됨.

라. 「외국환거래법」 위반사범에 대한 거래정지 처분 사유의 축소(법 제19조 제2항)

1) 현재 「외국환거래법」 위반사범에 대해 일률적으로 거래정지 처분을 부과하고 있는 바, 거래정지 처분은 외환거래가 적은 개인에게는 실익이 적은 한편, 기업에게는 영업상 타격 등으로 제재가 과도한 측면이 있음.

2) 거래정지 처분 사유를 최근 2년 이내에 2회 이상 신고 등의 의무를 위반한 경우로 한정함.

3) 거래정지 처분 사유를 축소하여 기업 등의 영업상 불편을 최소화하는 한편 실효적 제재가 될 것으로 기대됨.

마. 신고의무 위반에 대한 형벌을 일부 과태료로 전환(법 제29조 제1항 제6호·제9호 및 제32조 제1항)

1) 현재 외환거래를 할 때 신고 위반을 하는 경우 형벌로 처벌하고 있으나, 「외국환거래법」상 신고 절차는 거래의 절차적 측면을 규율한 것으로 단순 과실, 통상적인 소액거래의 경우 형벌로 처벌하는 것은 처벌이 과도한 측면이 있음.

2) 지급방법·자본거래 신고 위반의 경우 5천만원 이하의 과태료를 부과하되, 위반금액이 큰 경우 및 최근 2년 내 「외국환거래법」 위반으로 처분을 받은 자가 다

시 위반행위를 한 경우에는 형벌을 부과하도록 함.

3) 경미한 신고의무 위반에 대한 형벌을 일부 과태료로 전환함으로써 제재의 실효
성을 높일 것으로 기대됨.

바. 양벌규정(법 제31조)

현행 양벌규정은 문언상 영업주가 종업원 등에 대한 관리·감독상 주의의무를 다
하였는지 여부에 관계없이 영업주를 처벌하도록 하고 있어 책임주의 원칙에 위배
될 소지가 있으므로, 영업주가 종업원 등에 대한 관리·감독상 주의의무를 다한 경
우에는 처벌을 면하게 함으로써 양벌규정에도 책임주의 원칙이 관철되도록 하려는
것임.

## (6) 외국환거래법 개정(2011.4.30. 일부개정, 2011.8.1. 시행 법률 제10618호)

외화자금의 급격한 유출입에 따른 금융시장의 불안을 최소화하고 국민경제의 건전한
발전을 위하여 대통령령으로 정하는 금융회사 등에 외환건전성부담금을 부과·징수하
고, 징수한 외환건전성부담금은 외국환평형기금의 재원으로 하되, 외국환평형기금의 다
른 재원과 구분하여 관리하도록 하는 등 외환건전성부담금의 부과·징수 및 관리 등에
관한 사항을 정하기 위해 개정하였다.

## (7) 외국환거래법 개정(2016.3.2. 일부개정, 2016.6.3. 시행 법률 제14047호)

현행 「외국환거래법」에서는 지급수단 또는 증권을 수출 또는 수입하려는 거주자나 비
거주자로 하여금 그 지급수단 또는 증권을 수출 또는 수입할 때 신고하도록 의무를 부여
하면서, 이를 위반한 경우에는 1년 이하의 징역 또는 1억원 이하의 벌금에 처하도록 하
고 있다.

그러나 매년 해외여행객이 늘어나면서 불법 외화휴대반출입으로 적발되는 출입국여
행자가 지속적으로 증가하고 있고, 대다수의 외환 미신고사범은 외환규정을 잘 알지 못
해 발생하고 있어 범법자가 양산되고 있는 문제점이 있다.

이에 지급수단 또는 증권의 수출입에 대한 신고의무 위반 행위 중 위반 금액이 미화
2만달러 이상의 범위에서 대통령령으로 정하는 금액 이하인 경우에 대해서는 형벌을 과
태료로 대체하기 위하여 개정하였다.

## (8) 외국환거래법 개정(2017.1.17. 일부개정, 2017.7.18. 시행 법률 제14525호)

대한민국과 외국 간의 지급 및 수령 등의 일부 외국환업무를 영위할 수 있는 자의 범위를 확대하여 변화하는 금융 수요에 탄력적으로 대응할 수 있도록 하고, 전문외국환업무취급업자의 파산, 지급불이행 등이 발생할 가능성이 있으므로 기획재정부장관이 보증금 예탁, 보험 또는 공제 가입 등의 조치를 할 수 있도록 근거 규정을 신설하며, 이러한 조치에 따르지 않거나 파산 등의 사유가 발생하는 경우 업무 정지 등을 할 수 있도록 근거를 마련하기 위하여 개정하였다.

## 3 외국환거래법의 구성 및 특징

## (1) 구성

외국환거래법은 외국환거래에 관련되는 법률로서 추상적이고 원칙적인 규정만을 두고 있다. 구체적인 사항은 하위 규정인 외국환거래법 시행령 및 외국환거래규정에서 정하고 있다. 외국환거래규정은 기획재정부 고시로서 상위 법령에서 구체적으로 범위를 정하여 위임받은 사항에 대하여 규정하고 있는 경우에는 법령의 내용을 보충하는 행정규칙의 성격을 가진 것으로 인정되어 법규적 효력이 있다.

우리나라의 외국환거래에 대한 정부의 관리는 실제로 외국환거래법이나 외국환거래법 시행령 보다는 외국환거래규정을 통해 이루어지고 있다. 외국환거래 제도는 국제수지나 외환시장의 사정 등을 감안하여 탄력적인 운영이 필요한데 이를 위해서는 법률 및 시행령 개정을 하는 것보다는 기획재정부 고시인 외국환거래규정을 개정하는 것이 효율적이기 때문이다.

## (2) 외국환거래법의 특징

### 1) 외국환거래의 기준

외국환거래법은 외환거래의 기준이 되는 사항을 정한 법률이다.

## 2) 완전포괄주의(Negative List System)

외국환거래법은 완전포괄주의(Negative List System)를 채택함으로써 대외거래에 수반하는 외국환거래의 지급과 수령을 원칙적으로 자유화하였다. 법령과 규정에 제한 사항이 없는 거래는 자유롭게 할 수 있도록 하였다.

## 3) 권한의 위임주의

외국환거래법의 주무관청인 기획재정부장관은 외국환거래법에서 규정한 권한의 일부를 대통령령이 정하는 바에 의하여 한국은행총재, 금융감독원장, 금융위원회, 외국환은행의 장, 관세청장, 기타 대통령령이 정하는 자에게 위임 또는 위탁할 수 있도록 규정하고 있다.

## 4) 속인 및 속지주의 병행

외국환거래법은 속인주의와 속지주의를 병행하고 있다. 즉, 우리나라에 주된 사무소를 가지고 있는 법인 또는 자연인의 대리인 등이 외국에서 행하는 재산 또는 업무에 관한 행위에도 외국환거래법을 적용함으로써 대한민국의 국민이 해외에서 한 행위에 대하여도 법률을 적용하는 속인주의를 채택하고 있다. 다른 한편으로는 대한민국 내에서 거주자와 비거주자 상호 간의 채권 채무관계가 발생하는 경우에도 외국환거래법을 적용함으로써 우리나라의 영역 내에서 발생한 행위에 대하여 법률을 적용하는 속지주의를 병행하고 있다.

## 5) 국제주의

우리나라는 1988년 11월부터 IMF 8조의 의무를 이행하기로 수락한 IMF 가맹국이다. 외국환거래법은 IMF 8조 가맹국으로서 상품 무역과 운송, 여행, 보험 등의 서비스 무역에 따른 외환지급은 정부 간섭 없이 자유롭게 이루어지는 것을 보장하며, 다른 나라와 특정통화를 우대하는 차별적인 통화협정을 맺거나 외환거래 종류에 따라 서로 다른 환율적용을 금지하며, 자국통화를 보유한 다른 회원국이 경상지급을 위해 자국통화를 매입해주도록 요청하는 경우 이를 매입함으로써 자유화, 개방화의 세계적인 흐름에 부응하여 외국환거래의 국제성을 인정하고 있다.

외국환거래법은 우리나라에 주된 사무소를 가지고 있는 법인 또는 자연인, 그의 대리인 등이 외국에서 행하는 재산 또는 업무에 관한 행위에도 외국환거래법을 적용함으로써 대한민국의 국민이 해외에서 한 행위에 대하여도 법률을 적용하는 속인주의를 채택하고 있다. 다른 한편으로는 대한민국 내에서 거주자와 비거주자 상호 간의 채권 채무관계가 발생하는 경우에도 외국환거래법을 적용함으로써 우리나라의 영역 내에서 발생한 행위에 대하여 법률을 적용하는 속지주의를 병행하고 있다. 또한 대한민국의 이익과 관련되는 외환거래에 대해 외국환거래법을 적용하는 보호주의를 채택하고 있다.

외국환거래법 제2조 및 제3조에서는 인적 적용대상인 거주자와 비거주자, 적용대상 행위인 외국환거래행위와 물적 적용대상인 외국환, 내국지급수단, 귀금속으로 구분하고 있다. 외국환거래법의 적용대상에 대하여 구체적으로 살펴보자.

## (1) 인적 적용대상

외국환거래법의 인적 적용대상은 거주자와 비거주자이다. 외국환거래법에서 거주자와 비거주자는 가장 중요한 개념 중의 하나이다. 외국환거래법은 거주자와 비거주자를 기준으로 의무를 부과하고 있다. 거주자로서 외국환거래법에 따른 의무를 부담하는데, 만약 거주자가 아닌 비거주자로 판정되는 경우 외국환거래법에 따른 의무를 부담하지 않게 되기 때문에 거주자와 비거주자의 개념을 정확하게 이해해야 한다. 세법상에도 거주자와 비거주자 개념이 있지만 외국환거래법상 거주자와 비거주자 개념과는 다르다.

외국환거래법의 거주자와 비거주자를 구분하는 거주성은 대한민국 국적을 따르는 것은 아니다. 거주성은 대한민국 내에 일정기간을 거주하고 있거나 거주할 의사를 가지고 있고, 경제적으로 대한민국에 밀착되어 있는지를 기준으로 한다. 즉 대한민국 내에 이익의 중심이 있는가 외국에 이익의 중심이 있는지를 기준으로 거주성을 판단한다.

거주자와 비거주자의 구분에 대하여는 제1장 6. 거주자와 비거주자에서 별도로 상세히 살펴보기로 한다.

## (2) 적용대상 행위

외국환거래법이 적용되는 행위는 다음과 같다.

### 1) 대한민국 내에서 행하는 외국환거래 행위 등

대한민국 내에서 거주자와 거주자 간, 거주자와 비거주자 간, 비거주자와 비거주자 간에 이루어지는 외국환, 외국환거래 행위 및 그 밖에 이와 관련되는 행위에 대하여는 외국환거래법이 적용된다. 여기서 그 밖에 이와 관련되는 행위란 거래·지급 또는 수령과 직접 관련하여 행하여지는 지급수단·귀금속·증권 등의 취득·보유·송금·추심·수출·수입 등을 말한다.

### 2) 대한민국과 외국 간의 거래 행위 등

대한민국과 외국 간에 거주자 간, 비거주자 간, 거주자와 비거주자 간 이루어지는 거래 또는 지급·수령 그 밖에 이와 관련되는 행위(외국에서 하는 행위로서 대한민국에서 그 효과가 발생하는 것을 포함)에 대하여는 외국환거래법이 적용된다. 여기서 그 밖에 이와 관련되는 행위란 거래·지급 또는 수령과 직접 관련하여 행하여지는 지급수단·귀금속·증권 등의 취득·보유·송금·추심·수출·수입 등을 말한다.

### 3) 비거주자의 원화거래

외국에 주소 또는 거소를 둔 개인과 외국에 주된 사무소를 둔 법인이 하는 거래로서 대한민국 통화로 표시되거나 지급받을 수 있는 거래와 그 밖에 이와 관련되는 행위에는 외국환거래법이 적용된다. 여기서 그 밖에 이와 관련되는 행위란 거래·지급 또는 수령과 직접 관련하여 행하여지는 지급수단·귀금속·증권 등의 취득·보유·송금·추심·수출·수입 등을 말한다.

### 4) 거주자의 외국에서의 거래행위

대한민국에 주소 또는 거소를 둔 개인 또는 그 대리인, 사용인, 그 밖의 종업원과 대한민국에 주된 사무소를 둔 법인의 대표자, 대리인, 사용인, 그 밖의 종업원이 외국에서 그 개인과 법인의 재산 또는 업무에 관하여 한 행위에는 외국환거래법이 적용된다.

## (3) 물적 적용대상

외국환거래법 적용 대상은 내국통화와 외국통화, 외국환, 지급수단 및 귀금속이다.

### 1) 내국통화와 외국통화

"내국통화"란 대한민국의 법정통화인 원화(貨)를 말한다. "외국통화"란 내국통화 외의 통화를 말한다.

### 2) 외국환

여기서 외국환은 "대외지급수단, 외화증권, 외화파생상품 및 외화채권"을 말한다. 대외지급수단이란 "외국통화, 외국통화로 표시된 지급수단, 그 밖에 표시통화에 관계없이 외국에서 사용될 수 있는 지급수단"을 말한다. "외화채권"이란 외국통화로 표시된 채권 또는 외국에서 지급받을 수 있는 채권을 말한다.

### 3) 지급수단

지급수단이란 정부지폐·은행권·주화·수표·우편환·신용장, 대통령령으로 정하는 환어음, 약속어음, 그 밖의 지급지시, 증표, 플라스틱카드 또는 그 밖의 물건에 전자 또는 자기적 방법으로 재산적 가치가 입력되어 불특정 다수인 간에 지급을 위하여 통화를 갈음하여 사용할 수 있는 것으로서 대통령령으로 정하는 것을 말한다.

#### ① 내국지급수단

"내국지급수단"이란 대외지급수단 외의 지급수단을 말한다.

#### ② 대외지급수단

대외지급수단이란 "외국통화, 외국통화로 표시된 지급수단, 그 밖에 표시통화에 관계없이 외국에서 사용될 수 있는 지급수단"을 말한다.

### 4) 귀금속

"귀금속"이란 금, 금합금의 지금(地金), 유통되지 아니하는 금화, 그 밖에 금을 주재료로 하는 제품 및 가공품을 말한다. 귀금속은 각국의 중앙은행이 보유하는 대외지급 준비금이다.

외국환거래 등에 대하여는 원칙적으로 외국환거래법이 기본 법률로 적용된다. 외국환거래를 수반하는 특정한 거래에 대하여 다른 법률에 별도의 규정이 있는 경우에는 다른 법률이 특별법으로서 외국환거래법에 우선하여 적용된다. 가령 남북교류협력에 관한 법률, 공공차관의 도입 및 관리에 관한 법률, 외국인투자촉진법 등에서 다른 법률에서 외국환거래를 수반하는 거래에 대한 특별한 규정을 두고 있는 경우에는 당해 법률이 특별법으로서 외국환거래법보다 우선하여 적용된다. 다만 다른 법률에서 외국환거래가 수반되는 거래에 대하여 별도의 규정이 없는 등 외국환거래법을 적용하는 것을 배제할 특별한 사유가 없는 경우에는 외국환거래법이 적용된다. 이외에도 외국환거래법은 자금세탁방지를 위한 법률이나 특정경제범죄 가중처벌 등에 관한 법률과도 관련이 있다.

## (1) 외국환거래법과 관세법의 관계

　관세법은 수입물품에 대한 관세의 부과·징수 및 수출입 물품의 통관을 적정하게 하고 관세수입을 확보함으로써 국민경제의 발전에 이바지함을 목적으로 하는 관세 및 통관에 관한 기본법률이다.

　외국환거래법의 적용 대상인 지급수단 등을 수출입하는 경우에는 외국환거래법이 관세법의 특별법으로서 관세법에 우선하여 외국환거래법이 적용된다.

> ★
> 외국환거래법 제17조 (지급수단 등의 수출입 신고) 기획재정부장관은 이 법의 실효성을 확보하기 위하여 필요하다고 인정되어 대통령령으로 정하는 경우에는 지급수단 또는 증권을 수출 또는 수입하려는 거주자나 비거주자로 하여금 그 지급수단 또는 증권을 수출 또는 수입할 때 대통령령으로 정하는 바에 따라 신고하게 할 수 있다.[전문개정 2009.1.30.]

　관세법 제241조 제1항, 제2항은 물품을 수출입하고자 하는 때에는 세관장에게 신고하도록 규정하면서, 위 규정에 위반하여 신고를 하지 아니하고 물품을 수출입한 자를 제269조 제2항, 제3항 무신고 수출입죄에 의하여 처벌하도록 규정하고 있다. 그러나

2009.1.30. 개정 전 구 외국환거래법 제17조는 지급수단·귀금속 또는 증권을 수출입하고자 하는 때에는 대통령령이 정하는 바에 따라 허가를 받거나 신고하게 할 수 있도록 규정하고 있었는데, 이에 따라 귀금속 대규모 밀수범을 관세법이 아닌 특별법의 성격을 가진 외국환거래법 위반으로 처벌하였다(대법원 2005.12.23. 선고 2005도6484 판결 등 다수 참조). 이와 같은 처벌은 현금화가 아주 용이한 귀금속을 외국환의 범주에 포함시킴에 따라 중대 범죄에 적용하는 특정범죄가중처벌법을 귀금속 대규모 밀수범들에게는 적용하지 못하게 됨으로써 법 적용의 형평성이 맞지 않게 되는 문제점이 있어 외국환거래법 제17조 수출입대상 지급수단 등에서 귀금속을 삭제함으로써 귀금속 밀수범은 관세범으로 처벌이 가능하게 되었으며, 이러한 외국환거래법 개정으로 인해 귀금속 대규모 밀수범들에게도 특정범죄가중처벌법을 적용할 수 있게 된 것이다.

2009.1.30. 개정(2009.2.4. 시행)되기 전 구 외국환거래법 제17조는 지급수단 또는 증권과 함께 귀금속을 수출 또는 수입할 때 외국환거래법에 따라 신고하도록 규정함으로써 귀금속을 수출입할 때에는 외국환거래법이 적용되었다. 그러나 2009.1.30. 외국환거래법 개정으로 외국환거래법 제17조에서 귀금속이 삭제됨에 따라 2009.2.4 이후부터는 귀금속도 일반물품과 함께 그 수출입에 대하여는 외국환거래법이 아니라 관세법이 적용되는 것이다.

2009년 외국환거래법 개정 전 대법원 판례에서는 아래와 같이 판시하였다.

"관세법에서 무신고 수출입 행위를 처벌하는 주된 입법 목적은 수출입 물품에 대한 적정한 통관절차의 이행을 확보하는 데에 있는 것이고, 관세수입의 확보는 그 부수적인 목적에 불과하다고 할 것이며(대법원 1976.6.22. 선고 75도2718 판결, 1983.3.22. 선고 80도1591 판결 등 참조), 한편 2009.1.30. 개정 전 구 외국환거래법에서 허가 또는 신고 없이 귀금속 등을 수출입하는 행위를 처벌하는 것도 귀금속 등에 대한 적정한 통관절차의 이행을 확보함으로써 이를 통하여 국제수지의 균형과 통화가치의 안정을 도모하고자 함에 그 주된 입법목적이 있다고 할 것이어서, 결국 그 입법목적은 동일하다고 볼 수 있다.

나아가, 위 각 처벌규정은 그 대상물이 서로 다르고 관할 관청 및 규제 형식을 달리한 결과 일부 절차적인 차이는 있지만 통관에 필요한 절차를 거치지 않은 수출입 행위를 그 처벌대상으로 삼고 있다는 점에서는 실질적으로 그 구성요건이 동일하다고 할 것이어서, 구성요건적인 측면에서 보더라도 본질적인 차이가 있다고 보기는 어렵다.

따라서 관세법상의 무신고 수출입죄와 외국환거래법상의 무허가·신고 수출입죄의 입법 목적, 그 대상 물품과 구성요건, 그 수출입 및 통관 절차에 관한 규정 등을 비교·종합하여 보면, 2009.1.30. 외국환거래법 개정 전까지는 귀금속 등의 수출입 및 통관에 관한 한 외국환기래법은 관세법의 특별법으로 보아야 할 것이므로, 통관에 필요한 질차를 거치지 않고 귀금속 등을 수출입한 행위에 대해서는 외국환거래법상 무허가·신고 수출입죄에 의하여 처벌할 수 있을 뿐, 관세법이나 그 가중처벌 규정인 특정범죄 가중처벌 등에 관한 법률 위반(관세)죄를 적용하여 처벌할 수는 없는 것이다(대법원 1984.7.24. 선고 84도832 판결, 1991.3.22. 선고 90도1492 판결, 1996.12.23. 선고 96도2354 판결, 2005.11.18. 선고 2005도5582 판결 등 참조)". 그러나 앞서 밝힌 바와 같이 2009년 외국환거래법이 개정되면서 제17조에서 귀금속이 삭제되어 개정된 외국환거래법 규정이 적용되는 2009.2.4.부터는 귀금속도 일반 물품과 함께 그 수출입에 대하여는 외국환거래법이 아니라 관세법의 적용을 받고 있는 것이다.

 참고판례

1-1. 귀금속의 무신고수출입행위의 처벌법규
   (대법원 2005.12.23. 선고 2005도6484 판결[관세법 위반 등])[2]

[판시사항]

통관에 필요한 절차를 거치지 않고 귀금속 등을 수출입한 행위의 처벌법규

[판결요지]

관세법상의 무신고 수출입죄와 외국환거래법상의 무허가·신고 수출입죄의 입법목적, 그 대상 물품과 구성요건, 그 수출입 및 통관 절차에 관한 규정 등을 비교·종합하여 보면, 귀금속 등의 수출입 및 통관에 관한 한 외국환거래법은 관세법의 특별법으로 보아야 할 것이므로, 통관에 필요한 절차를 거치지 않고 귀금속 등을 수출입한 행위에 대해서는 외국환거래법상 무허가·신고 수출입죄에 의하여 처벌할 수 있을 뿐, 관세법이나 그 가중처벌 규정인 특정범죄 가중처벌 등에 관한 법률 위반(관세)죄를 적용하여 처벌할 수는 없다.

[원심판결] 서울고법 2005.8.11. 선고 2005노1043 판결

[주 문]

원심판결 중 피고인들에 대한 부분을 파기하고, 이 부분 사건을 서울고등법원에 환송한다.

---

2) 2009.1.30. 외국환거래법 제17조의 개정(2009.2.4. 시행) 이후부터는 귀금속의 수출입에 대하여는 관세법을 적용한다.

## [이 유]

1. 원심은, 이 사건 주위적 공소사실에 관하여 그 판시와 같은 사정들을 근거로 하여 ① 금괴 밀수입에 대하여 적용되는 외국환거래법 벌칙 조항과 관세법 벌칙 조항이 보호법익을 달리하고 있다는 점, ② 외국환거래법의 구성요건적 평가가 밀수입죄라는 관세법 위반의 구성요건적 평가를 완전히 포함한다고 볼 수 없는 점, ③ 1996.12.30. 법률 제5194호로 관세법이 개정된 이후 금괴 밀수입에 대하여 관세포탈의 관세법 벌칙 조항을 적용할 수 없게 되었다는 점 등을 감안하여 보면, 외관상 금괴 밀수입 행위에 대하여 구성요건을 충족하는 외국환거래법 위반죄와 관세법 위반죄는 실질적으로도 그 두 죄의 구성요건을 모두 충족하는 경우에 해당하지, 1개의 죄만이 성립하는 법조경합의 한 형태인 특별관계가 성립한다고 볼 수 없다는 이유로, 위 두 죄 사이의 관계를 특별관계로 보아 금괴 밀수입 행위에 대하여는 외국환거래법의 벌칙 조항만이 적용된다고 하여 이 사건 주위적 공소사실을 무죄로 인정한 제1심판결을 파기하고, 이에 대하여 유죄로 인정하였다.

2. 그러나 원심의 위와 같은 판단은 다음과 같은 이유로 수긍하기 어렵다.

관세법 제241조 제1항, 제2항은 물품을 수출입하고자 하는 때에는 세관장에게 신고하도록 규정하면서, 위 규정에 위반하여 신고를 하지 아니하고 물품을 수출입한 자를 제269조 제2항, 제3항에 의하여 처벌하도록 규정하고 있고, 한편, 외국환거래법 제17조는 지급수단·귀금속 또는 증권(이하 '귀금속 등'이라 한다)을 수출입하고자 하는 때에는 대통령령이 정하는 바에 따라 허가를 받거나 신고하게 할 수 있도록 규정하고 있으며, 제23조와 같은 법 시행령 제29조, 제35조 및 외국환거래규정 제6-1조 내지 제6-4조는 귀금속 등의 수출입 허가 또는 신고에 관한 권한을 한국은행총재 또는 관세청장에게 위임하면서 수출입 허가 또는 신고가 필요한 범위와 그 절차는 물론, 귀금속 등의 통관시 세관장의 수출입 절차 이행 여부 확인에 관한 규정까지 마련하고 있고, 위 규정에 따른 허가나 신고 없이 귀금속 등을 수출입한 자를 제27조 제1항 제9호 또는 제28조 제1항 제3호에 의하여 처벌하도록 규정하고 있다.

그런데 관세법에서 무신고 수출입 행위를 처벌하는 주된 입법 목적은 수출입 물품에 대한 적정한 통관절차의 이행을 확보하는 데에 있는 것이고, 관세수입의 확보는 그 부수적인 목적에 불과하다고 할 것이며(대법원 1976.6.22. 선고 75도2718 판결, 1983.3.22. 선고 80도1591 판결 등 참조), 한편 외국환거래법에서 허가 또는 신고 없이 귀금속 등을 수출입하는 행위를 처벌하는 것도 귀금속 등에 대한 적정한 통관절차의 이행을 확보함으로써 이를 통하여 국제수지의 균형과 통화가치의 안정을 도모하고자 함에 그 주된 입법목적이 있다고 할 것이어서, 결국 그 입법목적은 동일하다고 볼 수 있다.

나아가, 위 각 처벌규정은 그 대상물이 서로 다르고 관할 관청 및 규제 형식을 달리한 결과 일부 절차적인 차이는 있지만 통관에 필요한 절차를 거치지 않은 수출입 행위를 그 처벌대상으로 삼고 있다는 점에서는 실질적으로 그 구성요건이 동일하다고 할 것이어서, 구성요건적인 측면에서 보더라도 본질적인 차이가 있다고 보기는 어렵다.

따라서 관세법상의 무신고 수출입죄와 외국환거래법상의 무허가·신고 수출입죄의 입법목적, 그 대상 물품과 구성요건, 그 수출입 및 통관 절차에 관한 규정 등을 비교·종합하여 보면, 귀금속 등의 수출입 및 통관에 관한 한 외국환거래법은 관세법의 특별법으로 보아야 할 것이므로, 통관에 필요한 절차를 거치지 않고 귀금속 등을 수출입한 행위에 대해서는 외국환거래법상 무허가·신고 수출입죄에 의하여 처벌할 수 있을 뿐, 관세법이나 그 가중처벌 규정인 특정범죄 가중처벌 등에 관한 법률 위반(관세)죄를 적용하여 처벌할 수는 없다고 할 것이다(대법원 1984.7.24. 선고 84도832 판결, 1991.3.22. 선고 90도1492 판결, 1996.12.23. 선고 96도2354 판결, 2005.11.18. 선고 2005도5582 판결 등 참조).

그럼에도 불구하고, 피고인들의 판시 금괴 밀수입행위에 대하여, 관세법과 그 가중처벌 규정인 특정범죄 가중처벌 등에 관한 법률 위반(관세)죄가 적용될 수 있음을 전제로 하여 주위적 공소사실을 유죄로 인정한 원심판결은 외국환거래법과 관세법 및 특정범죄 가중처벌 등에 관한 법률 위반(관세)죄의 해석·적용에 관한 법리를 오해한 위법이 있고 이는 판결에 영향을 미쳤음이 명백하므로 파기를 면할 수 없다.

3. 그러므로 원심판결 중 피고인들에 대한 부분을 파기하고, 이 부분 사건을 다시 심리·판단하게 하기 위하여, 원심법원에 환송하기로 하여 관여 대법관의 일치된 의견으로 주문과 같이 판결한다.

대법관　양승태(재판장) 강신욱(주심) 고현철 김지형

## 1-2. 귀금속의 밀수행위에 적용할 법률

(대법원 1984.7.24. 선고 84도832 판결[외환관리법 위반 등])[3]

### [판시사항]

가. 관세포탈의 실행의 착수시기

나. 금 기타 귀금속 밀수행위에 적용할 법률( = 외국환관리법)

---

3) 2009.1.30. 외국환거래법 제17조의 개정(2009.2.4. 시행) 이후부터는 귀금속의 수출입에 대하여는 관세법을 적용한다.

## [판결요지]

가. 관세를 포탈할 범의를 가지고 선박을 이용하여 물품을 영해 내에 반입한 때에는 관세 포탈죄의 실행의 착수가 있었다고 할 것이고, 선박에 적재한 화물을 양육하는 행위 또는 그에 밀접한 행위가 있음을 요하지 아니한다고 할 것이다.

나. 금 기타 귀금속을 밀수입하는 소위는 특별법인 외국환관리법령에 의하여 처단하여야 하고 관세법 제137조, 제181조는 그 적용이 없다고 할 것이다.

**[원심판결]** 대구고등법원 1984.3.23. 선고 83노69 판결

## [주 문]

원심판결을 파기하고, 사건을 대구고등법원에 환송한다.

## [이 유]

생략

3. 다음 직권으로 살펴건대, 피고인 1에 대한 원심판결 및 원심이 유지한 피고인 2에 대한 제1심판결은 피고인들이 금괴를 밀수입하려다 미수에 그친 각 소위가 특정범죄가중처벌등에관한법률 제6조 제6항, 제4항 제2호, 관세법 제182조 제2항, 제181조 본문전단의 무면허수입미수의 죄와 관세법 제182조 제2항, 제180조 제1항 전단의 관세포탈미수의 죄 및 방위세법 제13조 제1항, 관세법 제182조 제2항, 제180조 제1항 전단의 방위세포탈미수의 죄에 각 해당하고 위 각 죄는 서로 상상적 경합범의 관계에 있는 것이라고 판단한 다음 (피고인 1에 대하여는 그밖에 제1심판시 제12의 소의가 형법 제37조 전단의 경합범관계에 있음을 인정하였다)형이 무거운 특정범죄가중처벌등에관한법률 제6조 제6항, 제4항 제2호, 관세법 제182조 제2항, 제181조 본문전단의 무면허수입미수의 죄에 정한 형으로 각 처단하고 있다.

그러나 **외국환관리법 제27조, 제4조 제6호, 같은법시행령 제34조에 의하면 재무부장관의 정하는 바에 의하여 허가를 받은 자는 금 기타의 귀금속을 수출 또는 수입할 수 있도록 규정하고 있고 이에 위반하여 수출입하는 자에 대하여는 같은법 제35조로 벌칙을 규정하고 있으므로 금 기타의 귀금속을 밀수입하는 소위는 특별법인 외국환관리법령에 의하여 처단하여야 하고 관세법 제137조, 제181조는 그 적용이 없다고 할 것인바**(당원 1976.6.22 선고 76도582 판결, 1978.6.27 선고 78도925 판결 등 참조), 이 사건 금괴를 밀수입하려다 미수에 그친 그 소위에 대하여 무면허수입미수의 죄에 해당한다고 보아 특정범죄가중처벌등에관한법률 제6조 제6항, 제4항 제2호, 관세법 제182조 제2항,

제181조 본문전단을 각 적용한 원심판결은 위 외국환관리법 위반죄와 무면허수입죄와의 관계를 오해한 것이라 할 것이고 위와 같은 위법은 판결결과에 영향을 미쳤음이 분명하므로 원심판결은 이점에서 파기를 면할 수 없다 할 것이다.

그러므로 피고인 2의 양형부당에 대한 상고이유와 그 변호인의 무면허수입죄에 있어서의 착수시기에 관한 법리오해에 대한 상고이유를 판단할 것 없이 피고인들에 대한 원심판결을 파기하고 사건을 원심인 대구고등법원에 환송하기로 하여 관여법관의 일치된 의견으로 주문과 같이 판결한다.

대법관   오성환(재판장) 정태균 윤일영 김덕주

### 1-3. 금화의 무허가수입행위에 적용할 법률

(대법원 1991.3.22. 선고 90도1492 판결[외국환관리법 위반 등])[4]

**[판시사항]**

금화수입행위가 관세법에 위반됨을 전제로 하여 특정범죄가중처벌등에관한법률 제6조 제4항을 적용할 수 있는지 여부(소극)

**[판결요지]**

금화를 수입한 행위에 대하여는 특별법인 외국환관리법에 의하여 처벌하여야 하고, 관세법 제137조, 제181조는 적용될 수 없는 법리이므로 관세법에 위반됨을 전제로 하여 특정범죄가중처벌등에관한법률 제6조 제4항을 적용할 수 없다.

**[원심판결]** 서울고등법원 1990.4.27. 선고 89도3887 판결

**[주 문]**

상고를 기각한다.

**[이 유]**

상고이유를 본다.

외국환관리법 제27조, 제4조, 같은법 시행령 제34조에 의하면, 국내 거주자 또는 비거주자는 위 법 및 그 시행령에 의해 재무부장관이 정하는 바에 따라 허가, 인가, 승인 또는 신고 등의 절차를 거쳐 위 법의 규제대상인 지급수단 및 귀금속 등을 수출 또는 수입할

---

4) 2009.1.30. 외국환거래법 제17조의 개정(2009.2.4. 시행) 이후부터는 귀금속의 수출입에 대하여는 관세법을 적용한다.

수 있고 이에 위반한 자에 대하여는 같은법 제35조로 벌칙을 규정하고 있으므로 금화를 수입한 행위에 대하여는 특별법인 외국환관리법에 의하여 처벌하여야 하고, 관세법 제137조, 제181조는 적용될 수 없는 법리이니 관세법에 위반됨을 전제로 하여 특정범죄가중처벌등에관한법률 제6조 제4항을 적용할 수 없다함이 당원의 견해인 바(당원 1978.6.27. 선고 78도925 판결, 1984.7.24. 선고 84도832 판결 참조), 원심이 같은 취지에서 피고인들에 대한 이 사건 공소사실은 범죄로 되지 아니한다 하여 무죄를 선고한 조치는 정당하고, 거기에 소론과 같은 법리오해의 위법이 있다 할 수 없다. 논지는 이유없다.

그러므로 상고를 기각하기로 하여 관여 법관의 일치된 의견으로 주문과 같이 판결한다.

대법관    배석(재판장) 박우동 김상원 윤영철

### 1-4. 금귀금속 밀수입행위에 대한 처벌법규
(대법원 1996.12.23. 선고 96도2354 판결[외국환관리법 위반 등])[5]

[판시사항]

[1] 통신제한조치허가서를 받아 감청한 통신 내용이 갖는 증거능력의 범위

[2] 금화를 판매하는 행위가 부가가치세 부과대상인지 여부(적극)

[3] 무면허 수입된 금화를 판매하면서 사위 기타 부정한 행위로써 조세를 포탈한 경우, 조세포탈죄로 처벌할 수 있는지 여부(적극)

[4] 금·귀금속을 수입한 행위가 관세법에 위반됨을 전제로 하여 특정범죄가중처벌등에 관한법률 제6조 제4항으로 처단할 수 있는지 여부(소극)

[판결요지]

[1] 통신비밀보호법 제9조의 규정에 의한 통신제한조치의 집행으로 인하여 취득된 전기통신의 내용은 같은 법 제12조 제1호 소정의 범죄나 이와 관련되는 범죄를 수사소추하기 위하여 사용할 수 있다.

[2] 재산적 가치가 있는 유체물로서 거래되는 금화가 부가가치세법 제1조 제2항, 같은법시행령 제1조 제1항에 소정의 재화에 해당됨은 명백하므로, 금화의 판매는 재화의 공급으로 과세대상에 해당된다.

[3] 무면허 수입된 금화라고 하더라도 이를 판매하면서 사위 기타 부정한 행위로써 조세를 포탈한 경우에는 조세포탈죄로 의율할 수 있고, 그 경우 무면허수입된 금화가 외국

---

5) 2009.1.30. 외국환거래법 제17조의 개정(2009.2.4. 시행) 이후부터는 귀금속의 수출입에 대하여는 관세법을 적용한다.

환관리법 위반으로 몰수추징의 대상이 될 수 있다고 하여 이를 달리 볼 것은 아니다.

[4] 금 기타 귀금속을 수입한 행위에 대하여는 특별법인 외국환관리법에 의하여 처벌하여야 하고 관세법 제137조, 제181조는 적용될 수 없는 법리이므로, 관세법에 위반됨을 전제로 하여 특정범죄가중처벌등에관한법률 제6조 제4항을 적용할 수 없다.

**[원심판결]** 서울고법 1996.8.20. 선고 95노3295 판결

## [주 문]

피고인 1, 2에 대한 원심판결 중 유죄 부분 및 제1심판결을 각 파기한다. 피고인 1을 징역 5년 및 벌금 11,915,000,000원에, 피고인 2를 징역 2년 6월 및 벌금 3,809,000,000원에 각 처한다. 위 피고인들이 위 각 벌금을 납입하지 아니하는 경우 각 금 13,000,000원을 1일로 환산한 기간(다만 단수금액은 이를 1일로 한다) 위 피고인들을 노역장에 유치한다. 위 피고인들에 대하여 제1심판결 전 구금일수 중 170일씩을 위 각 징역형에 산입한다. 압수된 금괴 1kg짜리 120개(서울지방검찰청 1995압제2607호의 증 제1호), 장갑 1켤레(같은 증 제6호), 용접용 헬멧 3개(같은 증 제7호), 은파내는 국자 2개(같은 증 제8호), 쇠막대기 1개(같은 증 제9호), 소형집게 1개(같은 증 제10호), 띠형 절단기 1개(같은 증 제11호)를 피고인 1로부터 몰수한다. 위 피고인들로부터 각자 금 15,864,439,500원을, 피고인 1로부터 금 76,463,937,900원을 각 추징한다. 위 피고인들에 대하여 위 벌금에 상당한 금액의 가납을 명한다. 검사의 피고인들에 대한 상고와 피고인 3, 4, 5, 6, 7, 8의 각 상고를 모두 기각한다. 피고인 3에 대한 상고 후 구금일수 중 120일을 징역형에 산입한다.

## [이 유]

생략

나. 법리오해의 점에 관하여

재산적 가치가 있는 유체물로서 거래되는 금화가 부가가치세법 제1조 제2항, 같은법시행령 제1조 제1항에 소정의 재화에 해당됨은 명백하므로 금화의 판매는 재화의 공급으로 과세대상에 해당된다고 할 것이다. 같은 취지에서 원심이, 수입금화에 대한 판매 부가가치세의 탈세 부분만이 기소된 이 부분 공소사실에 대하여 피고인 1에게 유죄를 선고한 조치는 정당하고, 거기에 소론이 지적하는 바와 같은 법리오해의 위법이 없다.

논지는, 금화를 위법하게 수입한 행위에 대하여는 조세범처벌법에 의하여 처벌할 수는 없고 특별법인 외국환관리법에 의하여 처벌하여야 할 뿐만 아니라 외국환관리법 위반의 범죄행위가 기수가 되어 몰수·추징의 대상이 된 이후의 금화판매 행위는 따로 범죄가 구성될 수 없고, 가사 이를 조세범처벌법 위반으로 처벌할 수 있다고 하더라도 위 판매 부가가치의 세액에서 수입 부가가치세에 해당하는 세액을 공제하여야 한다는 것이나, 무면허 수입된 금화라고 하더라도 이를 판매하면서 사위 기타 부정한 행위로써 조세를 포탈한 경우에는 조세포탈죄로 의율할 수 있는 것이고(대법원 1983.10.11. 선고 83도1942 판결 참조), 그 경우에도 무면허 수입된 금화가 외국환관리법 위반으로 몰수·추징의 대상이 될 수 있다고 하여 이를 달리 볼 것은 아니며(이 사건도 무면허 수입죄로 기소된 것이 아니라 조세포탈죄로 기소되었다), 면세되는 재화를 공급하는 사업에 관련된 매입세액은 공제하지 아니하는 것이므로(부가가치세법 제17조 제2항), 이와 반대의 견해에 선 논지는 모두 독자적인 견해에서 원심판결을 공격하는 것에 지나지 아니하여 받아들일 수 없고, 논지가 내세우는 대법원 판결들은 관세법상의 무면허 수입으로 의율한 경우로서 이 사건과 사안이 다르다. 따라서 이 점에 관한 피고인 1의 논지는 모두 이유 없다.

## 3. 원심판시 범죄사실 제3항에 관하여

원심이 유지한 제1심판결의 채용 증거들을 기록에 비추어 살펴보면, 피고인 1에 대한 판시 각 범행은 이를 충분히 인정할 수 있고, 거기에 소론과 같이 채증법칙을 위반하여 사실을 오인한 위법이 없으며, 금화가 부가가치세 대상이 아니라는 법리오해의 주장은 앞서 본 바와 같이 이유 없고, 무인가환전행위로 취득한 외국환 등은 이를 당해 행위자로부터 몰수하며 이를 몰수할 수 없을 때에는 그 가액을 추징하는 것이므로(1991.12.27. 법률 제4447호로 개정되기 전의 구 외국환관리법 제36조의2), 이 점들에 대한 피고인 1의 논지는 모두 이유 없다.

그런데, 무인가환전에 대하여 구 외국환관리법(위 개정 전의 법률) 제35조 제1항, 제10조 제1항은 10년 이하의 징역 또는 천만 원 이하의 벌금에 처하도록 규정되어 있었으나, 그 후 위 법은 1995.12.29. 법률 제5040호(1996.6.1. 시행)로 개정되었고, 개정된 외국환관리법 제30조 제1항 제6호, 제9조 제2항은 무인가환전에 대하여 5년 이하의 징역 또는 1억 원 이하의 벌금에 처하도록 규정하고 있어 징역형으로 처벌되는 행위자에게는 보다 유리하게 변경되었으므로, 원심으로서는 판시 각 무인가환전의 범죄사실에 대하여는 위 개정 후의 법률을 적용하여야 할 것임에도 불구하고, 위 개정 전의 법률을 적용하여 징역형을 선택하고 있으므로, 거기에 법률에 위반하여 판결에 영향을 미친 위법이 있다는 논지는 이유 있다.

4. 원심판시 범죄사실 제4의 가, 나항에 관하여
원심이 유지한 제1심판결의 채용 증거들을 기록에 비추어 살펴보면, 피고인 3에 대한 판시 각 범행은 이를 충분히 인정할 수 있고, 거기에 소론과 같이 채증법칙을 위반하여 사실을 오인한 위법이 없으며, 금화가 부가가치세 대상이 아니라는 법리오해의 주장은 앞서 본 바와 같이 이유 없으므로, 이 점에 관한 피고인 3의 논지는 모두 이유 없다.

5. 제1심 95고합802호 사건에서의 공소사실 제2의 나항에 관하여
금 기타 귀금속을 수입한 행위에 대하여는 특별법인 외국환관리법에 의하여 처벌하여야 하고 관세법 제137조, 제181조는 적용될 수 없는 법리이므로 관세법에 위반됨을 전제로 하여 특가법 제6조 제4항을 적용할 수 없다(대법원 1976.6.22. 선고 76도582 판결, 1984.7.24. 선고 84도832 판결, 1991.3.22. 선고 90도1492 판결 등 참조).

같은 취지에서 원심이, 피고인 3에 대한 이 부분 공소사실은 범죄로 되지 아니한다 하여 무죄를 선고한 조치는 옳다고 여겨지고, 거기에 소론과 같은 법리오해의 위법이 없으며, 위와 같은 경우에 사위의 방법으로 관세를 포탈한 경우에는 관세법 제180조와 그 특별법인 특가법 제6조 제2항을 적용할 수 있다고 할 것이어서 위와 같은 대법원의 견해가 법의 형평성 등에 어긋난 것으로 볼 수 없으므로, 이 점에 관한 검사의 논지는 이유 없다.
생략
대법관   안용득(재판장) 천경송 지창권 신성택(주심)

1-5. 팔라듐괴 밀수출행위에 대한 적용법규
   (대법원 2009.1.30. 선고 2008도9822 판결[외국환거래법 위반 등])

[판시사항]
'팔라듐괴'가 외국환거래법상 '귀금속'에 해당하는지 여부(소극) 및 팔라듐괴 밀수출행위에 관세법이 적용되는지 여부(적극)

[판결요지]
외국환거래법 제28조 제1항 제3호는 같은 법 제17조의 규정에 의한 신고를 하지 아니하거나 허위로 신고하고 지급수단·귀금속 또는 증권을 수출 또는 수입한 자를 처벌하도록 규

정하고 있고, 같은 법 제3조 제1항 제6호는 '귀금속'이라 함은 '금이나 금합금의 지금, 유통되지 아니하는 금화 기타 금을 주재료로 하는 제품 및 가공품'을 말한다고 규정하고 있다. 따라서 금이나 금합금의 지금에 해당하지 않는 순수한 '팔라듐괴'는 외국환거래법에서 규정하고 있는 '귀금속'에 해당하지 않는다. 외국환거래법이 적용되지 않는 '팔라듐괴'의 밀수출미수행위에 대하여는 관세법 제271조 제2항, 제269조 제3항 제1호를 적용하여 처벌하고, 이 경우 범인이 소유 또는 점유하는 그 물품은 같은 법 제282조 제2항의 규정에 의하여 필요적으로 몰수하여야 한다.

**[원심판결]** 인천지법 2008.10.16. 선고 2008노762 판결

## [주 문]

원심판결을 파기하고, 사건을 인천지방법원 본원 합의부에 환송한다.

## [이 유]

상고이유를 판단한다.

원심은, 제1심법원이 피고인의 '황금괴' 밀수출미수행위와 '팔라듐괴' 밀수출미수행위를 구분하지 아니한 채 두 행위에 대하여 각각 관세법 위반죄와 외국환거래법 위반죄가 성립한다고 판단하였음을 전제로, '귀금속' 등의 수출입 및 통관에 관한 한 외국환거래법이 관세법의 특별법이므로, 통관에 필요한 절차를 거치지 않고 귀금속 등을 수출입한 행위에 대해서는 외국환거래법상 무허가·신고 수출입죄가 성립할 뿐 관세법 위반죄는 성립하지 않는다는 이유로 제1심판결을 파기하고, 이 사건 공소사실 중 관세법 위반의 점에 대하여 무죄로 판단하였다.

그러나 원심의 이러한 판단은 다음과 같은 이유로 수긍하기 어렵다.

외국환거래법 제28조 제1항 제3호는 같은 법 제17조의 규정에 의한 신고를 하지 아니하거나 허위로 신고하고 지급수단귀금속 또는 증권을 수출 또는 수입한 자를 처벌하도록 규정하고 있고, 같은 법 제3조 제1항 제6호는 '귀금속'이라 함은 '금이나 금합금의 지금, 유통되지 아니하는 금화 기타 금을 주재료로 하는 제품 및 가공품'을 말한다고 규정하고 있으므로, 금이나 금합금의 지금에 해당하지 않는 순수한 '팔라듐괴'는 외국환거래법에서 규정하고 있는 "귀금속"에 해당하지 않으며, 따라서 외국환거래법이 적용되지 않는 '팔라듐괴'의 밀수출미수행위에 대하여는 관세법 제271조 제2항, 제269조 제3항 제1호를 적용하여 처벌하고, 이 경우 범인이 소유 또는 점유하는 그 물품은 같은 법 제282조 제2항의 규정에 의하여 필요적으로 몰수하여야 한다.

그리고 이 사건 공소장의 기재(특히, 적용법조란에 몰수의 근거규정으로 관세법 제282조 제2항 외에 형법 제48조 제1항을 별도로 기재하고 있는 점)를 기록에 비추어 살펴보면, 검사는 이 사건 '황금괴'의 밀수출미수행위에 대하여는 외국환거래법 위반죄로, '팔라듐괴'의 밀수출미수행위에 대하여는 관세법 위반죄로 각 의율하여 위 각 죄의 상상적 경합범으로 기소한 것이라고 볼 여지도 충분하고, 제1심판결 역시 이 사건 공소사실의 기재를 위와 같이 이해하여 각 벌금형을 선택한 후 형이 더 중한 외국환거래법 위반죄에서 정한 형으로 피고인의 처단형을 정한 것으로 보이므로, 원심으로서는 석명을 통하여 이 사건 공소사실 및 이에 적용될 적용법조를 미리 특정한 후 판단에 나아갔어야 할 것이다.

그럼에도 원심은, 이 사건 공소사실 중 '팔라듐괴' 밀수출미수행위로 인한 관세법 위반의 점에 대하여 그 판시와 같은 이유로 무죄로 판단하고, 나아가 필요적으로 몰수하여야 할 '팔라듐괴'(증 제3 내지 10호)를 몰수하지 않고 말았으니, 원심의 이와 같은 판단에는 외국환거래법상 귀금속의 정의에 관한 법리를 오해하거나 이 사건 공소사실 및 제1심판결의 취지를 오해하여 판결 결과에 영향을 미친 위법이 있고, 이 점을 지적하는 취지인 상고이유의 주장은 이유 있다.

그리고 이 사건에서 원심판결 중 '팔라듐괴'의 밀수출미수행위로 인한 외국환거래법 위반의 점에 대한 유죄 부분과 관세법 위반의 점에 대한 무죄 부분을 위와 같은 이유로 파기하는 이상, 그와 상상적 경합관계에 있는 '황금괴'의 밀수출미수행위로 인한 '외국환거래법 위반의 점'에 대한 유죄 부분 또한 함께 파기하기로 한다.

그러므로 원심판결을 파기하고 사건을 다시 심리·판단하게 하기 위하여 원심법원에 환송하기로 하여, 관여 대법관의 일치된 의견으로 주문과 같이 판결한다.

대법관    김능환(재판장) 양승태 박시환(주심) 박일환

## (2) 외국환거래법과 대외무역법의 관계

대외무역법은 대외무역의 건전한 발전과 국제수지의 균형, 국민경제의 발전을 도모하기 위하여 수출입의 허가 승인, 수출입거래의 질서유지 등 주로 재화의 국제적 이동에 관한 사항을 규정하는 법률로서 무역에 관한 기본법이다.

무역거래에 있어서 무역계약 체결, 물품이나 용역의 인도 및 인수를 위한 수출입 등 행위에 대해서는 대외무역법이 무역에 관한 기본법으로 적용되며, 물품이나 용역의 수출입에 따른 대금결제 행위, 자금의 예치나 대여, 해외직접투자 등 자본거래의 거래 행위나 자본거래에 따른 대금지급 등 결제행위에 대하여 외국환거래법이 기본법으로 적용된다.

## (3) 특정경제범죄 가중처벌 등에 관한 법률 및 범죄수익은닉의 규제 및 처벌 등에 관한 법률과 외국환거래법의 관계

특정경제범죄 가중처벌 등에 관한 법률은 특정경제범죄에 대한 가중처벌과 그 범죄 행위자에 대한 취업제한 등을 규정함으로써 경제질서를 확립하고 국민경제발전에 이바지하기 위해 1983년 12월 31에 제정된 법률이다.

특정경제범죄 가중처벌 등에 관한 법률 제4조는 법령을 위반하여 대한민국 또는 대한민국국민의 재산을 국외로 이동하거나 국내로 반입하여야 할 재산을 국외에서 은닉 또는 처분하여 도피시켰을 때에는 재산국외도피의 죄에 해당한다고 규정하고 있다. 외국환거래법은 관세법 및 대외무역법 등과 함께 재산국외도피의 죄의 선행 위반행위에 적용하는 근거 법률이 된다.

참고로 특정경제범죄 가중처벌 등에 관한 법률 제4조의 재산국외도피의 죄에 관계된 자금 또는 재산은 범죄수익에 해당하며(범죄수익은닉의 규제 및 처벌 등에 관한 법률 제2조 제2호 나목) 범죄수익은닉의 규제 및 처벌 등에 관한 법률의 적용을 받는다.

## (4) 외국환거래법에 우선하여 적용하는 법률

### 1) 외국인투자촉진법

외국인투자촉진법은 외국인투자자에 대한 지원을 통해 외국인투자유치를 촉진하기 위하여 제정한 법률이다. 외국인의 국내 투자행위에 대하여는 외국인투자촉진법이 외국환거래법의 특별법으로서 외국환거래법보다 우선하여 적용된다.

외국인의 국내 투자와 관련된 국내 증권의 취득, 국내 기업에 대한 장기 차관의 공여 등 외국환 및 대외거래에 관한 사항에 관하여 외국인투자촉진법에 특별한 규정이 있는 경우 외국인투자촉진법이 우선 적용된다. 외국환 및 대외거래에 관한 사항에 관하여는 외국인투자촉진법에 규정이 있으면 외국인투자촉진법을 우선 적용하고, 외국인투자촉진법에 특별한 규정이 없으면 외국환거래법을 적용한다.

## 2) SOFA 협정

SOFA 협정은 "대한민국과 아메리카합중국 간의 상호방위조약 제4조에 의한 시설과 구역 및 대한민국에서의 합중국 군대의 지위에 관한 협정(Agreement under Article Ⅳ of the Mutual Defense Treaty between the Republic of Korea and the United States of America, regarding Facilities and Areas and the Status of United States Armed in the Republic of Korea)"을 말하며 한미행정협정이라고도 한다.

대한민국에 주둔하고 있는 미군과 그 구성원, 군속과 그 가족 및 초청계약자 등에 대한 외국환 관리에 대하여는 외국환거래법을 적용하는 것에 앞서 SOFA 협정을 적용한다. 따라서 SOFA협정은 주한미군 등의 외국환거래에 대하여는 외국환거래법에 대한 특별법의 지위를 갖는다.

외국환거래법은 SOFA협정에 따라 미합중국군대 및 이에 준하는 국제연합군(이하 "미합중국군대 등"), 미합중국군대 등의 구성원·군속·초청계약자와 미합중국군대 등의 비세출자금기관·군사우편국 및 군용은행시설에 근무하는 자는 국내에서 근무하더라도 거주자에서 제외한다고 규정하고 있다.

## (5) 기타 법률

위 법률들 외에 외국환거래법에 우선하여 적용하는 법률로는 특정 금융거래정보의 보고 및 이용 등에 관한 법률, 공공차관의 도입 및 관리에 관한 법률, 대외경제협력기금법, 남북교류협력에 관한 법률, 한국은행법, 자본시장과 금융투자업에 관한 법률 등이 있다.

## (1) 거주자

거주자는 대한민국에 주소 또는 거소를 둔 개인과 대한민국에 주된 사무소를 둔 법인으로 다음과 같은 사람이나 조직을 포함한다(영 10-1).

① 비거주자의 대한민국에 있는 지점, 출장소, 그 밖의 사무소는 거주자이다.

② 대한민국 재외공관은 대한민국의 영역 밖에 있더라도 거주자이다.

③ 국내에 주된 사무소가 있는 단체·기관, 그 밖에 이에 준하는 조직체는 거주자이다.

④ 대한민국 재외공관에서 근무할 목적으로 외국에 파견되어 체재하고 있는 대한민국 국민은 대한민국의 영역 밖에서 근무하더라도 거주자이다.

⑤ 비거주자이었던 자로서 입국하여 국내에 3개월 이상 체재하고 있는 대한민국 국민은 거주자이다.

⑥ 그 밖에 영업 양태, 주요 체재지 등을 고려하여 거주자로 판단할 필요성이 인정되는 대한민국 국민으로서 기획재정부장관이 정하는 자는 거주자이다.

⑦ 국내에서 영업활동에 종사하고 있는 외국인은 거주자이다.

단, 「대한민국과 아메리카합중국 간의 상호방위조약 제4조에 의한 시설과 구역 및 대한민국에서의 합중국군대의 지위에 관한 협정」에 따른 미합중국군대 및 이에 준하는 국제연합군(이하 이 호에서 "미합중국군대 등"이라 한다), 미합중국군대 등의 구성원·군속·초청계약자와 미합중국군대 등의 비세출자금기관·군사우편국 및 군용은행시설에 근무하는 자는 국내에서 근무하더라도 거주자에서 제외한다.

⑧ 6개월 이상 국내에서 체재하고 있는 외국인은 거주자이다.

단, 국내에 있는 외국정부의 공관 또는 국제기구에서 근무하는 외교관·영사 또는 그 수행원이나 사용인은 대한민국의 영역 내에서 근무하더라도 거주자에서 제외한다. 외국정부 또는 국제기구의 공무로 입국하는 자는 거주자에서 제외한다.

⑨ 거주자에 의하여 주로 생계를 유지하는 동거 가족은 해당 거주자의 구분에 따라 거주자로 구분한다.

⑩ 해외체재자

   (a) 상용, 문화, 공무, 기술훈련, 국외연수(6월 미만의 경우에 한함)를 목적으로 외국에 체재하는 대한민국 국민으로서 체재기간이 30일을 초과하여 외국에 체재하는 자(다만, 국내거주기간이 5년 미만인 외국인거주자는 제외)

   (b) 국내기업 및 연구기관 등에 근무하는 자로서 그 근무기관의 업무를 위하여 외국에 체재하는 국내거주기간 5년 미만인 외국인거주자와 외국의 영주권 또는 장기체류자격을 취득한 재외국민으로서 체재기간이 30일을 초과하여 외국에 체재하는 자

⑪ 해외유학생

   (a) 영주권자가 아닌 국민 또는 국내 거주기간 5년 이상인 외국인이 외국의 교육기관·연구기관 또는 연수기관에서 6월 이상의 기간에 걸쳐 수학하거나 학문·기술을 연구 또는 연수할 목적으로 외국에 체재하는 자

   (b) (a)에 해당되지 않은 자로서, 유학경비를 지급하는 부모가 영주권자가 아닌 국민인 거주자인 경우로서 외국의 교육기관·연구기관 또는 연수기관에서 6월 이상의 기간에 걸쳐 수학하거나 학문·기술을 연구 또는 연수할 목적으로 외국에 체재하는 자

## (2) 비거주자

비거주자는 외국에 주소 또는 거소를 둔 개인이나 외국에 주된 사무소를 둔 법인으로 다음과 같은 사람이나 조직을 포함한다(영 10-2).

① 외국에 있는 국내법인 등의 영업소 및 그 밖의 사무소는 비거주자이다.

② 외국에 있는 주된 사무소가 있는 단체·기관, 그 밖에 이에 준하는 조직체는 비거주자이다.

③ 국내에 있는 외국정부의 공관과 국제기구는 대한민국 영역 내에 있더라도 비거주자이다.

④ 「대한민국과 아메리카합중국 간의 상호방위조약 제4조에 의한 시설과 구역 및 대한민국에서의 합중국군대의 지위에 관한 협정」에 따른 미합중국군대 및 이에 준하는 국제연합군(이하 "미합중국군대 등"), 미합중국군대 등의 구성원·군속·초청

계약자와 미합중국군대 등의 비세출자금기관·군사우편국 및 군용은행시설은 대한민국 영역 내에 있더라도 비거주자이다.

⑤ 외국에서 영업활동에 종사하고 있는 대한민국 국민은 비거주자이다.

⑥ 외국에 있는 국제기구에서 근무하고 있는 대한민국 국민은 비거주자이다.

⑦ 2년 이상 외국에 체재하고 있는 대한민국 국민은 비거주자이다.

　이 경우 일시 귀국의 목적으로 귀국하여 3개월 이내의 기간 동안 체재한 경우 그 체재기간은 2년에 포함되는 것으로 본다.

⑧ 그 밖에 영업양태, 주요 체재지 등을 고려하여 비거주자로 판단할 필요성이 인정되는 자로서 기획재정부장관이 정하는 자는 비거주자로 인정된다.

⑨ 다음에 해당하는 외국인은 비거주자이다.

　－국내에 있는 외국정부의 공관 또는 국제기구에서 근무하는 외교관·영사 또는 그 수행원이나 사용인

　－외국정부 또는 국제기구의 공무로 입국하는 자

　－거주자였던 외국인으로서 출국하여 외국에서 3개월 이상 체재 중인 자

⑩ 비거주자에 의하여 주로 생계를 유지하는 동거 가족은 해당 비거주자의 구분에 따라 비거주자로 구분한다.

⑪ 해외이주법에 의한 해외이주자로서 외국 국적을 취득한 대한민국 국민은 해외동포로서 비거주자이다.

⑫ 대한민국 국민으로서 외국의 영주권 또는 이에 준하는 자격을 취득한 대한민국 국민은 해외동포로서 비거주자이다.

## (3) 거주자와 비거주자의 구분

　외국환거래법에 따른 거주자와 비거주자의 구분은 대부분 명백하다. 그러나 해외로 이민을 갔다가 해외이주를 포기하고 귀국한다든지 사업을 두 나라 이상에 걸쳐서 하다 보니 대한민국에서 주소가 있고, 다른 나라에도 주소가 있는 등 전문가도 거주자와 비거주자인 여부를 판단하기 어려운 경우가 적지 않다. 특히 사업을 하는 분들은 외국환거래법보다는 세법의 거주자와 비거주자 개념에 친숙하고 이에 따라 세무처리와 조세 효과가 달라지기 때문에 이를 더 중요시하고 외국환거래법의 거주자와 비거주자 개념에 대

해서 인지하지 못하는 경우가 많다. 물론 대부분의 대한민국 국민이나 법인은 거주자이다. 하지만 외국환거래법에 따라 자신이 거주자인지 비거주자인지에 따라 외국환 신고의무가 달라지기 때문에 대한민국에도 주소가 있지만 해외에도 주소가 있는 특수한 사정이 있는 경우에는 반드시 관심을 가져야 한다. 자신의 특수한 사정을 보니 비거주자로서 신고의무가 없을 것으로 생각되는 경우라도 자신의 판단으로 외국환 신고의무를 이행하지 않는 것은 리스크가 있다. 만약 외환검사를 하는 기관이 거주자로 해석하는 경우에는 신고의무 위반이 될 가능성이 높기 때문이다. 이런 경우에는 반드시 전문가와 상의하여 기획재정부 등 정부에 유권해석을 받아 정부가 비거주자임을 인정한 경우에만 비거주자로서 외국환신고 의무를 처리하여야 하는 것이 바람직하다.

## (4) 거주자와 비거주자 구분에 대한 세법 규정과 외국환거래법 규정의 관계

세법에서도 거주자와 비거주자의 구분이 중요하다. 소득세법에서는 개인인 거주자와 비거주자, 내국법인과 외국법인에 대한 정의 규정을 두고 있다. 소득세법에서는 내국법인과 외국법인에 대한 정의를 법인세법에 따르는 것으로 규정하고 있다.

★

소득세법상의 거주자와 비거주자의 정의(소득세법 제1조의 2)

1. "거주자"란 국내에 주소를 두거나 183일 이상의 거소(居所)를 둔 개인을 말한다.
2. "비거주자"란 거주자가 아닌 개인을 말한다.
3. "내국법인"이란 「법인세법」 제1조 제1호에 따른 내국법인을 말한다.
4. "외국법인"이란 「법인세법」 제1조 제3호에 따른 외국법인을 말한다.

소득세법상의 주소와 거소의 판정(소득세법 시행령 제2조)

① 주소는 국내에서 생계를 같이 하는 가족 및 국내에 소재하는 자산의 유무 등 생활관계의 객관적 사실에 따라 판정한다.
② 거소는 주소지 외의 장소 중 상당기간에 걸쳐 거주하는 장소로서 주소와 같이 밀접한 일반적 생활관계가 형성되지 아니한 장소로 한다.
③ 국내에 거주하는 개인이 다음의 어느 하나에 해당하는 경우에는 국내에 주소를 가진 것으로 본다.
1. 계속하여 183일 이상 국내에 거주할 것을 통상 필요로 하는 직업을 가진 때

2. 국내에 생계를 같이하는 가족이 있고, 그 직업 및 자산상태에 비추어 계속하여 183일 이상 국내에 거주할 것으로 인정되는 때

④ 국외에 거주 또는 근무하는 자가 외국국적을 가졌거나 외국법령에 의하여 그 외국의 영주권을 얻은 자로서 국내에 생계를 같이하는 가족이 없고 그 직업 및 자산상태에 비추어 다시 입국하여 주로 국내에 거주하리라고 인정되지 아니하는 때에는 국내에 주소가 없는 것으로 본다.

⑤ 외국을 항행하는 선박 또는 항공기의 승무원의 경우 그 승무원과 생계를 같이하는 가족이 거주하는 장소 또는 그 승무원이 근무기간 외의 기간 중 통상 체재하는 장소가 국내에 있는 때에는 당해 승무원의 주소는 국내에 있는 것으로 보고, 그 장소가 국외에 있는 때에는 당해 승무원의 주소가 국외에 있는 것으로 본다.

### 법인세법의 내국법인과 외국법인(법인세법 제1조 정의)

1. "내국법인"(內國法人)이란 국내에 본점이나 주사무소 또는 사업의 실질적 관리장소를 둔 법인을 말한다.

2. "비영리내국법인"이란 내국법인 중 다음 각 목의 어느 하나에 해당하는 법인을 말한다.

   가. 「민법」 제32조에 따라 설립된 법인

   나. 「사립학교법」이나 그 밖의 특별법에 따라 설립된 법인으로서 「민법」 제32조에 규정된 목적과 유사한 목적을 가진 법인(대통령령으로 정하는 조합법인 등이 아닌 법인으로서 그 주주(株主)·사원 또는 출자자(出資者)에게 이익을 배당할 수 있는 법인은 제외한다)

   다. 「국세기본법」 제13조 제4항에 따른 법인으로 보는 단체(이하 "법인으로 보는 단체"라 한다)

3. "외국법인"이란 외국에 본점 또는 주사무소를 둔 단체(국내에 사업의 실질적 관리장소가 소재하지 아니하는 경우만 해당한다)로서 대통령령으로 정하는 기준에 해당하는 법인을 말한다.

4. "비영리외국법인"이란 외국법인 중 외국의 정부·지방자치단체 및 영리를 목적으로 하지 아니하는 법인(법인으로 보는 단체를 포함한다)을 말한다.

외국환거래 당사자에게는 세법에 있는 거주자와 비거주자 규정이 더 친숙하고 외국환거래법의 거주자 비거주자 규정과 서로 비슷한 내용이 많지만 외국환거래법에 따른 신고의무는 세법상 거주자와 비거주자 구분과는 관계가 없다. 외국환거래법에 따른 외국환 신고의무는 외국환거래법의 거주자와 비거주자의 구분에 의해서 결정된다.

## (5) 거주자와 비거주자 구분이 명백하지 않은 경우

부부가 홍콩에 이민하여 생활하면서 주소를 두고 국내에서 거주하는 자녀들의 뒷바라지를 위하여 국내에도 주소를 두고 있으면서 자주 귀국하여 자녀들을 돌보았지만 계속하여 3개월 이상 국내에 머무르지 않았던 사례가 있다. 이런 경우에 대부분 당사자들은 자신이 홍콩 이민자이므로 당연히 비거주자라고 판단하여 외국환 신고의무를 이행하지 않는 것이 일반적이다. 그러나 외국 이민자라 하더라도 국내에 주소가 있거나 가족이 남아 있는 경우에는 비거주자임이 명백하지 않으므로 주의해야 한다.

실제로 검찰은 위 사례에 대하여 국내에 주소 또는 거소를 둔 경우에는 외국에 주소 또는 거소를 두더라도 거주자임이 명백하므로 거주자로서 외국환 신고의무를 하여야 하므로 부부는 거주자로서 외국환신고의무를 이행하지 아니하였다는 이유로 구 외국환관리법 위반으로 보아 공소를 제기한 바 있다.

그러나 1심, 2심은 비거주자임을 인정하였고, 대법원은 "외국 이민자가 단순히 국내에 주소나 거소가 있다고 하여 거주자임이 명백한 것이 아니고, 거주자와 비거주자의 구분이 명백하지 아니한 경우에 해당한다고 보았다. 대법원은 '거주자와 비거주자의 구분이 명백하지 아니한 경우'란 대한민국 내에 주소 또는 거소를 둔 개인 또는 주된 사무소를 둔 법인 아닌 경우만을 가리키는 것은 아니고, 대한민국 내에 주소, 거소 또는 사무소를 두고 있는 경우라도 대한민국 외에도 주소, 거소 또는 사무소를 함께 두는 등의 사정으로 거주자와 비거주자의 구분이 명백하지 아니한 이 사건과 같은 경우도 포함한다고 보는 것이 상당하다"고 판시하였다.[6]

## (6) 거주자 및 비거주자의 구분이 불명확하여 위헌인지

외국환 신고의무를 부담하는 외국환거래 당사자로서 외국환거래법 위반혐의로 세관의 외환조사를 받은 후 검찰조사를 받고 기소되어 재판을 받아야 하는 입장에서는 거주자와 비거주자로 구분하여 외국환 신고의무를 부여하는 것이 불명확하다고 느낄 수 있다.

실제로 외국환거래법의 거주자와 비거주자 규정이 불명확하여 죄형법정주의가 요구하는 명확성의 원칙에 위배되어 위헌이라는 이유로 헌법소원을 청구한 사례가 있다.

사례에서는 ○○○ 은 ×××등과 공모하여 재정경제부장관에게 신고하지 아니하고, ○

---

6) 대법원 1999.4.9. 선고 99도362 판결

○ 주식회사가 30년간 독점하여 북한 통천지역의 경공업지구 조성부지, 통천비행장 부지의 사용권, 철도·통신·전력·관광사업 등의 개발·운영 권 등을 취득하는 것을 내용으로 하여 2000.5.3. 북한의 조선아시아태평양위원회(이하 '아태위원회'라 한다)와 체결한 경제협력사업권에 관한 잠정합의(이하 '이 사건 잠정합의'라 한다)의 대가 명목으로 2000.6.9. 미화 2억 달러를 Bank of China 마카오지점에 개설된 아태위원회 지정의 3개 명의의 계좌로 송금하는 방법으로 그 지급을 하고, 같은 날 미화 5천만 달러를 △△ 주식회사 런던지사를 통하여 Raiffcisen Zentral Bank의 Wien지점 등에 개설된 아태위원회 지정의 2개 명의의 계좌로 송금하고, 미화 1억 달러를 위 △△ 주식회사 싱가포르지점을 통하여 HSBC의 미국 RNNY 지점 등에 개설된 아태위원회 지정의 8개 명의의 계좌로 송금하는 방법으로 그 지급을 하였다는 공소사실 등으로 서울지방법원에 공소제기되었다[서울지방법원 2003고합642, 2003고합933(병합) 특정경제범죄가중처벌등에관한법률위반(배임) 등].

　헌법재판소는 헌법 소원에 대한 결정에서 "거주자 및 비거주자'의 개념은 외국환거래법 전반에 걸쳐 사용되고 있는 외국환관리의 기본적인 개념이다. 즉, 외국환관리의 원리는 거주자와 비거주자 간의 채권·채무 관계를 규제하는 것인바, 거주자와 비거주자를 구분하는 거주성(居住性) 개념은 국적과는 관계없이 일정 기간을 거주하고 있거나 거주할 의사를 가지고 있고 경제적으로 밀착되어 있는 지역을 기준으로 한다. 즉, 외국 국적을 가진 사람이 대한민국에 경제이익의 중심을 두고 있는 경우에는 외국인이라고 하여도 거주자로 취급되므로, 거주성의 개념이 국적과 논리 필연적인 관계에 있는 것은 아니다. 법은 거주자 개념의 중요성을 감안하여 거주자와 비거주자의 개념을 정의하고 있다. 즉, 제3조 제1항 제12호의 규정에 의하면 "거주자"라 함은 대한민국 안에 주소 또는 거소를 둔 개인과 대한민국 안에 주된 사무소를 둔 법인을 말하고, 동 조항 제13호의 규정에 의하면 "비거주자"라 함은 거주자 외의 개인 및 법인을 말하는데, 다만 비거주자의 대한민국 안의 지점·출장소 기타의 사무소는 법률상 대리권의 유무에 불구하고 거주자로 본다,

　이와 같은 거주자 개념 정의는 앞에서 본 거주성의 기본적인 원리에 따른 것이고, 이들 조항에 포함된 단어들은 대부분 법률용어로서 서술적인 개념을 사용하고 있어 그 의미에 혼동을 초래할 정도로 불명확한 것은 없다고 할 것이므로, 죄형법정주의가 요구하는 명확

성의 원칙에 위배되는 것이라고 할 수 없다."고 판시하였다.[7]

따라서 외국환거래 당사자가 스스로 거주자인지 비거주자인지 불명확하여 외국환거래법에 따른 신고의무를 부담히는지 명확하지 않다고 생각하는 경우에는 자신의 판단으로 외국환거래법에 따른 신고의무를 처리하는 것은 바람직하지 않다. 이러한 경우 외국환거래 당사자가 전문가의 도움을 받아 기획재정부나 한국은행 등 정부기관에 거주자인지 아니면 비거주자인지에 대하여 질의하여 그 질의 결과에 따라 외국환거래법에 따른 신고의무를 처리하는 것이 바람직하다.

 참고판례

1-6. 거주자와 비거주자의 구분이 명백하지 아니한 경우
　　(대법원 1999.4.9. 선고 99도362 판결[외국환관리법 위반])

[판시사항]
대한민국 내·외에 주소, 거소 또는 사무소를 함께 두고 있는 경우가 구 외국환관리법 제3조 제2항 소정의 '거주자와 비거주자의 구분이 명백하지 아니한 경우'에 해당하는지 여부(적극)

[판결요지]
구 외국환관리법(1998.9.16. 법률 제5550호 외국환거래법 부칙 제3조로 폐지) 제3조 제2항이 규정하는 '제1항 제12호 및 제13호의 규정에 의한 거주자와 비거주자의 구분이 명백하지 아니한 경우'란 대한민국 내에 주소 또는 거소를 둔 개인 또는 주된 사무소를 둔 법인 아닌 경우만을 가리키는 것은 아니고, 대한민국 내에 주소, 거소 또는 사무소를 두고 있는 경우라도 대한민국 외에도 주소, 거소 또는 사무소를 함께 두는 등의 사정으로 거주자와 비거주자의 구분이 명백하지 아니한 경우도 포함한다.

[원심판결] 서울지법 1998.12.24. 선고 98노1262, 10768 판결

[주 문]
상고를 기각한다.

---

7) 헌재 2005.6.30. 2003헌바 114

## [이 유]

상고이유를 판단한다.

원심은 공소외 김천동이 남편되는 공소외 신수원과 함께 1988.경 홍콩으로 이민가서 그 곳에서 거주하면서 신성모텔을 경영하고 있으며 국내에 거주하는 자녀들의 뒷바라지를 위하여 자주 귀국하기는 하지만 계속하여 국내에서 3개월 이상 머무르지는 않고 출국하는 방식을 취하여 온 사실을 인정한 후, 폐지된 구 외국환관리법(법 제4447호) 제3조 제1항 제12호 및 제13호, 제2항 그 법의 시행령 제8조 제3항 단서 제1호, 제3호의 비거주자라고 판단한 제1심을 유지하였다.

상고이유의 주장은 국내에 주소 또는 거소를 둔 경우에는 거주자와 비거주자의 구분이 명백하기 때문에 위의 시행령 제8조 제3항 제1호가 적용될 여지가 없다는 것이다.

그러나 그 법 제3조 제2항이 규정하는 '제1항 제12호 및 제13호의 규정에 의한 거주자와 비거주자의 구분이 명백하지 아니한 경우'란 대한민국 내에 주소 또는 거소를 둔 개인 또는 주된 사무소를 둔 법인 아닌 경우만을 가리키는 것은 아니고, 대한민국 내에 주소, 거소 또는 사무소를 두고 있는 경우라도 대한민국 외에도 주소, 거소 또는 사무소를 함께 두는 등의 사정으로 거주자와 비거주자의 구분이 명백하지 아니한 이 사건과 같은 경우도 포함한다고 보는 것이 상당하다.

상고이유에서 든 판례는 이 사건과 구체적 사안을 달리하는 것이어서 이 사건에 원용하기에 적절하지 아니하다.

결국, 원심이 김천동을 위의 법리에 따라 비거주자라고 판단한 데에는 거주자와 비거주자에 관한 법리오해의 잘못이 없다.

그러므로 상고를 기각하기로 관여 법관 의견이 일치되어 주문에 쓴 바와 같이 판결한다.

대법관    김형선(재판장) 정귀호 이용훈 조무제(주심)

1-7. 재외동포가 비거주자에 해당하지 않는 경우

(대법원 1980.5.27. 선고 80도884 판결[무역거래법 위반·외국환관리법 위반])

## [판시사항]

가. 수입자유화와 무역거래법 위반

나. 외국환관리법 제21조 소정의 비거주자가 아니라고 한 사례

## [판결요지]

가. 고철수입이 자유화되었다 하더라도 그 수입을 위하여는 무역거래법 제6조의 허가를 받아야 하며 그 허가를 받음에 있어 사위 기타 부정한 행위가 있으면 같은법 제33조에 규정된 죄는 성립되는 것이고 고철수입의 자유화만으로써 피고인이 그 이전에 사위의 방법으로 범해한 것이 소멸된다고 할 수는 없다

나. 재일교포로서 일본에 주소를 두고 있다고 하더라도 국내에서 주민등록을 하고 처와 함께 거주하면서 영업을 하여 종합소득세까지 납부하여 왔다면 국내에 거주하는 사람으로 보아도 무방하다.

[**원심판결**] 부산지방법원 1979.12.27. 선고 79노2844 판결

## [주 문]

각 상고를 기각한다.

## [이 유]

(1) 피고인 1의 상고이유에 대하여,

논지 중 사실과 정상에 관한 것은 적법한 상고이유가 되지 아니하고 1980.1.1.부터 고철수입이 자유화됨으로써 피고인에 대한 무역거래법 위반죄가 소멸된 것이라고 하나 그 자유화라고 함은 종래 실수요자에 한하여 수입이 인정되던 것이 실수요자가 아닌 일반사람에게도 자유수입이 인정된다는 것일 뿐 그 수입을 위하여는 같은 법 제6조에 의한 허가를 받아야 하는 것인데 그 허가를 받음에 있어서 사위 기타 부정한 행위가 있으면 같은 법 제33조에 규정한 죄는 성립되는 것이라고 봄이 상당하므로 위의 고철수입의 자유화만으로써 피고인이 그 이전에 사위의 방법으로 범행한 것이 소멸된다고 할 수는 없고 이점에 관한 논지는 이유없다.

(2) 피고인 2의 상고이유에 대하여,

같은 피고인에 대한 무역거래법 위반의 공소사실을 유죄로 인정한 원심의 조처를 기록에 대조하여 보면 수긍이 가고 거기에 아무런 위법이 없다. 비록 같은 피고인이 이 사건에서 문제된 고철을 매수한 것이기는 하나 처음부터 사위 기타 부정한 행위로써 범행에 가담한 것임은 상피고인들의 공판정에서의 진술에 의하여 인정되는 바이므로 원심이 증거없이 사실인정을 한 것이라는 논지는 이유없다.

(3) 검사의 상고이유에 관하여,

논지에서 말하는 공소 외 맹홍주가 재일교포로서 일본에 그 주소를 둔 사람이라 하더라도 그가 부산시 서구 남부민동 30에 주민등록을 하여 그 처와 함께 거주하면서 공예사와 보세창고업에 종사하면서 종합소득세까지 납부하여 왔다면 또한 국내에 거주하는 사람이라 보아도 무방하다 할 것이므로 같은 취지의 원심인정은 상당하고 거기에 채증법칙을 위배한 위법이 있음을 찾아볼 수 없다.

따라서 그는 외국환관리법 제21조에 규정한 비거주자가 아니므로 그에게 문제된 고철대금을 외환은행을 통하지 않고 지급하였다 해서 같은 법 위반이 될 수도 없으므로 거기에 같은 법에 대한 법리오해가 있다는 논지 이유없다.

이리하여 각 상고는 모두 이유없으므로 기각하기로 관여법관의 의견이 일치되어 주문과 같이 판결한다.

대법관    양병호(재판장) 안병수 유태흥 서윤홍

대법관 서윤홍은 해외출장중이므로 서명날인 불능임 대법관 양병호(재판장)


## 1-8. 거주자로 인정되는 해외 영주권자

(대법원 1982.3.23. 선고 81도1450 판결[특정범죄가중처벌등에관한법률 위반 등])

### [판시사항]

가. 확정된 행정판결과 모순 저촉되는 형사재판의 가부(소극)

나. 피고사건이 미결이나 청산종결등기가 경료된 회사의 당사자 능력

### [판결요지]

가. 납세의무자에 대한 조세포탈의 형사사건이 계속 중 포탈세액에 관한 부과처분을 취소하는 행정판결이 확정된 이상 형사재판에서 별도로 행정판결과 모순 저촉되는 납세의무의 범위를 확정할 수는 없다 할 것이다.

나. 회사가 해산 및 청산등기 전에 재산형에 해당하는 사건으로 소추당한 후 청산종결의 등기가 경료되었다고 하여도 그 피고사건이 종결되기까지는 회사의 청산사무는 종료되지 아니하고 형사소송법상 당사자 능력도 존속한다고 할 것이다.

### [참조조문]

가. 행정소송법 제13조 나. 상법 제264조

## [전 문]

**[피고인, 상고인]** 피고인 1 외 3인

**[변 호 인]** 변호사 김윤행(피고인들에 대한)

**[원심판결]** 서울고등법원 1981.2.19. 선고 76노2101 판결

## [주 문]

원심판결 중 피고인 1, 피고인 2 주식회사에 대한 부분을 각 파기하고, 이 부분 사건을 서울고등법원에 환송한다.

피고인 3, 피고인 4 주식회사의 상고를 각 기각한다.

## [이 유]

생략.

3. 피고인 3의 외국환관리법 위반의 점에 관한 상고이유를 본다.

외국환관리법 및 동법 시행령에 의하여 위임된 외국환관리규정 제1의 11조 제1항 제4호에 의하면, 영주권을 얻어 외국에 체재하고 있는 자라도 입국하여 3개월 이상 체재한 경우에는 거주자로 보게 되어 있는 바, 기록에 편철된 출입국에 관한 사실증명원(1155정)의 기재에 의하면, 피고인은 여러 차례에 걸쳐서 3개월 이상씩 국내에 체류하였을 뿐만 아니라 1966년 이래 수시로 출입국하면서 1년 중 대부분을 국내에서 보내고 있고 1972.11.7 국내에 풍전정밀공업사라는 공장을 설립하여 경영하고 있는바, 위 규정 제1-12조의 제1항 제1호에 의하면, 외국인이라도 국내에 있는 사업소에 근무하거나 국내에서 영업에 종사하는 자는 거주자로 보고 있는 규정의 취지에 비추어 볼 때 피고인은 거주성이 있다 할 것이고, 이와 반대되는 논지는 이유없으며, 원심판결이 유지한 제1심 판결 거시 증거에 의하면 판시사실을 인정하기에 충분하고 여기에 논지와 같은 채증법칙위배로 인한 사실오인이나 추정의 법리를 오해한 잘못은 없으므로(변호인이 든 판례는 본 건에 적절하지 아니하다) 상고 논지 이유없다.

따라서 피고인 3과 피고인 4 주식회사의 상고는 모두 이유없으므로 각 기각하고, 원심판결 중 피고인 1, 피고인 2 주식회사에 대한부분을 각 파기하고, 이 부분을 서울고등법원으로 환송하기로 하여 관여법관의 일치된 의견으로 주문과 같이 판결한다.

대법관    강우영(재판장) 이정우 신정철

# 제 2 장

# 외국환 지급과 수령
# 및 지급 등의 방법에 대한
# 신고 실무

## (1) 외국환거래에 대한 외국환거래법의 규제

### 1) 경상거래와 자본거래에 수반하는 외국환거래

외국환거래는 외국환을 지급하거나 수령하는 거래로서 무역(상품)거래, 용역(서비스)거래, 자본거래에 수반된다. 상품거래는 보통 국제간에 이루어지는 물품에 대한 거래로서 물품에 대한 매매계약 또는 임대차계약 등을 원인으로 한다. 용역(서비스)거래는 보통 국제간에 용역(서비스)을 제공하거나 특허나 상표 등에 대한 사용권을 제공하고 그에 대한 대가를 지급받는 거래로서 용역공급계약이나 권리사용계약 등을 원인으로 한다. 통상 상품거래와 용역(서비스)거래를 합하여 경상거래라고 한다. 자본거래는 국제간에 이루어지는 자본의 투자, 대차(貸借), 유가증권의 매매 등을 중심으로 한 거래로서 투자계약이나 금전대차계약 등을 원인으로 한다.

대외거래의 가장 기본이 되는 무역거래의 대금결제방식을 구체적으로 살펴보면 다음과 같다.

### ① 화환신용장방식에 의한 대금결제

화환신용장방식에 의한 대금결제는 가장 일반적이고 대표적인 무역거래의 대금결제방식으로서 취소불능화환신용장에 의하여 대금을 결제하는 것을 말한다. 이 거래는 운송서류의 이동에 따라 대금의 결제가 이루어지며 취소불능신용장에 의한 거래로서 일람불신용장(sight L/C)이나 기한부신용장(usance L/C)에 의한 대금결제이다. 수출상은 상품의 수출을 위한 계약을 체결한 후, 대금회수의 안전성을 기하기 위하여 화환 신용장(documentary letter of credit)을 수취하게 된다.

화환신용장에 의한 수출입에서는 수출상이 발행하는 환어음에 대한 대금지급을 신용장 개설은행이 확약하기 때문에 수출상은 대금회수에 안심할 수 있으며, 수입상으로서도 화환신용장의 조건에 따라 수출상이 물품을 공급하여 줄 것이며, 또한 대금결제도 선적서류와 환어음이 도착한 후 또는 물품을 판매한 후에 하게 되므로 유리하다.

### ② 추심결제방식

추심결제방식은 취소불능화환신용장 없이 매매계약의 내용에 따라 화환어음으로 대금결제를 하는 방식이다. 따라서 추심결제방식은 은행이 대금의 지급을 보장하는 거래가 아니고 수출입업자간의 계약에 의해서만 이루어지는 결제방식이다. 즉 은행은 단순히 추심의뢰 및 결제대금의 추심업무만을 수행하는 것이다.

추심결제방식의 거래형태에는 선적서류의 인도가 어음의 지급을 조건으로 하고 있는가 또는 인수를 조건으로 하고 있는가에 따라서 D/P(document against payment ; 지급인도조건)와 D/A(document against acceptance ; 인수인도조건) 거래로 구분할 수 있다.

#### ㉠ 지급인도조건

수출상이 수출물품을 선적한 후 구비한 선적서류에 수입상을 지급인으로 하는 환어음을 발행하여 수출상의 거래 외국환은행에 추심을 의뢰하게 되며 추심 의뢰를 받은 외국환은행은 수입업자의 거래은행에 다시 추심을 요청하게 되는데, 이때 선적서류와 환어음을 송부받은 추심은행(보통 수입상의 거래은행)이 어음지급인(수입상)에 대하여 선적서류를 대금지급과 동시에 인도하여 주고 그 대금을 추심의뢰은행(수출상의의 거래은행)에 송금하여 주면 수출상이 대금을 회수하는 결제방식이다.

#### ㉡ 인수인도조건

인수인도조건(D/A)은 추심의뢰은행으로부터 추심을 의뢰받은 추심은행(수입상의 거래은행)이 어음지급인(수입상)에 대하여 어음의 인수와 동시에 선적서류를 인도하여 주고 그 어음의 지급만기일에 어음지급인으로부터 대금을 결제받아 추심의뢰은행에 송금함으로써 수출상이 대금을 회수하는 결제방식이다.

국제간의 상거래는 대금결제 면에서 많은 위험부담이 수반되기 때문에 대부분의 거래가 은행이 그 대금결제를 보증하는 신용장에 의하여 이루어졌으나 오늘날에는 결제방식이 다양화됨에 따라 신용장개설에 따르는 비용부담이나 절차의 번잡을 이유로 상호 신용도가 높은 업체들 간에 추심결제방식을 이용하는 거래가 점차 많아지고 있다.

### ③ 송금방식

송금방식은 취소불능화환신용장 또는 추심결제방식 이외의 대금결제방식으로서 수출입대금 진액을 외화로 영수·지급하는 방식을 말한다. 대체로 송금방식은 수출입대금을 미리 외화로 영수·지급한 후 수출입하는 단순송금방식과 물품의 인도와 동시에 또는 물품의 인도 후 수출입대금을 외화로 영수·지급하는 조건인 대금교환조건부수출입(COD 및 CAD)의 2가지로 구분한다.

⊙ 단순송금방식

단순송금방식은 수출입대금의 전액을 물품 선적 전에 외화, 수표 등 지정영수통화로 표시된 대외지급수단에 의하여 미리 영수·지급하고 일정 기일 내에 이에 상응하는 물품을 수출입하는 결제방식이다.

ⓛ 대금교환도조건

물품의 인도와 동시에 또는 인도 후 수출입대금을 외화로 영수·지급하는 조건의 수출입(COD 및 CAD조건의 수출입포함)은 거래하는 데 위험이 따르는 특수한 형태로서 종전에는 이러한 방식의 거래가 많지 않았고 리비아 등 중동지역과의 거래에서 간혹 발생하였다.

- 현금결제방식 : COD(Cash on Delivery)는 수출상이 수출물품을 선적하고 선적서류를 수출상의 해외지사나 대리인 또는 거래은행에 송부하고 수출물품이 목적지에 도착하면 수입상이 직접상품의 품질 등을 검사한 후 수출대금은 상품과 상환하여 현금으로 지불하는 결제방식으로서 국내의 일반 상품거래에서도 볼 수 있는 유형이다.

- 서류상환방식 : CAD(Cash Against Document)는 수출상이 상품을 수출하고 선적을 증명할 수 있는 선하증권, 상업송장, 포장명세서 등 주요 선적서류를 수입업자에게 직접 또는 수입업자의 대리점이나 거래은행에 제시하여 서류와 상환으로 대금을 지급받는 결제방식으로서 COD방식과는 운송서류를 수취하는 입장에서는 반대되는 형태이다. 일종의 D/P거래의 유럽 방식이다.

④ 기타 결제방식

⊙ 국제팩토링 결제방식에 의한 수출입

팩토링(factoring)이란 제조업자(supplier)가 구매업자(debtor)에게 상품 등을 외상으로 판매한 후 발생되는 외상매출채권을 팩토링회사(factor)에게 일괄 양도함으로써 팩토링회사로부터 구매업자에 관한 신용조사 및 신용위험인수 (지급보증), 채권의 관리 및 대금회수, 양도한 채권금액 범위 내에서의 금융지원과 기타 사무처리대행 등의 서비스를 제공받는 새로운 금융기법으로 최근 들어 국제간 신용 사회화의 진전에 따라 국제간의 수출입거래 시에도 팩토링서비스의 이용이 점차 증대되고 있다.

ⓒ 중장기 연불방식에 의한 수출입

중장기 연불방식에 의한 수출입이라 함은 수출입물품대금의 전부나 일부를 일정한 기간에 걸쳐 분할하여 영수·지급하는 조건부 계약에 의한 수출을 말한다. 즉 일반적인 기한부 신용장(usance L/C)이나 서류인수조건(D/A)에 의한 수출보다 장기의 연지급조건(deferred payment basis)에 의하여 수출업자가 수입업자에게 신용을 공여하고 그 대금의 지급을 분할하여 일정한 기한까지 연기하여 주는 중장기 분할결제방식에 의한 신용거래라 할 수 있다.

## 2) 외국환거래에 대한 규제

부존자원이 부족하고 경제규모가 작으면서 무역의존도[8]가 높은 우리나라는 내수거래 기반이 부족하여 1960년대부터 대외거래를 동력으로 하여 성장하여 왔다.

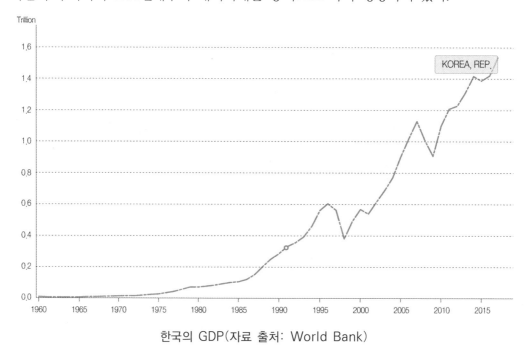

한국의 GDP(자료 출처: World Bank)

---

8) 무역의존도는 한 나라의 경제가 무역에 의존하고 있는 정도를 표시하는 지표를 말한다. 무역의존도는 일반적으로 국민소득 또는 국민총생산에 대한 수출입총액의 비율을 계산하여 산출한다.

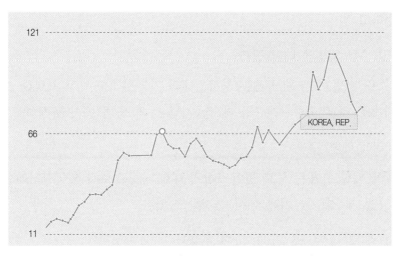

한국의 무역의존도(자료출처: World Bank)

우리나라의 이러한 성장 과정을 반영하여 외국환거래법은 대외거래의 자유를 보장하고 시장기능을 활성화하여 대외거래를 원활하게 함으로써 국제수지의 균형을 이루고 통화가치를 안정시키려는 목적을 가지고 있다.

대외거래에 따른 외국환의 이동은 우리나라의 국제수지와 통화가치에 영향을 미칠 뿐만 아니라 국부의 감소 또는 증가와 관련이 있으므로 외국환거래에 대하여 외국환거래법에서 필요한 규제를 하고 있는 것이다.

외국환거래법은 기본적으로 투자계약과 같은 ① 원인행위, 원인행위에 따라 외국환을 지급하거나 영수하는 ② 지급 및 영수 행위, 그리고 외국환을 지급하거나 지급하는 방법 즉, ③ 지급 및 영수방법에서 외국환거래의 규제를 하고 있다.

1998년 새로이 제정된 외국환거래법은 대외거래의 자유를 보장하고 시장기능을 활성화하여 대외거래의 원활화, 국제수지의 균형 및 통화가치의 안정을 통하여 국민경제의 발전에 기여함을 목적으로 한다. 대외거래의 자유를 보장하는 현행 외국환거래법은 경상거래에 대하여는 원인 행위에 대하여는 규제하지 아니하고 지급 및 영수행위를 중심으로 만 규제하고 있다. 자본거래에 대하여는 원인행위를 중심으로 규제하고 있다.

① 지급 및 수령행위에 대한 규제

지급 및 수령행위에 대한 규제는 경상거래와 자본거래에 따르는 지급 및 수령 행위에 대한 내용으로 외국환거래법 제15조에서 규정하며 '지급과 수령'은 외국환거래규정 제4

장에서 규정하고 있다.

### ② 지급 및 수령 방법에 대한 규제

'지급 및 수령 방법'에 대한 규제는 경상거래와 자본거래를 모두 포함한 것으로 외국환거래법 제16조 및 외국환거래규정 제5장(지급 등의 방법)에서 규정하고 있다.

### ③ 원인행위에 대한 규제

'원인행위'에 대한 규제는 주로 자본거래에 대한 내용으로서 외국환거래법 제18조와 외국환거래규정 제7장(자본거래)에서 규정하고 있다.

## 3) 외국환 수령(또는 영수)에 대한 규제

대외거래에 따른 외국환의 이동 중 우리나라의 외환보유고를 증가시키는 외국환의 수령(또는 영수)행위에 대하여는 외국환거래법령은 일정 금액 이상의 외국환 유입에 대하여는 경상거래의 경우 거래의 근거 서류를 요구할 뿐 특별한 제한을 두지 않고 있다. 다만 상계에 의한 수령, 외국환은행을 거치지 아니하는 수령, 일정 기간을 초과하는 수령과 같은 수령 방법에 대하여는 상세한 규정을 두어 행위 전에 신고하도록 의무를 규정하고 있다. 또 자본거래에 따른 외국환의 영수행위에 대하여는 투자계약이나 금전대차계약 등 원인행위를 하기 전에 신고하도록 의무를 규정하고 있다.

## 4) 외국환 지급에 대한 규제

외국환의 이동 중 우리나라의 외환보유고를 감소시키는 외국환의 지급행위에 대하여도 상품이나 용역(서비스)의 공급을 원인으로 하는 경상거래에 대하여는 거래의 근거 서류를 요구할 뿐 특별한 제한을 하지 않고 있다. 다만 제3자 지급, 상계에 의한 지급, 외국환은행을 거치지 아니하는 지급, 일정 기간을 초과하는 지급과 같은 지급 방법에 대하여는 상세한 규정을 두어 행위 전에 신고하도록 의무를 규정하고 있다. 또 자본거래에 따른 외국환의 지급행위에 대하여는 투자계약 등 원인행위를 하기 전에 신고하도록 의무를 규정하고 있다.

## (2) 외국환 지급과 수령의 허가 및 절차

### 1) 국제법규와 국내법령의 준수

외국환거래에 대하여 자유화가 많이 이루어졌지만 기획재정부장관은 국제법규의 이행과 국제 평화 및 안전을 위해 지급 또는 수령에 대하여 허가를 받도록 할 수 있는 권한이 있다. 기획재정부장관은 다음의 어느 하나에 해당한다고 인정되는 경우에는 국내로부터 외국에 지급하려는 거주자·비거주자, 비거주자에게 지급하거나 비거주자로부터 수령하려는 거주자에게 그 지급 또는 수령을 할 때 대통령령으로 정하는 바에 따라 허가를 받도록 할 수 있다(법 15-2).

① 우리나라가 체결한 조약 및 일반적으로 승인된 국제법규를 성실하게 이행하기 위하여 불가피한 경우

② 국제 평화 및 안전을 유지하기 위한 국제적 노력에 특히 기여할 필요가 있는 경우

기획재정부장관은 위 규정에 따라 국제법규 이행과 국제 평화 및 안전 유지를 위해 지급 또는 수령의 허가를 받도록 하는 경우에는 허가를 받아야 하는 사유와 지급 또는 수령의 종류 및 범위를 정하여 고시하여야 한다(영 29-1). 이와 같은 법령을 근거로 기획재정부장관은 국제평화 및 안전유지 등의 의무이행을 위한 지급 및 영수허가지침(기획재정부 고시 제2017-39호, 2017.12.28. 일부개정)을 고시하여 운영하고 있다. 이에 따라 기획재정부는 국제연합결의 등에 따른 금융제재대상자 등에 대한 외국환의 지급 및 영수에 대하여는 행위 전에 허가를 받도록 규정하고 있다.

또한 외국환거래규정은 조약 및 일반적으로 승인된 국제법규와 국내법령에 반하는 행위와 관련한 외국환의 지급 및 영수를 하여서는 아니된다(정 4-1-②)고 규정하여 외국환거래 행위가 국제법규와 국내법령을 준수하여 이루어져야 함을 규정하고 있다.

### 2) 외국환 지급과 수령의 허가 및 절차

외국환거래법의 주무부처인 기획재정부의 장관은 외국환거래법의 적용을 받는 지급 또는 수령과 관련하여 환전절차, 송금절차, 재산반출절차 등 필요한 사항을 정할 수 있다(법 15-1). 또한 기획재정부장관은 외국환거래법의 효율적인 운영과 실효성 확보를 위하여 필요하다고 인정되는 경우에는 사무처리나 지급 또는 수령의 절차와 그 밖에 필요한 사항을 정할 수 있다(법 25-1).

또한 기획재정부장관은 국제법규의 이행과 국제 평화 및 안전을 위해 지급 또는 수령에 대하여 허가를 받도록 할 수 있는 권한이 있다(법 15-2).

이와 같이 기획재정부장관이 정하는 외국환거래법의 적용을 받는 지급 또는 수령과 관련하여 환전절차, 송금절차, 재산반출절차 등과 국제법규의 이행과 국제 평화 및 안전을 위해 지급 또는 수령에 대하여 허가를 받는 등 외국환의 지급 및 수령에 대한 허가 및 절차에 대하여는 외국환거래규정 제4장(지급과 수령)에서 정하는 규정에 따라야 한다.

## (3) 외국환 지급과 수령의 절차[9]

### 1) 외국환거래에 대한 증빙서류 제출의무 면제

대외거래를 하거나 개인적인 목적으로 외국환을 지급하거나 수령하고자 하는 경우 외국환은행을 이용하여 해외송금(지급)이나 외화영수(수령)을 하는 것이 일반적이다. "외국환은행"이라 함은 금융회사 등의 외국환업무를 영위하는 국내영업소를 말한다(정 1-2-16). "외국환은행을 통한 지급 등"이라 함은 외국환은행을 통하여 지급·추심 또는 수령을 하거나 외국환은행에 개설된 계정간의 이체에 의한 방법으로 지급 등을 하는 것을 말한다(정 1-2-17).

대외거래를 하거나 개인적인 목적으로 외국환을 지급하거나 수령하고자 하는 거주자와 비거주자는 지급 1건 또는 수령 1건 당 금액이 미화 3천불 이하인 경우에는 외국환은행에 대외거래에 대한 지급 등의 사유와 금액을 입증하는 서류(이하 "증빙서류")를 제출하지 않아도 지급 또는 수령을 할 수 있다. 대외거래를 하지 않고 개인적인 목적으로 해외의 친인척이나 지인으로부터 증여를 하거나 받는 경우에도 외환 송금(지급)이나 외환 영수(수령) 1건당 미화 3천불 이하이면 증빙서류를 제출하는 의무가 면제된다. 미화 3천불 이하의 개인의 증여성 송금이 자유화된 것이다.

비거주자 또는 외국인 거주자가 외국환거래규정에 따른 신고를 요하지 않는 거래를 하면서 외국에 있는 자금을 국내로 반입하기 위하여 건당 미화 3천불을 초과하여 수령하는 경우에도 증빙서류 제출의무가 면제된다. 여기서 외국환거래규정에 따른 신고를 요하지 않는 거래란 외국환거래규정에 따른 신고의무가 없는 거래를 의미하며, 이러한

---

9) 외국환거래규정 제4-2조 제2항 내지 제4항

거래에 대해서만 해외에 있는 자금을 국내에 반입할 때에는 미화 3천불을 초과하더라도 증빙서류는 받지 않겠다는 것이다.

## 2) 외국환거래에 대한 증빙서류 제출의무

대외거래를 하면서 지급 1건 또는 수령 1건 당 금액이 미화 3천불을 초과하는 지급 등을 하고자 하는 거주자와 비거주자는 외국환은행의 장에게 지급 등의 사유와 금액을 입증하는 증빙서류를 제출하여야 한다. 증빙서류는 다양하다. 무역거래의 경우 계약서, 상업송장 또는 수입신고필증 등과 같이 거래 사유와 금액을 알 수 있는 서류면 된다. 용역거래의 경우에는 계약서, 상업송장 등과 같은 서류를 말한다. 하지만 자본거래의 경우 각각의 거래에 따른 신고서와 필요 첨부서류를 제출하여 수리를 받은 후에 지급하거나 송금할 수 있다.

그러나 비거주자 또는 외국인거주자가 지급을 하는 경우에는 지급 1건 당 금액이 미화 3천불을 초과하여 증빙서류를 제출하는 외에도 취득 경위 입증서류를 갖추어야 지급을 할 수 있다(정 4-4-1).

〔표 1〕 외국환거래 증빙서류 제출의무

| 당사자 | 금액 | 증빙서류 제출의무 | 근거 규정 |
|---|---|---|---|
| 거주자와 비거주자 | 지급 또는 수령 건당 미화 3천불 이하 | 없음 | 정 4-2-1 |
| | 지급 또는 수령 건당 미화 3천불 초과 | 증빙서류 (계약서, 송품장, 수입신고필증 등 지급 등의 사유와 금액을 확인할 수 있는 서류) 제출 | |
| 비거주자 또는 외국인 거주자 | 외국환거래규정에 따른 신고를 요하지 않는 거래로서 외국에 있는 자금을 국내로 반입하기 위하여 건당 미화 3천불을 초과하여 수령 | 없음 | 정 4-2-1-단 |

## 3) 외국환 지급 및 수령 진 원인행위 등에 대힌 신고의무

외국환의 지급이나 수령을 하고자 하는 자는 당해 지급이나 수령을 하기에 앞서 당해 지급이나 수령 또는 그 원인이 되는 거래, 행위가 외국환거래법령, 규정 및 타법령 등에 의하여 신고 등을 하여야 하는 경우에는 그 신고 등을 먼저 하여야 한다.

〔표 2〕 외국환거래법에 따른 신고의무

| 당사자 | 거래 | 신고의무 | 근거 규정 |
|---|---|---|---|
| 지급 또는 수령하는 법인 또는 개인 | 경상거래(무역거래, 용역거래) | 지급 등 방법에 대한 신고의무 | 정 제5장 |
| | 자본거래 | 지급 또는 수령 전 원인행위에 대한 신고의무(증빙서류 제출과 별개) | 정 4-2-2 |
| | 국제평화 및 안전유지 등의 의무이행을 위한 지급 및 영수허가 | 지급 또는 수령 전 원인행위에 대한 신고의무(증빙서류 제출과 별개) | 지급 및 영수허가지침 |
| | 대북투자 | 지급 또는 수령 전 원인행위에 대한 신고의무(증빙서류 제출과 별개) | 외국환거래 지침 |

대외거래를 하면서 외국환을 지급하거나 수령하는 자는 지급 또는 수령에 대한 증빙서류를 제출하는 것과 별개로 지급 또는 수령을 하게 된 거래[10]에 대하여 신고의무를 이행하여야 하는 것이다. 여기서 주의할 것은 외국환거래법령에 따른 신고 의무자는 외국환은행이 아니고 외국환의 지급이나 수령을 하고자 하는 자이기 때문에 외국환은행에서 신고의무에 대한 안내를 하지 않았더라도 외국환은행은 아무런 법적 책임이 없고, 신고 의무를 이행하지 않은 외국환을 지급 또는 수령한 개인이나 법인이 신고의무를 위반한 법적 책임을 지게 된다는 것이다. 특히 법인사업자나 개인사업자의 경우 외국환송금이나 영수행위를 한 직원에게 책임을 묻는 것이 아니고 법인의 대표나 개인사업자 대표에게 위반 책임을 묻기 때문에 외국환거래법에 따른 신고의무에 대하여는 CEO가 직접 챙겨야 한다.

## 4) 외국환거래법 위반시 제재받은 후 지급 또는 영수 의무

### ① 제재 후 지급 또는 영수

외국환을 지급 또는 수령을 하고자 하는 자가 당해 지급 등과 관련하여 필요한 신고 등을 이행하지 않는 등 법, 영 및 이 규정을 위반한 경우에는 당해 위반사실을 제재기관의 장(금융감독원장을 포함)에게 보고하고 필요한 신고절차를 사후적으로 완료한 후 지급 등을 할 수 있다. 다만, 수령을 하고자 하는 경우에는 외국환은행을 경유하여 위반사실을 제재기관의 장에게 보고한 후 수령할 수 있다.

---

10) 현행 외국환거래법령에서는 자본거래, 국제평화 및 안전유지 등의 의무이행을 위한 지급 및 영수허가, 대북투자가 이에 해당함.

| 거래 | 위반시 지급 | 위반시 영수 | 근거 규정 |
|---|---|---|---|
| 경상거래(무역거래, 용역거래) | 제재기관에 보고 및 사후 신고절차 완료 후 | 외국환은행 경유 제재기관에 보고 후 | 정 4-2-3 |
| 자본거래 | 제재기관에 보고 및 사후 신고절차 완료 후 | 외국환은행 경유 제재기관에 보고 후 | 정 4-2-2 |
| 국제평화 및 안전유지 등의 의무이행을 위한 지급 및 영수허가 | 제재기관에 보고 및 사후 신고절차 완료 후 | 외국환은행 경유 제재기관에 보고 후 | 정 4-2-3 |
| 대북투자 | 제재기관에 보고 및 사후 신고절차 완료 후 | 외국환은행 경유 제재기관에 보고 후 | 정 4-2-3 |

대외거래를 하면서 외국환을 지급하고자 하는 법인이나 개인이 외국환거래법령에 따른 신고의무를 위반한 사실을 외국환은행이 확인한 경우에는 외국환은행의장, 금융감독원장, 세관장과 같은 제재기관에 위반사실을 보고하고 필요한 신고절차를 사후에 완료하여야 외국환 송금을 할 수 있는 것이다.

대외거래를 하면서 외국환을 수령하고자 하는 법인이나 개인이 외국환거래법령에 따른 신고의무를 위반한 사실을 외국환은행이 확인한 경우에는 외국환은행을 경유하여 위반사실을 제재기관의 장에게 보고한 후 수령할 수 있다.

② 지급 또는 영수의 중단

외국환을 지급 또는 수령을 하고자 하는 자가 당해 지급 등과 관련하여 필요한 신고 등을 이행하지 않는 등 위반사실을 보고받은 제재기관의 장은 위반한 당사자가 제재(외국환거래법 제19조 제2항에 따른 외국환거래 또는 행위 정지·제한, 허가취소)를 받을 우려가 있거나 기타 제재의 실효성 확보를 위하여 필요하다고 인정되는 경우 제재처분 확정시까지 지급 등을 중단시킬 수 있다.

## 5) 거주자의 지급 및 영수절차의 예외

거주자의 지급 및 영수절차에 관련하여 예외적으로 증빙서류 제출이 면제되는 지급 및 영수는 아래 와 같다.

〔표 4〕 증빙서류 제출의무가 면제되는 지급 및 영수(정 4-3-1)

| 당사자 | 금액 | 증빙서류<br>제출의무 | 비고 |
|---|---|---|---|
| 거주자 | 연간 누계금액이 미화 5만불 이내(거주자의 신고예외 자본거래금액 포함)인 경우 | 면제 | 외국환은행의 장에게 설명 및 확인받을 의무 |
| | 연간 누계금액이 미화 5만불을 초과하는 지급으로서 당해 거래의 내용과 금액을 서류를 통해 외국환은행의 장이 확인할 수 있는 경우 | 면제 | 외국환은행의 장에게 설명 및 확인받을 의무 |
| | 외국환거래규정에 따른 신고를 필요로 하지 않는 동일자·동일인 기준 미화 2만불 이하의 수령 | 면제 | 외국환은행의 장에게 설명 및 확인받을 의무 |
| | 외국환거래규정에 따른 신고를 필요로 하지 않는 미화 동일자·동일인 기준 2만불 초과하는 수령 | 면제 | 외국환은행의 장의 서면 수령사유확인으로 대체 외국환은행의 장에게 설명 및 확인받을 의무 |
| 정부 또는 지방자치단체 | 지급 또는 수령 | 면제 | |
| 거주자 | 거래 또는 행위가 발생하기 전에 하는 지급 금액의 10% 범위 이내 | 면제 가능 | |
| 거주자 | 거래 또는 행위가 발생하기 전에 하는 지급 금액 | 사후제출 | 일정한 기간 내에 지급증빙서류 제출하여 정산 |
| 거주자 | 해외여행경비, 이주비, 재외동포 국내재산반출거래 에 따른 지급 | 면제 | 정 4-5~4-7에서 별도 규정 |
| 거주자 | 전년도 수출실적이 미화 5천만불 이상인 기업의 송금방식 수출대금의 수령 | 면제 | 증빙서류 5년 보관 |
| 거주자 | 전년도 수입실적이 미화 5천만불 이상인 기업의 송금방식 수입대금의 지급 | 면제 | 증빙서류 5년 보관 |
| 거주자 (새만금사업 지역 내에 소재한 기업) | 전년도 수출 또는 수입실적이 미화 1천만불 이상 기업의 수출대금의 수령 또는 수입대금의 지급 | 면제 | 증빙서류 5년 보관 |
| 거주자 | 「외국인투자촉진법」상 외국인투자기업 및 외국기업 국내지사의 설립을 위하여 비거주자가 지출한 비용의 반환을 위한 지급 | 면제 | 지출비용을 수령한 외국환은행을 통하여 지급 |

## 6) 지정 거래외국환은행을 통한 지급 및 수령 의무

외국환거래규정에 따른 신고를 필요로 하지 않는 거래로서 연간 누계금액이 미화 5만불 이내인 경우나 연간 누계금액이 미화 5만불을 초과하는 지급으로서 당해 거래의 내용과 금액을 서류를 통해 외국환은행의 장이 확인할 수 있는 경우에 지급을 하고자 하는 자는 거래외국환은행을 지정하여야 한다.

외국환거래규정에 따라 거래외국환은행을 지정한 경우에는 당해 외국환은행을 통하여 지급 등(휴대수출입을 위한 환전을 포함한다)을 하여야 한다.

## 7) 비거주자(외국인거주자)의 지급 절차(정 4-4)

### ① 연간 미화 5만불 이내의 지급

비거주자 및 외국인거주자는 연간 미화 5만불(신용카드로 지급한 해외여행경비나 해외 여행지에서 외국통화 인출금액 포함) 범위 내에서 지정거래외국환은행을 통해 지급할 수 있다.

### ② 연간 미화 5만불 초과하는 지급

비거주자 및 외국인거주자는 연간 미화 5만불을 초과하는 지급에 대하여는 아래와 같이 자금의 취득경위를 입증하는 서류(이하 "취득경위 입증서류")를 제출하여 외국환은행 장의 확인을 받은 경우에 한하여 지급할 수 있다.

〔표 5〕비거주자(외국인거주자)의 지급 절차(정 4-4-1)

| 당사자 | 지급 금액 | 취득경위 입증서류 | 외국환은행 의 장의 확인 |
|---|---|---|---|
| 비거주자(외국인거주자) | 외국으로부터 외국환거래규정에 따라 수령 또는 휴대수입한 대외지급수단 범위 이내 | 제출 | 필요 |
| 비거주자 | 최근 입국일 이후 수령 또는 휴대수입한 대외지급수단 | 제출 | 필요 |
| 비거주자(외국인거주자) | 대외지급수단매매신고서에 의해 한국은행총재에게 신고한 범위 이내 | 제출 | 필요 |
| 비거주자(외국인거주자) | 국내에서의 고용, 근무에 따라 취득한 국내보수 또는 자유업 영위에 따른 소득 및 국내로부터 지급받는 사회보험 및 보장급부 또는 연금 기타 이와 유사한 소득범위 이내에서 지정거래외국환은행을 통해 지급하는 경우 | 제출 | 필요 |

| 당사자 | 지급 금액 | 취득경위 입증서류 | 외국환은행의 장의 확인 |
|---|---|---|---|
| 비거주자(외국인거주자) | 주한 외교기관이 징수한 영사수입 기타 수수료의 지급 | 제출 | 필요 |
| 비거주자(외국인거주자) | 국내에 있는 외국정부의 공관과 국제기구, 미군 및 국제연합군 등, 국내 외국정부의 외교관 등으로부터 외국환은행이 대외지급수단을 매입한 경우 매각실적 범위 내 | 제출 | 필요 |
| 비거주자 | 국내에 있는 외국정부의 공관과 국제기구, 미군 및 국제연합군 등, 국내 외국정부의 외교관 등이 외국환은행에 본인의 확인서를 제출하여 외국환을 매각한 범위 내 | 제출 | 필요 |
| 비거주자(외국인거주자) | 외국환거래규정의 자본거래, 현지금융, 직접투자 및 부동산 취득에 관한 규정에 따라 대외지급이 인정된 자금의 지급 | 제출 | 필요 |

〔별지 제6-1호 서식〕

| | 반출입구분(Ex or Import) |
|---|---|

| 외국환신고(확인)필증 (Declaration of Currency or Monetary Instruments) | | |
|---|---|---|

| 성 명<br>Name<br>Last First Middle Initial | 생년월일<br>Date of Birth | . . . |
| | 국 적<br>Nationality | |

| 주민등록번호 :<br>Passport No. : | 체재기간 From<br>Expected Term of Stay To |
|---|---|

| 신고내역 및 금액 (Description and Amount of Declaration) | | | | | | |
|---|---|---|---|---|---|---|
| 신고사유<br>Reasons | 통화종류<br>Code of<br>Currency | 형태<br>Form | 통화별금액<br>Amount in<br>each Currency | 합계(미화상당)<br>Sum<br>(US $ equiv) | 반출입 용도<br>Use | 비 고(Note)<br>(수표번호 등) |
| 휴 대<br>(Carried) | | | | | | |
| | | | | | | |
| 송 금<br>(Remitted) | | | | | | |
| 기 타<br>(From Other<br>eligible<br>sources) | | | | | | |

신고일자 : . 신고인 서명 (Signature)

확인자 성명: (전화번호 : ) 확인기관 : 직인

·······························································································

| 외국환매입장(Record of Foreign Exchange Sold) ( official use only ) | | | |
|---|---|---|---|
| 일자<br>Date | 금액<br>Amount | 매 입 기 관<br>Bank Money Changer or Post Officer | 확 인<br>Responsible Official |
| | | | |

| 재반출 확인(Confirmation of Re-Export) ( official use only ) | | | | |
|---|---|---|---|---|
| 일자<br>Date | 통화종류<br>Code of Currency | 금액<br>Amount | 확인기관<br>Confirmation Office | 확인자<br>Signature |
| | | | | |

※ 이 서류는 원·외화 반출입 시 소지하여 세관에 제시하여야 합니다.(This sheet must be submitted to Customs officer when you carry with the Currency or Monetary Instruments.)

③ 지급의 예외 규정

외국환은행이 비거주자에게 외국환 매각실적이 없더라도 미화 1만불 이내의 금액은 내국지급수단을 대가로 외국환을 매각할 수 있는데 비거주자가 이때 매입한 외화는 지급할 수 있다(정 4-4-3).

외국인거주자의 미화 1만불 이내의 해외여행경비를 지급할 수 있다(정 4-4-3).

## 8) 해외여행경비 지급절차(정 4-5)

### ① 해외여행자의 구분

외국환거래규정상 "해외여행자"는 다음과 같이 구분한다.

〔표 6〕 해외여행자의 구분(정 1-2-40)

| 구분 | 정의 | 체재기간 | 비고 |
|---|---|---|---|
| 해외체재자 | 상용, 문화, 공무, 기술훈련, 국외연수를 목적으로 외국에 체재하는 자 | 30일 초과 (6월 미만) | 국내거주기간이 5년 미만인 외국인거주자는 제외 |
| 해외체재자 | 국내기업 및 연구기관 등에 근무하는 자로서 그 근무기관의 업무를 위하여 외국에 체재하는 국내거주기간 5년 미만인 외국인거주자와 외국의 영주권 또는 장기체류자격을 취득한 재외국민 | 30일 초과 | |
| 해외유학생 | 영주권자가 아닌 국민 또는 국내 거주기간 5년 이상인 외국인인 경우로서 외국의 교육기관·연구기관 또는 연수기관에서 6월 이상의 기간에 걸쳐 수학하거나 학문·기술을 연구 또는 연수할 목적으로 외국에 체재하는 자 | | |
| 해외유학생 | 유학경비를 지급하는 부모가 영주권자가 아닌 국민인 거주자인 경우로서 외국의 교육기관·연구기관 또는 연수기관에서 6월 이상의 기간에 걸쳐 수학하거나 학문·기술을 연구 또는 연수할 목적으로 외국에 체재하는 자 | | |
| 일반해외여행자 | 해외체재나 해외유학생에 해당하지 아니하는 거주자인 해외여행자 | | |

② 해외여행경비 휴대 출국

"해외여행경비"라 함은 해외여행자가 지급할 수 있는 해외여행에 필요한 경비를 말한다(정 1-2-39).

해외여행자는 해외여행경비를 미화 1만불까지는 신고하지 않고 휴대하여 출국할 수 있으며, 미화 1만불을 초과하는 경우에는 세관에 신고하고 출국(휴대수출)할 수 있다.

③ 외국환은행을 통한 해외여행경비 지급

일반해외여행자가 아래의 어느 하나인 경우에는 외국환은행을 통하여 해외여행경비를 외국에 지급할 수 있다.

〔표 7〕 일반해외여행자의 외국환은행을 통한 해외여행경비 지급(정 4-5)

| 당사자 | 해외여행경비 | 외국환은행을 통한 지급 | 비고 |
|---|---|---|---|
| 정부, 지방자치단체 | 기관의 예산으로 지급되는 금액 | 가능 | |
| 「공공기관의 운영에 관한 법률」에 따라 지정된 공공기관 | 기관의 예산으로 지급되는 금액 | 가능 | |
| 한국은행, 외국환은행 | 기관의 예산으로 지급되는 금액 | 가능 | |
| 한국무역협회·중소기업협동조합중앙회·언론기관(국내 신문사, 통신사, 방송국에 한함)·대한체육회·전국경제인연합회·대한상공회의소 | 기관의 예산으로 지급되는 금액 | 가능 | |
| 수출·해외건설 등 외화획득을 위한 여행자 | 주무부장관 또는 한국무역협회의 장이 필요성을 인정하여 추천하는 금액 | 가능 | |
| 방위산업체 근무자 | 주무부장관 또는 한국무역협회의 장이 필요성을 인정하여 추천하는 금액 | 가능 | |
| 기술·연구목적 여행자 | 주무부장관 또는 한국무역협회의 장이 필요성을 인정하여 추천하는 금액 | 가능 | |
| 일반해외여행자 | 외국에서의 치료비 | 가능 | |
| 일반해외여행자 | 당해 수학기관에 지급하는 등록금, 연수비와 교재대금 등 교육관련 경비 | 가능 | |

| 당사자 | 해외여행경비 | 외국환은행을 통한 지급 | 비고 |
|---|---|---|---|
| 일반해외여행자 | 외국에 소재한 여행업자, 숙박업자, 운수업자에 대한 해외여행경비의 지급 | 가능 | 소속 임직원의 일반해외여행경비에 대해서 당해 법인이 지급하는 경우를 포함 |

여기서 "공공기관"이라 함은 「공공기관의 운영에 관한 법률」에 따라 지정된 공공기관을 말한다(정 1-2-28).

여행업자 또는 교육기관 등(국내 해외연수알선업체를 포함)과의 계약에 의하여 해외여행을 하고자 하는 해외여행자는 해외여행경비의 전부 또는 일부를 당해 여행업자 또는 교육기관 등에게 외국환은행을 통하여 지급할 수 있다.

여행업자 또는 교육기관 등은 동 경비를 외국의 숙박업자·여행사 또는 해외연수기관(외국의 연수알선업체를 포함)에 지정거래외국환은행을 통하여 지급하거나 휴대수출하여 지급할 수 있다(정 4-5-3).

④ 해외체재자 및 해외유학생의 해외여행경비 지급

해외체재자 및 해외유학생이 해외여행경비를 지급하고자 하는 경우에는 거래외국환은행을 지정하여야 하며, 해외체재 또는 해외유학을 입증할 수 있는 서류를 제출하여야 한다. 다만, 해외유학생은 이후에도 매연도별로 외국교육기관의 장이 발급하는 재학증명서 등 재학사실을 입증할 수 있는 서류를 제출하여야 한다(정 4-5-2).

⑤ 해외여행경비의 환전과 매각 등

여행업자 또는 교육기관 등이 해외여행자와의 계약에 의한 필요 외화 소요경비를 환전하고자 하는 경우에는 지정거래외국환은행의 장으로부터 환전금액이 해외여행자와의 계약에 따른 필요 외화 소요경비임을 확인받아야 한다(정 4-5-4).

지정거래외국환은행의 장은 위의 규정에 의하여 해외여행경비를 매각하는 경우로서 해외여행자가 외국인거주자인 경우에는 당해 해외여행자의 여권에 매각금액을 표시하여야 한다. 다만, 1백만원 이하에 상당하는 외국통화를 매각하는 경우에는 그러하지 아니하다(정 4-5-5).

⑥ 신용카드 등에 의한 해외여행경비 지급

해외여행자는 해외여행경비를 신용카드 등(여행자카드 포함)으로 지급(현지에서의 외국통화 인출을 포함)할 수 있다. 다만, 외국인거주자의 경우 한국은행총재에게 신고한 금액범위 이내에서 해외여행경비를 신용카드 등으로 지정거래외국환은행을 통하여 지급할 수 있다(정 4-5-6).

법인은 당해 법인의 예산으로 소속 임직원(일반해외여행자에 한함)에게 해외여행경비를 지급할 경우 법인명으로 환전하여 지급하거나, 법인명의의 신용카드 등(여행자카드 포함)으로 지급할 수 있다(정 4-5-7).

## 9) 해외이주비 지급절차(정 4-6)

### ① 해외이주비 휴대수출

"해외이주비"라 함은 해외이주자(「해외이주법」 등 관련 법령에 의하여 해외이주가 인정된 자) 및 해외이주예정자(영주권 등을 취득하려고 하는 자)가 지급할 수 있는 경비를 말한다(정 1-2-41).

해외이주자가 해외이주비를 휴대수출하는 방식으로 지급하고자 하는 경우에는 외국환은행의 장의 확인을 받은 후 휴대수출할 수 있다(정 4-6-1).

해외이주예정자가 영주권 등을 취득하기 위한 자금을 지급하고자 하는 경우에는 휴대수출하는 방식으로 지급하고자 하는 때에는 외국환은행의 장의 확인을 받은 후 휴대수출할 수 있다(정 4-6-2).

### ② 외국환은행을 통한 해외이주비 지급

해외이주자가 해외이주비를 외국환은행을 통하여 지급하는 경우에는 다음 표 8에서 정하는 날부터 3년 이내에 지정거래외국환은행을 통하여 지급할 수 있다.

해외이주예정자가 영주권 등을 취득하기 위한 자금을 지급하고자 하는 경우에는 지정거래외국환은행을 통하여 지급할 수 있다(정 4-6-2).

〔표 8〕 해외이주자의 외국환은행을 통한 해외이주비 지급(정 4-6)

| 당사자 | 금액 | 지급시기 | 지급가능기간 | 비고 |
|---|---|---|---|---|
| 국내로부터 이주하는 자 | 세대별 해외이주비 지급누계금액이 미화 10만불 이하 | 외교통상부로부터 해외이주신고확인서를 발급받은 날 | 3년 이내 | |
| 현지 이주하는 자 | 세대별 해외이주비 지급누계금액이 미화 10만불 이하 | 재외공관으로부터 최초로 거주여권을 발급받은 날 | 3년 이내 | |
| 해외이주자(해외이주예정자) | 세대별 해외이주비 지급누계금액이 미화 10만불을 초과 | 해외이주자의 관할세무서장이 발급하는 해외이주비 전체금액에 대한 자금출처확인서를 지정거래외국환은행의 장에게 제출한 때 | | 자금출처확인서 발급 받은 금액까지만 지급가능 |

관할세무서장이 발급하는 자금출처확인서는 과거 소득세 등 납부실적 등을 감안하여 자금출처 확인 금액이 달라지므로 해외이주비로 지급(해외송금)하고자 하는 금액을 일부 지급하지 못하는 경우가 발생할 수 있으므로 유의하여야 한다.

③ 영주권 등 취득 입증서류 제출의무

해외이주예정자는 해외이주비의 지급 후 1년 이내에 영주권 등을 취득하였음을 입증하는 서류를 지정거래외국환은행의 장에게 제출하여야 한다. 현실적으로 영주권 취득에 시간이 많이 소요되는 경우가 있는데 영주권 등을 1년 이내에 취득하는 것이 불가능하다는 사실을 입증할 경우, 영주권 등을 취득하였음을 입증하는 서류의 제출기한을 연장할 수 있다. 영주권 등 제출기한을 연장한 경우에는 매년 영주권 등 취득현황을 통보하여야 한다.

해외이주예정자는 해외이주비의 지급 후 1년 이내에 영주권 등을 취득하였음을 입증하는 서류를 지정거래외국환은행의 장에게 제출할 수 없는 경우에는 지급한 자금을 국내로 회수하여야 한다.

④ 해외이주비와 재외동포의 국내재산 반출과의 관계

해외이주비에 해당하여 지급하는 경우에는 재외동포의 국내재산반출절차를 적용하지 이니힌다(정 4-6-6).

## 10) 재외동포의 국내 재산 반출절차

### ① 재외동포의 정의

"재외동포"라 함은 「해외이주법」에 의한 해외이주자로서 외국 국적을 취득한 자 또는 대한민국 국민으로서 외국의 영주권 또는 이에 준하는 자격을 취득한 자를 말한다(정 1-2-29).

### ② 재외동포의 국내재산 반출

재외동포가 본인 명의로 보유하고 있는 국내재산을 국외로 반출하고자 하는 경우에는 거래외국환은행을 지정하고, 취득경위 입증서류를 제출하여야 한다.

〔표 9〕 재외동포의 국내재산 반출절차(정 4-7)

| 당사자 | 국내재산 | 반출절차 | 제출서류 | 비고 |
|---|---|---|---|---|
| 재외동포 | 부동산 처분대금 | 거래외국환은행 지정 | 취득경위 입증서류 | 재외동포 자격 취득 후 형성된 재산을 포함 |
| 재외동포 | 국내예금·신탁계정관련 원리금, 증권매각대금 | 거래외국환은행 지정 | 취득경위 입증서류 | " |
| 재외동포 | 본인명의 예금 또는 부동산을 담보로 하여 외국환은행으로부터 취득한 원화대출금 | 거래외국환은행 지정 | 취득경위 입증서류 | " |
| 재외동포 | 본인명의 부동산의 임대보증금 | 거래외국환은행 지정 | 취득경위 입증서류 | " |

### ③ 취득경위 입증서류

재외동포가 국내재산을 반출하고자 할 때 지정거래 외국환은행의 장에게 제출하여야 하는 취득경위 입증서류는 아래 [표 10]과 같다.

〔표 10〕 취득경위 입증서류(정 4-7)

| 당사자 | 국내재산 | 취득경위 입증서류 | 서식 | 비고 |
|---|---|---|---|---|
| 재외동포 | 부동산 처분대금 | 최종 주소지 관할세무서장이 발행한 부동산매각자금확인서 | 별지4-2 | 확인서 신청일 현재 부동산 처분일로부터 5년이 경과하지 아니한 부동산 처분대금에 한함 |
| 재외동포 | 기타 국내재산 지급누계금액이 10만불 초과시 | 지정거래외국환은행의 주소지 또는 신청자의 최종주소지 관할세무서장이 발행한 전체 금액에 대한 자금출처확인서 | | " |

| 발 급 번 호 | 부동산 매각자금 확인서 | | 처리기간 |
|---|---|---|---|

| 신청인 | 성명 | | 주민등록번호<br>(외국인등록번호) | | 국적 또는 영주권취득일 |
|---|---|---|---|---|---|
| | 국내거소 | | (연락처) | | |

**부 동 산 매 각 자 금 내 역**

| 부동산 | 소 재 지 | | | |
|---|---|---|---|---|
| | 지 목 | | 면 적(㎡) | |
| | 양도일자 | | 양도가액(원) | |
| | 확인금액(원) | | | |

| 양수인 | 성 명 | | 주민등록번호 | |
|---|---|---|---|---|
| | 주 소 | | | |

외국환거래규정 및 관련 지침 등에 의해 국내보유 부동산을 매각한 자금이 위와 같이 확인됨을 증명하여 주시기 바랍니다.

년　　월　　일

　　　　신청인 :
　　　　대리인 :
　　　　신청인과의 관계 :
　　　　대리인 주민등록번호 :　　　　-

세무서장 귀하

　　　　위와 같이 확인함
년　　월　　일

세무서장 （ 인 ）

첨부서류 1. 등기부등본
　　　　 2. 건축물관리대장 및 토지대장 각1부
　　　　 3. 양도당시 실지거래가액을 확인할 수 있는 서류
　　　　　　 (매매계약서 및 관련 금융자료 등)

☞ 부동산 매각자금 확인서 작성요령
1. "국내거소"란에는 국내체류지 및 연락 전화번호를 기재
2. "지목"란에는 부동산의 종류(대지, 전답, 아파트 등)을 기재하고 부동산소재지별로 작성한다.
3. "양도가액"란에는 세무서에 신고된 부동산 매각당시의 가액을 기재
　 다만, 기준시가에 의한 양도소득세 신고의 경우 또는 양도소득세 비과세에 해당하는 경우 매매계약서 및 관련 금융자료 등 제출된 증빙서류에 의하여 객관적으로 부동산매각대금이 확인된 경우에는 그 가액을 기재
4. "확인금액"란에는 양도가액에서 당해 부동산의 채무액(전세보증금, 임차보증금 등)을 공제한 가액을 기재
5. 토지수용 등의 경우 사업시행소관부처장의 확인서를 첨부

210㎜×297㎜

④ 재외동포 국내재산 반출에 대한 자본거래규정 적용배제

재외동포가 외국환관리규정의 국내재산반출절차에 따라 대외지급을 하고자 하는 경우 해외예금 및 신탁(정 7-11), 해외직접투자(정 9장 1절) 및 거주자의 외국부동산취득(정 9장 4절)의 규정에 따른 자본거래절차를 적용하지 아니한다.

⑤ 재외동포 국내재산의 지급 및 활용

재외동포의 국내재산관련 자금은 지정거래외국환은행을 통하여 지급하거나 세관에 신고한 후 휴대수출할 수 있으며, 해외이주자계정에 예치할 경우에는 담보활용이 가능하다. 다만, 담보권실행에 의한 예치금의 해외지급은 당해 신청자의 국내재산이 반출된 것으로 간주한다(정 4-7-4).

## 11) 외국환거래내역의 관계기관 통보

개인이나 기업이 외국환은행을 통하여 외화를 송금하거나 수령하는 경우 그 외국환거래내역은 국세청장, 관세청장, 금융감독원장에게 통보된다. 모든 외국환거래 내역이 통보되는 것은 아니지만 일정 금액이상의 외국환거래는 매월별로 관계기관에 통보된다. 개인이나 기업의 외국환거래 내역을 매월별로 통보받은 국세청, 관세청, 금융감독원은 외국환거래 내역을 분석하여 각 기관이 가지고 있는 정보와 대조하여 점검함으로써 문제가 있는지 확인하는 것이다.

① 국세청장에 대한 통보

외국환은행의 장은 다음의 하나에 해당하는 지급 등의 경우에는 매월별로 익월 10일 이내에 지급 등의 내용을 국세청장에게 통보하여야 한다. 다만, 정부 또는 지방자치단체의 지급 등은 그러하지 아니하다(법 21, 영 36, 정 4-8-1).

〔표 11〕 국세청장에 대한 통보사항

| 의무자 | 통보대상 | 통보내용 | 통보기한 |
|---|---|---|---|
| 외국환은행의 장 | 국세청장 | 지급 및 수령의 금액이 지급인 및 수령인별로 연간 미화 1만불을 초과하는 경우 | 매월별로 익월 10일 이내 |
| 외국환은행의 장 | 국세청장 | 해외예금거래에 의한 지급금액이 지급인별로 연간 미화 1만불을 초과하는 경우 | 매월별로 익월 10일 이내 |

| 의무자 | 통보대상 | 통보내용 | 통보기한 |
|---|---|---|---|
| 외국환은행의 장 | 국세청장 | 건당 미화 1만불을 초과하는 금액을 외국환은행을 통하여 지급 등(송금수표에 의한 지급 등을 포함)하는 경우 | 매월별로 익월 10일 이내 |

② 관세청장에 대한 통보

외국환은행의 장은 다음의 하나에 해당하는 지급 등의 경우에는 매월별로 익월 10일까지 관세청장에게 통보하여야 한다. 다만, 정부 또는 지방자치단체의 지급은 그러하지 아니하다(법 21, 영 36, 정 4-8-2).

〔표 12〕 관세청장에 대한 통보사항

| 의무자 | 통보대상 | 통보내용 | 통보기한 |
|---|---|---|---|
| 외국환은행의 장 | 관세청장 | 수출입대금의 지급 또는 수령 | 매월별로 익월 10일까지 |
| 외국환은행의 장 | 관세청장 | 외국환은행을 통한 용역대가의 지급 또는 수령 | 매월별로 익월 10일까지 |
| 외국환은행의 장 | 관세청장 | 증빙서류를 제출하지 않는 지급 및 수령(연간 미화 5만불 이내) | 매월별로 익월 10일까지 |
| 외국환은행의 장 | 관세청장 | 신고를 필요로 하지 않는 수령 | 매월별로 익월 10일까지 |
| 외국환은행의 장 | 관세청장 | 건당 미화 1만불을 초과하는 해외이주비의 지급 | 매월별로 익월 10일까지 |
| 외국환은행의 장 | 관세청장 | 건당 미화 1만불을 초과하는 금액을 외국환은행을 통하여 지급 등(송금수표에 의한 지급을 포함한다)을 하는 경우 | 매월별로 익월 10일까지 |

③ 금융감독원장에 대한 통보

외국환은행의 장은 다음의 하나에 해당하는 지급 등의 경우에는 매월별로 익월 10일까지 금융감독원장에게 통보하여야 한다. 다만, 정부 또는 지방자치단체의 지급은 그러하지 아니하다(법 21, 영 36, 정 4-8-2).

〔표 13〕 금융감독원장에 대한 통보사항

| 의무자 | 통보대상 | 통보내용 | 통보기한 |
|---|---|---|---|
| 외국환은행의 장 | 금융감독원장 | 증빙서류를 제출하지 않는 지급(연간 미화 5만불 이내)금액이 지급인별로 연간 미화 1만불을 초과하는 경우 | 매월별로 익월 10일까지 |
| 외국환은행의 장 | 금융감독원장 | 해외예금거래에 의한 지급금액이 지급인별로 연간 미화 1만불을 초과하는 경우 | 매월별로 익월 10일까지 |
| 외국환은행의 장 | 금융감독원장 | 해외유학생 및 해외체재자의 해외여행경비 지급금액이 연간 미화 10만불을 초과하는 경우 | 매월별로 익월 10일까지 |
| 외국환은행의 장 | 금융감독원장 | 건당 미화 1만불을 초과하는 금액을 외국환은행을 통하여 지급 등(송금수표에 의한 지급을 포함)을 하는 경우 | 매월별로 익월 10일까지 |

## (4) 국제평화 및 안전유지 등의 의무이행을 위한 지급 및 영수허가 지침

### 1) 지침의 목적

국제평화 및 안전유지 등의 의무이행을 위한 지급 및 영수허가지침은 외국환거래법 제15조 제2항 및 동법시행령 제29조 제1항에 의거 대한민국이 국제사회의 일원으로 우리나라가 체결한 조약 및 일반적으로 승인된 국제법규의 성실한 이행과 국제평화 및 안전유지를 위한 국제적 노력에 기여하기 위하여 제2조 제1항에 의한 금융제재대상자 등과 같은 조 제2항에 규정된 자에 대한 지급 및 영수의 제한에 관한 사항을 규정함을 목적으로 한다.

### 2) 지침의 적용범위

국제평화 및 안전유지 등의 의무이행을 위한 지급 및 영수허가지침은 다음에 해당하는 개인 및 단체 등과 거주자 및 비거주자 간의 지급 및 영수에 대하여 적용한다.

〔표 13-1〕 금융제재대상자

| 근거 | 금융제재대상 |
|---|---|
| 외국환은행 제751호 및 제1907호(각 1992년, 2009년 : 소말리아 및 에리트리아의 평화와 안전에 위협이 되는 자에 대한 제재) | 국제연합 안전보장이사회 또는 동이사회 결의 제751호(1992년) 및 제1907호(2009년)에 의하여 구성된 위원회(Security Council Committee)가 지명한 자 |

| 근거 | 금융제재대상 |
|---|---|
| 국제연합 안전보장이사회 결의 제1267호, 1989호 및 2253호(각 1999년, 2011년 및 2015년 : ISIL, 알카에다 관계자 등에 관한 제재) | 국제연합 안전보장이사회 또는 동 이사회 결의 제1267호(1999년), 제1989호(2011년) 및 제2253호(2015년)에 의하여 구성된 위원회가 지명한 자 |
| 국제연합 안전보장이사회 결의 제1518호 (2003년 : 후세인 정권 관계자 등에 대한 제재) | 국제연합 안전보장이사회 또는 동 이사회 결의 제1518호(2003년)에 의하여 구성된 위원회가 지명한 자 |
| 국제연합 안전보장이사회 결의 제1521호 (2003년 : 라이베리아 평화와 안전에 위협이 되는 자에 대한 제재) | 국제연합 안전보장이사회 또는 동 이사회 결의 제1521호(2003년)에 의하여 구성된 위원회가 지명한 자 |
| 국제연합 안전보장이사회 결의 제1533호 (2004년 : 민주콩고공화국 내전 관련자에 대한 제재) | 국제연합 안전보장이사회 또는 동 이사회 결의 제1533호(2004년)에 의하여 구성된 위원회가 지명한 자 |
| 국제연합 안전보장이사회 결의 제1572호 (2004년 : 코트디부아르 평화와 안전에 위협이 되는 자에 대한 제재) | 국제연합 안전보장이사회 또는 동 이사회 결의 제1572호(2004년)에 의하여 구성된 위원회가 지명한 자 |
| 국제연합안전보장이사회 결의 제1591호 (2005년 : 수단의 평화와 안전에 위협이 되는 자에 대한 제재) | 국제연합 안전보장이사회 또는 동 이사회 결의 제1591호(2005년)에 의하여 구성된 위원회가 지명한 자 |
| 국제연합 안전보장이사회 결의 제1718호 (2006년 : 북한 미사일·핵·대량살상무기 관련자에 대한 제재) | 국제연합 안전보장이사회 또는 동이사회 결의 제1718호(2006년)에 의하여 구성된 위원회가 지명한 자 |
| 국제연합 안전보장이사회 결의 제2231호 (2015년 : 이란의 핵확산 민감활동 또는 핵무기 운반체계 개발 중단 합의 등과 관련한 이사회 의결) | 국제연합 안전보장이사회 또는 동 이사회 결의 제2231호(2015년)에 의하여 구성된 위원회가 지명한 자 |
| 국제연합 안전보장이사회 결의 제1970호 (2011년 : 카다피 정권에 대한 제재) | 국제연합 안전보장이사회 또는 동이사회 결의 제1970호(2011년)에 의하여 구성된 위원회가 지명한 자 |
| 국제연합 안전보장이사회 결의 제1988호 (2011년 : 아프가니스탄의 평화와 안전에 위협이 되는 탈리반 관계자 등에 대한 제재) | 국제연합 안전보장이사회 또는 동이사회 결의 제1988호(2011년)에 의하여 구성된 위원회가 지명한 자 |
| 국제연합 안전보장이사회 결의 제2127호 (2013년 : 중앙아프리카공화국 평화와 안전에 위협이 되는 자에 대한 제재) | 국제연합 안전보장이사회 또는 동이사회 결의 제2127호(2013년)에 의하여 구성된 위원회가 지명한 자 |
| 국제연합 안전보장이사회 결의 제2140호 (2014년 : 예멘 평화와 안전에 위협이 되는 자에 대한 제재) | 국제연합 안전보장이사회 또는 동이사회 결의 제2140호(2014년)에 의하여 구성된 위원회가 지명한 자 |

| 근거 | 금융제재대상 |
|---|---|
| 국제연합 안전보장이사회 결의 제2206호 (2015 : 남수단의 평화와 안전에 위협이 되는 자에 대한 제재) | 국제연합 안전보장 이사회 또는 동이사회 결의 제 2206 호(2015)에 의하여 구성된 위원회가 지명한 자 |
| 미합중국이 대통령명령(Executive Order) 제13224호 | 지명한 자 중 기획재정부장관이 동 지침에 따라 지정한 자 |
| 미합중국이 대통령명령(Executive Order) 제13382호 및 이란금융제재규정(IFSR) | 지명한 자 중 기획재정부장관이 동 지침에 따라 지정한 자 |
| 미합중국이 대통령명령(Executive Order) 제13573호 및 제13582호 | 지명한 자 중 기획재정부장관이 동 지침에 따라 지정한 자 |
| 유럽연합이사회(The Council of the European Union)가 지명한 자 | 지명한 자 중 기획재정부장관이 동 지침에 따라 지정한 자 |
|  | 그 밖에 국가의 안전 및 국민의 생명을 보호하기 위해 외교부장관, 통일부장관, 산업통상자원부장관 및 금융위원회위원장을 포함한 관계중앙행정기관의 장과 협의를 거쳐 기획재정부장관이 동 지침에 따라 지정한 자 |
|  | 이란에 거주하는 개인 또는 이란에 소재하는 단체 |

## 3) 금융제재대상자 등에 대한 지급 및 영수의 허가

거주자 및 비거주자가 금융제재대상자 등에게 지급하고자 하거나 금융제재대상자 등으로부터 영수하고자 하는 경우(금융제재대상자 등의 예금·신탁 및 금전대차 등 자본거래와 관련하여 발생하는 금융기관과의 지급 및 영수를 포함한다) 및 금융제재대상자 등이 국내에서 외국에 지급하고자 하거나 외국으로부터 영수하고자 하는 경우에는 외국환거래규정에도 불구하고 한국은행총재의 허가를 받아야 한다.

〔표 13-2〕 금융제재대상자 등에 대한 지급 및 영수 허가

| 당사자 | 거래내용 | 허가사항 |
|---|---|---|
| 거주자 및 비거주자 | 금융제재대상자 등에게 지급하고자 하는 경우 | 한국은행총재의 허가 |
| 거주자 및 비거주자 | 금융제재대상자 등으로부터 영수하고자 하는 경우(금융제재대상자 등의 예금·신탁 및 금전대차 등 자본거래와 관련하여 발생하는 금융기관과의 지급 및 영수를 포함) | 한국은행총재의 허가 |
| 거주자 및 비거주자 | 금융제재대상자 등이 국내에서 외국에 지급하고자 하는 경우 | 한국은행총재의 허가 |
| 거주자 및 비거주자 | 금융제재대상자 등이 외국으로부터 영수하고자 하는 경우 | 한국은행총재의 허가 |

### 4) 이란관련 개인 및 단체 등에 대한 지급 및 영수의 허가

거주자가 이란에 거주하는 개인 또는 이란에 소재하는 단체에게 지급하고자 하거나 이란에 거주하는 개인 또는 이란에 소재하는 단체로부터 영수하고자 하는 경우 거래외국환은행의 장은 해당 금융거래상대방, 선적물품 입항항구 및 운송 선사 등 지급·영수와 관련된 사항을 확인하여야 한다.

〔표 13-3〕이란관련 개인 및 단체 등에 대한 지급 및 영수의 허가

| 당사자 | 거래내용 | 확인의무 |
|---|---|---|
| 거주자 | 이란에 거주하는 개인 또는 이란에 소재하는 단체에게 지급하고자 하거나 이란에 거주하는 개인 또는 이란에 소재하는 단체로부터 영수하고자 하는 경우 | 거래외국환은행의 장은 해당 금융거래상대방, 선적물품 입항항구 및 운송 선사 등 지급·영수와 관련된 사항을 확인 |

거래외국환은행의 장은 확인을 위하여 제출받은 서류가 허위 또는 위조·변조되거나 금융제재대상자등과의 거래임을 확인한 경우에는 해당 거주자와의 지급 또는 영수를 거부할 수 있으며, 제재기관의 장에게 보고하여야 한다.

## (5) 대북투자 등에 관한 외국환거래 지침

### 1) 지침의 목적

대북투자 등에 관한 외국환거래지침은 남북교류협력에관한법률의 규정에 의거, 거주자 또는 거주자가 외국환거래규정에 의하여 설립한 해외현지법인이 북한에 투자를 목적으로 수행하는 행위 또는 거래(북한지역 사무소 설치를 포함한다)에 관하여 외국환거래법을 준용함에 있어 그 특례를 정함을 목적으로 한다.

### 2) 지침의 적용범위

대북투자 등에 관한 외국환거래지침은 거주자와 외국환거래규정에 따라 신고하여 설립한 현지법인의 북한지역에의 투자 및 북한지역 사무소의 설치·운영에 대하여 적용한다. 다만, 거주자 또는 현지법인이 금융·보험업을 영위하는 경우와 대북투자 업종이 금융·보험업인 경우는 제외한다.

### 3) 대북투자의 방법

거주자와 현지법인의 북한지역에의 투자(이하 "대북투자")는 다음에 정하는 방법으로 할 수 있다.

〔표 13-4〕 대북투자의 방법

| 당사자 | 투자방법 |
|---|---|
| 거주자와 현지법인 | 1. 북한의 법령에 의하여 설립된 법인(설립 중인 법인을 포함한다)의 증권 또는 출자지분 등을 취득하는 방법<br>2. 제1호의 법인에 대하여 투자사업 수행에 필요한 자금(상환기간 1년 이상에 한함)을 대부하는 방법<br>3. 북한지역에 지점을 설치 또는 확장하기 위하여 그 지점에 자금을 지급하는 방법<br>4. 제1호 내지 제3호의 방법에 의하지 아니하고 북한지역에서 사업을 영위하기 위한 자금을 지급하는 방법 |

### 4) 법인설립 등의 방법에 의한 투자

① 투자의 요건

남북교류협력에관한법률에 의하여 통일부장관은 협력사업이 다음의 요건에 합치하는지 여부에 대하여 기획재정부장관과 협의한다.

〔표 13-5〕 대북투자의 요건

| 구분 | 요건 | 협의 |
|---|---|---|
| 대북투자 | 1. 대북투자를 하고자 하는 자가 신용정보의이용및보호에관한법률에 의한 금융거래 등 상거래에 있어서 약정한 기일 내에 채무를 변제하지 아니한 자로서 종합신용정보 집중기관에 등록된 자가 아닐 것<br>2. 투자자가 대북투자를 하고자 하는 분야에서 투자수행능력이 있을 것<br>3. 시설투자의 금액, 부동산취득, 소요운전자금 등 자금운용계획과 소요자금의 조달방법이 적정할 것<br>4. 생산 및 매출계획이 시설규모와 시장수요 등에 비추어 적정할 것<br>5. 투자원금 및 과실의 회수가 가능하고 이익계획이 적정할 것 | 통일부장관과 기획재정부장관 협의 |

② 투자의 신고

　대북투자를 하고자 하는 자(현지법인의 경우에는 그 현지법인의 설립허가를 받은 거주자)는 남북교류협력에관한법률에 의한 협력사업 승인 또는 신고 수리 후 별지 제1호의 서식에 따라 지정거래외국환은행의 장에게 신고를 하여야 한다. 신고한 내용을 변경하고자 하는 경우에도 또한 같다.

<table>
<tr><td colspan="5" align="center">대북투자(변경)신고서</td><td colspan="2">처 리 기 간</td></tr>
<tr><td rowspan="6">신<br>고<br>인</td><td rowspan="2">상          호</td><td rowspan="2"></td><td colspan="2">사 업 자 등 록 번 호</td><td></td></tr>
<tr><td colspan="2">법 인 등 록 번 호</td><td></td></tr>
<tr><td>대     표     자</td><td>(인)</td><td colspan="2">주 민 등 록 번 호</td><td></td></tr>
<tr><td>주          소<br>( 소   재   지 )</td><td colspan="4">(주소)<br><br>(전화번호) (e-mail)</td></tr>
<tr><td>업          종</td><td colspan="4"></td></tr>
</table>

| 신<br>고<br>내<br>용 | 투 자 구 분 | ☐ 신규투자 ☐ 재투자(증액) ☐ 감액 ☐ 폐지 | | |
|---|---|---|---|---|
| | 투 자 방 식 | ☐ 증권취득 ☐ 대부채권취득 ☐ 기타 | | |
| | 투 자 업 종 | | | |

| | | 증권투자 | 대부투자 | 총투자액 |
|---|---|---|---|---|
| 투 자 금 액 | 현금 (U$) | | | |
| | 현물 (U$) | | | |
| | 합계 (U$) | | | |

| 현 지 법 인 명 | (자본금: USD ) |
|---|---|

지정거래외국환은행의 장 귀하

대북투자 등에 관한 외국환거래지침 제7조에 의하여 위와 같이 신고합니다.

년     월     일

| 신청인 귀하<br>위의 신고를 다음과 같이 신고필한다. | 신고수리번호 | |
|---|---|---|
| | 신고수리금액 | (U$) |
| | 유 효 기 간 | 년     월     일 |

년      월      일
신고기관 :           (인)

대북투자신고를 하고자 하는 자는 대북투자신고서에 다음의 서류를 첨부하여 지정거래외국환은행의 장에게 제출하여야 한다.

〔표 13-6〕 대북투자 신고서 첨부서류

| 구분 | 첨부서류 |
|---|---|
| 대북투자<br>신고서 | 1. 남북교류협력에관한법률시행규칙 제13조의 규정에 의한 통일부장관의 협력사업 승인서 사본 또는 동법시행규칙 제14조의 규정에 의한 통일부장관의 협력사업 신고수리서 사본<br>2. 투자에 관한 최종합의서 사본 다만, 외국환은행의 장이 부득이 하다고 인정하는 경우에는 생략할 수 있다.<br>3. 자금조달 및 운용계획을 포함한 사업계획서 (부속명세서가 있는 경우 그 부속명세서) 다만, 협력사업 신고 수리를 받은 경우는 협력사업 업종이 한국표준산업분류에 따른 제조업인 경우에만 해당한다.<br>4. 신고한 내용을 변경하고자 하는 경우에는 통일부장관의 변경승인서 또는 변경신고수리서 사본<br>5. 제7조의 2 제2항에 의한 대부투자를 하는 경우에는 비거주자원화계정 개설 증빙서류 |

③ 대북투자의 사후관리

기획재정부장관은 지정거래외국환은행의 장으로 하여금 대북투자사업의 실태를 파악하고 대북투자사업 실적을 분석·검토하며 관리대장을 기록·비치하게 하는 등 대북투자에 대한 적절한 관리를 실시하게 할 수 있다.

대북투자자는 다음의 보고서를 다음에서 정한 기일 내에 지정거래외국환은행의 장에게 제출하여야 한다. 다만, 대북투자자 또는 북한 현지법인이 휴·폐업, 소재불명 등으로 인해 보고서 등을 제출하는 것이 불가능하다고 지정거래외국환은행의 장이 인정하는 경우에는 당해 휴·폐업 또는 소재불명 등의 기간에 다음의 1의 보고서 또는 서류를 제출하지 아니할 수 있다.

〔표 13-7〕 대북투자자의 사후관리 보고서

| 당사자 | 보고서 | 제출기한 |
|---|---|---|
| 대북투자자 | 증권(채권)취득보고서[별지 제2호 서식] | 투자금액 납입 또는 대여자금 제공 후 6월 이내 |
| 대북투자자 | 송금(투자)보고서[별지 제3호 서식] | 송금(투자) 즉시(투자금액을 현지금융으로 조달하는 경우 투자시점) |

| 당사자 | 보고서 | 제출기한 |
|---|---|---|
| 대북투자자 | 연간 사업실적 및 결산보고서 | 회계기간 종료 후 5월 이내[11] |
| 대북투자자 | 청산보고서(금전대여의 경우 원리금 회수내용을 포함)[별지 제5호 서식] | 청산자금 수령 또는 원리금회수 후 즉시 |
| 대북투자자 | 기타 지정거래외국환은행의 장이 대북투자의 사후관리에 필요하다고 인정하여 요구하는 서류 | |

---

11) 다만, 지정거래외국환은행의 장은 부동산관련업 이외의 투자사업으로서 투자금액의 합계가 미화 50만불 이하인 경우에는 연간사업실적 및 결산보고서의 제출을 면제할 수 있으며, 미화 100만불 이하인 경우에는 결산보고서 대신 소재지, 대표자, 매출액, 인원 현황 등 기본적 사항만 기재한 약식보고서를 제출할 수 있음.

〔별지 제2호 서식〕

# 증권(채권)취득보고서
□ 증권 □ 채권

## 1. 투자자현황 (담당자명 :          전화번호 :          )

| 상 호 또 는 성 명 | | 설 립 년 월 일 | |
|---|---|---|---|
| 주 소(소 재 지) | (주소)<br>(전화번호)          (e-mail) | | |
| 투 자 자 규 모 | □ 대기업 □ 중소기업 □ 개인사업자 □ 개인 | | |
| 신 고 수 리 일 자 | | 신 고 수 리 번 호 | |

## 2. 현지법인현황

| 법    인    명 | | | |
|---|---|---|---|
| 주  소 ( 소 재 지 ) | (주소)<br>(전화번호)          (e-mail) | | |
| 설 립 등 기 일 | | 영업개시(예정)일 | | 결 산 일 | |

## 3. 증권 취득 내용

| 증권취득일(자본금출자일) | | 증 권 종 류 | |
|---|---|---|---|
| 액 면 가 액 합 계 | | 취 득 가 액 합 계 | |
| 증 권 발 행 여 부 | □ 증권발행 □ 증권미발행 | | |

## 4. 채권 취득 내용

| 채 권 취 득 일 | | 대 부 원 금 | |
|---|---|---|---|
| 이      자      율 | | 대 부 기 간 | |
| 원 금 회 수 방 법 | □ 만기일시회수 □ 분할회수(총 회, 주기 : ) | | |

※ 투자금액(대여자금) 납입(제공)후 6월 이내에 제출할 것

# 송금(투자) 보고서

1. 투자자명 :　　　　　　　　　(담당자명 :　　　　　　　　전화번호 :　　　　　　　　)

2. 투자내용
　　가. 신고수리일자 및 신고수리번호 :
　　나. 투자국명 :
　　다. 투자업종 :
　　라. 북한현지법인명 :

3. 송금상대방(현지법인)
　　가. 수　취　인 :
　　나. 계좌번호 :

4. 송금(투자)내용
　　가. 투자신고액
　　　(1) 증권투자 : (U$ :　　　　)
　　　(2) 대부투자 : (U$ :　　　　)
　　　(3) 기타( ) : (U$ :　　　　)
　　나. 송금(투자)내용
　　　(1) 송금일자 :
　　　(2) 송금(투자)액 :
　　　(3) 투자방법(지분/대부) :

5. 첨부서류
- 송금(투자)사실을 증명할 수 있는 서류(송금 CABLE, 송금확인서 등)
- 수출신고필증(현물출자인 경우)
　　※ 1) 본 보고서는 송금(투자)후 즉시 제출할 것
　　　 2) 협력사업승인서 또는 신고수리서 원본의 여백에 송금은행의 송금확인을 받을 것

# 대북투자사업 청산 및 대부채권 회수보고서

□ 청산 □ 대부채권 회수

## 1. 투자자 현황

(담당자명 : 전화번호 : )

| 상 호 또 는 성 명 | | 사업자(주민)등록번호 | |
|---|---|---|---|
| 주      소<br>( 소    재    지 ) | (주소) | | |
| | (전화번호) | (e-mail) | |

## 2. 회수 및 청산 현지법인에 관한 사항

| 현 지 법 인 명 | | | |
|---|---|---|---|
| 주 소 (소 재 지) | | | |
| 법 인 형 태 | □ 법인 □개인기업<br>□ 기타 | 납 입 자 본 금 | |
| 투 자 형 태<sup>주)</sup> | □ 단독투자 □ 공동투자<br>□ 합작투자(지분율; %) □ 합영투자(지분율; %) | | |

주) "공동투자"라 함은 국내투자자와 공동으로 투자하는 경우를, "합작투자"라 함은 북측 상대방과 합작으로 투자하되 경영에 관여하지 않는 경우를, "합영투자"라 함은 북측 상대방과 합작으로 투자하되 경영에 관여하는 경우를 의미

## 3. 대부금 회수 내역

| | | 일 자 | 원 금 |
|---|---|---|---|
| 대 부 금 액 | | | |
| 회수<br>금액 | 기  회 수 금 액 | | |
| | 금회 회수금액 | | |
| 잔           액 | | | |

## 4. 잔여자산 회수 내역

가. 해산개시일(해산등기일) :                    청산종료일 :

나. 청산등기일 현재의 자산·부채(요약) 현황

(단위 : 천미불)

| 자 산 | 금 액 | 부채 및 자본 | 금 액 |
|---|---|---|---|
| 유 동 자 산<br>투 자 및 기 타 자 산<br>고 정 자 산<br>이 연 자 산 | | 유 동 부 채<br>고 정 부 채<br>자 본 금<br>잉 여 금 | |
| 계 | | 계 | |

다. 청산손익(해산일로부터 청산종료일까지의 손익) :

라. 회수되어야 할 재산[("가"의 순재산액±"나")×남측 투자비율] :

마. 회수재산 내역

(단위 : 천미불)

| 구 분<br>회수일자 | 회수재산의 종류 | 금 액 | 비 고 |
|---|---|---|---|
| | | | |
| | | | |
| | | | |
| 계 | | | |

바. 회수가 불가능한 재산이 있을 경우 그 내역 및 사유 :


## 5. 첨부서류

가. 청산인 경우

- 등기부등본 등 청산종료를 입증할 수 있는 서류

- 청산손익계산서 및 잔여재산 분배전의 대차대조표

- 잔여재산(증권의 전부 양도인 경우에는 양도대금) 회수에 대한 외국환은행의 외화
  매입 증명서(송금처 명기), 또는 현물회수의 경우 세관의 수입신고필증

나. 대부채권 회수인 경우

- 외환매입 또는 예치증명서(송금처 명기)

※ 1) 첨부서류에 대해서는 공증을 받을 것(대부채권 회수인 경우 제외)
  2) 본 보고서는 남측으로 회수 후 즉시 보고하여야 함. 다만, 해외(북한 포함)에서 인정된 자본거래로
     전환하는 경우에는 전환 전에 보고할 것

## 5) 지급 등에 대한 방법

거주자가 비거주자에게 지급 등을 할 목적으로 북한지역에서 영업 중인 외국환은행 북한지점이 개설한 대외계정으로 지급 등을 하는 경우, 인정된 거래에 한하여 외국환거래규정 제5-10조에 불구하고 한국은행총재 신고를 면제할 수 있다.

## 6) 자본거래

거주자가 대북투자 활성화를 위하여 설립된 투자관리기관과 금전대차계약에 따른 채권의 발생 등에 관한 거래를 하고자 하는 경우 외국환거래규정 제7-16조에 불구하고 한국은행총재에 신고를 요하지 아니한다.

## 7) 북한지사의 설치

남북교류협력에관한법률에 의하여 통일부장관은 북한지사 설치의 경제적 타당성 등에 대하여 기획재정부장관과 협의한다.

북한지점을 설치하고자 하는 자는 남북교류협력에관한법률에 의한 승인 또는 신고 수리를 받은 후 별지 제6호 서식에 따라 지정거래외국환은행의 장에게 신고를 하여야 한다. 신고한 내용을 변경하고자 하는 경우에도 또한 같다.

| 북한지사 설치(변경) 신고서 | | | | 처리기간 | |
|---|---|---|---|---|---|
| 신고인 | 상 호 | (인) | 사업자등록번호 | | |
| | 대 표 자 | | 주민등록번호 | | |
| | 주 소(소재지) | (주소) | | | |
| | | (전화번호)　　　　　　　　　(e-mail) | | | |
| 신고내역 | 신 고 구 분 | □ 설 치 □ 변 경 □ 폐 지 | | | |
| | 지 사 구 분 | □ 독립채산지점 □ 비독립채산지점 □ 사 무 소 | | | |
| | 지 사 명 | | | | |
| | 소 재 지 | | | | |
| | 업 종 | | | | |
| | 회 계 기 간 | | | | |
| | 주 재 원 수 | 남한파견 :　　명, 현지채용 :　　명 | | | |
| | 설 치 사 유 | □ 저임활용 □ 수출촉진 □ 북한시장진출 □ 기타( ) | | | |
| | 변경사항 | 내 용 | | | |
| | | 사 유 | | | |

대북투자 등에 관한 외국환거래지침 제15조에 의하여 위와 같이 신고합니다.

년　　월　　일
지정거래외국환은행의 장 귀하

| 신청인 귀하 위의 신청을 다음과 같이 신고필함. | 신 고 번 호 | |
|---|---|---|
| | 유 효 기 간 | |

년　　월　　일

신 고 기 관 :　　　　　　(인)

## 8) 현지금융

거주자 또는 남북교류협력에관한법률에 의하여 통일부장관의 협력사업 승인 또는 신고 수리를 받아 북한에 설치한 현지법인(이하 "북한 현지법인") 및 북한지점이 승인 또는 신고 수리된 협력사업의 수행을 위하여 현지금융을 받고자 하는 경우에는 다음 [표 13-8]에서 정한 자가 당해 현지금융에 대하여 외국환은행의 보증이 있는 경우에는 지급보증은행의 장의 인증, 외국환은행의 보증이 없는 경우에는 지정거래외국환은행의 장의 인증을 받아야 한다.

다만, 북한 현지법인 또는 북한지점(이하 "북한 현지법인 등")이 거주자의 보증 또는 담보제공 없이 현지금융을 받고자 하는 경우에는 그러하지 아니한다〈개정 2009.7.31.〉.

1. 거주자가 승인받은 대북투자자금 조달을 목적으로 북한 및 해외에서 외화자금을 차입하는 경우에는 그 거주자
2. 북한 현지법인 등이 현지금융을 받는 경우에는 당해 북한 현지법인 등을 설치한 거주자. 다만, 북한 현지법인 등을 설치한 거주자

〔표 13-8〕 대북투자 현지금융시 신고의무

| 당사자 | 거래내용 | 신고의무 |
|---|---|---|
| 거주자가 승인받은 대북투자자금 조달을 목적으로 북한 및 해외에서 외화자금을 차입하는 경우에는 그 거주자 | 당해 현지금융에 대하여 외국환은행의 보증이 있는 경우 | 지급보증은행의 장의 인증 |
| | 당해 현지금융에 대하여 외국환은행의 보증이 없는 경우 | 지정거래외국환은행의 장의 인증 |
| 북한 현지법인 등이 현지금융을 받는 경우에는 당해 북한 현지법인 등을 설치한 거주자 | 당해 현지금융에 대하여 외국환은행의 보증이 있는 경우 | 지급보증은행의 장의 인증 |
| | 당해 현지금융에 대하여 외국환은행의 보증이 없는 경우 | 지정거래외국환은행의 장의 인증 |

무역거래, 용역거래 및 자본거래 등 대외거래에 따른 외국환거래는 거래 당사자 간에 거래 건별로 외국환은행을 통하여 지급과 수령하는 것이 원칙이다. 그러나 실제 상거래에서는 거래 당사자가 아닌 제3자에게 지급하거나 제3자로부터 수령(제3자 지급 또는 영수)하거나 거래 금액의 일부를 다른 채권 또는 채무와 상계한 후 차액만을 지급하거나 수령하는 경우(상계 지급 또는 영수), 실제 거래 이행 전에 선급금을 지급하거나 수령하는 경우(기간 초과 지급 또는 영수), 외국환은행을 이용하지 않고 당사자 간에 직접 지급하거나 수령하는 경우(외국환은행을 통하지 않는 지급 또는 영수), 외화표시 수표 등을 수출하거나 수입하여 지급하거나 수령하는 경우 등 다양한 거래 방법이 사용된다.

　외국환거래법에서는 거래 당사자 간에 거래 건별로 외국환은행을 통하여 지급과 수령하는 외국환거래에 대하여는 원칙적으로 신고의무를 부여하지 않고 있다. 또한 실제 상거래에서 발생하는 다양한 거래 방법에 대하여는 상 관행의 존중 및 거래편의를 위하여 이를 허용하되, 거래를 하기 전에 신고의무를 부여하고 있다(법 16).

★

**외국환거래법 제16조 (지급 또는 수령의 방법의 신고)**

거주자 간, 거주자와 비거주자 간 또는 비거주자 상호 간의 거래나 행위에 따른 채권·채무를 결제할 때 거주자가 다음 각 호의 어느 하나에 해당하면(제18조에 따라 신고를 한 자가 그 신고된 방법으로 지급 또는 수령을 하는 경우는 제외한다) 대통령령으로 정하는 바에 따라 그 지급 또는 수령의 방법을 기획재정부장관에게 미리 신고하여야 한다. 다만, 외국환수급 안정과 대외거래 원활화를 위하여 대통령령으로 정하는 거래의 경우에는 사후에 보고하거나 신고하지 아니할 수 있다. 〈개정 2017.1.17.〉

1. 상계 등의 방법으로 채권·채무를 소멸시키거나 상쇄시키는 방법으로 결제하는 경우
2. 기획재정부장관이 정하는 기간을 넘겨 결제하는 경우
3. 거주자가 해당 거래의 당사자가 아닌 자와 지급 또는 수령을 하거나 해당 거래의 당사자가 아닌 거주자가 그 거래의 당사자인 비거주자와 지급 또는 수령을 하는 경우
4. 외국환업무취급기관 등을 통하지 아니하고 지급 또는 수령을 하는 경우

외국환거래법의 위임을 받은 외국환거래법 시행령은 지급 또는 수령의 방법을 신고하려는 자는 기획재정부장관이 정하여 고시하는 신고 서류를 기획재정부장관에게 제출하여야 한다(영 30).

★

> **외국환거래법 시행령 제30조 (지급 또는 수령 방법의 신고)**
>
> ① 법 제16조에 따라 지급 또는 수령의 방법을 신고하려는 자는 기획재정부장관이 정하여 고시하는 신고 서류를 기획재정부장관에게 제출하여야 한다.
>
> ② 법 제16조 각 호 외의 부분 단서에서 "대통령령으로 정하는 거래의 경우"란 다음 각 호의 경우를 말한다. 〈개정 2017.6.27.〉
>
> 1. 거주자와 비거주자가 상계의 방법으로 결제할 때 기획재정부장관이 정하여 고시하는 방법으로 일정한 외국환은행을 통하여 주기적으로 결제하는 경우
>
> 2. 법 제18조에 따라 기획재정부장관에게 신고한 방법에 따라 채권을 매매, 양도 또는 인수하는 경우
>
> 3. 계약 건당 미화 5만달러 이내의 수출대금을 기획재정부장관이 정하여 고시하는 기간을 초과하여 수령하는 경우
>
> 4. 거주자가 건당 미화 1만달러 이하의 경상거래에 따른 대가를 외국환업무취급기관 등을 통하지 아니하고 직접 지급하는 경우
>
> 5. 그 밖에 기획재정부장관이 정하여 고시하는 경우

외국환거래규정 지급 등의 방법에 대한 규정에 의한 신고를 하고자 하는 자는 별지 제5-1호 서식의 지급 등의 방법(변경)신고서에 신고기관이 정하는 관계서류를 첨부하여 신고기관에 제출하여야 한다. 신고내용을 변경하고자 하는 경우에도 같다(정 5-3).

〔별지 제5-1호 서식〕

## 지급 등의 방법(변경)신고서

| | | | 처리기간 |
|---|---|---|---|

| 신고인 | 상 호 | |
|---|---|---|
| | 대 표 자 성 명 | |
| | 사업자등록번호 | |
| | 주 소 | |

| 거래내용 | 거 래 종 류 | ☐ 수출거래 ☐ 수입거래 ☐ 용역거래 ☐ 자본거래 | |
|---|---|---|---|
| | 계 약 상 대 방 | 상호 및 대표자성명 | |
| | | 주 소, 전 화 번 호 | |
| | 결 제 방 법 | ☐ 신용장(L/C) ☐ 추심(D/P, D/A) ☐ 송금 ☐ 기타( ) | |
| | 금 액 | 계약금액 신고금액 | |

| 지급 등의 방법 | (1) 일정기간을 초과하는 지급 또는 영수 | 결제기간 | 당초기간 | | 변경 | |
|---|---|---|---|---|---|---|
| | | 결제시기 | 당초시기 | | 변경 | |
| | | 결제방법 | ☐ 외국환은행을 통한 방법 ☐ 기타( ) | | | |
| | (2)상계에 의한 계정의 대기,차기 | 계정의 구분 및 대차기금액 | 貸記 | | 잔액 | |
| | | | 借記 | | | |
| | | 결제방법 | ☐ 외국환은행을 통한 방법 ☐ 기타( ) | | | |
| | (3)기 타 | 구 분 | ☐ 제3자 지급<br>☐ 외국환은행을 통하지 아니하는 지급 | | | |
| | | 결제시기 | | | | |
| 변경 | | | | | | |

외국환거래법 제16조의 규정에 의하여 위와 같이 신고합니다.


년    월    일


신고인          인
(전화          )


한국은행총재 귀하
〈외국환은행의 장〉

210mm×297mm

〈첨부서류〉 1. 사유서
2. 수출입계약서사본 1부
3. 지급 등의 방법에 관한 입증서류 1부

# (1) 지급 및 수령의 방법에 대한 신고의 예외

외국환거래법 시행령의 위임을 받은 외국환거래규정에서는 지급 및 수령의 방법에 대한 신고를 요하지 않는 예외를 규정하고 있다.

〔표 14〕 지급 및 수령의 방법에 대한 신고 예외

| 당사자 | 신고예외 대상 | 비고 |
|---|---|---|
| 자본거래의 신고를 한 자 | 자본거래 신고내용에 포함된 지급 등의 방법으로 지급 및 수령을 하는 경우 | 외국환은행의 장에게 신고를 한 경우는 신고 필요 |
| 한국은행, 외국환은행, 체신관서, 소액해외송금업자, 기타 전문외국환업무를 등록한 자 및 종합금융회사 | 외국환업무와 관련하여 지급 및 수령을 하는 경우 | |
| 거주자 또는 비거주자 | 조약 또는 일반적으로 승인된 국제법규에서 정하는 지급 및 수령의 방법으로 지급 및 수령을 하는 경우 | |
| 거래당사자 | 거래당사자의 일방이 신고한 경우 | |
| 정부 또는 지방자치단체 | 수입대금을 지급하는 경우 | |
| 수입자 | 「공공차관의도입및관리에관한법률」에 의한 차관자금으로 수입대금을 지급하는 경우 | |
| 수출자 또는 수입자 | 수출승인면제(대외무역관리규정 별표 3) 및 수입승인면제(별표 4)에서 정한 물품의 수출입대금을 지급 또는 수령하는 경우 | |

2-1. 대법원 2003.10.10. 선고 2003도3516 판결[외국환거래법 위반 등]

[판시사항]

생략

[12] 재정경제부장관의 허가를 받지 아니하고 정상적인 무역대금을 가장하여 외화를 국외로 반출하는 경우에 구 외국환거래법(2000.10.23. 법률 제6277호로 개정되기 전의 것) 제27조 제1항 제10호, 제18조 제2항 제2호를 적용한 원심판결에 법령 적용을 잘못한 위법이 있음을 이유로 이를 파기한 사례

[13] 특정경제범죄가중처벌등에관한법률 제4조 제1항 소정의 '국내에 반입하여야 할 대한민국 또는 대한민국국민의 재산'의 의미

[14] 피고인이 수입 선급금 명목으로 해외로 반출한 외화를 주식에 투자하여 조성한 재산 중 일부를 다른 외국으로 송금한 경우, 위 주식 매각대금의 일부인 외화를 피고인이 법령에 의하여 국내에 반입하여야 할 의무를 부담하는 재산이라고 볼 수 없다고 한 사례

생략

[원심판결] 서울고법 2003.6.9. 선고 2003노367 판결

[주문]

1. 원심판결 중 피고인 1, 피고인 2에 대한 유죄 부분, 무죄 부분 중 별지 목록 기재 각 점에 대한 부분을 제외한 나머지 무죄 부분, 피고인 3에 대한 유죄 부분, 피고인 4, 피고인 5, 피고인 6, 피고인 7, 피고인 8에 대한 부분을 모두 파기하고, 이 부분 사건을 서울고등법원에 환송한다.

2. 원심판결 중 피고인 1, 피고인 2에 대한 별지 목록 기재 각 점에 대한 무죄 부분과 피고인 3, 같은 피고인 9에 대한 검사의 상고를 모두 기각한다.

[이유]

생략

자. 피고인 1의 미화 합계 200만 달러 상당의 외국환거래법 위반의 점에 대한 판단

(1) 원심판결 이유에 의하면, 원심은 피고인 1은 1999.9. 초순경 무역거래를 가장하여 인도네시아 소재 아스트라 인터내셔날(ASTRA INTERNATIONAL) 등의 증권을 취득하는 데 사용할 미화 200만 달러를 홍콩으로 송금하기로 마음먹고, 재정경제부장관의 허

가를 받지 아니하고, 1999.9.3.경 보성인터내셔날이 보성인터내셔날 홍콩(Bosung International HK Ltd.)으로부터 면바지 20만 장을 수입하는 것으로 가장하여 그 선급금으로 미화 100만 달러를 송금하고, 같은 해 10.27.경 주식회사 엘아이엠엠인터내셔날이 보성인터내셔날 홍콩으로부터 니트셔츠 10만 장을 수입하는 것으로 가장하여 그 선급금으로 미화 100만 달러를 송금하였다는 공소사실을 유죄로 인정한 제1심판결을 그대로 유지하였다.

(2) 기록에 의하면, 피고인 1이 증권 취득에 사용할 목적으로 물건을 수입하는 것으로 가장하여 위 각 금원을 선급금 명목으로 송금한 사실은 이를 인정할 수 있다.

그러나 직권으로 살피건대, 이 사건 공소사실에 대하여 검사는 공소장에 그 적용법조를 구 외국환거래법(2000.10.23. 법률 제6277호로 개정되기 전의 것) 제27조 제1항 제10호, 제18조 제2항 제2호를 기재하였고 제1심 및 원심도 위 공소사실에 대하여 같은 법조를 적용하였는바, 위 조항은 거주자가 재정경제부장관의 허가를 받지 아니하고 비거주자에 대하여 금전의 대여 또는 채무의 보증계약을 한 경우의 처벌조항으로 이 사건 공소사실과 같이 재정경제부장관의 허가를 받지 아니하고 정상적인 무역대금을 가장하여 외화를 국외로 반출하는 경우에는 위 조항을 적용할 수 없다 할 것이므로, 원심판결에는 외국환거래법에 관한 법리를 오해하여 법령 적용을 잘못한 위법이 있다.

차. 피고인 1의 미화 30만 달러 상당의 재산국외도피의 점에 대한 판단

(1) 원심판결 이유에 의하면, 원심은 피고인 1이 2000.5. 초순경 위 피고인의 개인 투자업체인 미국 소재 멀티미디어 위즈사(Multimedia Wiz Ltd.)에서 미화 30만 달러 상당의 자금이 급히 필요하게 되자, 위 자.항에서 본 바와 같이 수입 선급금 명목으로 송금되었기 때문에 국내로 다시 반입되어야 하는 위 미화 200만 달러로 매입한 인도네시아 주식 매각대금 미화 195만 5,866달러 중 미화 30만 달러를 홍콩에서 미국으로 송금하기로 마음먹고, 재정경제부장관의 허가를 받지 아니하고, 2000.5. 초순경 보성인터내셔날 홍콩 명의로 개설된 외환은행 홍콩지점 계좌에 예치하고 있던 보성인터내셔날과 엘아이엠엠인터내셔날 소유의 수입 선급금 중 미화 30만 달러(원화 3억 3,288만 원 상당)를 미국 소재 위 멀티미디어 위즈사로 송금함으로써 그 회수를 곤란하게 하여 법령에 위반하여 국내에 반입되어야 할 대한민국 국민의 재산을 국외에서 처분하여 도피시켰다는 공소사실을 유죄로 인정한 제1심판결을 그대로 유지하였다.

(2) 그러나 특정경제범죄가중처벌등에관한법률 제4조 제1항에 의하면 "법령에 위반하여 대한민국 또는 대한민국국민의 재산을 국외에 이동하거나 국내에 반입하여야 할 재산을 국외에서 은닉 또는 처분하여 도피시킨 때" 처벌하도록 규정하고 있는바, 위 규정의 '국내

에 반입하여야 할 대한민국 또는 대한민국국민의 재산'이라 함은 법령에 의하여 거주자가 국내에 반입하여야 할 의무를 부담하는 대한민국 또는 대한민국국민의 재산만을 의미한다고 보아야 할 것인바, 위 공소사실 기재와 같이 위 피고인이 미국으로 송금한 미화 30만 달러가 위 피고인이 해외로 반출한 미화 200만 달러를 주식에 투자하여 조성한 재산 중 일부라면 위 주식 매각대금 또는 그 중 일부인 위 미화 30만 달러를 위 피고인이 법령에 의하여 국내에 반입하여야 할 의무를 부담하는 재산이라고 볼 수는 없다.

그럼에도 불구하고, 원심이 위 미화 30만 달러를 위 피고인이 법령에 의하여 국내에 반입하여야 할 의무를 부담하는 재산이라고 보아 이 부분 공소사실에 관하여 유죄를 선고한 것은 특정경제범죄가중처벌등에관한법률 제4조 제1항에 규정된 국내에 반입하여야 할 재산에 관한 법리를 오해하여 판결 결과에 영향을 미친 위법을 저지른 경우에 해당한다 할 것이므로, 이 점에 관한 위 피고인의 상고이유의 주장은 그 이유 있다.

생략

대법관　고현철(재판장) 변재승 윤재식(주심) 강신욱

## (2) 상계 등 거래에 대한 신고

### 1) 상계와 상호계산의 개념 및 차이

#### ① 상계

상계란 거래 당사자가 서로 상대방에 대하여 채권과 채무를 가지는 경우에 양자의 채권과 채무를 같은 액수만큼 소멸시키는 것을 말한다.

**사례** **상계거래**

거래 당사자 A가 B와 거래하면서 상품 수출에 따른 채권 미화 10,000달러가 있는데, B로부터 용역을 제공받아 미화 5,000달러의 채무가 있는 경우 A는 미화 10,000달러를 수령하고, 미화 5,000달러를 지급하는 것이 원칙이다. 그런데 거래 당사자 A와 B가 상계하기로 합의하는 경우 수출채권 미화 10,000달러에서 용역 채무 미화 5,000달러만큼 상계하여 소멸시킨 후 차액인 미화 5,000달러를 결제하는 것이다.

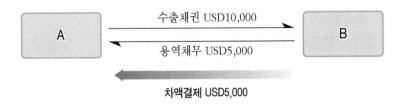

② 상호계산

상호계산이란 거래 당사자 간에 거래가 빈번하게 발생하여 일정기간 동안 발생한 거래의 채권과 채무를 각각 결제하지 않고 같은 액수만큼 소멸시킨 후 차액만을 결제하는 것을 말한다.

> [사례] **상호계산거래**

거래 당사자 A가 B와 빈번하게 거래하면서 상품 수출에 따른 채권이 1.5. 미화 10,000달러, 1.12. 미화 30,000달러, 1.18. 미화 25,000달러 등 계속하여 발생하고, B로부터 용역을 제공받아 1.7. 미화 13,000달러, 1.15. 미화 7,000달러, 1.21. 미화 11,000달러 등 채무가 계속하여 발생하는 경우 A는 각 수출거래마다 결제금액을 수령하고, 각 용역 거래마다 용역대금을 지급하는 것이 원칙이다. 그런데 거래 당사자 A와 B가 1개월마다 상호계산하기로 합의하는 경우 1월의 수출채권 총금액 1월의 용역채무 총금액만큼 상계하여 소멸시킨 후 차액이 미화 5,000달러인 경우 그 차액만을 결제하는 방식이 상호계산거래이다.

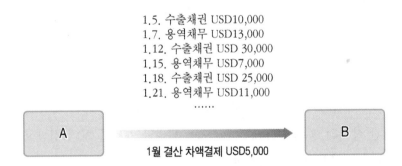

〔표 15〕상계와 상호계산의 개념

| 구분 | 개념 | 차이점 |
|---|---|---|
| 상계 | 거래 당사자가 서로 상대방에 대하여 채권과 채무를 가지는 경우에 양자의 채권과 채무를 같은 액수만큼 소멸시키는 것 | • 이미 거래가 이루어져 발생한 채권과 채무금액을 동일액만큼 소멸시킨 후 차액만을 결제<br>• 외국환은행·한국은행 신고 의무 |
| 상호계산 | 거래 당사자 간에 거래가 빈번하게 발생하여 일정기간 동안 발생한 거래의 채권과 채무를 각각 결제하지 않고 같은 액수만큼 소멸시킨 후 차액만을 결제하는 것 | • 일정기간 발생한 채권과 채무를 정기적으로 동일액만큼 소멸시킨 후 차액만을 결제<br>• 지정거래외국환은행에 신고 의무 |
| 다자간 상계 | 셋 이상의 당사자 간의 채권·채무를 일괄하여 상계하는 것 | • 한국은행 신고 |

### ③ 다자간 상계

다자간 상계란 셋 이상의 당사자 간에 상호 발생하는 채권과 채무를 일괄하여 상계하는 것을 말한다. 다자간 상계는 주로 다국적기업이 본사와 지사 또는 지사 상호간에 발생하는 채권과 채무를 일괄적으로 결제하기 위해 이용하는 경우가 많다. 이 경우 그룹 내에 중앙 집중적인 상계센터(Netting Center)를 설립하여 상계센터에서 본사와 지사 간의 채권과 채무 및 상계금액을 총괄하여 관리하는 방식으로 운영하는 것이 일반적이다. 다국적기업의 본사 또는 지사가 아닌 독립적인 기업들 간에도 3자 이상의 거래 당사자 간에 발생하는 채권과 채무를 다자간 상계를 통해 일괄적으로 결제하는 것이 가능하다.

외국환거래법에서는 기업이 본·지사 간 또는 거래상대방과 채권과 채무 금액을 상계한 후 차액만 결제하므로 외국환거래에 따른 비용 절감이 가능하고, 환위험(외환리스크) 관리를 하는 기업의 입장에서는 편리한 측면이 있기 때문에 다자간 상계를 허용하고 있다. 다자간 상계의 경우 상호계산방식으로 채권과 채무를 차액 정산하는 것은 불가능하고 한국은행에 상계신고를 하여야 한다.

## 2) 상계 등에 대한 신고 의무

상계, 상호계산 및 다자간 상계에 의하여 지급 및 수령을 하는 방법은 채권과 채무 금액이 소멸되어 정부가 외국환거래 내역을 정확히 파악하기 어려워 외국환거래 규모와 잔액에 대한 관리 등 대책을 수립하는 것이 어렵고, 거래를 악용하여 외국환을 불법적으로 유출하거나 유입하는 행위가 있을 수 있으므로 행위 전에 신고하도록 하여 이를 관리하고 있다. 실제로 수입자가 물품을 수입하면서 수입대금(채무)과 과거 수입한 물품에 대한 클레임 금액(채권)을 상계하여 차액만을 지급하면서 지급한 차액을 실제 거래금액인 것처럼 과세가격으로 신고하여 수입물품에 대한 관세를 누락하는 사례가 많이 있다. 이 경우 외국환거래법에 의한 상계신고의무 위반과 관세법 위반(관세포탈)이 발생할 수 있는 것이다.

① 신고 예외

외국환거래법이 모든 상계거래에 대하여 신고의무를 부여하고 있는 것은 아니다. 다음의 상계거래에 대하여는 신고의무가 없다.

〔표 16〕 상계에 대한 신고 예외(정 5-4-1)

| 당사자 | 상계거래 | 신고의무 |
|---|---|---|
| 거주자와 비거주자 | 일방의 금액이 **미화 3천불**(분할하여 지급과 수령을 하는 경우에는 각각의 지급과 수령의 금액을 합산한 금액) **이하인 채권 또는 채무를 상계**하고자 하는 경우 | 없음 |
| 거주자 | 거주자와 비거주자 간의 거래 또는 행위에 따른 채권 또는 채무를 **상호계산계정을 통하여 당해 거래의 당사자인 비거주자에 대한 채무 또는 채권으로 상계**하고자 하는 경우 | 없음 |
| 수출자 또는 수입자 | **연계무역, 위탁가공무역 및 수탁가공무역에 의하여 수출대금과 관련 수입대금을 상계**하고자 하는 경우 | 없음 |
| 수출자 또는 수입자 | **물품의 수출입대금과 당해 수출입거래에 직접 수반되는 중개 또는 대리점 수수료 등을 상계**하고자 하는 경우 | 없음 |
| 거주자 | **거주자 간에 외화표시 채권 또는 채무를 상계**하고자 하는 경우 | 없음 |
| 거주자 | 조세에 관한 법률 등에 따라 **거주자가 비거주자 간 소득에 대한 원천징수 후 잔액을 지급 또는 수령**하는 경우 | 없음 |

〔표 17〕 상계에 대한 기타 신고 예외(정 5-4-1)

| 당사자 | 상계거래 | 신고의무 |
|---|---|---|
| 신용카드발행업자 | 외국에 있는 신용카드발행업자로부터 수령할 금액과 당해 외국에 있는 신용카드발행업자에게 지급할 금액(거주자의 신용카드 대외지급대금, 사용수수료 및 회비)을 상계하거나 그 상계한 잔액을 지급 또는 수령하는 경우 | 없음 |

| 당사자 | 상계거래 | 신고의무 |
|---|---|---|
| 보험사업자 및 특정 보험사업자(공제사업자를 포함) | 외국의 보험사업자와의 재보험계약에 의하여 재보험료, 재보험금, 대행중개수수료, 대행업무비용, 공탁금 및 공탁금 이자 등을 지급 또는 수령함에 있어서 그 대차를 차감한 잔액을 지급 또는 수령하는 경우 | 없음 |
| 거주자 | 파생상품거래에 의하여 취득하는 채권 또는 채무를 당해 거래상대방과의 반대거래 또는 당해 장내파생상품시장에서 동종의 파생상품거래에 의하여 취득하는 채무 또는 채권과 상계하거나 그 상계한 잔액을 지급 또는 수령하는 경우 | 없음 |
| 외국항로에 취항하는 국내의 항공 또는 선박회사 | 외국에서 취득하는 외국항로의 항공임 또는 선박임과 경상운항경비를 상계하거나 그 상계한 잔액을 지급 또는 수령하는 경우 | 없음 |
| 승차권 등 판매자 | 국내외철도승차권 등(선박, 항공기 또는 교통수단 등의 이용권을 포함한다)의 판매대금과 당해 거래에 직접 수반되는 수수료를 상계하고자 하는 경우 | 없음 |
| 국내 통신사업자 | 외국에 있는 통신사업자로부터 수령할 통신망 사용대가와 당해 통신사업자에게 지급할 통신망 사용대가를 상계하거나 그 상계한 잔액을 지급 또는 수령하는 경우 | 없음 |

② 상계 및 다자간 상계에 대한 신고 의무

(a) 상계에 대한 신고 의무

위의 상계에 대한 신고 예외 거래를 제외하고는 거주자가 수출입, 용역거래, 자본거래 등 대외거래를 함에 있어서 계정의 대기 또는 차기에 의하여 결제하는 등 비거주자에 대한 채권 또는 채무를 비거주자에 대한 채무 또는 채권으로 상계하고자 하는 경우 외국환은행의 장에게 신고하여야 한다(정 5-4-2).

| 지급 등의 방법(변경)신고서 | | 처리기간 | |
|---|---|---|---|

| 신고인 | 상 호 | |
|---|---|---|
| | 대 표 자 성 명 | |
| | 사업자등록번호 | |
| | 주 소 | |

| 거래내용 | 거 래 종 류 | □ 수출거래 □ 수입거래 □ 용역거래 □ 자본거래 | | |
|---|---|---|---|---|
| | 계 약 상 대 방 | 상호 및 대표자성명 | | |
| | | 주소, 전화번호 | | |
| | 결 제 방 법 | □ 신용장(L/C) □ 추심(D/P, D/A) □ 송금 □ 기타( ) | | |
| | 금 액 | 계약금액 | | 신고금액 |

| 지급 등의 방법 | (1)일정기간을 초과하는 지급 또는 영수 | 결제기간 | 당초기간 | | 변경 | |
|---|---|---|---|---|---|---|
| | | 결제시기 | 당초시기 | | 변경 | |
| | | 결제방법 | □ 외국환은행을 통한 방법 □ 기타( ) | | | |
| | (2)상계에 의한 계정의 대기, 차기 | 계정의 구분 및 대차기금액 | 貸記 | | 잔액 | |
| | | | 借記 | | | |
| | | 결제방법 | □ 외국환은행을 통한 방법 □ 기타( ) | | | |
| | (3)기 타 | 구 분 | □ 제3자 지급<br>□ 외국환은행을 통하지 아니하는 지급 | | | |
| | | 결제시기 | | | | |
| 변경 | | | | | | |

외국환거래법 제16조의 규정에 의하여 위와 같이 신고합니다.

년    월    일

신고인            인
(전화         )

한국은행총재 귀하
〈외국환은행의 장〉

210mm×297mm

〈첨부서류〉 1. 사유서
2. 수출입계약서사본 1부
3. 지급 등의 방법에 관한 입증서류 1부

┤ 거래사례 ├

유정씨앤씨 (주)는 미국의 ABC Company로부터 냉장고를 수입해서 국내에 판매하고 있고 동사에 액정TV를 수출하고 있음. 금번 미결제 채권 및 채무를 상계방식으로 일괄 결제하기로 하였음. 이와 관련하여 유정씨앤씨(주)는 미결제 채권 US $1,000,000과 채무 US $1,500,000의 차액인 US $500,000은 송금하고 나머지 US $1,000, 000은 채권 및 채무를 상계하는 방식으로 결제하기 위해 한국은행에 상계신고를 하는 사례(자료출처 : 한국은행 외국환거래 신고 편람 2007.1. p.32~35의 내용을 필자가 일부수정)

**【지급 등의 방법(변경)신고서 작성 사례】**

〔별지 제5-1호 서식〕

<table>
<tr><td colspan="4" rowspan="2" style="text-align:center">지급 등의 방법(변경)신고서</td><td>처리기간</td></tr>
<tr><td></td></tr>
<tr><td rowspan="5">거<br>래<br>내<br>용</td><td colspan="2">Ⓐ 거 래 종 류</td><td colspan="2">■ 수출거래 ■ 수입거래 □ 용역거래 □ 자본거래</td></tr>
<tr><td colspan="2" rowspan="2">Ⓑ 계 약 상 대 방</td><td>상호 및 대표자성명</td><td>ABC Company, Bill James</td></tr>
<tr><td>주 소, 전 화 번 호</td><td>1122 Battery Street,San Francisco<br>1-309-387-0000</td></tr>
<tr><td colspan="2">Ⓑ 결 제 방 법</td><td colspan="2">□ 신용장(L/C) □ 추심(D/P, D/A) □ 송금 □ 기타( )</td></tr>
<tr><td colspan="2">Ⓒ 금         액</td><td>계약금액</td><td>신고금액　U$1,000,000</td></tr>
<tr><td rowspan="8">지<br>급<br>등<br>의<br>방<br>법</td><td rowspan="3">(1)일 정 기 간 을<br>초 과 하 는 지<br>급 또 는 영 수</td><td>결제기간</td><td>당초기간</td><td>변경</td></tr>
<tr><td>결제시기</td><td>당초시기</td><td>변경</td></tr>
<tr><td>결제방법</td><td colspan="2">□ 외국환은행을 통한 방법 □ 기타( )</td></tr>
<tr><td rowspan="3">Ⓓ<br>(2)상계에의한계<br>정 의 대 기, 차<br>기</td><td rowspan="2">계 정 의 구 분<br>및 대차기금액</td><td>貸記 U$1,500,000</td><td rowspan="2">잔액　U$500,000</td></tr>
<tr><td>借記 U$1,000,000</td></tr>
<tr><td>결제방법</td><td colspan="2">■ 외국환은행을 통한 방법 □ 기타( )</td></tr>
<tr><td rowspan="2">(3)기 타</td><td>구 분</td><td colspan="2">□ 제3자 지급<br>□ 외국환은행을 통하지 아니하는 지급</td></tr>
<tr><td>결제시기</td><td colspan="2"></td></tr>
<tr><td>변경</td><td colspan="4"></td></tr>
<tr><td colspan="5">

외국환거래법 제16조의 규정에 의하여 위와 같이 신고합니다.

20XX년 8월 18일
Ⓔ 신고인 유정씨앤씨(주) 대표이사 신민호
(또는 유정씨앤씨(주)의 대리인 이성준) 인
(전화 02-333-3333)
한국은행총재 귀하
(외국환은행의 장)
</td></tr>
</table>

210mm×297mm

Ⓕ 〈첨부서류〉 1. 사유서 2. 수출입계약서 사본 1부
3. 지급 등의 방법에 관한 입증서류 1부

Ⓐ **거래종류**

- 상계의 대상이 되는 채권 및 채무의 원인이 되는 거래를 기재한다. 위의 경우에는 수출채
  권 US $ 1,000,000과 수입채무 US $ 1,500,000이 상계처리 대상이기 때문에 수출거래 및
  수입거래 항목에 각각 표시한다.

Ⓑ **계약상대방 및 결제방법**

- 계약상대방의 상호, 주소, 연락전화번호를 기재하며 결제방법란은 해당사항이 없으므로
  기재하지 않는다.

Ⓒ **금액**

- 계약금액은 해당 사항이 없으므로 기재하지 않으며 신고금액은 상계대상 채권과 채무 중
  에서 상계되는 금액(위의 경우에는 채권 US $ 1,000,000)을 기재한다.

Ⓓ **상계에 의한 계정의 대기, 차기**

- 계정의 구분 및 대차기 금액 : 貸記에는 상계대상 채무금액, 借記에는 상계대상 채권금
  액, 잔액에는 대기 및 차기 금액의 차액을 기재한다.
  * 잔액은 항상 양의 값으로 기재하며 채권이 채무보다 클 경우는 잔액은 수취액을 그 반대의 경우
    에는 지급액을 의미한다.
- 결제방법 : 상계 후 나머지 잔액의 수취 또는 지급시의 결제방법을 기재한다.

Ⓔ **신고인 관련부분**

- 개인의 경우는 신고인의 성명을 기재하고 서명 또는 날인, 법인의 경우는 상호와 대표이
  사명을 기재하고 법인 인감을 날인한다. 만약 대리인이 신고하는 경우에는 '유정씨앤씨
  (주)의 대리인 이성준'이라고 기재하고 대리인 이성준이 날인 또는 서명

Ⓕ **첨부서류**

- 사유서 : 특별한 양식은 없으며 A4 용지 1매 정도 분량으로 해당 신청 사유를 정확하고
  상세하게 기재한다.
- 신고인 및 거래(계약) 상대방의 실체확인서류 : 개인의 경우에는 신분을 증명할 수 있는
  주민등록증이나 여권 또는 운전면허증 사본, 법인의 경우에는 법인등기부등본*
  * 대리인이 신고할 경우에는 동 서류 외에 당해 신고행위에 대한 권한을 위임하는 내용의 위임장
    (비거주자는 영사관 발행 또는 현지에서 공증받은 위임장)을 추가 제출
- 상계합의서 : 대상 채권과 채무를 상계처리 하겠다는 거주자와 비거주자의 적법한 의사
  표시를 확인할 수 있는 문서나 이메일 전문 등

－ 상계대상 채권·채무 확인서류
- 수출채권 : 수출계약서, 수출신고서, Invoice 등
- 수입채무 : 수입계약서, 수입신고서, B/L, Invoice 등
- 용역계약 : 용역계약서, Invoice, 납부세액확인서 등
- 자본거래 : 관련계약서, 인정된 거래임을 확인하는 서류

ⓑ 다자간 상계에 대한 신고 의무

다국적 기업의 상계센터를 통하여 상계하거나 다수의 당사자의 채권 또는 채무를 상계하고자 하는 경우에는 한국은행총재에게 신고하여야 한다(정 5-4-3).

ⓒ 신고내용에 대한 관계기관 통보

상계 및 다자간 상계 신고를 받은 한국은행총재 또는 외국환은행의 장은 동 신고내용을 다음 반기 첫째 달 말일까지 국세청장 및 관세청장에게 통보하여야 한다(정 5-4-4).

ⓓ 서류보관 의무

상계를 실시하는 자는 관계증빙서류를 5년간 보관하여야 한다(정 5-4-5).

③ 상호계산에 대한 신고 의무

상대방과의 거래가 빈번하여 상호계산방법으로 지급 등을 하고자 하는 자는 상호계산 신고서(별지 제5-2호 서식)를 지정거래외국환은행의 장에게 제출하여야 하며, 폐쇄하고자 하는 경우에도 신고하여야 한다(정 5-5-1).

| 상 호 계 산 신 고 서 | | | 처 리 기 간 |
|---|---|---|---|
| | | | |

| ① 신 청 인 | 상 호, 대 표 자 성 명 | |
|---|---|---|
| | 주 소 및 전 화 번 호 | |
| | 업          종 | |
| | 사 업 자 등 록 번 호 | |
| ② 상 호 계 산 상 대 방 | 상 호 및 대 표 자 ( 지         정  ) | |
| | 주            소 | |
| | 업            종 | |
| | 자 본 금(영 업 기 금) | |
| | 본  지  사  여  부 | |

| ③ 회  계  기  간 | | ④ 지 사 설 치 유 효 기 간 | |
|---|---|---|---|
| ⑤ 변  경  내  용 | | | |

외국환거래규정 제5-5조의 규정에 의하여 위와 같이 신고합니다.


년      월      일


신고인          인

외국환은행의 장 귀하

210mm×297mm

ⓐ 상호계산계정의 폐쇄

지정거래외국환은행의 장은 상호계산을 실시하는 자가 외국환거래법·영·규정 및 기타 법령에 규정하는 사항을 위반하거나 그 거래실적·거래내용이나 기타 사정에 비추어 상호계산계정의 존속이 필요 없다고 인정되는 경우에는 그 상호계산계정을 폐쇄할 수 있다(정 5-5-2).

폐쇄된 계정의 대차기잔액 처리에 관하여는 계정 폐쇄 후 3월 이내에 지정거래외국환은행의 장에게 신고한 후 지급하거나 수령하여야 한다.

ⓑ 관계기관에 통보

상호계산계정에 대한 신고를 받은 지정거래외국환은행의 장은 동 신고사실을 국세청장 및 관세청장에게 통보하여야 한다(정 5-5-4).

ⓒ 상호계산계정의 대차기 항목

상호계산계정을 통하여 대기 또는 차기할 수 있는 항목은 상호계산상대방과의 채권 또는 채무로 한다. 다만, 외국환거래법·영 및 규정에 의하여 지급, 지급방법 및 자본거래에 있어 신고를 요하는 경우에는 신고하여야 한다(정 5-6-1).

ⓓ 상호계산계정의 기장 시점

상호계산계정의 기장은 당해 거래가 물품의 수출입 또는 용역의 제공을 수반하는 경우에는 그 수출입 또는 용역제공의 완료 후 30일 이내, 기타의 경우에는 당해 거래에 따른 채권·채무의 확정 후 30일 이내에 행하여야 한다(정 5-6-2).

ⓔ 상호계산계정의 결산

상호계산계정의 결산은 회계기간의 범위 내에서 월단위로 결산주기를 정하여 실시하여야 한다. 다만, 필요한 경우 회계기간의 범위 내에서 결산주기를 달리 정할 수 있다(정 5-7-1).

상호계산계정의 결산에 있어서의 대기 및 차기잔액은 각 상대방별 계정의 대차기잔액을 합산한 금액으로 한다(정 5-7-2).

상호계산계정의 대차기잔액은 매 결산기간 종료 후 3월 이내에 지정거래외국환은행의 장에게 신고한 후 지급하거나 수령하여야 한다(정 5-7-3).

ⓕ 결산보고서 제출의무

상호계산을 실시하는 자는 결산보고서 등 지정거래외국환은행의 장이 정하는 보고서를 지정거래외국환은행의 장에게 제출하여야 한다(정 5-7-4).

(g) 서류보관의무

상호계산을 실시하는 자는 장부 및 관계증빙서류를 5년간 보관하여야 한다.

## 3) 상계 등에 대한 실무 사례 및 판례

〔표 18〕 상계 등에 대한 실무 사례

| 실무 사례 | 내용 | 신고의무 |
|---|---|---|
| 하자 클레임에 대한 수입대금 상계 | 과거 수입물품의 하자에 대한 클레임을 제기하여 수출자가 과거의 클레임 금액을 현재의 수입대금에서 차감 | 외국환은행 신고 |
| 위약금 등에 대한 수입대금 상계 | 물품의 수입에 직접 수반되는 위약금, 해약금, 손해배상금, 보상금 등을 수입대금에서 차감 | 외국환은행 신고 |
| 수출물품 하자에 대한 상계 | 수출물품에 하자가 있어 하자물품 금액을 수출대금에서 차감 | 외국환은행 신고 |
| 석유화학제품 북아웃 거래 | 석유화학제품이 여러 당사자를 거쳐 거래되면서 최초 매도인과 최후의 매수인이 동일하게 되어 제품의 이동없이 정산하여 차액만 주고 받는 경우 | 신고의무 없음 |
| 수입대금과 다른 거래의 중계수수료 상계 | 수입자인 A사가 수출자 B사에 대한 수입대금 지급할 채무를 수출자 B사와 다른 수입자 C사간 수출입거래에 A사가 제공한 중개용역에 대하여 수출자 B사로부터 수취하여야 할 중개수수료 채권을 상계(당해 거래에 직접 수반되는 중개수수료가 아님) | 외국환은행 신고 |
| 다국적기업 본사와 지사간 상계 | 미국 본사와 한국 지사(현지 법인) 간에 수출입거래가 빈번하여 수입대금과 수출대금을 상계 | 외국환은행 신고 |

**─○ 외환조사 사례  1. 해외 광고비 상계지급 사례**

(1) 요약

해외 광고(매체)사에게 광고비를 지급하면서 수수료를 공제한 금액으로 상계지급한 것으로 의심받은 사례

(2) 사실관계

A씨는 대기업 B사의 대표이사로서 B사와 해외광고(매체)사인 C사의 계약서에는 B사의 수수료를 공제한 금액을 지급한다고 기재

- 해외 광고(매체)사 C사가 광고비를 청구한 Invoice에는 B사의 매체대행 수수료는 청구하지 않음.

B사는 공제한 수수료를 채권·채무를 상계한 것으로 치리히지 않음.

(3) 세관, 검찰 및 법원의 판단

상계에 해당하여 외국환거래법 위반

## ─○ 외환조사 사례 2. 북아웃 거래

(1) 석유화학제품 선적분을 구매하는 동시에 판매하는 계약을 체결하여 실물이동을 하지 않고 정한 기준가와 판매가, 구매가중 적은 금액을 상계하고 그 차액을 정산하여 결제하는 북아웃 거래

(2) 사실관계

A 대기업은 2010.4.경 싱가포르에 있는 비거주자인 B사로부터 2010.5. 선적할 C 화학제품 2,000톤을 톤당 미화 1,280달러에 구매하는 계약을 체결

A 대기업은 2010.5. 경 싱가포르에 있는 비거주자인 D사에게 2010.5. 선적할 C화학제품 2,000톤을 톤당 1,280달러에 판매하는 계약을 체결한 후 거래 체인의 업체들이 실물 선적 시기와 선적항을 구매한 업체에 통지를 하면서 거래 체인의 불상의 판매업체가 판매계약한 C화학제품을 다시 구매 계약한 사실을 사후 확인하고는 거래 체인의 해당 구간 업체 간에는 실물 이동의 불필요성을 인식하고 C화학제품 2,000톤을 매수인에게 현실적으로 인도한 것으로 간주하고 기준가를 톤당 미화 1,280 달러로 정하여 기준가와 판매가와 구매가 중 적은 금액을 상계하고 그 차액을 정산 결제하기로 합의한 북 아웃(Book Out)거래를 하여, A 대기업의 비거주자인 B에 대한 채권에 해당하는 기준가 미화 2,560,000달러와 채무에 해당하는 구매대금 미화 2,560,000달러를 정산하여 결제하고, 대기업 A의 비거주자인 D사에 대한 채무에 해당하는 기준가 미화 2,560,000달러와 채권에 해당하는 판매대금 2,560,000달러를 정산하여 결제하고, 그때부터 35회에 걸쳐 석유화학제품 거래에 따른 채권, 채무 미화 합계 160,000,000달러를 정산하여 그 차액을 결제하였음.

(3) 세관, 검찰 및 법원의 판단

상계에 해당하여 외국환거래법 위반임.

(4) 대법원의 판단

상계에 해당하지 않음.

## ─○ 외환조사 사례 3. 카지노용품 수입대금과 카지노칩 수출대금을 상계한 사례

(1) 요약

카지노용품 수입대금과 카지노 칩 대금을 상계지급한 것으로 의심받은 사례

(2) 사실관계

　　A씨는 중소기업인 B사의 대표로서 B사의 모회사로서 D국의 중소기업인 C사의 대표를 겸하면서 2007.12. 말경부터 2010.8. 말경까지 B사가 C사로부터 수입한 카지노용품 대금을 C사에게 지급하고, B사가 C사에 수출한 카지노칩 대금을 B사로부터 회수하는 결제 과정에서 신고절차 거치지 않고 약 30억원 상당의 채권채무액을 상계처리한 후 차액을 지급하였다고 의심받은 사례

(3) 세관의 판단

　　미신고 상계지급하여 외국환거래법 위반임.

(4) 검찰의 판단

　　미신고 상계지급하여 외국환거래법 위반임.

## ─○ 외환조사 사례　4. 선박임차료 등 상계 관련 사례

(1) 요약

　　선급 선박임차료 채무와 대지급한 선박매매대금에 대한 환급금 채권을 상계하였다고 의심받은 사례

(2) 사실관계

　　A씨는 B선사의 대표이고, 거주자인 B선사는 C사로부터 선박을 220억원에 구매하는 매매계약을 체결한 매수인임. B선사는 매수인 지위를 비거주자인 D사에 양도하는 계약을 체결하면서 C사에 대하여 D사가 지급할 선박매매대금의 70% 지급에 대한 보증을 하는 한편 D사로부터 선박을 용선하는 임대차계약을 체결하면서 선급임차료로 선박매매대금의 30%를 지급하기로 하였음. D사가 제때에 대출을 받지 못하여 C사에 선박매매대금을 지급하지 못하게 되자 B선사는 220억원의 70%인 154억원을 C사에 대지급하였음. 이후 D사는 대출을 완료하여 B선사에게 B선사가 대지급한 선박매매대금 154억원을 상환하여야 하는 채무를 부담하면서 동시에 선급 임차료 66억원에 대한 채권을 가지게 됨. B선사는 비거주자인 D사와 상호 채권과 채무를 상계하여 차액을 지급받으면서 상계신고를 하지 않았다고 의심받은 사례

(3) 세관의 판단

　　미신고 상계지급으로 외국환거래법 위반임.

(4) 검찰의 판단

　　미신고 상계지급으로 외국환거래법 위반임.

**참고판례**

2-2. 상계의 의미 등

　　(대법원 2014.8.28. 선고 2013도9374 판결[외국환거래법 위반])

**[판시사항]**

[1] 채권·채무를 소멸시키거나 상쇄시키는 결제방법이 '상계 등의 방법'에 의한 것이 아닌 경우, 외국환거래법상 사전신고의무 대상인 결제방법에 해당하는지 여부(소극)

[2] 외국환거래법 제16조 제1호에서 정한 '상계 등'의 의미 및 어떠한 거래가 같은 호의 '상계 등의 방법'에 해당하는지 판단할 때 고려하여야 할 사항

**[판결요지]**

[1] 외국환거래법은 제16조 제1호에서 거주자와 비거주자 간의 거래나 행위에 따른 채권·채무를 결제할 때 '상계 등의 방법으로 채권·채무를 소멸시키거나 상쇄시키는 방법으로 결제하는 경우'에 해당하면 그 방법을 미리 신고하여야 한다고 규정하고, 제29조 제1항 제6호에서 제16조 제1호에 따른 신고의무를 위반한 자를 처벌하도록 규정하고 있다. 이와 같은 규정에 따른 처벌의 대상은 '채권·채무를 소멸시키거나 상쇄시키는 결제방법' 중에서 '상계 등의 방법'에 의한 것이므로, 채권·채무를 소멸시키거나 상쇄시키는 방법에 해당하더라도 '상계 등의 방법'에 의한 것이 아닌 이상 여기에서 정한 결제방법에 해당한다고 볼 수 없다.

[2] 외국환거래법 제16조 제1호는 채권·채무를 소멸시키거나 상쇄시키는 방법으로 결제하는 경우에 해당하는 구체적인 사례로서 상계를 규정하는 예시적 입법형식을 취하고 있는데, 외국환거래법 규율영역의 복잡다양성 등을 고려하여 그러한 규정형식의 필요성을 인정하더라도 그 규정이 형벌법규에 해당되는 이상 의미를 피고인들에게 불리한 방향으로 지나치게 확장 내지 유추해석하는 것은 죄형법정주의의 원칙에 비추어 허용되지 아니한다. 따라서 외국환거래법 제16조 제1호에서 정한 '상계 등'이란 채권·채무를 소멸시키거나 상쇄시키는 결제방법 중에서 법률적으로 상계와 일치하지는 아니하지만 상계와 유사한 개념으로서 상계와 동일한 법적 평가를 받거나 적어도 상계라는 표현으로 충분히 예측이 가능할 만큼 유사한 행위유형이 되어야 하는 것으로 해석하여야 한다.

그리고 외국환거래법이 이와 같이 상계 등의 결제방법에 대하여 신고의무를 규정한 취지는 허위의 채권·채무를 내세우는 등의 방법으로 외환을 불법적으로 유출하거나 유입하는 것을 막고자 하는 데 있으므로, 어떠한 거래가 외국환거래법 제16조 제1호의 '상계 등의

방법'에 해당하는지 여부를 판단할 때 거래로 인하여 외환의 불법적인 유출 또는 유입의 가능성이 있는지도 함께 고려하여야 한다.

[**원심판결**] 서울중앙지법 2013.7.12. 선고 2013노603 판결

[주 문]

원심판결을 파기하고, 사건을 서울중앙지방법원 합의부에 환송한다.

[이 유]

상고이유(상고이유서 제출기간이 경과한 후에 제출된 상고이유보충서의 기재는 상고이유를 보충하는 범위 내에서)를 판단한다.

1. 외국환거래법은 제16조 제1호에서 거주자와 비거주자 간의 거래나 행위에 따른 채권·채무를 결제할 때 '상계 등의 방법으로 채권·채무를 소멸시키거나 상쇄시키는 방법으로 결제하는 경우'에 해당하면 그 방법을 미리 신고하여야 한다고 규정하고, 제29조 제1항 제6호에서 제16조 제1호에 따른 신고의무를 위반한 자를 처벌하도록 규정하고 있다. 이와 같은 규정에 따른 처벌의 대상은 '채권·채무를 소멸시키거나 상쇄시키는 결제방법' 중에서 '상계 등의 방법'에 의한 것이므로, 채권·채무를 소멸시키거나 상쇄시키는 방법에 해당하더라도 '상계 등의 방법'에 의한 것이 아닌 이상 여기에서 정한 결제방법에 해당한다고 볼 수 없다.

외국환거래법 제16조 제1호는 채권·채무를 소멸시키거나 상쇄시키는 방법으로 결제하는 경우에 해당하는 구체적인 사례로서 상계를 규정하는 예시적 입법형식을 취하고 있는데, 외국환거래법 규율영역의 복잡다양성 등을 고려하여 그러한 규정형식의 필요성을 인정하더라도 그 규정이 형벌법규에 해당되는 이상 그 의미를 피고인들에게 불리한 방향으로 지나치게 확장 내지 유추해석하는 것은 죄형법정주의의 원칙에 비추어 허용되지 아니한다. 따라서 외국환거래법 제16조 제1호 소정의 '상계 등'이란 채권·채무를 소멸시키거나 상쇄시키는 결제방법 중에서 법률적으로 상계와 일치하지는 아니하지만 상계와 유사한 개념으로서 상계와 동일한 법적 평가를 받거나 적어도 상계라는 표현으로 충분히 예측가능할 만큼 유사한 행위유형이 되어야 하는 것으로 해석하여야 할 것이다. 그리고 외국환거래법이 이와 같이 상계 등의 결제방법에 대하여 신고의무를 규정한 취지는 허위의 채권·채무를 내세우는 등의 방법으로 외환을 불법적으로 유출하거나 유입하는 것을 막고자 하는 데 있으므로, 어떠한 거래가 외국환거래법 제16조 제1호 소정의 '상계 등의 방법'에 해당하는지 여부를 판단할 때 그 거래로 인하여 외환의 불법적인 유출 또는 유입의 가능성이 있는지 여부도 함께 고려하여야 한다.

2. 이 사건 공소사실의 요지는, 「① 피고인 1은 거주자로서 한국은행총재에게 신고하지 아니하고 공소외 1 주식회사(이하 '공소외 1 회사'라 한다)가 2007.9.14.경 싱가포르에 있는 비거주자인 '○○'(○○ Asia Pte Ltd.)사로부터 2007.11. 선적할 벤젠 3,000톤을 톤당 미화 980달러에 구매하는 계약을 체결하고 그 무렵 싱가포르에 있는 비거주자인 '△△△'(△△△ Asia Pte Ltd.)사에 위 벤젠 3,000톤을 톤당 미화 1,022.09달러에 판매하는 계약을 체결한 후, '△△△'사가 '○○'사에 판매한 위 벤젠 3,000톤을 공소외 1 회사를 통하여 다시 위와 같이 구매한 사실을 확인하고 실물이동의 불필요성을 인식하고는 위 벤젠 3,000톤을 거래체인('△△△' → '○○' → 공소외 1 회사 → '△△△')의 각 매수인에게 현실적으로 인도하는 대신 위 업체들 사이에서 톤당 미화 993달러로 정한 기준가로 계산한 벤젠 3,000톤의 기준가 상당액의 지급을 실물인도에 갈음하기로 하고, 기준가 상당액 지급채무와 구매가 지급채무를 대등액에서 소멸시켜 그 차액을 정산 결제하는 '써클 아웃'(Circle Out) 거래를 하기로 합의하여, 공소외 1 회사의 '○○'사에 대한 채권에 해당하는 기준가 미화 2,979,000달러(993달러 × 3,000톤)와 채무에 해당하는 구매대금 2,940,000달러(980달러 × 3,000톤)를 2,940,000달러의 범위에서 소멸시키고 그 차액 39,000달러를 '○○'사로부터 입금받고, 같은 방법으로 공소외 1 회사의 '△△△'사에 대한 채무인 기준가 금액과 '△△△'사의 구매대금을 소멸시키고 그 차액을 입금받은 것을 비롯하여 총 667회 걸쳐 이른바 '북 아웃'(Book Out. 'A-X-A'와 같이 2당사자 사이의 거래가 순환되어 실물이동을 생략하는 방식), '써클 아웃'[Circle Out. 'A-B-C-X-A'와 같이 3당사자 이상의 거래가 순환되어 중간거래당사자(B-C-X) 간의 실물이동을 생략하는 방식], '쇼튼 체인'[Shorten Chain. 'A-B-C-D-E'와 같이 거래가 순환되지는 아니하나 거래체인이 길어져 중간 단계 (B-C-D)의 실물이동을 생략하는 방식)] 유형의 거래(이하 '이 사건 거래'라 한다)를 하여 채권·채무 합계 3,492,794,539달러를 소멸시켜 그 차액을 결제하고, ② 피고인 2는 거주자로서 한국은행총재에게 신고하지 아니하고 2011.7.8.부터 위와 같은 방법으로 총 73회에 걸쳐 채권·채무 합계 491,845,219달러를 소멸시켜 그 차액을 결제하고, ③ 피고인 회사는 사용인인 피고인 1, 2가 피고인 회사의 업무에 관하여 위와 같이 247회에 걸쳐 채권·채무 합계 1,642,802,566달러를 소멸시켜 그 차액을 결제함으로써, 피고인들은 한국은행총재에게 신고하지 아니하고 거주자와 비거주자 간의 거래 또는 행위에 따른 채권·채무의 결제에 있어서 상계 등에 의하여 채권·채무를 소멸시키거나 상쇄시키는 방법으로 결제하였다」는 것이다.

3. 원심은, ① 외국환거래법 제16조 제1호는 '상계 등의 방법으로 채권·채무를 소멸시키

거나 상쇄시키는 방법으로 결제하는 경우' 그 지급 또는 수령의 방법을 미리 신고하도록 규정하여 신고대상인 채권·채무를 소멸시키거나 상쇄시키는 방법을 상계만으로 국한하지 아니하고 있는 점, ② 상계의 본질은 목적물의 수수를 생략하고 차감계산 즉 정산을 하는 것인 점, ③ 민법상 상계의 요건을 갖추고 있지 아니한 경우에도 다수당사자 사이의 계약으로 순환적으로 대립하는 채권을 소멸시킬 수 있고, 양 채권이 동종의 목적을 가질 것도 필요로 하지 아니하여 물건의 인도의무를 목적으로 하는 채권과 금전채권을 그 물건의 가액을 평가하여 대등액에서 정산하기로 하는 내용도 가능하므로 이 사건 거래는 거래당사자 간의 상계 유사 정산계약의 일종으로 볼 수 있는 점, ④ 외국환거래법의 하위규정인 외국환거래규정에서도 민법상 상계개념에 해당하지 아니하는 일괄상계, 다수당사자 간의 상계, 상호계산을 신고대상에 포함시키고 있는 점 등에 비추어, 외국환거래법 제16조 제1호 소정의 사전신고대상인 결제방법에는 민법상 상계뿐만 아니라 채권·채무를 실제 인도 또는 지급 없이 상쇄하여 결제하는 경우를 포함하고 있다고 보아야 한다는 이유를 들어, 사전신고 없이 이루어진 이 사건 거래에 대하여 피고인들에게 미신고 상계 등으로 인한 외국환거래법 위반죄가 성립된다고 판단하였다.

4. 그러나 원심의 판단은 다음과 같은 이유에서 그대로 수긍하기 어렵다.

원심은, 이 사건 거래가 민법상 상계의 개념에 포섭될 수 없다고 하면서도 '기준가로 계산한 거래목적물의 기준가 상당액의 지급을 실물인도에 갈음하기로 하고, 기준가 상당액의 지급채무와 판매 내지 구매대금 지급채무를 대등액에서 소멸시켜 그 차액을 결제하였다'는 범죄사실을 인정함으로써 이 사건 거래가 외국환거래법 제16조 제1호 소정의 '상계 등'의 결제방법에 해당된다고 보았다.

원심이 채택한 증거와 기록에 의하여 알 수 있는 다음과 같은 사정, 즉 ① 이 사건 거래 중 '북 아웃', '써클 아웃'의 경우는 거래가 순환되는 것이므로 순환되는 거래 써클 내에 있는 거래당사자가 자신의 전자에 대하여 기존 매매계약상의 책임을 추궁하는 것은 별다른 의미가 없고, '쇼튼 체인'의 경우에는 생략되는 거래체인 밖의 당사자들 사이에 별도로 매매계약을 체결하게 되는데, 이는 생략되는 거래체인에 속한 거래당사자들로 하여금 기존 매매계약 당사자로서의 지위에서 벗어나게 함으로써 계약으로부터의 모든 책임, 청구, 요구를 면하게 하려는 취지로 볼 수 있는 점, ② 이 사건 거래당사자가 약정한 '기준가'라는 것도 현실적으로 발생한 거래가격이 아니라 정산을 위한 도구 개념에 불과하므로 당사자가 실제로 기준가로 계산한 금전지급채무의 발생을 의도한 것은 아니라고 보이는 점, ③ 이 사건 거래당사자는 이 사건 거래를 합의하면서 상계를 의미하는 'set off'라는 용어를 사용하지 아니하고, 의무를 면한다는 'release'라는 용어를 사용하였고, 거래당사자 간 합의내용 역시 거래당사자가 약정한 기준가와 원래 거래금액과의 차액의 정산을 제외하고는 계약으로부터의 모든 책임, 청구, 요구를 서로 면하게 한다는 취지인 점, ④ 회계상으로도 피고인 회사는 이 사건 거래를 복수의 재화거래가 아닌 하나의 단일한 용역거래로 보아 그 거래 내용을 하나의 영업이익 내지 비용으로 계상하여 처리한 점, ⑤ 감독기관인 한국은행도 2007.6.21. 공소외 2 주식회사의 '북 아웃' 거래에 관한 상계신고에 대하여, '당건은 상계처리가 적용되지 아니하며, 계약 cancel에 대한 penalty로 지급처리하면 된다'는 취지로 그 수리를 거부한 점 등에 비추어 보면, '북 아웃', '써클 아웃', '쇼튼 체인'으로 이루어진 이 사건 거래에서 당사자들은 목적물인도의무를 금전지급채무로 변경하여 이러한 금전지급채무와 매매대금 지급채무를 대등액에서 소멸시키려 한 것이 아니라 이 사건 거래로 인한 이익 내지 손실의 정산 외에는 모든 계약상의 의무를 해소하여 더 이상 이행하지 아니하기로 합의한 것으로 봄이 타당하다. 여기에 이 사건 거래는 동일한 석유화학제품의 매수 및 매도에 따른 차익 또는 차손만을 정산하는 것이어서 그로 인하여 외환의 불법적인 유출이나 유입의 가능성이 있다고 보기 어려운 점을 아울러 고려하여 보면, 피고인들이 이 사건 거래를 통하여 거래당사자들 사이의 채권·채무를 정산한 것은 상계와 동일한 법적 평가를 받거나 상계라는 표현으로 충분히 예측할 수 있는 채권·채무의 소멸 내지 상쇄방법에 해당하는, 외국환거래법 제16조 제1호 소정의 '상계 등의 결제방법'에 해당한다고 보기는 어렵다.

그럼에도 원심은 피고인들의 이 사건 거래가 외국환거래법 제16조 제1호 소정의 '상계 등의 방법으로 채권·채무를 소멸시키거나 상쇄시키는 방법으로 결제하는 경우'에 해당한다고 보아 피고인들에 대한 이 사건 공소사실을 유죄로 인정하였으니, 이러한 원심의 판단에는 미신고 상계 등으로 인한 외국환거래법 위반죄에 관한 법리를 오해하여 판결에 영향을 미친 위법이 있다. 이를 지적하는 상고이유의 주장은 이유 있다.

5. 그러므로 나머지 상고이유에 대한 판단을 생략한 채 원심판결을 파기하고, 사건을 다시 심리·판단하게 하기 위하여 원심법원에 환송하기로 하여 관여 대법관의 일치된 의견으로 주문과 같이 판결한다.

대법관   김소영(재판장) 신영철 이상훈(주심) 김용덕

## 2-3. 광고비의 상계지급

(대법원 2012.9.27. 선고 2011도11064 판결[외국환거래법 위반])

### [판시사항]

갑 주식회사 임원인 피고인이, 갑 회사가 을 주식회사로부터 받은 광고비 전액 중 해외

광고매체사로부터 수령할 수수료를 공제한 잔액만을 지급하는 방법으로 해외 광고매체사와 사이에 채권·채무를 결제하면서 이를 신고하지 아니하였다고 하여 구 외국환거래법위반으로 기소된 사안에서, 위와 같은 처리 방법이 같은 법 제16조 제1호에 규정된 '상계 등의 방법으로 채권·채무를 소멸시키거나 상쇄시키는 방법으로 결제하는 경우'에 해당한다고 한 사례

[**원심판결**] 서울중앙지법 2011.8.10. 선고 2010노4960 판결

[주 문]

상고를 기각한다.

[이 유]

상고이유를 판단한다.

원심은, 이 사건 공소사실 기재와 같이 이 사건 거래 과정에서 해외 광고매체사가 광고비 중 공소외 1 주식회사(이하 '공소외 1 회사')의 수수료를 제외한 나머지 금액에 대한 송장을 공소외 1 회사에 보내고, 공소외 1 회사가 공소외 2 주식회사(이하 '공소외 2 회사')로부터 광고비 전액을 받아 그 중 위 송장 기재 금액만을 해외 광고매체사에 지급한 행위에 대하여, 그 판시와 같은 사실관계 등을 토대로, 공소외 1 회사가 공소외 2 회사로부터 광고비로 받은 금전은 불특정물로서 공소외 1 회사는 해외 광고매체사에 대해 광고비 상당의 금전지급의무를 부담하는 것인데, 공소외 1 회사가 해외 광고매체사에 위 공소사실 기재와 같은 방법으로 수수료를 제외한 나머지 광고비만을 지급하는 것은 공소외 1 회사와 해외 광고매체사 사이에 광고비에서 매체수수료를 공제하고 지급하기로 하는 상관행 내지 명시적 또는 묵시적 약정에 따라 현실적인 외환의 이동 없이 계정의 차감 정리를 통해 이를 결제하는 것으로서 외국환거래법 제16조 제1호가 정한 상계에 해당하여 신고대상이라는 취지로 판단하였다.

원심이 인정한 위와 같은 거래의 내용 및 기록에 의하면, 공소외 1 회사는 공소외 2 회사에 대하여 해외 광고매체사의 광고료를 청구하고 지급받을 권리가 있지만 공소외 1 회사에 귀속될 수수료는 해외 광고매체사에 대해서만 청구할 수 있을 뿐 공소외 2 회사에 대해서 청구할 권리는 없다 할 것이다. 따라서 공소외 1 회사가 공소외 2 회사로부터 지급받은 광고료에서 해외 광고매체사로부터 수령할 수수료를 공제한 잔액만을 송금하고 그 수수료를 지급받은 것으로 처리하는 것은, 그것이 원심 판시와 같이 반드시 상계에 해당한다고 할 것은 아니라 하더라도 적어도 외국환거래법 제16조 제1호에 규정된 '상계 등의 방법으

로 채권·채무를 소멸시키거나 상쇄시키는 방법으로 결제하는 경우'에는 해당하는 것으로 봄이 상당하다. 따라서 그에 따른 신고의무를 위반한 것으로 본 원심판결에 상고이유의 주장과 같이 외국환거래법의 신고대상에 관한 법리를 오해하는 등으로 판결에 영향을 미친 위법은 없다.

이에 상고를 기각하기로 하여, 관여 대법관의 일치된 의견으로 주문과 같이 판결한다.

대법관  김창석(재판장) 양창수 박병대(주심) 고영한

## 2-4. 선박용선료와 매매대금 상계미신고

(대법원 2011.7.14. 선고 2011도2136 판결 [외국환거래법 위반] [공2011하,1679])

### [판시사항]

[1] 외국 선박을 취득하면서 편의치적의 방법으로 외국 가국적을 취득한 후 국내에 반입하여 사용에 제공한 경우, 구 관세법 제241조 제1항의 '수입'에 해당하는지 여부(적극)

[2] 관세가 부과되지 않는 물품을 적법한 수입신고 절차 없이 통관하는 경우, 구 관세법의 무신고수입죄에 해당하는지 여부(적극)

[3] 피고인 갑 주식회사의 이사 피고인 을이 중국 해운회사에게서 중국 국적 선박을 구입한 다음, 선명을 변경하고 캄보디아 가국적을 취득한 후 국내로 반입하면서 외국적 외항선이 수리를 위하여 입항하는 것처럼 허위신고하여 밀수입한 사안에서, 피고인들의 행위가 구 관세법상 무신고수입죄에 해당한다고 본 원심판단을 수긍한 사례

[4] 중국 국적 선박을 구입한 피고인이 매도인인 중국 해운회사에 선박을 임대하여 받기로 한 용선료를 재정경제부장관에게 미리 신고하지 아니하고 선박 매매대금과 상계한 사안에서, 위 행위가 구 외국환거래법 위반죄에 해당한다고 본 원심판단을 수긍한 사례

### [판결요지]

[1] 외국 선박을 국내 거주자가 취득하면서 편의치적의 방법으로 외국에 자신의 명의로 선박을 등록하여 외국의 가국적을 취득한 다음 이를 국내에 반입하여 사용에 제공하게 한 때에도 구 관세법(2010.12.30. 법률 제10424호로 개정되기 전의 것) 제241조 제1항의 '수입'에 해당한다.

[2] 구 관세법(2010.12.30. 법률 제10424호로 개정되기 전의 것, 이하 '구 관세법'이라 한다) 등 관계 법령에서 정하는 적법한 절차를 밟아 수입하는 경우 관세가 부과되지 않는 물품에 해당한다고 하더라도, 적법한 수입신고 절차 없이 통관하는 경우에는 무신고수입으로 인한 구 관세법 위반죄에 해당한다.

[3] 피고인 갑 주식회사의 이사 피고인 을이 국내외항의 선박운항사업에 사용할 목적으로 중국 해운회사에게서 중국 국적 중고 화물선을 구입한 다음, 선명을 변경하고 캄보디아 가국적을 취득한 후 국내로 반입하면서 외국적 외항선이 국내에 수리를 위하여 입항하는 것처럼 허위신고하여 밀수입한 사안에서, 피고인들의 행위가 구 관세법(2010.12.30. 법률 제10424호로 개정되기 전의 것)상 무신고수입죄에 해당한다고 본 원심판단을 수긍한 사례

[4] 중국 국적 선박을 구입한 피고인이 매도인인 중국 해운회사에 선박을 임대하여 받기로 한 용선료를 재정경제부장관에게 미리 신고하지 아니하고 선박 매매대금과 상계한 사안에서, 위 행위가 구 외국환거래법(2008.2.29. 법률 제8863호로 개정되기 전의 것) 제16조 제1호를 위반하여 구 외국환거래법 제28조 제1항 제2호에 해당한다고 본 원심판단을 수긍한 사례

[**원심판결**] 서울중앙지법 2011.1.26. 선고 2010노4166 판결

[**주 문**]

상고를 모두 기각한다.

[**이 유**]

상고이유를 판단한다.

생략

2. 피고인 1의 외국환거래법 위반의 점에 대하여

　가. 원심판결 이유에 의하면, 원심은 적법하게 채택한 증거들을 종합하여 그 판시와 같은 사실을 인정한 다음, 피고인 1이 2007.12.21.경부터 같은 해 12.27.경까지 사이에 매도인인 광주신주해운유한공사에 2개월 동안 이 사건 선박을 임대하여 받기로 한 용선료 중국 통화 1,200,000위안에 상당하는 미화 162,162달러를 재정경제부장관에게 미리 신고하지 아니하고 이 사건 선박의 매매대금과 상계하였고, 피고인 1의 이러한 행위는 구 외국환거래법 위반죄에 해당한다고 판단하였다. 원심의 위와 같은 판단은 정당한 것으로서 수긍할 수 있고, 거기에 논리와 경험의 법칙에 위반하여 자유심증주의의 한계를 벗어났거나 구 외국환거래법 위반에 관한 법리를 오해한 위법 등이 있다고 볼 수 없다.

　나. 형법 제16조에서 자기가 행한 행위가 법령에 의하여 죄가 되지 아니한 것으로 오인한 행위는 그 오인에 정당한 이유가 있는 때에 한하여 벌하지 아니한다고 규정하고 있는

것은 일반적으로 범죄가 되는 경우이지만 자기의 특수한 경우에는 법령에 의하여 허용된 행위로서 죄가 되지 아니한다고 그릇 인식하고 그와 같이 그릇 인식함에 정당한 이유가 있는 경우에는 벌하지 아니한다는 취지이다. 그리고 이러한 정당한 이유가 있는지 여부는 행위자에게 자기 행위의 위법의 가능성에 대해 심사숙고하거나 조회할 수 있는 계기가 있어 자신의 지적 능력을 다하여 이를 회피하기 위한 진지한 노력을 다하였더라면 스스로의 행위에 대하여 위법성을 인식할 수 있는 가능성이 있었음에도 이를 다하지 못한 결과 자기 행위의 위법성을 인식하지 못한 것인지 여부에 따라 판단하여야 할 것이고, 이러한 위법성의 인식에 필요한 노력의 정도는 구체적인 행위정황과 행위자 개인의 인식능력 그리고 행위자가 속한 사회집단에 따라 달리 평가되어야 한다(대법원 2006.3.24. 선고 2005도3717 판결 등 참조).

원심판결 이유에 의하면, 원심은, 피고인 1이 공소외인을 통하여 한국은행에 이 사건 선박의 매매대금 지급을 신고하는 과정에서 주식회사 한국외환은행(이하 '외환은행'이라 한다)의 담당자에게 이 사건 선박의 매매대금 일부를 상계한다는 취지를 설명한 다음 그 담당자의 안내에 따라 그대로 한국은행에 신고하였다고 볼 만한 자료가 없고, 설령 외환은행 담당자의 안내에 따라 그대로 신고를 하였다고 하더라도 그러한 사정만으로 이 사건 선박의 매매대금 지급의 신고에 관하여 피고인 1이 자신의 행위가 죄가 되지 아니하는 것으로 오인하였거나 그와 같은 오인에 정당한 이유가 있었다고 할 수 없다는 취지로 판단하였다. 앞서 본 법리에 비추어 살펴보면 원심의 위와 같은 판단은 정당한 것으로서 수긍할 수 있고, 거기에 형법 제16조의 법률의 착오에 관하여 오해한 위법이 있다고 볼 수 없다.

3. 결론

그러므로 상고를 모두 기각하기로 하여 관여 대법관의 일치된 의견으로 주문과 같이 판결한다.

대법관    박시환(재판장) 차한성 신영철(주심) 박병대

## (3) 기간초과 거래에 대한 신고

### 1) 지급시기에 따른 대외거래(무역거래)의 대금결제방법

대외거래를 하는 거주자가 거래 상대방이 계약을 이행하는 것과 동시에 지급하거나 수령하는 경우에는 별도로 신고를 요하지 않는다. 그러나 외국환거래법에서는 거래상대방이 계약을 이행하기 전에 지급하거나 수령하는 경우 또는 계약을 이행한 후에 지급하거나 수령하는 경우 중에서 일정기간을 초과하는 경우에는 행위 전에 신고의무를 부여하고 있다.

대외거래에서 가장 기본적인 무역거래에서 매도인의 물품의 인도를 현물에 의한 인도와 물품에 대한 권리를 화체한 권리증권에 의한 인도로 구분하는 것이 일반적이다. 전자를 현물에 의한 현실적인도라 하고 후자를 서류에 의한 상징적인도라 한다. 대금지급시기에 따른 결제방법은 매도인이 물품 또는 서류에 의한 인도에 대하여 대금을 지급하는 시기에 따라 결제방법을 분류하는 것이다. 즉 물품 또는 서류의 인도와 상환으로 대금을 지급하는 동시지급, 인도이전에 대금을 결제하는 선지급, 인도가 이루어지고 나서 일정기간 경과 후에 결제하는 후지급방법, 그리고 결제시기가 혼합된 결제방법 등으로 구분해볼 수 있다.

#### ⓐ 선지급

선지급 조건이란 수출상이 물품을 선적 또는 인도하기 전에 미리 수입상이 대금을 지급하는 결제 조건을 의미하며 다음과 같은 것들이 선지급 조건으로 분류할 수 있다.

1) CWO(Cash With Order)

수입상이 상품을 주문함과 동시에 수출상의 대리인 등에게 현금으로 결제하는 방법이다.

2) 단순 송금 방식(Remittance Base)

수입상이 수출상에게 상품에 대한 주문과 함께 T/T(Telegraphic Transfer ; 전신환) 등에 의하여 송금하여 결제하는 방법이다.

3) 전대 신용장(red clause L/C, packing L/C)방식

신용장의 일종으로 수출상이 신용장상의 수익자로 신용장을 수취하면 물품의

인도나 선적의무의 이행이 없어도 신용자의 대금이 결제할 수 있도록 하는 문언이 기재되어 있는 전대신용장에 의해 대금을 결제하는 방식을 의미한다.

(b) 동시지급

동시지급조건이란 수출상이 물품의 선적 또는 인도나 물품에 대한 권리를 화체한 선적서류의 인도와 동시에 대금 결제가 이루어지는 결제방법이다.

1) COD(Cash On Delivery : 현물 상환지급)

수출상이 약정 물품을 수입상에게 현물로 인도하는 것과 동시에 현금으로 결제하는 방법이다.

2) CAD(Cash Against Documents : 선적서류 상환지급)

수출상이 약정 물품을 선적하고 구비한 B/L 등 선적서류를 수입상에게 인도함과 동시에 수입상이 대금을 지급하는 방법이다.

3) 일람지급신용장 및 일람불 매입신용장

신용장거래에서 서류가 일람지급은행에게 제시됨과 동시에 신용장금액의 지급이 이루어지는 일람지급신용장에 의한 대금결제와 매입신용장이 일람출급어음의 발행을 수권한 경우 신용장에서 명시된 서류와 개설은행을 지급인으로 일람출급어음을 제시하여 제시된 서류가 신용장 조건과 일치하는 경우 어음대금의 결제가 이루어진다.

4) D/P(Documents against payment)

추심결제방식에서 어음이 매수인에게 제시되었을 때 어음대금의 지급이 있어야 선적서류를 인도하는 방법이다.

(c) 후지급

물품의 선적 또는 인도나 선적서류의 인도가 있은 후 일정기간이 경과하고 난 후 대금결제가 이루어지는 외상거래조건이다.

1) 단기 연지급조건

단기와 중장기의 시간적 한계가 명확하지는 않으나 통상 물품의 선적, 인도 또는 운송서류의 인도 후 1년 이내에 결제하는 조건을 의미한다.

2) 신용장방식

발행된 환어음의 기간(Tenor)이 기한부이거나 서류의 제시 후 일정기일 이후에 대금지급이 이루어지는 신용장이 후지급에 해당한다. 환어음의 발행과 지급을 확약하는 방식에 따라 인수 신용장, 연지급신용장, 기한부매입신용장으로 구분할 수 있다.

① 인수신용장(Acceptance L/C) : 어음이 지급인에게 제시되면 즉시 인수가 이루어지고 만기일이 도래하면 지급할 것을 약속하는 신용장이다.

② 연지급신용장(Deferred payment L/C) : 서류제시 후 일정기간이 경과한 후에 지급이 이루어지는 것을 약정하고 있는 신용장으로 환어음의 발행지시는 없다.

③ 기한부매입신용장(Usance Negotiation L/C) : 환어음의 매입이 이루어지고 나서 어음의 만기일에 대금지급이 이루어지는 신용장을 말한다.

④ 어음을 요구하는 경우 첨부된 기한부어음의 지급기일에 따라
  ㉠ 일람후 정기출급(at-days after sight)
  ㉡ 일부후 정기출급(at-days after date of draft)
  ㉢ 확정일후 정기출급(at-days after date of B/L)
  ㉣ 확정일 출급(on a fixed date)으로 구분할 수 있다.

3) 인수도 방식(D/A : documents against acceptance)

추심결제방식에서 어음을 추심할 때 어음제시가 있어도 지급인은 대금지급을 하지 않고 어음의 인수만 하면 운송서류가 인도되어 어음 만기일에 대금지급을 하는 조건이다.

4) 국제팩토링 결제방식

팩토링(factoring)이란 제조업자(supplier)가 구매업자(debtor)에게 상품 등을 외상으로 판매한 후 발생되는 외상매출채권을 팩토링회사(factor)에게 일괄 양도함으로써 팩토링회사로부터 구매업자에 관한 신용조사 및 신용위험인수(지급보증), 채권의 관리 및 대금회수, 양도한 채권금액 범위 내에서의 금융지원과 기타 사무처리대행 등의 서비스를 제공받는 새로운 금융기법을 의미한다.

5) 중장기 연불조건

통상적으로 물품의 선적이나 인도 후 1년 초과 10년 때로는 20년 이내의 기간에 결제되는 조건으로 플랜트(Plant : 화학공장설비), 선박, 철도차량 등 거래 단위가 큰 중공업 제품의 거래에 주로 쓰인다.

6) 청산결제

청산결제(Open Accoun)란 거래가 빈번하게 이루어지는 매매 당사자 간에 매 거래할 때마다 물품대금을 결제하지 않고 이것을 장부상에서 상쇄하고 일정기간마다 그 차액만을 청산하여 결제하는 방식이다. 외국환거래법에서는 상호계산이라고 한다.

(d) 결제시기의 혼합

혼합결제조건은 선지급, 동시지급 및 후지급방식을 혼합한 결제조건을 말한다.

1) 누진지급방식

물품의 대금을 일시에 지급하지 않고 계약시, 선적시, 도착시 등으로 또는 공정 즉 완성도에 따라 분할하여 지급하는 방식이다.

2) 분할지급 신용장(Payment by Installment L/C)

지급 기한이 서로 다른 복수의 환어음을 요구하여 수회에 걸쳐 분할하여 지급이 이루어지도록 하는 신용장이다.

(e) 무역거래에 사용되는 결제방식의 추이

지난 1980년대에는 우리나라 전체 수출액 중 신용장에 의한 거래가 약 80%의 비중을 차지했으나, 점차로 그 비중이 떨어져서 2013년 기준으로 약 13% 수준에 그치고 있다. 이처럼 신용장에 의한 수출비중이 감소되는 요인으로는 신용장 거래의 한계성, 외국환 결제에 따른 환위험의 회피, 복잡한 거래절차의 회피와 같은 요인들이 있다.

〔표 19〕무역대금 결제방식 비중의 추이

| 구분 | 1997 | | 2001 | | 2013(1~12) | |
|---|---|---|---|---|---|---|
| | 금액<br>(천달러) | 구성비<br>(%) | 금액<br>(천달러) | 구성비<br>(%) | 금액<br>(천달러) | 구성비<br>(%) |
| 총계 | 136,164,204 | 100 | 150,439,144 | 100 | 559,632,434 | 100 |
| 사후 또는 동시<br>송금방식(COD, CAD) | 14,441,386 | 10.6 | 19,309,800 | 12.8 | 68,538,600 | 12.2 |
| D/A | 23,532,949 | 17.3 | 24,014,130 | 16 | 45,463,004 | 8.1 |
| D/P | 10,349,317 | 7.6 | 4,368,194 | 2.9 | 6,417,246 | 1.1 |
| 기타 무상 | 2,826,176 | 2.1 | 1,949,571 | 1.3 | 6,822,756 | 1.2 |
| 기타 유상 | 68,648 | 0.1 | 5,260,533 | 3.5 | 36,069,637 | 6.4 |
| 분할영수(지급)방식 | 152,863 | 0.1 | 84,196 | 0.1 | 360,328 | 0.1 |
| 일람출급 L/C | 47,530,860 | 34.9 | 33,393,710 | 22.2 | 48,282,014 | 8.6 |
| 기한부 L/C | 11,230,627 | 8.2 | 6,872,560 | 4.6 | 21,919,390 | 3.9 |
| 임가공료지급방식의<br>위탁(수탁)가공무역 | | | 4,822,452 | 3.2 | 32,162,201 | 5.7 |
| 단순송금방식<br>(T/T, M/T) | 25,523,958 | 18.7 | 47,783,007 | 31.8 | 293,515,824 | 52.4 |
| 계좌이체<br>(상호계산방식) | 507,419 | 0.4 | 2,580,991 | 1.7 | 81,435 | 0 |

## 2) 신고 예외거래

거주자가 수출입대금의 지급 등을 하고자 하는 경우에는 신고를 요하지 아니한다(정 5-8-1).

## 3) 기간초과 지급 또는 수령에 대한 신고의무

대외거래의 거래상대방이 계약을 이행하는 것을 기준으로 일정기간을 초과하는 모든 거래에 대하여 외국환거래법에 따라 신고를 하여야 하는 것은 아니다. 다음의 방법으로 지급 또는 수령을 하고자 하는 자는 한국은행총재에게 신고하여야 한다.

일정기간을 초과하는 지급 또는 수령에 대하여 한국은행에 신고 의무를 부여하는 수출대금의 신속하고 정확한 회수, 수입물품에 대한 과도한 연지급방식에 의한 수입에 대하여 정부가 확인함으로써 무역거래를 가장한 금전대차 등과 같은 자본거래를 방지하기 위한 것이다. 특히 외국환거래법은 다국적기업의 본사와 지사 간 거래의 경우에는 독립기업간의 거래와 구분하여 신고의무를 규정하고 있는데 다국적기업은 내국세법이나 관세법상 특수관계자 간으로서 대금결제기간에 대한 합의가 독립기업 간 거래보다 자유롭다는 점에서 더 엄격한 절차를 규정하고 있다. 무역거래를 가장한 실질적인 금전대차거래를 할 위험성이 있는 기간초과 지급 또는 수령에 대하여 외국환거래법에서는 '대응수출입 이행의무'를 부여하여 '무역거래를 가장한 금전대차거래'를 방지하려 하고 있다.

또한 외국환거래법에서는 금을 미가공 재수출할 목적으로 수입한 후 대금을 30일을 초과하여 지급하는 경우에 대하여는 별도의 규정을 두고 있는데, 연지급(후불) 방식으로 금을 수입하였다가, 바로 송금방식으로 금을 수출하는 방식으로 거액을 파이낸싱하는 방식으로 무역거래를 가장하여 자본거래를 하는 편법적인 거래를 방지하기 위한 것이다.

〔표 20〕 기간초과 수령에 대한 신고

| 당사자 | 거래금액 | 내용 | 신고의무 |
|---|---|---|---|
| 수출자<br>(다국적기업) | 계약건당 미화 5만불을<br>초과하는 수출대금 | 본지사간의 수출거래로서 무신용장 인수인도조건방식 또는 외상수출채권매입방식에 의하여 결제기간이 물품의 선적 후 또는 수출환어음의 일람 후 3년을 초과하는 경우 | 한국은행<br>신고 |
| 수출자<br>(다국적기업) | 계약건당 미화 5만불을<br>초과하는 수출대금 | **본지사간의 수출거래로서 수출대금을 물품의 선적 전에 수령하고자 하는 경우** | 한국은행<br>신고 |
| 수출자<br>(독립기업) | 계약건당 미화 5만불을<br>초과하는 수출대금 | **본지사간이 아닌 수출거래로서 수출대금을 물품의 선적 전 1년을 초과하여 수령하고자 하는 경우** | 한국은행<br>신고* |
| 수출자<br>(독립기업) | 계약건당 미화 5만불을<br>초과하는 수출대금 | 본지사간이 아닌 수출거래로서 선박, 철도차량, 항공기, 「대외무역법」에 의한 산업설비 수출대금을 물품의 선적 전 1년을 초과하여 수령하고자 하는 경우 | 없음 |

*불가피한 사유로 인정되는 경우에는 1년을 초과한 날로부터 3월 이내에 사후신고를 할 수 있음.

| 거래사례 |

유정씨앤씨(주)는 2018.7.5. 미국의 ABC사에 특수장비 US $ 1,000,000을 발주하고 장비제조에 소요되는 기간을 감안 장비인수는 2019.7.9.에 하되, 수입대금은 2018.7.5. 착수금조로 US $ 500,000을 송금하며 나머지 금액은 2019.7.1. 및 장비인수시 각각 US $ 250,000를 송금하기로 하였음.

이와 관련하여 유정씨앤씨(주)는 동 장비 수입을 위한 착수금 송금을 위해 한국은행에 지급 등의 방법(기획재정부장관이 정하는 기간을 초과하는 지급 등의 방법) 신고를 하는 사례(자료출처 : 한국은행 외국환거래 신고 편람 2007.1. p.48~51의 내용을 필자가 일부수정)

**【기간초과지급 등: 지급 등의 방법(변경) 신고서】**

〔별지 제5-1호 서식〕

<table>
<tr><td colspan="4" rowspan="2" style="text-align:center"><br><br>**지급 등의 방법(변경) 신고서**</td><td style="text-align:center">처리기간</td></tr>
<tr><td></td></tr>
<tr><td rowspan="4">거래내용</td><td colspan="2">Ⓐ 거 래 종 류</td><td colspan="2">□ 수출거래 ■ 수입거래 □ 용역거래 □ 자본거래</td></tr>
<tr><td rowspan="2">Ⓑ 계약상대방</td><td>상호 및 대표자성명</td><td colspan="2" style="text-align:center">ABC Company, Bill James</td></tr>
<tr><td>주소, 전화번호</td><td colspan="2" style="text-align:center">1122 Battery Street, San Francisco<br>1-309-387-0000</td></tr>
<tr><td colspan="2">Ⓑ 결 제 방 법</td><td colspan="2">□ 신용장(L/C) □ 추심(D/P, D/A) ■ 송금 □기타( )</td></tr>
<tr><td rowspan="1"></td><td colspan="2">Ⓒ 금　　　액</td><td>계 약 금 액</td><td>U$1,000,000</td><td>신고금액</td><td>U$750,000</td></tr>
</table>

<table>
<tr><td rowspan="9" style="writing-mode:vertical">지급 등의 방법</td><td rowspan="3">Ⓓ<br>(1)일정기간을<br>초과하는<br>지급 또는 영수</td><td>결 제 기 간</td><td>당초기간</td><td style="text-align:center">2018.7.5 -<br>2019.7.9</td><td>변경</td><td></td></tr>
<tr><td>결 제 시 기</td><td>당초시기</td><td></td><td>변경</td><td></td></tr>
<tr><td>결 제 방 법</td><td colspan="4">■ 외국환은행을 통한 방법 □ 기타( )</td></tr>
<tr><td rowspan="3">(2)상계에 의한<br>계정의 대기,<br>차기</td><td rowspan="2">계정의 구분<br>및 대차기금액</td><td>貸記</td><td></td><td rowspan="2">잔액</td><td></td></tr>
<tr><td>借記</td><td></td><td></td></tr>
<tr><td>결 제 방 법</td><td colspan="4">□ 외국환은행을 통한 방법 □ 기타( )</td></tr>
<tr><td rowspan="2">(3)기 타</td><td>구　　　분</td><td colspan="4">□ 제3자 지급<br>□ 외국환은행을 통하지 아니하는 지급</td></tr>
<tr><td>결제시기</td><td colspan="4"></td></tr>
</table>

<table>
<tr><td>변경</td><td></td></tr>
</table>

외국환거래법 제16조의 규정에 의하여 위와 같이 신고합니다.

2018년 6월 30일
Ⓔ 신고인 유정씨앤씨(주) 대표이사 신민호
(또는 유정씨앤씨(주)의 대리인 이성준) 인
(전화 02-333-3333)
한국은행총재 귀하
(외국환은행의 장)

210mm×297mm

Ⓕ 〈첨부서류〉 1. 사유서  2. 수출입계약서 사본 1부
　　　　　　　 3. 지급 등의 방법에 관한 입증서류 1부

**작성요령**

Ⓐ **거래종류**
- 기획재정부장관이 정하는 기간을 초과하는 지급 등의 원인이 되는 채권이나 채무발생의 거래종류를 기재하며 위의 경우는 유정씨앤씨(주)의 ABC사에 대한 수입거래가 기획재정부장관이 정하는 기간을 초과하는 지급 등의 원인이 되었으므로 "수입거래"란에 표시한다.

Ⓑ **계약상대방 및 결제방법**
- 계약상대방의 상호, 주소, 연락전화번호를 기재하며 거래종류별 대금결제방법에 표시한다.

Ⓒ **금액**
- 계약금액에는 계약금액 전체(위의 경우는 US＄1,000,000)를 기재하며 신고금액에는 계약금액 중 "기획재정부장관이 정하는 기간 등을 초과하는 지급 등"에 해당되는 금액(위의 경우에는 물품인수 전 1년 초과로 지급하게 되는 US＄500,000 외에 인수 전까지 지급하게 되는 총액인 US＄750,000)을 기재한다.

Ⓓ **일정기간을 초과하는 지급 또는 영수**
- 결제기간(결제시기) : 일정기간을 초과하는 지급 또는 영수가 이루어지는 기간이나 시기를 기재하며 위의 경우 1년 동안 분할 지급하므로 첫 번째 대금지급시점부터 마지막 대금지급시점까지를 기재한다.
  * 변경부분은 한국은행에 기 신고한 결제기간이나 결제시기가 변경되는 경우 변경신고서 작성시 기재하는 부분이다.
- 결제방법 : 결제방법란에는 지급이나 수취시 선택하는 결제방법에 표시한다.

Ⓔ **신고인 관련부분**
- 개인의 경우는 신고인의 성명을 기재하고 서명 또는 날인, 법인의 경우는 상호와 대표이사명을 기재하고 법인 인감을 날인한다. 만약 대리인이 신고하는 경우에는 '유정씨앤씨(주)의 대리인 이성준'이라고 기재하고 대리인 이성준이 날인 또는 서명한다.

Ⓕ **첨부서류**
- 사유서 : 특별한 양식은 없으며 A4 용지 1매 내외의 분량으로 해당 신청 사유를 정확하

고 상세하게 기재한다.

- 신고인 및 거래(계약) 상대방의 실체확인서류 : 개인의 경우에는 신분을 증명할 수 있는 주민등록증이나 여권 또는 운전면허증 사본, 법인의 경우에는 법인등기부등본, 사업자등록증
  - 국내기업의 경우에는 법인등기부등본, 해외법인 등의 경우는 이에 준하는 서류(예 : "Certificate of Incorporation" 등)
  - \* 만약 대리인이 신고할 경우에는 동 서류 외에 당해 신고행위에 대한 권한을 위임하는 내용의 위임장(비거주자는 영사관 발행 또는 현지에서 공증받은 위임장)을 추가 제출한다.
- 기간을 초과하는 지급 등을 입증할 수 있는 서류 : 당해 지급의 원인이 되는 수출입계약서 및 Invoice 등의 근거자료

〔표 21〕 기간 초과 지급에 대한 신고

| 당사자 | 거래금액 | 내용 | 신고의무 |
|--------|----------|------|----------|
| 금 수입자 | 계약건당 미화 5만불을 초과하는 미가공 재수출할 목적으로 금을 수입하는 경우 | 수입대금을 선적서류 또는 물품의 수령일부터 30일을 초과하여 지급하거나 내수용으로 30일을 초과하여 연지급수입한 금을 미가공 재수출하고자 하는 경우 | 한국은행 신고 |
| 수입자 | 계약건당 미화 2만불을 초과하는 수입대금 | 선적서류 또는 물품의 수령 전 1년을 초과하여 송금방식에 의하여 지급하고자 하는 경우 | 한국은행 신고\* |
| 산업설비 수입자 | 계약건당 미화 2백만불 이내의 수입대금 | 선박, 철도차량, 항공기, 「대외무역법」에 따른 산업설비에 대한 미화 2백만불 이내의 수입대금을 선적서류 또는 물품의 수령 전 1년을 초과하여 송금방식에 의하여 지급하는 경우 | 없음 |

\* 불가피한 사유로 인정되는 경우에는 1년을 초과한 날로부터 3월 이내에 사후신고를 할 수 있음.

## 4) 기간초과 지급 및 수령 신고내용에 대한 관계기관 통보의무

기간초과 지급 및 수령 신고를 받은 한국은행총재는 매월별로 익월 10일 이내에 동 신고사실을 국세청장 및 관세청장에게 통보하여야 한다(정 5-8-2).

## 5) 대응수출입 이행의무

대외거래를 하면서 다음과 같은 지급 또는 수령을 한 경우에는 그에 대응하는 수출 또는 수입을 이행하여야 한다(정 5-9).

〔표 22〕 기간 초과 지급 또는 수령에 대한 대응수출입 이행의무

| 당사자 | 의무 |
|---|---|
| 건당 미화 5만불을 초과하는 수출대금을 물품의 선적 전에 수령한 수출자 | 수령한 대금을 반환하거나 대응수출을 이행 |
| 선적서류 또는 물품의 수령 전에 송금방식에 의하여 건당 미화 2만불을 초과하는 수입대금을 지급한 자 | 지급한 대금을 반환받거나 대응수입을 이행 |

## 6) 기간 초과 지급 또는 수령에 대한 실무 사례

〔표 23〕 기간 초과 지급 또는 수령에 대한 실무 사례

| 실무 사례 | 내용 | 신고의무 |
|---|---|---|
| 기계설비 수입대금 선지급 | 50만불의 기계설비에 대한 수입계약을 체결하면서 계약체결 시 10만불을 선지급하고, 계약체결 후 6개월 이내에 기계 설비의 50%를 수입하면서 20만불 지급, 계약 체결 후 1년 6개월 이내에 나머지 50%를 수입하면서 잔금 20만불을 지급 | 한국은행 신고 |

**─○ 외환조사 사례   1. 기간 초과 지급 사례**

(1) 요약

합성천연가스 플랜트 특수 보일러 설비 선급금 등을 선적 전 1년 기간 초과하여 지급한 것으로 의심받은 사례

(2) 사실관계

계약 건당 2만불을 초과하는 수입대금을 선적서류 또는 물품의 수령 전 1년을 초과하여 송금방식으로 지급하고자 하는 경우, 외국환거래규정 제5-8조의 규정에 의거 한국은행총재에게 신고하여야 하며, 불가피한 사유로 인정되는 경우에는 1년을 초과한 날로부터 3월 이내에 사후신고하여야 하여야 함.

A씨는 대기업인 B건설사의 대표로서 2011.11. C국의 D사와 합성천연가스(SNG) 플랜트 건설사업과 관련하여 특수 보일러 공급계약을 체결하면서, 계약서의 내용에 따라 2011.9. 선급금으로 계약금액의 25%에 해당하는 금액 59억원, 2012.1. 중간지급금으로 계약금액의 25%에 해당하는 금액 57억원을 송금방식(T/T)으로 지급하였고, 물품은 2013.6. 수입신고되었음에도, 위 선급금 및 중간지급금을 물품의 수령 전 1년을 초과하여 송금방식으로 지급하면서 한국은행총재에게 신고하지 않은 것으로 의심받은 사례

(3) 세관의 판단

　　기간 초과 지급 미신고 외국환거래법 위반임.

(4) 검찰의 판단

　　기간 초과 지급 미신고 외국환거래법 위반임.

---

**─○ 외환조사 사례　2. 본지사 선수금 수령신고 미이행 관련 사례 1**

(1) 요약

　　본지사간 철강 수출대금 선수금 수령을 신고하지 않았다고 의심받은 사례

(2) 사실관계

　　본지사 간의 수출거래로서 계약건당 미화 5만불을 초과하는 수출대금을 물품의 선적 전에
　　수령하고자 하는 경우에는 한국은행총재에게 신고하여야 함. A씨는 대기업 B사의 대표로서
　　B사의 C 국 현지법인 D사의 자회사인 E사에게 납품하는 철강제품의 대가로서 2011.12. 수
　　출대금 77억원 상당을 D사로 수령한 후 2012.1. 경 수출물품을 선적하였음에도 한국은행총
　　재에게 위와 같은 사실을 신고하지 않은 것으로 의심받은 사례

(3) 세관의 판단

　　본지사 간 선수금 수령신고의무 미이행 외국환거래법 위반임.

(4) 검찰의 판단

　　본지사 간 선수금 수령신고의무 미이행 외국환거래법 위반임.

---

**─○ 외환조사 사례　3. 본지사 선수금 수령신고 미이행 관련 사례 2**

(1) 요약

　　본지사 간 시멘트 수출대금 선수금 수령을 신고하지 않았다고 의심받은 사례

(2) 사실관계

　　본지사 간의 수출거래로서 계약건당 미화 5만불을 초과하는 수출대금을 물품의 선적 전에
　　수령하고자 하는 경우에는 한국은행총재에게 신고하여야 함. A씨는 대기업 B사의 대표로서
　　B사의 미국 현지법인 C사에게 수출하는 시멘트제품의 대가로서 2008.1. ~ 2008.2. 기간 중
　　수출대금 미화 15억원을 수령한 후 물품 선적은 2008.3.경에 수출물품을 선적하였음에도 한
　　국은행총재에게 위와 같은 사실을 신고하지 않은 것으로 의심받은 사례

(3) 세관의 판단

　　본지사간 선수금 수령신고의무 미이행 외국환거래법 위반임.

(4) 검찰의 판단

　　본지사간 선수금 수령신고의무 미이행 외국환거래법 위반임.

## (4) 제3자 지급 및 수령에 대한 신고

　　대외거래를 하는 당사자는 무역거래나 용역거래의 상대방에게 직접 거래대금을 지급하거나 상대방으로부터 거래대금을 수령하는 것이 일반적이다. 그러나 거래당사자중 일방의 요청으로 거래당사자가 아닌 제3자에게 지급을 하거나 제3자로부터 수령을 하는 경우 또는 거래당사자가 아님에도 거래당사자의 요청으로 거래당사자의 거래대금을 대신하여 지급하거나 수령하는 경우가 있을 수 있는데 외국환거래법에서는 이러한 경우 지급 또는 수령 행위를 하기 전에 신고의무를 부여하고 있다. 실제로 제3자 지급 및 수령에 대한 신고의무는 상계에 대한 신고의무와 더불어 외국환거래법 신고의무 위반이 가장 많이 발생하는 유형이므로 법인이나 개인 기업의 대표는 각별히 유의하여야 한다.

　　외국환거래법에서는 '제3자 지급 및 수령' 행위가 국내 자본의 유출, 마약 등 불법자금의 세탁, 관세 등 조세의 회피수단으로 악용될 소지가 크기 때문에 신고 예외사항을 제외하고는 모두 한국은행에 신고하도록 하여 엄격하게 관리하고 있다.

### 1) 신고 예외 거래(정 5-10-1)

　① 거주자와 비거주자 간 거래의 결제를 위하여 당해 거래의 당사자가 아닌 비거주자로부터 수령하는 경우에는 신고의무가 없다.

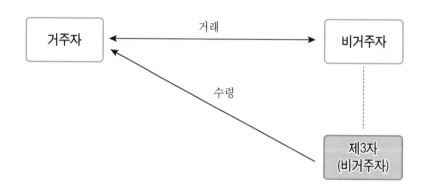

② 거주자와 거주자 간 거래의 결제를 위하여 당해 거래의 당사자가 아닌 비거주자로 부터 수령하는 경우에는 신고의무가 없다.

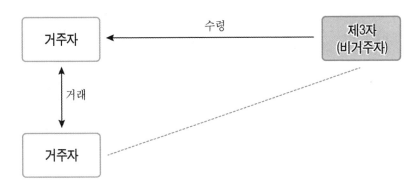

③ 거주자와 거주자 간 거래의 결제를 위하여 당해 거래의 당사자가 아닌 거주자로부 터 수령하거나 거주자에게 지급을 하는 경우에는 신고의무가 없다.

④ 비거주자 간 거래의 결제를 위하여 당해 거래의 당사자인 비거주자로부터 수령하는 경우에는 신고의무가 없다.

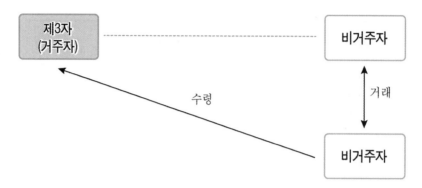

⑤ 거래당사자가 아닌 제3자가 거주자와 비거주자 간 거래의 결제를 위하여 당해 거래의 당사자인 비거주자로부터 수령하는 경우에는 신고의무가 없다.

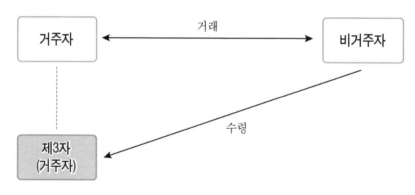

〔표 24〕 신고 예외 제3자 지급 및 수령

| 당사자 | 제3자 거래내용 | 신고의무 |
|---|---|---|
| 거주자 및 비거주자 | **미화 3천불 이하의 금액을 제3자 지급 또는 수령을 하는 경우** | 없음 |
| 당해 거래의 당사자인 거주자 | 거주자 간 또는 거주자와 비거주자 간 거래의 결제를 위하여 당해 거래의 당사자가 아닌 비거주자로부터 수령하는 경우 | 없음 |
| 당해 거래의 당사자인 거주자 | 당해 거래의 당사자가 아닌 거주자로부터 결제대금을 수령하는 경우 | 없음 |
| 당해 거래의 당사자인 거주자 | 거주자 간 거래의 결제를 위하여 당해 거래의 당사자가 아닌 거주자와 지급 또는 수령을 하는 경우 | 없음 |
| 당해 거래의 당사자가 아닌 거주자 | 비거주자 간 또는 거주자와 비거주자 간 거래의 결제를 위하여 당해 거래의 당사자인 비거주자로부터 수령하는 경우 | 없음 |

| 당사자 | 제3자 거래내용 | 신고의무 |
|---|---|---|
| 수입대행업체(거주자)에게 단순수입대행을 위탁한 거주자(납세의무자) | 수입대행계약시 미리 정한 바에 따라 수입대금을 수출자인 비거주자에게 지급하는 경우 | 없음 |
| 거주자 | 인터넷으로 물품 수입을 하고 수입대금은 국내 구매대행업체를 통하여 지급하는 경우 | 없음 |
| 수입대금을 받은 구매대행업체 | 수출자에게 수입대금을 지급하는 경우 | 없음 |
| 비거주자 | 비거주자가 인터넷으로 판매자인 다른 비거주자로부터 물품을 구매하고 구매대금을 거주자인 구매대행업체를 통하여 지급하는 경우 | 없음 |
| 구매대금을 받은 거주자인 구매대행업체 | 판매자인 다른 비거주자에게 구매대금을 지급하는 경우 | 없음 |
| 거주자인 정유회사 및 원유, 액화천연가스 또는 액화석유가스 수입업자 | 외국정부 또는 외국정부가 운영하는 기업으로부터 원유, 액화천연가스 또는 액화석유가스를 수입함에 있어 당해 수출국의 법률이 정한 바에 따라 수입대금을 수출국의 중앙은행에 지급하는 경우 | 없음 |
| 해운대리점 또는 선박관리업자 | 비거주자인 선주(운항사업자를 포함)로부터 수령한 자금으로 국내에 입항 또는 국내에서 건조중인 선박(이하 '외항선박')의 외항선원 급여 등 해상운항경비를 외항선박의 선장 등 관리책임자에게 지급하는 경우 | 없음 |
| 당해 거래의 당사자인 거주자 | 거주자인 통신사업자와 비거주자인 통신사업자간 통신망 사용대가의 결제를 위하여 당사자가 아닌 비거주자와 지급 등을 하는 경우 | 없음 |
| 「정보통신망 이용촉진 및 정보보호 등에 관한 법률」에 따라 등록된 통신과 금서비스제공자 | 거주자 또는 비거주자의 전자적 방법에 의한 재화의 구입 또는 용역의 이용에 있어 그 대가의 정산을 대행하기 위해 지급 등을 하는 경우 | 없음 |
| 거주자 | 외국환은행 또는 이에 상응하는 외국 금융기관 명의로 개설된 에스크로 계좌[12]를 통해 비거주자와 지급 등을 하는 경우 | 없음 |
| 해외광고 및 선박관리업무를 대리·대행하는자 | 해외광고 및 선박관리 대리대행계약에 따라 지급 또는 수령하는 경우 | 없음 |
| 다국적기업 | 다국적기업의 상계센터를 통한 상계로서 한국은행총재에게 상계 신고를 이행한 후 상계잔액을 해당 센터에 지급하는 경우 | 없음 |

12) 상거래의 안정성을 확보하기 위하여 중립적인 제3자로 하여금 거래대금을 일시적으로 예치하였다가 일정 조건이 충족되면 당초 약정한 대로 자금의 집행이 이루어지는 계좌를 말한다.

〔표 25〕 신고 예외 기타 제3자 지급 및 수령

| 당사자 | 제3자 거래내용 | 신고의무 |
|---|---|---|
| 외국환은행 | 당해 외국환은행의 해외지점 및 현지법인의 여신과 관련하여 차주, 담보제공자 또는 보증인으로부터 여신원리금을 회수하여 지급하고자 하는 경우 | 없음 |
| 거주자인 예탁결제원(예탁기관) | 비거주자가 발행한 주식예탁증서의 권리행사 및 의무이행과 관련된 내국지급수단 또는 대외지급수단을 지급 또는 수령하는 경우 | 없음 |
| 거래당사자(회원) | 회원으로 가입된 국제적인 결제기구와 지급 또는 수령하는 경우 | 없음 |
| 대한민국 재외공관 | 외교통상부의 신속 해외송금 지원제도 운영 지침에 따라 국민인 비거주자에게 긴급경비를 지급하는 경우 | 없음 |
| 정부 | 「국제개발협력기본법」에 따른 국제개발협력과 관련한 자금을 거래당사자가 아닌 자에게 지급하는 경우 | 없음 |

〔표 26〕 신고 예외 인정된 거래에 따른 제3자 지급 및 수령

| 당사자 | 제3자 거래내용 | 신고의무 |
|---|---|---|
| 거래당사자 | 인정된 거래에 따른 채권의 매매 및 양도, 채무의 인수가 이루어진 경우 | 없음 |
| 비거주자 | 인정된 거래에 따른 비거주자 간의 외화채권의 이전 | 없음 |
| 거주자 | 인정된 거래에 따라 외국에 있는 부동산 또는 이에 관한 권리를 취득하고자 하는 거주자가 동 취득대금을 당해 부동산 소재지 국가에서 부동산계약 중개·대리업무를 영위하는 자에게 지급하는 경우 | 없음 |
| 거주자 | 인정된 거래에 따라 외국에서 외화증권을 발행한 거주자가 원리금 상환 및 매입소각 등을 위하여 자금관리위탁계약을 맺은 자에게 지급하고자 하는 경우 | 없음 |
| 외화증권을 취득하고자 하는 자 | 인정된 거래에 따라 관련자금을 예탁결제원에게 지급하는 경우 | 없음 |
| 주식 또는 지분을 취득하는 자 | 주식 또는 지분을 취득하는 경우 동 취득대금을 「외국인투자촉진법」에 의한 외국인투자기업(국내자회사를 포함), 외국기업국내지사, 외국은행국내지점 또는 사무소가 본사(본사의 지주회사나 방계회사를 포함)에게 직접 지급하는 경우 | 없음 |
| 해외현지법인을 설립하거나 해외지사를 설치하고자 하는 거주자 | 설립 및 설치 자금을 해외직접투자와 관련된 대리관계가 확인된 거주자 또는 비거주자에게 지급하는 경우 | 없음 |

## 2) 제3자 지급 및 수령에 대한 신고의무

제3자 지급 및 수령에 대한 이해를 돕기 위해 거래도로 나타내면 아래와 같다.

㉠ 거주자와 비거주자 간 거래에 관련하여 거주자가 제3자에게 지급하는 경우 신고대상 제3자 지급거래이다.

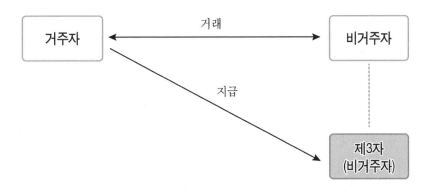

㉡ 거주자와 비거주자 간 거래에 관련하여 거주자인 제3자가 거래당사자인 비거주자에게 지급하는 경우 신고대상 제3자 지급거래이다.

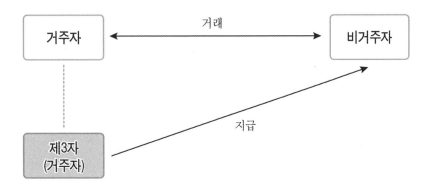

ⓒ 거주자와 비거주자 간 거래에 관련하여 거주자인 제3자가 거래당사자인 거주자로부터 지급받는 경우 신고대상 제3자 지급거래이다.

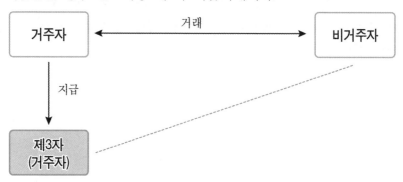

ⓔ 비거주자 간 거래에서 거래당사자가 아닌 거주자인 제3자가 비거주자에게 지급하는 경우 신고대상 제3자 지급거래이다.

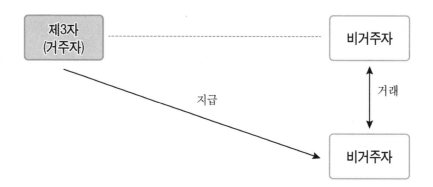

ⓜ 거주자 간 거래에서 거래당사자인 거주자가 비거주자인 제3자에게 지급하는 경우에도 신고 대상인 제3자 지급거래에 해당한다.

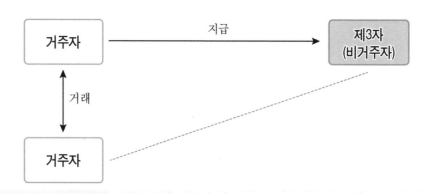

① 외국환은행에 대한 신고의무

신고 예외에 해당하는 경우를 제외하고 거주자가 미화 3천불을 초과하고 미화 1만불 이내의 금액(분할하여 지급 등을 하는 경우에는 각각의 지급 등의 금액을 합산한 금액)을 제3자와 지급 등을 하려는 경우에는 외국환은행의 장에게 신고하여야 한다(정 5-10-2).

② 한국은행에 대한 신고의무

거주자가 미화 1만불을 초과하는 금액을 제3자와 지급 등을 하려는 경우에는 한국은행총재에게 신고하여야 한다(정 5-10-3).

〔표 27〕 제3자 지급 및 수령에 대한 신고의무

| 당사자 | 제3자 거래내용 | 신고의무 |
|---|---|---|
| 거주자 | 미화 3천불을 초과하고 미화 1만불 이내의 금액(분할하여 지급 등을 하는 경우에는 각각의 지급 등의 금액을 합산한 금액)을 제3자와 지급 또는 수령을 하려는 경우 | 외국환은행 신고 |
| 거주자 | 미화 1만불을 초과하는 금액을 제3자와 지급 또는 수령을 하려는 경우 | 한국은행 신고 |

─O 신고서 작성 방법  제3자 지급 등의 방법

│ 거래사례 │

유정씨앤씨(주)는 미국 DEF사에게 수입채무 US $ 1,000,000가 있으나 DEF사의 요청으로 수입채무 US $ 1,000,000 중 US $ 500,000을 미국 ABC사에게 지급하기 위해 한국은행에 제3자 지급신고를 하는 사례(자료출처 : 한국은행 외국환거래 신고 편람 2007.1. p.39~42의 내용을 필자가 일부수정)

**【제3자지급: 지급 등의 방법(변경) 신고서】**

〔별지 제5-1호 서식〕

<table>
<tr><td colspan="4" align="center">지급 등의 방법(변경) 신고서</td><td>처리기간</td></tr>
<tr><td rowspan="5">거래내용</td><td colspan="2">Ⓐ 거 래 종 류</td><td colspan="2">□ 수출거래 ■ 수입거래 □ 용역거래 □ 자본거래</td></tr>
<tr><td rowspan="2">Ⓑ 계 약 상 대 방</td><td>상호 및 대표자성명</td><td colspan="2">ABC Company, Bill James</td></tr>
<tr><td>주소, 전화번호</td><td colspan="2">1122 Battery Street,San Francisco<br>1-309-387-0000</td></tr>
<tr><td colspan="2">Ⓑ 결 제 방 법</td><td colspan="2">□ 신용장(L/C) □ 추심(D/P, D/A) ■ 송금 □ 기타( )</td></tr>
<tr><td colspan="2">Ⓒ 금 액</td><td>계약금액 U$1,000,000</td><td>신고금액 U$500,000</td></tr>
<tr><td rowspan="8">지급등의방법</td><td rowspan="3">(1)일정기간을 초과하는 지급또는영수</td><td>결 제 기 간</td><td>당초기간</td><td>변경</td></tr>
<tr><td>결 제 시 기</td><td>당초시기</td><td>변경</td></tr>
<tr><td>결 제 방 법</td><td colspan="2">■외국환은행을 통한 방법 □ 기타( )</td></tr>
<tr><td rowspan="2">(2)상계에의한 계정의대기, 차기</td><td rowspan="2">계정의구분 및 대차기금액</td><td>貸記</td><td rowspan="2">잔액</td></tr>
<tr><td>借記</td></tr>
<tr><td>결 제 방 법</td><td colspan="2">□ 외국환은행을 통한 방법 □ 기타( )</td></tr>
<tr><td rowspan="2">Ⓓ<br>(3)기 타</td><td>구 분</td><td colspan="2">■ 제3자 지급<br>□ 외국환은행을 통하지 아니하는 지급</td></tr>
<tr><td>결 제 시 기</td><td colspan="2">20XX.7.1 - 20XX.7.7</td></tr>
<tr><td>변경</td><td colspan="4"></td></tr>
<tr><td colspan="5">외국환거래법 제16조의 규정에 의하여 위와 같이 신고합니다.<br><br>　　　　　20XX년 6월 30일<br>　　　　　　　Ⓔ 신고인 유정씨앤씨(주) 대표이사 신민호<br>　　　　　　　　(또는 유정씨앤씨(주)의 대리인 이성준) 인<br>　　　　　　　　(전화 02-333-3333 )<br>　　　　　한국은행총재 귀하<br>　　　　　(외국환은행의 장)</td></tr>
</table>

210mm×297mm

Ⓕ 〈첨부서류〉1. 사유서  2. 수출입계약서 사본 1부  3. 지급 등의 방법에 관한 입증서류 1부

Ⓐ **거래종류**

- 제3자 지급 등의 원인이 되는 채권이나 채무발생의 거래종류를 기재하며 위의 경우는 유정씨앤씨(주)의 DEF사에 대한 수입거래가 제3자 지급 등의 원인이 되고 있으므로 수입거래란에 표시한다.

Ⓑ **계약상대방 및 결제방법**

- 계약상대방은 제3자 지급 대상 업체를 기재하며 계약상대방의 상호, 주소, 연락전화번호를 기재한 후 거래종류별 대금결제방법에 표시한다.

Ⓒ **금액**

- 계약금액에는 원인채권이나 채무의 금액 전체(위의 경우는 US $1,000,000)를 기재하며 신고금액에는 계약금액 중 제3자 지급 등의 대상이 되는 금액(위의 경우는 US $500,000) 만을 기재한다.

Ⓓ **기타**

- 구분 : 제3자 지급 부분에 표시한다.
- 결제시기 : 결제예정시기를 기재. 결제가 분할지급의 형태로 이루어지면 지급스케줄을 별첨으로 첨부하여 기재한다.

Ⓔ **신고인 관련부분**

- 개인의 경우는 신고인의 성명을 기재하고 서명 또는 날인. 법인의 경우는 상호와 대표이사명을 기재하고 법인 인감을 날인한다. 만약 대리인이 신고하는 경우에는 '유정씨앤씨(주)의 대리인 이성준'이라고 기재하고 대리인 이성준이 날인 또는 서명한다.

Ⓕ **첨부서류**

- 사유서 : 특별한 양식은 없으며 A4 용지 1매 정도 분량으로 해당 신청 사유를 정확하고 상세하게 기재한다.
- 신고인 및 거래(계약) 상대방의 실체확인서류 : 개인의 경우에는 신분을 증명할 수 있는 주민등록증이나 여권 또는 운전면허증 사본, 법인의 경우에는 법인등기부등본, 사업자등록증
  • 국내기업의 경우에는 법인등기부등본, 해외법인 등의 경우는 이에 준하는 서류(예 : "Certificate of Incorporation" 등)
  * 만약 대리인이 신고할 경우에는 동 서류 외에 당해 신고행위에 대한 권한을 위임하는 내용의 위임장(비거주자는 영사관 발행 또는 현지에서 공증받은 위임장)을 추가 제출한다.
- 제3자 지급 등에 관한 합의서 : 이는 제3자 지급 등에 관련된 거래당사자들이 동 방식으로의 대금 결제에 동의한다는 의사표시가 있는 문서 또는 이메일 전문 등

- 제3자 지급 등의 대상이 되는 채권·채무 확인서류
  - 수출채권 : 수출계약서, 수출신고서, Invoice 등
  - 수입채무 : 수입계약서, 수입신고서, B/L, Invoice 등
  - 용역계약 : 용역계약서, Invoice, 납부세액확인서 등
  - 자본거래 : 관련계약서, 인정된 거래임을 확인하는 서류
- 제3자 지급 등의 사유에 대한 증빙서류 : 이는 제3자 지급 등이 일어난 원인을 증빙하는 제반 문서를 의미한다. 예를 들어 거주자(A)가 비거주자(B)에게 수입채무가 있음에도 다른 거주자(A')가 지급을 하게 되는 경우 등에는 다른 거주자(A')가 거주자(A)에 대하여 그러한 지급행위를 하게 되는 원인관계 입증 문서가 필요하다.

## 3) 제3자 지급 및 수령 신고에 대한 관계기관 통보

제3자 지급 및 수령 신고를 받은 외국환은행의 장 또는 한국은행총재는 매월별로 익월 10일 이내에 동 신고사실을 국세청장 및 관세청장에게 통보하여야 한다(정 5-10-4).

〔표 28〕 제3자 지급 및 수령에 대한 실무 사례

| 실무 사례 | 내용 | 신고의무 |
| --- | --- | --- |
| 수입대금 제3자 지급 | 수입대금 미화 1.5만불을 해외 수출회사 법인계좌가 아닌 수출회사 대표 개인 계좌로 지급 | 한국은행 신고 |
| 수입대금 제3자 지급 | 수입대금 미화 1.5만불을 해외 수출회사(개인사업자) 사업용 계좌로 지급 | 없음 |
| 수입대금 제3자 지급 | 수입대금 미화 1.5만불을 해외 수출회사(개인사업자) 사업용 계좌가 아닌 수출회사 대표 개인 계좌로 지급 | 한국은행 신고 |
| 용선료 제3자 지급 | 선박회사(용선자)가 선박소유자(SPC)와 용선계약을 맺고 용선료 150만불을 실제 선박소유자에게 지급 | 한국은행 신고 |
| 수입대금 제3자 지급 | 수입자가 해외 수출자 A와 수입계약을 체결한 후 물품 공급은 A의 공장인 B가 한 후 수입대금을 A에게 지급 | 없음 |
| 다국적기업 파견 보수 직원 정산을 위한 지급 | 다국적기업 본사가 한국의 지사에 직원을 파견하여 파견 직원들이 한국 지사의 업무를 처리. 본사는 파견 직원들에게 보수를 지급하고, 지급한 보수를 한국 지사에게 청구하고 한국 지사는 파견 직원들의 용역 제공에 대한 보수 1.2만불을 본사로 지급 | 한국은행 신고 |
| 국내 본사의 물품대금 제3자 지급 | 국내 지점이 수입하는 물품 대금 30만불을 국내 본사가 해외거래처에 대신하여 지급 | 한국은행 신고 |

(1) 요약

자전거를 수입하면서 해외 거래처의 관계회사에 수입대금을 지급하여 제3자 지급으로 의심받은 사례

(2) 사실관계

A씨는 B자전거 회사의 대표로서 2007.5. C국의 수출업체인 D사와 자전거 완제품에 대한 수입계약을 체결하고, 동 계약에 따라 자전거 완제품 및 하자보증용 부품을 수입한 대금을 지급하면서, 2007.6.부터 2009.4..까지 기간 동안 7.9억원을 수입거래의 당사자가 아닌 관계회사인 E사에게 수입대금을 지급함으로써 제3자 지급을 한 것으로 의심받은 사례

(3) 세관의 판단

제3자 지급 미신고 외국환거래법 위반임.

(4) 검찰의 판단

증거 불충분하여 불기소 결정함.

# (5) 외국환은행을 통하지 아니하는 지급 및 수령에 대한 신고

외국환거래법에서는 대외거래에 따른 외국환거래를 외국환은행을 통하여 하도록 하고 있다. 외국환거래법은 외국환은행으로 하여금 외국환거래 내역을 일정기간마다 국세청장, 관세청장 및 금융감독원장에게 보고하도록 하여 정부당국이 대외거래에 따른 외국환거래를 관리하고 있다.

거주자가 외국환은행을 통하지 아니하고 지급이나 수령을 하는 경우에는 위와 같은 외국환은행을 이용하는 외국환거래와 달리 거래 내용에 대한 확인이나 통계수집 등이 이루어질 수 없어 정부의 외국환 관리가 곤란하게 되므로 외국환거래법에서는 외국환은행을 통하지 아니하는 지급에 대하여는 신고예외 사항을 제외하고는 한국은행에 신고하도록 의무를 부여하고 있다. 외국환은행을 통하지 아니하는 수령에 대하여는 신고 예외 대상으로 규정하고 있다.

## 1) 신고 예외거래(정 5-11-1)

거주자가 외국환은행을 통하지 아니하고 지급수단을 수령하고자 하는 경우에는 신고를 요하지 아니한다.

〔표 29〕 신고예외 외국환은행을 통하지 아니하는 지급수단 수령

| 당사자 | 내용 | 신고의무 |
|---|---|---|
| 거주자 | 외국환은행을 통하지 아니하고 **지급수단**을 수령하고자 하는 경우 | 없음 |

거주자가 다음의 경우에 외국환은행을 통하지 아니하고 지급을 하고자 하는 경우에는 신고를 요하지 아니한다(정 5-11-1).

〔표 30〕 신고예외 외국환은행을 통하지 아니하는 지급

| 당사자 | 내용 | 신고의무 |
|---|---|---|
| 거주자 | 외항운송업자와 승객 간에 외국항로에 취항하는 항공기 또는 선박 안에서 매입, 매각한 물품대금을 직접 지급 또는 수령하는 경우 | 없음 |
| 해외여행자(여행업자 및 교육기관 등을 포함) 또는 해외이주자(해외이주예정자 포함) 및 재외동포 | 1만불 이하의 해외여행경비, 해외이주비 및 국내재산을 외국에서 직접 지급하는 경우 | 없음 |
| 해외체재자, 해외유학생 및 여행업자(교육기관 등을 포함) | 지정거래외국환은행의 확인을 받아 1만불을 초과하는 대외지급수단을 휴대수출하여 지급하는 경우 | 없음 |
| 해외이주자, 해외이주예정자 및 재외동포 | 지정거래외국환은행의 확인을 받아 1만불을 초과하는 대외지급수단을 휴대수출하여 지급하는 경우 | 없음 |
| 일반해외여행자(외국인 거주자 제외) | 관할세관의 장에게 신고한 후 1만불을 초과하는 대외지급수단을 휴대수출하여 지급하는 경우 | 없음 |
| 정부, 지방자치단체 등 (정 4-5-1-i) | 기관의 예산으로 지급되는 1만불을 초과하는 해외여행경비를 휴대수출하여 지급하는 경우 | 없음 |
| 해외체재자 및 해외유학생 | 지정거래외국환은행의 장이 확인한 금액을 초과(초과금액이 1만불 이하)하여 휴대수출하여 지급하는 경우 | 없음 |
| 해외체재자 및 해외유학생 | 지정거래외국환은행의 장이 확인한 금액을 초과(초과금액이 1만불 초과)하여 관할세관의 장에게 신고한 후 휴대수출하여 지급하는 경우 | 없음 |
| 거주자 | 인정된 거래에 따른 지급을 위하여 송금수표, 우편환 또는 유네스코쿠폰으로 지급하는 경우 | 없음 |
| 거주자 | 외국에서 보유가 인정된 대외지급수단으로 인정된 거래에 따른 대가를 외국에서 직접 지급하는 경우 | 없음 |

| 당사자 | 내용 | 신고의무 |
|---|---|---|
| 거주자 | 거주자와 비거주자 간에 국내에서 내국통화로 표시된 거래를 함에 따라 내국지급수단으로 지급하고자 하는 경우 | 없음 |
| 수출승인 또는 수입승인 면제(대외무역관리규정 별표 3 및 별표 4)(물품을 외국에서 수리 또는 검사를 위하여 출국하는 자 | 외국환은행의 확인을 받은 후 외국통화 및 여행자수표를 휴대수출하여 당해 수리 또는 검사비를 외국에서 직접 지급하는 경우 | 없음 |
| 외국항로에 취항하는 항공 또는 선박회사 | 외국환은행의 확인을 받은 후 외국통화를 휴대수출하여 외국에서 운항경비를 직접 지급하는 경우 | 없음 |
| 원양어업자 | 외국환은행의 확인을 받은 후 어업규정준수 여부 확인 등을 위하여 승선하는 상대국의 감독관 등에게 지급하여야 할 경비를 휴대수출하여 지급하는 경우 | 없음 |
| 거주자 | 외국환은행의 확인을 받은 후 영화, 음반, 방송물 및 광고물을 외국에서 제작함에 필요한 경비를 대외지급수단을 휴대수출하여 외국에서 직접 지급하는 경우 | 없음 |
| 스포츠경기, 현상광고 주최자 | 외국환은행의 확인을 받은 후 스포츠경기, 현상광고 등과 관련한 상금을 당해 입상자에게 직접 지급하는 경우 | 없음 |
| 외국인거주자(비거주자를 포함) | 외국환은행의 확인을 받은 후 지정거래외국환은행으로부터 매입한 대외지급수단을 휴대수출하여 지급하는 경우 | 없음 |
| 해운대리점 또는 선박관리업자 | 외국환은행의 확인을 받은 후 비거주자인 선주(운항사업자를 포함)로부터 수령한 자금으로 국내에 입항 또는 국내에서 건조중인 선박(이하 '외항선박')의 외항선원 급여 등 해상운항경비를 외항선박의 선장 등 관리책임자에게 지급하는 경우 | 없음 |
| 해외예금 및 해외신탁 보유 거주자 | 신고한 해외예금 및 신탁거래를 통해 인정된 외화자금을 직접 예치·처분하는 경우 | 없음 |
| 거주자 | 인정된 거래에 따른 대가를 당해 예금기관이 발행한 외화수표 또는 신용카드 등으로 국내에서 직접 지급하는 경우 | 없음 |
| 신용카드 보유자 | 본인명의 신용카드 등(여행자카드 포함)으로 외국에서의 해외여행경비 지급 | 없음 |
| 신용카드 보유자 | 본인명의 신용카드 등(여행자카드 포함)으로 국제기구, 국제단체, 국제회의에 대한 가입비, 회비 및 분담금을 지급하는 경우 | 없음 |
| 신용카드 보유자 | 본인명의 신용카드 등(여행자카드 포함)으로 외국간행물에 연구논문, 창작작품 등의 발표, 기고에 따른 게재료 및 별책대금 등 제경비 지급 | 없음 |

| 당사자 | 내용 | 신고의무 |
|---|---|---|
| 신용카드 보유자 | 본인명의의 신용카드 등(여행자카드 포함)으로 기타 비거주자와의 인정된 거래(자본거래를 제외한다)에 따른 결제대금을 국내에서 지급(국내계정에서 지급하는 것을 의미)하는 경우 | 없음 |
| 부가가치세 등 환급창구 운영사업자 | 외국인관광객등에대한부가가치세 및 개별소비세특례규정에 의해 환급금을 직접 지급하는 경우 | 없음 |
| 법인소속의 해외여행자 (일반해외여행자에 한함) | 법인의 예산으로 해외여행을 하기 위해 당해 법인명의로 환전한 해외여행경비를 휴대수출하여 지급하는 경우 | 없음 |
| 원양어업자 | 원양어로자금 조달을 위한 현지금융의 원리금 또는 어로경비 및 해외지사의 유지활동비를 외국에서 직접 수출하는 어획물의 판매대금으로 상환하거나 지급하는 경우 | 없음 |
| 거주자 | 소액해외송금업자를 통해 지급하는 경우 | |

확인요청을 받은 외국환은행의 장은 지급수단의 취득사실을 확인하고 당해 거주자에게 별지 제6-1호 서식의 외국환신고(확인)필증을 발행·교부하여야 한다(정 5-11-2).

| | 반출입구분(Ex or Import) |
|---|---|

| 외국환신고(확인)필증 (Declaration of Currency or Monetary Instruments) | | |
|---|---|---|
| 성 명<br>Name<br>Last First Middle Initial | 생년월일<br>Date of Birth | · · · |
| | 국 적<br>Nationality | |
| 주민등록번호 :<br>Passport No. : | 체재기간 From<br>Expected Term of Stay To | |

신고내역 및 금액 (Description and Amount of Declaration)

| 신고사유<br>Reasons | 통화종류<br>Code of<br>Currency | 형태<br>Form | 통화별 금액<br>Amount in<br>each Currency | 합계(미화상당)<br>Sum<br>(US $ equiv) | 반출입 용도<br>Use | 비 고(Note)<br>(수표번호 등) |
|---|---|---|---|---|---|---|
| 휴 대<br>(Carried) | | | | | | |
| 송 금<br>(Remitted) | | | | | | |
| 기 타<br>(From Other<br>eligible<br>sources) | | | | | | |

신고일자 : .  신고인 서명 (Signature)

확인자 성명:　　　　　(전화번호 :　　　　) 확인기관 :　　　　직인

............................................................................

| 외국환매입장(Record of Foreign Exchange Sold) ( official use only ) | | | |
|---|---|---|---|
| 일자<br>Date | 금액<br>Amount | 매 입 기 관<br>Bank Money Changer or Post Officer | 확 인<br>Responsible Official |
| | | | |

| 재반출 확인(Confirmation of Re-Export) ( official use only ) | | | | |
|---|---|---|---|---|
| 일자<br>Date | 통화종류<br>Code of<br>Currency | 금액<br>Amount | 확인기관<br>Confirmation Office | 확인자<br>Signature |
| | | | | |

※ 이 서류는 원·외화 반출입 시 소지하여 세관에 제시하여야 합니다.(This sheet must be submitted to Customs officer when you carry with the Currency or Monetary Instruments.)

## 2) 한국은행 신고의무

거주자가 외국환은행을 통하지 아니하고 지급 또는 수령을 하고자 하는 경우(물품 또는 용역의 제공, 권리의 이전 등으로 비거주자와의 채권·채무를 결제하는 경우를 포함)에는 한국은행총재에게 신고하여야 한다(정 5-11-3).

〔표 31〕 한국은행 신고대상인 외국환은행을 통하지 아니하는 지급

| 당사자 | 내용 | 신고의무 |
|---|---|---|
| 거주자 | 외국환은행을 통하지 아니하고 지급 또는 수령을 하고자 하는 경우 | 한국은행 |

**─○ 신고서 작성 방법**  외국환은행을 통하지 않는 지급 등의 방법

┤ 거래사례 ├

유정씨앤씨(주)는 미국의 ABC사에 대한 수입채무 US \$ 1,000,000 중 US \$ 500,000을 지급하려 하였으나 미국의 천재지변으로 은행송금이 불가능하게 되어 직원이 휴대 수출하여 미국에서 직접 지급하기로 하고 한국은행에 "외국환은행을 통하지 않는 지급 등의 방법" 신고를 하는 사례(자료출처 : 한국은행 외국환거래 신고 편람 2007.1. p.56~61의 내용을 필자가 일부수정)

〔별지 제5-1호 서식〕

<table>
<tr><td colspan="4" align="center">지급 등의 방법(변경) 신고서</td><td colspan="2">처리기간</td></tr>
<tr><td rowspan="6">거래내용</td><td colspan="2">Ⓐ 거 래 종 류</td><td colspan="3">□ 수출거래 ■ 수입거래 □ 용역거래 □ 자본거래</td></tr>
<tr><td colspan="2" rowspan="2">Ⓑ 계 약 상 대 방</td><td>상호 및 대표자성명</td><td colspan="2">ABC Company, Bill James</td></tr>
<tr><td>주 소, 전 화 번 호</td><td colspan="2">1122 Battery Street,San Francisco<br>1-309-387-0000</td></tr>
<tr><td colspan="2">Ⓑ 결 제 방 법</td><td colspan="3">□ 신용장(L/C) □ 추심(D/P, D/A) □ 송금 ■ 기타(현금)</td></tr>
<tr><td colspan="2">Ⓒ 금 액</td><td>계 약 금 액</td><td>U$1,000,000</td><td>신고금액　　U$500,000</td></tr>
</table>

<table>
<tr><td rowspan="9">지급 등의 방법</td><td rowspan="3">(1)일정기간을<br>초 과 하 는<br>지급 또는 영수</td><td>결 제 기 간</td><td>당초기간</td><td></td><td>변경</td><td></td></tr>
<tr><td>결 제 시 기</td><td>당초시기</td><td></td><td>변경</td><td></td></tr>
<tr><td>결 제 방 법</td><td colspan="4">□ 외국환은행을 통한 방법 □ 기타( )</td></tr>
<tr><td rowspan="3">(2)상계에 의한<br>계 정 의 대 기,<br>차 기</td><td rowspan="2">계 정 의 구 분<br>및 대차기금액</td><td>貸記</td><td></td><td rowspan="2">잔액</td><td></td></tr>
<tr><td>借記</td><td></td><td></td></tr>
<tr><td>결 제 방 법</td><td colspan="4">□ 외국환은행을 통한 방법 □ 기타( )</td></tr>
<tr><td rowspan="2">Ⓓ (3)기 타</td><td>구 분</td><td colspan="4">□ 제3자 지급<br>■ 외국환은행을 통하지 아니하는 지급</td></tr>
<tr><td>결 제 시 기</td><td colspan="4" align="center">2018.7.1 - 2018.7.7</td></tr>
</table>

<table>
<tr><td>변경</td><td></td></tr>
</table>

외국환거래법 제16조의 규정에 의하여 위와 같이 신고합니다.

2018년 6월 30일
Ⓔ 신고인 유정씨앤씨(주) 대표이사 신민호
(또는 유정씨앤씨(주)의 대리인 이성준) 인
(전화 02-333-3333)
한국은행총재 귀하
(외국환은행의 장)

210mm×297mm

Ⓕ 〈첨부서류〉 1. 사유서 2. 수출입계약서 사본 1부
3. 지급 등의 방법에 관한 입증서류 1부

Ⓐ **거래종류**

   – 외국환은행을 통하지 아니하는 지급 등의 원인이 되는 채권이나 채무발생의 거래종류를 기재하며 위의 경우는 유정씨앤씨(주)의 ABC사에 대한 수입거래가 원인이 되었으므로 수입거래란에 표시한다.

Ⓑ **계약상대방 및 결제방법**

   – 계약상대방의 상호, 주소, 연락 전화번호를 기재하며 결제방법란에는 기타에 표시하고 구체적인 지급방법을 괄호 안에 기재한다.

Ⓒ **금액**

   – 계약금액란에는 원인채권이나 채무금액 전체(위의 경우는 US＄1,000,000)를 기재하며 신고금액란에는 계약금액 중 외국환은행을 통하지 아니하는 지급 등의 대상이 되는 금액(위의 경우는 US＄500,000)을 기재한다.

Ⓓ **기타**

   – 구분 : 외국환은행을 통하지 아니하는 지급 부분에 표시한다.

   – 결제시기 : 결제 예정시기를 기재하며 만약 결제가 분할지급의 형태로 이루어지면 지급 스케줄을 별첨으로 첨부하여 기재한다.

Ⓔ **신고인 관련부분**

   – 개인의 경우는 신고인의 성명을 기재하고 서명 또는 날인, 법인의 경우는 상호와 대표이사명을 기재하고 법인 인감을 날인한다. 만약 대리인이 신고하는 경우에는 '유정씨앤씨(주)의 대리인 이성준'이라고 기재하고 대리인 이성준이 날인 또는 서명한다.

Ⓕ **첨부서류**

   – 사유서 : 특별한 양식은 없으며 A4 용지 1매 정도 분량으로 해당 신청 사유를 정확하고 상세하게 기재한다.

   – 신고인 및 거래(계약) 상대방의 실체확인서류 : 개인의 경우에는 신분을 증명할 수 있는 주민등록증이나 여권 또는 운전면허증 사본, 법인의 경우에는 법인등기부등본, 사업자등록증

     • 국내기업의 경우에는 법인등기부등본, 해외법인 등의 경우는 이에 준하는 서류(예 : "Certificate of Incorporation" 등)

   \* 만약 대리인이 신고할 경우에는 동 서류 외에 당해 신고행위에 대한 권한을 위임하는 내용의 위임장(비거주자는 영사관 발행 또는 현지에서 공증받은 위임장)을 추가 제출한다.

   – 신고사유를 입증하는 서류 : 이는 구체적인 사안에 따라 다소 차이가 날 수 있으나, 대표적인 것으로는 다음과 같은 것이 있다.

> ○ 해당 거래내용 및 신고금액을 확인할 수 있는 증빙서류(수출입계약서, 수출입신고서, Invoice 등)
>
> ○ 기타 외국환은행을 통하지 않고 지급하는 사유에 대한 입증서류

### 3) 관계기관 통보의무

#### ① 국세청장에 대한 통보

신고를 받은 관할세관의 장 및 지급 등의 방법(변경)신고필증을 교부한 한국은행총재는 매월별로 익월 10일 이내에 동 신고사실을 국세청장에게 통보하여야 한다.

#### ② 관세청장에 대한 통보

신고를 받은 관할세관의 장 및 지급 등의 방법(변경)신고필증을 교부한 한국은행총재는 매월별로 익월 10일 이내에 동 신고사실을 관세청장에게 통보하여야 한다.

### 4) 외국환은행을 통하지 않는 지급 및 수령에 대한 실무 사례 및 판례

〔표 32〕 외국환은행을 통하지 않는 지급 및 수령에 대한 실무 사례

| 실무 사례 | 내용 | 신고의무 |
|---|---|---|
| 환치기업자를 통한 송금 | 수입대금 결제를 하기 위하여 사설 송금업자를 통하여 지급 | 한국은행 신고 |
| 수출대금 현지 수령 | 수출대금 중 일부인 미화 15,000불을 직원이 현지 방문시 수령하여 반입 | 한국은행 신고의무 없음. 미화 반입시 세관신고 대상 |
| 가상화폐(암호화폐) 수령 | 해외 사설거래소의 전자지갑에서 거주자의 전자지갑으로 가상화폐(암호화폐)를 수령 | 한국은행 신고 |
| 가상화폐(암호화폐) 지급 | 거주자의 전자지갑에서 해외의 전자지갑으로 가상화폐(암호화폐)를 지급 | 한국은행 신고 |

〔표 33〕 외국환은행을 통하지 않는 지급 및 수령에 대한 판결례

| 판결례 | 내용 | 신고의무 |
|---|---|---|
| 해외여행경비 국내지급 (대법원 2005.12.9. 선고 2005도6234 판결) | 해외여행경비를 결제하기 위하여 비거주자의 국내 원화계좌에 입금하여 지급 | 한국은행 신고 |
| 대법원 2007.2.23. 선고 2005도9823 판결 | 1만달러 이하의 미화를 휴대수출하여 물품수입거래의 대금을 지급 | 없음 |

(1) 요약

　　자동차 부품사 대표가 완성차 회사 임원에게 납품 리베이트 38억원 상당을 환치기로 제공한 사례

(2) 사실관계

　　A씨는 자동차 부품 중견기업인 B사의 대표로 C국의 완성차 회사의 임원인 한국계 미국인 D씨를 만나 380억원 상당의 자동차 부품을 납품하는 계약을 체결하면서 자동차 부품 납품을 조건으로 10% 수준의 리베이트를 지급하기로 약속한 후 B사의 회사자금 38억 원 상당을 속칭 '환치기'를 통해 C국의 완성차 회사의 임원인 한국계 미국인 D씨에게 전달한 것으로 의심받은 사례

(3) 검찰의 판단

　　미신고 외국환은행을 통하지 않는 지급으로 외국환거래법 위반임.

(4) 법원의 판단

　　미신고 외국환은행을 통하지 않는 지급으로 외국환거래법 위반임.

# (6) 지급수단 등의 수출입에 대한 신고

　　대외거래에서는 일반적으로 외국환을 이용하여 외국환은행을 통하여 거래대금을 지급하거나 수령하는 것이 일반적이다. 여기서 "외국환"이란 대외지급수단, 외화증권, 외화파생상품 및 외화채권을 말하고(법 3-1-13), "대외지급수단"이란 외국통화, 외국통화로 표시된 지급수단, 그 밖에 표시통화에 관계없이 외국에서 사용할 수 있는 지급수단을 말한다(법 3-1-4).

　　그러나 일부 대외거래에서는 거래 당사자 간에 직접 지급수단이나 증권을 수출하거나 수입하여 대금을 지급하거나 수령하는 경우가 있다. 여기서 "지급수단"이라 함은 정부지폐·은행권·주화·수표·우편환·신용장과 환어음·약속어음·여행자카드·상품권·기타 지급받을 수 있는 내용이 표시된 우편 또는 전신에 의한 지급지시 등을 말한다. 다만, 액면가격을 초과하여 매매되는 금화 등은 지급수단인 주화에서 제외한다. "증권"이란 "지급수단"에 해당하지 아니하는 것으로서 「자본시장과 금융투자업에 관한 법률」 제4조에 따른 증권과 무기명양도성예금증서, 그 밖에 재산적 가치가 있는 권리가 표시된 증권 또는 증서로서 투자의 대상으로 유통될 수 있는 것(영 4)을 말한다.

외국환거래법에서는 거주자 또는 비거주자가 대외거래를 위하여 지급수단과 증권을 수출하거나 수입하는 경우 신고 예외사항을 제외하고는 관할세관의 장이나 외국환은행의 장의 확인을 받도록 규정하고 있다.

## 1) 신고 예외사항(정 6-2-1)

거주자 또는 비거주자가 다음 하나에 해당하는 지급수단과 증권을 수출입하는 경우에는 신고를 요하지 아니한다(정 6-2-1).

〔표 34〕 신고예외 지급수단 및 증권 수출입

| 당사자 | 내용 | 신고의무 |
|---|---|---|
| 거주자 또는 비거주자 | 미화 1만불 이하의 지급수단과 증권을 수입하는 경우 | 없음 |
| 거주자 또는 비거주자 | 미화 1만불 이하의 내국통화, 원화표시여행자수표 및 원화표시자기앞수표를 수입하는 경우 | 없음 |
| 거주자 또는 비거주자 | 약속어음·환어음·신용장을 수입하는 경우 | 없음 |
| 거주자 또는 비거주자 | 미화 1만불 이하의 지급수단(대외지급수단, 내국통화, 원화표시자기앞수표 및 원화표시여행자수표를 말함) 및 외국환은행의 장의 확인 절차를 거친 대외지급수단을 수출하는 경우 | 없음 |
| 거주자 또는 비거주자 | 외국환은행을 통하지 않는 지급 및 수령 규정에 따라 인정된 대외지급수단을 수출하는 경우 | 없음 |
| 거주자 | 거주자가 취득[13]한 본사의 주식이나 국제수익증권 등을 수출입하는 경우 | 없음 |
| 거주자 | 미화 5만불 상당액 이내의 외국통화 또는 내국통화를 지급수단으로 사용하지 아니하고 자가화폐수집용·기념용·자동판매기시험용·외국전시용 또는 화폐수집가 등에 대한 판매를 위하여 수출입하고자 하는 경우 | 없음 |
| 거주자 | 수출대금의 수령을 위하여 외국통화표시수표를 휴대수입 이외의 방법으로 수입하는 경우 | 없음 |

---

13)「외국인투자촉진법」에 의한 외국인투자기업(국내자회사를 포함한다), 제9장 제3절에 의한 외국기업국내지사, 외국은행국내지점 또는 사무소에 근무하는 자가 본사(본사의 지주회사나 방계회사를 포함한다)의 주식 또는 지분을 취득(정 7-31-1-x)

| 당사자 | 내용 | 신고의무 |
|---|---|---|
| 비거주자 | 가장 최근 입국시 휴대수입한 범위(최초 출국시에 한함) 내 또는 국내에서 인정된 거래에 의하여 취득한 대외지급수단을 수출하는 경우 | 없음 |
| 비거주자 | 외국환거래법의 적용을 받지 않는 거래에 의하여 취득한 채권을 처분하고자 발행한 수표를 수출하는 경우 | 없음 |
| 비거주자 | 입국시 휴대수입하거나 국내에서 매입한 원화표시여행자수표를 수출하는 경우 | 없음 |
| 주한 미합중국 군대 및 이에 준하는 국제연합군 | 한미행정협정과 관련한 근무 또는 고용에 따라 취득하거나 외국의 원천으로부터 취득한 대외지급수단 또는 당해 국가의 공금인 대외지급수단을 수출하는 경우 | 없음 |
| 외국인거주자 | 외국환거래법의 적용을 받지 않는 거래에 의하여 취득한 대외지급수단을 수출하는 경우 | 없음 |
| 거주자 또는 비거주자 | 수출물품에 포함 또는 가공되어「대외무역법」에서 정하는 바에 의해 내국지급수단을 수출하는 경우 | 없음 |
| 외국인투자기업 | 「외국인투자촉진법」에 의하여 취득한 기명식증권을 수출입하는 경우 | 없음 |
| 자본거래의 신고를 한 자 | 자본거래 신고한 바에 따라 기명식증권을 수출입하는 경우 | 없음 |
| 한국은행·외국환은행 또는 체신관서 | 외국환거래법에 따라 인정된 업무를 영위함에 있어 대외지급수단을 수출입하는 경우 | 없음 |
| 외국환은행 | 외국환은행해외지점, 외국환은행현지법인 또는 외국금융기관(외국환전영업자를 포함)과 내국통화를 수출입하는 경우 | 없음 |
| 국내에 있는 외국정부의 공관과 국제기구 등[14] | 대외지급수단을 수출입하는 경우 | 없음 |
| 비거주자 | 인정된 거래에 따른 대외지급을 위하여 송금수표 또는 우편환을 수출하는 경우 | 없음 |

---

14) 국내에 있는 외국정부의 공관과 국제기구(영 10-2-1)「대한민국과 아메리카합중국 간의 상호방위조약 제4조에 의한 시설과 구역 및 대한민국에서의 합중국군대의 지위에 관한 협정」에 따른 미합중국군대 및 이에 준하는 국제연합군(이하 이 호에서 "미합중국군대 등"), 미합중국군대 등의 구성원·군속·초청계약자와 미합중국군대 등의 비세출자금기관·군사우편국 및 군용은행시설(영 10-2-1), 국내에 있는 외국정부의 공관 또는 국제기구에서 근무하는 외교관·영사 또는 그 수행원이나 사용인(영 10-2-6) 외국정부 또는 국제기구의 공무로 입국하는 자(영 10-2-6)

## 2) 관할세관장에 대한 신고사항

거주자 또는 비거주자가 지급수단 및 증권을 수출 또는 수입함에 있어 다음에 해당하는 경우에는 관할세관의 장에게 신고하여야 한다(정 6-2-2).

〔표 35〕 세관장 신고대상 지급수단 및 증권 수출입

| 당사자 | 내용 | 신고의무 |
|---|---|---|
| 거주자 또는 비거주자 | 미화 1만불을 초과하는 지급수단(대외지급수단과 내국통화, 원화표시여행자수표 및 원화표시자기앞수표를 말함)을 휴대수입하는 경우 | 관할 세관장 신고 |
| 국민인 거주자 | 미화 1만불을 초과하는 지급수단(대외지급수단, 내국통화, 원화표시여행자수표 및 원화표시자기앞수표를 말함)을 휴대수출하는 경우 | 관할 세관장 신고 |

## 3) 외국환은행의 장의 확인사항

비거주자나 외국인거주자가 미화 1만불을 초과하는 대외지급수단을 국내에서 취득하는 경우에는 당해 취득사실에 대하여 외국환은행의 장의 확인을 받아야 한다.

〔표 36〕 외국환은행의 장 확인대상 지급수단 및 증권 수출입

| 당사자 | 내용 | 신고의무 |
|---|---|---|
| 비거주자[15] | 국내에서 미화 1만불을 초과하는 대외지급수단을 대외계정 및 비거주자외화신탁계정의 인출 등으로 취득하거나 송금을 수령하는 경우 | 외국환은행의 장의 확인 |
| 비거주자 | 외국으로부터 외국환거래규정에서 정한 바에 따라 국내에서 미화 1만불을 초과하는 대외지급수단을 수령 또는 휴대수입하는 경우 | 외국환은행의 장의 확인 |
| 외국인거주자 | 국내에서 미화 1만불을 초과하는 대외지급수단을 대외계정 및 비거주자외화신탁계정의 인출 등으로 취득하거나 송금을 수령하는 경우 | 외국환은행의 장의 확인 |

15) 국내에 있는 외국정부의 공관과 국제기구(영 10-2-1)「대한민국과 아메리카합중국 간의 상호방위조약 제4조에 의한 시설과 구역 및 대한민국에서의 합중국군대의 지위에 관한 협정」에 따른 미합중국군대 및 이에 준하는 국제연합군(이하 이 호에서 "미합중국군대 등"), 미합중국군대 등의 구성원·군속·초청계약자와 미합중국군대 등의 비세출자금기관·군사우편국 및 군용은행시설(영 10-2-1), 국내에 있는 외국정부의 공관 또는 국제기구에서 근무하는 외교관·영사 또는 그 수행원이나 사용인(영 10-2-6) 외국정부 또는 국제기구의 공무로 입국하는 자(영 10-2-6)는 제외

| 당사자 | 내용 | 신고의무 |
|---|---|---|
| 외국인거주자 | 외국으로부터 외국환거래규정에서 정한 바에 따라 미화 1만불을 초과하는 대외지급수단을 국내에서 수령 또는 휴대 수입하는 경우 | 외국환은행의 장의 확인 |
| 외국인거주자 | 해외여행경비 지급을 위하여 미화 1만불을 초과하는 대외지급수단을 국내에서 취득하는 경우 | 외국환은행의 장의 확인 |
| 해외체제자 및 해외유학생 | 해외여행경비 지급을 위하여 미화 1만불을 초과하는 대외지급수단을 국내에서 취득하는 경우 | 정 5-11에 따라 외국환은행의 장의 확인 |

### 4) 외국환은행의 장의 외국환신고(확인)필증 발행·교부 의무

거주자 또는 비거주자가 지급수단 및 증권을 수출 또는 수입함에 있어 거주자나 비거주자로부터 신고를 받거나 확인요청을 받은 관할세관의 장 또는 외국환은행의 장은 지급수단의 신고 및 취득사실을 확인하고 당해 거주자 또는 비거주자에게 별지 제6-1호 서식의 외국환신고(확인)필증을 발행·교부하여야 한다.

### 5) 관계기관 통보의무

외국환신고(확인)필증을 발행·교부한 세관의 장은 매월별로 익월 10일 이내에 동 신고사실을 국세청장에게 통보하여야 한다(정 6-5).

내국통화를 수출입한 외국환은행의 장은 매분기 내국통화수출입실적을 종합하여 다음 분기 첫째 달 10일까지 한국은행총재에게 보고하여야 한다(정 6-6).

### 6) 관할세관의 장에 대한 신고의무

외국환은행의 장의 확인을 받는 경우(정 6-2)를 제외하고 거주자 또는 비거주자가 지급수단 등을 수출입하고자 하는 경우에는 관할세관의 장에게 신고하여야 한다(정 6-3-1).

| 지급수단 등의 수출입(변경) 신고서 | | 처 리 기 간 |
|---|---|---|
| | | |

| 지급수단등 | ① 종          류 | |
|---|---|---|
| | ② 수          량 | |
| | ③ 수 출 입 금 액 | |
| | ④ 대 가 결 제 방 법 | |
| 상대처 | ⑤ 상          호 | |
| | ⑥ 대    표    자 | |
| | ⑦ 소    재    지 | |
| ⑧ 기    타(또는 변경 내용) | | |

외국환거래법 제17조의 규정에 의하여 위와 같이 신고합니다.

년      월      일

신고인 주 소 : (전화 :          )
(E-mail :                    )
상 호 :
대 표 자 :                인
(전화              )

세관의 장 귀하

| 〈첨부서류〉1. 사유서 | 신 고 번 호 | |
|---|---|---|
| 2. 거래당사자의 실체확인서류 | | |
| 3. 원인거래 입증서류(계약서, 신고서 등) | 신 고 금 액 | |
| 4. 수출입 소요량 입증서류 | 신 고 익 자 | |
| 5. 지급수난 사본(필요시) | | |
| 6. 기타 세관의 장이 필요하다고 인정하는 서류 | 유 효 기 간 | |

210㎜×297㎜

관할세관의 장에게 신고를 하고자 하는 자는 외국환거래규정 별지 제6-2호 서식의 지급수단 등의 수출입(변경) 신고서에 다음의 서류를 첨부하여 당해 신고기관에 제출하여야 한다. 신고한 내용을 변경하고자 하는 경우에도 같다(정 6-3-2).

〔표 37〕 관할세관의 장에 대한 신고시 첨부서류

| 당사자 | 첨부서류 | 신고의무 |
|---|---|---|
| 거주자 또는 비거주자 | 당해 지급수단 등의 수출입사유나 원인이 되는 거래 또는 행위의 증빙서류 | 관할세관의 장 |
| 거주자 또는 비거주자 | 정상적인 거래관행에 부합하는지 여부 등 수출입의 필요성을 입증하는 서류 | 관할세관의 장 |

─○ 신고서 작성 방법   지급수단 등의 수출입

┤ 거래사례 ├

유정씨앤씨(주)는 미국 ABC.Co.Ltd에 자체 개발한 치료약 제조기술을 양도하고 그 대가로 US $1,500,000을 특급우편을 통해 외화수표로 수취함. 이에 유정씨앤씨(주)는 거래 외국환은행을 통해 동 외화수표를 추심하기 위해 한국은행에 지급수단 등의 수입 허가를 신청함(자료출처 : 한국은행 외국환거래 신고 편람 2007.1. p.64~67의 내용을 필자가 일부수정).

**【지급수단 등의 수출입(변경) 신고서】**

〔별지 제6-2호 서식〕

<table>
<tr><th colspan="3" rowspan="2">지급수단 등의 수출입(변경) 신고서</th><th>처리기간</th></tr>
<tr><td></td></tr>
<tr><td rowspan="4">지급수단등</td><td>Ⓐ ① 종　　　류</td><td colspan="2">외화수표</td></tr>
<tr><td>② 수　　　량</td><td colspan="2">1매</td></tr>
<tr><td>Ⓑ ③ 수출입금액</td><td colspan="2">U$1,500,000-</td></tr>
<tr><td>④ 대가결제방법</td><td colspan="2"></td></tr>
<tr><td rowspan="3">Ⓒ 상대처</td><td>⑤ 상　　　호</td><td colspan="2">미국 ABC.Co.Ltd</td></tr>
<tr><td>⑥ 대　표　자</td><td colspan="2">Bill James</td></tr>
<tr><td>⑦ 소　재　지</td><td colspan="2">1122 Battery Street, San Francisco, USA</td></tr>
<tr><td colspan="2">⑧ 기　타(또는 변경 내용)</td><td colspan="2"></td></tr>
<tr><td colspan="4">

외국환거래법 제17조의 규정에 의하여 위와 같이 신고합니다.


2018년 6월 30일
Ⓓ 신청인 주 소 : 서울시 강남구 언주로 723번지
상 호 : 유정씨앤씨(주)
성 명 : 신민호
(또는 유정씨앤씨(주)의 대리인 이성준)　　인
(전화 123 - 4567)
세관의 장 귀하
</td></tr>
<tr><td colspan="2" rowspan="5">〈첨부서류〉 1. 사유서<br>2. 거래당사자의 실체확인서류<br>3. 원인거래 입증서류(계약서, 신고서 등)<br>4. 수출입 소요량 입증서류<br>5. 지급수단 사본(필요시)<br>6. 기타 세관의 장이 필요하다고 인정하는 서류</td><td>신 고 번 호</td><td></td></tr>
<tr><td>신 고 금 액</td><td></td></tr>
<tr><td>신 고 일 자</td><td></td></tr>
<tr><td>유 효 기 간</td><td></td></tr>
<tr><td></td><td></td></tr>
</table>

210mm×297mm

Ⓐ **종류**
- 수출입하고자 하는 지급수단 등의 종류('외화수표', '주권', '사채권' 등)를 구체적으로 기재한다.

Ⓑ **수출입금액**
- 수출입대상이 되는 지급수단 등의 액면총액을 기재한다.

Ⓒ **상대처**
- 상대처는 지급수단 등을 보내거나 받게 되는 상대방을 의미하며 위의 경우는 US$1,500,000의 외화수표를 유정씨앤씨(주)에게 우편으로 보내는 미국 ABC.Co.Ltd가 된다.

Ⓓ **신청인**
- 개인의 경우는 신청인의 성명을 기재하고 서명 또는 날인, 법인의 경우는 상호와 대표이사명을 기재하고 법인 인감을 날인한다. 만약 대리인이 신청하는 경우에는 '유정씨앤씨(주)의 대리인 이성준'이라고 기재하고 대리인 이성준이 날인 또는 서명한다.

Ⓔ **기타 첨부서류**
- 사유서 : 특별한 양식은 없으며 A4 용지 1매 정도 분량으로 해당 신청 사유를 정확하고 상세하게 기재한다.
- 신청인 및 거래(계약) 상대방의 실체확인서류 : 개인의 경우에는 신분을 증명할 수 있는 주민등록증이나 여권 또는 운전면허증 사본, 법인의 경우에는 법인등기부등본, 사업자등록증
  • 국내기업의 경우에는 법인등기부등본, 해외법인 등의 경우는 이에 준하는 서류(예 : "Certificate of Incorporation" 등)
  * 만약 대리인이 신청할 경우에는 동 서류 외에 당해 신고행위에 대한 권한을 위임하는 내용의 위임장(비거주자는 영사관 발행 또는 현지에서 공증받은 위임장)을 추가 제출한다.
- 지급수단 등의 수출입의 원인거래·행위에 대한 입증서류, 수출입을 입증하는 서류
- 외화수표 실물 사본 등
- 기타 지급수단 등의 수출입이 정상적인 거래관행에 부합되는지 여부 등 수출입의 필요성을 입증하는 서류

## 7) 관할세관의 장의 수출입제한 조치

세관의 장은 입출국하는 자가 지급수단 등을 수출입할 때에는 질문, 증빙서류 제시요구 등을 통하여 지급수단 등의 수출입 신고를 하였는지 여부를 확인하여야 하며 신고를

하여야 하는 수출입으로서 신고를 하지 아니하고 수출입하는 경우에 대하여는 외국환은행의 장의 확인을 받게 하거나(정 6-3), 당해 지급수단 등의 수출 또는 수입을 제한하는 등 필요한 조치를 할 수 있다.

─○ 외환조사 사례   1. 미달러화 밀반출 미수 사례

(1) 요약

　　미화 22만 달러를 세관에 신고하지 않고 밀반출하려다가 미수에 그친 사례

(2) 사실관계

　　40대 남성인 A씨는 2018년 8월 인천국제공항에서 제주공항을 이용해 필리핀 마닐라로 출국하면서 미화 22만 달러(한화 2억4800만원)를 세관에 신고없이 반출하려다 출국 전에 적발된 사례

(3) 세관의 판단

　　무신고 지급수단반출로 외국환거래법 위반임.

(4) 검찰의 판단

　　무신고 지급수단반출로 외국환거래법 위반임.

(5) 법원의 판단

　　무신고 지급수단반출로 외국환거래법 위반임.

 참고판례

2-5. 미화 휴대 결제 거래에 대한 신고의무

　　(대법원 2007.2.23. 선고 2005도9823 판결[외국환거래법 위반])

[판시사항]

[1] 거주자가 미화 1만 달러 이하의 외국통화 등 대외지급수단을 소지하고 출국하여 외국에서 물품을 구입하는 등 경상거래를 하고 그에 따른 대가를, 외국환업무취급기관을 통하지 아니하고, 외국에서 직접 지급하는 경우에 외국환거래법 제16조에 의한 신고의무가 있는지 여부(소극)

[2] 외국환거래규정 제5-11조 제1항 각 호 사유들의 관계

[3] 중국으로 출국할 때마다 미화 1만 달러 이하를 소지하고 출국하여 수입물품에 대한 착수금을 각 지급한 경우, 각 지급행위는 외국환거래규정 제5-11조 제1항 제4호에 해당하여 외국환거래법 제16조에 의한 신고의무가 없다고 한 사례

**[주 문]**

원심판결 중 각 외국환거래법 위반의 점에 관한 부분을 파기하고, 이 부분 사건을 부산지방법원 본원 합의부에 환송한다. 나머지 상고를 기각한다.

**[이 유]**

상고이유를 본다.

1. 상고이유 제1점에 관하여

원심판결 이유를 기록에 비추어 살펴보면, 원심이 이 사건 공소사실 중 판시 각 관세법 위반의 점에 대하여 모두 유죄로 인정한 것은 정당하고, 거기에 상고이유로 주장하는 바와 같은 채증법칙 위배로 인한 사실오인 등의 위법이 없다.

2. 상고이유 제2점에 관하여

가. 외국환거래법 제16조는 "거주자와 비거주자 간 또는 비거주자 상호 간의 거래 또는 행위에 따른 채권·채무의 결제에 있어서 거주자가 다음 각 호의 1에 해당하는 경우(제18조의 규정에 의하여 허가를 받았거나 신고를 한 자가 그 허가 또는 신고된 방법으로 지급 등을 하는 경우를 제외한다)에는 대통령령이 정하는 바에 의하여 그 지급 등의 방법에 대하여 재정경제부장관에게 미리 신고하여야 한다. 다만, 통상적으로 행하여지는 거래로서 재정경제부장관이 정하는 경우에는 그러하지 아니하다."고 규정하면서 본문 제4호에서 "외국환업무취급기관을 통하지 아니하고 지급 등을 하는 경우"를 들고 있고, 외국환거래법 제16조 단서의 위임에 따라 제정된 외국환거래규정(1999.3.31. 재정경제부 고시 제1999-9호로 제정되고, 2002.7.2. 재정경제부 고시 제2002-12호로 개정된 것, 이하 같다) 제5-11조 제1항은 "거주자가 외국환은행을 통하지 아니하고 지급수단을 영수하고자 하는 경우 및 다음 각 호의 1에 해당하는 방법으로 지급을 하고자 하는 경우에는 신고를 요하지 아니한다."고 규정하면서 그 제4호에서 "거주자가 외국에서 보유가 인정된 대외지급수단으로 인정된 거래에 따른 대가를 외국에서 직접 지급하는 경우"를 들고 있으므로, <u>거주자가 "외국에서 보유가 인정된 대외지급수단"으로 "인정된 거래"에 따른 대가를 외국환업무취급기관을 통하지 아니하고 외국에서 직접 지급하는 경우에는 외국환거래법 제16조에 의한 신고를 할 의무가 없다.</u>

나. <u>그런데 거주자가 미화 1만 달러 이하의 외국통화 등 대외지급수단을 소지하고 외국으로 출국하는 경우에는 외국환거래법 제17조에 의한 허가를 받거나 신고를 할 의</u>

무가 없는데[외국환거래법 제17조, 외국환거래법 시행령 제29조 제2항 및 그 위임에 따라 제정된 외국환거래규정 제6-2조 제1항 제3호 참조], 이와 같이 적법하게 수출된 대외지급수단이 외국환거래규정 제5-11조 제1항 제4호의 "외국에서 보유가 인정된 대외지급수단"에 해당하지 아니한다고 볼 수는 없고, 또 외국환거래의 원인행위에 관한 같은 호 소정의 요건인 "인정된 거래"에 관하여는 외국환거래규정 제1-2조 제22호는 "외국환거래법 및 같은 법 시행령과 외국환거래규정에 의하여 신고 등을 하였거나 신고 등을 요하지 아니하는 거래"라고 규정하고 있는바, 외국환거래법 및 같은 법 시행령과 외국환거래규정상 이 사건과 같은 경상거래를 신고할 의무가 있다고 볼 근거도 찾아볼 수 없다.

그렇다면 거주자가 미화 1만 달러 이하의 외국통화 등 대외지급수단을 소지하고 외국으로 출국하여 외국에서 물품을 구입하는 등 경상거래를 하고 그에 따른 대가를 외국환업무취급기관을 통하지 아니하고 외국에서 직접 지급하더라도, 이는 외국환거래규정 제5-11조 제1항 제4호 소정의 "거주자가 외국에서 보유가 인정된 대외지급수단으로 인정된 거래에 따른 대가를 외국에서 직접 지급하는 경우"에 해당하므로 외국환거래법 제16조에 의한 신고 의무가 있다고 볼 수 없다.

다. 한편, 외국환거래규정 제5-11조 제1항 제8호는 "거주자와 비거주자 간 또는 거주자와 다른 거주자 간의 건당 미화 1천 달러 이하의 경상거래에 따른 대가를 대외지급수단으로 직접 지급하는 경우"에 외국환거래법 제16조에 의한 신고의무가 면제되는 것으로 규정하고 있으므로, 거주자가 비거주자와 사이에 건당 미화 1천 달러가 넘는 경상거래에 따른 대가를 외국환업무취급기관을 통하지 아니하고 외국통화 등 대외지급수단으로 직접 지급하는 경우에는 외국환거래법 제16조에 의한 신고를 하여야 할 의무를 부담하는 것이 원칙이나, 외국환거래규정 제5-11조 제1항 각 호의 사유들은 외국환업무취급기관을 통하지 아니하고 지급 등을 하더라도 재정경제부장관에게 신고를 요하지 아니하는 사유를 열거한 것으로서 그 중 어느 하나에 해당하는 한, 제5-11조 제1항 각 호 중 다른 조항에 의하여 신고의무가 면제되는 것인지 여부를 따질 필요는 없는 것이므로, 앞서 본 바와 같이 외국환거래규정 제5-11조 제1항 제4호에 의하여 신고의무가 면제된 이상 같은 항 제8호의 반대해석에 의하여 신고의무가 있다고 해석할 수는 없다(대법원 2006.9.28. 선고 2004두8435 판결 등 참조).

라. 이 사건 기록에 의하면, 피고인은 중국으로 출국할 때마다 미화 1만 달러 이하를 소지하고 출국하여, 수입물품에 대한 착수금을 각 지급하였다는 취지로 주장하고

있을 뿐, 피고인이 이와 달리 외국환거래법상 적법한 방법에 의하지 아니하고 외국통화 등 대외지급수단을 소지하고 중국으로 출국하였다고 볼 만한 자료가 없으므로, 사정이 이와 같다면, 피고인의 위 각 지급행위는 외국환거래규정 제5-11조 제1항 제4호에 해당하여 결국 피고인에게 외국환거래법 제16조에 의한 신고 의무가 있다고 볼 수 없을 것이다.

이와 달리 피고인에게 외국환거래법 제16조에 의한 신고의무가 있음을 전제로 이 사건 공소사실 중 판시 각 외국환거래법 위반의 점을 유죄로 인정한 원심판결에는 외국환거래법 제16조에 관한 법리오해의 위법이 있다 할 것이고, 이 점을 지적하는 취지의 상고이유의 주장은 이유 있다.

따라서 원심판결 중 각 외국환거래법 위반의 점에 관한 부분은 더 이상 유지될 수 없다고 할 것이므로 파기를 면할 수 없다.

3. 결 론

그러므로 원심판결 중 각 외국환거래법 위반의 점에 관한 부분을 파기하고, 이 부분 사건을 다시 심리·판단하게 하기 위하여 원심법원으로 환송하고, 나머지 상고를 기각하기로 하여 관여 대법관의 일치된 의견으로 주문과 같이 판결한다.

대법관    김능환(재판장) 김용담 박시환(주심) 박일환

2-6. 엔화 현금결제 거래에 대한 신고의무

　　(대법원 2006.9.28. 선고 2004도8435 판결[외국환거래법 위반])

[판시사항]

[1] 거주자가 미화 1만 달러 이하의 외국통화 등 대외지급수단을 소지하고 출국하여 외국에서 물품을 구입하는 등 경상거래를 하고 그에 따른 대가를 외국환업무취급기관을 통하지 아니하고 외국에서 직접 지급하는 경우에 외국환거래법 제16조에 의한 신고의무가 있는지 여부(소극)

[2] 외국환거래규정 제5-11조 제1항 각 호 사유들의 관계

[3] 일본으로 출국할 때마다 미화 1만 달러 이하에 해당하는 일본국 엔화를 소지하여, 일본에서 물품을 구입하고 엔화로 그 대가를 지급한 다음, 귀국시 관세를 납부하고 위 물품을 반입하여 판매한 경우, 각 지급행위는 외국환거래규정 제5-11조 제1항 제4호에 해당하여 외국환거래법 제16조에 의한 신고의무가 없다고 한 사례

[판결요지]

[1] 거주자가 미화 1만 달러 이하의 외국통화 등 대외지급수단을 소지하고 외국으로 출국하여 외국에서 물품을 구입하는 등 경상거래를 하고 그에 따른 대가를 외국환업무취급기관을 통하지 아니하고 외국에서 직접 지급하더라도, 이는 외국환거래규정 제5-11조 제1항 제4호 소정의 "거주자가 외국에서 보유가 인정된 대외지급수단으로 인정된 거래에 따른 대가를 외국에서 직접 지급하는 경우"에 해당하므로 외국환거래법 제16조에 의한 신고의무가 있다고 볼 수 없다.

[2] 외국환거래규정 제5-11조 제1항 각 호의 사유들은 외국환업무취급기관을 통하지 아니하고 지급 등을 하더라도 재정경제부장관에게 신고를 요하지 아니하는 사유를 열거한 것으로서, 그 중 어느 하나에 해당하는 한 제5-11조 제1항 각 호 중 다른 조항에 의하여 신고의무가 면제되는 것인지 여부를 따질 필요는 없으므로, 외국환거래규정 제5-11조 제1항 제4호에 의하여 신고의무가 면제된 이상 같은 항 제8호의 반대해석에 의하여 신고의무가 있다고 해석할 수는 없다.

[3] 일본으로 출국할 때마다 미화 1만 달러 이하에 해당하는 일본국 엔화를 소지하여, 일본에서 물품을 구입하고 엔화로 그 대가를 지급한 다음, 귀국시 관세를 납부하고 위 물품을 반입하여 판매한 경우, 각 지급행위는 외국환거래규정 제5-11조 제1항 제4호에 해당하여 외국환거래법 제16조에 의한 신고의무가 없다고 한 사례.

[**원심판결**] 인천지법 2004.11.18. 선고 2004노2251 판결

[주 문]

원심판결을 파기하고, 사건을 인천지방법원 본원 합의부에 환송한다.

[이 유]

상고이유를 본다.

1. 외국환거래법 제16조는 "거주자와 비거주자 간 또는 비거주자 상호 간의 거래 또는 행위에 따른 채권·채무의 결제에 있어서 거주자가 다음 각 호의 1에 해당하는 경우(제18조의 규정에 의하여 허가를 받았거나 신고를 한 자가 그 허가 또는 신고된 방법으로 지급 등을 하는 경우를 제외한다)에는 대통령령이 정하는 바에 의하여 그 지급 등의 방법에 대하여 재정경제부장관에게 미리 신고하여야 한다. 다만, 통상적으로 행하여지는 거래로서 재정경제부장관이 정하는 경우에는 그러하지 아니하다."고 규정하면서 본문 제4호에서 "외국환업무취급기관을 통하지 아니하고 지급 등을 하는 경우"를

들고 있고, 외국환거래법 제16조 단서의 위임에 따라 제정된 외국환거래규정 (1999.3.31. 재정경제부 고시 제1999-9호로 제정되고, 2002.7.2. 재정경제부 고시 제2002-12호로 개정된 것, 이하 같다) 제5-11조 제1항은 "거주자가 외국환은행을 통하지 아니하고 지급수단을 영수하고자 하는 경우 및 다음 각 호의 1에 해당하는 방법으로 지급을 하고자 하는 경우에는 신고를 요하지 아니한다."고 규정하면서 그 제4호에서 "거주자가 외국에서 보유가 인정된 대외지급수단으로 인정된 거래에 따른 대가를 외국에서 직접 지급하는 경우"를 들고 있으므로, 거주자가 "외국에서 보유가 인정된 대외지급수단"으로 "인정된 거래"에 따른 대가를 외국환업무취급기관을 통하지 아니하고 외국에서 직접 지급하는 경우에는 외국환거래법 제16조에 의한 신고를 할 의무가 없다.

2. 그런데 거주자가 미화 1만 달러 이하의 외국통화 등 대외지급수단을 소지하고 외국으로 출국하는 경우에는 외국환거래법 제17조에 의한 허가를 받거나 신고를 할 의무가 없는데{외국환거래법 제17조, 외국환거래법 시행령 제29조 제2항 및 그 위임에 따라 제정된 외국환거래규정 제6-2조 제1항 제3호 참조}, 이와 같이 적법하게 수출된 대외지급수단이 외국환거래규정 제5-11조 제1항 제4호의 "외국에서 보유가 인정된 대외지급수단"에 해당하지 아니한다고 볼 수는 없고, 또 외국환거래의 원인행위에 관한 같은 호 소정의 요건인 "인정된 거래"에 관하여는 외국환거래규정 제1-2조 제22호는 "외국환거래법 및 같은 법 시행령과 외국환거래규정에 의하여 신고 등을 하였거나 신고 등을 요하지 아니하는 거래"라고 규정하고 있는바, 외국환거래법 및 같은 법 시행령과 외국환거래규정상 이 사건과 같은 경상거래를 신고할 의무가 있다고 볼 근거도 찾아볼 수 없다. 그렇다면 거주자가 미화 1만 달러 이하의 외국통화 등 대외지급수단을 소지하고 외국으로 출국하여 외국에서 물품을 구입하는 등 경상거래를 하고 그에 따른 대가를 외국환업무취급기관을 통하지 아니하고 외국에서 직접 지급하더라도, 이는 외국환거래규정 제5-11조 제1항 제4호 소정의 "거주자가 외국에서 보유가 인정된 대외지급수단으로 인정된 거래에 따른 대가를 외국에서 직접 지급하는 경우"에 해당하므로 외국환거래법 제16조에 의한 신고의무가 있다고 볼 수 없다.

3. 한편, 외국환거래규정 제5-11조 제1항 제8호는 "거주자와 비거주자 간 또는 거주자와 다른 거주자 간의 건당 미화 1천 달러 이하의 경상거래에 따른 대가를 대외지급수단으로 직접 지급하는 경우"에 외국환거래법 제16조에 의한 신고의무가 면제되는 것으로 규정하고 있으므로, 거주자가 비거주자와 사이에 건당 미화 1천 달러가 넘는 경상거래에 따른 대가를 외국환업무취급기관을 통하지 아니하고 외국통화 등 대외지급수단으로

직접 지급하는 경우에는 외국환거래법 제16조에 의한 신고를 하여야 할 의무를 부담하는 것이 원칙이나, 외국환거래규정 제5-11조 제1항 각 호의 사유들은 외국환업무취급기관을 통하지 아니하고 지급 등을 하더라도 재정경제부장관에게 신고를 요하지 아니하는 사유를 열거한 것으로서 그 중 어느 하나에 해당하는 한, 제5-11조 제1항 각 호 중 다른 조항에 의하여 신고의무가 면제되는 것인지 여부를 따질 필요는 없는 것이므로, 앞서 본 바와 같이 외국환거래규정 제5-11조 제1항 제4호에 의하여 신고의무가 면제된 이상 같은 항 제8호의 반대해석에 의하여 신고의무가 있다고 해석할 수는 없다 (결국, 위 제8호는 외국환거래규정 제5-11조 제1항 각 호의 어느 하나에도 해당하지 아니하는 지급 등의 경우, 예컨대 경상거래에 따른 대가를 대외지급수단으로 국내에서 직접 지급하는 경우 혹은 외국환거래법 제17조에 의한 허가를 받거나 신고하지 아니한 채 미화 1만 달러 이상의 외국통화 등 대외지급수단을 수출하여 지급한 경우 등에 적용될 뿐이라 할 것이다).

4. 이 사건 기록에 의하면, 피고인은 일본으로 출국할 때마다 미화 1만 달러 이하에 해당하는 일본국 엔화를 소지하고 출국하여, 일본에서 중고 카메라 등을 구입하고 위 일본국 엔화로 그 대가를 지급한 다음, 귀국시 관세를 납부하고 위 중고 카메라 등을 반입하여 판매하였다고 주장하고 있을 뿐, 피고인이 이와 달리 외국환거래법상 적법한 방법에 의하지 아니하고 외국통화 등 대외지급수단을 소지하고 일본으로 출국하였다고 볼 만한 자료가 없으므로, 사정이 이와 같다면, 피고인의 위 각 지급행위는 외국환거래규정 제5-11조 제1항 제4호에 해당하여 결국, 피고인에게 외국환거래법 제16조에 의한 신고의무가 있다고 볼 수 없을 것이다.

그럼에도 원심은 피고인이 휴대반출한 일본국 엔화가 미화 1만 달러 이하에 해당하여 그 수출시 외국환거래법 제17조의 규정에 의하여 신고의무가 면제되더라도, 외국환거래법 제16조의 지급 등의 방법의 신고에 관한 사항이 문제되는 이 사건 공소사실에 대하여서까지 신고의무가 면제된다고 볼 수는 없으며, 달리 피고인의 위 거래가 외국환거래법 제16조 단서에 해당한다고 볼 아무런 자료가 없다는 이유로, 이 사건 공소사실을 유죄로 인정한 제1심판결의 결론을 그대로 유지하였는바, 이러한 원심판결에는 외국환거래법 제16조에 관한 법리오해의 위법이 있다 할 것이고, 이 점을 지적하는 취지의 상고이유의 주장은 이유 있다.

5. 그러므로 원심판결을 파기하고, 사건을 다시 심리·판단하게 하기 위하여 원심법원에 환송하기로 하여, 관여 대법관의 일치된 의견으로 주문과 같이 판결한다.

대법관   고현철(재판장) 양승태 김지형(주심) 전수안

## 2-8. 대외지급수단 휴대수출 미수의 책임

### (대법원 2013.10.11. 선고 2011도13101 판결[외국환거래법 위반])

### [판시사항]

비거주자인 재외동포가 미화 1만 불을 초과하는 국내재산 내지 대외지급수단을 휴대수출하여 지급하고자 하는 경우, 관할세관의 장에게 신고하여야 할 의무가 있는지 여부(원칙적 적극) 및 예외적으로 신고를 요하지 아니하는 경우

### [판결요지]

외국환거래법 제17조, 외국환거래법 시행령 제31조 제2항, 외국환거래규정(1999.3.31. 재정경제부 고시 제1999-9호로 제정되고, 2010.8.20. 기획재정부 고시 제2010-17호로 개정된 것. 이하 같다) 제4-7조 제1항, 제2항, 제4항, 제5-11조 제1항 제2호 (가)목 (2), 제2항, 제6-2조 제1항 제5호 (가)목, 제6-3조 제1항의 문언 및 취지를 종합하여 보면, 비거주자인 재외동포가 미화 1만 불을 초과하는 국내재산 내지 대외지급수단을 휴대수출하여 지급하고자 하는 경우 원칙적으로 관할세관의 장에게 이를 신고하여야 할 의무가 있고, 다만 외국환거래규정 제5-11조가 규정하는 절차에 따라 지정거래외국환은행의 장의 확인이 담긴 외국환신고(확인)필증의 발행·교부가 있는 경우에는 그와 같은 신고를 요하지 아니한다고 해석하여야 한다.

### [원심판결] 인천지법 2011.9.9. 선고 2011노2064 판결

### [주 문]

원심판결을 파기하고 사건을 인천지방법원 본원 합의부에 환송한다.

### [이 유]

상고이유를 판단한다.

1. 외국환거래법 제17조는 "기획재정부장관은 이 법의 실효성을 확보하기 위하여 필요하다고 인정되어 대통령령으로 정하는 경우에는 지급수단 또는 증권을 수출 또는 수입하려는 거주자나 비거주자로 하여금 그 지급수단 또는 증권을 수출 또는 수입할 때 대통령령으로 정하는 바에 따라 신고하게 할 수 있다."고 규정하고, 그 위임에 따른 외국환거래법 시행령 제31조 제2항은 "기획재정부장관은 지급수단 등의 수출 또는 수입에 대하여 신고를 하게 하는 경우에는 신고를 하여야 하는 지급수단 등의 수출 또는 수입의 범위와 기준, 그 밖에 필요한 사항을 정하여 고시하여야 한다."고 규정하고 있다. 위 시

행령의 위임에 따라 제정된 외국환거래규정(1999.3.31. 재정경제부 고시 제1999-9호로 제정되고, 2010.8.20. 기획재정부 고시 제2010-17호로 개정된 것. 이하 같다) 제6-3조 제1항은 "제6-2조의 규정을 제외하고 거주자 또는 비거주자가 지급수단 등을 수출입하고자 하는 경우에는 관할세관의 장에게 신고하여야 한다."고 규정하는데, 제6-2조 제1항 제5호 (가)목에 의하면, 비거주자가 제5-11조의 규정에 의하여 인정된 대외지급수단을 수출하는 경우에는 신고를 요하지 아니한다는 취지로 규정되어 있다. 따라서 비거주자가 대외지급수단을 수출하는 경우 원칙적으로 이를 관할세관의 장에게 신고하여야 하지만, 외국환거래규정 제5-11조의 규정에 의한 절차를 이행한 경우에는 그 신고의무가 없다.

나아가 외국환은행을 통하지 아니한 지급의 절차를 규정하는 외국환거래규정 제5-11조 제1항은 "다음 각 호의 1에 해당하는 방법으로 지급을 하고자 하는 경우에는 신고를 요하지 아니한다."고 하면서 "재외동포가 해외여행경비, 해외이주비 및 국내재산을 외국에서 직접 지급하는 경우. 다만, 미화 1만 불을 초과하는 대외지급수단을 휴대수출하여 지급하는 경우는 다음 각 목의 1에 한한다."(제2호)고 정하며, 이에 따른 '가목'에서는 "지정거래외국환은행의 장의 확인"을 규정하면서 "(2) 해외이주자, 해외이주예정자 및 재외동포가 대외지급수단을 휴대수출하여 지급하는 경우"를 들고 있다. 이 경우 "제1항의 규정에 의하여 확인요청을 받은 외국환은행의 장은 지급수단의 취득사실을 확인하고 당해 거주자에게 별지 제6-1호 서식의 외국환신고(확인)필증을 발행·교부하여야 한다."(제2항). 한편 '재외동포의 국내재산 반출절차'를 규정한 외국환거래규정 제4-7조는 재외동포가 본인 명의로 보유하고 있는 국내예금을 국외로 반출하고자 하는 경우, 거래외국환은행을 지정하고(제1항) 재외동포재산반출신청서를 제출할 것(제2항)을 요구하는 이외에, 그 자금은 제5-11조의 규정에 의하여 휴대수출할 수 있다(제4항)는 취지로 규정하고 있다.

결국 위와 같은 법령 규정들의 문언 및 그 취지를 종합하여 보면, **비거주자인 재외동포가 미화 1만 불을 초과하는 국내재산 내지 대외지급수단을 휴대수출하여 지급하고자 하는 경우 원칙적으로 관할세관의 장에게 이를 신고하여야 할 의무가 있고, 다만 제5-11조가 규정하는 절차에 따라 지정거래외국환은행의 장의 확인이 담긴 외국환신고(확인)필증의 발행·교부가 있는 경우에는 그와 같은 신고를 요하지 아니한다고 해서하여야 할 것이다.**

2. 원심판결 이유와 원심이 적법하게 채택·유지한 증거들에 의하면, 피고인은 대한민국 국민인 비거주자로서 일본 영주권을 취득한 재외동포인데 2010.11.11. 자기 명의의 국

민은행 예금계좌에서 인출한 20,355,000원을 일화 1,500,000엔(미화 18,048달러 상당)으로 환전하여 출금한 사실, 당시 피고인은 거래외국환은행 지정신청서, 재외동포재산반출신청서 등의 서류를 국민은행 담당자에게 작성·제출한 사실, 그런데 은행 담당자인 공소외인은 피고인에게 외국환거래규정 제5-11조 제2항의 규정에 의한 외국환신고(확인)필증을 발행·교부하지 않았던 사실, 피고인은 2010.11.16. 08:30경 인천공항에서 출발하는 항공편을 통하여 일본으로 출국하면서 위 1,500,000엔을 휴대하였으나, 이를 공항 세관에 신고하지 않았다가 보안검색과정에서 적발된 사실 등을 알 수 있다. 이러한 사실관계를 앞서 본 법리에 비추어 보면, **피고인은 거래외국환은행 지정신청서와 재외동포재산반출신청서를 작성·제출하였을 뿐 이로써 외국환거래규정 제5-11조가 규정하는 지정외국환은행의 장의 확인을 받은 것으로 볼 수 없으므로, 피고인으로서는 여전히 관할세관의 장에게 위 일화의 휴대수출 내지 반출 사실을 신고하여야 할 의무가 있다고 할 것이며, 피고인이 그와 같은 신고의무를 이행하지 않은 채 위 일화를 소지하고 출국하려다가 보안검색대에서 적발된 이상 외국환거래법 제29조 제2항, 제1항 제7호에 정한 지급수단 휴대수출 미수의 죄책을 부담하여야 한다고 할 것이다.**

그럼에도 원심은 이와 달리, 피고인이 거래외국환은행을 지정하고 그 은행장에게 재외동포재산반출신청서를 제출한 것만으로 지정거래 외국환은행장의 확인을 받는 등 법령이 요구하는 절차를 모두 마쳤다고 단정한 나머지 피고인은 관할세관의 장에게 위 외화의 휴대수출을 신고할 의무가 없다고 판단하여 피고인에게 무죄를 선고하였으니, 이러한 원심판결에는 재외동포의 지급수단 휴대수출이나 국내재산의 반출절차에 관한 법리를 오해하여 판결 결과에 영향을 미친 위법이 있다. 이 점을 지적하는 상고이유 주장은 이유 있다.

3. 그러므로 원심판결을 파기하고 사건을 다시 심리·판단하도록 원심법원에 환송하기로 하여 관여 대법관의 일치된 의견으로 주문과 같이 판결한다.

대법관  양창수(재판장) 박병대 고영한(주심) 김창석


## 2-9. 외화 휴대반출 실행의 착수시기

(대법원 2001.7.27. 선고 2000도4298 판결 [외국환거래법 위반 등])

### [판시사항]

[1] 유죄판결 이유에 명시할 증거설시의 정도

[2] 외환을 휴대하여 반출하는 경우 실행의 착수시기

**[판결요지]**

[1] 판결에 범죄사실에 대한 증거를 설시함에 있어 어느 증거의 어느 부분에 의하여 어느 범죄사실을 인정한다고 구체적으로 설시하지 아니하였다 하더라도 그 적시한 증거들에 의하여 판시 범죄사실을 인정할 수 있으면 이를 위법한 증거설시라고 할 수 없다.

[2] 외국환거래법 제28조 제1항 제3호에서 규정하는, 신고를 하지 아니하거나 허위로 신고하고 지급수단·귀금속 또는 증권을 수출하는 행위는 지급수단 등을 국외로 반출하기 위한 행위에 근접·밀착하는 행위가 행하여진 때에 그 실행의 착수가 있다고 할 것인데, 피고인이 일화 500만 ¥은 기탁화물로 부치고 일화 400만 ¥은 휴대용 가방에 넣어 국외로 반출하려고 하는 경우에, 500만 ¥에 대하여는 기탁화물로 부칠 때 이미 국외로 반출하기 위한 행위에 근접·밀착한 행위가 이루어졌다고 보아 실행의 착수가 있었다고 할 것이지만, 휴대용 가방에 넣어 비행기에 탑승하려고 한 나머지 400만 ¥에 대하여는 그 휴대용 가방을 보안검색대에 올려 놓거나 이를 휴대하고 통과하는 때에 비로소 실행의 착수가 있다고 볼 것이고, 피고인이 휴대용 가방을 가지고 보안검색대에 나아가지 않은 채 공항 내에서 탑승을 기다리고 있던 중에 체포되었다면 일화 400만 ¥에 대하여는 실행의 착수가 있다고 볼 수 없다.

**[원심판결]** 부산고법 2000.9.7. 선고 2000노384 판결

**[주 문]**

원심판결을 파기하고, 사건을 부산고등법원으로 환송한다.

**[이 유]**

**1. 사실오인의 점 등에 대하여**

판결에 범죄사실에 대한 증거를 설시함에 있어 어느 증거의 어느 부분에 의하여 어느 범죄사실을 인정한다고 구체적으로 설시하지 아니하였다 하더라도 그 적시한 증거들에 의하여 판시 범죄사실을 인정할 수 있으면 이를 위법한 증거설시라고 할 수 없다고 할 것인바(대법원 1973.11.13 선고 73도2216 판결, 1983.7.12. 선고 83도995 판결 각 참조), 원심판결에서 유죄의 증거로 든 증거들을 기록에 비추어 살펴보면, 피고인에 대한 판시 범죄사실을 넉넉히 인정할 수 있으므로 원심의 사실인정과 판단은 정당한 것으로 수긍이 되고 거기에 상고이유로 주장하는 바와 같이 증거의 요지 기재에 관한 법령을 위반한 잘못이 있다거나, 관세포탈액의 산정을 잘못한 위법이 있다고 볼 수 없고, 그 밖에 심리를 제대로 하지 아니한 채 채증법칙을 위반하거나 자유심증주의를 남용하여 사실을 잘못 인정한 위법이 있다고 볼 수 없다.

2. 외국환거래의 점에 대하여

또한 피고인은 제1심 법정에서 재정경제부장관이 정한 기준환율에 의하지 아니하고 외국환거래를 하였다는 점을 시인하고 있고, 그 환전목적물인 엔화가 압수되어 있다는 취지의 압수조서가 그 보강증거가 될 수 있으며, 또한 당시의 기준환율을 범죄사실에 반드시 명시하여야만 하는 것은 아니라고 할 것이어서 이 부분 원심판결에 외국환거래법의 법리를 오해하였다거나 증거 없이 사실을 인정한 위법이 있다고 볼 수 없다.

3. 외국환수출의 점에 대하여

원심이 인용한 제1심판결의 채용 증거들을 기록에 비추어 살펴보면, 피고인은 일화 500만 ¥은 기탁화물로 부치고 일화 400만 ¥은 휴대용 가방에 넣어 국외로 반출하려고 하였던 것으로 넉넉히 인정할 수 있고, 외국환거래법 제28조 제1항 제3호에서 규정하는, 신고를 하지 아니하거나 허위로 신고하고 지급수단·귀금속 또는 증권을 수출하는 행위는 지급수단 등을 국외로 반출하기 위한 행위에 근접·밀착하는 행위가 행하여진 때에 그 실행의 착수가 있다고 할 것인데, 기록에 의하면 **피고인이 일본으로 출국하기 위해 김해국제공항 1층에 도착하여 비행기표에 좌석을 지정받는 등 출국을 위한 탑승수속을 하면서 일화 500만 ¥을 감춰 놓은 김 상자를 기탁화물로 부친 이상 그 일화 500만 ¥에 대하여는 이미 이를 국외로 반출하기 위한 행위에 근접·밀착한 행위가 이루어졌다고 보아야 하므로 그 실행의 착수가 있었다고 할 것이지만, 나머지 일화 400만 ¥은 피고인이 휴대용 가방에 넣어 가지고 비행기에 탑승하려고 하였으므로 이 부분에 대하여는 일화 400만 ¥이 들어 있는 휴대용 가방을 보안검색대에 올려 놓거나 이를 휴대하고 통과하는 때에 비로소 실행의 착수가 있다고 볼 것이고, 피고인이 위 휴대용 가방을 가지고 보안검색대로 나아가지 않은 채 공항 내에서 탑승을 기다리고 있던 중에 체포되었다면 위 일화 400만 ¥에 대하여는 실행의 착수가 있었다고 볼 수는 없다고 할 것이다.**

법리가 위와 같음에도 불구하고 원심판결은 위 일화 400만 ¥ 부분에 대해서도 실행의 착수가 있다고 보고 이 부분 죄에 대해서도 유죄로 단정하였으니, 원심판결에는 외국환거래법 제28조 제1항 제3호에서 규정하는 외국환 등의 수출죄의 실행의 착수 시기에 관한 법리를 오해함으로써 판결에 영향을 미친 위법이 있다고 할 것이다.

4. 결 론

그러므로 나머지 상고이유에 대하여 나아가 판단할 필요 없이 원심판결은 더 이상 유지될 수 없게 되었다 할 것이고, 원심판결 중 외국환수출의 죄에 대하여 파기사유가 있는 이상 이와 형법 제37조 전단의 경합범 관계를 이루고 있는 나머지 죄에 대하여도 함께 파기를 하여야 하므로 원심판결을 파기하고, 사건을 원심법원에 환송하기로 하여 관여 법관의 일치된 의견으로 주문과 같이 판결한다.

대법관   손지열(재판장) 송진훈 윤재식(주심) 이규홍

## (7) 대외채권 회수의무의 폐지

외국환거래법 제7조 대외채권 회수의무는 2017.1.17. 법률 제14525호로 외국환거래법을 개정하면서 폐지되었다. 대외채권 회수의무에 대하여 부칙 제2조는 외국환거래법 제7조의 개정규정은 외국환거래법 시행 전에 발생한 채권에 대해서도 적용한다고 하여 외국환거래법 개정 전에 발생한 대외채권에 대하여도 대외채권회수의무가 없음을 밝혔다.

이에 따라 대외채권에 대한 신고의무 및 회수의무에 대한 해설은 생략하기로 한다.

—○ 외환조사 사례  1. 채권회수기한 경과 사례 1

(1) 요약

해외 현지법인에 정수기를 판매한 후 채권만기일을 경과하여 채권을 회수한 것으로 의심받은 사례

(2) 사실관계

A씨는 대기업 B사의 대표로서 2011.9. C국 현지법인 D사에 정수기 등 6억 상당의 물품에 대하여 선적 후 360일 이내에 대금을 상환하는 조건으로 수출판매한 뒤 해당 채권의 만기일로부터 1년 6개월 이내에 위 수출채권을 국내로 회수하지 않고 채권회수기한이 지난 2014.7. 수출채권 6억원을 회수한 것을 비롯하여 2011.9.부터 2012.3.까지 건당 미회수 잔액이 50만불을 초과하는 총 20건의 수출채권 149억원을 채권회수기한을 경과하여 국내로 회수한 것으로 의심받은 사례

(3) 세관의 판단

외국환거래법 채권회수의무 위반임.

(4) 검찰의 판단

외국환거래법 위반죄는 성립하나 정상을 참작하여 기소유예함.

(1) 요약

　운임 채권을 회수기한을 경과하여 미회수한 것으로 의심받은 사례

(2) 사실관계

　A씨는 대기업인 B사의 대표로서 B사의 C국 현지법인 D사로부터 받아야 하는 운임 채권 158억원의 조건성취일이 2012.11. 도래하여 그로부터 1년 6개월이 경과하는 2014.5. 이내에 이를 국내로 회수하여야 함에도 이를 회수하지 않은 것을 비롯하여 4회에 걸쳐 합계 657억원의 대외채권을 회수하지 아니한 것으로 의심받은 사례

(3) 세관의 판단

　외국환거래법 채권회수의무 위반임.

(4) 검찰의 판단

　외국환거래법 위반죄는 성립하나 정상을 참작하여 기소유예함.

(1) 요약

　공사대금 채권을 회수기한을 경과하여 미회수한 것으로 의심받은 사례

(2) 사실관계

　A씨는 대기업인 B건설사의 대표로서 2008.6. C국 상업시설 개발사업을 위한 공사도급계약을 시행사인 D사와 체결하고, 2008.11. ~ 2009.8.까지 공사를 수행하였고 기성률에 따라 시행사인 D사에게 기성공사대금 216억원을 청구하였으나 약 79억원만을 국내로 회수하고 나머지 137억원은 청구일로부터 1년 6개월 이내에 국내로 회수(수금)하지 못한 것을 비롯하여, 그 밖에 E국, F국, G국 등 건설공사 등에 관하여도 마찬가지의 방법으로 청구일로부터 1년 6개월 이내에 기성공사대금 합계 약 1,073억원을 국내로 회수하지 못하였음에도 채권회수제외신고나 채권회수기한연장신고 등 아무런 신고를 하지 않은 것으로 의심받은 사례

(3) 세관의 판단

　외국환거래법 채권회수의무 위반임.

(4) 검찰의 판단

　외국환거래법 채권회수의무 위반임.

# 제 3 장

# 자본거래에 대한
# 신고 실무

정부는 IMF 구제금융위기를 겪은 후 경직된 외국환관리체제의 기본틀을 가지고 있던 구 외국환관리법을 폐지하고 우리 경제에 필요한 외자를 원활히 유치할 수 있도록 외국인의 국내투자환경을 개선하고 금융기관과 기업의 국내외 외환거래를 단계적으로 전면 자유화함으로써 국가경쟁력을 강화하는 한편, 이에 따른 부작용을 최소화하기 위하여 외자를 취급하는 금융기관에 대한 건전성 감독을 강화하고, 평상시 외자유출입 상황의 지속적인 동향 점검과 국내외 경제상황의 급격한 변동시에 효과적으로 대처할 수 있는 각종 안전장치를 강화할 수 있도록 1998.9.16. 법률 제5550호로 외국환거래법을 제정하여 1999.4.1.부터 시행하였다. 구 외국환관리법에서는 자본거래에 대하여 허가제와 신고제를 병용하면서 허가제를 폭넓게 적용하였으나, 외국환거래법에서는 허가제의 경우 그 대상을 최소한으로 축소하여 자본거래를 대폭 자율화하였다. 이후 지속적으로 외국환거래법을 개정하면서 자본거래의 자유화 기조를 유지 및 확대하고 있다.

외국환거래법령 상 "자본거래"란 다음의 하나에 해당하는 거래 또는 행위를 말한다 (법 3-19).

〔표 38〕 외국환거래법령 상 자본거래

| 거래유형(근거) | 거래내용 | 비고 |
|---|---|---|
| 예금거래 등<br>(법 3-19) | 예금계약, 신탁계약, 금전대차계약, 채무보증계약, 대외지급수단·채권 등의 매매계약(파생상품거래 제외)에 따른 채권의 발생·변경 또는 소멸에 관한 거래 | 거주자 간 거래는 외국환과 관련된 경우로 한정 |
| 증권거래 등<br>(법 3-19) | 증권의 발행·모집, 증권 또는 이에 관한 권리의 취득(파생상품거래 제외) | 거주자 간 거래는 외국환과 관련된 경우로 한정 |
| 파생상품거래<br>(법 3-19) | 파생상품거래 | 거주자 간의 파생상품거래는 외국환과 관련된 경우로 한정 |
| 부동산거래<br>(법 3-19) | 거주자에 의한 외국에 있는 부동산이나 이에 관한 권리의 취득 또는 비거주자에 의한 국내에 있는 부동산이나 이에 관한 권리의 취득 | |

| 거래유형(근거) | 거래내용 | 비고 |
|---|---|---|
| 기타<br>(법 3-19,<br>영 9-1) | 법인의 국내에 있는 본점, 지점, 출장소, 그 밖의 사무소와 외국에 있는 사무소 사이에 이루어지는 사무소의 설치·확장 또는 운영 등과 관련된 행위와 그에 따른 자금의 수수(授受)<br>사무소를 유지하는 데에 필요한 경비나 경상적 거래와 관련된 자금의 수수<br>1. 집기구매대금, 사무실 임대비용 등 사무소를 유지하는 데에 직접 필요한 경비의 지급 또는 수령<br>2. 물품의 수출입대금과 이에 직접 딸린 운임·보험료, 그 밖의 비용의 지급 또는 수령<br>3. 용역거래의 대가와 이에 직접 딸린 비용의 지급 또는 수령 | |
| 기타<br>(법 3-19,<br>영 9-2-1) | 예금거래 등이 아닌 거래로서 거주자와 비거주자 간 또는 거주자 간의 임대차·담보제공·보험·조합, 그 밖에 이와 유사한 계약에 따른 채권의 발생·변경 또는 소멸에 관한 거래 | 거주자 간의 거래인 경우에는 외국통화로 표시되거나 지급받을 수 있는 채권의 발생·변경 또는 소멸에 관한 거래에 한정 |
| 기타<br>(법 3-19,<br>영 9-2-2) | 거주자와 비거주자 간 또는 거주자 간의 상속·유증 또는 증여에 따른 채권의 발생·변경 또는 소멸에 관한 거래 | 거주자 간의 거래인 경우에는 외국통화로 표시되거나 지급받을 수 있는 채권의 발생·변경 또는 소멸에 관한 거래에 한정 |
| 기타<br>(법 3-19,<br>영 9-2-3) | 비거주자 간의 거래로서 내국통화로 표시되거나 지급받을 수 있는 채권의 발생·변경 또는 소멸에 관한 거래 | |
| 기타<br>(법 3-19,<br>영 9-2-4) | 거주자에 의한 다른 거주자로부터의 외화증권 또는 이에 관한 권리의 취득 | |
| 기타<br>(법 3-19,<br>영 9-2-5) | 비거주자에 의한 다른 비거주자로부터의 내국통화로 표시되거나 지급받을 수 있는 증권 또는 이에 관한 권리의 취득 | |
| 기타<br>(법 3-19,<br>영 9-2-6) | 개인의 국내에 있는 영업소 및 그 밖의 사무소와 외국에 있는 영업소 및 그 밖의 사무소 간의 법 제3조 제1항 제19호 마목에 해당하는 행위 및 그에 따른 자금의 수수(授受) | |

| 거래유형(근거) | 거래내용 | 비고 |
|---|---|---|
| 기타<br>(법 3-19,<br>영 9-2-7) | 거주자와 외국에 있는 학교 또는 병원 간의 학교 또는 병원의 설립·운영 등과 관련된 행위 및 그에 따른 자금의 수수 | |
| 기타<br>(법 3-19,<br>영 9-2-8) | 그 밖에 거주자와 비거주자 간의 채권의 발생·변경 또는 소멸에 관한 거래(물품의 수출·수입 및 용역거래는 제외)나 거주자 간의 외국통화로 표시되거나 지급받을 수 있는 채권의 발생·변경 또는 소멸에 관한 거래로서 기획재정부장관이 인정하는 거래 | |

이와 같이 외국환거래법령상 자본거래는 거래 유형이나 거래 내용이 매우 다양하여 그 간의 지속적인 자유화 정책에도 불구하고 아직까지는 신고제의 기본적인 틀을 유지하고 있다. 무역거래나 용역거래와 같은 경상거래에 비하여 자본거래는 다양한 거래 유형이나 내용을 악용하여 국내 자본을 불법적으로 유출하거나 유입하여 외환보유고나 국제수지에 영향을 미칠 가능성이 있음에도 정부가 그 거래내용이나 진실성을 파악하기가 용이하지 않기 때문이다.

## (1) 신고 및 허가 예외 자본거래

외국환거래법령 및 규정에서는 다음의 자본거래를 신고나 허가를 요하지 않는 자본거래로 규정하고 있다.

〔표 39〕 신고 및 허가 예외 자본거래(정 7 - 2)

| 당사자 | 자본거래 | 비고 |
|---|---|---|
| 거주자 | 자본거래 건당 지급 및 수령 금액(분할하여 지급 등을 하는 경우에는 각각의 지급 등의 금액을 합산한 금액)이 <u>미화 3천불 이내인 경우</u> | |
| 거주자<br>(외국인 거주자<br>제외) | <u>자본거래 건당 지급금액이 미화 3천불 초과 5만불 이내이고, 연간 지급누계금액이 5만불을 초과하지 않는 경우</u> | 지급시 지정거래외국환은행의 장으로부터 거래의 내용을 확인받아야 함 |
| 거주자 | <u>자본거래 건당 수령금액이 미화 3천불 초과 5만불 이내이고, 연간 수령누계금액이 미화 5만불을 초과하지 않는 경우</u> | 수령시 지정거래외국환은행의 장으로부터 거래 내용을 확인받아야 함. |

| 당사자 | 자본거래 | 비고 |
|---|---|---|
| 한국은행 | 외국환업무로서 행하는 거래 | |
| 외국환업무취급기관 | 외국환업무로서 행하는 거래 및 동 외국환업무취급기관을 거래상대방으로 하는 거래 | 외국환업무취급기관 및 자본거래에서 신고하도록 규정되어 있는 경우에는 신고한 경우에 한함 |
| 환전영업자 | 외국환거래규정에 따라 환전업무로서 행하는 거래 | |
| 소액해외송금업자 | 외국환거래규정에 따라 소액 해외송금업무로서 행하는 거래 | |
| 외국환평형기금 | 외국환거래법령 및 규정에 의하여 행하는 거래 | |
| 자본거래 당사자 | 거래당사자의 일방이 신고 등을 한 거래 | 신고인이 정해진 경우 해당 신고인이 자본거래 신고 등을 한 거래 |
| 거주자와 비거주자 간 기타 자본거래에 대하여 한국은행총재에게 신고한 거주자 | 자금통합관리를 위하여 미화 5천만불 이내에서 지정거래외국환은행을 통하여 비거주자와 행하는 해외예금, 금전대차, 담보제공거래 및 외국환은행에 대한 담보제공 | |

## (2) 거주자 간 자본거래시 외국환은행을 통한 지급 및 수령 의무

거주자가 비거주자와 자본거래를 하는 경우에는 외국환은행을 통하여 지급 또는 수령을 하는 것이 일반적이다. 거주자 간 외국환거래법에 의한 자본거래를 하는 경우에는 당사자 간 직접 지급 또는 수령을 하기 쉬우나 외국환거래법에서는 거주자 간 자본거래 내역을 정확하게 파악하기 위하여 당사자 간 거주자 간 자본거래 또는 행위에 따른 대금의 지급 또는 수령은 외국환은행을 통하여 지급·수령하도록 의무를 규정하고 있다(정 7-3).

〔표 40〕 거주자 간 자본거래에 대한 신고의무(정 7-3-1)

| 당사자 | 자본거래 | (신고)의무 |
|---|---|---|
| 거주자와 거주자 간 | 자본거래 건당 지급·수령금액이 미화 3천불 초과하는 경우 | 외국환은행 통한 지급·수령 의무 |
| 거주자와 거주자 간 | 자본거래 건당 지급·수령금액이 미화 3천불 초과하여 외국환은행을 통하지 않고 지급 또는 수령하는 경우 | 한국은행 신고 |

| 당사자 | 자본거래 | (신고)의무 |
|---|---|---|
| 거주자와 거주자 간 | 자본거래 건당 지급·수령금액이 미화 3천불 이하인 경우 | 없음 |
| 외국에 체재하고 있는 거주자 간 | 금전대차거래의 경우 | 없음 |
| 거주자와 외국인거주자 간 | 거주자가 해외여행경비의 지급에 충당하기 위하여 외국인거주자로부터 대외지급수단을 증여받는 경우(외국에서 발행된 항공권, 선표, 여객운임선급통지서(P.T.A), 항공권교환증을 포함) | 없음 |
| 거주자와 거주자 간 | 증권시장에 상장된 외화증권을 한국거래소를 통하여 취득하는 경우 | 없음 |

## (3) 자본거래 신고 절차

자본거래 신고절차는 다음과 같은 순서로 이루어진다.

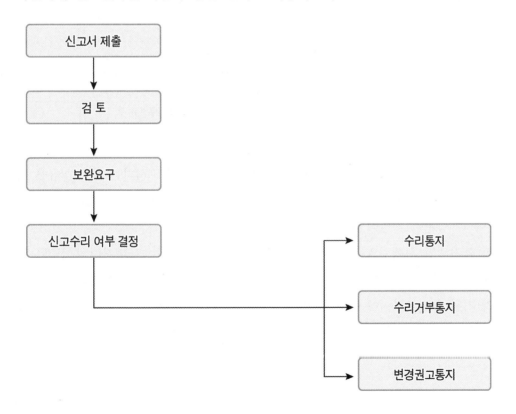

## 1) 신고서 제출

자본거래를 하려는 자는 대통령령으로 정하는 바에 따라 기획재정부장관에게 신고하여야 한다. 다만, 외국환수급 안정과 대외거래 원활화를 위하여 다음의 자본거래는 사후에 보고하거나 신고하지 아니할 수 있다(법 18-1).

〔표 41〕 사후보고(또는 신고예외) 자본거래(영 32 - 2)

| 당사자 | 자본거래 | 비고 |
|---|---|---|
| 외국환업무취급기관 | 외국환업무로서 수행하는 거래 | 외환거래질서를 해할 우려가 있거나 급격한 외환유출입을 야기할 위험이 있는 거래로서 기획재정부장관이 고시하는 경우에는 신고 |
| 거주자 또는 비거주자 | 기획재정부장관이 정하여 고시하는 금액 미만의 소액 자본거래 | |
| 해외에서 체재 중인 자 | 비거주자와의 예금거래 | |
| 거주자 또는 비거주자 | 추가적인 자금유출입이 발생하지 아니하는 계약의 변경 등으로서 기획재정부장관이 경미한 사항으로 인정하는 거래 | |
| 기타 | 그 밖에 기획재정부장관이 정하여 고시하는 거래 | 외국환거래규정 |

자본거래의 신고를 하려는 자는 기획재정부장관이 정하여 고시하는 신고 서류를 기획재정부장관에게 제출하여야 한다. 이 경우 신고의 절차 및 방법 등에 관한 세부 사항은 기획재정부장관이 정하여 고시한다(영 32-1).

외국환거래법 시행령의 위임을 받은 외국환거래규정에서는 자본거래의 신고수리를 받고자 하거나 신고를 하고자 하는 자는 다음의 신고(수리)서를 당해 자본거래의 신고(수리)기관에 제출하여야 한다. 또한, 신고내용을 변경하고자 하는 경우에는 변경사항 및 변경사유를 첨부하여 당해 신고(수리)기관에 제출하여야 한다(정 7-4).

ⓐ 예금, 신탁계약에 따른 채권의 발생 등에 관한 거래 : 별지 제7-1호 서식

〔별지 제7-1호 서식〕

| ( ) 〔예금 / 신탁〕 거래 신고서 | | 처리기간 |
|---|---|---|
| | | |

| 신청인 | 상호 및 대표자 성명 | 인 | | |
|---|---|---|---|---|
| | 주 소 ( 소 재 지 ) | (전화번호) | | |
| | 업 종 ( 직 업 ) | | | |
| 신청내역 | 예 금 ( 신 탁 ) 개 설 인 | (성명) | (주소) | (전화번호) |
| | 예 치 ( 처 분 ) 금 액 | | | |
| | 예 치 ( 처 분 ) 후 잔 액 | | | |
| | 예 치 ( 처 분 ) 사 유 | | | |
| | 지 급 상 대 방 | (성명) | (주소) | |
| | 송 금 은 행 | | | |

외국환거래법 제18조의 규정에 의하여 위와 같이 신고합니다.

년 월 일

한국은행총재 귀하
(외국환은행의 장)

| | 신 고 번 호 | |
|---|---|---|
| | 신 고 금 액 | |
| | 유 효 기 간 | |

신고기관 : 한국은행총재 인
(외국환은행의 장)

210㎜×297㎜

〈첨부서류〉 1. 거래 또는 행위 증빙서류

2. 기타 신고기관의 장이 필요하다고 인정하는 서류 〈신설〉

※ 유의사항 1. 해외에서 입금한 경우에는 입금일로부터 30일 이내에 해외입금보고서를 지정거래외국환은 행의 장에게 제출하여야 함.

2. 다음의 1에 해당하는 경우에는 다음 연도 첫째 달 말일까지 잔액현황보고서를 지정거래외 국환은행의 장에게 제출하여야 함.

① 법인 : 연간 입금액 또는 연말 잔액이 미화 50만불을 초과하는 경우

② 법인 이외의 자 : 연간 입금액 또는 연말 잔액이 미화 10만불을 초과하는 경우

ⓑ 금전의 대차계약에 따른 채권의 발생 등에 관한 거래 : 별지 제7-2호 서식

〔별지 제7-2호 서식〕

| 금전의 대차계약신고서 | | 처 리 기 간 | |
|---|---|---|---|
| 신고인 | 상호 및 대표자 성명 | 인 | |
| | 주소 ( 소 재 지 ) | (전화번호 : ) (E-mail : ) | |
| | 업 종 ( 직 업 ) | | |
| 신고내역 | 차 주 | (□기관투자가 □일반법인 □개인 □기타( )) | |
| | 대 주 | (□기관투자가 □일반법인 □개인 □기타( )) | |
| | 통 화 및 금 액 | □표시통화(①USD ②EUR ③JPY ④기타통화( )) □금 액( ) □외화(①미화 1천만달러 이하 ②미화 1천만달러 초과) □원화(①10억원 이하 ②10억원 초과) | |
| | 차입 / 대 출 일 | | |
| | 적 용 금 리 | | |
| | 대 차 기 간 | | |
| | 사 용 용 도 | | |
| | 상 환 방 법 | | |
| | 거주자의 보증 또는 담보유무 | □ 보증·담보 없음 □ 보증제공 □ 담보제공 | |
| 외국환거래법 제18조의 규정에 의하여 위와 같이 신고합니다. 년 월 일 기획재정부장관(한국은행총재 또는 외국환은행의 장) 귀하 | | | |
| | | 신 고 번 호 | |
| | | 신 고 금 액 | |
| | | 신 고 일 자 | |
| | | 유 효 기 간 | |
| | | 기 타 참 고 사 항 | |
| | | 신 고 기 관 : | |

\* 음영부분은 기재하지 마십시오. 210㎜×297㎜

〈첨부서류〉 1. 거래 사유서 2. 금전대차 계약서
3. 대주 및 차주의 실체확인서류(법인등기부등본, 사업자등록증, 주민등록등본 등)
4. 보증 또는 담보 제공시 해당 신고서
5. 기타 신고기관의 장이 필요하다고 인정하는 서류

ⓒ 채무의 보증계약에 따른 채권의 발생 등에 관한 거래 : 별지 제7-3호 서식

〔별지 제7-3호 서식〕

<table>
<tr><td colspan="3" rowspan="2" style="text-align:center">보 증 계 약 신 고 서</td><td style="text-align:center">처리기간</td></tr>
<tr><td></td></tr>
<tr><td rowspan="3">신<br>고<br>인</td><td colspan="2">상호 및 대표자 성명</td><td style="text-align:right">인</td></tr>
<tr><td colspan="2">주 소 ( 소 재 지 )</td><td style="text-align:center">(전화번호 : )<br>(E-mail : )</td></tr>
<tr><td colspan="2">업 종 ( 직 업 )</td><td></td></tr>
<tr><td rowspan="8">신<br>고<br>내<br>역</td><td colspan="2">보 증 채 권 자</td><td style="text-align:center">(□거주자/□비거주자)</td></tr>
<tr><td colspan="2">보 증 채 무 자</td><td style="text-align:center">(□거주자/□비거주자)</td></tr>
<tr><td colspan="2">보 증 수 혜 자</td><td style="text-align:center">(□거주자/□비거주자)</td></tr>
<tr><td colspan="2">보 증 금 액</td><td></td></tr>
<tr><td colspan="2">보 증 기 간</td><td></td></tr>
<tr><td colspan="2">보 증 용 도</td><td>□ 주채무계열소속 30대 계열기업체의 단기외화차입에 대한 보증<br>□ 비거주자 간 거래에 대한 보증<br>□ 역외금융회사의 거래 및 채무이행에 관한 직·간접적 보증<br>□ 기타( )</td></tr>
<tr><td colspan="2">상 환 방 법</td><td></td></tr>
<tr><td colspan="4" style="text-align:center">외국환거래법 제18조의 규정에 의하여 위와 같이 신고합니다.<br>년 월 일<br>한국은행총재(외국환은행장) 귀하</td></tr>
<tr><td colspan="2" rowspan="5"></td><td>신 고 번 호</td><td></td></tr>
<tr><td>신 고 금 액</td><td></td></tr>
<tr><td>신 고 일 자</td><td></td></tr>
<tr><td>유 효 기 간</td><td></td></tr>
<tr><td>기 타 참 고 사 항</td><td></td></tr>
<tr><td colspan="4">신 고 기 관 :</td></tr>
</table>

* 음영부분은 기재하지 마십시오. 210㎜×297㎜

〈첨부서류〉 1. 보증 사유서 2. 보증관련 계약서
       3. 신고인 및 거래관계인의 실체확인서류(법인등기부등본, 사업자등록증 등)
       4. 보증채무 이행에 따른 구상채권 회수방안
       5. 기타 신고기관의 장이 필요하다고 인정하는 서류

ⓓ 대외지급수단, 채권 기타의 매매계약에 따른 채권의 발생 등에 관한 거래 : 별지 제
7-4호 서식

〔별지 제7-4호 서식〕

| ( )매매 신고서 | | | 처 리 기 간 |
|---|---|---|---|
| | | | |

| 신청인 | 상호 및 대표자 성명 | 인 | |
|---|---|---|---|
| | 주 소 ( 소 재 지 ) | | (전화번호) |
| | 업 종 ( 직 업 ) | | |
| 신청내역 | 매 각 인 | (성명)　　　(주소) | (전화번호) |
| | 매 입 인 | (성명)　　　(주소) | (전화번호) |
| | 매 매 대 상 물 종 류 | | |
| | 매 매 금 액 | (미불화 상당액) | |
| | 원 화 금 액 | (원 화 환 율) | |
| | 매 매 사 유 | | |

외국환거래법 제18조의 규정에 의하여 위와 같이 신고합니다.

년　　월　　일

한국은행총재 귀하

| | 신 고 번 호 | |
|---|---|---|
| | 신 고 금 액 | |
| | 유 효 기 간 | |

년　　월　　일
신고기관 : 한국은행총재 인

210㎜×297㎜

〈첨부서류〉 1. 계약서
2. 신청인 및 거래 상대방의 실체를 확인하는 서류
3. 기타 한국은행총재가 필요하다고 인정하는 서류

ⓔ 증권의 발행 또는 모집 : 별지 제7-5호 서식

〔별지 제7-5호 서식〕

<table>
<tr><td colspan="3" rowspan="2" style="text-align:center"><h1>증 권 발 행 신 고 서</h1></td><td>처 리 기 간</td></tr>
<tr><td></td></tr>
<tr><td rowspan="3">신<br>청<br>인</td><td>상호 및 대표자 성명</td><td colspan="2" style="text-align:center">인</td></tr>
<tr><td>주 소 ( 소 재 지 )</td><td colspan="2" style="text-align:center">(전화번호)</td></tr>
<tr><td>업 종 ( 직 업 )</td><td colspan="2"></td></tr>
<tr><td rowspan="2">대<br>리<br>인</td><td>상 호 기 타 명 칭</td><td colspan="2"></td></tr>
<tr><td>주　　　　소</td><td colspan="2" style="text-align:center">(전화번호)</td></tr>
<tr><td rowspan="11">신<br>청<br>내<br>역</td><td>증 권 종 류</td><td>액면금액 및 수량</td><td></td></tr>
<tr><td>발 행 금 액</td><td>발 행 방 법</td><td>(공모, 사모)</td></tr>
<tr><td>계약체결시기 및 장소</td><td>발행시기및장소</td><td></td></tr>
<tr><td>상 장 여 부</td><td colspan="2">(상장시 : 증권거래소)</td></tr>
<tr><td>표 면 금 리</td><td>발 행 가 격</td><td></td></tr>
<tr><td>만　　　　기</td><td>해 외 판 매 여 부</td><td></td></tr>
<tr><td>배당금지급시기 및 방법</td><td colspan="2"></td></tr>
<tr><td>원 리 금  상 환 방 법</td><td colspan="2"></td></tr>
<tr><td>발 행 비 용</td><td colspan="2">(All-in Cost : )</td></tr>
<tr><td>자 금 용 도</td><td colspan="2"></td></tr>
<tr><td>발 행 관 련 기 관</td><td colspan="2"></td></tr>
<tr><td colspan="4" style="text-align:center">외국환거래법 제18조의 규정에 의하여 위와 같이 신고합니다.<br>년　　월　　일<br>기획재정부장관 귀하<br>(한국은행총재 또는 외국환은행의 장)</td></tr>
<tr><td colspan="2" rowspan="4"></td><td>신 고 번 호</td><td></td></tr>
<tr><td>신 고 금 액</td><td></td></tr>
<tr><td>유 효 기 간</td><td></td></tr>
<tr><td colspan="2" style="text-align:center">년　　월　　일<br>신고기관 :　　　　인</td></tr>
</table>

210mm×297mm

〈첨부서류〉 1. 발행계획서 또는 제7-23조의 2의 규정에 의한 복수 거래소간 동시상장 계획서
　　　　　2. 기타 신고기관의 장이 필요하다고 인정하는 서류

ⓕ 증권취득 : 별지 제7-6호 서식

〔별지 제7-6호 서식〕

| | | | 처리기간 |
|---|---|---|---|
| | **증 권 취 득 신 고 서** | | |

<table>
<tr><td rowspan="3">신<br>고<br>인</td><td>상호 및 대표자 성명</td><td colspan="2">인</td></tr>
<tr><td>주 소 ( 소 재 지 )</td><td colspan="2">(전화번호 : )<br>(E-mail : )</td></tr>
<tr><td>업 종 ( 직 업 )</td><td colspan="2"></td></tr>
<tr><td rowspan="9">신<br>고<br>내<br>역</td><td>증 권 취 득 자</td><td colspan="2"></td></tr>
<tr><td>증 권 취 득 상 대 방</td><td colspan="2"></td></tr>
<tr><td>증 권 취 득 방 법</td><td colspan="2">□보유증권대가 교환방식 (□상장·등록증권간 교환/□기타 교환 )<br>□현금 매수방식 □기타( )</td></tr>
<tr><td>증 권 종 류</td><td colspan="2">□직접기재 ( )<br>□비거주자발행 1년 미만 원화 또는 원화연계외화증권</td></tr>
<tr><td>액 면 가 액</td><td colspan="2"></td></tr>
<tr><td>수 량</td><td colspan="2"></td></tr>
<tr><td>취 득 단 가</td><td colspan="2"></td></tr>
<tr><td>취 득 가 액</td><td colspan="2"></td></tr>
<tr><td>취 득 사 유</td><td colspan="2"></td></tr>
</table>

외국환거래법 제18조의 규정에 의하여 위와 같이 신고합니다.

년 월 일

기획재정부장관(한국은행총재 또는 외국환은행의 장) 귀하

| | |
|---|---|
| 신 고 번 호 | |
| 신 고 금 액 | |
| 신 고 일 자 | |
| 유 효 기 간 | |
| 기 타 참 고 사 항 | |

신 고 기 관 :

\* 음영부분은 기재하지 마십시오. 210㎜×297㎜

〈첨부서류〉 1. 증권취득 사유서 2. 증권취득 계약서

　　　　　3. 신고인 및 거래관계인의 실체확인서류(법인등기부등본, 사업자등록증 등)

　　　　　4. 기타 신고기관의 장이 필요하다고 인정하는 서류

ⓖ 파생상품거래 : 별지 제7-7호 서식

〔별지 제7-7호 서식〕

<table>
<tr><td colspan="3" align="center">파생상품거래신고서</td><td colspan="2" align="center">처 리 기 간</td></tr>
<tr><td rowspan="3">신<br>고<br>인</td><td colspan="2">상호 및 대표자 성명</td><td colspan="2" align="right">인</td></tr>
<tr><td colspan="2">주 소(소 재 지)</td><td colspan="2">(전화번호 : )<br>(E-mail : )</td></tr>
<tr><td colspan="2">업 종 ( 직 업 )</td><td colspan="2"></td></tr>
<tr><td rowspan="3">거<br>래<br>상<br>대<br>방</td><td colspan="2">상호및대표자성명</td><td colspan="2"></td></tr>
<tr><td colspan="2">주 소(소 재 지)</td><td colspan="2">(전화번호 : )<br>(E-mail : )</td></tr>
<tr><td colspan="2">업 종 ( 직 업 )</td><td colspan="2"></td></tr>
<tr><td rowspan="7">거<br>래<br>내<br>용</td><td colspan="2">거 래 기 초 자 산</td><td colspan="2">☐신용 ☐통화 ☐이자율 ☐주식 ☐상품 ☐기타( )</td></tr>
<tr><td colspan="2" rowspan="3">거 래 종 류</td><td colspan="2">☐ 선도거래 ☐ 선물거래</td></tr>
<tr><td colspan="2">☐ 스왑거래 ☐ 옵션거래</td></tr>
<tr><td colspan="2">☐ 신용파생상품거래(☐보장매입 ☐보장매도)</td></tr>
<tr><td colspan="2">계 약 ( 명 목 ) 금 액</td><td colspan="2"></td></tr>
<tr><td colspan="2">만 기</td><td colspan="2"></td></tr>
<tr><td colspan="2">세 부 내 용</td><td colspan="2"></td></tr>
<tr><td></td><td colspan="2">거 래 특 이 사 항</td><td colspan="2">☐ 자본거래시 해당 자본거래와 직접 관련되는 파생상품거래를 해당 자본<br>　거래의 당사자와 하는 거래<br>☐ 액면금액의 100분의 20 이상을 선급수수료로 지급하는 거래<br>☐ 기 체결된 파생상품거래의 변경·취소·종료시 발생한 손실을 새로운<br>　파생상품거래의 가격에 반영하는 거래<br>☐ 자금유출입·거주자와 비거주자 간 금전대차 거래 관련 신고 등의 절차<br>　를 회피하기 위한 파생상품거래</td></tr>
<tr><td colspan="5" align="center">외국환거래법 제18조의 규정에 의하여 위와 같이 신고합니다.<br>년 월 일<br>한국은행총재 귀하</td></tr>
<tr><td colspan="3"></td><td>신 고 번 호</td><td></td></tr>
<tr><td colspan="3" rowspan="4"></td><td>신 고 금 액</td><td></td></tr>
<tr><td>신 고 일 자</td><td></td></tr>
<tr><td>유 효 기 간</td><td></td></tr>
<tr><td>기 타 참고사항</td><td></td></tr>
<tr><td colspan="3"></td><td colspan="2">신 고 기 관 :</td></tr>
</table>

　　　　　　　　　　　　　　　　　　　　　* 음영부분은 기재하지 마십시오.110㎜×297㎜

〈첨부서류〉 1. 파생상품거래 사유서 2. 파생상품거래 계약서
　　　　　　3. 신고인 및 거래관계인의 실체확인서류(법인등기부등본, 사업자등록증 등)
　　　　　　4. 다른 자본거래와 관련 있는 파생상품거래의 경우 동 자본거래 관련 서류
　　　　　　5. 기타 한국은행총재가 필요하다고 인정하는 서류

ⓗ 담보계약에 따른 채권의 발생 등에 관한 거래 : 별지 제7-8호 서식

〔별지 제7-8호 서식〕

<table>
<tr><td colspan="2" rowspan="2">담 보 제 공 신 고 서</td><td colspan="2">처 리 기 간</td></tr>
<tr><td colspan="2"></td></tr>
<tr><td rowspan="3">신<br>고<br>인</td><td>상호 및 대표자 성명</td><td colspan="2">인</td></tr>
<tr><td>주 소(소재지)</td><td colspan="2">(전화번호 :      )<br>(E-mail :      )</td></tr>
<tr><td>업 종(직 업)</td><td colspan="2"></td></tr>
<tr><td rowspan="9">신<br><br>고<br><br>내<br><br>역</td><td>담 보 제 공 자</td><td colspan="2">(□거주자/□비거주자)</td></tr>
<tr><td>담 보 취 득 자</td><td colspan="2">(□거주자/□비거주자)</td></tr>
<tr><td>담보제공 수혜자</td><td colspan="2">(□거주자/□비거주자)</td></tr>
<tr><td>담 보 물 종 류</td><td colspan="2">□부동산 □동산 □증권 □예금(현금) □기타( )</td></tr>
<tr><td>담 보 소 재 지</td><td colspan="2"></td></tr>
<tr><td>수 량</td><td colspan="2"></td></tr>
<tr><td>담 보 가 액</td><td colspan="2"></td></tr>
<tr><td>담보 제공기간</td><td colspan="2"></td></tr>
<tr><td>담보제공 용도</td><td colspan="2">□ 주채무계열소속 30대 계열기업체의 단기외화차입에 대한 담보제공<br>□ 비거주자 간 거래에 대한 담보제공<br>□ 역외금융회사의 거래 및 채무이행에 관한 직·간접적 담보제공<br>□ 기타( )</td></tr>
<tr><td colspan="4">외국환거래법 제18조의 규정에 의하여 위와 같이 신고합니다.<br>년 월 일<br>한국은행총재(외국환은행의 장) 귀하</td></tr>
<tr><td colspan="2" rowspan="6"></td><td>신 고 번 호</td><td></td></tr>
<tr><td>신 고 금 액</td><td></td></tr>
<tr><td>신 고 일 자</td><td></td></tr>
<tr><td>유 효 기 간</td><td></td></tr>
<tr><td>기 타 참 고 사 항</td><td></td></tr>
<tr><td colspan="2">신 고 기 관 :</td></tr>
</table>

\* 음영부분은 기재하지 마십시오. 210㎜×297㎜

〈첨부서류〉 1. 담보제공 사유서 2. 담보제공 계약서
       3. 신고인 및 거래관계인의 실체확인서류(법인등기부등본, 사업자등록증 등)
       4. 담보물 입증서류
       5. 기타 신고기관의 장이 필요하다고 인정하는 서류

ⓘ 임대차계약에 따른 채권의 발생 등에 관한 거래 : 별지 제7-9호 서식

〔별지 제7-9호 서식〕

<table>
<tr><td colspan="2" rowspan="2" style="text-align:center">임 대 차 계 약 신 고 서</td><td>처 리 기 간</td></tr>
<tr><td></td></tr>
<tr><td rowspan="3">신<br>청<br>인</td><td>상호 및 대표자 성명</td><td style="text-align:right">인</td></tr>
<tr><td>주　소 ( 소 재 지 )</td><td style="text-align:center">(전화번호)</td></tr>
<tr><td>업　종 ( 직　업 )</td><td></td></tr>
<tr><td rowspan="8">신<br>청<br>내<br>역</td><td>임　　대　　인</td><td>(성명)　　　(주소)　　　(전화번호)</td></tr>
<tr><td>임　　차　　인</td><td>(성명)　　　(주소)　　　(전화번호)</td></tr>
<tr><td>임 대 차 물 종 류</td><td></td></tr>
<tr><td>소　　재　　지</td><td></td></tr>
<tr><td>수　　　　　량</td><td></td></tr>
<tr><td>임 대 차 물 가 액</td><td>(임대차료)</td></tr>
<tr><td>임 대 차 기 간</td><td></td></tr>
<tr><td>임 대 차 사 유</td><td></td></tr>
<tr><td colspan="3" style="text-align:center">외국환거래법 제18조의 규정에 의하여 위와 같이 신고합니다.<br><br>년　　월　　일<br>한국은행총재 귀하<br>(외국환은행의 장)</td></tr>
<tr><td colspan="2"></td><td>신 고 번 호</td></tr>
<tr><td colspan="2" rowspan="2" style="text-align:center">신고기관 : 한국은행총재<br>(외국환은행의 장)</td><td>신 고 일 자</td></tr>
<tr><td></td></tr>
</table>

210㎜×297㎜

〈첨부서류〉　1. 임대차계약서
　　　　　　2. 임대차물 증빙서류
　　　　　　3. 임대차사유 증빙서류
　　　　　　4. 기타 신고기관의 장이 필요하다고 인정하는 서류

ⓙ 증권대차계약에 따른 채권: 별지 제7-11호 서식

〔별지 제7-11호 서식〕

<table>
<tr><td colspan="3" rowspan="2" style="text-align:center">증권대차계약신고서</td><td>처 리 기 간</td></tr>
<tr><td></td></tr>
<tr><td rowspan="3">신<br>고<br>인</td><td>상호 및 대표자 성명</td><td colspan="2" style="text-align:right">인</td></tr>
<tr><td>주 소 ( 소 재 지 )</td><td colspan="2">(전화번호 :　　　)<br>(E-mail :　　　)</td></tr>
<tr><td>업 종 ( 직 업 )</td><td colspan="2"></td></tr>
<tr><td rowspan="7">신<br>고<br>내<br>역</td><td>차 　 입 　 자</td><td colspan="2"></td></tr>
<tr><td>대 　 여 　 자</td><td colspan="2"></td></tr>
<tr><td>대차대상 증권종류</td><td colspan="2"></td></tr>
<tr><td>차 입 ( 한 도 ) 금 액</td><td colspan="2"></td></tr>
<tr><td>차 　 입 　 수 　 량</td><td colspan="2"></td></tr>
<tr><td>차 　 입 　 목 　 적</td><td colspan="2">☐위험회피거래 ☐차익거래 ☐투기거래<br>☐기타( )</td></tr>
<tr><td>차 　 입 　 기 　 간</td><td colspan="2"></td></tr>
<tr><td colspan="4" style="text-align:center">외국환거래법 제18조의 규정에 의하여 위와 같이 신고합니다.<br>년 　 월 　 일<br>한국은행총재 귀하</td></tr>
<tr><td colspan="2" rowspan="5"></td><td>신 　 고 　 번 　 호</td><td></td></tr>
<tr><td>신 　 고 　 금 　 액</td><td></td></tr>
<tr><td>신 　 고 　 일 　 자</td><td></td></tr>
<tr><td>유 　 효 　 기 　 간</td><td></td></tr>
<tr><td>기 타 　 참 고 사 항</td><td></td></tr>
<tr><td colspan="2"></td><td colspan="2">신 　 고 　 기 　 관 :</td></tr>
</table>

* 음영부분은 기재하지 마십시오. 210㎜×297㎜

〈첨부서류〉 1. 증권대차 사유서 2. 증권대차 계약서
　　　　　 3. 신고인 및 거래관계인의 실체확인서류(법인등기부등본, 사업자등록증 등)
　　　　　 4. 기타 신고기관의 장이 필요하다고 인정하는 서류

## 2) 신고수리 여부 결정권

기획재정부장관은 자본거래 신고 규정(법 18-1)에 따라 신고하도록 정한 사항 중 거주자의 해외직접투자와 해외부동산 또는 이에 관한 권리의 취득의 경우에는 투자자 적격성 여부, 투자가격 적정성 여부 등의 타당성을 검토하여 신고수리 여부를 결정할 수 있다(법 18-3).

## 3) 보완 요구권

기획재정부장관은 자본거래에 대한 신고내용을 심사를 할 때 신고 내용이 불명확하여 심사가 곤란하다고 인정되는 경우에는 지체 없이 상당한 기간을 정하여 보완을 요구할 수 있으며, 신고인이 이 기간에 보완을 하지 아니하면 신고 서류를 반려할 수 있다(영 32-4).

## 4) 결정 내용의 통지의무

기획재정부장관은 자본거래 신고에 대하여 30일의 처리기간에 다음 중 하나에 해당하는 결정을 하여 신고인에게 통지하여야 한다(법 18-4, 영 32-3).

1. 신고의 수리
2. 신고의 수리 거부
3. 거래 내용의 변경 권고

기획재정부장관은 자본거래에 대한 신고수리 여부를 결정할 때에는 30일의 처리기간에 신고수리, 거부 또는 거래 내용의 변경 권고 여부를 정하여 신고인에게 통지하여야 한다.[16] 이 경우 투자 업종, 투자 유형, 투자 규모 등을 고려하여 정형화된 해외직접투자로 인정되는 것으로 미리 고시한 경우에 해당하면 요건심사를 생략할 수 있다(영 32-3).

## 5) 거래내용 변경 권고에 대한 신고인의 수락 여부 통지의무

제3항에 따라 거래 내용의 변경 권고를 받은 자는 변경 권고를 받은 날부터 10일 이내에 해당 변경 권고에 대한 수락 여부를 기획재정부장관에게 알려야 하며, 그 기간에 수락 여부를 알리지 아니하면 수락하지 아니한 것으로 본다(영 32-5).

---

16) 보완요구에 따라 보완에 걸리는 기간은 30일의 처리기간에 산입하지 아니한다(영 32-7).

### 6) 자본거래의 변경 또는 중지 명령결정 통지의무

기획재정부장관은 거래 내용의 변경 권고를 받은 자로부터 수락하지 아니한다는 통지를 받은 때에는 통지를 받은 날(통지가 없는 경우에는 신고인이 변경 권고를 받은 날부터 10일이 지난 날)부터 10일 이내에 해당 자본거래의 변경 또는 중지를 명할 것인지의 여부를 결정하여 신고인에게 알려야 한다(영 32-6).

### 7) 자본거래 신고 및 신고수리 기한

자본거래 신고와 신고수리(申告受理)는 지급 또는 수령 절차(법 15-1) 이전에 완료하여야 한다(법 18-2).

### 8) 신고 수리거부의 효과

기획재정부장관이 신고의 수리거부 결정을 한 경우 그 신고를 한 거주자는 해당 거래를 하여서는 아니 된다(법 18-5).

### 9) 거래내용의 변경권고의 효과

거래내용의 변경을 권고하는 통지를 받은 자가 해당 권고를 수락한 경우에는 그 수락한 바에 따라 그 거래를 할 수 있으며, 수락하지 아니한 경우에는 그 거래를 하여서는 아니 된다(법 18-6).

### 10) 수리 여부 미통지의 효과

자본거래 신고 처리기간에 기획재정부장관의 통지가 없으면 그 기간이 지난 날에 해당 신고가 수리된 것으로 본다(법 18-7).

## (4) 자본거래의 내신고수리

무역거래나 용역거래와 달리 자본거래를 하는 당사자들은 매우 신중한 절차를 거쳐서 합의에 이르고 계약을 체결한 후 이를 이행하게 된다. 외국환거래법에서는 자본거래에 대한 의향서(Letter of Intent), 합의각서(Memorandom of Understanding) 등 단계로부터 본계약 체결까지의 기간을 준비기간(1년 이내)으로 인정하여 본계약 체결 전이라도 당사자 간 합의단계부터 자본거래의 신고를 할 수 있도록 내신고수리 절차를 규정하고 있다.

자본거래의 신고수리기관은 자본거래의 신고수리를 힘에 있이시 내신고수리를 하여 일정기간의 준비기간이 경과한 후에 본신고수리를 할 수 있다(정 7-5-1). 여기서 "일정기간의 준비기간"이라 함은 당해 자본거래에 관한 당사자 간의 합의, 예약, 가계약 등 이후 본계약 체결 전까지의 기간을 말하며 그 기간은 1년을 초과할 수 없다(정 7-5-2).

## (5) 자본거래에 대한 실무 사례 및 판례

〔표 42〕 자본거래에 대한 실무 사례

| 실무 사례 및 판례 | 내용 | 신고의무 |
|---|---|---|
| 중계무역을 가장한 실질적 자본거래 (대법원 2010.5.27. 선고 2009도4311 판결) | 외관상으로만 중계무역 형식을 취하여 콩을 수출하고 대금을 수취하는 것처럼 하면서 실제로는 선이자를 공제한 외화를 입금받는 방식으로 차입하여 자본거래 | 미화 3천만불 초과 시 기재부장관 신고 |

**2    예금, 신탁거래에 대한 신고**

예금계약은 예금자가 금융기관에 대하여 금전의 보관을 위탁하여 금융기관이 예입금의 소유권을 취득하고 예금자에게 이와 같은 금액을 반환할 것을 약정하는 계약을 말한다. 해외여행이나 해외 체제, 해외 거주 등이 많이 늘어난 요즈음 외국의 금융기관들에 예금계약에 의한 해외 예금거래를 하는 경우가 많이 늘어나고 있다.

신탁계약이란 위탁자인 신탁 설정자가 수탁자인 신탁을 인수하는 자에게 재산을 신탁하여 재산권을 수탁자에게 이전하거나 처분하여 수탁자로 하여금 수익자의 이익이나 다른 목적을 위하여 신탁재산에 대한 권리를 관리하거나 처분하게 하는 계약관계를 말한다. 우리나라에서는 법률에 의한 부동산신탁 등만 허용되고 있는데, 이와 달리 신탁제도가 발달한 서구에서 해외 보유 중인 재산을 신탁거래를 하는 경우가 있다.

거주자가 하는 해외예금계약에 의한 해외예금거래와 해외신탁계약에 의한 해외신탁거래, 비거주자가 하는 국내예금계약에 의한 국내예금거래와 국내 신탁계약에 의한 국내 신탁거래는 모두 자본거래로서 외국환거래법령 및 규정의 적용을 받는다.

외국환거래규정에서는 예금과 신탁거래를 ① 국내 예금 및 국내 신탁거래와 ② 해외예금 및 해외신탁 거래로 구분하고 있다.

## (1) 국내예금 및 국내신탁

### 1) 신고 불요 국내예금 및 국내신탁 거래

거주자 또는 비거주자가 국내에서 다음의 하나에 해당하는 예금거래 및 신탁거래를 하고자 하는 경우에는 신고를 요하지 아니한다(정 7-6-1).

〔표 43〕 국내예금 및 국내신탁거래에 대한 신고의무

| 당사자 | 거래내용 | 신고의무 |
|---|---|---|
| 거주자 또는 비거주자 | 외국환거래규정 예치 및 처분사유에 따라 외국환은행 및 종합금융회사와 예금거래 및 금전신탁거래를 하는 경우 | 없음 |
| 국민인 비거주자 | 국내에서 사용하기 위하여 내국통화로 예금거래 및 신탁거래를 하는 경우 | 없음 |
| 거주자 또는 비거주자 | 거주자와 국내에서 예금거래 및 신탁거래를 하고자 하는 경우 | 한국은행(총재)신고 의무 |

### 2) 국내예금 및 국내신탁 거래에 대한 신고의무

위 신고예외 대상을 제외하고 거주자 또는 비거주자가 거주자와 국내에서 예금거래 및 신탁거래를 하고자 하는 경우에는 한국은행총재에게 신고하여야 한다(정 7-6-2).

거주자와 국내에서 신탁거래(거주자 간의 원화신탁거래를 포함한다)를 하는 자가 신탁계약이 만료됨에 따라 금전이 아닌 자산 또는 이에 대한 권리를 취득하고자 하는 경우에는 외국환거래규정에서 정하는 바에 따라 신고 등을 하여야 한다(정 7-6-3).

### 3) 계정의 종류에 따른 예치가능 지급수단 및 처분

외국환은행이 거주자 또는 비거주자를 위하여 개설할 수 있는 예금계정 및 금전신탁계정의 종류는 예금 및 신탁(정 2-6의2)에서 규정하고 있다. 외국환거래규정은 거주자 또는 비거주자의 계정에 따라 예치할 수 있는 지급수단(정 7-8)과 계정의 처분사유(정 7-9)를 규정하고 있다. 계정 종류별로 예치가능 지급수단 및 처분가능 사유를 정리하면 다음 표와 같다.

| 계정 | 개설 가능자 | 예치가능 지급수단 | 처분가능 사유 |
|---|---|---|---|
| 거주자계정 및 거주자외화 신탁계정 | 거주자 | 1. 취득 또는 보유가 인정된 대외지급수단<br>2. 내국지급수단을 대가로 하여 외국환은행 등으로부터 매입한 대외지급수단 | 처분제한 없음. 다만, 대외지급(대외계정 및 비거주자외화신탁계정으로의 이체를 포함)을 하고자 하는 경우에는 지급과 수령(제4장) 규정에 따름. |
| 대외계정 및 비거주자 외화 신탁계정 | 비거주자, 개인인 외국인 거주자, 한국 재외공관 근무자·가족 | 1. 외국으로부터 송금되어 온 대외지급수단<br>2. 인정된 거래에 따라 대외지급이 인정된 대외지급수단<br>3. 국내금융기관과 외국환은행해외지점, 외국환은행현지법인, 외국금융기관(이하 '외국환은행해외지점 등') 간 또는 외국환은행해외지점 등 간 외화 결제에 따라 취득한 대외지급수단<br>4. 국내에서 증권의 발행으로 조달한 자금 | 1. 외국에 대한 송금<br>2. 다른 외화예금계정 및 외화신탁 계정에의 이체<br>3. 대외지급수단으로의 인출 또는 외국환은행 등으로부터의 다른 대외지급수단의 매입<br>4. 외국환은행 등에 내국지급수단을 대가로 한 매각<br>5. 기타 인정된 거래에 따른 지급<br>6. 국내금융기관과 외국환은행해외 지점, 외국환은행현지법인, 외국금융기관(이하 '외국환은행해외지점 등') 간 또는 외국환은행해외지점 등 간 외화결제에 따른 지급 |
| 해외이주자 계정 | 해외이주자 | 1. 해외이주자 및 해외이주예정자의 자기명의 재산<br>2. 재외동포의 자기명의 국내재산을 처분하여 취득한 내국지급수단을 대가로 외국환은행 등으로부터 매입한 대외지급수단 | 1. 해외이주비 지급절차(정 4-6)의 규정에 의하여 인정된 해외이주비 송금(송금수표 및 여행자수표 인출을 포함) 및 재외동포의 국내재산 반출절차(정 4-7)의 규정에 의하여 인정된 국내재산의 송금<br>2. 외국환은행 등에 내국지급수단을 대가로 한 매각 |
| 비거주자 원화계정 | 비거주자 | 다음의 내국지급수단<br>1. 비거주자가 국내에서 취득한 내국지급수단(외국으로부터 수입 또는 수령한 대외지급수단을 대가로 하여 취득한 내국지급수단을 포함)<br>2. 비거주자가 차관공여계약서(대 | 1. 내국지급수단으로의 인출 또는 거주자원화계정 및 다른 비거주자원화계정으로의 이체<br>2. 차관공여계약서에서 정하는 바에 따라 지급된 비거주자원화계정 예치금으로 비거주자가 외국환을 매입하거나 매입한 |

| 계정 | 개설 가능자 | 예치가능 지급수단 | 처분가능 사유 |
|---|---|---|---|
| | | 외경제협력기금법시행령에 의한)에 따라 지급받은 내국지급수단 | 외국환을 외국환은행을 통한 외국으로의 송금 기타 인정된 거래에 사용하는 경우<br>3. 외국에 대한 비거주자원화계정으로 발생한 이자송금을 위하여 외국환은행 등에 대외지급수단을 대가로 한 매각 |
| 비거주자<br>자유원계정과<br>비거주자<br>원화신탁<br>계정 | 비거주자 | 다음의 내국지급수단<br>1. 비거주자(외국인거주자를 포함)가 외국으로부터 송금하거나 휴대반입한 외화자금 또는 본인 명의의 대외계정 및 비거주자외화신탁계정에 예치된 외화자금을 내국지급수단을 대가로 매각한 자금<br>2. 비거주자(경상거래대금의 추심·결제업무를 수행하는 외국환은행 해외지점, 외국환은행현지법인, 외국금융기관을 포함)가 내국통화표시 경상거래대금 또는 내국통화표시 재보험거래대금으로 취득한 내국지급수단<br>3. 비거주자 본인 명의의 다른 비거주자자유원계정, 투자전용비거주자원화계정 및 비거주자원화신탁계정으로부터의 이체<br>4. 국제금융기구의 경우 한국은행 내에 있는 본인 명의의 비거주자원화계정으로부터의 이체(대외지급이 인정된 자금에 한함)<br>5. 인정된 자본거래에 따라 국내에서 취득한 자금으로서 대외지급이 인정된 자금<br>6. 비거주자(자금의 수령을 지시받은 외국에 있는 금융기관 포함)가 외환동시결제시스템을 통한 결제 또는 이와 관련된 거래에 따라 취득한 내국지급수단 | 1. 외국환은행 등에 대외지급수단을 대가로 한 매각<br>2. 내국통화표시 경상거래대금 또는는 내국통화표시 재보험거래대금 지급<br>3. 비거주자(외국인거주자를 포함) 본인 명의의 다른 비거주자자유원계정, 투자전용 비거주자원화계정 및 비거주자원화신탁계정으로의 이체<br>4. 국제금융기구의 경우 한국은행 내에 있는 본인 명의의 비거주자원화계정으로의 이체<br>5. 인정된 거주자에 대한 원화자금 대출<br>6. 외국에서 국내로 지급의뢰된 건당(동일자, 동일인 기준) 미화 2만불 상당 이하 원화자금의 지급(외국환은행해외지점, 외국환은행현지법인, 외국금융기관 명의의 계정에 한함)<br>7. 외환동시결제시스템을 통한 결제 또는 이와 관련된 거래를 위한 자금의 이체(자금의 지급을 지시받은 외국에 있는 금융기관의 처분을 포함)<br>8. 차입한 원화자금의 원리금 상환<br>9. 외국에 소재한 공인된 거래소에서 거래되는 증권·장내파생상품의 원화결제를 위한 자금의 지급 |

| 계정 | 개설 가능자 | 예치가능 지급수단 | 처분가능 사유 |
|---|---|---|---|
| | | 7. 차입(정 2-6)한 원화자금(다만, 거주자로부터 보증 또는 담보제공을 받아 차입한 원화자금은 제외)<br><br>8. 외국에 소재한 공인된 거래소에서 거래되는 증권·장내파생상품의 원화결제에 따라 취득한 자금<br><br>9. 국내에서 증권의 발행으로 조달한 자금<br><br>10. 외국인투자자가 국채 또는 통화안정증권(한국은행법 제69조)의 매매를 국제예탁결제기구에 위탁하여 투자하는 경우로서, 국제예탁결제기구 명의의 투자전용비거주자원화계정으로부터 이체되어온 자금. 다만, 국제예탁결제기구 명의의 투자전용비거주자원화계정 내 본인 명의의 고객계좌에 예치된 자금에 한함.<br><br>11. 한국은행과 외국 중앙은행 간 통화스왑자금을 활용한 비거주자 간 내국통화표시 금전대차 계약과 관련하여 취득한 내국지급수단<br><br>12. 외국환은행해외지점, 외국환은행현지법인 또는 외국금융기관이 외국환은행에 내국통화를 수출한 대가로 취득한 내국지급수단<br><br>13. 한국거래소가 개설한 금현물시장에서 거래되는 금현물의 매매와 관련하여 취득한 내국지급수단 | 10. 증권의 원리금상환, 증권의 매입 및 증권발행 수수료 등 발행비용의 지급<br><br>11. 신용카드 등의 사용에 따른 대금 지급(카드사용대금 결제 및 현금 인출에 한함)<br><br>12. 외국환은행이 비거주자자유원계정의 예치금을 담보로 제공받아 원화대출한 경우, 담보권의 행사를 위한 외국환은행의 예치금 처분<br><br>13. 외국인투자자가 국채 또는 통화안정증권의 매매를 국제예탁결제기구에 위탁하고자 하는 경우, 국제예탁결제기구 명의의 투자전용비거주자원화계정 내 본인 명의의 고객계좌로의 이체<br><br>14. 한국은행과 외국중앙은행간 통화스왑 자금을 활용한 비거주자 간 내국통화표시 금전대차 계약과 관련된 내국지급수단의 지급(외국환은행해외지점, 외국환은행현지법인 명의의 계정의 경우 당해 외국환은행해외지점 및 현지법인이 금전대차 관련 대금의 결제업무를 수행하는 경우를 포함)<br><br>15. 외국환은행해외지점, 외국환은행현지법인 또는 외국금융기관이 외국환은행으로부터 내국통화를 수입한 대가의 지급(외국환은행해외지점, 외국환은행현지법인 명의의 계정의 경우 당해 외국환은행해외지점 및 현지법인이 내국통화 수입 관련 대금의 결제업무를 수행하는 경우를 포함) |

| 계정 | 개설 가능자 | 예치가능 지급수단 | 처분가능 사유 |
|---|---|---|---|
| | | | 16. 한국거래소가 개설한 금현물시장에서 거래되는 금현물의 매매와 관련한 내국지급수단의 지급 |

### 4) 외국환은행의 확인

다음의 하나에 해당하는 경우에는 외국환은행이 외국환을 매입하고자 하는 경우에는 매각하고자 하는 자의 당해 외국환의 취득이 신고 등의 대상인지 여부를 확인하여야 한다.

- 거주자계정 및 거주자외화신탁계정에 예금 및 신탁을 예수 또는 수탁하는 경우(다만, 다른 거주자계정 및 거주자외화신탁계정으로부터의 이체는 제외)
- 외국환은행 등에 내국지급수단을 대가로 매각하기 위해 대외계정 및 비거주자외화신탁계정을 처분하는 경우

외국환은행이 외국인거주자 또는 비거주자로부터 취득경위를 입증하는 서류를 제출하지 않는 대외지급수단을 매입하는 경우에는 당해 매각을 하고자 하는 자가 대외지급수단매매신고서(별지 제7-4호 서식)에 의하여 한국은행총재에게 신고하여야 한다. 외국환은행은 외국인거주자 또는 비거주자로부터 외국환을 매입하는 경우에는 1회에 한하여 외국환매입증명서·영수증·계산서 등 외국환의 매입을 증명할 수 있는 서류를 발행·교부하여야 한다.

대외지급수단의 대외계정 및 비거주자외화신탁계정에 예치와 관련하여 외국환은행 등은 비거주자 또는 외국인거주자의 지급(정 4-4-1~2)에 해당하는지 여부를 확인하여야 한다.

## (2) 해외예금 및 해외신탁

### 1) 신고불요 해외예금 및 해외신탁거래

거주자가 비거주자와 해외에서 다음에 해당하는 예금거래 및 신탁거래를 하고자 하는 경우에는 신고를 요하지 아니한다(정 7-11-1).

〔표 45〕 신고 불요 해외예금 및 해외신탁거래

| 당사자 | 거래내용 | 신고의무 |
| --- | --- | --- |
| 외국에 체재하고 있는 거주자 | 외화예금 또는 외화신탁거래를 하는 경우 | 없음 |
| 거주자 | 거주자가 비거주자로부터의 외화자금차입과 관련하여 외화예금거래를 하는 경우 | 없음 |
| 해외장내파생상품거래를 하고자 하는 거주자 | 해외장내파생상품거래와 관련하여 외국에 있는 금융기관과 외화예금거래를 하는 경우 | 없음 |
| 국민인 거주자 | 거주자가 되기 이전에 외국에 있는 금융기관에 예치한 외화예금 또는 외화신탁계정을 처분하는 경우 | 없음 |
| 거주자 | 외국에서의 증권발행과 관련하여 예금거래를 하는 경우 | 없음 |
| 거주자 | 증권투자, 현지금융, 해외직접투자 및 해외지사와 관련하여 외화예금거래를 하는 경우 | 없음 |
| 예탁결제원 | 거주자가 취득한 외화증권을 외국에 있는 증권예탁기관 또는 금융기관에 예탁·보관하고 동 예탁·보관증권의 권리행사를 위하여 외화예금거래를 하는 경우 | 없음 |
| 거주자 | 인정된 거래에 따른 지급을 위하여 외화예금 및 외화신탁계정을 처분하는 경우 | 없음 |
| 외국환업무취급기관 | 외환동시결제시스템을 통한 결제와 관련하여 외국환업무취급기관이 CLS은행 또는 외환동시결제시스템의 비거주자 회원은행과 복수통화(원화 포함)예금 또는 원화예금거래를 하는 경우 | 없음 |
| 거주자 | 인정된 거래에 따라 외국에 있는 부동산 또는 이에 관한 권리를 취득하고자 하거나 이미 취득한 거주자가 신고한 내용에 따라 당해 부동산 취득과 관련하여 국내에서 송금한 자금으로 외화예금거래를 하는 경우 | 없음 |
| 예탁결제원, 증권금융회사 또는 증권대차거래의 중개업무를 영위하는 투자매매업자 또는 투자중개업자 | 증권대차거래와 관련하여 외화예금거래를 하는 경우 | 없음 |
| 외화예금거래 신고를 한 거주자 | 인정된 거래에 따라 해외에서 취득한 자금을 예치하는 경우 | 없음 |
| 거주자 | 국내에 본점을 둔 외국환은행해외지점 또는 현지법인 금융기관, 외국 금융기관에 예치하는 경우 | 없음 |

## 2) 신고대상 해외예금 및 해외신탁거래

신고불요 거래에 해당하는 경우를 제외하고 거주자가 해외에서 비거주자와 외화예금 거래를 하고자 하는 경우에는 지정거래외국환은행의 장(또는 한국은행총재)에게 신고 하여야 한다. 다만, 국내에서 송금한 자금으로 예치하고자 하는 경우에는 지정거래외국 환은행을 통하여 송금하여야 한다.

〔표 46〕 해외예금 및 해외신탁거래에 대한 신고의무(정 7 - 11 - 2)

| 당사자 | 거래내용 | 신고의무 |
|---|---|---|
| 거주자 | 해외에서 비거주자와 외화예금거래를 하고자 하는 경우 | 지정거래외국환은행의 장에게 신고 |
| 기관투자가, 전년도 수출입 실적이 미화 5백만불 이상인 자, 해외건설업자, 외국항로에 취항하고 있는 국내의 항공 또는 선박회사, 원양어업자 | 건당(동일자, 동일인 기준) 미화 5만불을 초과하여 국내에서 송금한 자금으로 예치하고자 하는 경우 | 지정거래외국환은행의 장에게 신고 |
| 거주자 | 건당(동일자, 동일인 기준) 미화 5만불을 초과하여 국내에서 송금한 자금으로 예치하고자 하는 경우 | 한국은행(총재)에게 신고<br>지정거래외국환은행 통한 송금 |
| 거주자 | 해외에서 비거주자와 신탁거래를 하고자 하는 경우 | 한국은행(총재)에게 신고 |
| 해외에서 비거주자와 신탁거래를 하는 거주자 | 신탁계약기간이 만료됨에 따라 금전이 아닌 자산 또는 이에 대한 권리를 취득하고자 하는 경우 | 한국은행(총재)에게 신고 |

| ( ) 〔예금／신탁〕 거래 신고서 | 처리기간 | |
|---|---|---|

| 신청인 | 상호 및 대표자 성명 | 인 |
|---|---|---|
| | 주 소 ( 소 재 지 ) | (전화번호) |
| | 업 종 ( 직 업 ) | |

| 신청내역 | 예금(신탁)개설인 | (성명)    (주소)    (전화번호) |
|---|---|---|
| | 예 치 ( 처 분 ) 금 액 | |
| | 예 치 ( 처 분 ) 후 잔 액 | |
| | 예 치 ( 처 분 ) 사 유 | |
| | 지 급 상 대 방 | (성명)    (주소) |
| | 송 금 은 행 | |

외국환거래법 제18조의 규정에 의하여 위와 같이 신고합니다.

년    월    일

한국은행총재 귀하
(외국환은행의 장)

| | 신 고 번 호 | |
|---|---|---|
| | 신 고 금 액 | |
| | 유 효 기 간 | |

신고기관 : 한국은행총재 인
(외국환은행의 장)

210㎜×297㎜

〈첨부서류〉  1. 거래 또는 행위 증빙서류
         2. 기타 신고기관의 장이 필요하다고 인정하는 서류 〈신설〉

※ 유의사항 1. 해외에서 입금한 경우에는 입금일로부터 30일 이내에 해외입금보고서를 지정거래외국환은
        행의 장에게 제출하여야 함.
       2. 다음의 1에 해당하는 경우에는 다음 연도 첫째 달 말일까지 잔액현황보고서를 지정거래외
        국환은행의 장에게 제출하여야 함.
        ① 법인 : 연간 입금액 또는 연말 잔액이 미화 50만불을 초과하는 경우
        ② 법인 이외의 자 : 연간입금액 또는 연말 잔액이 미화 10만불을 초과하는 경우

┤ 거래사례 ├

유정씨앤씨(주)는 해외현지에서의 수입대금결제 편의제고를 위해 현지은행인 ABC Bank에 예금 계좌를 개설하고 US＄500,000을 국내에서 송금하기 위해 한국은행에 해외예금 거래 신고를 함 (자료출처 : 한국은행 외국환거래 신고 편람 2007.1. p.76~79의 내용을 필자가 일부수정).

**【해외예금 거래 신고서】**

〔별지 제7-1호 서식〕

| 해외 예금 거래 신고서 | | 처리기간 |
|---|---|---|
| | | |

| Ⓐ<br>신<br>청<br>인 | 상호및대표자성명 | 유정씨앤씨(주) 대표이사 신민호<br>(또는 유정씨앤씨(주)의 대리인 이성준) | 인 |
| | 주 소(소 재 지) | 서울시 강남구 언주로 723번지<br>(전화번호)123-4567 | |
| | 업 종 ( 직 업 ) | 무역업 | |
| 신<br>청<br>내<br>역 | Ⓑ 예금(신탁) 개설인 | 유정씨앤씨(주) | |
| | 예 치 ( 처 분 ) 금 액 | U$500,000- | |
| | 예치(처분)후잔액 | U$500,000- | |
| | 예 치 ( 처 분 ) 사 유 | 현지업체들에 대한 대금지급상의 편의 도모 | |
| | Ⓒ 지 급 상 대 방 | (성명) ABC Bank<br>(주소) 1122 Battery Street,San Francisco,USA | |
| | Ⓓ 송 금 은 행 | 00 은행 00지점 | |

외국환거래법 제18조의 규정에 의하여 위와 같이 신고합니다.

2018년　　6월　　30일
한국은행총재 귀하
(외국환은행의 장)

| | 신 고 번 호 | |
|---|---|---|
| | 신 고 금 액 | |
| | 유 효 기 간 | |

신고기관 : 한국은행총재 인

210mm×297mm

Ⓔ 〈첨부서류〉　1. 거래 또는 행위 증빙서류
　　　　　　　　2. 기타 신고기관의 상이 필요하다고 인정하는 서류 〈신실〉

Ⓐ **신청인**

   – 개인의 경우는 신청인의 성명을 기재하고 서명 또는 날인, 법인의 경우는 상호와 대표이
     사명을 기재하고 법인 인감을 날인한다. 만약 대리인이 신청하는 경우에는 '유정씨앤씨
     (주)의 대리인 이성준'이라고 기재하고 대리인 이성준이 날인 또는 서명한다.

Ⓑ **예금개설인**

   – 해외예금계좌를 개설하고자 하는 자의 성명(상호) 및 주소(연락처)를 기재한다.

Ⓒ **지급상대방**

   – 개설하고자 하는 해외예금을 취급하게 될 해외은행명을 기재한다.

Ⓓ **송금은행**

   – 해외예금에 해당하는 금액을 송금하고 관리할 은행(지정거래외국환은행)을 기재한다.

Ⓔ **첨부서류**

   – 사유서 : 특별한 양식은 없으며 A4 용지 1매 정도 분량으로 해당 신청 사유를 정확하고
     상세하게 기재한다.

   – 신청인 및 거래(계약) 상대방의 실체확인서류 : 개인의 경우에는 신분을 증명할 수 있는
     주민등록증이나 여권 또는 운전면허증 사본, 법인의 경우에는 법인등기부등본, 사업자등록증

     • 국내기업의 경우에는 법인등기부등본, 해외법인 등의 경우는 이에 준하는 서류(예 :
       "Certificate of Incorporation" 등)

     \* 만약 대리인이 신청할 경우에는 동 서류 외에 당해 신고행위에 대한 권한을 위임하는 내용의 위
       임장(비거주자는 영사관 발행 또는 현지에서 공증받은 위임장)을 추가 제출한다.

   – 예금(신탁)거래 계약서

     • 예금거래의 경우 해당 예금에 대한 청약서 또는 거래은행의 계좌개설 약정서 등의 서
       류를 준비한다.

   – 기타 예금 및 신탁거래 행위의 타당성을 입증하는 서류 등

## 3) 보고의무

  해외에서 예금거래를 하는 자가 해외에서 건당 미화 1만불을 초과하여 입금한 경우에
는 입금일부터 30일 이내에 해외입금보고서를 지정거래외국환은행의 장에게 제출하여
야 하며, 지정거래외국환은행의 장은 다음 연도 첫째 달 말일까지 한국은행총재에게 보
고하여야 한다(정 7-12-1).

해외에서 예금거래를 하는 자(기관투자가는 제7-35조에 의한 보고로 갈음) 및 해외에서 신탁거래를 하는 자(기관투자가는 제7-35조에 의한 보고에 갈음) 중 다음의 하나에 해당하는 자는 지정거래외국환은행을 경유하여 다음 연도 첫째 달 말일까지 잔액현황보고서를 한국은행총재에게 제출하여야 한다.

- 법인: 연간 입금액 또는 연말 잔액이 미화 50만불을 초과하는 경우
- 법인 이외의 자: 연간 입금액 또는 연말 잔액이 미화 10만불을 초과하는 경우

### 4) 기관통보의무

한국은행총재는 해외입금보고서 및 잔액현황보고서를 국세청장 및 관세청장에게 통보하여야 한다(정 7-12-3).

## (3) 예금 및 신탁거래에 대한 실무 사례 및 판례

〔표 47〕 예금 및 신탁거래에 대한 실무 사례

| 실무 사례 및 판례 | 내용 | 신고의무 |
|---|---|---|
| 기재부 유권해석<br>( 외환제도혁신팀-486,<br>2007.8.9.) | 거주자가 해외예금 개설신고 시 신고를 한 후, 동 계좌에 수출대금 수령 시 신고하지 않은 행위에 대해, "최초 해외 예금거래 시 신고를 하도록 한 것으로 매입금 시마다 신고하도록 규정한 것은 아니다." | 지정거래외국환은행(또는 한국은행총재)에 신고 |
| 기획재정부 유권해석<br>( 외환제도과-183,<br>2011.3.28.) | 최초 해외예금거래를 신고한 경우에 한해 이후 예금거래에 대하여 신고의무가 면제된다는 의미로 최초 예금거래신고를 하지 않고 이후 계속하여 신고 없이 예금거래가 있었다면, 신고의무가 있는 예금거래는 최초 예금행위에 국한되는 것이 아니라 이후 각각 예금거래 마다 신고의무가 있음. | 지정거래외국환은행(또는 한국은행총재)에 신고 |

**○─ 외환조사 사례  1. 해외 현지법인 명의 계좌 예금 미신고 관련 사례**

(1) 요약

해외 현지법인 명의로 개설된 예금계좌에 예금하면서 예금거래를 미신고하였다고 의심받은 사례

(2) 사실관계

A씨는 중견기업 B사의 대표로 해외직접투자신고한 후 인도네시아에 현지법인인 봉제공장

을 건설하면서 C은행 인도네시아 지점에 개설된 현지법인 명의 계좌에 10억원을 예금하면서
외국환은행의 장에게 해외예금거래신고를 이행하지 않았다고 의심받은 사례

(3) 세관의 판단

외국환거래법 해외예금거래 신고의무 위반임.

(4) 검찰의 판단

외국환거래법 위반 증거불충분하여 무혐의 결정함.

---

○── 외환조사 사례   2. 중계무역 수익금 특수목적법인 계좌 입금 사례

(1) 요약

석유 중계무역 수익금을 해외직접투자 미신고한 특수목적법인 계좌로  빼돌린 것으로 의심
받은 사례

(2) 사실관계

A씨는 국내 중소기업인 B사의 대표로서 C국에 특수목적법인 D사를 설립한 후 D사명의의
은행계좌를 개설한 후 2006.2.경부터 2008.5.경까지 E국의 수출자들로부터 석유화학제품을
구입한 뒤 이를 되 판 수익금 도합 118억원 상당을 신고하지 아니하고, C국에 특수목적법인
D사 명의 계좌로 입금시키는 방법으로 외국환거래법령에 위반하여 국내로 반입하여야 할 재
산을 국외로 빼돌린 것으로 의심받은 사례

(3) 세관의 판단

해외직접투자 및 예금거래 미신고 외국환거래법 위반, 특경가법 제4조(재산국외도피) 위반

(4) 검찰의 판단

해외직접투자 및 예금거래 미신고 외국환거래법 위반, 특경가법 제4조(재산국외도피) 위반
은 증거불충분하여 무혐의

---

○── 외환조사 사례   3. 무등록 선박유 미신고 해외예금거래 사례

(1) 요약

미신고 특수목적법인 명의의 해외예금계좌를 이용해 1조 1,000억원대 선박유를 공급한 것으
로 의심받은 사례

(2) 사실관계

일정한 시설 등을 구비한 등록 업체만이 선박유류매매거래가 가능함. A씨를 비롯한 8인은
2008년경부터 선박유 공급업체로 등록하지 아니하고, B국, C국, D국 등 해외에 해외직접투
자 미신고 특수목적법인을 설립한 후 미신고 특수목적법인 명의의 예금계좌를 개설한 후 미

신고 특수목적법인이 선박회사에 선박유를 공급하면서 선박유 판매·구매대금을 미신고 특수목적법인 명의의 해외계좌를 이용해 영수·지급하는 방법으로 1조 1,000억원대의 선박유를 거래한 것으로 의심받은 사례

(3) 세관의 판단

무신고 해외예금거래로 외국환거래법 위반

## ─○ 외환조사 사례   4. 해외 현지법인 비자금 조성 사례

(1) 요약

해외 현지법인 수익금 중의 일부를 개인 명의의 적금에 예치하여 비자금을 조성하였다고 의심받은 사례

(2) 사실관계

A사는 일반건설, 플랜트건설 등을 목적으로 설립된 법인이고, B씨는 A사의 대표이사인데, B씨는 A사를 모회사로 하여 2009.4. 베트남에 자본금 1억원의 현지법인 C사를 설립한 후 C사가 베트남 현지에서 벌어들인 수익금 중 일부를 국내로 송금하지 않고 2012.2. 베트남 은행에 B씨 개인 명의의 정기적금에 한화 약 10억원을 가입하여 별도로 비자금으로 관리하는 방법으로 국내로 회수하여야 할 자금을 정상적으로 회수하지 아니하고 불법적인 방법으로 빼돌렸다고 의심받은 사례

(3) 세관의 판단

대외채권회수의무 위반하여 외국환거래법 위반, 10억원은 특경가법 제4조(재산국외도피) 위반

(4) 검찰의 판단

외국환거래법 위반과 특경가법 제4조(재산국외도피) 위반은 증거불충분하여 무혐의 결정함.

## ─○ 외환조사 사례   5. 제지기계판매 수수료 재산국외도피 사례

(1) 요약

외국 회사의 에이전트로서 판매수수료를 해외 계좌로 입금받아 유용했다고 의심받은 사례

(2) 사실관계

A씨는 제지기계를 판매하는 중소기업 D사의 대표이사로, 2005.5.경 브리티쉬버진아일랜드에 L사를 설립한 후 싱가포르 H은행에 L사 명의의 미화 예금계좌와 유로화 예금계좌를 개설한 후 B국 소재 제지기계 제작사인 B사의 한국 에이전트로 활동하면서 2009년에 국내 N사에 제지기계 12대를 납품하면서 국내에서 B사로부터 받아야 하는 수수료 중 약 80만유로를 L사의 유로화 계좌로 지급받아 국내에 반입하지 않은 사례

(3) 세관의 판단

외국환거래법 제7조에 따른 채권회수의무를 위반하였고, 동 금액을 불법적으로 은닉하여 처분하여 재산국외도피한 것으로 판단함.

(4) 검찰의 판단

외국환거래법 위반과 특경가법 제4조(재산국외도피) 위반은 증거불충분하여 혐의 없음.

## ─○ 외환조사 사례   6. 의류판매 수수료 해외 입금 사례

(1) 요약

의류판매 거래선 유지에 따른 수수료를 해외 개인 계좌에 입금받아 비자금을 조성하였다고 의심받은 사례

(2) 사실관계

A씨는 중소기업인 의류 제조회사의 대표로 홍콩 B사와 수출입 실적이 전혀 없음에도 불구하고 물품대금으로 8회에 걸쳐 20만불 상당을 지급하였고, 친인척인 C씨가 운영하는 D사의 현지공장(베트남, 인도네시아)과 수출입 거래를 많이 하면서 홍콩 B사에 2008.5. 미화 15,000달러를 '계열사간 서비스 대가' 명목으로 송금하는 등의 방법으로 2007.1.부터 2009.5.까지 25차례에 걸쳐 미화 49만달러를 외환은행 홍콩지점 E사 명의의 계좌로 빼돌려 개인 비자금을 조성하였음.

(3) 세관의 판단

혐의 없음으로 내사종결

## ─○ 외환조사 사례   7. 선박용선료 등 재산국외도피 사례

(1) 요약

해외에 설립한 SPC 명의로 취득한 선박의 용선료, 운항수입금을 해외에서 운용하였다고 의심받은 사례

(2) 사실관계

A씨는 중견기업인 B사의 대표로서 외국환거래법을 위반하여 해외 투자 신고 없이 싱가포르 등 해외에 C 사 등 다수의 SPC(Special Purpose Company)를 설립한 다음, 2003.5.부터 2008.5.까지의 기간 동안 국내회사인 B사의 자금으로 취득한 선박을 용선(배를 빌려주는 것)하여 주면서 받은 용선료 약 100억원과 B사의 자금으로 취득한 선박을 직접 운항하여 벌어들인 운항수입금 약 253억원과 위 선박들을 매각한 대금 약 293억원 및 일부 선박을 담보로 차입한 자금 약 230억원을 국내로 반입하여야 함에도 이를 반입하지 아니하고 해외

에서 사용하다가, B사가 국내에서 경영위기를 겪게 되었을 때 국내로 반입하여 B사의 경영

자금으로 사용하였음.

(3) 세관의 판단

해외직접투자 미신고 및 대외채권회수의무 위반, 특경가법 제4조 위반임.

---

**─○ 외환조사 사례  8. 해외 수수료관련 사례**

(1) 요약

해외 SPC 명의 계좌에 중계무역 마진과 원자재구매 수수료를 빼돌렸다고 의심받은 사례

(2) 사실관계

대기업 A사의 대표이사인 B씨는 2009.11. 해외직접투자신고를 하지 않고 홍콩에 SPC인 C

사를 설립하고 홍콩 C사 명의로 은행계좌를 개설한 후, 2010.9.~2012.7. 기간 동안 대기업

A사의 자회사인 D사 관련 중계무역 거래 마진 19억, 대기업 A사의 관계회사인 E사의 원자

재구매 수수료 10.6억 등 미화 약 29.6억 상당의 비자금을 조성한 후 홍콩 C사 명의 은행계

좌로 빼돌렸다고 의심받은 사례

(3) 세관의 판단

대외채권회수의무 위반하여 외국환거래법 위반, 29.6억원은 특경가법 제4조(재산국외도피)

위반임.

(4) 검찰의 판단

외국환거래법 위반과 특경가법 제4조(재산국외도피) 위반은 증거불충분하여 무혐의

---

 **참고판례**

3-1. 본사명의 비밀계좌 예금행위 신고의무

　　(대법원 1988.6.21. 선고 88도551 판결[외국환관리법 위반 등])

[판시사항]

가. 주형에 대하여 선고를 유예하지 않으면서 이에 부가할 몰수, 추징에 대해서만 선고를

　　유예할 수 있는지 여부(소극)

나. 특정경제범죄가중처벌등에관한법률 제4조 소정 재산국외도피죄의 성립시기

다. 공동정범의 성립요건인 공모의 의의

라. 본사가 외국회사 등으로부터 받을 거래수입금 등을 해외지사에서 송금받아 해외지사

가 개설한 본사 명의 비밀예금구좌에 예금한 행위가 외국환관리법 제23조 제2호에 저촉되는 것인지 여부(적극)

## [판결요지]

가. 형법 제59조에 의하더라도 몰수는 선고유예의 대상으로 규정되어 있지 아니하고 다만 몰수 또는 이에 갈음하는 추징은 부가형적 성질을 띠고 있어 그 주형에 대하여 선고를 유예하는 경우에는 그 부가할 몰수 추징에 대하여도 선고를 유예할 수 있으나, 그 주형에 대하여 선고를 유예하지 아니하면서 이에 부가할 몰수 추징에 대하여서만 선고를 유예할 수는 없다.

나. 특정경제범죄가중처벌등에관한법률 제4조 제1항의 재산국외도피죄는 재산을 국외에서 은닉한다는 인식을 가지고 국내에 반입하여야 할 재산을 국외에서 은닉(또는 처분) 도피시켰다면 이미 그 범죄는 성립이 되고 그 후 그 재산의 일부가 국내에 다시 반입된 여부나 혹은 애초부터 그 은닉된 재산을 다시 국내로 반입하여 소비할 의사가 있었는지 여부는 정상참작의 사유는 될지언정 그 범죄의 성립에는 영향을 미치지 아니한다.

다. 공동정범의 주관적 성립요건으로서의 공모는 공범자사이에 암묵리에 서로 협력하여 공동범의를 실현하려는 의사가 상통하면 족하고, 반드시 공범자들이 사전에 각자의 분담행위를 정하는 등 직접적인 모의를 하여야만 하는 것은 아니다.

라. 내국법인의 본사가 외국회사 또는 외국인과 직접 거래한 결과 그에 관련하여 받을 운송관련수입 등을 본사의 해외지사에서 이를 송금받아 위 해외지사가 개설한 비밀예금구좌에 예금하였다면 위 해외지사는 본사가 직접 수금하여야 할 수입금 등을 외국은행에 위 해외지사 명의로 개설한 예금구좌에 입금하여 예금채권발생의 당사자가 된 것으로서 위 행위는 전적으로 본사의 업무 및 재산에 관하여 행한 것이라고 보여지므로 비록 위 예금채권발생이 형식적으로는 비거주자인 해외지사와 다른 비거주자인 외국은행과의 사이에 이루어진 것이라고 하더라도 위 해외지사의 행위는 곧 본사의 행위로 취급되는 것이고 따라서 위와 같은 예금채권 발생의 당사자가 되는 행위는 외국환관리법 제23조 제2호에 저촉되는 것임을 면할 수 없다.

[원심판결] 서울고등법원 1988.2.23. 선고 87노3573 판결

## [주 문]

원심판결을 파기하고, 사건을 서울고등법원에 환송한다.

## [이 유]

상고이유를 판단한다.

생략

라. 외국환관리법 위반의 점에 관하여,

국내에 주사무소를 둔 내국법인은 외국환관리법상 거주자에 해당하거나 그 내국법인의 해외지사는 비거주자에 해당한다함은 소론과 같다.

그런데 외국환관리법 제3조 제1항은 「이 법은 대한민국 내에 주사무소를 둔 법인, 대리인, 사용인과 기타의 종업원이 외국에서 그 법인의 재산 또는 업무에 관하여 행한 행위에도 적용한다」고 규정하고 있다.

이 규정의 취지는 외국환관리법의 목적을 달성하기 위하여는 대한민국에 있는 자의 대한민국 내에 있어서의 행위에 관하여 외국환관리법을 적용하는 것만으로는 부족하고 거주자인 법인이 자신의 대리인, 사용인, 종업원 등을 사용함에 의하여 그 법적효과를 향수하면서 형식적으로는 본법의 적용을 회피하려는 경우(특히 그 사용인 등이 외국에 있는 비거주자인 경우에 외국에 있어서 다른 비거주자와 행한 행위 등에 관하여) 이를 방지할 필요가 있게 되므로 외국환관리법의 적용에 있어서 일정한 경우 즉 위 법 제3조에서 정한 요건에 해당하는 경우에 이를 거주자인 법인의 행위로서 취급하려는 것이라고 할 것이다. 따라서 비록 외국환관리규정 제114조 제2항 제1호에서 내국법인의 해외지사를 비거주자로 정하고 있다 하더라도 위 법 제3조에 따라 그 해외지사가 다른 비거주자와 행한 행위에 관하여는 일정한 경우 거주자인 법인의 행위로 취급되어 위 법이 적용되는 경우가 있다고 할 것이다.

원심판결이 들고 있는 증거에 의하면, 공소외 회사 본사가 외국회사 또는 외국인과 직접 거래한 결과 그에 관련하여 받을 운송관련 수입 등을 공소외 회사의 해외지사인 뉴욕지사에서 이를 송금받아 위 해외지사가 개설한 공소외 회사 명의의 판시 비밀예금구좌(공소외 회사 본사 사장이 아닌 해외지사장 및 지사 경리직원 공동명의로 개설되어 그 두 사람이 아니면 예금을 찾을 수 없다)에 이를 예금한 사실을 알 수 있는 바, 위 사실에 의하면 위 해외지사는 공소외 회사 본사가 직접 수금하여야 할 위 수입금 등을 외국은행에 위 해외지사 명의로 개설한 판시 예금구좌에 입금하여 예금채권 발생의 당사자가 된 것으로서 위 행위는 전적으로 공소외 회사 본사의 업무 및 재산에 관하여 행한 것이라고 보여지므로 비록 위 예금채권발생이 형식적으로는 비거주자인 위 해외지사와 다른 비거주자인 외국은행과의 사이에 이루어진 것이라고 하더라도 위 해외지사의 행위는 곧 공소외 회사 본사의 행위로 취급되는 것이고 따라서 위와 같은

**예금채권발생의 당사자가 되는 행위는 외국환관리법 제23조 제2호에 저촉되는 것임을 면할 수 없다 할 것이다.**

이 점에 관한 원심의 이유 설시는 다소 미흡하나 결국 위와 같은 예금채권발생의 당사자가 된 행위를 외국환관리법 제23조 제2호에 의율한 원심의 조치는 정당하고, 거기에 소론과 같은 법리오해, 이유불비 등의 위법이 있다고 할 수 없다.

논지는 모두 이유 없음에 귀착된다.

3. 따라서 검사의 상고는 그 이유가 있으므로 피고인들에 대한 원심판결을 파기하고, 사건을 원심법원에 환송하기로 하여 관여법관의 일치된 의견으로 주문과 같이 판결한다.

대법관　김달식(재판장) 정기승 최재호

## 3-2. 수출대금 해외계좌 은닉

(대법원 2008.2.15. 선고 2006도7881 판결[외국환거래법 위반 등]

### [판시사항]

[1] 재산국외도피죄를 규정한 특정경제범죄 가중처벌 등에 관한 법률 제4조 제1항에서 말하는 '국내에 반입하여야 할 대한민국 또는 대한민국 국민의 재산' 및 '재산의 은닉'의 의미

[2] 국내회사가 수출대금을 외국의 유령회사 명의로 개설한 비밀예금구좌에 예금한 후 다시 외국의 피고인 명의 계좌로 수출대금을 이전한 사안에서, 외국의 유령회사 명의의 예금계약을 피고인 또는 국내회사의 행위로 보아 위 행위는 특정경제범죄 가중처벌 등에 관한 법률 제4조 제1항 재산국외도피죄의 구성요건에 해당한다고 본 사례

[3] 범죄수익 등의 은닉·가장죄를 규정한 범죄수익은닉의 규제 및 처벌 등에 관한 법률 제3조 제1항 제1호에서 말하는 '범죄수익 등의 가장행위'의 의미

[4] 재산국외도피죄의 범죄수익은 법령에 의하여 국내에 반입하여야 할 의무를 부담하는 재산이므로, 재산국외도피 범행에 관한 수사 도중 외국의 피고인 명의 계좌로 은닉한 자금을 국내회사 명의 계좌에 수출대금 명목으로 송금한 경우에는 피고인에게 범죄수익은닉의 규제 및 처벌 등에 관한 법률 제3조 제1항 제1호에 정한 범죄수익 등의 가장행위에 대한 범의가 있었다고 볼 수 없다고 한 사례

### [원심판결] 부산고법 2006.10.26. 선고 2006노462 판결

### [주 문]

원심판결을 파기하고, 사건을 부산고등법원에 환송한다.

## [이 유]

상고이유를 판단한다.

### 1. 외국환거래법 위반의 점에 대하여

가. 상고이유 제1점

이 사건 외국환거래법 위반죄와 같은 포괄일죄의 공소시효는 최종의 범죄행위가 종료한 때로부터 진행한다는 것이 당원의 확립된 견해인바(대법원 2002.10.11. 선고 2002도2939 판결 등 참조), 이와 달리 포괄일죄의 공소시효는 최초의 범죄행위가 종료한 때로부터 기산되어야 한다거나 포괄일죄를 구성하는 개개의 범죄행위에 대하여 각각 공소시효가 진행되어야 한다는 상고이유의 주장은 독자적인 견해에 불과하여 받아들일 수 없다.

나. 상고이유 제2, 3점

원심은, 그 판시와 같이 피고인이 영국령 버진아일랜드의 법령에 따라 설립한 유령회사(paper company)인 ○○인더스트리스 명의로 홍콩 소재 홍콩상하이은행에 예금계좌를 개설한 후 그 계좌에 자신이 국내에서 운영하는 공소외 1 ○○물산 주식회사의 수출대금을 예금한 행위는 형식적으로는 외국환거래법 소정의 비거주자인 ○○인더스트리스와 다른 비거주자인 홍콩상하이은행 사이에 이루어진 것이라 하더라도 ○○인더스트리스의 위 예금계약은 외국환거래법 소정의 거주자임이 명백한 피고인 또는 공소외 1 ○○물산 주식회사의 행위로 봄이 상당하고, 한편 그 판시와 같이 피고인이 1년 중 상당기간을 외국에 체재하였다는 사정만으로는 피고인을 외국환거래법 시행령 제10조 제2항 제5호 (가)목 또는 (다)목 소정의 비거주자에 해당하거나 외국환거래규정 제7-11조 제1항 제1호 소정의 외국에 체재하고 있는 거주자에 해당하는 것으로 볼 수 없다고 판단하였다. 관계 법령과 기록에 비추어 보면, 원심의 이러한 판단은 정당한 것으로 수긍이 가고, 거기에 상고이유에서 주장하는 바와 같이 관련 법리를 오해하는 등의 위법이 없다. 이 부분 상고논지는 모두 이유 없다.

다. 상고이유 제4점

관계 법령에 비추어 보면, 원심이 이 사건 외국환거래법 위반의 공소사실 가운데 건당 미화 5만 달러 이상의 예금거래만이 외국환거래법상 신고의 대상이 된다는 피고인의 주장을 그 판시와 같이 배척한 것은 정당하고, 상고이유에서 드는 외국환거래법의 입법 취지와 외국환거래법 제7조, 동법 시행령 제12조 제1항, 외국환거래규정 제7-11조 제3항의 규정 등에 근거하더라도 피고인의 위 주장과 같은 해석을 도출해 내기는 어렵다. 이 부분 상고이유의 주장도 받아들일 수 없다.

2. 특정경제범죄 가중처벌 등에 관한 법률위반(재산국외도피)의 점에 대하여

가. 상고이유 제5점

이 사건 특정경제범죄 가중처벌 등에 관한 법률위반(재산국외도피, 이하 '재산국외도피'라고만 한다)의 공소사실에 '외국환거래법령에 위반하여'라고만 기재되고 그 구체적 위반 조항이 적시되지 않았음은 상고이유가 지적하는 바와 같다. 그러나 그 공소사실과 적용법조, 심리의 경과 등을 종합해 보면, 이 사건 재산국외도피의 공소사실에 포함된 외국환거래법령 위반행위는 원심이 판시한 바와 같이 피고인이 지정거래외국환은행의 장에 대한 신고 없이 비거주자인 홍콩 소재 홍콩메릴린치사와 외화예금거래를 하고 또 중국에 소재한 부동산에 관한 권리를 취득한 행위로서 외국환거래법 제18조 제1항에 위반한 것임을 특정할 수 있어, 그에 대한 피고인의 방어권 행사에 실질적 불이익이 있었다고 볼 수 없다. 따라서 비록 위 공소사실에 외국환거래법령의 어떤 조항을 위반하였는지 구체적으로 기재하지 않았다고 하더라도 그 공소제기가 효력이 없다거나 그로 인하여 판결 결과에 영향이 있었다고 할 수 없다. 위 공소제기의 적법성에 관한 상고논지는 받아들일 수 없다.

특정경제범죄 가중처벌 등에 관한 법률(이하 '특경법'이라 한다) 제4조 제1항은 "법령에 위반하여 대한민국 또는 대한민국 국민의 재산을 국외에 이동하거나 국내에 반입하여야 할 재산을 국외에서 은닉 또는 처분하여 도피시킨 때"를 그 구성요건으로 하고 있는바, 위 규정의 '국내에 반입하여야 할 재산'이라 함은 법령에 의하여 거주자가 국내에 반입하여야 할 의무를 부담하는 대한민국 또는 대한민국 국민의 재산을 의미한다(대법원 2003.10.10. 선고 2003도3516 판결 참조). 따라서 위 규정의 '국내에 반입하여야 할 재산'이 대한민국의 재산만을 의미한다고 하면서 이를 전제로 이 사건 재산국외도피의 범죄사실이 위 규정의 구성요건에 해당할 여지가 없다고 주장하는 상고논지는 받아들일 수 없다.

그리고 이 사건 재산국외도피의 범죄사실에 포함된 외국환거래법령 위반의 사실이 이 사건 외국환거래법 위반죄의 범죄사실과 모순된다는 상고이유의 주장은 독단적인 견해에 불과하다. 같은 취지의 원심 판단은 정당하므로, 이에 관한 상고논지도 받아들일 수 없다.

나. 상고이유 제6, 7점

특경법 제4조 제1항 소정의 재산국외도피죄에서 말하는 '재산의 은닉'은 재산의 발견을 불가능하게 하거나 곤란하게 만드는 것을 말하고, 재산의 소재를 불명하게 하

는 경우뿐만 아니라 재산의 소유관계를 불명하게 하는 경우도 포함한다(대법원 2005.5.13. 선고 2004도7354 판결 참조).

이러한 법리와 기록에 비추어 살펴보면, 피고인이 ○○인더스트리스 명의 계좌에 예금하였던 공소외 1 ○○물산 주식회사의 수출대금 중 100만 달러를 인출하여 홍콩 소재 홍콩메릴린치사에 개설한 피고인 명의 계좌에 이를 예치해 둔 행위가 재산국외도피죄의 구성요건에 해당한다고 본 원심의 판단은 정당하고, 거기에 상고이유에서 주장하는 바와 같이 재산국외도피죄의 구성요건에 관한 법리를 오해한 위법이 없다.

그리고 공소외 1 ○○물산 주식회사의 수출대금을 ○○인더스트리스 명의 계좌에 예금한 행위가 재산국외도피죄에 해당하지 않는다는 사정은 그 후 ○○인더스트리스 명의 계좌로부터 위와 같이 피고인 명의 계좌로 공소외 1 ○○물산 주식회사의 수출대금을 이전한 행위가 재산국외도피죄에 해당하는지 여부와는 무관하다는 취지의 원심판단도 수긍할 수 있다.

이 부분 상고이유의 주장은 모두 이유 없다.

다. 상고이유 제8, 9점

이 사건 재산국외도피의 점에 대한 공소제기가 적법하기 위하여는 그 공소사실에 포함된 외국환거래법령의 위반행위에 대하여 외국환거래법 위반죄로 별도의 공소가 제기되어야 한다거나 위 외국환거래법령의 위반행위는 그 자체로 외국환거래법에 의한 처벌대상이 되므로 이 사건 재산국외도피의 범행은 위 외국환거래법령 위반행위의 불가벌적 사후행위라고 보아야 한다는 상고이유의 주장은 모두 독자적인 견해에 불과하여 받아들일 수 없다.

그리고 기록에 비추어 살펴보면, 원심이 그 판시와 같은 이유로 이 사건 재산국외도피의 범행이 이 사건 외국환거래법 위반죄의 불가벌적 사후행위에 해당하지 않는다고 판단한 것도 정당하고, 거기에 상고이유에서 주장하는 바와 같이 관련 법리를 오해한 위법이 없다. 상고논지는 모두 이유 없다.

3. 범죄수익은닉의 규제 및 처벌 등에 관한 법률위반의 점에 대하여

이 사건 범죄수익은닉의 규제 및 처벌 등에 관한 법률(이하 '범죄수익규제법'이라 한다) 위반의 공소사실은, '피고인은 이 사건 재산국외도피죄의 범죄사실과 같이 국외에서 도피한 재산인 범죄수익을 수출대금인 것처럼 국내로 송금하여 적법하게 취득한 재산으로 가장함과 동시에 도피한 재산이 아닌 것처럼 가장하기로 마음먹고, 피고인 명의의 홍콩메릴린치사 예금계좌를 관리하고 있던 공소외 2에게 예금계약을 해지하여 그 계좌에

있는 돈을 모두 인출한 후 정상적인 수출대금인 것처럼 가장하여 공소외 1 ○○물산 주식회사 명의의 기업은행 계좌로 송금할 것을 지시하고, 그에 따라 공소외 2가 피고인 명의 계좌에 은닉되어 있던 범죄수익 중 미화 합계 501,799.43 달러를 출금한 후 정상적인 수출대금인 것처럼 가장하여 위 공소외 1 ○○물산 주식회사 명의의 기업은행 계좌로 송금함으로써 범죄수익의 취득 또는 처분에 관한 사실을 가장하였다'는 것인바, 원심은 그 채용 증거에 의하여 이를 유죄로 인정한 제1심판결을 그대로 유지하였다.

그러나 원심의 판단은 다음과 같은 이유로 수긍하기 어렵다.

범죄수익규제법 제3조 제1항 제1호는 "범죄수익 등의 취득 또는 처분에 관한 사실을 가장한 자"를 처벌하고 있는바, 여기서 말하는 '범죄수익 등의 가장행위'라 함은 범죄수익 등의 취득 또는 처분의 원인이나 범죄수익 등의 귀속에 관하여 존재하지 않는 사실을 존재하는 것처럼 위장하는 것을 의미한다.

그런데 기록에 의하면, 피고인은 이 사건 재산국외도피의 범행에 의하여 공소외 1 ○○물산 주식회사의 수출대금 중 미화 100만 달러를 홍콩메릴린치사에 개설한 피고인 명의 계좌에 은닉하여 두었는데, 이 사건 수사과정에서 재산국외도피의 혐의로 조사를 받게 되자 위 피고인 명의 계좌에 예치하여 둔 자금의 잔액을 모두 인출하여 위 공소사실과 같이 이를 국내의 공소외 1 ○○물산 주식회사 명의 계좌에 수출대금 명목으로 송금한 다음 바로 수사기관에 그와 같은 자금의 예치 및 국내반입 경위를 사실대로 밝히고 그에 관한 자료도 제출한 사실을 알 수 있다. 이와 같이 이 사건 재산국외도피죄의 범죄수익은 원래 공소외 1 ○○물산 주식회사의 수출대금으로서 국내로 반입되어 공소외 1 ○○물산 주식회사에 귀속되어야 할 재산임이 분명하므로, 이를 공소외 1 ○○물산 주식회사의 국내 계좌에 수출대금 명목으로 송금하였다고 하여 이를 가지고 범죄수익 등의 취득 또는 처분원인이나 그 귀속에 관한 사실을 가장하였다고 보기 어렵고, 위와 같은 범죄수익 등의 국내반입 경위와 그 전후의 정황까지 더하여 보면 그 범죄수익 등의 가장행위를 인정하기 더욱 어려우며, 피고인에게 그에 관한 범의가 있었다고도 볼 수 없다.

또한, 기록에 의하면, 피고인이 위와 같이 수사 도중에 이 사건 재산국외도피죄의 범죄수익을 국내로 반입한 이유는 이 사건 재산국외도피의 범죄사실이나 그 범죄수익을 숨기기 위함이 아니라 사후에라도 이를 국내로 반입하면 재산국외도피의 혐의를 벗어나거나 선처를 받을 수 있을 것으로 판단하였기 때문임을 알 수 있으므로, 피고인이 수사기관에서 위와 같이 범죄수익 등을 국내로 반입한 사정을 들어 재산국외도피 혐의를 일시 부인한 바 있다고 하여, 이로써 피고인에게 그 범죄수익 등 가장행위에 대한 범의

가 있었다고 볼 수 없다.

따라서 이 사건 범죄수익규제법 위반의 공소사실을 유죄로 인정한 원심의 판단에는 범죄수익규제법 제3조 제1항 제1호 소정의 범죄수익 등 가장행위의 구성요건과 그 범의에 관한 법리를 오해함으로써 판결 결과에 영향을 미친 위법이 있다고 할 것이다. 이를 지적하는 상고이유의 주장은 이유 있다.

그렇다면 원심판결 중 범죄수익규제법 위반의 점은 파기되어야 할 것인바, 원심은 판시 각 죄를 실체적 경합범으로 보아 피고인에 대하여 1개의 형을 선고한 제1심판결을 그대로 유지하였으므로, 결국 원심판결 전부를 파기할 수밖에 없다.

## 4. 결 론

그렇다면 범죄수익은닉규제법 위반의 점에 대한 나머지 상고이유의 판단을 생략한 채 원심판결을 파기하고, 사건을 다시 심리·판단하게 하기 위하여 원심법원에 환송하기로 하여 관여 대법관의 일치된 의견으로 주문과 같이 판결한다.

대법관    박일환(재판장) 박시환(주심) 김능환


## 3-3. 미신고 해외예금계좌에 입금된 중개수수료

(대법원 2010.9.9. 선고 2007도3681 판결[외국환거래법 위반 등])

### [판시사항]

[1] 특정경제범죄 가중처벌 등에 관한 법률 제4조 제1항 후단의 재산국외도피죄에서 '국내에 반입하여야 할 재산'의 의미

[2] 어떠한 행위가 특정경제범죄 가중처벌 등에 관한 법률 제4조 제1항의 '재산국외도피'에 해당하는지 여부의 판단 기준

[3] 피고인이 비거주자인 외국회사와의 중개거래에 의하여 취득한 중개수수료를 국내로 반입하지 않고 국외에서 은닉·도피시켰다는 특정경제범죄 가중처벌 등에 관한 법률 위반의 공소사실에 대하여, 이를 유죄로 인정한 원심판결에 법리오해 및 심리미진의 위법이 있다고 한 사례

### [판결요지]

[1] 특정경제범죄 가중처벌 등에 관한 법률 제4조 제1항은 '법령에 위반하여 대한민국 또는 대한민국 국민의 재산을 국외에 이동하거나 국내에 반입하여야 할 재산을 국외에서 은닉 또는 처분하여 도피시킨 때'를 재산국외도피죄의 구성요건으로 규정하고 있는데, 그 문언상 '법령에 위반하여'는 재산국외도피의 행위태양인 '국외 이동 또는 국외에서의 은닉·

처분'과 함께 '국내에 반입하여야 할 재산'도 수식하는 것으로 해석하여야 하므로, 제4조 제1항 후단의 국외에서의 은닉 또는 처분에 의한 재산국외도피죄는 법령에 의하여 국내로 반입하여야 할 재산을 이에 위반하여 은닉 또는 처분시킨 때에 성립한다. 그러므로 '**국내에 반입하여야 할 재산'이란 법령에 의하여 국내에 반입하여야 할 의무를 부담하는 대한민국 또는 대한민국 국민의 재산을 의미한다. 이와 달리 '국내에 반입하여야 할 재산'을 법령상 국내로의 반입의무 유무와 상관없이 국내로의 반입이 예정된 재산을 의미하는 것으로 확장하여 해석하는 것은 형벌법규를 지나치게 유추 또는 확장해석하여 죄형법정주의의 원칙에 어긋나는 것으로서 허용될 수 없다.**

[2] 재산국외도피사범에 대한 징벌의 정도를 강화하고 있는 점이나 국가경제의 발전과 세계화 추세 등에 따라 외환거래에 관한 규제가 크게 완화된 점 등에 비추어, 어떠한 행위가 특정경제범죄 가중처벌 등에 관한 법률 제4조 제1항의 재산국외도피에 해당하는지를 판단할 때에는, 당시 행위자가 처하였던 경제적 사정 내지 그 행위를 통하여 추구하고자 한 경제적 이익의 내용 등 그러한 행위에 이르게 된 동기, 행위의 방법 내지 수단이 은밀하고 탈법적인 것인지 여부, 행위 이후 행위자가 취한 조치 등 여러 사정을 두루 참작하여 엄격하고 신중하게 판단하여야 한다.

[3] 피고인이 비거주자인 외국회사와의 중개거래에 의하여 취득한 중개수수료를 지정거래 외국환은행장에게 신고하지 아니한 외국은행의 예금계좌로 입금받음으로써 이를 국내로 반입하지 않고 국외에서 은닉·도피시켰다는 특정경제범죄 가중처벌 등에 관한 법률 위반의 공소사실에 대하여, 피고인은 현지 영업비용을 원활하게 조달할 의사로 이 수수료를 외국은행 계좌로 입금받은 것이고, 위 계좌가 회계장부에 계상되지 아니하여 과세자료에는 반영되지 않았으나, 그 명의가 피고인의 실명으로 되어 있을 뿐 아니라 송장 등 무역관계서류에 기재되어 있어 그 존재를 쉽게 확인할 수 있는 사정에 비추어, 위 행위가 구 외국환거래법(2009.1.30. 법률 제9351호로 개정되기 전의 것) 위반죄나 조세범 처벌법 위반죄를 구성함은 별론으로 하고, 이 수수료가 당시 적용되던 법령이 정한 회수대상채권에 해당하는지 여부가 불분명하여 재산국외도피죄를 구성한다거나 그 범의가 있었다고 단정하기 어려움에도, 이와 달리 판단하여 유죄로 인정한 원심판결에 법리오해 및 심리미진의 위법이 있다고 한 사례

[**원심판결**] 서울고법 2007.4.19. 선고 2006노804 판결

[**주 문**]

원심판결을 파기하고, 사건을 서울고등법원에 환송한다.

## [이 유]

상고이유를 살펴본다.

1. 특정경제범죄 가중처벌 등에 관한 법률 위반(재산국외도피)의 점에 대하여

가. 형벌법규의 해석은 엄격하여야 하고 명문규정의 의미를 피고인에게 불리한 방향으로 지나치게 확장해석하거나 유추해석하는 것은 죄형법정주의 원칙에 어긋나는 것으로서 허용되지 아니한다(대법원 2009.12.10. 선고 2009도3053 판결 등 참조). 특정경제범죄 가중처벌 등에 관한 법률(이하 '특정법'이라고만 한다) 제4조 제1항은 "법령에 위반하여 대한민국 또는 대한민국 국민의 재산을 국외에 이동하거나 국내에 반입하여야 할 재산을 국외에서 은닉 또는 처분하여 도피시킨 때"를 재산국외도피죄의 구성요건으로 규정하고 있는바, 위 규정의 문언상 '법령에 위반하여'는 재산국외도피의 행위태양인 '국외 이동 또는 국외에서의 은닉·처분'과 함께 '국내에 반입하여야 할 재산'도 수식하는 것으로 해석하여야 하고, 따라서 제4조 제1항 후단의 국외에서의 은닉 또는 처분에 의한 재산국외도피죄는 법령에 의하여 국내로 반입하여야 할 재산을 이에 위반하여 은닉 또는 처분시킨 때에 성립한다고 할 것이다. 그러므로 '국내에 반입하여야 할 재산'이라 함은 법령에 의하여 국내에 반입하여야 할 의무를 부담하는 대한민국 또는 대한민국 국민의 재산을 의미하는 것으로 보아야 한다(대법원 2003.10.10. 선고 2003도3516 판결 참조). 이와 달리 '국내에 반입하여야 할 재산'을 법령상 국내로의 반입의무 유무와 상관없이 국내로의 반입이 예정된 재산을 의미하는 것으로 확장하여 해석하는 것은 형벌법규를 지나치게 유추 또는 확장해석하여 죄형법정주의의 원칙에 어긋나는 것으로서 허용될 수 없다.

한편, 외국환거래법은 제7조에서 "기획재정부장관은 비거주자에 대한 채권을 보유하고 있는 거주자로 하여금 그 채권을 추심하여 국내로 회수하게 할 수 있고, 회수대상채권의 범위·회수기한과 그 밖에 필요한 사항은 대통령령으로 정한다"고 함으로써 거주자에 대하여 제한적인 채권회수의무를 부과하고 있다. 따라서 거주자가 비거주자와의 거래에 기하여 취득한 채권을 국내로 반입하지 아니한 행위가 특정법 제4조 제1항 후단의 재산국외도피죄를 구성하기 위해서는 문제된 채권이 외국환거래법 제7조 소정의 국내회수의무가 부과된 채권이어야 한다.

나. 이 사건에 관하여 보건대, 이 사건 특경법 위반(재산국외도피)의 공소사실의 요지는 피고인이 비거주자인 외국회사와의 중개거래에 의하여 원심판결의 [범죄일람표 1] 기재와 같이 취득한 이 사건 중개수수료를 지정거래 외국환은행의 장에게 신고하지 아니한 외국은행의 예금계좌로 입금받음으로써 이를 국내로 반입하지 않고 국

외에서 은닉하여 도피시켰다는 것이다.

앞서 본 법리에 의하면 이 부분 공소사실이 유죄로 인정되기 위해서는 먼저 이 사건 중개수수료가 외국환거래법 제7조 소정의 회수대상채권에 해당한다는 사실이 인정되어야 한다.

그런데 이 사건 당시 적용되던 구 외국환거래법 시행령(2005.12.28. 대통령령 제19192호로 개정되기 전의 것) 제12조는, 외국환거래법 제7조 제2항 소정의 회수대상채권의 범위를 1건당 미화 5만 달러에 상당하는 금액을 초과하는 채권 중 기획재정부장관이 정하여 고시하는 채권으로 하고, 위 회수대상채권을 보유하고 있는 거주자는 당해 채권의 만기일 또는 조건 성취일부터 6월 이내에 이를 국내로 회수하여야 한다고 규정하고 있으며, 한편 2000.12.29. 재정경제부고시 제2000－22호로 전부 개정된 외국환거래규정은 제1－3조에서 회수대상채권을 건당 미화 5만 달러를 초과하는 채권으로 규정하였다가 이후 2002.7.2. 재정경제부고시 제2002－12호로 개정되면서 건당 미화 10만 달러를 초과하는 채권으로 회수대상채권의 범위를 변경하였는바, 이 부분 공소사실이나 위 [범죄일람표]의 기재 내용만으로는 위 [범죄일람표] 상의 각 중개수수료가 당시 적용되던 외국환거래법령 소정의 회수대상채권에 해당하는지 여부가 불분명하고, 원심에 이르기까지 이에 관한 심리가 이루어지지 아니하였다.

다. 또한 특경법 제4조 제1항의 재산국외도피죄의 입법 취지가 국내의 재산을 해외에 도피시킴으로써 국부에 손실을 가져오는 행위를 처벌함으로써 국가재산을 보호하려는 데에 있다는 점을 고려하더라도, 그 법정형이 1년 이상의 유기징역 또는 당해 범죄행위의 목적물의 가액의 2배 이상 10배 이하에 상당하는 벌금으로 중하게 설정되어 있을 뿐만 아니라 특경법 제10조에서 범행 대상인 재산을 필요적으로 몰수하고 그 몰수가 불능인 때에는 그 가액을 추징하도록 규정하고 있는 등 **재산국외도피사범에 대한 징벌의 정도를 강화하고 있는 점이나 국가경제의 발전과 세계화 추세 등에 따라 외환거래에 관한 규제가 크게 완화된 점 등에 비추어 볼 때, 어떠한 행위가 특경법 제4조 제1항 소정의 재산국외도피에 해당하는지를 판단함에 있어서는 당시 행위자가 처하였던 경제적 사정 내지 그 행위를 통하여 추구하고자 한 경제적 이익의 내용 등 그러한 행위에 이르게 된 동기, 행위의 방법 내지 수단이 은밀하고 탈법적인 것인지 여부, 행위 이후 행위자가 취한 조치 등 여러 사정을 두루 참작하여 엄격하고 신중하게 판단하여야 할 것이다.**
이 사건의 경우 원심판결 이유 및 기록에 의하면, **피고인은 현지 영업비용을 원활하**

**게 조달할 의사로 이 사건 중개수수료를 외국은행 계좌로 입금받은 것이고, 위 은행 계좌가 회계장부에 계상되지 아니하여 과세자료에는 반영되지 않았으나, 그 명의가 피고인의 실명으로 되어 있을 뿐 아니라 송장 등 무역관계서류에 기재되어 있어 위 계좌의 존재를 쉽게 확인할 수 있음을 알 수 있는바, 이러한 사정에 비추어 볼 때 피고인의 이 부분 공소사실 기재의 행위가 외국환거래법 위반죄나 조세범 처벌법 위반죄를 구성함은 별론으로 하고, 원심이 유죄의 근거로 들고 있는 사정만으로는 특정법 제4조 제1항 후단의 재산국외도피죄를 구성한다거나 피고인에게 국내에 반입하여야 할 재산을 국외에서 은닉하여 도피시킨다는 범의가 있었다고 단정하기 어렵다.**

라. 그럼에도 원심은 특정법 제4조 제1항의 '국내에 반입하여야 할 재산'에는 외국환거래법 제7조 등에 의하여 거주자의 비거주자에 대한 채권 추심 및 국내회수의무가 있는 경우 뿐만 아니라, 거주자와 비거주자 사이의 계약관계 등에 기한 채권 추심 및 회수에 의하여 국내에 반입되어야 할 재산도 포함된다고 보아, '국내에 반입하여야 할 재산'을 법령에 의하여 국내로의 반입의무가 부과된 재산으로 한정하지 아니함으로써 이 사건 중개수수료가 법령상 반입하여야 할 의무가 있는 재산에 해당하는지 여부를 심리하지 아니한 채 판시와 같은 이유로 이 사건 특정법 위반(재산국외도피)의 점을 유죄로 인정하였다.

이와 같은 원심판결에는 특정법 제4조 제1항의 '국내에 반입하여야 할 재산'의 해석에 관한 법리를 오해하여 필요한 심리를 다하지 아니하였거나 재산국외도피의 범의 등에 관한 법리를 오해하여 판결 결과에 영향을 미친 위법이 있다고 할 것이다.

한편 원심이 들고 있는 대법원 2005.5.13. 선고 2004도7354 판결은, 거주자가 실질적 계약자로서 비거주자와 계약을 체결하면서 그 계약 명의를 비거주자로 한 사안에서 당해 계약관계에 기한 권리가 거주자에게 귀속되어 거주자가 이를 추심, 회수하여야 함을 판단한 것으로, 특정법 제4조 제1항의 '국내에 반입하여야 할 재산'의 해석에 관한 일반 법리를 설시한 것으로는 보이지 아니하여, 이 법원의 위 판단과 저촉되는 것이라고 할 수 없다.

2. 범죄수익은닉의 규제 및 처벌 등에 관한 법률 위반의 점에 대하여

이 사건 범죄수익은닉의 규제 및 처벌 등에 관한 법률 위반의 점은 이 사건 중개수수료가 특정법 위반(재산국외도피)죄에 관계된 자금임을 전제로 하고 있으나, 앞서 본 것과 같이 이 사건 특정법 위반(재산국외도피)의 점을 유죄로 인정한 원심판결을 그대로 유지할 수 없는 이상, 원심이 이와 다른 전제에서 이 사건 범죄수익은닉의 규제 및 처벌

등에 관한 법률 위반의 점에 관한 공소사실을 유죄로 인정한 것은 범죄수익에 관한 법리를 오해한 나머지 판결에 영향을 미친 위법이 있어 그대로 유지될 수 없다고 할 것이다.

3. 파기의 범위

그렇다면 특경법 위반(재산국외도피)의 점과 범죄수익은닉의 규제 및 처벌 등에 관한 법률 위반의 점에 대한 각 나머지 상고이유의 판단을 생략하고 원심판결을 파기하되, 원심은 위 각 공소사실과 외국환거래법 위반의 범죄사실을 형법 제37조 전단의 경합범의 관계에 있는 것으로 보아 하나의 형을 선고하였으므로, 원심판결은 전부 파기되어야한다.

4. 결론

그러므로 원심판결을 파기하고 사건을 다시 심리·판단하게 하기 위하여 원심법원에 환송하기로 관여 대법관의 의견이 일치되어 주문과 같이 판결한다.

대법관　신영철(재판장) 박시환 안대희(주심) 차한성

## 3 금전 대차, 보증거래에 대한 신고

대외거래의 규모가 커지고 내용이 다양해지면서 국내기업(거주자)이 해외의 거래처(비거주자)와 자금을 빌려주거나 자금을 빌리는 금전대차거래가 증가하고 있다. 또 국내기업(거주자)이 베트남에 현지법인을 설립하고 국내 공장 설비를 베트남으로 이전하여 공장을 가동하려는데 운영자금을 베트남 현지에 있는 은행(비거주자)으로부터 대출하려고 하는데 차주인 베트남 현지법인이 제공할 담보가 없으니 본사인 국내기업(거주자)의 지급보증을 요구하여 비거주자에 대하여 보증거래하는 경우도 많다. 외국환거래법에서는 금전대차거래와 보증거래에 대하여 신고예외거래를 제외하고는 지정거래외국환은행의 장이나 기획재정부장관에게 신고하도록 의무를 규정하고 있다.

## (1) 금전대차거래에 대한 신고

### 1) 신고 예외 금전대차거래

　거주자가 금전의 대차계약에 따른 채권의 발생 등에 관한 거래를 하고자 하는 경우로 서 다음의 하나에 해당하는 경우에는 신고를 요하지 아니한다(정 7-13).

〔표 48〕 신고 예외 금전대차거래(정 7 - 13)

| 당사자 | 거래내용 | 신고의무 |
|---|---|---|
| 거주자 | 다른 거주자와 금전의 대차계약에 따른 외국통화로 표시되거나 지급을 받을 수 있는 채권의 발생 등에 관한 거래를 하고자 하는 경우 | 없음 |
| 거주자 | 비거주자와 차관계약(외국인투자촉진법)을 체결하거나 공공차관협약(공공차관의도입및관리에관한법률)을 체결하는 경우 | 없음 |
| 거주자 | 비거주자와 차관공여계약(대외경제협력기금법)을 체결하는 경우 | 없음 |
| 국민인거주자와 국민인 비거주자 간 | 국내에서 내국통화로 표시되고 지급되는 금전의 대차계약을 하는 경우 | 없음 |
| 대한민국정부의 재외공관근무자, 그 동거가족 또는 해외체재자 및 해외유학생 | 체재함에 필요한 생활비 및 학자금 등의 지급을 위하여 비거주자와 금전의 대차계약을 하는 경우 | 없음 |
| 국제유가증권결제기구에 가입한 거주자 | 유가증권거래의 결제와 관련하여 비거주자로부터 일중대출(intra - day credit) 또는 일일대출(over - night credit)을 받는 경우 | 없음 |
| 거주자 | 인정된 거래에 따라 부동산을 취득(정 9-39-2[17])하면서 취득자금에 충당하기 위해 취득부동산을 담보로 비거주자로부터 외화자금을 차입하는 경우 | 없음 |
| 거주자 회원은행 | 외환동시결제시스템을 통한 결제와 관련하여 거주자 회원은행이 CLS은행으로부터 CLS은행이 정한 일정 한도의 원화 지급포지션(Short Position)을 받거나 비거주자에게 일중 원화신용공여(Intra - day Credit) 또는 일일 원화신용공여(Over - night Credit)를 하는 경우 | 없음 |

---

17) 1. 거주자가 주거 이외의 목적으로 외국에 있는 부동산을 취득하는 경우 2. 거주자 본인 또는 거주자의 배우자가 해외에서 2년 이상 체재할 목적(신고당시 2년 이상 해외에서 체재하고 있는 배우자가 체재할 목적을 포함)으로 주거용 주택을 취득하는 경우(거주자의 배우자 명의의 취득을 포함) 3. 외국에 있는 부동산을 임차하는 경우(임차보증금이 있는 경우로 한함)

## 2) 신고대상 금전대차거래

### ① 거주자의 외화자금차입

신고예외 금전대차거래에 해당하는 경우를 제외하고 지방자치단체, 영리법인 등에 해당하는 거주자가 비거주자로부터 외화자금을 차입(외화증권 및 원화연계외화증권 발행을 포함)하고자 하는 경우에는 지정거래외국환은행의 장에게 신고하여야 한다. 다만, 미화 3천만불(차입신고시점으로부터 과거 1년간의 누적차입금액을 포함)을 초과하여 차입하고자 하는 경우에는 지정거래외국환은행을 경유하여 기획재정부장관에게 신고하여야 한다(정 7-14-1).

### ② 거주자의 비거주자 원화자금 차입

신고예외 금전대차거래에 해당하는 경우를 제외하고 거주자가 비거주자로부터 원화자금을 차입하고자 하는 경우에는 지정거래외국환은행의 장에게 신고하여야 한다. 다만, 10억원(차입신고시점으로부터 과거 1년간의 누적차입금액을 포함한다)을 초과하여 차입하고자 하는 경우에는 지정거래외국환은행을 경유하여 기획재정부장관에게 신고하여야 한다(정 7-15-1).

거주자가 비거주자로부터 원화자금을 차입하는 경우에는 비거주자자유원계정에 예치된 내국지급수단에 한한다(정 7-15-2).

### ③ 거주자의 비거주자에 대한 대출

신고예외 금전대차거래를 제외하고 거주자가 비거주자에게 대출을 하고자 하는 경우(제2장에서 외국환업무취급기관의 외국환업무로서 허용된 경우 제외)에는 한국은행총재에게 신고하여야 한다. 다만, 이 항에 의한 신고사항 중 다른 거주자의 보증 또는 담보를 제공받아 대출하는 경우 및 10억원을 초과하는 원화자금을 대출하고자 하는 경우에는 대출을 받고자 하는 비거주자가 신고하여야 한다(정 7-16-1).

〔표 49〕 신고 대상 금전대차거래(정 7 - 14~16)

| 당사자 | 거래내용 | 신고의무 |
|---|---|---|
| 개인 및 비영리법인 | 비거주자로부터 외화자금을 차입하고자 하는 경우 | 지정거래외국환은행을 경유하여 한국은행총재에게 신고 |
| 영리법인 | 비거주자로부터 외화자금을 차입하는 경우(3천만불 초과 차입시) | 지정거래외국환은행 신고 (기획재정부장관 신고) |
| 거주자 | 비거주자로부터 원화자금(10억원 이하)을 차입하고자 하는 경우 | 지정거래외국환은행의 장에게 신고 |
| 거주자 | 비거주자로부터 원화자금(10억원 초과)을 차입하고자 하는 경우[18] | 지정거래외국환은행을 경유하여 기획재정부장관에게 신고 |
| 거주자 | 비거주자에게 대출을 하고자 하는 경우 | 한국은행총재에게 신고 |
| 거주자 | 다른 거주자의 보증 또는 담보를 제공받아 비거주자에게 대출하는 경우 및 10억원을 초과하는 원화자금을 비거주자에게 대출하고자 하는 경우 | 대출을 받고자 하는 비거주자가 한국은행총재에게 신고 |
| 지방자치단체, 공공기관 | 비거주자로부터 외화자금을 차입하는 경우(3천만불 초과 차입시) | 지정거래외국환은행 신고 (기획재정부장관 사전 협의 및 신고) |
| 지방자치단체, 공공기관이 설립하거나 출자·출연한 법인 또는 정부업무수탁법인 | 비거주자로부터 외화자금을 차입하는 경우(3천만불 초과 차입시) | 지정거래 외국환은행 신고 (기획재정부장관 신고) |
| 일반제조업체 또는 고도기술업체[19] | 비거주자로부터 상환기간이 1년 이하(자금인출일부터 기산)인 단기외화자금[20]을 차입하고자 하는 경우 | 지정거래외국환은행의 장에게 신고 |
| 정유회사 및 원유, 액화천연가스 또는 액화석유가스 수입업자 | 원유, 액화천연가스 또는 액화석유가스의 일람불방식, 수출자신용방식(Shipper's Usance) 또는 사후송금방식 수입대금 결제를 위하여 상환기간이 1년 이하의 단기외화자금을 차입하는 경우 | 거래외국환은행의 장[21] 신고 |
| 직전 분기 말 자기자본이 1조원 이상인 투자매매업자 또는 투자중개업자 | 비거주자로부터 5천만불 초과의 외화자금을 상환기간 1년 초과 조건으로 차입하는 경우 | 기획재정부장관에게 신고 |

18) 거주자가 비거주자로부터 원화자금을 차입하는 경우에는 비거주자자유원계성에 예지된 내국지급수난에 한함.

| 당사자 | 거래내용 | 신고의무 |
|---|---|---|
| 직전 분기 말 자기자본이 1조원 이상인 투자매매업자 또는 투자중개업자 | 비거주자로부터 5천만불 이하의 외화자금을 상환기간 1년 이내 조건으로 차입하는 경우 | 없음 |
| 비거주자 | 다른 거주자의 보증 또는 담보를 제공받아 거주자로부터 대출하는 경우 및 10억원을 초과하는 원화자금을 거주자로부터 대출하고자 하는 경우 | 비거주자가 한국은행총재에게 신고 |

## 3) 외화차입 신고서

외화차입 신고를 하고자 하는 자는 차입시 금전의 대차계약신고서[증권발행의 경우에는 증권발행신고서]에 차입자금의 용도를 명기하여 신고기관 등에 제출하여야 한다 (정 7-14-7).

---

19) 「외국인투자촉진법」에 의하여 일반제조업을 영위하는 업체(이하 이 항에서 "일반제조업체"라 한다) 또는 기획재정부장관으로부터 조세감면 결정을 받은 외국인투자기업으로서 고도의 기술을 수반하는 사업 및 산업지원서비스업을 영위하는 업체(이하 이 항에서 "고도기술업체"라 한다)

20) 1. 고도기술업체의 경우 외국인투자금액(외화금액 기준으로서 외국인투자기업등록증명서상의 투자금액과 등록되지 않은 주금납입액을 말하며 이하 같다) 이내. 다만, 고도기술업체 중 외국인투자비율이 3분의 1 미만인 기업은 외국인투자금액의 100분의 75 이내
2. 일반제조업체의 경우 외국인투자금액의 100분의 50

21) L/C 방식인 경우에는 L/C 개설은행을 말하며 D/P·D/A 방식인 경우에는 수입환어음 추심은행, 사후송금방식인 경우에는 수입대금 결제를 위한 송금은행

| 금전의 대차계약신고서 | | 처 리 기 간 |
|---|---|---|
| | | |

| 신고인 | 상호 및 대표자 성명 | 인 |
|---|---|---|
| | 주소 ( 소 재 지 ) | (전화번호 :        )<br>(E-mail :        ) |
| | 업 종 ( 직 업 ) | |

| 신고내역 | 차　　　　주 | (□기관투자가 □일반법인 □개인 □기타( )) |
|---|---|---|
| | 대　　　　주 | (□기관투자가 □일반법인 □개인 □기타( )) |
| | 통 화 및 금 액 | □표시통화( ①USD ②EUR ③JPY ④기타통화( ) )<br>□금 액( )<br>□외화(①미화 1천만달러 이하 ②미화 1천만달러 초과)<br>□원화(①10억원 이하 ②10억원 초과) |
| | 차입 / 대 출 일 | |
| | 적 용 금 리 | |
| | 대 차 기 간 | |
| | 사 용 용 도 | |
| | 상 환 방 법 | |
| | 거주자의 보증<br>또는 담보유무 | □보증·담보 없음 □보증제공 □담보제공 |

외국환거래법 제18조의 규정에 의하여 위와 같이 신고합니다.

년　　월　　일

<u>기획재정부장관</u>(한국은행총재 또는 외국환은행의 장) 귀하

| | 신 고 번 호 | |
|---|---|---|
| | 신 고 금 액 | |
| | 신 고 일 자 | |
| | 유 효 기 간 | |
| | 기 타 참고사항 | |
| 신 고 기 관 : | | |

\* 음영부분은 기재하지 마십시오. 210㎜×297㎜

〈첨부서류〉 1. 거래 사유서 2. 금전대차 계약서
　　　　　　3. 대주 및 차주의 실체확인서류(법인등기부등본, 사업자등록증, 주민등록등본 등)
　　　　　　4. 보증 또는 담보 제공시 해당 신고서
　　　　　　5. 기타 신고기관의 장이 필요하다고 인정하는 서류

┤ 거래사례 ├

개인사업자인 '유정씨앤씨' '신민호'는 2018.7.1. 거래관계가 있는 미국 ABC.Co.Ltd로부터 기계설비 구입을 위해 US $100,000을 연 5.5%의 금리로 1년간 차입 후 만기시에 원금과 이자를 상환하기로 하고 한국은행에 금전대차계약 신고를 하는 사례(자료출처 : 한국은행 외국환거래신고 편람 2007.1. p.83∼87의 내용을 필자가 일부수정)

〔별지 제7-2호 서식〕

| | 금 전 의  대 차 계 약 신 고 서 | | 처리기간 |
|---|---|---|---|
| Ⓐ 신 고 인 | 상호 및 대표자 성명 | 유정씨앤씨 신민호<br>(또는 신민호의 대리인 이성준)    인 | |
| | 주 소 ( 소 재 지 ) | 서울시 강남구 언주로 723번지<br>(전화번호 : 123-4567)<br>(E-mail : custra@naver.com) | |
| | 업 종 ( 직 업 ) | 제조업 | |
| 신 고 내 역 | Ⓑ 차          주 | 유정씨앤씨 신민호<br>(□기관투자가 □일반법인 ■개인 □기타( )) | |
| | Ⓑ 대          주 | ABC. Co. Ltd<br>(□기관투자가 ■일반법인 □개인 □기타( )) | |
| | Ⓒ 통 화 및 금 액 | □표시통화(❶USD ②EUR ③JPY ④기타통화( ))<br>□금 액( US $ 100,000 -                                )<br>■외화(❶미화 1천만달러 이하 ②미화 1천만달러 초과)<br>□원화(①10억원 이하 ②10억원 초과) | |
| | Ⓓ 차 입 / 대 출 일 | 2018년 7월 1일 | |
| | Ⓔ 적 용 금 리 | 5.5%(년) | |
| | Ⓕ 대 차 기 간 | 2018년 7월 1일에서 2019년 6월 30일(1년) | |
| | Ⓖ 사 용 용 도 | 기계설비 구입자금 | |
| | Ⓗ 상 환 방 법 | 만기일 일시상환 | |
| | Ⓘ 거주자의 보증 또는 담보유무 | ■보증·담보 없음 □보증제공 □담보제공 | |

외국환거래법 제18조의 규정에 의하여 위와 같이 신고합니다.

2018년 6월 30일
기획재정부장관(한국은행총재 또는 외국환은행장) 귀하

| 신 고 번 호 | |
|---|---|
| 신 고 금 액 | |
| 신 고 일 자 | |
| 유 효 기 간 | |
| 기 타 참 고 사 항 | |
| 신 고 기 관 : | |

\* 음영부분은 기재하지 마십시오. 210㎜×297㎜

Ⓙ 〈첨부서류〉 1. 거래 사유서 2. 금전대차 계약서
　　　　　　　 3. 대주 및 차주의 실체확인서류(법인등기부등본, 사업자등록증, 주민등록등본 등)
　　　　　　　 4. 보증 또는 담보 제공시 해당 신고서
　　　　　　　 5. 기타 신고기관의 장이 필요하다고 인정하는 서류

**작성요령**

Ⓐ **신고인**

　－ 개인의 경우는 신고인의 성명을 기재하고 서명 또는 날인, 법인의 경우는 상호와 대표이
　　 사명을 기재하고 법인 인감을 날인한다. 만약 대리인이 신고하는 경우에는 '신민호의 대
　　 리인 이성준'이라고 기재하고 대리인 이성준이 날인 또는 서명한다.

Ⓑ **차주 및 대주**

　－ 차주 및 대주는 각각 기관투자가*, 일반법인, 개인으로 구분하여 표시하고 기타의 경우( )
　　 내에 별도로 기재한다.

　　 * 기관투자가 : 외국환은행, 종합금융회사, 증권회사, 자산운용회사·투자회사, 보험사업자 등

Ⓒ **통화 및 금액**

　－ 통화 및 금액은 실제 표시통화를 USD, EUR, JPY로 구분하여 표시하고 기타 통화는
　　 표시통화 ( )내에 직접 기재한다. 차입통화가 USD가 아닌 경우에는 차입통화의 차입일
　　 현재의 USD환산액을 금액 ( )내에 직접 표시한다(환산시에는 차입일 현재 외국환중개
　　 회사가 고시하는 매매기준율을 적용)

　－ 외화는 미화 1천만달러 이하인 경우, 미화 1천만달러 초과인 경우로 나누어 표시하고,
　　 원화는 10억원 이하인 경우, 10억원 초과인 경우로 나누어 표시

Ⓓ **차입/대출일**

　－ 차입/대출일은 계약서상 차주에게 자금이 입금되는 날짜를 기재한다.

Ⓔ **적용금리**

　－ 적용금리는 계약서상 표시금리로서 고정금리의 경우는 연율로 기재하고 변동금리는 3개
　　 월 Libor에 스프레드를 가감하는 방식으로 기재한다.

Ⓕ **대차기간**

　－ 금전차입 기간을 기재한다.

Ⓖ **사용용도**

　－ 차입자금의 사용용도를 기재한다.

Ⓗ **상환방법**

　- 차입자금 상환방법을 '만기일 일시상환', '3회 분할상환' 등으로 기재한다.

Ⓘ **거주자의 보증 또는 담보유무**

　- 금전차입에 대하여 거주자의 보증 또는 담보가 있는 경우에 표시한다.

Ⓙ **첨부서류**

　- 사유서 : 특별한 양식은 없으며 A4 용지 1매 정도 분량으로 해당 신청 사유를 정확하고 상세하게 기재한다.

　- 금전대차계약서
　　대주와 차주 간의 대차계약서(Loan Agreement)를 준비한다.

　- 대주 및 차주의 실체확인서류(법인등기부등본, 사업자등록증, 주민등록등본 등)

　- 보증 또는 담보 제공시 해당 신고서 : 거주자의 보증 또는 담보 제공이 있는 경우 해당 신고서 첨부한다.

　- 기타 신고기관의 장이 필요하다고 인정하는 서류 : 신고사실의 확인을 위해 신고기관이 요청하는 서류

## ○ 신고서 작성 방법　비거주자에 대한 대출

### │ 거래사례 │

유정씨앤씨(주)는 미국에 있는 관계회사인 ABC Co.Ltd에 운영자금 용도로 US $ 500,000을 Libor+200bp의 금리로 6개월간 대여해 주기로 하고 한국은행에 비거주자에 대한 금전대차계약 신고를 하는 사례(자료출처 : 한국은행 외국환거래 신고 편람 2007.1. p.90~94의 내용을 필자가 일부수정)

〔별지 제7-2호 서식〕

| | | | 처리기간 |
|---|---|---|---|
| | | **금전의 대차계약신고서** | |

| | | |
|---|---|---|
| ④<br>신<br>고<br>인 | 상호 및 대표자 성명 | 유정씨앤씨(주) 대표이사 신민호<br>(또는 유정씨앤씨(주)의 대리인 이성준)　인 |
| | 주 소 ( 소 재 지 ) | 서울시 강남구 언주로 723번지<br>(전화번호 : 123-4567 )<br>(E-mail : custra@naver.com) |
| | 업 종 ( 직 업 ) | 무역업 |
| 신<br>고<br>내<br>역 | ⑧ 차　　　주 | ABC Co. Ltd.<br>(□기관투자가 ■일반법인 □개인 □기타( )) |
| | ⑧ 대　　　주 | 유정씨앤씨(주)<br>(□기관투자가 ■일반법인 □개인 □기타( )) |
| | ⓒ통 화 및 금 액 | □표시통화( ❶USD ②EUR ③JPY ④기타통화( )) <br>□금　액( US＄500,000 -　　　　　　　　　　　　　　 )<br>■외화(❶미화 1천만달러 이하 ②미화 1천만달러 초과)<br>□원화(①10억원 이하 ②억원 초과) |
| | ⑩ 차 입 / 대 출 일 | 2018년 7월 1일 |
| | ⑥ 적 용 금 리 | Libor+200bp |
| | ⑥ 대 차 기 간 | 2018년 7월 1일에서 2018년 12월 31일(6개월) |
| | ⑥ 사 용 용 도 | 운영자금 |
| | ⑪ 상 환 방 법 | 만기일 일시상환 |
| | ① 거주자의 보증 또는<br>담보유무 | ■보증·담보 없음 □보증제공 □담보제공 |

외국환거래법 제18조의 규정에 의하여 위와 같이 신고합니다.

2018년 6월 30일

기획재정부장관(한국은행총재 또는 외국환은행장) 귀하

| | |
|---|---|
| 신 고 번 호 | |
| 신 고 금 액 | |
| 신 고 일 자 | |
| 유 효 기 간 | |
| 기 타 참 고 사 항 | |
| 신 고 기 관 : | |

\* 음영부분은 기재하지 마십시오. 210㎜×297㎜

ⓙ 〈첨부서류〉 1. 거래 사유서 2. 금전대차 계약서
　　　　　　 3. 대주 및 차주의 실체확인서류(법인등기부등본, 사업자등록증, 주민등록등본 등)
　　　　　　 4. 보증 또는 담보 제공시 해당 신고서
　　　　　　 5. 기타 신고기관의 장이 필요하다고 인정하는 서류

**작성요령**

ⓐ **신고인**
　- 개인의 경우는 신고인의 성명을 기재하고 서명 또는 날인, 법인의 경우는 상호와 대표이
　　사명을 기재하고 법인 인감을 날인한다. 만약 대리인이 신고하는 경우에는 '유정씨앤씨
　　(주)의 대리인 이성준'이라고 기재하고 대리인 이성준이 날인 또는 서명한다.

ⓑ **차주 및 대주**
　- 차주 및 대주는 각각 기관투자가*, 일반법인, 개인으로 구분하여 표시하고 기타의 경우 (　)
　　내에 별도로 기재한다.
　　* 기관투자가 : 외국환은행, 종합금융회사, 증권회사, 자산운용회사·투자회사, 보험사업자 등

ⓒ **통화 및 금액**
　- 통화 및 금액은 실제 표시통화를 USD, EUR, JPY로 구분하여 표시하고 기타 통화는
　　표시통화 (　)내에 직접 기재. 차입통화가 USD가 아닌 경우에는 차입통화의 차입일 현
　　재의 USD환산액을 금액 (　)내에 직접 표시한다.(환산시에는 차입일 현재 외국환중개회
　　사가 고시하는 매매기준율을 적용)
　- 외화는 미화 1천만달러 이하인 경우, 미화 1천만달러 초과인 경우로 나누어 표시하고,
　　원화는 10억원 이하인 경우, 10억원 초과인 경우로 나누어 표시한다.

ⓓ **차입/대출일**
　- 차입/대출일은 계약서상 차주에게 자금이 입금되는 날짜를 기재한다.

ⓔ **적용금리**
　- 적용금리는 계약서상 표시금리로서 고정금리의 경우는 연율로 기재하고 변동금리는 3개
　　월 Libor에 스프레드를 가감하는 방식으로 기재한다.

ⓕ **대차기간**
　- 금전차입 기간을 기재한다.

ⓖ **사용용도**
　- 차입자금의 사용용도를 기재한다.

Ⓗ **상환방법**

- 차입자금 상환방법을 '만기일 일시상환', '3회 분할상환' 등으로 기재

Ⓘ **거주자의 보증 또는 담보유무**

- 금전차입에 대하여 거주자의 보증 또는 담보가 있는 경우에 표시한다.

Ⓙ **첨부서류**

- 사유서 : 특별한 양식은 없으며 A4 용지 1매 정도 분량으로 해당 신청 사유를 정확하고 상세하게 기재한다.
- 대주 및 차주의 실체확인서류(법인등기부등본, 사업자등록증, 주민등록등본 등)
- 보증 또는 담보 제공시 해당 신고서 : 거주자의 보증 또는 담보 제공이 있는 경우 해당 신고서 첨부
- 기타 신고기관의 장이 필요하다고 인정하는 서류 : 신고사실의 확인을 위해 신고기관이 요청하는 서류

## 4) 차입자금 사후 관리

### ① 차입자금 신고용도 사용의무

외화를 차입한 거주자는 조달한 외화자금을 지정거래외국환은행에 개설된 거주자계정에 예치한 후 신고시 명기한 용도로 사용하여야 한다. 다만, 경상거래대금의 대외지급, 해외직접투자를 위해 조달한 자금은 국내에 본점을 둔 외국환은행의 해외지점·현지법인 또는 외국 금융기관에 예치 후 지급하거나 비거주자에게 직접 지급할 수 있으며, 외화증권발행에 의하여 조달한 자금은 국내에 본점을 둔 외국환은행의 해외지점·현지법인에 예치할 수 있다(정 7-14-8).

### ② 차입자의 현황 보고의무

경상거래대금의 대외지급, 해외직접투자를 위해 조달한 자금을 국내에 본점을 둔 외국환은행의 해외지점·현지법인 또는 외국 금융기관에 예치 후 지급하거나 비거주자에게 직접 지급한 자, 외화증권발행에 의하여 조달한 자금은 국내에 본점을 둔 외국환은행의 해외지점·현지법인에 예치한 자는 동 계정의 예치·인출 및 상환상황을 지정거래외국환은행의 장에게 보고하여야 한다(정 7-14-9).

### 5) 지정거래외국환은행장/한국은행총재의 보고의무

지정거래외국환은행의 장은 매분기 거주자계정 또는 외화예금계정의 예치·인출 및 상환상황을 한국은행총재에게 보고하여야 하며, 한국은행총재는 이를 종합하여 다음 분기 첫째 달 20일 이내에 기획재정부장관에게 보고하여야 한다.

한국은행총재는 비거주자에 대한 대출 신고 중 법인이 아닌 거주자의 비거주자에 대한 대출에 대해서는 동 신고내용을 매월별로 익월 20일까지 국세청장에게 통보하여야 한다.

한국은행총재는 거주자의 비거주자에 대한 대출 신고 중 법인이 아닌 거주자의 비거주자에 대한 대출에 대해서는 동 신고내용을 매월별로 익월 20일까지 국세청장에게 통보하여야 한다(정 7-16-2).

### 6) 기획재정부장관의 지도권한

기획재정부장관은 외화차입신고를 하는 자중 원화조달목적으로 외화자금을 차입한 거주자에 대하여 환율변동위험 방지를 위해 필요한 조치를 취하도록 지도할 수 있다.

### 7) 금전대차 신고내용의 열람

외국환은행의 장 및 한국은행총재는 필요시 외화차입신고내용을 국세청장에게 열람하도록 하여야 한다.

## (2) 채무의 보증계약

### 1) 신고 예외 채무보증거래

다음의 채무의 보증계약에 따른 채권의 발생 등에 관한 거래를 하고자 하는 경우에는 신고를 요하지 아니한다(정 7-17).

〔표 50〕 신고 예외 채무보증거래(정 7 - 17)

| 당사자 | 거래내용 | 신고의무 |
|---|---|---|
| 거주자 | 거주자가 비거주자와 물품의 수출·수입 또는 용역거래를 함에 있어서 보증을 하는 경우 | 없음 |
| 거주자 | 거주자의 수출, 해외건설 및 용역사업 등 외화획득을 위한 국제입찰 또는 계약과 관련한 입찰보증 등을 위하여 비거주자가 보증금을 지급하거나 이에 갈음하는 보증을 함에 있어서 보증 등을 하는 비거주자가 부담하는 채무의 이행을 당해 거주자 또는 계열관계에 있는 거주자가 보증 또는 부담하는 계약을 체결하는 경우 | 없음 |
| 거주자 | 비거주자와 해외건설 및 용역사업, 물품수출거래를 함에 있어 당해 비거주자(입찰대행기관 및 수입대행기관을 포함한다)와 보증 등을 하는 경우 | 없음 |
| 거주자 | 거주자(채권자)와 거주자(채무자)의 거래에 대하여 거주자가 외국통화표시 보증을 하는 경우 | 없음 |
| 거주자 | 거주자의 수출거래와 관련하여 외국의 수입업자가 외국환은행으로부터 역외금융대출을 받음에 있어 당해 거주자가 그 역외금융대출에 대하여 당해 외국환은행에 외국통화표시 보증을 하는 경우[22] | 없음 |
| 국내에 본점을 둔 시설대여회사 | 당해 시설대여회사 현지법인에 대한 외국환은행의 역외금융대출에 대하여 본사의 출자금액 범위 내에서 외국통화표시 보증을 하는 경우 | 없음 |
| 거주자 | 외국환거래규정에 의해 인정된 거래를 함에 따라 비거주자로부터 보증을 받는 경우 | 없음 |
| 거주자 | 자금차입계약에 관하여 거주자가 비거주자에게 보증을 하는 경우 | 없음 |
| 주채무계열 소속 상위 30대 계열 소속 기업체 | 주채무계열 소속 상위 30대 계열기업체의 외화자금차입계약에 관하여 동 계열 소속 다른 기업체가 보증하고자 하는 경우 | 외국환은행의 장 신고 |
| 거주자 | 거주자가 지급(정 4-5~4-7은 제외)을 위한 외국통화표시 보증을 하는 경우 | 없음 |
| 거주자 | 거주자가 인정된 임차계약을 함에 따라 국내의 다른 거주자가 외국통화표시 보증을 하거나 시설대여회사가 외국의 시설대여회사와 국내의 실수요자간의 인정된 시설대여계약에 대하여 외국통화표시 보증을 하는 경우 | 없음 |

---

22) 당해 외국환은행은 수출관련 역외금융대출보증에 관한 보고서를 매분기별로 익월 20일까지 한국은행총재에게 제출하여야 한다.

| 당사자 | 거래내용 | 신고의무 |
|---|---|---|
| 거주자의 계열기업 | 거주자의 약속어음매각과 관련하여 당해 거주자의 계열기업이 외국통화표시 대외보증을 하는 경우 | 없음 |
| 거주자 | 비거주자가 한국은행총재에게 신고하고 외국환은행으로부터 대출을 받음에 있어, 거주자가 보증 또는 담보를 제공하는 경우 | 없음 |
| 거주자 | 해외장내파생상품거래에 필요한 자금의 지급에 갈음하여 비거주자가 지급 또는 보증을 함에 있어서 지급 또는 보증을 하는 비거주자가 부담하는 채무의 이행을 당해 거주자 또는 당해 거주자의 계열기업이 보증 또는 부담하는 계약을 체결하는 경우 | 없음 |
| 거주자 | 파생상품거래에 관하여 거주자가 비거주자에게 보증을 하는 경우 | 없음 |
| 국민인 거주자 | 국민인 거주자와 국민인 비거주자 간에 다른 거주자를 위하여 내국통화로 표시되고 지급되는 채무의 보증계약을 하는 경우 | 없음 |
| 증권금융회사 | 비거주자에게 보증하는 경우 | 없음 |

## 2) 신고 대상 채무보증거래

다음의 채무의 보증계약에 따른 채권의 발생 등에 관한 거래를 하고자 하는 경우에는 외국환은행의 장이나 한국은행총재에게 신고하여야 한다(정 7-18).

〔표 51〕 신고 대상 채무보증거래(정 7-18)

| 당사자 | 거래내용 | 신고의무 |
|---|---|---|
| 거주자 | 거주자와 비거주자의 거래 또는 비거주자 간 거래에 관하여 거주자가 채권자인 거주자 또는 비거주자와 채무의 보증계약에 따른 채권의 발생 등에 관한 거래를 하고자 하는 경우 | 한국은행총재에게 신고 |
| 국내에 본점을 둔 투자매매업자·투자중개업자 | 당해 투자매매업자·투자중개업자 현지법인의 인정된 업무에 수반되는 현지차입에 대하여 보증을 하는 경우[23] | 외국환은행의 장 신고 |
| 거주자 또는 계열관계에 있는 거주자 | 거주자의 현지법인이 외국의 시설대여회사로부터 인정된 사업수행에 필요한 시설재를 임차함에 있어서 당해 현지법인이 부담하는 채무의 이행을 당해 거주자 또는 계열관계에 있는 거주자가 보증하는 경우 | 외국환은행의 장 신고 |

---

23) 보증금액은 당해 현지법인에 대한 거주자의 출자금액의 300% 이내에 한한다.

| 당사자 | 거래내용 | 신고의무 |
|---|---|---|
| 국내에 본점을 둔 시설대여회사 | 당해 시설대여회사 현지법인의 인정된 업무에 수반되는 현지차입에 대하여 본사의 출자금액 범위 내에서 보증을 하는 경우 | 외국환은행의 장 신고 |
| 주채무계열 소속 상위 30대 계열 소속 기업체 | 주채무계열 소속 상위 30대 계열기업체의 상환기간이 1년을 초과하는 장기외화자금차입계약과 관련하여 동 계열 소속 다른 기업체가 보증하고자 하는 경우 | 보증하고자 하는 자가 차입자의 지정거래외국환은행의 장에게 신고 |
| 거주자 또는 당해 여신을 받는 비거주자 | 교포 등에 대한 여신과 관련하여 거주자 또는 당해 여신을 받는 비거주자가 국내에 있는 금융기관에 미화 20만불 이내에서 원리금의 상환을 보증하고자 하는 경우[24] | 지정거래외국환은행의 장에게 신고 |
| 보증 제공자 | 보증을 제공한 자가 대지급을 하고자 하는 경우 | 지정거래외국환은행을 통한 송금[25] |

---

24) 이 경우 거래외국환은행의 지정은 여신을 받는 자의 명의로 하고, 해외에서도 하나의 외국환은행해외지점 또는 현지법인금융기관 등을 거래금융기관으로 지정하여야 한다.

25) 외국환은행이 대지급하는 경우에는 지정거래외국환은행을 통하지 아니하고 송금할 수 있다.

┤ 거래사례 1 ├

유정씨앤씨(주)는 거래회사인 Ganada Company가 외국소재 금융기관인 ABC Bank와 체결한 선물환 계약의 이행을 보증하기 위해 한국은행에 보증계약 신고를 하는 사례(자료출처 : 한국은행 외국환거래 신고 편람 2007.1. p.100~104의 내용을 필자가 일부수정)

**【보증계약신고서】**

〔별지 제7-3호 서식〕

| | | 보 증 계 약 신 고 서 | 처리기간 |
|---|---|---|---|
| | | | |
| Ⓐ 신고인 | 상호 및 대표자 성명 | 유정씨앤씨 (주) 대표이사 신민호<br>(또는 유정씨앤씨 (주) 의 대리인 이성준) 인 | |
| | 주 소 ( 소 재 지 ) | 서울시 강남구 언주로 723번지<br>(전화번호 : 123-4567)<br>(E-mail : custra@naver.com) | |
| | 업 종 ( 직 업 ) | 무역업 | |
| 신고내역 | Ⓑ 보 증 채 권 자 | ABC Bank (□거주자/■비거주자) | |
| | Ⓒ 보 증 채 무 자 | 유정씨앤씨(주) (■거주자/□비거주자) | |
| | Ⓓ 보 증 수 혜 자 | Ganada Company (□거주자/■비거주자) | |
| | Ⓔ 보 증 금 액 | ₩500,000,000- | |
| | Ⓕ 보 증 기 간 | 2018.7.31 - 2021.7.30 | |
| | Ⓖ 보 증 용 도 | □주채무계열소속 30대 계열기업체의 단기외화차입에 대한 보증<br>■비거주자 간 거래에 대한 보증<br>□역외금융회사의 거래 및 채무이행에 관한 직·간접적 보증<br>□기타( ) | |
| | Ⓗ 상 환 방 법 | 현금상환 | |

외국환거래법 제18조의 규정에 의하여 위와 같이 신고합니다.

2018년 6월 30일

한국은행총재(외국환은행장) 귀하

| | |
|---|---|
| 신 고 번 호 | |
| 신 고 금 액 | |
| 신 고 일 자 | |
| 유 효 기 간 | |
| 기 타 참 고 사 항 | |
| 신 고 기 관 : | |

\* 음영부분은 기재하지 마십시오. 210㎜×297㎜

①〈첨부서류〉 1. 보증 사유서 2. 보증관련 계약서
　　　　　　　3. 신고인 및 거래관계인의 실체확인서류(법인등기부등본, 사업자등록증 등)
　　　　　　　4. 보증채무 이행에 따른 구상채권 회수방안
　　　　　　　5. 기타 신고기관의 장이 필요하다고 인정하는 서류

## 작성요령

Ⓐ **신고인**

- 개인의 경우는 신고인의 성명을 기재하고 서명 또는 날인. 법인의 경우는 상호와 대표이사명을 기재하고 법인 인감을 날인한다. 만약 대리인이 신고하는 경우에는 '유정씨앤씨(주)의 대리인 이성준'이라고 기재하고 대리인 이성준이 날인 또는 서명한다.

Ⓑ **보증채권자**

- 보증계약상 채권자로 설정되어 있는 자를 기재하며 위의 경우는 ABC Bank가 유정씨앤씨(주)에게 보증계약상의 채무이행을 요구할 수 있으므로 보증채권자가 된다.
- '거주자/비거주자' 구분에 해당 거주성을 표기하며 위의 경우는 '비거주자'

Ⓒ **보증채무자**

- 보증계약상 채무자로 설정되어 있는 자를 기재하며 위의 경우는 유정씨앤씨(주)가 Ganada Company의 선물계약이행을 ABC Bank에 보증하였으므로 보증채무자가 된다.
- '거주자/비거주자' 구분에 해당 거주성을 표기하며 위의 경우는 '거주자'

Ⓓ **보증수혜자**

- 보증계약상 보증채무자로부터 신용보완을 받는 수혜자이며 위의 경우는 Ganada Company가 이에 해당한다.
- '거주자/비거주자' 구분에 해당 거주성을 표기하며 위의 경우는 '비거주자'

Ⓔ **보증금액**

- 보증계약상 보증채무자의 대지급액 한도를 기재한다.

Ⓕ **보증기간**

- 보증계약상 보증채무자가 보증수혜자를 위하여 보증채권자에게 부담하는 보증계약상 의무의 최대기간을 기재하며 기간을 특정하여야 한다.

Ⓖ **보증용도**

- 보증채무가 발생하게 된 원인 거래를 간략히 기재한다.

Ⓗ **상환방법**

 － 보증수혜자의 의무불이행시 보증채무자의 보증채권자에 대한 대지급방법을 기재한다.

Ⓘ **첨부서류**

 － 보증 사유서 : 특별한 양식은 없으며 A4 용지 1매 내외의 분량으로 해당 신청 사유를 정확하고 상세하게 기재한다.

 － 보증 계약서

 － 신고인 및 거래(계약) 상대방의 실체확인서류 : 개인의 경우에는 신분을 증명할 수 있는 주민등록증이나 여권 또는 운전면허증 사본, 법인의 경우에는 법인등기부등본, 사업자등록증

 　 • 국내기업의 경우에는 법인등기부등본, 해외법인 등의 경우는 이에 준하는 서류(예 : "Certificate of Incorporation" 등)

 　 * 만약 대리인이 신고할 경우에는 동 서류 외에 당해 신고행위에 대한 권한을 위임하는 내용의 위임장(비거주자는 영사관 발행 또는 현지에서 공증받은 위임장)을 추가 제출한다.

 － 보증채무 이행에 따른 구상채권 회수방안 : 보증채무자가 대지급을 할 경우 보증수혜자에 대한 구상채권의 회수 가능성을 확인할 수 있는 보증수혜자의 재무상황 입증서류 등

 － 기타 신고기관의 장이 필요하다고 인정하는 서류 : 사유서에 있는 내용을 증빙할 수 있는 서류로서 주로 적절한 내부의사결정과정을 거쳤는지를 확인할 수 있는 서류(내부품의서, 이사회의사록 등)

---

**│ 거래사례 2 │**

☐ Ganada Corporation은 유정씨앤씨(주)의 미국 내 업체로 미국의 ABC사와 합작투자계약을 체결하였으며 이 과정에서 ABC사는 Ganada Corporation의 투자계약상의 의무이행을 담보(피담보채무액 ₩500,000,000 － )하기 위하여 본사인 유정씨앤씨(주)에 담보제공을 요구하였음

☐ 이에 따라 유정씨앤씨(주)는 ○○은행에 예치되어있는 정기예금을 담보로 제공하고자 한국은행에 담보제공 신고를 한 사례(자료출처 : 한국은행 외국환거래 신고 편람 2007.1. p.105～109의 내용을 필자가 일부수정)

**【담보제공신고서】**

〔별지 제7-9호 서식〕

| | | | 처리기간 |
|---|---|---|---|
| **담 보 제 공 신 고 서** | | | |

| | | | |
|---|---|---|---|
| Ⓐ 신고인 | 상호 및 대표자 성명 | 유정씨앤씨 (주) 대표이사 신민호<br>(또는 유정씨앤씨(주)의 대리인 이성준)　인 | |
| | 주 소(소 재 지) | 서울시 강남구 언주로 723번지<br>　　　　　　　　　　　(전화번호 : 123-4567 )<br>　　　　　　　(E-mail : custra@naver.com) | |
| | 업 종 ( 직 업 ) | 무역업 | |
| 신고내역 | Ⓑ 담 보 제 공 자 | 유정씨앤씨(주)　(■거주자/□비거주자) | |
| | Ⓒ 담 보 취 득 자 | ABC Company　(□거주자/■비거주자) | |
| | Ⓓ 담보제공 수혜자 | Ganada Corporation　(□거주자/■비거주자) | |
| | Ⓔ 담 보 물 종 류 | □부동산 □동산 □증권 ■예금(현금) □기타( ) | |
| | 담 보 소 재 지 | ○○은행 | |
| | 수　　　　　량 | 정기예금 1건 | |
| | Ⓕ 담 보 가 액 | ₩500,000,000- | |
| | Ⓖ 담보 제공기간 | 2018.7.31 ~ 2021.7.30 | |
| | Ⓗ 담보제공 용도 | □주채무계열소속 30대 계열기업체의 단기외화차입에 대한 담보제공<br>■비거주자 간 거래에 대한 담보제공<br>□역외금융회사의 거래 및 채무이행에 관한 직·간접적 담보제공<br>□기타( ) | |

외국환거래법 제18조의 규정에 의하여 위와 같이 신고합니다.

2018년 6월 30일
한국은행총재(외국환은행장) 귀하

| | |
|---|---|
| 신 고 번 호 | |
| 신 고 금 액 | |
| 신 고 일 자 | |
| 유 효 기 간 | |
| 기 타 참고사항 | |
| 신 고 기 관 : | |

* 음영부분은 기재하지 마십시오. 210㎜×297㎜

① 〈첨부서류〉 1. 담보제공 사유서 2. 담보제공 계약서
3. 신고인 및 거래관계인의 실체확인서류(법인등기부등본, 사업자등록증 등)
4. 담보물 입증서류
5. 기타 신고기관의 장이 필요하다고 인정하는 서류

**작성요령**

Ⓐ **신고인**

- 개인의 경우는 신고인의 성명을 기재하고 서명 또는 날인, 법인의 경우는 상호와 대표이사명을 기재하고 법인 인감을 날인한다. 만약 대리인이 신고하는 경우에는 '유정씨앤씨(주)의 대리인 이성준'이라고 기재하고 대리인 이성준이 날인 또는 서명

Ⓑ **담보제공자**

- 담보제공계약상 담보를 제공하는 자의 성명(상호), 주소, 전화번호를 기재하며 위의 경우에는 유정씨앤씨(주)
- '거주자/비거주자' 구분에 해당 거주성을 표기하며 위의 경우는 '거주자'

Ⓒ **담보취득자**

- 담보제공계약상 담보를 취득하는 자의 성명(상호), 주소, 전화번호를 기재하며 위의 경우에는 ABC사
- '거주자/비거주자' 구분에 해당 거주성을 표기하며 위의 경우는 '비거주자'

Ⓓ **담보제공수혜자**

- 담보취득자에게 원인거래에 대한 채무를 부담하는 자의 성명(상호), 주소, 전화번호를 기재하며 위의 경우에는 Ganada Corporation
- '거주자/비거주자' 구분에 해당 거주성을 표기하며 위의 경우는 '비거주자'

Ⓔ **담보물종류**

- 제공되는 담보의 종류를 부동산, 동산, 증권, 예금(현금) 등으로 구분하여 기재하며 제공되는 담보가 여러 종류이거나 다수인 경우에는 '기타(별첨)'으로 기재하고 별첨을 이용하여 그 내역을 구체적으로 기재

Ⓕ **담보가액**

- 담보제공의 원인이 되는 거래의 채무가액(피담보채무가액)을 기재하며 위의 경우에는 ₩500,000,000

Ⓖ **담보제공기간**

- 담보가 제공되는 기간을 표시하며 위의 경우와 같이 기간이 정해져 있는 경우는 그 기간

을 명시한다.

- 만약 담보제공기간이 특정한 사건에 연계되어 있는 경우에는 그러한 내용을 기재한다.("차주가 대출금을 변제 할 때까지" 등)

Ⓗ 담보제공 용도

- 해당하는 용도 구분란에 표기하며 해당사항이 없을 경우 기타의 (  )에 담보제공 용도를 간략히 기재한다.

Ⓘ 첨부서류

- 담보제공 사유서 : 특별한 양식은 없으며 A4 용지 1매 내외의 분량으로 해당 신고 사유를 정확하고 상세하게 기재한다.
- 담보제공 계약서
- 신고인 및 거래(계약) 상대방의 실체확인서류 : 개인의 경우에는 신분을 증명할 수 있는 주민등록증이나 여권 또는 운전면허증 사본, 법인의 경우에는 법인등기부등본, 사업자등록증
  • 국내기업의 경우에는 법인등기부등본, 해외법인 등의 경우는 이에 준하는 서류(예 : "Certificate of Incorporation" 등)
  * 만약 대리인이 신고할 경우에는 동 서류 외에 당해 신고행위에 대한 권한을 위임하는 내용의 위임장(비거주자는 영사관 발행 또는 현지에서 공증받은 위임장)을 추가 제출
- 담보물 입증서류 : 예를 들어 예금이면 통장사본, 부동산이면 부동산 등기부등본 등
- 기타 신고기관의 장이 필요하다고 인정하는 서류 : 사유서에 있는 내용을 증빙할 수 있는 서류로서 주로 적절한 내부 의사결정과정을 거쳤는지를 확인할 수 있는 서류(내부품의서, 이사회의사록 등) 등

## 3) 채무보증 신고내용의 열람

한국은행총재는 필요시 채무보증 신고내용을 국세청장에게 열람하도록 하여야 한다.

## (3) 금전대차 및 보증거래에 대한 실무 사례 및 판례

〔표 52〕 금전대차 및 보증거래에 대한 실무 사례 및 판례

| 실무 사례 및 판례 | 내용 | 신고의무 |
|---|---|---|
| 금전대차계약성립 여부 (대법원 2010.5.27. 선고 2007도10056 판결) | '금전의 대차계약'이 성립하였는지 여부는 계약의 형식이 아닌 계약의 내용으로 판단하여야 할 것인바, 거주자와 비거주자가 대차계약이 아닌 다른 계약의 형식을 빌렸다 하더라도 그 계약 내용이 일방이 금전을 대여하고 타방이 이를 반환하기로 하는 것이라면 이는 위 조항의 '금전의 대차계약'에 해당 | 지정거래외국환은행(또는 한국은행 총재)에 신고 |
| 중계무역 위장 자본거래 신고의무 (대법원 2010.5.27. 선고 2009도4311 판결) | 외관상으로만 중계무역 형식을 취하고 있을 뿐 실질적으로는 자본거래에 해당하는 경우에도 구 외국환거래법 (2008.2.29. 법률 제8863호로 개정되기 전의 것) 제18조 제1항 본문의 '신고의무'의 대상이 된다고 할 것이고, 비록 위 거래과정에서 신용장이 개설되고 외화 차입금이 지정 거래은행에 입금되었다고 하더라도 이를 들어 지정거래 외국환은행의 장에게 신고된 것과 동일시하거나 신고의무가 면제된 것으로 볼 수 없다. | 지정거래외국환은행(또는 한국은행 총재)에 신고 |
| 입찰보증 신고의무 | 칠레 육군의 소구경 탄약 입찰은 칠레 국방부에 등록된 입찰에 초청받은 업체만 가능. 당사는 입찰참가자격이 없어 입찰 참가 자격이 있는 칠레 소재 A 업체를 통해 입찰에 참가할 예정임. A 업체에서 당사의 Back Guarantee 없이는 입찰청으로 Bid bond 를 발급할 수 없다는 입장을 고수하고 있어 당사에서는 A 업체로 Bid bond 를 개설계획 | 없음. |

● 한국은행 질의응답 사례

### 3자 보증 문의

〈질의〉

당사는 서울 소재의 종합상사입니다.

당사가 칠레 육군의 소구경 탄약 입찰 참여를 하는 과정에서 문의사항이 있어서 글을 남깁니다.

동 입찰은 칠레 국방부에 등록된 입찰에 초청받은 업체만 가능하여 당사는 참여가 불가능합니다. 이에 입찰 참가 자격이 있는 칠레 소재 A업체를 통해 입찰에 참가하고자 합니다. 그런데 이 A업체에서 당사의 Back Guarantee 없이는 입찰청으로 Bid bond를 발급할 수 없다는 입장을 고수하고 있어 당사에서는 A업체로 Bid bond를 개설해야 합니다.

이 경우 한국은행 신고가 필요할지, A업체 보증서 개설을 위해 A업체와와 당사가 맺어야하는 계약서나 Consortium agreement 등 어떤 증빙서류가 필요할지 문의드립니다.

〈회신〉

거주자의 수출 등 외화획득을 위한 국제입찰 또는 계약과 관련된 입찰보증 등을 위하여 비거주자가 보증금을 지급하거나 이에 갈음하는 보증을 함에 있어서 부담하는 채무의 이행을 해당 거주자가 보증 또는 부담하는 계약을 체결하는 경우 별도의 보증 신고를 요하지 않습니다(외국환거래규정 제7-17조 7호).

따라서 문의하신 내용처럼 국내업체의 수출계약을 위해 칠레 A업체가 bid bond(입찰보증금)를 발급함에 있어서 국내업체가 보증하는 경우, 외국환거래법상 별도의 신고를 요하지 않습니다.

## 참고판례

3-4. 중계무역을 가장한 금전대차거래

(대법원 2010.5.27. 선고 2009도4311 판결[외국환거래법 위반])

[판시사항]

외관상으로만 중계무역 형식을 취하고 있을 뿐 실질적으로는 자본거래에 해당하는 경우에도 구 외국환거래법 제18조 제1항 본문의 '신고의무'의 대상이 되고, 위 거래과정에서 신용장이 개설되고 외화 차입금이 지정 거래은행에 입금되었다고 하여 이와 달리 볼 수 없다는 이유로, 위 법 위반의 각 범죄사실을 유죄로 인정한 원심판단을 수긍한 사례

[원심판결] 인천지법 2009.5.6. 선고 2009노275 판결

[주 문]

상고를 모두 기각한다.

[이 유]

상고이유를 판단한다.

원심은, 피고인 1이 지정거래 외국환은행의 장에게 신고를 하지 아니하고 2005.12.21.부터 2007.12.18까지 6회에 걸쳐, 사실은 피고인 회사가 싱가포르 소재 ○○사로부터 달러화 및 유로화를 차입하는 것임에도 형식적으로는 위 회사에 콩을 수출하고 그 대금을 수

령하는 것처럼 처리하여 위 회사로부터 판시 기재 선이자를 공제한 달러화와 유로화를 피고인 회사 명의의 계좌로 입금받은 사실을 인정한 다음, 이와 같이 외관상으로만 중계무역 형식을 취하고 있을 뿐 실질적으로는 자본거래에 해당하는 경우에도 구 외국환거래법 (2008.2.29. 법률 제8863호로 개정되기 전의 것) 제18조 제1항 본문의 '신고의무'의 대상이 된다고 할 것이고, 비록 위 거래과정에서 신용장이 개설되고 외화 차입금이 지정 거래은행에 입금되었다고 하더라도 이를 들어 지정거래 외국환은행의 장에게 신고된 것과 동일시하거나 신고의무가 면제된 것으로 볼 수 없다는 이유를 들어, 판시 각 범죄사실을 유죄로 인정한 제1심판결의 결론을 그대로 유지하였다.

관계 법령과 기록에 비추어 살펴보면, 원심의 사실인정 및 판단은 정당하여 수긍이 가고, 거기에 상고이유로 주장하는 바와 같은 채증법칙 위반, 법리오해 등의 위법이 없다.

그러므로 상고를 모두 기각하기로 하여 관여 대법관의 일치된 의견으로 주문과 같이 판결한다.

대법관　신영철(재판장) 박시환 안대희(주심) 차한성

## 3-5. 금전대차계약 성립의 판단기준

(대법원 2010.5.27. 선고 2007도10056 판결[외국환거래법 위반])

### [판시사항]

[1] '수출입거래를 가장한 신용장 개설 방법에 의한 사기죄'와 '분식회계에 의한 재무제표 등을 이용한 신용장 개설 방법에 의한 사기죄'의 죄수 관계

[2] 사기행위로 은행들이 수회에 걸쳐 신용장을 개설하게 하여 각 신용장 대금 상당액의 지급보증을 받은 경우, 특정경제범죄 가중처벌 등에 관한 법률 제3조 제1항에서 정한 '이득액'의 산정 방법

[3] 구 외국환거래법 제18조 제2항 제2호에서 거주자와 비거주자 사이에 '금전의 대차계약'이 성립하였는지 여부의 판단 기준

### [판결요지]

[1] 석유를 수입하는 것처럼 가장하여 신용장 개설은행들로 하여금 신용장을 개설하게 하고 신용장 대금 상당액의 지급을 보증하게 함으로써 동액 상당의 재산상 이익을 취득한 행위는 피해자들인 신용장 개설은행별로 각각 포괄하여 1죄가 성립하고, 분식회계에 의한 재무제표 및 감사보고서 등으로 은행으로 하여금 신용장을 개설하게 하여 신용장 대금 상당액의 지급을 보증하게 함으로써 동액 상당의 재산상 이익을 취득한 행위도 포괄하여 1

죄가 성립한다고 할 것이나, 위와 같이 '가장거래에 의한 사기죄'와 '분식회계에 의한 사기죄'는 범행 방법이 동일하지 않아 그 피해자가 동일하더라도 포괄일죄가 성립한다고 할 수 없다.

[2] 갑 회사의 임원인 피고인들의 사기행위로 신용장 개설은행들이 수회에 걸쳐 신용장을 개설하여 갑 회사가 각 신용장 대금 상당액의 지급보증을 받음으로써 재산상 이익을 취득하였다면, 그 편취범행으로 취득한 재산상 이익의 가액으로 볼 수 있는 신용장 대금의 합계액이 특정경제범죄 가중처벌 등에 관한 법률 제3조 제1항이 정한 이득액이 되는 것이지, 갑 회사가 이후 신용장 대금을 결제하였다고 하여 그 결제한 대금을 공제하여 이득액을 산정해야 하는 것은 아니다.

[3] 구 외국환거래법(2008.2.29. 법률 제8863호로 개정되기 전의 것) 제18조 제2항 제2호에서 거주자와 비거주자 사이에 '금전의 대차계약'이 성립하였는지 여부는 계약의 형식이 아닌 계약의 내용으로 판단하여야 할 것인바, 거주자와 비거주자가 대차계약이 아닌 다른 계약의 형식을 빌렸다 하더라도 그 계약 내용이 일방이 금전을 대여하고 타방이 이를 반환하기로 하는 것이라면 이는 위 조항의 '금전의 대차계약'에 해당한다.

[**원심판결**] 광주고법 2007.11.9. 선고 (전주)2006노66 판결

[**주 문**]

원심판결 중 유죄 부분 및 외국환거래법 위반의 점에 대한 무죄 부분을 파기하고, 이 부분 사건을 광주고등법원에 환송한다. 검사의 나머지 상고를 기각한다.

[**이 유**]

상고이유를 본다.

1. 피고인들의 상고이유에 대한 판단

　　가. 허위 신용장 개설로 인한 특정경제범죄 가중처벌 등에 관한 법률 위반(사기)의 점에 관하여

　　　　원심이 적법하게 조사한 증거 등에 비추어 원심판결을 살펴보면, 원심이 그 판시와 같은 이유를 들어 피고인들이 마치 공소외 주식회사가 석유를 수입하는 것처럼 가장하여 신용장 개설을 의뢰함으로써 신용장 개설은행들을 기망한 행위와 신용장 개설은행들이 신용장을 개설하여 공소외 주식회사의 수입대금을 지급 보증한 행위 사이에 인과관계가 인정된다고 판단한 것과, 신용장 개설은행인 농업협동조합 함열지점의 담당직원들이 공소외 주식회사의 신용장거래가 실제 거래 없이 자금융통을 목

적으로 이루어진 것이라는 사실을 알았다고 보기 어렵다고 판단한 조치는 정당한 것으로 수긍할 수 있고, 거기에 상고이유에서 주장하는 바와 같은 신용장의 독립성·추상성 원칙과 LOI(Letter of Indemnity, 파손화물보상장) 조건부 신용장에 관한 법리오해 및 사기죄의 기망행위와 처분행위 사이의 인과관계에 관한 법리오해, 채증법칙 위반 등의 위법이 없다.

나. 회계분식으로 인한 특정경제범죄 가중처벌 등에 관한 법률 위반(사기)의 점에 관하여

원심이 그 판시와 같은 이유를 들어 신용장 개설은행들이 공소외 주식회사의 자금 사정이 어려워졌다는 사실을 이미 알고 있었다고 볼 수 없다는 이유로 회계분식과 신용장 개설행위 사이에 인과관계가 없다는 피고인들의 주장을 배척한 것도 기록에 비추어 정당하고, 거기에 상고이유에서 주장하는 바와 같은 사기죄의 인과관계에 관한 법리오해, 채증법칙 위반 등의 위법이 없다.

다. 죄수와 이득액에 관하여

사기죄에 있어서 동일한 피해자에 대하여 수회에 걸쳐 기망행위를 하여 금원을 편취한 경우, 그 범의가 단일하고 범행 방법이 동일하다면 사기죄의 포괄일죄만이 성립한다(대법원 2006.2.23. 선고 2005도8645 판결 등 참조).

한편, 사기죄는 기망으로 인한 재물의 교부가 있으면 바로 성립하고, 특정경제범죄 가중처벌 등에 관한 법률 제3조 제1항이 정한 '이득액'이란 거기에 열거된 범죄행위로 인하여 취득하거나 제3자로 하여금 취득하게 한 불법영득의 대상이 된 재물 또는 재산상 이익의 가액이지, 궁극적으로 실현된 이익의 가액이 아니다(대법원 2006.5.26. 선고 2006도1614 판결 등 참조).

위와 같은 법리에 비추어 보면, 피고인들이 공소외 주식회사가 석유를 수입하는 것처럼 가장하여 신용장 개설은행의 직원들을 기망하여 신용장 개설은행들로 하여금 신용장을 개설하게 하고 신용장 대금 상당액의 지급을 보증하게 함으로써 동액 상당의 재산상 이익을 취득한 행위는 피해자들인 신용장 개설은행별로 각각 포괄하여 1죄가 성립하고, 분식회계에 의한 재무제표 및 감사보고서 등으로 농업협동조합 함열지점의 직원들을 기망하여 위 농협으로 하여금 신용장을 개설하게 하여 신용장 대금 상당액의 지급을 보증하게 함으로써 동액 상당의 재산상 이익을 취득한 행위도 포괄하여 1죄가 성립한다고 할 것이나, 위와 같이 가장거래에 의한 사기죄와 분식회계에 의한 사기죄는 범행 방법이 동일하지 않아 그 피해자가 동일하더라도 포괄일죄가 성립한다고 할 수 없다.

또한, 피고인들의 사기행위로 신용장 개설은행들이 수회에 걸쳐 신용장을 개설하여

공소외 주식회사가 각 신용장 대금 상당액의 지급보증을 받음으로써 재산상 이익을 취득하였다면, 그 편취범행으로 취득한 재산상 이익의 가액으로 볼 수 있는 신용장 대금의 합계액이 특정경제범죄 가중처벌 등에 관한 법률 제3조 제1항이 정한 이득액이 되는 것이지, 공소외 주식회사가 이후 신용장 대금을 결제하였다고 하여 그 결제한 대금을 공제하여 이득액을 산정해야 하는 것은 아니다.

같은 취지의 원심의 판단은 정당하고, 거기에 상고이유에서 주장하는 것과 같은 포괄일죄에 관한 법리오해, 특정경제범죄 가중처벌 등에 관한 법률 제3조 제1항 소정의 이득액에 관한 법리오해 등의 위법이 없다.

## 2. 검사의 상고이유에 대한 판단

### 가. 외국환거래법 위반의 점에 관하여

**구 외국환거래법(2008.2.29. 법률 제8863호로 개정되기 전의 것, 이하 같다) 제27조 제1항 제10호는 제18조 제2항에 의한 허가를 받지 아니하고 자본거래를 한 자를 처벌하도록 규정하고 있고, 제18조 제2항 제2호는 거주자와 비거주자 간의 금전의 대차계약에 따른 채권의 발생·변경·소멸에 관한 거래를 하고자 하는 자는 재정경제부장관의 허가를 받도록 규정하고 있다. 여기서 거주자와 비거주자 사이에 '금전의 대차계약'이 성립하였는지 여부는 계약의 형식이 아닌 계약의 내용으로 판단하여야 할 것인바, 거주자와 비거주자가 대차계약이 아닌 다른 계약의 형식을 빌렸다 하더라도 그 계약 내용이 일방이 금전을 대여하고 타방이 이를 반환하기로 하는 것이라면 이는 구 외국환거래법 제18조 제2항 소정의 '금전의 대차계약'에 해당한다고 할 것이다.**

원심판결 이유 및 원심이 적법하게 채택한 증거에 의하면, 피고인들은 외국회사와 사이에 공소외 주식회사가 외국회사로부터 실제 수입하지 않은 석유를 수입하고 이를 다시 수출하는 것처럼 중계무역을 가장하여 가공의 신용장을 개설한 다음 신용장거래 방식을 이용하여 자금을 차입하기로 한 사실, 이에 따라 피고인들은 공소외 주식회사가 외국회사로부터 실제 수입하지 않은 석유를 수입하고 이를 다시 수출하는 것처럼 관련 서류를 작성하여 공소외 주식회사의 거래 국내 금융기관인 농업협동조합 함열지점, 한국산업은행, 국민은행, 신한은행 등으로 하여금 외국회사를 수익자로 한 수입신용장을 개설하게 하여 외국회사에 이를 송부하였고, 외국회사 역시 자신의 거래 외국 금융기관으로 하여금 공소외 주식회사를 수익자로 한 수출신용장을 개설하게 하여 공소외 주식회사에 이를 송부한 사실, 공소외 주식회사는 송부받은 수출신용장을 국내 금융기관인 농업협동조합 함열지점에 매입의뢰하여 위

농협으로부터 수출신용장 대금을 지급받음으로써 자금을 차입하였고, 수출신용장의 개설의뢰인인 외국회사는 위 수출신용장 대금을 정상적으로 결제하여 위 농협이 그 지급한 수출신용장 대금을 상환받은 사실, 한편, 수입신용장을 송부받은 외국회사는 공소외 주식회사와의 약정에 따라 송부일로부터 3개월여 후에 외국 금융기관에 매입을 의뢰하여 외국 금융기관으로부터 수입신용장 대금을 지급받았는데, 공소외 주식회사는 위 수입신용장 대금을 결제함으로써 앞서 차입한 자금을 상환하는 한편, 외국회사가 매입의뢰를 연기해 준 데 대한 대가로 이자 명목의 금원을 외국회사에 지급한 사실(수입처인 외국회사와 수출처인 외국회사가 다른 이른바 삼자간 무역 거래의 경우에는 수출처인 외국회사가 수출신용장 대금을 결제하기 위하여 부담하였던 자금을 수입처인 외국회사로부터 회수하고, 수입처인 외국회사가 이를 공소외 주식회사로부터 상환받는 구조를 취함), 이와 같은 방식에 의한 공소외 주식회사의 자금 차입 및 상환은 별지 [범죄일람표(2)] 기재와 같이 수십 차례에 걸쳐 이루어진 사실을 알 수 있다.

위 인정 사실과 같이, **공소외 주식회사의 자금 차입 및 상환이 모두 국내 금융기관에서 이루어지기는 했지만, 공소외 주식회사가 국내 금융기관으로부터 지급받은 수출신용장 대금은 결국 그 개설의뢰인인 외국회사의 부담으로 제공된 것이고, 공소외 주식회사가 외국회사를 위하여 개설하여 준 수입신용장은 외국회사에 대하여 자금 회수의 담보적 기능을 수행한 점, 공소외 주식회사가 외국회사에 지급한 이자 명목의 금원은 공소외 주식회사가 수출신용장 대금을 지급받아 자금을 차입하고 그 차입금을 상당 기간이 경과한 후에 상환한 데 따른 대가로 지급된 것으로서 금전대차의 대가로 볼 수 있는 점, 국내 금융기관은 수입신용장의 개설은행으로서 그 대금의 지급을 보증한 것에 불과한 점, 이 사건 자금의 차입에 따른 실질적·최종적인 정산은 공소외 주식회사와 외국회사 사이에서 이루어지는 것으로 이는 이들 사이의 약정에 따른 것인 점 등을 종합하여 보면, 공소외 주식회사는 비록 중계무역 및 신용장거래의 형식을 취하기는 하였지만 실질적으로는 외국회사로부터 자금을 차용하고 이를 3개월여 후에 변제하기로 한 것으로서 공소외 주식회사와 외국회사 사이에는 금전의 대차관계가 존재하고, 따라서 이 사건 자금의 차입 및 상환은 거주자인 공소외 주식회사와 비거주자인 외국회사 사이의 금전 대차계약에 따른 거래에 해당하여 구 외국환거래법 제18조 제2항의 규제 대상이 된다고 할 것이다.**

이와 달리, 공소외 주식회사가 국내 개설은행으로부터 자금을 차용하고 그 자금을 상환한 것으로 보아 거주자와 비거주자 간의 금전의 대차계약에 따른 거래에 해당하지 않는다고 한 원심의 판단에는 구 외국환거래법상 금전의 대차계약에 관한 법리를 오해한 위법이 있고, 이는 판결 결과에 영향을 미쳤음이 분명하다. 이 점을 지적하는 상고이유는 이유 있다.

나. 회계분식으로 인한 특정경제범죄 가중처벌 등에 관한 법률 위반(사기)의 점에 관하여

원심이 적법하게 조사한 증거 등에 비추어 원심판결을 살펴보면, 원심이 그 판시와 같은 이유로 한국산업은행이 허위 작성된 2003회계연도 재무제표 등에 기망당하여 신용장을 개설한 것이 아니라고 판단한 것은 정당한 것으로 수긍할 수 있고, 거기에 상고이유에서 주장하는 바와 같은 특정경제범죄 가중처벌 등에 관한 법률에 관한 법리오해, 채증법칙 위반 등의 위법이 없다.

## 3. 결 론

그러므로 원심판결 중 외국환거래법 위반의 점에 대한 무죄 부분은 파기되어야 하는데 원심판결 중 유죄 부분은 위 파기 부분과 형법 제37조 전단의 경합범 관계에 있어 하나의 형이 선고되어야 하므로 함께 파기될 수밖에 없어 원심판결 중 유죄 부분과 외국환거래법 위반의 점에 대한 무죄 부분을 파기하고, 이 부분 사건을 다시 심리·판단하게 하기 위하여 원심법원에 환송하며, 검사의 나머지 상고를 기각하기로 하여 관여 대법관의 일치된 의견으로 주문과 같이 판결한다.

대법관  양승태(재판장) 김지형 전수안(주심) 양창수

### 3-6. 금전대차행위의 판단기준

(대법원 2004.4.23. 선고 2002도2518 판결[외국환관리법 위반])

**[판시사항]**

[1] 도박죄를 처벌하지 않는 외국 카지노에서의 도박행위의 위법성 여부(적극)

[2] 구 외국환관리법 제21조 제1항 제1호에 규정한 '금전의 대차'에 해당하는지의 판단기준

[3] 외국 호텔의 카지노에서 신용으로 도박을 하기 위하여 호텔로부터 현금 대신 '칩'을 교부받은 행위가 구 외국환관리법에 규정한 금전의 대차에 해당한다고 한 사례

**[판결요지]**

[1] 형법 제3조는 "본법은 대한민국 영역 외에서 죄를 범한 내국인에게 적용한다."고 하여 형법의 적용 범위에 관한 속인주의를 규정하고 있고, 또한 국가 정책적 견지에서 도박죄의 보호법익보다 좀 더 높은 국가이익을 위하여 예외적으로 내국인의 출입을 허용하는

폐광지역개발지원에관한특별법 등에 따라 카지노에 출입하는 것은 법령에 의한 행위로 위법성이 조각된다고 할 것이나, 도박죄를 처벌하지 않는 외국 카지노에서의 도박이라는 사정만으로 그 위법성이 조각된다고 할 수 없다.

[2] 구 외국환관리법(1998.9.16. 법률 제5550호 외국환거래법 부칙 제3조로 폐지) 제21조 제1항 제1호에 규정한 '금전의 대차'에 해당하는지를 판단함에 있어서는 당사자가 현실적으로 교부받은 물건의 종류만에 의하여 결정할 것이 아니라 당사자의 의사 등까지도 종합하여 판단하여야 한다.

[3] 외국 호텔의 카지노에서 신용으로 도박을 하기 위하여 호텔로부터 현금 대신 '칩'을 교부받은 것이 실질적으로는 금전을 차용하고, 그 금전에 갈음하여 '칩'을 받거나, 차용한 금전을 '칩'으로 교환하여 받은 것으로서 구 외국환관리법(1998.9.16. 법률 제5550호 외국환거래법 부칙 제3조로 폐지)에 규정한 금전의 대차에 해당한다고 한 사례.

**[원심판결]** 서울지법 2002.5.1. 선고 98노491 판결

**[주 문]**

원심판결을 파기하고, 사건을 서울중앙지방법원 합의부로 환송한다.

**[이 유]**

1. 피고인의 상고이유에 대한 판단

　가. 외국환관리법 위반의 부분에 관하여

　(1) 원심은, 그 채용 증거들을 종합하여 피고인이 재정경제원장관의 허가를 받지 아니하고, 미국에서 최로라로부터 1997.3.15.경과 1997.3.19. 각 2만 달러씩 합계 4만 달러를 차용함으로써 거주자와 비거주자 사이의 금전의 대차계약에 따른 채권의 발생에 관한 거래의 당사자가 되었다고 판단하여 이 부분 공소사실을 유죄로 인정하였는바, 기록에 비추어 살펴보면, 원심의 증거의 취사선택과 사실인정은 정당하고, 거기에 심리를 다하지 아니하거나 증거의 취사선택을 잘못하여 사실을 오인한 위법이 있다고 할 수 없다.

　(2) 기록에 의하면, 외국환관리법 위반의 공소사실 중 피고인이 공소외 최로라로부터 1997.3.14.경 8만 4천 달러를 빌렸다는 범죄사실과 원심에서 그 중 1997.3.15.경과 1997.3.19.경 각 2만 달러씩을 빌렸다고 인정한 범죄사실은 일시만 약간 달리할 뿐 기본적 사실관계가 동일하고, 그 심리과정에 비추어 피고인의 방어권 행사에 실질적 불이익을 초래할 염려가 없어 공소장변경 없이도 이를 유죄로 인정할 수 있다

할 것이므로, 원심이 공소장변경 없이 이를 유죄로 인정한 것은 옳고, 거기에 상고이유로 든 주장과 같은 잘못은 없다.

나. 카지노에서의 도박에 대한 위법성에 관하여

형법 제3조는 "본법은 대한민국 영역 외에서 죄를 범한 내국인에게 적용한다."고 하여 형법의 적용 범위에 관한 속인주의를 규정하고 있고, 또한 국가 정책적 견지에서 도박죄의 보호법익보다 좀 더 높은 국가이익을 위하여 예외적으로 내국인의 출입을 허용하는 폐광지역개발지원에관한특별법 등에 따라 카지노에 출입하는 것은 법령에 의한 행위로 위법성이 조각된다고 할 것이나, 도박죄를 처벌하지 않는 외국 카지노에서의 도박이라는 사정만으로 그 위법성이 조각된다고 할 수 없으므로, 원심이, 피고인이 상습으로 1996.9.19.부터 1997.8.25.경까지 사이에 판시와 같이 미국의 네바다주에 있는 미라지호텔 카지노에서 도박하였다는 공소사실에 대하여 유죄를 인정한 것도 정당하고, 거기에 상고이유로 주장하는 바와 같이 도박죄의 위법성 조각에 관한 법리오해 등의 위법이 있다고 할 수 없다.

2. 검사의 상고이유에 대한 판단

금전의 대차로 인한 외국환관리법 위반의 공소사실 중 무죄 부분에 관하여

가. 구 외국환관리법(1998.9.16. 법률 제5550호 외국환거래법 부칙 제3조로 폐지됨, 이하 같음) 제30조 제1항 제9호는 제21조 제2항의 규정에 의한 허가를 받지 아니하고, 자본거래를 한 자를 처벌하고, 제21조 제2항은 같은 조 제1항 제1호에서 정한 거주자와 비거주자 간의 예금계약, 신탁계약, 금전의 대차계약, 채무의 보증계약 또는 대외지급수단이나 채권의 매매계약에 따른 채권의 발생·변경 또는 소멸에 관한 거래의 당사자가 되고자 하는 경우에는 재정경제원장관의 허가를 받도록 규정하고 있다.

나. 원심은, 피고인이 별지(1) 범죄일람표 순번 4의 8만 4천 달러 중 4만 달러를 제외한 나머지 각 금액을 최로라나 정새미용으로부터 미국 화폐로 차용하였다는 외국환관리법 위반의 공소사실에 대하여, 이를 인정할 증거가 부족하고, 피고인은 최로라나 정새미용이 마케팅 책임자로 있는 호텔로부터 위 범죄일람표 기재 각 금액 상당의 '칩'을 차용하였다고 사실을 인정한 다음, '칩'을 차용한 것은 구 외국환관리법상 금전의 대차에 해당한다고 볼 수 없고, 이러한 행위가 구 외국환관리법 제21조 제1항 제1호의 다른 거래에 해당하지도 아니하므로, 피고인이 이에 관한 허가를 받지 아니하였다고 하더라도 이는 범죄로 되지 아니하거나 범죄사실의 증명이 없는 경우에 해당하여 무죄라고 판단하였다.

다. 그러나 원심의 위와 같은 판단은 다음과 같은 이유에서 수긍하기 어렵다.

구 외국환관리법 제21조 제1항 제1호에 규정한 '금전의 대차'에 해당하는지를 판단함에 있어서는 당사자가 현실적으로 교부받은 물건의 종류만에 의하여 결정할 것이 아니라 당사자의 의사 등까지도 종합하여 판단하여야 할 것이다.

기록에 비추어 살펴보면, 미라지호텔 등의 카지노에서 신용으로 도박을 하기 위하여는 미리 호텔과 차용 한도를 정하고, 그 한도 내에서 호텔로부터 현금 대신 '칩'을 받으면서 미화로 금액을 기재한 마커(marker)라는 것을 작성하여 호텔에 교부하고 이 '칩'을 이용하여 도박을 한다는 것이어서 '칩'은 카지노에서 도박을 함에 있어 현금 대신에 사용되는 증표이므로, 피고인이 호텔로부터 '칩'을 교부받는 것은 금전을 대차하고, 그 금전에 갈음하여 '칩'을 교부받는 것으로 보는 것이 당사자의 의사에도 맞고, 합리적인 해석이라고 할 것이다.

그렇다면 피고인의 행위를 단순히 카지노에서 사용되는 '칩'을 빌린 것으로 볼 것이 아니라, 실질적으로는 피고인이 위 호텔들로부터 금전을 차용하고, 그 금전에 갈음하여 '칩'을 받거나, 차용한 금전을 '칩'으로 교환하여 받은 것으로 보아야 할 것이다. 이와 달리 원심이, 피고인이 차용한 금전 대신에 현실적으로 교부받은 '칩'을 소비대차의 목적물로 단정하고, '칩'이 금전에 해당하지 않는다는 이유만으로 피고인의 행위가 구 외국환관리법에 규정한 금전의 대차에 해당하지 않는다고 판단한 것은 심리를 다하지 아니하였거나, 피고인과 위 호텔들 사이에 이루어진 거래의 의미를 오해하여 판결에 영향을 미친 잘못을 저지른 것이다.

검사의 이 부분에 관한 상고이유의 주장은 이유 있다.

3. 그러므로 원심판결의 무죄 부분은 검사의 나머지 상고이유를 판단할 필요 없이 파기되어야 할 것인바, 이 부분 범죄사실과 원심판결의 유죄 부분은 형법 제37조 전단의 경합범 관계에 있어 하나의 형이 선고되어야 할 것이므로 원심판결 전부를 파기하고, 사건을 다시 심리·판단하게 하기 위하여 원심법원에 환송하기로 하여 관여 대법관의 일치된 의견으로 주문과 같이 판결한다.

대법관    김용담(재판장) 배기원 이강국(주심)


3-7. 공소장 변경없는 신고의무의 내용변경

(대법원 1999.12.21. 선고 99도2923 판결[외국환관리법 위반])

[판시사항]

구 외국환관리법 제21조 제1항 제1호 소정의 '대외지급수단의 매매계약'의 당사자가 된 것으로 기소되었으나, 심리한 결과 '달러'를 차용하는 내용의 금전대차계약만을 체결한 다음 그 가액 상당의 '칩'을 교부받은 사실만 인정되는 경우, 법원은 공소장변경 없이 같은 조 소정의 '금전의 대차계약'의 당사자로 된 것으로 인정할 수 있다고 한 사례

[판결요지]

구 외국환관리법 제21조 제1항 제1호 소정의 '대외지급수단의 매매계약'의 당사자가 된 것으로 기소되었으나, 심리한 결과 '달러'를 차용하는 내용의 금전대차계약만을 체결한 다음 그 가액 상당의 '칩'을 교부받은 사실만 인정되는 경우, 법원은 공소장변경 없이 같은 조 소정의 '금전의 대차계약'의 당사자로 된 것으로 인정할 수 있다고 한 사례.

[원심판결] 대구지법 1999.6.15. 선고 99노157 판결

[주 문]

상고를 기각한다.

[이 유]

상고이유를 본다.

1. 관계 증거를 기록에 비추어 살펴보면, 원심이, 구 외국환관리법(1999.4.1. 법률 제5550 호 외국환거래법의 시행으로 폐지되기 전의 것, 이하 법이라고 한다) 제33조에 의한 추징이 문제가 된 이 사건 외국환관리법 위반의 범죄사실(원심이 인용한 제1심판결 판시 제1의 나항 각 범죄사실 및 제4의 나항 각 범죄사실)에 관하여, 피고인들이 허가를 받지 아니하고 법 제21조 소정의 자본거래의 당사자가 되어 취득한 것이 '달러'가 아닌 카지노에서 사용되는 '칩'이라고 인정한 조치는 수긍이 가고, 거기에 채증법칙 위배의 위법이 있다고 할 수 없다.

2. 원심판결 이유에 의하면, 원심은, 위 추징이 문제가 된 이 사건 외국환관리법 위반의 공소사실에 관하여, 피고인들이 일명 김 회장과 사이에 '달러'를 차용하는 내용의 금전 대차계약만을 체결한 다음 김 회장으로부터 그 가액 상당의 '칩'을 교부받았다고 인정하고 있고(원심은 제1심판결을 파기하고 자판을 하면서 그 범죄사실을 판시함에 있어 이 부분 공소사실을 그대로 인정한 제1심판결 판시 범죄사실을 만연히 인용함으로써 피고인들이 '달러'를 교부받았거나 일부 대외지급수단의 매매계약의 당사자가 된 것으로 잘못 판시를 한 셈이 되나, 이는 원심의 위 사실인정에 비추어 착오에 기인한 것임이 명백하다), 피고인들이 이 부분 공소사실에 관하여 자신들은 금전대차계약의 당사자라고 주장하는 이 사건에 있어서, 이 부분 공소사실 중 피고인들이 법 제21조 제1항 제1호 소정의 '대외지급수단의 매매계약'의 당사자가 된 것이라고 기소된 공소사실{피고인

석광식에 대한 공소사실 나항 (1)의 (나) 및 피고인 2에 대한 공소사실 나항 (2)}에 대하여, 원심으로서는 공소장변경이 없이도 피고인들이 같은 조항 소정의 '금전의 대차계약'의 당사자로 된 것이라고 인정할 수 있다고 할 것이므로, 원심판결에 상고이유로 지적하는 바와 같은 법리오해의 위법이 있다고 할 수 없다.

상고이유의 주장은 이유 없다.

그러므로 상고를 기각하기로 하여 관여 대법관의 일치된 의견으로 주문과 같이 판결한다.

대법관   유지담(재판장) 지창권 신성택(주심) 서성

## 4 대외지급수단 등 매매에 대한 신고

국내기업(거주자)이 자신이 보유하고 있는 대외지급수단이나 채권을 다른 국내기업(거주자)에게 매매하는 경우에는 신고 예외거래를 제외하고는 한국은행총재에게 신고하여야 한다.

국내기업(거주자)이 자신이 보유하고 있는 대외지급수단이나 채권을 해외 기업(비거주자)에 매매하고자 하는 경우에도 신고 예외거래를 제외하고는 외국환은행의 장이나 한국은행총재에게 신고하여야 한다.

## (1) 신고 예외 대외지급수단 등 매매거래

### 1) 신고예외 거주자 간 매매거래

거주자가 다른 거주자와 대외지급수단, 채권 기타의 매매 및 용역계약에 따른 외국통화로 표시되거나 지급을 받을 수 있는 채권의 발생 등에 관한 거래를 하고자 하는 경우로서 신고를 요하지 않는 거래는 다음과 같다.

〔표 53〕신고예외 거주자 간 대외지급수단 등 매매거래

| 당사자 | 거래내용 | 신고의무 |
|---|---|---|
| 거주자와 다른 거주자 간 | 물품 기타의 매매, 용역계약에 따른 외국통화로 지급받을 수 있는 채권의 발생 등에 관한 거래 | 없음(외국환은행을 통하여 지급 또는 수령) |
| 거주자 간 | 지급수단으로 사용목적이 아닌 화폐수집용 및 기념용으로 외국통화를 매매하는 거래 | 없음(외국환은행을 통하여 지급 또는 수령) |
| 해외건설 및 용역사업자와 면세용 물품제조자 간 | 해외취업근로자에 대한 면세쿠폰을 매매하는 거래 | 없음(외국환은행을 통하여 지급 또는 수령) |
| 외국환은행 | 거주자의 수입대금의 지급을 위하여 유네스코쿠폰을 당해 거주자에게 매각하는 거래 | 없음(외국환은행을 통하여 지급 또는 수령) |
| 거주자 간 | 거주자 간 인정된 거래로 취득한 채권의 매매계약에 따른 외국통화로 표시되거나 지급받을 수 있는 채권의 발생 등에 관한 거래 | 없음(외국환은행을 통하여 지급 또는 수령) |
| 거주자 간 | 거주자 간 매매차익을 목적으로 하지 않는 거래로서 동일자에 미화 3천불 이내에서 대외지급수단을 매매하는 거래 | 없음 |

## 2) 신고예외 거주자와 비거주자 간 매매거래

거주자가 비거주자와 대외지급수단, 채권의 매매계약에 따른 채권의 발생 등에 관한 거래를 하고자 하는 경우로서 다음에 해당하는 경우에는 신고를 요하지 아니한다(정7-21-1).

〔표 54〕신고예외 거주자와 비거주자 간 대외지급수단 등 매매거래

| 당사자 | 거래내용 | 신고의무 |
|---|---|---|
| 거주자와 비거주자 간 | 외국환은행해외지점, 외국환은행현지법인, 외국금융기관(외국환전영업자를 포함)이 해외에 체재하는 거주자와 원화표시여행자수표, 원화표시자기앞수표 또는 내국통화의 매매거래를 하는 경우 | 없음 |
| 거주자와 비거주자 간 | 외국에 체재하는 거주자(재외공관근무자 또는 그 동거가족, 해외체재자를 포함)가 비거주자와 체재에 직접 필요한 대외지급수단, 채권의 매매거래를 하는 경우 | 없음 |
| 거주자와 비거주자 간 | 거주자가 외국에서 보유가 인정된 대외지급수단 또는 외화채권으로 다른 외국통화표시 대외지급수단 또는 외화채권을 매입하는 경우 | 없음 |

| 당사자 | 거래내용 | 신고의무 |
|---|---|---|
| 거주자와 비거주자 간 | 거주자가 수출관련 외화채권을 비거주자에게 매각하고 동 매각자금 전액을 외국환은행을 통하여 국내로 회수하는 경우 | 없음 |
| 거주자와 비거주자 간 | 거주자가 국내외 부동산·시설물 등의 이용·사용과 관련된 회원권, 비거주자가 발행한 약속어음 및 비거주자에 대한 외화채권 등을 비거주자에게 매각하고 동 매각자금을 외국환은행을 통하여 국내로 회수하는 경우 | 없음 |
| 거주자와 비거주자 간 | 거주자가 비거주자에게 매각한 국내의 부동산·시설물 등의 이용·사용과 관련된 회원권 등을 비거주자로부터 재매입하는 경우 | 없음 |

## (2) 신고대상 대외지급수단 등 매매거래

신고예외 대상거래를 제외하고 거주자가 다른 거주자와 대외지급수단의 매매계약에 따른 외국통화로 표시되거나 지급받을 수 있는 채권의 발생 등에 관한 거래를 하고자 하는 경우에는 한국은행총재에게 신고하여야 한다(정 7-20-2).

신고예외 대상거래를 제외하고 거주자가 거주자 또는 비거주자와 외국의 부동산·시설물 등의 이용·사용 또는 이에 관한 권리의 취득에 따른 회원권의 매입거래를 하고자 하는 경우에는 외국환은행의 장에게 신고하여야 한다.

거주자가 비거주자와 대외지급수단 및 채권의 매매계약에 따른 채권의 발생 등에 관한 거래를 하고자 하는 경우에는 한국은행총재에게 신고하여야 한다(정 7-21-3).

〔표 55〕 신고대상 대외지급수단 등 매매거래

| 당사자 | 거래내용 | 신고의무 |
|---|---|---|
| 거주자와 다른 거주자 간 | 대외지급수단의 매매계약에 따른 외국통화로 표시되거나 지급받을 수 있는 채권의 발생등에 관한 거래를 하고자 하는 경우 | 한국은행총재에게 신고 |
| 거주자가 거주자 또는 비거주자 간 | 외국의 부동산·시설물 등의 이용·사용 또는 이에 관한 권리의 취득에 따른 회원권의 매입거래를 하고자 하는 경우 | 외국환은행의 장에게 신고 |
| 거주자가 비거주자 간 | 대외지급수단 및 채권의 매매계약에 따른 채권의 발생 등에 관한 거래를 하고자 하는 경우 | 한국은행총재에게 신고 |

〔별지 제7-4호 서식〕

| ( )매매 신고서 | | 처 리 기 간 |
|---|---|---|
| | | |

| 신청인 | 상호 및 대표자 성명 | 인 |
|---|---|---|
| | 주 소 ( 소 재 지 ) | (전화번호) |
| | 업 종 ( 직 업 ) | |

| 신청내역 | 매 각 인 | (성명) (주소) (전화번호) |
|---|---|---|
| | 매 입 인 | (성명) (주소) (전화번호) |
| | 매 매 대 상 물 종 류 | |
| | 매 매 금 액 | (미불화 상당액) |
| | 원 화 금 액 | (원 화 환 율) |
| | 매 매 사 유 | |

외국환거래법 제18조의 규정에 의하여 위와 같이 신고합니다.

년 월 일

한국은행총재 귀하

| | 신 고 번 호 | |
|---|---|---|
| | 신 고 금 액 | |
| | 유 효 기 간 | |

년 월 일

신고기관 : 한국은행총재 인

210㎜×297㎜

〈첨부서류〉 1. 계약서

2. 신청인 및 거래 상대방의 실체를 확인하는 서류

3. 기타 한국은행총재가 필요하다고 인정하는 서류

┤ 거래사례 ├

유정씨앤씨㈜는 미국 ABC사가 부실기업인 미국 XYZ사에 대하여 가지고 있는 대출채권(액면 US＄1,000,000)을 투자목적으로 US＄500,000에 매입하고자 한국은행에 채권매매 신고를 한 사례(자료출처 : 한국은행 외국환거래 신고 편람 2007.1. p.114~117의 내용을 필자가 일부수정)

## 【(채권) 매매 신고서】

〔별지 제7-4호 서식〕

| | | (채권) 매매 신고서 | 처리기간 |
|---|---|---|---|
| | | | |
| Ⓐ 신 청 인 | 상호및대표자성명 | 유정씨앤씨(주) 대표이사 신민호<br>(또는 유정씨앤씨(주)의 대리인 이성준) | 인 |
| | 주 소(소 재 지) | 서울시 강남구 언주로 723번지<br>(전화번호)123-4567 | |
| | 업 종(직 업) | 무역업 | |
| 신 청 내 역 | Ⓑ 매 각 인 | (성명)ABC Company<br>(주소)1122 Battery Street,San Francisco,USA<br>(전화번호)1-309-387-0000 | |
| | Ⓒ 매 입 인 | 유정씨앤씨(주) | |
| | Ⓓ매매대상물종류 | ABC사의 XYZ사에 대한 대출채권 | |
| | Ⓔ 매 매 금 액 | U$500,000- (미달러화 상당액) | |
| | Ⓕ 원 화 금 액 | (원 화 환 율) | |
| | Ⓖ 매 매 사 유 | 매입인의 동 채권에 대한 투자 | |
| 외국환거래법 제18조의 규정에 의하여 위와 같이 신고합니다.<br><br>2018년 6월 30일<br>한국은행총재 귀하 | | | |
| | | 신 고 번 호 | |
| | | 신 고 금 액 | |
| | | 유 효 기 간 | |
| | | 년    월    일 | |
| | | 신고기관 : 한국은행총재 인 | |

210mm×297mm

Ⓗ 〈첨부서류〉 1. 계약서
2. 신청인 및 거래 상대방의 실체를 확인하는 서류
3. 기타 한국은행총재가 필요하다고 인정하는 서류

**작성요령**

Ⓐ **신청인**
- 개인의 경우는 신청인의 성명을 기재하고 서명 또는 날인, 법인의 경우는 상호와 대표이사명을 기재하고 법인 인감을 날인한다. 만약 대리인이 신청하는 경우에는 '유정씨앤씨(주)의 대리인 이성준'이라고 기재하고 대리인 이성준이 날인 또는 서명

Ⓑ **매각인**
- 매매대상이 되는 채권 매각인의 성명(상호), 주소, 전화번호를 기재하며 만약 신청인이 매각인인 경우에는 신청인 본인의 성명이나 상호만 기재한다.

Ⓒ **매입인**
- 신청인 본인의 성명이나 상호를 기재하며 만약 신청인이 매각인인 경우에는 매입인의 성명(상호), 주소, 전화번호를 기재한다.

Ⓓ **매매대상물 종류**
- 매매대상이 되는 채권의 종류를 구체적으로 기재하며 만약 매매대상 채권이 여러 종류이거나 다수인 경우에는 별첨을 이용하여 그 내역을 구체적으로 기재한다.

Ⓔ **매매금액**
- 매매대상 채권금액을 계약시 정한 통화 단위로 기재한다.

Ⓕ **원화금액**
- 공란으로 비워둔다.

Ⓖ **매매사유**
- 신청인 관점에서 동 채권을 매입하거나 매각하는 사유를 간략히 기재한다.

Ⓗ **첨부서류**
- 사유서 : 특별한 양식은 없으며 A4 용지 1매 내외의 분량으로 해당 신청 사유를 정확하고 상세하게 기재
- 신청인 및 거래(계약) 상대방의 실체확인서류 : 개인의 경우에는 신분을 증명할 수 있는 주민등록증이나 여권 또는 운전면허증 사본, 법인의 경우에는 법인등기부등본, 사업자등록증

- 국내기업의 경우에는 법인등기부등본, 해외법인 등의 경우는 이에 준하는 서류(예 : "Certificate of Incorporation" 등)

  \* 만약 대리인이 신청할 경우에는 동 서류 외에 당해 신고행위에 대한 권한을 위임하는 내용의 위임장(비거주자는 영사관 발행 또는 현지에서 공증받은 위임장)을 추가 제출한다.

  － 채권매매계약서

  － 기타 필요한 서류

## (3) 통보의무

　외국환은행의 장은 외국의 부동산·시설물 등의 이용·사용 또는 이에 관한 권리의 취득에 따른 회원권의 매입거래 취득금액이 건당 미화 10만불을 초과하는 경우 국세청 장 및 관세청장에게, 건당 미화 5만불을 초과하는 경우 금융감독원장에게 회원권 등의 매매내용을 익월 10일까지 통보하여야 한다(정 7-21-4).

## (4) 대외지급수단 등 매매거래에 대한 실무 사례 및 판례

〔표 56〕 대외지급수단 등 매매거래에 대한 실무 사례 및 판례

| 실무 사례 및 판례 | 내 용 | 신고의무 |
|---|---|---|
| 상속자금 송금하는 거래 | 피상속인 A(거주자)가 국내 예금 20억원을 상속인 B(거주자)와 상속인 C(비거주자)에게 10억씩 상속하는 경우<br>① 상속인 B(거주자)가 해외에 있는 상속인 C(비거주자)에게 상속자금을 송금하는 경우 신고사항<br>② 상속인 C(비거주자)가 국내에서 현금으로 상속자금 수령 후, 직접 본인(상속인 C)의 해외계좌로 송금하는 경우 신고사항 | 없음 |
| 외국환은행이 거주자에게 대출채권을 매도하는 거래 | 외국환은행이 비거주자에게 대출을 하여 외환채권을 가지고 있는 상태에서 위 외환채권 중 일부를 여신전문금융업법에 의한 여신전문금융업자가 매입하는 거래 | 없음 |
| 거주자 간 인정된 거래로 취득한 채권의 매매거래 | 국내업체인 "을"은 해외업체인 "갑"에게 상품을 판매하고 약 US\$5만 가량의 외화채권이 있으나 "갑"의 사장이 야반도주하여 회수가 불가한 상황임. 1년이 지난 채권이고 가지고 있어야 도움이 되지 않아 법인세 대손처리를 받기 위해 NPL전문업체(합법적으로 부실채권을 인수하여 추심하는 업체)에 채권매각을 하고자 함. | 없음 |

## 대외지급수단 매매신고 문의(상속 관련)

〈질의〉

아래 사례에 대하여 신고사항이 있는지 문의 드립니다. (※ 모든 경우 재외동포 아님)

• 피상속인 A(거주자)가 국내 예금 20억원을 상속인 B(거주자)와 상속인 C(비거주자)에 게  10억씩 상속하는 경우

① 상속인 B(거주자)가 해외에 있는 상속인 C(비거주자)에게 상속자금을 송금하는 경우 신고사항

② 상속인 C(비거주자)가 국내에서 현금으로 상속자금 수령 후, 직접 본인(상속인 C)의 해 외계좌로 송금하는 경우 신고사항

〈회신〉

비거주자가 거주자로부터 상속을 받는 경우는 자본거래 신고 예외에 해당하며 질의 주신 2가지 모두 신고대상거래가 아닙니다.

하지만 상속자금을 대내계정(ex. 비거주자원화계정)에 예치하게 될 경우 대외송금에 제한 이 생길 수 있기 때문에 외국환은행과 실무적으로 협의하시어 대외계정(ex. 비거주자자유 원계정) 등에 예치 후 송금하시면 됩니다.

## 외화채권 매입 시 신고대상 유무에 대한 질의

〈사실관계〉

현재, 외국환은행이 비거주자에게 대출을 하여 외환채권을 가지고 있는 상태입니다.

이 상황에서 위 외환채권 중 일부를 여신전문금융업법에 의한 여신전문금융업자가 매입하 고자 계획하고 있습니다.

〈질의사항〉

1. 외국환은행이 최초 비거주자에게 대출할 때에는 신고의무가 없는 것으로 알고 있습니다 (외환관리규정 제2-6조 제2항), 그렇다면 나아가 외국환은행이 위 외환채권을 여신전문 금융업자에게 매도하고자 하는 경우에는 따로 신고 의무가 없는 것인지요?(외환관리규정 제2-7조 해석 관련)

2. 외국환은행과는 별도로 외환채권을 매입하고자 하는 여신전문금융업자에게 별도의 신고 의무가 있는지요?

〈회신〉

〈1〉 외국환은행이 거주자에게 대출채권을 매도하는 것은 신고대상이 아닙니다(외국환거래 규정 2-7조). 따라서, 외국환은행이 거주자인 여신전문금융업자에게 대출채권을 매도할 경우 별도의 신고대상이 아님을 알려드립니다.

〈2〉 외국환업무취급기관이 외국환업무로서 행하는 거래 및 동 외국환업무취급기관을 거래상대방으로 하는 거래는 신고대상이 아닙니다(동 규정 7-2조 2호). 따라서, 여신전문금융업자가 외국환업무취급기관 중 하나인 외국환은행으로부터 대출채권을 매입할 경우 별도의 신고대상이 아님을 알려드립니다.

● 한국은행 질의응답 사례

**해외부실채권의 채권매매시 신고 여부**

〈질의〉

갑 : 해외업체 (미국 소재)

을 : 당 사

병 : 국내업체(NPL전문업체)

"을"은 "갑"에게 상품을 판매하고 약 $5만 가량의 채권이 있으나 "갑"의 사장이 야반도주하여 회수가 불가한 상황입니다. 1년이 지난 채권이고 가지고 있어야 도움이 되지 않아 법인세 대손처리를 받기 위해 NPL전문업체(합법적으로 부실채권을 인수하여 추심하는 업체)에 채권매각을 하고자 합니다.

"을"은 채권을 할인하여 "병"에게 약 $100에 양도하고자 합니다.

이와 같은 거래에서 한국은행 및 외국환 은행에 매매신고를 하여야 하는지? 아니면 다른 신고 사항이 있는지 문의 드립니다.

또한 해외채권의 매매에 있어서 추가적인 신고를 하여야 "을"과 "병" 사이에 하자가 없습니까? 또 "병"이 해당 금액에 대해 회수하지 못할 경우에도 신고해야하는 것이 있나요?

〈회신〉

거주자 간 인정된 거래로 취득한 채권의 매매거래를 할 경우에는 채권매매 신고대상이 아닙니다(외국환거래규정 7-20조 1항 5호). 따라서, 거주자 을이 경상거래에 따라 취득한 물품대금채권을 다른 거주자 병에게 매각하는 거래를 할 경우 채권매매 신고를 요하지 않음을 알려드립니다.

3-9. 카지노칩 취득 대금 송금

(대법원 2001.9.25. 선고 99도3337 판결[외국환관리법 위반])

[판시사항]

[1] 구 외국환관리법의 적용 범위

[2] 거주자와 비거주자 간의 거래의 결제를 위하여 거주자가 당해 거래의 당사자가 아닌 거주자에 대하여 거래대금을 지급하거나, 당사자가 아닌 거주자로부터 거래대금을 영수하는 경우, 구 외국환관리법 제18조 소정의 허가 대상인지 여부(적극)

[3] 구 외국환관리규정 제7-20조 제3호의 적용 범위

[4] 형법의 적용 범위로서의 내국인의 국외범

[판결요지]

[1] 구 외국환관리법(1998.9.16. 법률 제5550호 외국환거래법 부칙 제3조로 폐지)의 적용 대상은 단순히 외국환의 이동이 수반되는 거래뿐만 아니라 거주자와 비거주자 간의 채권·채무관계에 개재되는 한, 대한민국통화로 표시되거나 지급을 받을 수 있는 거래도 포함된다.

[2] 거주자와 비거주자 간의 거래의 결제를 위하여 거주자가 당해 거래의 당사자가 아닌 거주자에 대하여 거래대금을 지급하거나, 당사자가 아닌 거주자로부터 거래대금을 영수하는 경우도 구 외국환관리법(1998.9.16. 법률 제5550호 외국환거래법 부칙 제3조로 폐지) 제18조 소정의 허가를 받아야 할 경우에 해당된다.

[3] 구 외국환관리규정 제7-20조 제3호에 의하면, '거주자와 비거주자와의 거래의 결제를 위하여 내국지급수단으로 지급 등을 하고자 하는 경우 거주자와 비거주자 간에 국내에서 내국통화로 표시된 거래를 함에 따라 내국지급수단으로 지급 등을 하는 경우'는 허가 또는 신고를 요하지 않는다고 규정되어 있으나, 동 규정은 그와 같은 거래가 국내에서 이루어진 경우만을 허가 또는 신고대상에서 배제하였을 뿐이고, 구 외국환관리법(1998.9.16. 법률 제5550호 외국환거래법 부칙 제3조로 폐지)이 허가 또는 신고대상으로 규정한 피고인이 우리나라 은행에 개설한 예금계좌에 필리핀국에서 환전업을 하는 공소외인의 지시를 받은 국내인으로부터 피고인이 필리핀국 소재 카지노에서 딴 칩의 대금 명목으로 원화를 입금받은 경우에까지 유추될 수 있는 성질의 것은 아니다.

[4] 형법 제3조는 '본법은 대한민국 영역 외에서 죄를 범한 내국인에게 적용한다.'고 하여

형법의 적용 범위에 관한 속인주의를 규정하고 있는바, 필리핀국에서 카지노의 외국인 출입이 허용되어 있다 하여도, 형법 제3조에 따라, 필리핀국에서 도박을 한 피고인에게 우리나라 형법이 당연히 적용된다.

[**원심판결**] 서울지법 1999.7.15. 선고 98노1329 판결

[주 문]

상고를 기각한다.

[이 유]

1. 외국환관리법 위반의 점에 대하여

가. 사실오인 주장에 관하여

원심 판결과 원심이 인용한 제1심판결의 채용 증거들을 기록에 비추어 살펴보면, 피고인이 재정경제원장관의 허가를 받지 아니하고, 필리핀국 마닐라시에 있는 헤리티지호텔 카지노에서 도박의 도구로 사용되는 칩을 취득하기 위하여 그 곳에서 환전업을 하는 공소외인이 송금하라고 알려 준 국내인의 우리나라 은행 예금계좌에 원화를 송금하였고, 위 공소외인으로부터 도박 자금 명목으로 미화를 차용하기로 하고, 공소외인이 송금하라고 알려 준 국내인의 우리나라 은행 예금계좌로 위 차용금에 대한 변제 명목으로 원화를 입금하였으며, 피고인이 우리나라 은행에 개설한 예금계좌에 공소외인의 지시를 받은 국내인으로부터 그 무렵 피고인이 위 카지노에서 딴 칩의 대금 명목으로 원화를 입금받은 사실이 충분히 인정되므로, 원심판결에 상고이유로 주장하는 바와 같은 사실오인의 위법이 있다고 할 수 없다.

나. 법리오해 주장에 관하여

외국환거래법에 의하여 폐지되기 전의 구 외국환관리법의 적용대상은 단순히 외국환의 이동이 수반되는 거래뿐만 아니라 거주자와 비거주자 간의 채권·채무관계에 개재되는 한, 대한민국통화로 표시되거나 지급을 받을 수 있는 거래도 포함된다고 할 것이며, 거주자와 비거주자 간의 거래의 결제를 위하여 거주자가 당해 거래의 당사자가 아닌 거주자에 대하여 거래대금을 지급하거나, 당사자가 아닌 거주자로부터 거래대금을 영수하는 경우도 구 외국환관리법 제18조 소정의 허가를 받아야 할 경우에 해당된다.

그리고 외국환거래규정에 의하여 대체되기 전의 구 외국환관리규정 제7-20조 제3호에 의하면, '거주자와 비거주자와의 거래의 결제를 위하여 내국지급수단으로 지

급 등을 하고자 하는 경우 거주자와 비거주자 간에 국내에서 내국통화로 표시된 거래를 함에 따라 내국지급수단으로 지급 등을 하는 경우'는 허가 또는 신고를 요하지 않는다고 규정되어 있으나, 동규정은 그와 같은 거래가 국내에서 이루어진 경우만을 허가 또는 신고대상에서 배제하였을 뿐이고, 외국환관리법이 허가 또는 신고대상으로 규정한 이 사건 거래의 경우에까지 유추될 수 있는 성질의 것은 아니다.

피고인의 이 사건 외국환관리법 위반의 공소사실에 대하여 유죄를 인정한 원심의 조치는 위와 같은 취지를 따른 것으로 보여 정당하고, 거기에 상고이유에서 주장하는 바와 같은 법리오해 등의 위법이 있다고 할 수 없다. 이 점에 관한 상고이유의 주장도 받아들일 수 없다.

## 2. 상습도박의 점에 대하여

원심 판결과 원심이 인용한 제1심판결의 채용 증거들을 기록에 비추어 살펴보면, 피고인이 상습으로 판시와 같은 도박을 한 사실이 충분히 인정되며, 한편, 형법 제3조는 '본법은 대한민국 영역 외에서 죄를 범한 내국인에게 적용한다.'고 하여 형법의 적용 범위에 관한 속인주의를 규정하고 있는바, 필리핀국에서 카지노의 외국인 출입이 허용되어 있다 하여도, 형법 제3조에 따라, 피고인에게 우리나라 형법이 당연히 적용된다고 할 것이므로(대법원 1986.6.24. 선고 86도403 판결 참조), 이를 전제로 피고인에 대하여 유죄를 인정한 원심판결에 상고이유에서 주장하는 취지와 같은 사실오인이나 법리오해 등의 위법이 있다고 할 수 없다.

## 3. 그러므로 상고를 기각하기로 하여 관여 법관의 일치된 의견으로 주문과 같이 판결한다.

대법관    손지열(재판장) 송진훈 윤재식(주심) 이규홍


## 3-10. 채권의 소멸에 관한 거래의 범위

(대법원 2004.6.11. 선고 2001도6177 판결[외국환관리법 위반])

### [판시사항]

[1] 구 외국환관리법 제21조 제1항 제1호가 규정한 '채권의 소멸에 관한 거래'의 의미

[2] 비거주자가 거주자 간의 대상지급행위에 공모하여 가담하였다면 비거주자라 하더라도 거주자의 지급방법 위반행위에 대하여 공범으로 처벌될 수 있다고 한 사례

### [판결요지]

[1] 구 외국환관리법(1998.9.16. 법률 제5550호로 폐지) 제21조 제1항 제1호 소정의 '채권의 소멸에 관한 거래'라 함은 반드시 채권의 소멸을 가져오는 별개의 법률행위로 인하여

채권이 소멸되는 경우뿐만 아니라, 변제로 인하여 채권이 소멸되는 경우도 이에 해당한다.

[2] 비거주자가 거주자 간의 대상지급행위에 공모하여 가담하였다면 비거주자라 하더라도 거주자의 지급방법 위반행위에 대하여 공범으로 처벌될 수 있다고 한 사례.

[**원심판결**] 서울지법 2001.10.30. 선고 97노8155 판결

[주 문]

원심판결을 파기하고, 사건을 서울중앙지방법원 합의부에 환송한다.

[이 유]

1. 상고이유 제1점에 대하여

원심판결 이유에 의하면 원심은, 구 외국환관리법(1998.9.16. 법률 제5550호로 폐지된 것, 이하 '외국환관리법'이라 한다) 제21조 제1항 제1호 소정의 '채권의 소멸에 관한 거래'의 의미는 단순히 채권의 소멸을 가져오는 지급 등을 의미한다기보다는 별개의 법률행위, 즉 갱개, 채권양도 등으로 인하여 채권이 소멸하는 경우를 의미하는 것이라고 볼 것이므로, 이 사건에서 공소외 1 등이 허가를 받지 아니하고 비거주자인 미라지호텔과 사이에 도박자금 차용계약을 체결하는 행위 자체는 '채권의 발생에 관한 거래'로서 자본거래에 해당된다고 할 것이나, 그 차용계약에 따라 차용금액을 수수하거나 나아가 차용금을 변제받기 위하여 피고인이 공소외 1 등으로부터 도박자금을 지급받은 행위는 '채권의 소멸에 관한 거래'에 해당한다고 볼 수 없다고 판단하였다.

그러나 <u>외국환관리법 제21조 제1항 제1호 소정의 '채권의 소멸에 관한 거래'라 함은 반드시 채권의 소멸을 가져오는 별개의 법률행위로 인하여 채권이 소멸되는 경우뿐만 아니라, 변제로 인하여 채권이 소멸되는 경우도 이에 해당한다고 보아야 할 것이다.</u>

그럼에도 불구하고, <u>원심은 피고인이 공소외 1 등으로부터 차용금을 변제받은 행위가 '채권의 소멸에 관한 거래'에 해당하지 아니한다고 판단하고 말았으니, 거기에는 '채권의 소멸에 관한 거래'에 대한 법리를 오해하여 판결에 영향을 미친 위법이 있다.</u>

2. 상고이유 제2점에 대하여

원심판결 이유에 의하면 원심은, 이 사건 공소사실에 의하더라도 피고인이 공소외 2에게 자신이 수금한 돈을 보관시킨 후 그에게 수시로 돈을 받을 사람을 알려 주어 그로 하여금 이를 송금하거나 교부하게 하였다는 것일 뿐인바, 그렇다면 결국 공소외 2는 피고인으로부터 위탁받은 돈을 그의 지시에 따라 처분한 것에 불과하므로, 이를 들어 피고인과 공소외 2 사이에 외국환관리법 소정의 거래가 있었다고 볼 수 없고, 거주자와

비거주자의 행위주체를 준별하고 있는 외국환관리법상 비거주자가 거주자의 지급방법 위반행위에 대하여 공범으로 처벌될 수 없다고 판단하였다.

그러나 외국환관리법 제18조 제1항 제3호는 '거주자와 비거주자 간 또는 비거주자 상호 간의 거래의 결제를 위하여 거주자가 당해 거래의 당사자가 아닌 거주자 또는 비거주자와 지급 등을 하는 경우'에는 대통령령이 정하는 구분에 의하여 그 지급 등의 방법에 대하여 재정경제원장관에게 신고를 하거나 재정경제원장관의 허가를 받아야 한다고 규정하고 있고, 구 외국환관리법시행령(1999.3.30. 대통령령 제16207호로 폐지된 것, 이하 '시행령'이라고 한다) 제27조 제1항 제3호는 외국환관리법 제18조 제1항 제3호에 따른 허가를 받아야 하는 경우로서, 거주자와 비거주자 간 거래의 결제를 위하여 거주자가 당해 거래의 당사자가 아닌 거주자 또는 비거주자에 대하여 지급 등을 하는 방법이라고 규정하고 있다.

그런데 원심이 채택한 증거들을 종합하면, 피고인은 차용인인 거주자 공소외 1 등으로부터 공소사실 제1항과 같이 수령한 도박자금을 미국으로 직접 가져갈 수 없자, 이를 거주자인 공소외 2에게 맡겨 두고, 공소외 2는 피고인의 지시에 따라 이른바 환치기업자인 공소외 3, 공소외 4, 공소외 5, 공소외 6 등에게 위 돈을 교부하거나 송금하였으며, 한편 공소외 3, 공소외 4, 공소외 5는 미국 내 거래처 공소외 7에 대하여, 공소외 6은 미국 내 거래처인 공소외 8에 대하여 각각 채권이 있는데, 그 지급을 받는 대신에 공소외 7과 공소외 8이 미국에서 피고인에게 피고인이 공소외 2를 통하여 공소외 6 등에게 교부한 원화에 상응하는 미화를 교부하고, 피고인이 이를 받아 미라지 호텔에 입금한 사실 등을 알 수 있다.

사정이 이와 같다면, **피고인이 공소외 2와 공모하여 공소외 2가 거주자인 환치기업자 공소외 6 등에게 공소사실과 같이 원화를 교부한 행위는 외국환관리법 제18조 제1항 제3호, 시행령 제27조 제1항 제3호 소정의 거주자와 비거주자 간 거래의 결제를 위하여 거주자가 당해 거래의 당사자가 아닌 거주자에 대하여 지급을 하는 경우에 해당한다고 할 것이고, 비록 피고인은 비거주자라 하더라도 거주자인 공소외 2가 거주자인 환치기업자들에게 한 대상지급행위에 공모하여 가담한 이상, 형법 제33조, 제30조에 의하여 공소외 2와 공동정범으로서의 죄책을 면할 수 없다고 할 것이다.**

그럼에도 불구하고 원심이 그 판시와 같은 이유로 위 공소사실에 대하여 무죄를 선고하였으니, 거기에는 대상지급 및 공범에 관한 법리를 오해하여 판결에 영향을 미친 위법이 있다.

## 3. 결 론

그러므로 원심판결을 파기하고, 사건을 다시 심리·판단하도록 원심법원에 환송하기로 하여, 관여 대법관의 일치된 의견으로 주문과 같이 판결한다.

대법관    유지담(재판장) 배기원 김용담(주심)

### 3-11. 해외여행경비의 비거주자 국내계좌지급
(대법원 2005.12.9. 선고 2005도6234 판결[외국환거래법 위반])

**[판시사항]**

국내 여행사로부터 여행객을 위한 외국 현지의 호텔 및 식당의 예약 등에 관한 여행수속의 알선의뢰를 받은 갑이 외국에서 여행업을 하는 을에게 위 여행수속을 다시 의뢰한 후, 성사되는 경우 그에 필요한 경비를 국내에 개설되어 있는 을의 원화계좌에 입금하여 지급하기로 한 사안에서, 그와 같은 거래에 의한 지급이 외국환거래법 및 외국환거래규정이 정하고 있는 신고의 예외사유인 "거주자와 비거주자 간에 국내에서 내국통화로 표시된 거래를 함에 따라 내국지급수단으로 지급하고자 하는 경우"에 해당한다고 할 수 없다고 한 사례

**[판결요지]**

국내 여행사로부터 여행객을 위한 외국 현지의 호텔 및 식당의 예약 등에 관한 여행수속의 알선의뢰를 받은 갑이 외국에서 여행업을 하는 을에게 위 여행수속을 다시 의뢰한 후, 성사되는 경우 그에 필요한 경비를 국내에 개설되어 있는 을의 원화계좌에 입금하여 지급하기로 한 사안에서, 그와 같은 거래에 의한 지급이 외국환거래법 및 외국환거래규정이 정하고 있는 신고의 예외사유인 "거주자와 비거주자 간에 국내에서 내국통화로 표시된 거래를 함에 따라 내국지급수단으로 지급하고자 하는 경우"에 해당한다고 할 수 없다고 한 사례.

**[원심판결]** 서울중앙지법 2005.8.3. 선고 2005노1747 판결

**[주 문]**

상고를 기각한다.

**[이 유]**

### 1. 사실오인의 점에 대하여

외국환거래법 제3조 제1항 제12호, 제13호는 비거주자는 '거주자' 즉 대한민국 안에 주소 또는 거소를 둔 개인과 대한민국 안에 주된 사무소를 둔 법인 외의 개인 및 법인을

말한다고 규정하고 있는바, 원심판결과 원심이 인용한 제1심판결의 채용 증거들을 기록에 비추어 살펴보면, 피고인은 이 사건 거래의 상대방인 공소외인이 국내에 주소 또는 거소 등을 두지 아니한 비거주자인 사실을 알았다고 충분히 인정할 수 있고, 원심판결에 상고이유로 주장하는 바와 같이 채증법칙을 위반하여 사실을 오인하는 등의 위법이 있다고 할 수 없다.

2. 법리오해의 점에 대하여

외국환거래법 제16조 단서는 통상적으로 행하여지는 거래로서 재정경제부장관이 정하는 경우에는 같은 조 본문에 의한 신고를 요하지 아니한다고 규정하고 있고, 이에 근거한 외국환거래규정(2000.12.29. 재정경제부고시 제2000-22호로 전문 개정된 것) 제5-11조 제1항 제5호는 "거주자와 비거주자 간에 국내에서 내국통화로 표시된 거래를 함에 따라 내국지급수단으로 지급하고자 하는 경우"에는 거주자가 외국환은행을 통하지 아니하고 지급을 하더라도 신고를 요하지 아니한다고 규정하고 있는바, **이 사건 거래는 국내 여행사로부터 여행객을 위한 괌 현지의 호텔 및 식당의 예약 등에 관한 여행수속의 알선의뢰를 받은 피고인이 괌에서 여행업을 하는 공소외인에게 위 여행수속을 다시 의뢰한 후, 성사되는 경우 그에 필요한 경비를 국내에 개설되어 있는 공소외인의 원화계좌에 입금하여 지급하는 거래로서, 거주자가 외국에 거주하는 비거주자에게 여행수속을 의뢰하여 거래가 이루어지는 것이므로, 이를 국내에서 이루어진 거래라고 할 수 없고, 따라서 이 사건 거래에 의한 지급이 위 외국환거래규정이 정하고 있는 신고의 예외사유에 해당한다고 할 수 없다.**

결국, 이와 반대의 견해에서 원심판결에 외환거래법상의 신고의 예외사유에 관한 법리를 오해하는 등의 위법이 있다는 상고이유의 주장은 받아들일 수 없다.

3. 결 론

그러므로 상고를 기각하기로 하여 관여 법관의 일치된 의견으로 주문과 같이 판결한다.

대법관　　박시환(재판장) 이강국 손지열(주심) 김용담

## 3-12. 거주자와 비거주간의 채권 발생과 관련이 없는 지급

(대법원 2006.5.11. 선고 2006도920 판결[외국환거래법 위반 등])

**[판시사항]**

[1] 죄형법정주의와 명확성 원칙의 의미 및 법규범이 명확성 원칙에 위반되는지 여부의 판단 방법

[2] '당해 거주자와 비거주자 간 채권의 발생 등에 관한 거래와 관련이 없는 지급'을 한국

은행총재의 허가사항으로 규정한 구 외국환관리규정 제6-15조의3 제15호가 죄형법정주의가 요구하는 명확성 원칙에 반하는지 여부(소극)

[3] '당해 거주자와 비거주자 간 채권의 발생 등에 관한 거래와 관련이 없는 지급'을 한국은행총재의 허가사항으로 규정한 구 외국환관리규정 제6-15조의3 제15호가 모법의 위임범위를 벗어난 것인지 여부(소극) 및 위 조항이 헌법상 보장된 진술거부권의 본질적 내용을 침해하는 것인지 여부(소극)

[4] 종전 상고심에서 상고이유의 주장이 이유 없다고 판단되어 배척된 부분에 대한 주장을 다시 상고이유로 삼을 수 있는지 여부(소극)

[판결요지]

[1] 헌법 제12조 및 제13조를 통하여 보장되고 있는 죄형법정주의의 원칙은 범죄와 형벌이 법률로 정하여져야 함을 의미하며, 이러한 죄형법정주의에서 파생되는 명확성의 원칙은 법률이 처벌하고자 하는 행위가 무엇이며 그에 대한 형벌이 어떠한 것인지를 누구나 예견할 수 있고, 그에 따라 자신의 행위를 결정할 수 있도록 구성요건을 명확하게 규정하는 것을 의미한다. 그러나 처벌법규의 구성요건이 명확하여야 한다고 하여 모든 구성요건을 단순한 서술적 개념으로 규정하여야 하는 것은 아니고, 다소 광범위하여 법관의 보충적인 해석을 필요로 하는 개념을 사용하였다고 하더라도 통상의 해석방법에 의하여 건전한 상식과 통상적인 법감정을 가진 사람이면 당해 처벌법규의 보호법익과 금지된 행위 및 처벌의 종류와 정도를 알 수 있도록 규정하였다면 헌법이 요구하는 처벌법규의 명확성에 배치되는 것이 아니다. 또한, 어떠한 법규범이 명확한지 여부는 그 법규범이 수범자에게 법규의 의미 내용을 알 수 있도록 공정한 고지를 하여 예측가능성을 주고 있는지 여부 및 그 법규범이 법을 해석·집행하는 기관에게 충분한 의미내용을 규율하여 자의적인 법해석이나 법집행이 배제되는지 여부, 다시 말하면 예측가능성 및 자의적 법집행 배제가 확보되는지 여부에 따라 이를 판단할 수 있는데, 법규범의 의미내용은 그 문언뿐만 아니라 입법목적이나 입법 취지, 입법 연혁, 그리고 법규범의 체계적 구조 등을 종합적으로 고려하는 해석방법에 의하여 구체화하게 되므로, 결국 법규범이 명확성 원칙에 위반되는지 여부는 위와 같은 해석방법에 의하여 그 의미 내용을 합리적으로 파악할 수 있는 해석기준을 얻을 수 있는지 여부에 달려 있다.

[2] 구 외국환관리규정(1996.6.1. 재정경제원 고시 제1996-13호) 제6-15조의3 제15호가 한국은행총재의 허가사항으로 규정한 '당해 거주자와 비거주자 간 채권의 발생 등에 관한 거래와 관련이 없는 지급'은 경상적 거래나 자본거래 등 일반적으로 외국환의 지급 등의 원인행위가 되는 거래를 수반하지 않는 외국환의 지급을 뜻하는 것으로 새기는 것이

타당하다. 따라서 위 규정은 구 외국환관리법(1997.12.13. 법률 제5453호로 개정되기 전의 것)의 목적, 외국환거래 제한의 태양과 절차, 구 외국환관리법 제17조의 의미 등에 비추어 관련 법 조항 전체를 유기적·체계적으로 종합 판단하면 그 의미가 불명확하다고 할 수 없으므로, 죄형법정주의가 요구하는 명확성의 원칙에 위배되는 것이라고 할 수 없다.

[3] 구 외국환관리법(1997.12.13. 법률 제5453호로 개정되기 전의 것) 제17조 제1항은 경상적 거래와 자본거래에 관련된 지급 등과 위와 같은 거래를 수반하지 않는 지급 등을 모두 규제 대상으로 하고 있고, 구 외국환관리법 시행령(1997.11.29. 대통령령 제15516호로 개정되기 전의 것) 제26조는 '과다한 외화유출 및 자본의 불법유출·유입의 가능성이 큰 지급 등으로서 법의 목적을 달성하기 위하여 필요하다고 인정되는 지급 등'을 허가대상 지급 등으로 기준을 정하였으며, 거래를 수반하지 않는 지급의 경우에 특히 외화 유출의 가능성이 있다고 보여지므로, '채권의 발생 등에 관한 거래와 관련이 없는 지급'을 한국은행총재의 허가사항으로 정한 구 외국환관리규정(1996.6.1. 재정경제원 고시 제1996-13호) 제6-15조의3 제15호가 구 외국환관리법 또는 구 외국환관리법 시행령의 위임의 범위를 벗어난 것으로 볼 수 없다. 또한, 거래를 수반하지 않는 외국환 지급 허가의 신청은 구 외국환관리법이나 그 밖의 법령에 범죄로 규정되어 있지 아니할 뿐 아니라, 위와 같은 지급의 경우에도 지급의 수액 및 그 용도 등에 따라 지급이 허가될 가능성이 전혀 없다고 할 수는 없으므로, 위와 같은 지급을 하려는 거주자에 대하여 한국은행총재의 허가를 미리 받도록 규정한 것이 헌법상 보장된 진술거부권의 본질적 내용을 침해하는 것이라고 할 수는 없다.

[4] 상고심에서 상고이유의 주장이 이유 없다고 판단되어 배척된 부분은 그 판결 선고와 동시에 확정력이 발생하여 이 부분에 대하여는 피고인은 더 이상 다툴 수 없고, 또한 환송받은 법원으로서도 이와 배치되는 판단을 할 수 없다고 할 것이므로, 피고인으로서는 더 이상 이 부분에 대한 주장을 상고이유로 삼을 수 없다.

[**환송판결**] 1. 대법원 2004.7.8. 선고 2002도661 판결 / 2. 대법원 2005.6.10. 선고 2005도946 판결

[**원심판결**] 서울고법 2006.1.13. 선고 2005노1269 판결

[**주 문**]
원심판결 중 해외지분증권 매입대금의 송금으로 인한 특정경제범죄 가중처벌 등에 관한 법률 위반(재산국외도피) 부분을 제외한 나머지 부분을 파기하고, 이 부분 사건을 서울고

등법원에 환송한다. 해외지분증권 매입대금의 송금으로 인한 특정경제범죄 가중처벌 등에 관한 법률 위반(재산국외도피) 부분에 대한 검사의 상고를 기각한다.

[이 유]

1. 검사의 상고에 대하여

　가. 특정경제범죄 가중처벌 등에 관한 법률 위반(재산국외도피)의 공소사실의 요지

　　(1) 피고인은 제1원심 공동피고인{주식회사 에스디에이 인터내셔널(이하 'SDA'라 한다)의 대표이사}, 공소외 1과 공모하여, 1996.5.경 서울 영등포구(상세 주소 및 건물명 생략) 내 SDA 사무실에서, 사실은 SDA가 바하마에 있는 스티브영 인터내셔널(Steve Young International, 이하 '스티브영'이라 한다) 회사로부터 석유정제시설을 수입하여 독립국가연합 사하공화국에 있는 골드 스팍(Gold Spark) 회사에 수출한 사실이 없음에도, 마치 이를 수입하여 다시 수출하는 것처럼 수출입계약서, 선하증권 등 관계서류를 허위로 작성한 다음, 국내 은행을 통해 외국 은행에 수입신용장을 개설하고 국내 은행 직원으로 하여금 그 외국 은행에 개설된 스티브영의 계좌로 수입대금 명목으로 미화를 송금하기로 하였는바, 이는 거주자와 비거주간의 채권 발생과 관련이 없는 지급으로 한국은행총재의 허가를 받아야 함에도, 1996.5.26. 조흥은행을 통해 미국 체이스맨해튼은행 뉴욕지점에 수입신용장을 개설한 다음, 한국은행총재의 허가 없이 1996.5.30. 조흥은행 직원으로 하여금 체이스맨해튼은행 뉴욕지점에 개설된 스티브영 회사 계좌로 수입대금 명목으로 미화 24,842,800달러를 송금하도록 한 것을 비롯하여, 그 때부터 1997.6.11.까지 사이에 같은 방법으로 9회에 걸쳐 스티브영 회사 계좌로 합계 미화 1억 65,926,739.50달러를 송금함으로써 법령에 위반하여 재산을 해외로 도피하고,

　　(2) 위와 같이 불법적으로 국외 유출한 미화에 대하여 1997.6.경 제1원심 공동피고인으로부터 수사기관에 고발을 하겠다는 협박을 당하자 이에 불안을 느낀 나머지 위 불법 국외유출자금 중 이미 국외에서 개인적으로 사용하여 재반입이 불가능한 자금에 대하여, 외국에서 운영되는 까닭에 그 설립 및 운영상황에 대하여 비밀유지가 용이한 역외펀드를 설립하여 대한생명보험 주식회사(이하 '대한생명'이라 한다)의 회사 공금을 국외로 도피시킨 후 자금세탁과정을 거친 다음, 위장무역으로 해외에 유출하였던 자금이 환수된 것처럼 가장하여 국내로 들여와 향후에 있을 수 있는 수사 및 재판과정에서 위 재산국외도피사건을 은폐하거나 유리한 자료로 활용할 생각으로 공소외 1과 공모하여, 1997.7.경 영

국 런던 소재 대한생명 영국주재 사무소에서, 사실은 역외펀드를 이용하여 해외에서 투자하는 것이 아니라 위와 같이 미리 도피시킨 외화를 변제하기 위하여 단지 그러한 형식을 빌려서 미화를 해외로 송금하는 것이어서 거주자와 비거주자 간 채권의 발생 등과 관련이 없는 지급에 해당하므로 한국은행총재의 허가를 받아야 함에도 그 허가 없이, 대한생명 상무 공소외 2, 이사 공소외 3에게 1억 달러를 투자할 역외펀드를 설립할 것을 지시하고, 이에 따라 공소외 2 등이 1997.8.20.경 국제적 조세회피 지역인 영국령 케이만군도에 그랜드 밀레니엄 펀드(Grand Millennium Fund)라는 역외펀드를 설립하자, 1997.8.22.경 및 1997.9.24.경 펀드 명의로 해외에서 지분증권(Unit Certificate)을 2차례에 걸쳐 발행하고, 위 각 일자에 대한생명이 위 지분증권을 미화 각 5,000만 달러에 전액 매입하는 형식으로 미화 합계 1억 달러를 외환은행 뉴욕지점 퀸스게이트 뱅크 앤 트러스트(Queensgate Bank & Trust Co.) 계좌로 송금함으로써 법령에 위반하여 대한민국의 재산을 국외로 도피시켰다.

나. 검사의 기소취지

검사의 기소취지를 요약하면, 피고인의 이 사건 각 미화 송금행위가 '거주자와 비거주자 간 채권의 발생 등에 관한 거래와 관련이 없는 지급'으로서 구 외국환관리규정(1996.6.1. 재정경제원 고시 제1996-13호, 이하 '구 외국환관리규정'이라 한다) 제6-15조의3 제15호(이하 '이 사건 규정'이라 한다)에 해당하므로 한국은행총재의 허가를 받아야 함에도 그러한 허가를 받지 아니한 채 비거주자에게 외국환을 송금함으로써 이 사건 규정의 상위규범인 구 외국환관리법(1997.12.13. 법률 제5453호로 개정되기 전의 것, 이하 '구 외국환관리법'이라 한다) 제17조 제1항에 위반하여 대한민국의 재산을 국외로 이동하였으니, 이는 특정경제범죄 가중처벌 등에 관한 법률 제4조 제1항 소정의 '법령에 위반하여 대한민국 또는 대한민국 국민의 재산을 국외에 이동하거나 국내에 반입하여야 할 재산을 국외에서 은닉 또는 처분하여 도피시킨 때'에 해당한다는 것이다.

다. 원심의 판단

원심은 다음과 같은 이유로 이 사건 규정이 무효라고 판단하였다.

구 외국환관리법 제3조 제1항 제9호, 제21조 제1항 제1호, 구 외국환관리규정 제1-2조 제47호의 규정을 종합하면, 이 사건 규정 중에서 '채권의 발생 등에 관한 거래와 관련이 없는 지급'이라 함은 '모든 종류의 금전채권 또는 금전채무의 발생·변경·변제·소멸이나 직접 또는 간접의 이전 기타의 처분에 관한 거래와 관련이 없는 지급'을 의미한다.

그런데 금전채권은 통화로 지급할 것을 목적으로 하는 채권이므로 '금전채권'과 '지급'이라는 개념을 서로 분리하여 생각할 수 없는 점, 이 사건 규정에서 말하는 '거래'의 개념을 불법행위 등이 아닌 '계약'의 의미로 좁게 파악할 여지가 없지 않으나 구 외국환관리법 제21조 제1항에서는 '거래 또는 행위'를 '거래'라고 표현하고 있음에 비추어 볼 때 '거래'가 반드시 계약관계만을 의미하는 것은 아닐 뿐만 아니라, 불법행위로 인한 손해배상이나 부당이득 반환을 위한 지급의 경우에도 그것은 금전채권의 변제·소멸에 관한 것으로서 채권의 발생 등에 관한 거래와 관련이 없다고 하기는 어려운 점, 또한 아무런 대가 없는 지급으로서 증여, 특히 사전에 증여약속을 함이 없이 통화의 이전을 수반하는 무상성의 합의를 하는 현실증여가 위 규정의 '거래' 개념에서 제외되는 것으로 생각할 수도 있으나 그 경우에도 관념적으로는 채권계약이 선행하고 곧 이어서 이행되는 것이므로 법리상 일종의 거래 또는 계약관계에 해당하는 것으로 보아야 할 것인 점, 한편 외국환을 지급받은 상대방이 지급당사자의 의사에 따라 이를 보관하다가 지급당사자에게 반환하거나 특정 용도에 사용하여야 할 의무를 부담하게 되는 것이라면 이것 또한, 금전의 보관 및 위탁에 관한 채권채무의 발생과 관련이 없는 것이라고 할 수 없는 점 등을 종합해 보면, 과연 '채권의 발생 등에 관한 거래와 관련이 없는 지급'이라는 것이 개념적으로 또는 현실적으로 존재할 수 있는지가 의심스러울 뿐만 아니라 그 법률적 의미를 파악하는 것이 극히 곤란하다고 하지 않을 수 없다.

나아가 '채권의 발생 등에 관한 거래와 관련이 없는 지급'이라는 개념이 성립하고 현실적으로 그러한 지급행위가 존재한다고 보는 경우에도, '당해 거주자와 비거주자 간 채권의 발생 등에 관한 거래와 관련이 없는 지급'이라는 이 사건 규정에 구체적으로 포섭되는 행위 유형에 대하여는 다양한 해석이 존재할 수 있으나, 그 중 어느 것에 따르더라도 보통의 판단능력을 갖춘 일반인들이 이 사건 규정에 의하여 허가를 받아야 하는 행위가 무엇인지 알 수 있을 정도로 법률적 의미가 명확하지 아니하여 죄형법정주의가 요구하는 형벌법규의 명확성의 원칙에 반할 뿐만 아니라, 외국환관리법령의 규정체계에 비추어 모법의 위임범위를 초과하는 결과에 이르게 된다.

또한, 구 외국환관리법 시행령(1997.11.29. 대통령령 제15516호로 개정되기 전의 것, 이하 '구 외국환관리법 시행령'이라 한다) 제26조 제2항, 제3항 및 구 외국환관리규정 제6-2조 제1항에 의하면 지급의 허가를 받고자 하는 자는 지급금액·지급

사유와 상대방 등을 기재한 허가신청서에 지급사유와 금액을 입증하는 서류 등을 첨부하여 재정경제원장관에게 제출하여야 하고, 위 허가신청을 받은 재정경제원장관은 당해 지급이 허가대상인지의 여부, 당해 지급의 사유와 금액, 당해 지급의 원인이 되는 거래 또는 행위의 내용 등을 심사하여 그 허가 여부를 결정하도록 되어 있으므로, 거주자가 당해 거주자와 비거주자 간 채권의 발생 등과 관련 없이 국내로부터 외국에 지급하거나 비거주자에게 지급하고자 하는 경우에는 그 지급의 원인이 되는 거래 또는 행위가 없다고 기재한 허가신청서를 제출하여 그 허가를 받아야 하고, 만일 위 허가를 받지 아니하거나 허위 기타 부정한 방법으로 허가를 받고 위 행위 등과 관련한 지급을 하면 외국환관리법 및 특정경제범죄 가중처벌 등에 관한 법률에 따라 형사처벌을 받도록 규정되어 있는바, 현실적으로는 위와 같이 기재한 허가신청서를 제출하면 허가를 받는 것이 불가능할 것이므로, 결국 그 자체로 자신에게 형사상 불리한 진술을 강요하는 것이 되어 진술거부권의 본질적인 내용을 침해하는 것이다.

이상의 점을 종합하면, 검사가 피고인의 이 사건 각 외화지급행위에 대하여 청구한 적용법조인 이 사건 규정은 형벌법규의 명확성의 원칙에 반하며, 모법인 구 외국환관리법 제17조 제1항 및 구 외국환관리법 시행령 제26조 제1항의 위임범위를 벗어난 것일 뿐만 아니라, 헌법 제12조 제2항이 보장하는 진술거부권의 본질적 내용을 침해하는 것으로서 무효이다.

라. 이 법원의 판단

그러나 위와 같은 원심의 판단은 다음과 같은 이유로 수긍하기 어렵다.

헌법 제12조 및 제13조를 통하여 보장되고 있는 죄형법정주의의 원칙은 범죄와 형벌이 법률로 정하여져야 함을 의미하며, 이러한 죄형법정주의에서 파생되는 명확성의 원칙은 법률이 처벌하고자 하는 행위가 무엇이며 그에 대한 형벌이 어떠한 것인지를 누구나 예견할 수 있고, 그에 따라 자신의 행위를 결정할 수 있도록 구성요건을 명확하게 규정하는 것을 의미한다.

그러나 처벌법규의 구성요건이 명확하여야 한다고 하여 모든 구성요건을 단순한 서술적 개념으로 규정하여야 하는 것은 아니고, 다소 광범위하여 법관의 보충적인 해석을 필요로 하는 개념을 사용하였다고 하더라도 통상의 해석방법에 의하여 건전한 상식과 통상적인 법감정을 가진 사람이면 당해 처벌법규의 보호법익과 금지된 행위 및 처벌의 종류와 정도를 알 수 있도록 규정하였다면 헌법이 요구하는 처벌법규의 명확성에 배치되는 것이 아니다. 또한, 어떠한 법규범이 명확한지 여부는 그 법규범이 수범자에게 법규의 의미내용을 알 수 있도록 공정한 고지를 하여 예측가능성을 주고 있는지 여부 및 그 법규범이 법을 해석·집행하는 기관에게 충분한 의미내용을 규율하여 자의적인 법해석이나 법집행이 배제되는지 여부, 다시 말하면 예측가능성 및 자의적 법집행 배제가 확보되는지 여부에 따라 이를 판단할 수 있는데, 법규범의 의미내용은 그 문언뿐만 아니라 입법 목적이나 입법 취지, 입법 연혁, 그리고 법규범의 체계적 구조 등을 종합적으로 고려하는 해석방법에 의하여 구체화하게 되므로, 결국 법규범이 명확성 원칙에 위반되는지 여부는 위와 같은 해석방법에 의하여 그 의미내용을 합리적으로 파악할 수 있는 해석기준을 얻을 수 있는지 여부에 달려 있다(헌법재판소 2004.11.25. 선고 2004헌바35 결정, 2005.6.30. 선고 2002헌바83 결정 등 참조).

그런데 **구 외국환관리법은 외국환과 그 거래 기타 대외거래를 합리적으로 조정 또는 관리함으로써 대외거래의 원활화를 기하고 국제수지의 균형과 통화가치의 안정을 도모하여 국민경제의 건전한 발전에 이바지함을 목적으로 하고(제1조), 이와 같은 목적을 달성하기 위하여 모든 외국환거래행위에 대하여 '원인행위', '지급 및 영수행위' 그리고 '지급 및 영수방법' 등 3가지 측면에서 절차를 정하고 있는바, 거래의 유형에 따라 경상적 거래에 대하여는 '지급 및 영수행위'를 중심으로, 자본거래에 대해서는 '원인행위'를 중심으로 외국환거래를 규제하고 있다.**

즉, 구 외국환관리법은 자본거래를 원칙적으로 허가대상으로 하면서, 관리를 강력하게 하지 않아도 좋을 거래는 신고대상거래로 분류하는 한편, 관리를 하지 않아도 좋다고 판단되는 자본거래는 허가면제거래로 규정하고 있고(구 외국환관리법 제21조, 구 외국환관리법 시행령 제30조, 구 외국환관리규정 제10장), 구 외국환관리법 제21조에 따라 자본거래의 허가를 받았거나 자본거래의 신고를 마친 거래의 경우에는 해당 거래에 대한 허가 또는 신고만으로 지급 또는 영수(이하 '지급 등'이라 한다)를 할 수 있다(구 외국환관리법 제17조 제2항 제1호).

반면 경상적 거래는 원인행위에 대한 허가 또는 신고가 필요하지 아니하며, 특히 대외무역법에 의하여 인정된 물품의 수출과 수입의 경우에는 별도의 허가 또는 신고 없이 지급 등을 할 수 있다(구 외국환관리법 제17조 제2항 제2호).

다만, 조약 및 일반적으로 승인된 국제법규의 성실한 이행 또는 국제경제질서의 유지를 위하여 불가피한 경우에는 허가를 받거나 또는 신고를 마친 자본거래에 의한 지급과 대외무역법이 정하는 바에 의하여 인정된 물품의 수출수입에 관한 지급 등의 경우에도 지급 및 영수행위의 규제에 관한 구 외국환관리법 제17조 제1항이 적용된다(제17조 제2항 단서).

한편, 지급 및 영수행위의 규제에 관한 구 외국환관리법 제17조에 의하면, 재정경제 원장관은 국제수지의 균형을 유지하기 위하여 필요한 경우, 구 외국환관리법의 실 효성을 확보하기 위하여 필요한 경우, 조약 및 일반적으로 승인된 국제법규의 성실 한 이행 또는 국제경제질서의 유지를 위하여 불가피한 경우에는 거주자 또는 비거 주자로 하여금 지급 등에 관하여 대통령령이 정하는 구분에 의하여 재정경제원장관 에게 신고하여야 하도록 하거나 재정경제원장관의 허가를 받도록 할 수 있고(제17 조 제1항), 위 규정에 근거한 구 외국환관리법 시행령 제26조는 '거래가 정형화되어 있어 지급 등의 목적이 분명하고 자본의 불법유출·유입의 가능성이 작다고 인정 되는 지급 등'은 신고 대상 지급 등으로, '과다한 외화유출 및 자본의 불법유출·유 입의 가능성이 큰 지급 등으로서 법의 목적을 달성하기 위하여 필요하다고 인정되 는 지급 등'은 허가대상 지급 등으로 기준을 정하면서 재정경제원장관이 위 기준에 의하여 신고를 하거나 허가를 받아야 할 지급 등의 종류와 범위를 정하여 고시하도 록 규정하였다.

위와 같은 위임에 따라 제정된 구 외국환관리규정은 제6장 제2절(허가 등을 받아야 하는 지급 등)에서 외국환은행의 장에게 신고하여야 하는 지급 등(제6-15의2), 한국은행총재의 허가를 받아야 하는 지급 등(제6-15의3), 재정경제원장관의 허가 를 받아야 하는 지급 등(제6-15의3)을 차례로 나누어 규정하고 있다.

그리고 외국환관리규정 제6-15조의3은 한국은행총재의 허가를 받아야 하는 지급 등으로서 모두 16개 호를 열거하고 있는바, 여기에는 경상적 거래 중 물품거래와 관련된 지급{거주자가 대외무역법이 정하는 바에 의하지 않은 물품의 매매와 관련 한 지급 등을 하고자 하는 경우(제1호)}, 경상적 거래 중 용역거래와 관련된 지급 {사업 및 경영 상담(컨설팅) 용역 대가 지급(3호), 물품의 수출수입에 직접 수반하 는 중개 또는 대리 등에 따른 수수료 지급의 경우를 제외하고 그 대상 거래 또는 행위금액의 100분의 10과 미화 5만 불을 초과하는 각종 중개, 위탁, 대리, 알선, 대 행, 보조 등에 대한 수수료 지급(10호) 등}, 자본거래와 관련한 지급{부동산 처분 대금의 지급(5호), 증권의 원리금 배당금, 이자 등의 지급 및 처분대금의 지급(6 호), 여신관련 담보제공, 보증에 따른 대지급(7호), 법 제21조 제1항의 각 호에 해 당하는 자본거래 이외의 거래 또는 행위로서 이윤, 이자, 이익배당금 및 분배금 등 자본소득을 목적으로 한 거래 또는 행위를 위한 지급(13호) 등}이 포함되어 있고, 위 규정들과 함께 제15호에서 '당해 거주자와 비거주자 간 채권의 발생 등에 관한 거래와 관련이 없는 지급'을 규정하고 있으며, 제1-2조 제47호에서 '채권의 발생 등'이라 함은 채권 또는 채무의 발생·변경·변제·소멸이나 직접 또는 간접의 이전 기타의 처분을 말한다고 규정하고 있다.

위 규정들을 모두 종합하여 살펴보면, **구 외국환관리법 제17조 제1항은 제17조 제2항에 의하여 적용이 배제되는, 대외무역법에 의하여 인정된 물품의 수출·수입에 관한 지급 등과 허가를 받거나 신고를 마친 자본거래에 의한 지급 등을 제외한 모든 외국환의 지급 및 영수행위를 규제대상으로 하고 있다고 할 것인바, 외국환의 지급 및 영수행위는 경상적 거래와 자본거래 등의 국제거래가 원인이 되는 경우가 일반적일 것이지만, 그러한 원인행위 없이 외국환의 지급 및 영수행위를 필요로 하는 경우도 있을 수 있고, 그러한 외국환의 지급 및 영수행위는 원인행위 단계에서 아무런 규제를 받지 아니하므로 지급 및 영수행위 단계에서 이를 규제할 필요성이 적지 아니한 점과 원인행위가 없는 지급의 경우에 특히 외화 유출의 가능성이 있다고 보여지는 점 등에 비추어 보면, 구 외국환관리규정이 한국은행총재의 허가사항으로 규정한 '당해 거주자와 비거주자 간 채권의 발생 등에 관한 거래와 관련이 없는 지급'은 경상적 거래나 자본거래 등 일반적으로 외국환의 지급 등의 원인행위가 되는 거래를 수반하지 않는 외국환의 지급을 뜻하는 것으로 새기는 것이 타당하다.** 따라서 이 사건 규정은 앞서 본 바와 같은 이 법의 목적, 외국환거래 제한의 태양과 절차, 법 제17조의 의미 등에 비추어 관련 법 조항 전체를 유기적·체계적으로 종합 판단하면 그 의미가 불명확하다고 할 수 없으므로, 죄형법정주의가 요구하는 명확성의 원칙에 위배되는 것이라고 할 수 없다.

그리고 앞서 본 바와 같이 **구 외국환관리법 제17조 제1항은 경상적 거래와 자본거래에 관련된 지급 등과 위와 같은 거래를 수반하지 않는 지급 등을 모두 규제 대상으로 하고 있고, 구 외국환관리법 시행령 제26조는 '과다한 외화유출 및 자본의 불법유출·유입의 가능성이 큰 지급 등으로서 법의 목적을 달성하기 위하여 필요하다고 인정되는 지급 등'을 허가대상 지급 등으로 기준을 정하였으며, 거래를 수반하지 않는 지급의 경우에 특히 외화 유출의 가능성이 있다고 보여지므로, '채권의 발생 등에 관한 거래와 관련이 없는 지급'을 한국은행총재의 허가사항으로 정한 이 사건 규정이 구 외국환관리법 또는 구 외국환관리법 시행령의 위임의 범위를 벗어난 것으로 볼 수 없다.** 또한, 거래를 수반하지 않는 외국환 지급 허가의 신청은 구 외국환관리법이나 그 밖의 법령에 범죄로 규정되어 있지 아니할 뿐 아니라, 위와 같은 지급의 경우에도 지급의 수액 및 그 용도 등에 따라 지급이 허가될 가능성이 전혀 없다고 할 수는 없으므로, 위와 같은 지급을 하려는 거주자에 대하여 한국은행총재의 허가를 미리 받도록 규정한 것이 헌법상 보장된 진술거부권의 본질적 내용을 침해하는 것이라고 할 수는 없다.

그럼에도 불구하고, 원심은 그 판시와 같은 이유로 이 사건 규정이 무효라고 판단하였으니, 원심판결에는 구 외국환관리규정 제6-15조의3 제15호의 효력에 관한 법리를 오해한 위법이 있고, 이러한 위법은 원심판결 중 시설수입을 가장한 송금으로 인한 특정경제범죄 가중처벌 등에 관한 법률 위반(재산국외도피)죄 부분에 영향을 미쳤음이 분명하다.

그러나 해외 지분증권의 매입은 구 외국환관리법 제21조 제1항 제3호 소정의 자본거래에 해당하므로, 그 매입대금의 송금은 위 자본거래에 수반된 지급으로서 구 외국환관리규정 제6-15조의3 제15호 소정의 '채권의 발생 등에 관한 거래와 관련이 없는 지급'이라고 할 수 없으며, 피고인이 해외지분증권을 매입하게 된 진정한 목적이 역외펀드를 이용한 해외 투자에 있는 것이 아니라 그 중 일부를 SDA에 송금하여 이 사건 위장무역대금이 국내로 환수된 것처럼 가장하고 나머지 일부를 해외합작투자 사업 등에 사용하려는 데 있었다고 하더라도 달리 볼 수 없다(기록에 의하면, 대한생명은 구 외국환관리규정 제10-49조 제3호 소정의 기관투자가로서 대한생명의 이 사건 해외지분증권의 매입은 구 외국환관리법 제21조 제3항, 구 외국환관리법 시행령 제30조 제5항, 구 외국환관리규정 제10-48조, 제10-50조 제1항 제3호 (가)목에 의하여 허가 또는 신고를 요하지 아니하며, 그 매입대금의 지급 역시 구 외국환관리법 제17조 제2항 제1호에 의하여 허가 또는 신고를 요하지 아니한다). 따라서 이 사건 공소사실 중 해외지분증권 매입대금의 송금으로 인한 특정경제범죄 가중처벌 등에 관한 법률 위반(재산국외도피) 부분은 범죄의 증명이 없는 때에 해당하므로, 원심이 이를 무죄로 인정한 것은 결론에 있어서 옳고, 따라서 앞서 본 바와 같은 원심의 위법은 이 부분 판결에는 영향이 없다고 할 것이다.

2. 피고인의 상고에 대하여

상고심에서 상고이유의 주장이 이유 없다고 판단되어 배척된 부분은 그 판결 선고와 동시에 확정력이 발생하여 이 부분에 대하여는 피고인은 더 이상 다툴 수 없고, 또한 환송받은 법원으로서도 이와 배치되는 판단을 할 수 없다고 할 것이므로, 피고인으로서는 더 이상 이 부분에 대한 주장을 상고이유로 삼을 수 없다고 할 것인바(대법원 2005.3.24. 선고 2004도8651 판결, 2005.10.28. 선고 2005도1247 판결 등 참조), 피고인의 상고이유는 이미 제1차환송판결 및 제2차환송판결에 의하여 그 상고이유가 없다는 이유로 배척되었으므로, 피고인의 상고이유의 주장은 적법한 상고이유라고 할 수 없어 이를 받아들일 수 없다.

3. 파기의 범위

그러므로 원심판결의 무죄 부분 중 시설수입을 가장한 송금으로 인한 특정경제범죄 가중처벌 등에 관한 법률 위반(재산국외도피) 부분은 파기되어야 할 것인바, 이 죄와 원심에서 유죄로 인정된 나머지 죄들은 형법 제37조 전단의 경합범으로서 하나의 형이 선고되어야 할 것이므로, 원심판결 중 해외지분증권 매입대금의 송금으로 인한 특정경제범죄 가중처벌 등에 관한 법률 위반(재산국외도피) 부분을 제외한 나머지 부분은 전부 파기될 수밖에 없다.

4. 결 론

그러므로 원심판결 중 해외지분증권 매입대금의 송금으로 인한 특정경제범죄 가중처벌 등에 관한 법률 위반(재산국외도피) 부분을 제외한 나머지 부분을 파기하고, 이 부분 사건을 다시 심리·판단하게 하기 위하여 원심법원에 환송하며, 해외지분증권 매입대금의 송금으로 인한 특정경제범죄 가중처벌 등에 관한 법률 위반(재산국외도피) 부분에 대한 검사의 상고를 기각하기로 하여 관여 법관의 일치된 의견으로 주문과 같이 판결한다.

대법관    김지형(재판장) 강신욱 고현철(주심) 양승태

## (1) 통칙

### 1) 거주자의 증권발행

거주자가 국내에서 외화증권을 발행 또는 모집("발행"이라 함)하고자 하는 경우에는 허가 및 신고를 요하지 아니한다. 거주자가 외국에서 외화증권이나 원화증권을 발행하고자 하는 경우에는 지정거래외국환은행의 장이나 기획재정부장관에게 신고하여야 한다(정 7-22).

〔표 57〕 거주자의 증권발행거래

| 당사자 | 거래내용 | 신고의무 |
|---|---|---|
| 거주자 | 국내에서 외화증권을 발행 또는 모집하고자 하는 경우 | 없음 |
| 거주자 | 외국에서 외화증권을 발행하고자 하는 경우[26] | 지정거래외국환은행의 장 등에게 신고 |
| 거주자 | 거주자(외국환업무취급기관을 포함)가 외국에서 원화증권을 발행하고자 하는 경우 | 기획재정부장관에게 신고 |
| 증권발행을 한 자 | 납입을 완료했을 경우 | 지체없이 증권발행보고서를 신고기관의 장에게 제출 |

---

26) 거주자가 국내에서 발행한 외화증권을 비거주자가 「자본시장과 금융투자업에 관한 법률」 제9조 제8항에서 규정하는 사모로 취득하는 경우를 포함한다.

# 증 권 발 행 신 고 서

| | | | | | |
|---|---|---|---|---|---|
| | | | | 처 리 기 간 | |
| 신청인 | 상호 및 대표자 성명 | | | 인 | |
| | 주 소 (소 재 지) | | | (전화번호) | |
| | 업 종 (직 업) | | | | |
| 대리인 | 상 호 기 타 명 칭 | | | | |
| | 주 소 | | | (전화번호) | |
| 신청내역 | 증 권 종 류 | | 액면금액 및 수량 | | |
| | 발 행 금 액 | | 발 행 방 법 | (공모, 사모) | |
| | 계약체결시기 및 장소 | | 발행시기및장소 | | |
| | 상 장 여 부 | (상장시 : 증권거래소) | | | |
| | 표 면 금 리 | | 발 행 가 격 | | |
| | 만 기 | | 해 외 판 매 여 부 | | |
| | 배당금지급시기 및 방법 | | | | |
| | 원리금 상환방법 | | | | |
| | 발 행 비 용 | (All-in Cost : ) | | | |
| | 자 금 용 도 | | | | |
| | 발 행 관 련 기 관 | | | | |

외국환거래법 제18조의 규정에 의하여 위와 같이 신고합니다.

년 월 일

기획재정부장관 귀하

(한국은행총재 또는 외국환은행의 장)

| | |
|---|---|
| 신 고 번 호 | |
| 신 고 금 액 | |
| 유 효 기 간 | |

년 월 일

신고기관 : 인

210mm×297mm

〈첨부서류〉 1. 발행계획서 또는 제7-23조의 2의 규정에 의한 복수 거래소간 동시상장 계획서
       2. 기타 신고기관의 장이 필요하다고 인정하는 서류

## 2) 비거주자의 증권발행

비거주자가 증권을 발행하고자 하는 경우에는 기획재정부장관에게 신고하여야 한다 (정 7-23-1). 증권의 발행으로 조달한 자금은 신고시 명기한 용도로 사용하여야 한다(정 7-23-3).

〔표 58〕 비거주자의 증권발행 거래

| 당사자 | 거래내용 | 신고의무 |
|---|---|---|
| 비거주자 | 국내에서 외화증권 또는 원화연계외화증권을 발행(외국에서 기 발행된 외화증권을 증권시장에 상장하는 경우를 포함)하고자 하거나 원화증권을 발행하고자 하는 경우 | 기획재정부장관에게 신고 |
| 비거주자 | 외국에서 원화증권 또는 원화연계외화증권을 발행하고자 하는 경우 | 기획재정부장관에게 신고 |

## 3) 상장증권의 거래소 간 이동

국내증권시장과 해외증권시장 간에 증권의 이동이 이루어지는 방식으로 증권을 상장하고자 하는 경우에는 최초 상장시점에 1회에 한하여 기획재정부장관에게 신고하여야 한다(정 7-23의2-1). 신고를 한 자는 시장간 유가증권의 이동 또는 전체 증권발행수량의 변동이 발생한 경우 매월별로 다음 달 말까지 기획재정부장관에게 보고하여야 한다(정 7-23의2-2).

## (2) 비거주자의 국내 증권 발행절차

### 1) 증권발행 신고의무

증권을 발행하고자 하는 비거주자는 증권발행신고서에 발행자금의 용도를 기재한 발행계획서를 첨부하여 기획재정부장관에게 제출하여야 한다(정 7-24-1).

# 증권발행보고서

| 신청인 | 명 칭 | |
|---|---|---|
| | 대 표 자 성 명 | (서명) |
| | 주사무소 소재지 | (전화번호) |
| 대리인 | 상호 및 대표자성명 | (인) |
| | 주 소 ( 소 재 지 ) | (전화번호) |

| 보고내역 | 증 권 종 류 | | 액면금액 및 수량 | |
|---|---|---|---|---|
| | 발 행 금 액 | | 발 행 방 법 | (공모, 사모) |
| | 계약체결시기 및 장소 | | 발행시기 및 장소 | |
| | 상 장 여 부 | (상장시 : 증권거래소) | | |
| | 표 면 금 리 | | 발 행 가 격 | |
| | 만 기 | | 해 외 판 매 여 부 | |
| | 배당금지급시기 및 방 법 | | | |
| | 원 리 금 상 환 방 법 | | | |
| | 발 행 비 용 | (All-in Cost : ) | | |
| | 자 금 용 도 | | | |
| | 발 행 관 련 기 관 | | | |
| | 기 타 | | | |

외국환거래규정 제7-27조, 제7-29조 및 제7-30조 규정에 의하여 위와 같이 보고합니다.

년 월 일

기획재정부장관 귀하

210㎜×297㎜

〈첨부서류〉 1. 계약서 사본 각 1부
  2. 발행조건 및 비용명세서
  3. 발행된 증권 견본 1매
  4. 기타 기획재정부장관이 필요하다고 인정하는 서류

## 2) 주식예탁증서 발행

주식예탁증서를 발행하고자 하는 자는 주식예탁증서의 신주인수권행사에 따른 증권납입대금 및 배당금지급 등 주식예탁증서의 권리행사 및 의무이행에 관련된 자금의 예치 및 처분을 위하여 예탁결제원에 예탁결제원 명의의 원화증권전용외화계정(발행자 명의도 부기함)을 지정거래외국환은행에 개설하도록 요청하여야 하며, 요청받은 예탁결제원은 지정거래외국환은행에 예탁결제원 명의의 원화증권전용외화계정을 개설하여야 한다.

## 3) 증권납입대금 예치의무

비거주자가 국내에서 증권을 발행한 경우, 원화증권인 경우에는 비거주자자유원계정을, 외화증권인 경우에는 대외계정을 개설하여 증권납입대금을 예치하여야 한다(정 7-24-3).

## 4) 보고의무

증권발행신고를 한 자가 납입을 완료하였을 경우에는 지체없이 증권발행보고서에 발행조건 및 비용명세서와 인수기관별 인수내역의 서류를 첨부하여 기획재정부장관에게 제출하여야 한다(정 7-27-1).

예탁결제원은 예탁결제원 명의의 원화증권전용외화계정의 지급 및 수령상황을 매월 외화계정이 개설된 지정거래외국환은행의 장에게 통보하여야 한다(정 7-27-2).

지정거래외국환은행의 장은 예탁결제원 명의의 원화증권전용외화계정의 예치 및 처분상황을 매월 한국은행총재에게 보고하여야 한다(정 7-27-3).

한국은행총재는 예치 및 처분상황을 종합하여 매월 기획재정부장관에게 보고하여야 한다(정 7-27-4).

## 5) 해외판매채권의 매매

발행채권의 일부를 해외에서 판매하고자 하는 자는 해외에서의 해외판매채권의 매매(외화결제에 한함)를 위해 국제적으로 인정되는 결제기구 또는 예탁기관에 해외판매채권을 예탁할 수 있다(정 7-28-1).

국제적으로 인정되는 결제기구 또는 예탁기관에 해외판매채권을 예탁하고자 하는 자는  발행신고시에 기획재정부장관에게 신고하여야 한다(정 7-28-2).

## (3) 외국에서 원화증권의 발행절차

### 1) 증권발행 신고의무

거주자가 외국에서 원화증권을 발행하고자 하는 경우에는 증권발행신고서에 발행자금의 용도를 기재한 발행계획서를 첨부하여 기획재정부장관에게 제출하여야 한다(정 7-29-1).

비거주자가 외국에서 원화증권(원화연계외화증권을 포함하며 이하 이 조에서 같다)을 발행하고자 하는 경우에는 별지 제7-5호 서식의 증권발행신고서에 발행자금의 용도를 기재한 발행계획서를 첨부하여 기획재정부장관에게 제출하여야 한다(정 7-30-1).

〔표 59〕 외국에서의 증권발행 거래

| 당사자 | 거래내용 | 신고의무 |
|---|---|---|
| 거주자 | 외국에서 원화증권을 발행하고자 하는 경우 | 증권발행신고서에 발행자금의 용도를 기재한 발행계획서를 첨부하여 기획재정부장관에게 제출 |
| 비거주자 | 외국에서 원화증권(원화연계외화증권을 포함)을 발행하고자 하는 경우 | 증권발행신고서에 발행자금의 용도를 기재한 발행계획서를 첨부하여 기획재정부장관에게 제출 |

### 2) 보고의무

원화증권발행을 신고한 자가 납입을 완료하였을 경우에는 지체없이 증권발행보고서를 기획재정부장관에게 제출하여야 한다(정 7-29-2, 정 7-30-2).

## (4) 증권발행거래에 대한 실무사례 및 판례

〔표 60〕 증권발행거래에 대한 실무 사례 및 판례

| 실무 사례 및 판례 | 내용 | 신고의무 |
|---|---|---|
| 거주자의 해외 외화증권 발행시 거래 외국환은행 지정 | 지정거래외국환은행장에게 신고를 하여야 하며 외화증권발행금액이 미화 3천만달러(신고시점부터 과거 1년간의 누적금액 포함)를 초과하는 경우에는 지정거래외국환은행을 경유하여 기획재정부장관에게 신고 | 지정거래외국화은행 신고/기획재정부장관 신고 |

외국환거래법상 "증권의 취득"이란 증권 또는 증권에 부여된 전환권, 신주인수권, 교환권 등의 권리(담보권은 제외)를 취득하는 것을 말한다[27]. 외국환거래법상 증권의 취득은 경영참여를 목적으로 하지 않고 증권이나 증권에 부여된 전환권 등을 취득하는 것을 의미한다. 외국환거래법에서는 외국법인의 경영에 참가하기 위하여 국내 법인이나 개인(거주자)이 외국법인의 주식 또는 출자지분을 취득하는 것은 해외직접투자로서 외국환거래규정 제9장에서 별도로 규정하고 있다[28]. 외국법인이나 개인(비거주자)이 국내 법인의 경영참여 목적으로 주식이나 출자지분을 취득하는 것은 외국인 직접투자로서 외국인투자촉진법이 우선 적용되며 외국인투자촉진법(제30조[29])에서 규정하지 아니하는 사항에 대하여는 외국환거래법의 적용을 받는다.

## (1) 거주자의 증권취득

### 1) 신고예외 증권취득거래

거주자가 비거주자로부터 증권을 취득하고자 하는 경우로서 다음 하나에 해당하는 경우에는 신고를 요하지 아니한다.

〔표 61〕 신고예외 거주자의 증권취득 거래(정 7 - 33)

| 당사자 | 거래내용 | 신고의무 |
|---|---|---|
| 거주자 | 외화증권투자절차(정7 - 33)에 따라 외화증권에 투자하는 경우 | 없음 |
| 거주자 | 비거주자로부터 상속·유증·증여로 인하여 증권을 취득하는 경우 | 없음 |
| 거주자 | 거주자가 외국환거래규정 증권발행규정에 따라 발행한 증권의 만기 전 상환 및 매입소각 등을 위하여 증권을 취득하는 경우 | 없음 |
| 서무사 | 인정된 거래에 따라 취득한 주식 또는 지분에 대신하여 입병 후 | 없음 |

---

27) 외국환거래규정 제1-2조 제33호
28) 외국환거래규정 제7-31조 제1항 단서
29) 외국인투자촉진법 중 외국환 및 대외거래에 관한 사항에 관하여는 이 법에 특별한 규정이 없으면 「외국환거래법」에서 정하는 바에 따른다.

| 당사자 | 거래내용 | 신고의무 |
|---|---|---|
| | 존속·신설된 법인의 주식 또는 지분을 비거주자로부터 취득하는 경우 | |
| 거주자 | 외국의 법령에 의한 의무를 이행하기 위하여 비거주자로부터 외화증권을 취득하는 경우 | 없음 |
| 거주자 | 국민인 비거주자로부터 국내에서 원화증권을 내국통화로 취득하는 경우 | 없음 |
| 거주자 | 인정된 거래에 따른 대부금의 대물변제, 담보권의 행사와 관련하여 비거주자로부터 외화증권을 취득하는 경우 | 없음 |
| 거주자 | 비거주자가 국내 또는 국외에서 발행한 만기 1년 이상인 원화증권을 취득하거나 비거주자가 발행한 해외판매채권을 비거주자에게 매각할 목적으로 국내인수회사가 취득하는 경우[30] | 없음 |
| 거주자 | 국내기업이 사업활동과 관련하여 외국기업과의 거래관계의 유지 또는 원활화를 위하여 미화 5만불 이하의 당해 외국기업의 주식 또는 지분을 취득하는 경우 | 없음 |
| 외국인투자기업(국내 자회사를 포함), 외국기업국내지사, 외국은행국내지점 또는 사무소에 근무하는 자 | 본사(본사의 지주회사나 방계회사를 포함)의 주식 또는 지분을 취득하는 경우 | 없음 |
| 거주자 | 국내유가증권시장에 상장 또는 등록된 외화증권을 비거주자로부터 취득하거나 부여된 권리행사에 따른 주식 또는 지분을 취득하는 경우 | 없음 |
| 거주자 | 외국환거래규정[31]에 따라 증권을 취득한 비거주자로부터 동 증권을 취득하는 경우 | |

## 2) 신고대상 증권취득거래

신고예외 증권취득거래를 제외하고 거주자가 비거주자로부터 증권을 취득하고자 하는 경우에는 한국은행총재에게 신고하여야 한다.

한국은행총재는 필요시 거주자의 증권취득거래 신고내용을 국세청장에게 열람하도록 하여야 한다. 다만, 거주자가 보유증권을 대가로 하여 비거주자로부터 증권을 취득하고자 하는 경우에는 교환대상증권의 가격 적정성을 입증하여야 한다.

---

30) 거주자가 원주를 취득하는 경우에는 정7-33의 규정에 따른다.
31) 외국환거래규정 제7-32조 제1항 제1호, 제2호 및 제11호, 제7-32조 제2항 및 제3항의 규정

〔표 62〕 신고대상 증권취득 거래(정 7 - 33 - 4)

| 당사자 | 거래내용 | 신고의무 |
|---|---|---|
| 거주자 | 거주자가 비거주자로부터 증권을 취득하고자 하는 경우 | 한국은행총재에게 신고 |

## ─O 신고서 작성 방법  증권취득

┤ 거래사례 ├

유정씨앤씨(주)는 미국의 첨단 벤처기업인 ABC사에 대한 투자목적으로 ABC사가 발행하는 우선주를 장외에서 주당 US＄1,000의 가격으로 3,000주를 직접 취득하기 위해 한국은행에 증권 취득계약 신고를 한 사례(자료출처 : 한국은행 외국환거래 신고 편람 2007.1. p.122~129의 내용을 필자가 일부수정)

〔별지 제7-6호 서식〕

| | | 증 권 취 득 신 고 서 | 처리기간 |
|---|---|---|---|
| | | | |
| Ⓐ 신 고 인 | 상호 및 대표자 성명 | 유정씨앤씨(주) 대표이사 신민호<br>(또는 유정씨앤씨(주)의 대리인 이성준) | 인 |
| | 주 소(소 재 지) | 서울시 강남구 언주로 723번지<br>(전화번호 : 123-4567)<br>(E-mail : custra@naver.com) | |
| | 업 종 ( 직 업 ) | 여신전문금융기관 | |
| 신 고 내 역 | Ⓑ 증 권 취 득 자 | 유정씨앤씨(주) | |
| | Ⓒ 증권취득상대방 | ABC Company<br>1122 Battery Street,San Francisco,USA<br>(전화번호)1-309-387-0000 | |
| | Ⓓ 증 권 취 득 방 법 | □보유증권대가 교환방식 (□상장·등록증권간 교환/□기타 교환)<br>■현금 매수방식 □기타( ) | |
| | Ⓔ 증 권 종 류 | ■직접기재 (회사명 및 주식종류선주(보통주, 우선주 등))<br>□비거주자발행 1년 미만 원화 또는 원화연계외화증권 | |
| | Ⓕ 액 면 가 액 | U$0.01- | |
| | 수 량 | 3,000주 | |
| | Ⓖ 취 득 단 가 | U$1,000 | |
| | Ⓗ 취 득 가 액 | U$3,000,000- | |
| | 취 득 사 유 | 해외 첨단 벤처기업에의 투자 | |

외국환거래법 제18조의 규정에 의하여 위와 같이 신고합니다.

2018년 6월 30일

재정경제부장관(한국은행총재 또는 외국환은행장) 귀하

| | |
|---|---|
| 신 고 번 호 | |
| 신 고 금 액 | |
| 신 고 일 자 | |
| 유 효 기 간 | |
| 기 타 참고사항 | |
| 신 고 기 관 : | |

* 음영부분은 기재하지 마십시오. 210㎜×297㎜

① 〈첨부서류〉 1. 증권취득 사유서 2. 증권취득 계약서
　　　　　　　 3. 신고인 및 거래관계인의 실체확인서류(법인등기부등본, 사업자등록증 등)
　　　　　　　 4. 기타 신고기관의 장이 필요하다고 인정하는 서류

**작성요령**

Ⓐ **신고인**
　- 개인의 경우는 신고인의 성명을 기재하고 서명 또는 날인, 법인의 경우는 상호와 대표이
　　사명을 기재하고 법인 인감을 날인한다. 만약 대리인이 신고하는 경우에는 '유정씨앤씨
　　(주)의 대리인 이성준'이라고 기재하고 대리인 이성준이 날인 또는 서명

Ⓑ **증권취득자**
　- 증권취득자의 성명(상호)을 기재한다.

Ⓒ **증권취득상대방**
　- 매매대상이 되는 증권 취득상대방의 성명(상호), 주소, 전화번호를 기재한다.

Ⓓ **증권취득방법**
　- 보유증권을 대가로 교환하는 방식, 현금 매수방식, 기타의 방식으로 구분한다.
　- 교환방식인 경우 상장·등록증권 간의 교환인 경우와 기타의 경우(상장·등록증권과
　　비상장·비등록증권의 교환 또는 비상장·비등록증권 간의 교환)로 나누어 기재한다.

Ⓔ **증권종류**
　- 매매대상이 되는 증권의 종류를 구체적으로 기재하며 매매대상 증권이 여러 종류이거나
　　다수인 경우에는 별첨을 이용하여 그 내역을 구체적으로 기재한다.

Ⓕ **액면가액**
　- 증권에 기재되어 있는 액면가(Face Value)를 기재한다.

Ⓖ **취득단가**
　- 실제 계약상 취득하는 증권의 주당 가격을 기재한다.

Ⓗ **취득가액**
　- 취득단가에 수량을 곱한 금액을 기재한다.

Ⓘ **첨부서류**
　- 증권취득 사유서 : 특별한 양식은 없으며 A4 용지 1매 내외의 분량으로 해당 신고 사유
　　를 정확하고 상세하게 기재한다.
　- 증권취득 계약서(청약서)

- 신고인 및 거래(계약) 상대방의 실체확인서류 : 개인의 경우에는 신분을 증명할 수 있는 주민등록증이나 여권 또는 운전면허증 사본, 법인의 경우에는 법인등기부등본, 사업자등록증
  - 국내기업의 경우에는 법인등기부등본, 해외법인 등의 경우는 이에 준하는 서류(예 : "Certificate of Incorporation" 등)
    * 만약 대리인이 신고할 경우에는 동 서류 외에 당해 신고행위에 대한 권한을 위임하는 내용의 위임장(비거주자는 영사관 발행 또는 현지에서 공증받은 위임장)을 추가 제출
- 보유증권을 대가로 하여 증권을 취득하는 경우(국내유가증권시장 상장·등록주식과 해외적격거래소 상장·등록주식을 교환하는 경우 제외)에는 교환대상증권의 가격적정성 입증서류
  - 회계법인이나 공인회계사 등 공인기관의 가격평가서(평가주체의 서명 또는 날인 필요)
    * 평가방법은 증권거래법에 의한 평가를 원칙으로 하되 증권거래법에 의한 평가가 곤란한 경우 그 사유를 소명하는 것을 전제로 상속세, 증여세법상 평가도 인정하며 동일한 평가주체가 교환대상 주식을 같은 기준에 의하여 평가하여야 한다.

- 투자개요서(필요시 징구)

〈투자개요서 양식〉

# 투 자 개 요 서

### 1. 투자자

### 2. 투자액
　　가. 해외투자금액
　　　　－ 금번 투자금액
　　　　－ 기투자금액
　　나. 자기자본
　　다. 자기자본 대비 해외투자금액 비율

### 3. 투자대상회사 자본금 현황

| 구 분 | 총발행한도* | 발 행<br>주식수<br>(비율) | 액면가액<br>(US$) | 발행단가<br>(US$) | 납입금액<br>(US$) |
|---|---|---|---|---|---|
| 보통주<br>우선주 A<br>　　　B<br>　　　C | | | | | |
| 소 계 | | | | | |
| 금번발행 | | | | | |
| 당사취득분 | | | | | |
| 합 계<br>보통주전환가정 | | | | | |

\* 수권주식총수

　　가. 우선주의 보통주 전환요건
　　나. 추가 주식발행시 가격 및 주식수의 제한 여부
　　다. 국내·외 투자자 현황

# 투자개요서 작성요령

## 1. 투자자

- 계약서상의 당사자가 회사인 경우와 조합인 경우를 구분한다.
- 중소기업창업투자회사 및 신기술사업금융업자(각 조합 포함)는 등록증 사본, 개인은 주민 등록증 사본, 일반법인은 사업자등록증 및 등기부등본 제출한다.
- 기타 회사설립에 대한 개요 서술(개인의 경우 제외)

## 2. 투자액

가. 해외투자금액

- 금번 투자금액
- 기투자금액

    ※ 기투자금액이 있을 경우 증권취득신고 날짜와 금액을 기재(신고필 사본 제출 필요)하며, 해외 직접투자 신고(재정경제부)상의 투자금액 별도 명기한다.

나. 자기자본

- 최근 회계연도 재무제표상 자본총계 기준, 반기 재무제표나 자본금의 변동시 변동된 자 본총계 기준

다. 자기자본 대비 해외투자금액 비율

- 개인은 연간 소득금액 및 납세증명서류(자금출처 확인) 제출한다.

## 3. 투자대상회사 자본금 현황

| 구 분 | 총발행한도<br>(수권주식총수) | 발행주식수<br>(비율) | 액면가액<br>(US$) | 발행단가<br>(US$) | 납입금액<br>(US$) |
|---|---|---|---|---|---|
| 보통주 | 1,000,000 | 900,000(45%) | 0.001 | – | |
| 우선주 | | | 0.001 | | |
| A | 500,000 | 500,000(25%) | | 2.5 | 1,250,000 |
| B | 500,000 | 500,000(25%) | | 3.0 | 1,500,000 |
| C | 200,000 | 100,000( 5%) | | 2.0 | 200,000 |
| 소 계 | | 2,000,000 | | | |
| 금번발행 | 우선주 C | 100,000( 5%) | | 2.0 | 200,000 |
| 당사취득분 | | 100,000( 5%) | | 2.0 | 200,000 |
| 합 계<br>보통주전환가정 | 2,200,000 | 2,000,000 | | | 2,950,000 |

\* 수권주식총수

가. 우선주의 보통주 전환요건

　○ 전환조건, 전환청구기간, 전환가격(비율), 의결권 유무 등

나. 추가 주식발행시 가격 및 주식수의 제한 여부

　○ 보통주 및 우선주별로 유상, 무상, 액면분할 여부 등 기재

　○ 투자보호조치 여부(추가 주식발행시의 금번 발행가액 이하 금지 등)

다. 국내·외 투자자 현황

　○ 주주 및 발행가액

## 3) 보고의무

한국은행총재는 연도별 증권취득현황 등을 다음 연도 둘째 달 말일까지 기획재정부장관에게 보고하여야 한다(정 7-35).

## (2) 비거주자의 증권취득

### 1) 신고예외 비거주자의 증권취득거래

비거주자가 거주자로부터 증권을 취득하고자 하는 경우로서 다음의 하나에 해당하는 경우에는 신고를 요하지 아니한다.

〔표 63〕 신고예외 비거주자의 증권취득 거래

| 당사자 | 거래내용 | 신고의무 |
|---|---|---|
| 비거주자 | 외국환거래규정 원화증권취득절차[32]에 따라 원화증권을 취득하는 경우[33] | 없음 |
| 비거주자 | 「외국인투자촉진법」의 규정에 의하여 인정된 외국인투자를 위하여 거주자로부터 증권을 취득하는 경우 | 없음 |
| 비거주자 | 거주자로부터 상속·유증으로 증권을 취득하는 경우 | 없음 |
| 비거주자 | 국내법령에 정하는 의무의 이행을 위하여 국공채를 매입하는 경우 | 없음 |
| 비거주자 | 거주자가 취득[34]한 본사의 주식(지분 포함)을 당해 거주자로부터 매입하는 경우 | 없음 |

---

32) 정 7-36~39

33) 인정된 증권대차거래를 위하여 외국금융기관에 개설한 계좌에 외화담보를 예치 및 처분하는 경우에는 외국환거래규정 원화증권취득절차에 의한 거래로 간주한다.

34) 정 7-31-1-x

| 당사자 | 거래내용 | 신고의무 |
|---|---|---|
| 비거주자 | 거주자가 외국에서 발행한 외화증권을 취득하거나 부여된 권리행사에 따른 주식 또는 지분을 취득[35]하는 경우 | 없음 |
| 국민인 비거주자 | 거주자로부터 국내에서 원화증권을 취득하는 경우 | 없음 |
| 비거주자 | 국내에서 원화증권 및 원화연계외화증권을 발행한 비거주자가 당초 허가를 받거나 신고된 바에 따라 만기 전 상환 등을 위하여 증권을 취득하는 경우 | 없음 |
| 비거주자 | 비거주자가 발행한 주식예탁증서를 거주자로부터 취득하거나 비거주자가 주식예탁증서의 원주를 거주자로부터 취득하는 경우[36] | 없음 |
| 비거주자 | 해외판매채권을 인수한 국내 인수회사로부터 취득하는 경우 | 없음 |
| 비거주자 | 인정된 거래에 따른 대부금의 대물변제, 담보권의 행사 및 채권의 출자전환[37]과 관련하여 거주자로부터 증권을 취득하는 경우 | 없음 |
| 비거주자 | 비거주자가 국내유가증권시장에 상장 또는 등록된 외화증권 또는 국내 외국환은행이 발행한 외화 양도성예금증서를 취득하는 경우 | 없음 |
| 비거주자 | 증권을 취득[38]한 거주자로부터 동 증권을 취득하는 경우 | 없음 |

## 2) 신고대상 비거주자의 증권취득거래

신고예외 대상거래에 해당하는 경우를 제외하고 비거주자가 거주자로부터 국내법인의 비상장·비등록 내국통화표시 주식 또는 지분을 「외국인투자촉진법」에서 정한 출자목적물에 의해 취득하는 경우 또는 거주자로부터 증권을 취득하고자 하는 경우에는 외국환은행의 장 또는 한국은행총재에게 신고하여야 한다.

---

35) 정 2-5, 2-10 및 7-22
36) 다만, 비거주자가 발행한 주식예탁증서를 거주자로부터 취득하는 경우에는 외국환거래규정 제7-37조의 규정을 준용한다. 또한 주식예탁증서를 발행한 비거주자가 당해 주식예탁증서를 취득하는 경우에는 외국환거래규정 제7-24조의 규정을 준용한다.
37) 「금융산업의 구조개선에 관한 법률」, 「기업구조조정촉진법」, 「채무자 회생 및 파산에 관한 법률」에 따른 출자전환을 말한다.
38) 정 7-31-1-I 및 xii, 7-31-2

〔참고〕 비거주자의 국내 원화증권 투자절차[39]

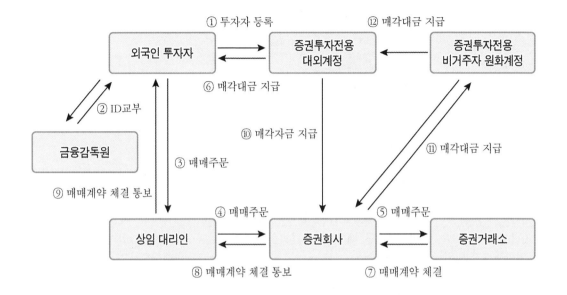

〔표 64〕 신고대상 비거주자의 증권취득 거래(정 7 - 32 - 2~3)

| 당사자 | 거래내용 | 신고의무 |
|---|---|---|
| 비거주자 | 거주자로부터 국내법인의 비상장·비등록 내국통화표시 주식 또는 지분을 「외국인투자촉진법」에서 정한 출자목적물에 의해 취득하는 경우로서 「외국인투자촉진법」에서 정한 외국인투자에 해당하지 아니하는 경우 | 외국환은행 장에게 신고 |
| 비거주자 | 거주자로부터 증권을 취득하고자 하는 경우 | 한국은행총 재에게 신고 |

## (3) 거주자의 외화증권투자거래

### 1) 투자대상 외화증권

거주자가 투자를 할 수 있는 외화증권은 제한을 두지 아니한다(정 7-33-1).

---

39) 금융감독원 홈페이지(http://www.fss.or.kr/fss/kr/info/exchange/forex01view_0501.html)

## 2) 신고예외 거주자의 외화증권투자거래

〔표 65〕 신고예외 거주자의 외화증권투자 거래(정 7 - 33 - 2)

| 당사자 | 거래내용 | 신고의무 |
|---|---|---|
| 기관투자가 | 외화증권을 매매하고자 하는 경우[40] | 없음 |
| 외국환업무취급기관 | 외국환업무로서 행하는 외환증권투자거래 | 없음[41] |

## 3) 신고대상 거주자의 외화증권투자거래

〔표 66〕 신고대상 거주자의 외화증권투자 거래(정 7 - 33 - 3~4)

| 당사자 | 거래내용 | 신고의무 |
|---|---|---|
| 기관투자자 | 신용파생결합증권을 매매하고자 하는 경우 | 한국은행총재에게 신고 |
| 일반투자가<br>(기관투자가 이외) | 외화증권을 매매하고자 하는 경우 | 투자중개업자를 통한 위탁 매매의무[42] |

## 4) 외화증권투자전용외화계정

### ① 외화증권투자전용외화계정 이용의무

일반투자가로부터 외화증권의 매매를 위탁받은 투자중개업자는 외국환은행에 개설된 일반투자가명의(투자중개업자의 명의를 부기함) 또는 투자중개업자 명의의 외화증권투자전용외화계정을 통하여 투자관련 자금을 송금하거나 회수하여야 한다(정 7 - 34 - 1).

### ② 거주자의 투자예탁금 예치

거주자가 외화증권을 매매하고자 할 경우, 증권금융회사 명의의 외화증권투자전용외화계정에 투자자예탁금을 예치할 수 있다(정 7 - 34 - 2).

## 5) 보고의무

### ① 기관투자가의 보고의무

기관투자가는 외화증권 투자자금의 원천에 따라 구분하여 매분기별 외화증권의 인수, 매매, 보유, 대여 및 외화예금의 보유, 운영실적과 투자자금의 대외지급 및 국내회수실

---

40) 외국환업무취급기관이 외국환업무로서 행하는 거래는 외국환거래규정 제2장에서 정한 절차에 따른다.
41) 다만, 외국환거래규정 제7-35조에 의한 보고의무를 준수하여야 한다.
42) 다만,「자본시장과 금융투자업에 관한 법률」이 정하는 바에 의하여 외국집합투자증권을 매매하고자 하는 경우에는 투자매매업자 또는 투자중개업자를 상대방으로 하여 외국집합투자증권을 매매할 수 있다.

적[43]을 다음 분기 첫째 달 10일까지 한국은행총재에게 보고하여야 한다(정 7-35-1).

② 투자중개업자 및 투자매매업자의 보고의무

투자중개업자 및 외국집합투자증권을 매매하는 투자매매업자는 일반투자가의 매분기별 외화증권의 투자현황, 매매실적 등(이하 "외화증권투자현황")을 다음 분기 첫째 달 10일까지 한국은행총재 및 금융감독원장에게 보고하여야 한다(정 7-35-2).

③ 한국은행총재의 통보의무

한국은행총재는 보고받은 외화증권투자현황을 종합하여 기획재정부장관에게 통보하여야 한다(정 7-35-3).

## (4) 외국인투자자의 국내원화증권투자거래

### 1) 외국인투자자의 투자대상 국내원화증권

〔표 67〕 외국인투자자의 투자대상 국내원화증권 (정 7-36-1)

| 당사자 | 거래내용 | 투자대상 국내원화증권 |
|---|---|---|
| 외국인투자자[44] | (1) 국내원화증권을 취득하거나 국내에서 매각하는 인정된 증권대차거래 또는 환매조건부매매거래<br>(2) 취득한 증권에 부여된 권리행사 및 상속·유증에 따른 승계취득으로 인하여 국내원화증권을 취득하거나 그 취득증권을 국내에서 매각하는 경우 | 1. 증권<br>2. 기업어음<br>3. 상업어음<br>4. 무역어음<br>5. 양도성예금증서<br>6. 표지어음<br>7. 종합금융회사 발행어음 |

---

43) 「국민연금법」 제83조 제5항에 따라 국민연금기금의 관리·운용에 관한 업무를 위탁받은 법인의 경우에는 6개월 전 거래실적에 한한다.

44) 비거주자(국민인 경우에는 해외영주권을 가진 자에 한함) 또는 증권투자자금의 대외송금을 보장받고자 하는 외국인거주자("외국인투자자")

## 2) 외국인투자자의 투자전용대외계정

〔표 68〕 외국인투자자의 투자전용대외계정 외화자금의 처분 (정 7-37-2~3)

| 당사자 | 투자전용대외계정 | 예치가능외화자금 | 처분할 수 있는 경우 |
|---|---|---|---|
| 외국인 투자자 | 관련된 자금의 지급 등을 위해 외국환은 행에 본인 명의 투자 전용대외계정 및 투 자전용비거주자원화 계정(이하 "투자전 용계정"이라 한다) 을 통해 관련자금을 예치·처분[45]가능 | 1. 외국인투자자가 외국으로부터 송금 또 는 휴대반입한 외화자금<br>2. 본인 명의의 다른 투자전용대외계정· 대외계정·비거주자외화신탁계정 및 투자중개업자·투자매매업자의 투자전 용외화계정, 한국거래소·예탁결제 원·증권금융회사·청산회사의 투자전 용외화계정에서 이체되어 온 외화자금<br>3. 취득한 증권의 매각대금·배당금·이자 및 인정된 증권대차거래·환매조건부매 매와 관련된 자금 등을 대가로 매입한 외 화자금[46]<br>4. 본인 명의의 투자전용비거주자원화계 정·비거주자자유원계정·비거주자원 화신탁계정에 예치자금을 대가로 매입 한 외화자금 | 1. 내국지급수단을 대 가로 한 매각[47]<br>2. 외국에 대한 송금<br>3. 본인 명의의 다른 투 자전용대외계정·대 외계정·비거주자외 화신탁계정 및 투자 중개업자 등의 투자 전용외화계정, 한국 거래소·예탁결제 원·증권금융회사· 청산회사의 투자전용 외화계정으로의 이체<br>4. 대외지급수단으로의 인출 또는 다른 대외 지급수단의 매입 |

## 3) 외국인투자자의 투자전용비거주자원화계정

〔표 69〕 외국인투자자의 투자전용비거주자원화계정 외화자금의 처분 (정 7-37)

| 당사자 | 투자전용비거주자원화계정 예치가능외화자금 | 처분할 수 있는 경우 |
|---|---|---|
| 외국인 투자자 | 1. 증권의 매각대금·배당금·이자 및 인정된 증권대차거래·환매조건부매매와 관련된 자 금 등[48]<br>2. 본인 명의의 다른 투자전용비거주자원화계 정·비거주자자유원계정·비거주자원화신 탁계정으로부터 이체되어 온 자금 | 1. 본인 명의 투자전용대외계정으로 이체<br>2. 증권 취득 관련 자금 또는 인정된 증권대 차거래·환매조건부매매와 관련된 자금 의 지급을 위한 외국환은행·투자중개 업자 등·예탁결제원·증권금융회사· 종합금융회사·상호저축은행 또는 체 |

---

45) 다만, 국제예탁결제기구가 외국인투자자의 위탁을 받아 국채 또는 「한국은행법」 제69조에 따른 통화안정증 권을 매매하기 위한 경우에는 당해 국제예탁결제기구 명의의 투자전용계정을 개설하여 관련자금을 예치 및 처분할 수 있다.

46) 외국환은행은 외화를 매각한 다음 날로부터 3영업일 이내에 관련 거래내역을 확인할 수 있다.

47) 다만, 원화계정에 예치하거나, 증권의 취득 및 인정된 증권대차거래·환매조건부매매를 위하여 외국환은 행·투자중개업자등·예탁결제원·증권금융회사·종합금융회사·상호저축은행 또는 체신관서의 원화계정 으로 이체하는 경우에 한한다.

| 당사자 | 투자전용비거주자원화계정 예치가능외화자금 | 처분할 수 있는 경우 |
|---|---|---|
| | 3. 증권매매와 관련한 위탁증거금<br>4. 본인 명의의 투자전용대외계정에 예치된 외화자금을 내국지급수단을 대가로 매각한 자금<br>5. 외국인투자자가 국채 또는 통화안정증권의 매매를 국제예탁결제기구에 위탁하여 투자하는 경우로서, 국제예탁결제기구 명의의 투자전용비거주자원화계정으로부터 이체되어 온 자금[49] | 신관서의 원화계정으로의 이체<br>3. 본인명의의 다른 투자전용비거주자원화계정·비거주자자유원화계정·비거주자원화신탁계정으로의 이체<br>4. 외국인투자자가 국내에서 체재함에 수반하는 생활비, 일상품 또는 용역의 구입 등을 위한 내국지급수단으로의 인출[50]<br>5. 외국환은행으로부터의 증권의 매수<br>6. 외국인투자자가 국채 또는 통화안정증권의 매매를 국제예탁결제기구에 위탁하고자 하는 경우, 국제예탁결제기구 명의의 투자전용비거주자원화계정 내 본인 명의의 고객계좌로의 이체 |

## 4) 외국보관기관의 계정(정 7-37-7)

외국보관기관은 배당금수령 등 보관증권의 권리행사(매매거래는 제외)를 위하여 외국환은행에 보관기관 명의의 대외계정 및 비거주자원화계정을 개설할 수 있다. 다만, 외국보관기관의 대외계정 및 원화계정의 예치 및 처분은 외국인투자자의 투자전용대외계정 및 투자전용비거주자원화계정 간에 상호이체하는 방법에 의하거나 외국예탁기관이 외국인투자자에게 권리를 배분하기 위하여 외국에 개설한 외국예탁기관의 계좌로 이체하는 방법에 의한다.

## 5) 투자중개업자 등 투자전용외화계정(정 7-38-1)

투자중개업자 등은 외국인투자자의 국내원화증권 취득 및 매각 또는 인정된 증권대차거래 또는 환매조건부매매를 위하여 외국환은행에 투자중개업자 등의 명의로 투자전용외화계정을 개설할 수 있다. 투자중개업자 등의 투자전용외화계정의 예치 및 처분은 [표 69] 외국인투자자의 투자전용대외계정 외화자금의 처분(정 7-37-2~3)을 준용한다.

---

48) 다만, 외국환은행·투자중개업자 등·예탁결제원·증권금융회사·종합금융회사·상호저축은행 또는 체신관서의 원화계정으로부터 이체하는 방법에 의한다.

49) 다만, 국제예탁결제기구 명의의 투자전용비거주자원화계정 내 본인 명의의 고객계좌에 예치된 자금에 한한다.

50) 내국지급수단으로 인출하는 경우로서 동일자, 동일인 기준 미화 1만불 상당액을 초과하는 내국지급수단을 인출하는 경우에는 금융감독원장에게 통보하여야 한다.

### 6) 보고의무(정 7 - 39)

#### ① 외국환은행장의 보고의무

외국환은행의 장은 투자전용계정 현황을 증권 종류별로 분리하여 다음 영업일까지 한국은행총재에게 제출하여야 한다. 증권 종류의 구분 및 세부 보고내역 등은 한국은행총재가 정하는 바에 따른다.

#### ② 투자매매업자 및 투자중개업자의 보고의무

투자매매업자·투자중개업자는 증권투자현황(투자전용계정을 포함), 매매실적 등을 투자자별·증권종류별로 분리하여 다음 영업일까지 한국은행총재에게 제출하여야 하며, 한국은행총재는 제출받은 자료 중 통계형자료를 다음 분기 첫째 달 10일까지 금융감독원장에게 통보하여야 한다. 증권종류의 구분 및 세부 보고내역 등은 한국은행총재가 정하는 바에 따른다.

#### ③ 한국은행총재의 보고의무

한국은행총재는 보고받은 투자전용계정현황 및 증권종류별 매매현황을 종합하여 기획재정부장관에게 보고하여야 한다.

#### ④ 국제예탁결제기구의 보고의무

투자전용계정을 개설한 국제예탁결제기구는 매월별로 투자를 위탁한 외국인투자자별 거래 및 보유내역을 다음 달 10일까지 한국은행총재에게 보고하여야 한다.

## (5) 증권취득거래에 대한 실무사례 및 판례

외국환거래법은 외국인투자자(비거주자)가 원화증권을 취득하고자 하는 경우에는 투자전용계정을 사용하도록 규정하고 있다. 투자전용계정에 자금 예치와 처분에 대하여 일정한 제한을 두는 이유는 외국인투자자가 취득한 증권을 처분한 후 대외송금을 보장해주는 한편 외국인투자자금의 출처와 처분 현황을 모니터링할 필요가 있기 때문이다. 따라서, 국내원화 증권에 투자(증권매각대금의 외국으로 송금을 포함)하거나 인정된 증권대차거래 및 환매조건부매매와 관련된 자금의 지급 및 수령을 하려는 외국인투자자는 외국환은행에 본인 명의의 투자전용대외계정 및 투자전용비거주자 원화계정을 개설한 후 이를 이용하여야 한다.

그러나, 해외에 거주하는 외국인투자자의 경우 외국환거래법의 이러한 규정을 잘 알지 못하여 국내에 대리인(증권회사)을 지정하여 투자절차를 진행하는 경우가 대부분이다. 그런데 국내의 대리인이 외국환거래법 규정을 간과하여 외국인투자자 명의의 투자전용 계정이 아닌 계좌를 잘못 안내하는 사례가 간혹 발생한다. 이런 경우 외국인투자자가 외국환거래법 신고의무위반의 책임을 져야 한다. 외국인투자자나 국내의 증권회사 모두 증권취득거래에 대한 외국환거래법 신고의무 위반이 발생하지 않도록 주의하여야 한다.

〔표 70〕 증권취득거래에 대한 실무 사례 및 판례

| 실무 사례 및 판례 | 내용 | 신고의무 |
|---|---|---|
| 비거주자의 증권취득 | 비거주자가 국내 D증권회사를 상임대리인으로 지정하여 계좌를 개설하고 국내 D증권회사가 판매한 수익증권에 투자하면서 D증권회사가 안내한 계좌로 증권취득자금을 송금. D증권회사는 과실로 비거주자 명의 투자전용 계정을 개설하지 않고 일반 계정을 비거주자에게 안내하여 비거주자가 외국환거래법을 위반하게 된 사례 | 한국은행 신고 |

● 한국은행 질의응답 사례

**거주자의 증권취득 관련 문의**

〈질의〉

거주자의 증권취득 관련하여서 문의사항이 있습니다.

거주자가 취득한 (국내 비상장)주식이 (비상장)해외기업에 합병 후 자회사가 될 예정입니다. 본 사항이 "외국환거래규정 제7-31조 1항 4에 의거 거주자가 인정된 거래에 따라 취득한 주식 또는 지분에 대신하여 합병 후 종속, 신설된 법인의 주식 또는 지분을 비거주자로부터 취득 하는 경우"에 해당하는 것이 맞는지요?

맞다면, 거주자의 증권취득 신고 의무가 면제되는 것인데 거주자는 신고 없이 해외주식 취득 이후 해외주식취득현황보고만 해도 되는지요?

만약에 신고 대상에 해당한다면, 이러한 경우에는 어떠한 외환신고를 해야 하는지 알려주시기 바랍니다.

<회신>

질의하신 내용은 외국환거래규정 제7−31조 1항 4호(거주자가 인정된 거래에 따라 취득한 주식 또는 지분에 대신하여 합병 후 존속신설된 법인의 주식 또는 지분을 비거주자로부터 취득 하는 경우에는 신고를 요하지 않는다)의 적용을 받는 것으로 판단됩니다.

따라서 별도의 증권취득 신고는 요하지 않으며, 한국은행에 증권보유현황을 보고하실 필요도 없습니다(동 규정 제7−31조 3항).

 참고판례

3−13. 증권의 처분행위에 대한 신고의무

(대법원 2017.6.15. 선고 2016도9991 판결[외국환거래법 위반])

[판시사항]

[1] 증권의 '취득행위'가 아닌 취득한 증권의 '처분행위'가 구 외국환거래법상 신고의무 대상인 해외직접투자 또는 자본거래의 개념에 포함되는지 여부(소극)

[2] 외국환거래규정(2012.4.16. 개정 기획재정부 고시 제2012−5호) 제9−5조 제2항을 신고에 따라 외국법인의 증권 등을 취득한 이후 증권을 처분하는 경우에까지 신고의무를 부과하는 규정으로 해석할 수 있는지 여부(소극)

[판결요지]

[1] 구 외국환거래법(2016.3.2. 법률 제14047호로 개정되기 전의 것, 이하 '구 외국환거래법'이라 한다) 제3조 제1항 제18호에서 외국법령에 따라 설립된 법인이 발행한 증권의 '취득'만을 해외직접투자로 정의하고 있을 뿐 취득한 증권의 '처분'을 해외직접투자의 개념에 포함하지 않고 있고, 같은 항 제19호 (나)목도 증권 또는 이에 관한 권리의 '취득'만을 자본거래로 정의하고 있을 뿐 취득한 증권 또는 이에 관한 권리의 '처분'을 자본거래의 개념에 포함하지 않고 있으며, 그 밖에 자본거래의 개념에 관한 구 외국환거래법의 규정 또는 그 위임에 따른 구 외국환거래법 시행령(2012.12.12. 대통령령 제24225호로 개정되기 전의 것)의 규정을 보더라도 증권의 '취득행위'가 아닌 취득한 증권의 '처분행위'가 해외직접투자 또는 자본거래의 개념에 포함된다고 할 수 없다. 이는 이미 취득한 증권을 처분하는 행위도 그 실질이 자본에 관한 거래에 해당하고 그것이 국민경제에 미치는 영향이 증권의 취득행위와 다를 바 없어 이에 대하여도 신고의무를 부과할 현실적인 필요가 있다고 하더라도 달리 볼 수 없다.

[2] 구 외국환거래법(2016.3.2. 법률 제14047호로 개정되기 전의 것, 이하 '구 외국환거래법'이라 한다)과 구 외국환거래법 시행령(2012.12.12. 대통령령 제24225호로 개정되기 전의 것)에서 위임한 사항과 그 시행에 관하여 필요한 사항을 정함을 목적으로 제정된 외국환거래규정(2012.4.16. 개정 기획재정부 고시 제2012-5호) 제9-5조 제1항은 "거주자가 해외직접투자(증액투자 포함)를 하고자 하는 경우에는 다음 각 호의 1에서 정하는 외국환은행의 장에게 신고하여야 한다."라고 규정하고 있고, 같은 조 제2항은 "거주자가 제1항의 규정에 의하여 신고한 내용을 변경하고자 하는 경우 당해 신고기관의 장에게 변경신고를 하여야 한다."라고 규정하고 있으나, 위임법령인 구 외국환거래법과 동법 시행령의 해석상 자본거래 또는 해외직접투자가 아닌 행위에 대하여 행정기관 고시로 신고의무를 새로이 부과하여 그 위반행위를 형사처벌할 수는 없으므로, 위 고시 제9-5조 제2항을 신고에 따라 외국법인의 증권 등을 취득한 이후 증권을 처분하는 경우에까지 신고의무를 부과하는 규정으로 해석할 수 없다.

**[원심판결]** 수원지법 2016.6.3. 선고 2016노1719 판결

**[주 문]**

상고를 기각한다.

**[이 유]**

상고이유를 판단한다.

1. 형벌법규의 해석은 엄격하여야 하고, 명문의 형벌법규의 의미를 피고인에게 불리한 방향으로 지나치게 확장해석하거나 유추해석하는 것은 죄형법정주의의 원칙에 어긋나는 것으로서 허용되지 아니한다(대법원 2011.8.25. 선고 2011도7725 판결 등 참조).
   구 외국환거래법(2016.3.2. 법률 제14047호로 개정되기 전의 것, 이하 '구 외국환거래법'이라 한다) 제18조 제1항은 "자본거래를 하려는 자는 대통령령으로 정하는 바에 따라 기획재정부장관에게 신고하여야 한다. 다만 경미하거나 정형화된 자본거래로서 대통령령으로 정하는 자본거래는 사후에 보고하거나 신고하지 아니할 수 있다."라고 규정하고 있고, 제29조 제1항 제6호는 제18조에 따른 신고의무를 위반한 금액이 5억 원 이상의 범위에서 대통령령으로 정하는 금액을 초과하는 자를 처벌하도록 규정하고 있다. 정의규정인 구 외국환거래법 제3조 제1항 제18호는 거주자가 외국법령에 따라 설립된 법인(설립 중인 법인을 포함한다)이 발행한 증권을 취득하거나 그 법인에 대한 금전의 대여 등을 통하여 그 법인과 지속적인 경제관계를 맺기 위하여 하는 거래 또는 행위로서 대통

령령으로 정하는 것[(가)목]과 외국에서 영업소를 설치·확장·운영하거나 해외사업 활동을 하기 위하여 자금을 지급하는 행위로서 대통령령으로 정하는 것[(나)목]] 중 어느 하나에 해당하는 거래·행위 또는 지급을 '해외직접투자'로 규정하고 있고, 같은 항 제19호는 증권의 발행·모집, 증권 또는 이에 관한 권리의 취득[(나)목], 그 밖에 (가)목부터 (마)목까지의 규정과 유사한 형태로서 대통령령으로 정하는 거래 또는 행위 [(바)목]] 등을 '자본거래'로 규정한다.

그리고 구 외국환거래법 시행령(2012.12.12. 대통령령 제24225호로 개정되기 전의 것) 제32조 제1항은 "법 제18조 제1항에 따라 자본거래의 신고를 하려는 자는 기획재정부장관이 정하여 고시하는 신고 서류를 기획재정부장관에게 제출하여야 한다. 이 경우 신고의 절차 및 방법 등에 관한 세부 사항은 기획재정부장관이 정하여 고시한다."라고 규정하고 있다.

구 외국환거래법 제3조 제1항 제18호에서 외국법령에 따라 설립된 법인이 발행한 증권의 '취득'만을 해외직접투자로 정의하고 있을 뿐 취득한 증권의 '처분'을 해외직접투자의 개념에 포함하지 않고 있고, 같은 항 제19호 (나)목도 증권 또는 이에 관한 권리의 '취득'만을 자본거래로 정의하고 있을 뿐 취득한 증권 또는 이에 관한 권리의 '처분'을 자본거래의 개념에 포함하지 않고 있으며, 그 밖에 자본거래의 개념에 관한 구 외국환거래법의 규정 또는 그 위임에 따른 동법 시행령의 규정을 보더라도 증권의 '취득행위'가 아닌 취득한 증권의 '처분행위'가 해외직접투자 또는 자본거래의 개념에 포함된다고 할 수 없다. 이는 이미 취득한 증권을 처분하는 행위도 그 실질이 자본에 관한 거래에 해당하고 그것이 국민경제에 미치는 영향이 증권의 취득행위와 다를 바 없어 이에 대하여도 신고의무를 부과할 현실적인 필요가 있다고 하더라도 달리 볼 수 없다.

나아가 구 외국환거래법과 동법 시행령에서 위임한 사항과 그 시행에 관하여 필요한 사항을 정함을 목적으로 제정된 외국환거래규정(2012.4.16. 개정 기획재정부 고시 제2012-5호, 이하 '이 사건 고시'라 한다) 제9-5조 제1항은 "거주자가 해외직접투자(증액투자 포함)를 하고자 하는 경우에는 다음 각 호의 1에서 정하는 외국환은행의 장에게 신고하여야 한다."라고 규정하고 있고, 같은 조 제2항은 "거주자가 제1항의 규정에 의하여 신고한 내용을 변경하고자 하는 경우 당해 신고기관의 장에게 변경신고를 하여야 한다."라고 규정하고 있으나, 위임법령인 구 외국환거래법과 동법 시행령의 해석상 자본거래 또는 해외직접투자가 아닌 행위에 대하여 행정기관 고시로 신고의무를 새로이 부과하여 그 위반행위를 형사처벌할 수는 없으므로, 이 사건 고시 제9-5조 제2항이 신고에 따라 외국법인의 증권 등을 취득한 이후 증권을 처분하는 경우에까지 신고의무

**를 부과하는 규정으로 해석할 수 없다.**

2. 원심은, 죄형법정주의 관점에서 "증권의 취득"과 "취득한 증권의 처분"은 완전히 다른 행위이므로 양자를 동일하게 볼 수 없는 점, 구 외국환거래법 및 동법 시행령이 "처분 등을 포함한 변경"을 그와 전혀 별개인 "취득"에 포함되는 것으로 예정하고 있다고 보기는 어려운 점 등 그 판시와 같은 이유로 이 사건 공소사실(유죄 부분 제외)에 대하여 무죄를 선고한 제1심판결을 그대로 유지하였다. 원심판결 이유를 위 법리와 기록에 비추어 살펴보면 원심의 위와 같은 판단에 상고이유 주장과 같이 외국환거래법상 자본거래에 관한 법리를 오해하는 등의 위법이 없다.

3. 그러므로 상고를 기각하기로 하여 관여 대법관의 일치된 의견으로 주문과 같이 판결한다.

대법관    김용덕(재판장) 김신 김소영(주심) 이기택

## 7 파생상품거래에 대한 신고

파생상품이란 주식과 채권 등 전통적인 금융상품을 기초자산으로 하여 기초자산의 가치변동에 따라 가격이 결정되는 금융상품을 말한다. 파생상품 거래의 대상이 되는 기초자산은 주식·채권·통화 등의 금융상품, 농·수·축산물 등의 일반상품 등도 가능하다. 파생상품을 기초자산으로 하는 파생상품(옵션선물, 선물옵션, 스왑옵션 등)도 가능하다. 대표적인 파생상품으로는 선도거래, 선물, 옵션, 스왑 등이 있다. 파생상품 시장은 장내시장과 장외시장으로 구분할 수 있는데, 장내시장은 가격 이외의 모든 거래요소가 표준화되어 있는 파생상품 거래시장으로서 거래소시장이라고도 한다. 장외시장은 표준화되어 있지 않은 파생상품이 거래소를 통하지 않고 시장참가자 간에 직접 거래되는 시장이다. 우리나라의 장내시장으로는 한국거래소(KRX)가 있다. 파생상품의 주요목적은 위험을 감소시키는 헤지기능이나 레버리지기능, 파생상품을 합성하여 새로운 금융상품을 만들어내는 신금융상품 창조 기능 등이 있다.

외국환거래법에서 "파생상품"은 「자본시장과 금융투자업에 관한 법률」 제5조에 따른 파생상품과 대통령령으로 정하는 것을 말한다.

「자본시장과 금융투자업에 관한 법률」 제5조 (파생상품) ① 이 법에서 "파생상품"이란 다음 각 호의 어느 하나에 해당하는 계약상의 권리를 말한다. 다만, 해당 금융투자상품의 유통가능성, 계약당사자, 발행사유 등을 고려하여 증권으로 규제하는 것이 타당한 것으로서 대통령령으로 정하는 금융투자상품은 그러하지 아니하다. 〈개정 2013.5.28.〉

1. 기초자산이나 기초자산의 가격·이자율·지표·단위 또는 이를 기초로 하는 지수 등에 의하여 산출된 금전 등을 장래의 특정 시점에 인도할 것을 약정하는 계약

2. 당사자 어느 한쪽의 의사표시에 의하여 기초자산이나 기초자산의 가격·이자율·지표·단위 또는 이를 기초로 하는 지수 등에 의하여 산출된 금전 등을 수수하는 거래를 성립시킬 수 있는 권리를 부여하는 것을 약정하는 계약

3. 장래의 일정기간 동안 미리 정한 가격으로 기초자산이나 기초자산의 가격·이자율·지표·단위 또는 이를 기초로 하는 지수 등에 의하여 산출된 금전 등을 교환할 것을 약정하는 계약

4. 제1호부터 제3호까지의 규정에 따른 계약과 유사한 것으로서 대통령령으로 정하는 계약

② 이 법에서 "장내파생상품"이란 다음 각 호의 어느 하나에 해당하는 것을 말한다. 〈개정 2013.5.28.〉

1. 파생상품시장에서 거래되는 파생상품

2. 해외 파생상품시장(파생상품시장과 유사한 시장으로서 해외에 있는 시장과 대통령령으로 정하는 해외 파생상품거래가 이루어지는 시장을 말한다)에서 거래되는 파생상품

3. 그 밖에 금융투자상품시장을 개설하여 운영하는 자가 정하는 기준과 방법에 따라 금융투자상품시장에서 거래되는 파생상품

③ 이 법에서 "장외파생상품"이란 파생상품으로서 장내파생상품이 아닌 것을 말한다.

④ 제1항 각 호의 어느 하나에 해당하는 계약 중 매매계약이 아닌 계약의 체결은 이 법을 적용함에 있어서 매매계약의 체결로 본다.


자본시장과 금융투자업에 관한 법률 시행령 제5조 (해외 파생상품거래) 법 제5조 제2항 제2호에서 "대통령령으로 정하는 해외 파생상품거래"란 다음 각 호의 어느 하나에 해당하는 거래를 말한다. 〈개정 2013.8.27.〉

1. 런던금속거래소의 규정에 따라 장외(파생상품시장과 비슷한 시장으로서 해외에 있는 시장 밖을 말한다. 이하 이 조에서 같다)에서 이루어지는 금속거래

2. 런던귀금속시장협회의 규정에 따라 이루어지는 귀금속거래

3. 미국선물협회의 규정에 따라 장외에서 이루어지는 외국환거래

4. 삭제 〈2017.5.8.〉

5. 선박운임선도거래업자협회의 규정에 따라 이루어지는 선박운임거래

6. 그 밖에 국제적으로 표준화된 조건이나 절차에 따라 이루어지는 거래로서 금융위원회

　가 정하여 고시하는 거래

"외환파생 상품"은 외국통화로 표시된 파생상품 또는 외국에서 지급받을 수 있는 파생상품을 의미한다[51].

.외국환거래법에서는 거주자 간 파생상품거래나 거주자와 비거주자 간 파생상품거래에 대하여 신고예외거래를 제외하고는 한국은행총재에게 신고하도록 의무를 규정하고 있다.

## (1) 신고예외 파생상품거래

거주자 간 또는 거주자와 비거주자 간 파생상품거래로서 외국환업무취급기관이 외국환업무로서 행하는 거래는 신고를 요하지 아니한다(정 7-40-1).

〔표 71〕 신고예외 파생상품거래

| 당사자 | 거래내용 | 신고의무 |
|---|---|---|
| 거주자 | 거주자와 하는 파생상품거래로서 외국환업무취급기관이 외국환업무로서 행하는 거래 | 없음 |
| 거주자 | 비거주자와 하는 파생상품거래로서 외국환업무취급기관이 외국환업무로서 행하는 거래 | 없음 |

## (2) 신고대상 파생상품거래(정 7-40-2)

〔표 72〕 신고대상 파생상품거래

| 당사자 | 거래내용 | 신고의무 |
|---|---|---|
| 거주자 | 거주자와 파생상품거래 | 한국은행총재 신고 |
| 거주자 | 비거주자와 파생상품거래 | 한국은행총재 신고 |
| 거주자 | 거주자와 하는 파생상품거래(또는 비거주자와 하는 파생상품거래)로서 | 한국은행총재 |

---

51) 외국환거래법 제3조 제1항, 제9조 및 제10조

| 당사자 | 거래내용 | 신고의무 |
|---|---|---|
| | 외국환업무취급기관이 외국환업무로서 행하는 거래 중<br>1. 액면금액의 100분의 20 이상을 옵션프리미엄 등 선급수수료로 지급하는 거래를 하는 경우<br>2. 기체결된 파생상품거래를 변경·취소 및 종료할 경우에 기체결된 파생상품거래에서 발생한 손실을 새로운 파생상품거래의 가격에 반영하는 거래를 하고자 하는 경우<br>3. 파생상품거래를 자금유출입·거주자의 비거주자에 대한 원화대출·거주자의 비거주자로부터의 자금조달 등의 거래에 있어 외국환거래법·영 및 규정에서 정한 신고 등의 절차를 회피하기 위하여 행하는 경우<br>4. 한국은행총재에게 신고해야 한다고 규정된 경우 | 신고[52] |

○ 신고서 작성 방법  파생금융거래

┤ 거래사례 ├

유정생명보험(주)는 미국의 ABC Bank가 발행한 US＄20,000,000의 신용연계채권(Credit Linked Note)을 취득하기 위해 한국은행에 파생금융거래 신고를 함(자료출처 : 한국은행 외국환거래 신고 편람 2007.1. p.147~151의 내용을 필자가 일부수정).

---

52) 제1호 내지 제3호에 해당하는 거래를 하고자 하는 경우에는 한국은행총재가 인정하는 거래타당성 입증서류를 제출하여야 한다.

# 파생금융거래신고서

| | | | 처리기간 |
|---|---|---|---|
| | | | |

| Ⓐ 신고인 | 상호 및 대표자 성명 | 유정생명보험(주) 대표이사 신민호<br>(또는 유정생명보험(주)의 대리인 이성준) 　　　　　　　　인 | |
| | 주 소 ( 소 재 지 ) | 서울시 강남구 언주로 723번지<br>(전화번호 : 123-4567)<br>(E-mail : custra@naver.com) | |
| | 업 종 ( 직 업 ) | 보험업 | |
| Ⓑ 거래상대방 | 상호 및 대표자 성명 | ABC Bank | |
| | 주 소 ( 소 재 지 ) | 1122 Battery Street,San Francisco,USA<br>(전화번호 : 1-309-387-0000) (E-mail : abc@abc.com) | |
| | 업 종 ( 직 업 ) | 은행업 | |
| 거래내용 | Ⓒ 거래 기초자산 | ■신용 □통화 □이자율 □주식 □상품 □기타( ) | |
| | Ⓓ 거 래 종 류 | □선도거래 □선물거래<br>□스왑거래 □옵션거래<br>■신용파생금융거래(□보장매입 ■보장매도) | |
| | Ⓔ 계약(명목)금액 | USD 20,000,000- | |
| | Ⓕ 만 기 | 2023년 6월 30일(5 Years) | |
| | Ⓖ 세 부 내 용 | 신용연계채권(Credit Linked Note)<br>1. Issuer : ABC Bank<br>2. Coupon : USD 6month Libor+2.9%(semiannual)<br>3. Reference entity : Korea Development Bank, POSCO | |
| | Ⓗ 거 래 특 이 사 항 | □자본거래시 해당 자본거래와 직접 관련되는 파생금융거래를 해당 자본거래의 당사자와 하는 거래<br>□액면금액의 100분의 20 이상을 선급수수료로 지급하는 거래<br>□기 체결된 파생금융거래의 변경·취소·종료시 발생한 손실을 새로운 파생금융거래의 가격에 반영하는 거래<br>□자금유출입·거주자와 비거주자 간 금전대차거래 관련 신고 등의 절차를 회피하기 위한 파생금융거래 | |

외국환거래법 제18조의 규정에 의하여 위와 같이 신고합니다.

2018년 6월 30일
한국은행총재 귀하

| | 신 고 번 호 | |
|---|---|---|
| | 신 고 금 액 | |

| | 신 고 일 자 | |
|---|---|---|
| | 유 효 기 간 | |
| | 기 타 참고사항 | |
| | 신 고 기 관 : | |

① 〈첨부서류〉 1. 파생상품거래 사유서 2. 파생상품거래 계약서
　　　　　　　3. 신고인 및 거래관계인의 실체확인서류(법인등기부등본, 사업자등록증 등)
　　　　　　　4. 다른 자본거래와 관련 있는 파생상품거래의 경우 동 자본거래 관련 서류
　　　　　　　5. 기타 한국은행총재가 필요하다고 인정하는 서류

**작성요령**

Ⓐ **신고인**
- 개인의 경우는 신고인의 성명을 기재하고 서명 또는 날인, 법인의 경우는 상호와 대표이사명을 기재하고 법인 인감을 날인한다. 만약 대리인이 신고하는 경우에는 '유정생명보험㈜의 대리인 이성준'이라고 기재하고 대리인 이성준이 날인 또는 서명

Ⓑ **거래 상대방**
- 파생금융거래의 계약 상대방을 기재한다.

Ⓒ **거래 기초자산**
- 파생금융거래의 기초자산을 신용, 통화, 이자율, 주식, 상품, 기타로 구분하여 기재한다.

Ⓓ **거래 종류**
- 해당 파생금융거래를 선도거래, 선물거래, 스왑거래, 옵션거래, 신용파생금융거래별로 구분하여 기재하며 신용파생금융거래의 경우 보장매입과 보장매도를 구분하여 기재한다.

Ⓔ **계약(명목)금액**
- 파생금융거래의 계약금액을 기재한다.

Ⓕ **만기**
- 파생금융거래 계약서상 만기를 년, 월, 일로 기재하고 기간을 병기한다.

Ⓖ **세부 내용**
- 명목금액, 만기 이외의 세부내용을 간략히 기재(상품명, 발행자, 쿠폰, 기초자산내역 등)한다.

Ⓗ **거래 특이사항**
- 네 가지 유형의 특이사항에 해당될 경우 표기한다.

① **첨부서류**

- 파생금융거래 사유서 : 특별한 양식은 없으며 A4 용지 1매 내외의 분량으로 해당 신고 사유 및 거래의 배경, 내용 등을 정확하고 상세하게 기재한다.
- 파생금융거래 계약서
- 신고인 및 거래(계약) 상대방의 실체확인서류 : 개인의 경우에는 신분을 증명할 수 있는 주민등록증이나 여권 또는 운전면허증 사본, 법인의 경우에는 법인등기부등본, 사업자등록증
  • 국내기업의 경우에는 법인등기부등본, 해외법인 등의 경우는 이에 준하는 서류(예 : "Certificate of Incorporation" 등)
  * 만약 대리인이 신고할 경우에는 동 서류 외에 당해 신고행위에 대한 권한을 위임하는 내용의 위임장(비거주자는 영사관 발행 또는 현지에서 공증받은 위임장)을 추가 제출한다.
- 다른 자본거래와 관련 있는 파생금융거래의 경우 동 자본거래 관련 서류(주주간 계약상 옵션의 경우 주식인수계약서 등)
- 파생금융거래 계약서 초안(Term Sheet 등)
- 기타 한국은행총재가 필요하다고 인정하는 서류 : 파생금융거래시 내부적으로 적절한 통제절차를 거쳤을 뿐 아니라 동 거래에 대한 신청인의 검토 및 분석이 충분히 이루어졌음을 입증할 수 있는 서류로서 리스크관리규정, 기안서 또는 이사회 결의서 등

## (3) 거래실적보고

한국거래소는 매월 파생상품거래실적을 한국은행총재에게 보고하여야 하며, 한국은행총재는 파생상품거래 신고 및 보고 내역을 종합하여 기획재정부장관에게 보고하여야 한다(정 7-41).

## (4) 비거주자의 투자전용계정

### 1) 외국인투자자의 투자전용계정 개설 및 이용의무

비거주자 또는 투자자금의 대외송금을 보장받고자 하는 외국인거주자가 장내파생상품에 투자하거나 장외파생상품을 청산회사를 통하여 청산하고자 하는 경우에는 외국환은행에 투자자 명의의 투자전용대외계정과 투자전용비거주자원화계정을 개설하여 투자관련자금 또는 청산관련자금을 송금하거나 회수하여야 한다[53](정 7-42-1).

### 2) 투자중개업자 등의 투자전용계정 개설권한

투자중개업자 또는 한국거래소·증권금융회사 또는 청산회사는 비거주자 또는 투자자금의 대외송금을 보장받고자 하는 외국인거주자의 장내파생상품의 투자 또는 장외파생상품의 청산을 위해 투자중개업자 명의의 투자전용외화계정 또는 한국거래소·증권금융회사·청산회사 명의의 투자전용외화계정을 개설할 수 있다[54](정 7-42-2).

### 3) 투자중개업자의 확인의무

투자중개업자는 비거주자의 장내파생상품 투자 및 장외파생상품 청산을 위한 계정을 관리함에 있어 투자자의 결제자금이 이 규정에 의한 인정된 거래에 의한 것인지를 확인하여야 한다(정 7-42-3).

## (5) 보고의무

투자중개업자·한국거래소·증권금융회사·청산회사 명의의 투자전용외화계정의 현황, 장내파생상품 투자현황, 장외파생상품 청산 현황 및 매매실적 등의 보고 등은 정 7-39를 준용한다.

### 1) 투자매매업자 및 투자중개업자의 보고의무

투자매매업자·투자중개업자는 증권투자현황(투자전용계정을 포함), 매매실적 등을 투자자별·증권종류별로 분리하여 다음 영업일까지 한국은행총재에게 제출하여야 하며, 한국은행총재는 제출받은 자료 중 통계형자료를 다음 분기 첫째 달 10일까지 금융감독원장에게 통보하여야 한다. 증권종류의 구분 및 세부 보고내역 등은 한국은행총재가 정하는 바에 따른다.

### 2) 한국은행총재의 보고의무

한국은행총재는 보고받은 투자전용계정현황 및 증권종류별 매매현황을 종합하여 기획재정부장관에게 보고하여야 한다.

---

53) 이 경우 계정의 예치·처분은 정 7-37을 준용한다.
54) 이 경우 투자전용외화계정의 예치·처분은 정 7-38을 준용한다.

## 3) 국제예탁결제기구의 보고의무

투자전용계정을 개설한 국제예탁결제기구는 매월별로 투자를 위탁한 외국인투자자별 거래 및 보유내역을 다음 달 10일까지 한국은행총재에게 보고하여야 한다.

## (6) 파생상품거래에 대한 실무사례 및 판례

비거주자가 국내 파생상품거래를 하려면 비거주자 명의 투자전용 계정 또는 투자중개 업자 명의 투자 전용외화계정을 이용하여야 한다. 그렇지 아니한 경우에는 비거주자가 한국은행에 파생상품거래에 대한 신고[55]를 하여야 한다. 이는 증권취득거래에 대한 신 고절차와 같이 비거주자가 국내 파생상품에 투자를 하고자 하는 경우에도 비거주자에게 대외송금을 보장해주는 대신 투자자금의 출처와 처분을 모니터링하려는 의도에서 예치 와 처분에 일정한 제한을 두고 있기 때문이다.

〔표 73〕 파생상품거래에 대한 실무 사례 및 판례

| 실무 사례 및 판례 | 내용 | 신고의무 |
|---|---|---|
| 비거주자의 국내 파생상품거래 | 비거주자의 국내 파생상품거래를 위하여는 비거주자 명의 투자 전용 계정 또는 투자중개업자 명의 투자 전용외화계정을 이용 하지 아니한 경우 | 한국은행 신고 |

---

55) 별지 제7-7호 서식

외국환거래법은 자본거래를 유형별로 구분하여 신고의무를 규정하고 있다. 예금·신탁거래, 금전대차 및 보증거래 등 거래유형별로 구분하여 신고의무를 부여하고 있다. 거주자와 거주자 간에 또는 거주자와 비거주자 간에 이루어지는 외국통화로 표시되거나 지급받을 수 있는 임대차계약(비거주자의 국내부동산 임차 제외), 담보, 보증, 보험(보험사업자의 보험거래 제외), 조합, 사용대차, 채무의 인수, 기타 이와 유사한 계약 또는 상속, 유증에 따른 채권 또는 채무의 발생, 변경, 변제, 소멸 등에 관한 거래를 기타 자본거래로 구분하여 신고의무를 부여하고 있다.

기타자본거래는 현실적으로 발생하고 있는 다양한 자본거래들을 열거하여 신고예외, 외국환은행신고, 한국은행신고, 기획재정부 신고사항으로 구분하여 의무를 규정하고 있다.

## (1) 거주자 간 외국통화표시 기타 자본거래

거주자 간에 이루어지는 외국통화표시 기타 자본거래는 원칙적으로 신고의무가 없다.

〔표 74〕 거주자 간 외국통화표시 기타 자본거래

| 당사자 | 거래내용 | 신고의무 |
|---|---|---|
| 거주자 | 다른 거주자와 외국통화로 표시되거나 지급을 받을 수 있는 임대차계약·담보·보증·보험(「보험업법」에 의한 보험사업자의 보험거래는 제외)·조합·사용대차·채무의 인수 기타 이와 유사한 계약에 따른 채권의 발생 등에 관한 거래56) | 없음 |
| 거주자 | 거주자 간의 상속·유증·증여에 따른 외국통화로 지급을 받을 수 있는 채권의 발생 등에 관한 거래 | 없음 |
| 거주자 | 다른 거주자로부터 외화증권 또는 이에 관한 권리의 취득57) | 없음 |

---

56) 담보·보증계약에 따른 채권의 발생 등에 관한 거래에 관하여는 외국환거래규정 채무의 보증계약에 관한 규정을 준용한다.
57) 다만, 당해 외화증권의 취득으로 인하여 해외직접투자의 요건을 충족하게 된 경우에는 직접투자 및 부동산취득(외국환거래규정 제9장)의 규정에 따른다.

## (2) 거주자와 비거주자 간 기타자본거래

### 1) 적용범위

〔표 75〕 거주자와 비거주자 간 기타 자본거래(정 7-44)

| 당사자 | 거래내용 | 근거 |
|---|---|---|
| 거주자 | 비거주자와 임대차계약(비거주자의 국내부동산 임차는 제외)·담보·보증[58]·보험(「보험업법」에 의한 보험사업자의 보험거래는 제외)·조합[59]·사용대차·채무의 인수·화해 기타 이와 유사한 계약에 따른 채권의 발생 등에 관한 거래 | 정 7-44-1-i |
| 거주자 | 비거주자와 상속·유증·증여에 따른 채권의 발생 등에 관한 거래 | 정 7-44-1-ii |
| 거주자 | 해외에서 학교 또는 병원의 설립·운영 등과 관련된 행위 및 그에 따른 자금의 수수 | 정 7-44-1-iii |
| 거주자 | 자금통합관리 및 그와 관련된 행위 | 정 7-44-1-iv |

### 2) 신고예외 거주자와 비거주자 간 기타자본거래

〔표 76〕 신고예외 거주자와 비거주자 간 기타 자본거래(정 7-45-1)

| 당사자 | 거래내용 | 신고의무 |
|---|---|---|
| 거주자 | 한국은행, 외국환업무취급기관이 외국환업무를 영위함에 따라 비거주자에게 담보를 제공하는 경우 | 없음 |
| 거주자 | 신용카드에 의한 현금서비스거래 | 없음 |
| 거주자 | 물품의 수출과 관련하여 외국에 있는 금융기관이 발행한 신용장을 그 신용장 조건에 따라 비거주자에게 양도하는 경우 | 없음 |
| 거주자 (국내의 외항운송업자) | 소유권 이전의 경우를 제외하고 국내의 외항운송업자와 비거주자 간의 선박이나 항공기(항공기엔진 및 외국환거래업무취급지침에서 정하는 관련 주요부품을 포함)를 임대차기간이 1년 미만인 조건으로 외화표시 임대차계약을 체결하는 경우 | 없음 |
| 거주자 | 거주자가 신고수리를 받아 취득한 외국에 있는 부동산을 비거주자에게 취득신고수리시 인정된 범위 내에서 외국통화표시 임대를 하는 경우 | 없음 |

---

58) 담보 및 보증계약에 따른 채권의 발생 등에 관한 거래에 관하여는 채무의 보증계약에 관한 규정을 준용한다. 다만, 비거주자가 부동산 담보를 취득하는 경우에는 이 항 본문의 규정 및 제9장 제5절의 규정을 준용하여야 한다.

59) 조합 기타 이와 유사한 계약에 따른 채권의 발생 등에 관한 거래로서 해외직접투자에 해당하는 경우에는 제9장의 규정에서 정하는 바에 의한다.

| 당사자 | 거래내용 | 신고의무 |
|---|---|---|
| 거주자 | 비거주자로부터 부동산 이외의 물품을 무상으로 임차하는 경우 | 없음 |
| 비거주자 | 외국환거래규정에 의하여 외국으로의 원리금 송금이 허용되는 예금·신탁·증권 등을 금융기관의 자기여신에 관련된 담보로 제공하거나 제3자를 위해 담보로 제공하는 경우 | 없음 |
| 비거주자 | 국내에서의 법적절차를 위해 필요한 예치금을 납입하거나 예치금에 갈음하여 내국법인이 발행한 외화증권을 제공하는 경우 | 없음 |
| 거주자 | 보험에 관한 법령의 규정에 의하여 인정된 바에 따라 국내의 거주자가 비거주자와 외국통화표시 보험계약을 체결하거나 외국에 있는 보험사업자와 재보험계약을 체결하는 경우 | 없음 |
| 거주자<br>(해외건설 및 용역사업자) | 해외건설 및 용역사업과 관련하여 현지에서 비거주자로부터 장비를 임차하는 계약을 체결하는 경우 | 없음 |
| 거주자 | 거주자와 국민인 비거주자 간에 국내에서 내국통화로 표시되고 지급되는 정7-44-1-i~ii의 거래 또는 행위를 하는 경우 | 없음 |
| 거주자 | 비거주자로부터 상속·유증·증여에 의한 채권의 발생 등의 당사자가 되는 경우 | 없음 |
| 거주자 | 국제유가증권결제기구에 가입한 거주자가 일중대출[60] | 없음 |
| 거주자 | 기관투자가가 인정된 거래에 따라 보유한 외화증권을 외국증권대여기관(Securities Lending Agent)을 통하여 대여하는 경우 | 없음 |
| 거주자(투자매매업자 또는 투자중개업자) | 직전 분기 말 기준 자기자본 1조원 이상의 투자매매업자 또는 투자중개업자가 외화증권을 차입·대여하는 경우 | 없음 |
| 거주자 | 임차계약 만료 전[61]과 관련하여 담보를 제공하는 경우에 수출자유지역 내에서 당해 수출자유지역 관리소장의 허가를 받아 폐기처분하는 경우 | 없음 |
| 거주자 | 거주자와 비거주자가 예탁결제원, 증권금융회사 또는 증권대차거래의 중개업무를 영위하는 투자매매업자 또는 투자중개업자를 통하여 원화증권 및 원화연계외화증권을 차입·대여하거나 이와 관련하여 원화증권, 외화증권 또는 현금(외국통화를 포함)을 담보로 제공하는 경우 | 없음 |
| 거주자 | 거주자의 현지법인이 거주자의 보증·담보제공이 수반된 현지금융을 상환하기 위하여 국내에서 원화증권을 발행하는 경우로서 현지법인을 위하여 당해 거주자(계열회사를 포함)가 보증 및 담보를 제공하는 경우 | 없음 |

| 당사자 | 거래내용 | 신고의무 |
|---|---|---|
| 거주자 | 비거주자로부터 국내부동산을 임차하는 경우로서 내국통화로 지급하는 경우 | 없음 |
| 거주자 | 외환동시결제시스템을 통한 결제와 관련하여 거주자 회원은행이 CLS은행과 결제관련 약정(손실부담약정 포함)을 체결하고 동 약정에 따라 자금을 지급 또는 수령하는 경우 | 없음 |
| 거주자 | 외환동시결제시스템을 통한 결제와 관련하여 외국환업무취급기관이 비거주자와 결제관련 약정(손실부담에 관한 합의 포함)을 체결하고 동 약정에 따라 자금을 지급 또는 수령하는 경우 | 없음 |
| 거주자 | 종교단체가 해외에 선교자금을 지급하는 경우 | 없음 |
| 거주자 | 비영리법인이 해외에서의 구호활동에 필요한 자금을 지급하는 경우(당해 법인의 설립취지에 부합하여야 함) | 없음 |
| 비거주자 | 비거주자가 거주자로부터 상속·유증을 받는 경우 | 없음 |

## 3) 보고의무(정 7-45-2)

정 7-45-1-xvi.[62]에도 불구하고 비거주자는 차입잔액이 300억원을 초과한 경우 최초로 초과한 날로부터 3영업일 이내에 한국은행총재에게 이를 보고하여야 하며, 차입잔액 300억원을 초과하는 경우의 그 차입 변동내역은 매월별로 다음 달 10일까지 한국은행총재에게 보고하여야 한다.

정 7-45-1-xiv-1호[63]에도 불구하고 직전 분기 말 기준 자기자본 1조원 이상의 투자매매업자 또는 투자중개업자는 외화증권의 차입·대여 내역(제1항 제4호에 의한 대여 내역을 포함)을 매월별로 다음 달 10일까지 한국은행총재 및 금융감독원장에게 보고하여야 한다.

---

60) 정 7-13-vi
61) 정 7-46-1-i에 해당하는 경우로서
62) 정 7-45-1-xvi. 거주자와 비거주자가 예탁결제원, 증권금융회사 또는 증권대차거래의 중개업무를 영위하는 투자매매업자 또는 투자중개업자를 통하여 원화증권 및 원화연계외화증권을 차입·대여하거나 이와 관련하여 원화증권, 외화증권 또는 현금(외국통화를 포함)을 담보로 제공하는 경우
63) 직전 분기 말 기준 자기자본 1조원 이상의 투자매매업자 또는 투자중개업자가 외화증권을 차입·대여하는 경우

## 4) 신고대상 거주자와 비거주자 간 기타자본거래

〔표 77〕 신고대상 거주자와 비거주자 간 기타 자본거래(정 7 - 46)

| 당사자 | 거래내용 | 의무 |
|---|---|---|
| 거주자 | **거주자와 비거주자 간에 계약 건당 미화 3천만불 이하인 경우로서 부동산 이외의 물품임대차 계약을(소유권 이전하는 경우를 포함) 체결하는 경우** | 외국환은행장 신고 |
| 거주자 | 소유권 이전의 경우를 제외하고 국내의 외항운송업자와 비거주자 간의 선박이나 항공기를 임대차기간이 1년 이상인 조건으로 외국통화표시 임대차계약을 체결하는 경우 | 외국환은행장 신고 |
| 거주자 | 신고예외, 외국환은행장 신고 대상을 제외한 기타자본거래 | 한국은행총재 신고 |

| 임 대 차 계 약 신 고 서 | | 처 리 기 간 | |
|---|---|---|---|
| | | | |
| 신청인 | 상호 및 대표자 성명 | 인 | |
| | 주 소 ( 소 재 지 ) | (전화번호) | |
| | 업 종 ( 직 업 ) | | |
| 신청내역 | 임 대 인 | (성명)　　　(주소) | (전화번호) |
| | 임 차 인 | (성명)　　　(주소) | (전화번호) |
| | 임 대 차 물 종 류 | | |
| | 소 재 지 | | |
| | 수 량 | | |
| | 임 대 차 물 가 액 | (임대차료) | |
| | 임 대 차 기 간 | | |
| | 임 대 차 사 유 | | |

외국환거래법 제18조의 규정에 의하여 위와 같이 신고합니다.

년　　　월　　　일

한국은행총재 귀하
(외국환은행의 장)

| 신 고 번 호 | |
|---|---|
| 신 고 일 자 | |

신고기관 ： 한국은행총재
(외국환은행의 장)

210㎜×297㎜

〈첨부서류〉　1. 임대차계약서
　　　　　　2. 임대차물 증빙서류
　　　　　　3. 임대차사유 증빙서류
　　　　　　4. 기타 신고기관의 장이 필요하다고 인정하는 서류

유정씨앤씨(주)는 제품생산을 위하여 미국의 ABC Company로부터 US＄35,000,000 상당의 특수장비를 연간 US＄50,000의 임차료를 지급하며 3년간 임차하는 계약을 체결하고자 한국은행에 임대차계약 신고를 하는 사례(자료출처 : 한국은행 외국환거래 신고 편람 2007.1. p.175～178의 내용을 필자가 일부수정)

## 【임대차계약 신고서】

〔별지 제7-9호 서식〕

| 임 대 차 계 약 신 고 서 | | | 처 리 기 간 | |
|---|---|---|---|---|
| Ⓐ 신 청 인 | 상호 및 대표자 성명 | 유정씨앤씨(주) 대표이사 신민호<br>(또는 유정씨앤씨(주)의 대리인 이성준) | | 인 |
| | 주　소（소 재 지） | 서울시 강남구 언주로 723번지<br>（전화번호）123-4567 | | |
| | 업　종（직　업） | 무역업 | | |
| 신 청 내 역 | Ⓑ 임　　대　　인 | （성명）ABC Company<br>（주소）1122 Battery Street,San Francisco,USA<br>（전화번호）1-309-387-0000 | | |
| | Ⓑ 임　　차　　인 | 유정씨앤씨(주) | | |
| | Ⓒ 임 대 차 물 종 류 | 특수기계장비 | | |
| | Ⓓ 소　　재　　지 | 미국 | | |
| | 수　　　　　량 | 1대 | | |
| | Ⓔ 임 대 차 물 가 액 | U$35,000,000 (임대차료) U$50,000(연간) | | |
| | Ⓕ 임 대 차 기 간 | 2018.7.31 － 2021.7.31 | | |
| | Ⓖ 임 대 차 사 유 | 제품 생산 | | |
| 외국환거래법 제18조의 규정에 의하여 위와 같이 신고합니다.<br><br>2018년 6월 30일<br>한국은행총재 귀하 | | | | |
| | | 신 고 번 호 | | |
| | | 신 고 일 자 | | |
| 신고기관 : 한국은행총재<br>（외국환은행의 장） | | | | |

210㎜×297㎜

ⓗ 〈첨부서류〉 : 1. 임대차계약서
　　　　　　　　2. 임대차물 증빙서류
　　　　　　　　3. 임대차사유 증빙서류
　　　　　　　　4. 기타 신고기관의 장이 필요하다고 인정하는 서류

### 작성요령

ⓐ **신청인**

　- 개인의 경우는 신청인의 성명을 기재하고 서명 또는 날인, 법인의 경우는 상호와 대표이사명을 기재하고 법인 인감을 날인한다. 만약 대리인이 신청하는 경우에는 '유정씨앤씨(주)의 대리인 이성준'이라고 기재하고 대리인 이성준이 날인 또는 서명한다.

ⓑ **임대인 및 임차인**

　- 임대차 계약서상 임대인 및 임차인을 기재한다.

ⓒ **임대차물 종류**

　- 임대차 대상이 되는 물건의 종류를 구체적으로 기재하며 임대차물이 다수인 경우 등에는 별첨을 이용하여 그 내역을 구체적으로 기재한다.

ⓓ **소재지** : 임대차 대상 물건이 현재 있는 나라를 기재한다.

ⓔ **임대차물가액**

　- 임대차의 목적물 가액을 기재한다.

ⓕ **임대차기간**

　- 임대차기간을 년, 월, 일로 기재한다.

ⓖ **임대차사유**

　- 임대차를 하게 되는 구체적 사유를 기재한다.

ⓗ **첨부서류**

　- 사유서 : 특별한 양식은 없으며 A4 용지 1매 내외의 분량으로 해당 신청 사유를 정확하고 상세하게 기재한다.

　- 신청인 및 거래(계약) 상대방의 실체확인서류 : 개인의 경우에는 신분을 증명할 수 있는 주민등록증이나 여권 또는 운전면허증 사본, 법인의 경우에는 법인등기부등본, 사업자등록증

　　• 국내기업의 경우에는 법인등기부등본, 해외법인 등의 경우는 이에 준하는 서류(예 : "Certificate of Incorporation" 등)

* 만약 대리인이 신청할 경우에는 동 서류 외에 당해 신고행위에 대한 권한을 위임하는 내용의 위임장(비거주자는 영사관 발행 또는 현지에서 공증받은 위임장)을 추가 제출한다.
- 임대차 계약서
- 임대차물 증빙서류 : 임대차 대상이 되는 물건의 존재 등을 입증할 수 있는 서류 등(예를 들어 선박의 임대차의 경우는 선박등기 서류)

---

**│ 거래사례 │**

유정씨앤씨(주)는 제품생산을 위하여 미국의 ABC로부터 3년간 임차한 특수장비(장비가액 US $ 35,000,000)의 임차기간이 2007.6.30. 종료됨에 따라 동 장비의 임차기간을 1년 연장하기 위해 한국은행에 임대차계약내용 변경 신고를 하는 사례(자료출처 : 한국은행 외국환거래 신고편람 2007.1. p.184~187의 내용을 필자가 일부수정)

【임대차계약 신고내용 변경신청서】

# 임대차계약 신고내용 변경 신청서

2018년 6월 25일

한국은행총재 귀하

Ⓐ 신청인 상호 및 대표자 성명 유정씨앤씨(주) **대표이사 신민호**
**(또는 유정씨앤씨(주)의 대리인 이성준) (인)**
주 소 또 는 소 재 지 **서울시 강남구 언주로 723번지**
전 화 번 호 123-4567

아래와 같이 ( **임대차계약 기간** ) 변경을 신청합니다.

| |
|---|
| Ⓑ 1. 기 신 고 사 항 |
| 가. 신고번호 <u>2015-2-000</u> |
| 나. 일자 <u>2015.6.24</u> |
| 다. 금액 US $ 35,000,000(**연간 임대료**:US $ 50,000) |
| Ⓒ 2. 변경내용 |
| 가. 변경전 : 2015.7.1 - 2018.6.30 |
| 나. 변경후 : 2015.7.1 - 2019.6.30 |
| Ⓓ 3. 변경사유(구체적으로 기입할 것) |
| - 미국 ABC사로부터 임차한 특수장비(Model No. B2354)의 임차기간이 2018.6.30.에 종료되지만 동 장비를 이용하여 생산한 제품판매가 호조를 보임에 따라 임차기간을 2019.6.30.까지 1년 연장하고자 함. |

- - - - - - - - - - - - - - - - - - - - - - - - - - - - - - - - - - - - - - - - - - -
위의 (        ) 변경을 다음과 같이 신고필함.

| 신고 번호 | |
|---|---|
| 신고 일자 | |

한 국 은 행 총 재

사본수신처 :

Ⓐ **신청인**

　- 개인의 경우는 신청인의 성명을 기재하고 서명 또는 날인, 법인의 경우는 상호와 대표이
　　사명을 기재하고 법인 인감을 날인한다. 만약 대리인이 신청하는 경우에는 '유정씨앤씨
　　(주)의 대리인 이성준'이라고 기재하고 대리인 이성준이 날인 또는 서명한다.

Ⓑ **기 신고사항**

　- 기 신고한 사항과 관련된 내용을 간략히 기재한다.

Ⓒ **변경내용**

　- 기 신고내용 중 변경이 필요한 사항을 변경 전·후로 나누어서 간략히 기재한다.

Ⓓ **변경사유**

　- 변경사유를 기재하되, 동 사유가 복잡할 경우 등에는 별첨을 이용하여 기재한다.

Ⓔ **첨부서류**

　- 변경 사유서 : 특별한 양식은 없으며 A4 용지 1매 내외의 분량으로 해당 신청 사유를
　　정확하고 상세하게 기재한다.

　- 신청인 및 거래(계약) 상대방의 실체확인서류 : 개인의 경우에는 신분을 증명할 수 있는
　　주민등록증이나 여권 또는 운전면허증 사본, 법인의 경우에는 법인등기부등본, 사업자등
　　록증

　　• 국내기업의 경우에는 법인등기부등본, 해외법인 등의 경우는 이에 준하는 서류(예 :
　　　"Certificate of Incorporation" 등)

　　　* 만약 대리인이 신청할 경우에는 동 서류 외에 당해 신고행위에 대한 권한을 위임하는 내용의
　　　　위임장(비거주자는 영사관 발행 또는 현지에서 공증받은 위임장)을 추가 제출한다.

　- 변경내용을 입증할 수 있는 계약서 등

　- 기 신고필증 사본

## 5) 한국은행총재에 대한 보고의무(정 7-46-3~4)

　신고대상인 기타 자본거래로서 자금통합관리를 하고자 하는 자는 자금통합관리 참여
법인 및 대출차입한도 등을 자금통합관리 개시 전에 지정거래외국환은행을 경유하여 한
국은행총재에게 신고하여야 하며, 자금통합관리 신고를 한 자는 그 운영현황을 매분기
별로 익월 20일까지 한국은행총재에게 보고하여야 한다.

　신고대상인 기타 자본거래로서 해외에서 학교 또는 병원의 설립·운영 등과 관련된

행위 및 그에 따른 자금의 수수를 위하여 한국은행총재에게 신고한 거주자는 학교 또는 병원의 설립·운영 등과 관련된 자금운영현황 등을 다음 연도 첫째 달 20일까지 한국은행총재에게 보고하여야 한다.

### 6) 계약타당성 입증서류 제출의무

정 7-44-1-i의 거래 중 화해 기타 이와 유사한 계약에 따른 채권의 발생 등에 관한 거래를 신고하는 자는 신고시 한국은행총재가 요구하는 계약 타당성을 입증할 수 있는 서류를 제출하여야 하며, 지급일로부터 1개월 이내에 실제 계약과 관련된 자료와 지급등 내역을 제출하여야 한다.

## (3) 비거주자와 다른 비거주자 간 내국통화표시 자본거래

### 1) 적용범위

〔표 78〕 비거주자 간 내국통화표시 기타 자본거래

| 당사자 | 거래내용 | 근거 |
|---|---|---|
| 비거주자 | 비거주자 간 내국통화로 표시되거나 지급받을 수 있는 채권의 발생 등에 관한 거래 | 정 7-47-i |
| 비거주자 | 비거주자가 다른 비거주자로부터 원화증권 또는 이에 관한 권리를 취득하는 경우 | 정 7-47-ii |

### 2) 신고예외 비거주자 간 내국통화표시 기타 자본거래

〔표 79〕 신고예외 비거주자 간 내국통화표시 기타 자본거래(정 7-48-1)

| 당사자 | 거래내용 | 신고의무 |
|---|---|---|
| 비거주자 | 외국환은행 해외지점, 외국환은행 현지법인이 비거주자와 내국통화표시 거래(비거주자와의 내국통화, 원화표시여행자수표 및 원화표시자기앞수표의 매매에 한함)를 하는 경우 | 없음 |
| 비거주자 | 국민인 비거주자 간에 국내에서 내국통화표시거래(자본거래를 포함)를 하는 경우 | 없음 |
| 비거주자 | 비거주자가 대한민국 내에 체재함에 수반하는 생활비, 일상품 또는 용역의 구입 등과 관련하여 다른 비거주자와 내국통화표시거래를 하는 경우 | 없음 |
| 비거주자 | 비거주자가 대한민국 내에서 허용되는 사업의 영위와 관련하여 다른 비거주자와 내국통화표시거래를 하는 경우 | 없음 |

| 당사자 | 거래내용 | 신고의무 |
|---|---|---|
| 비거주자 | 비거주자가 다른 비거주자로부터 인정된 거래에 따라 취득한 원화증권을 취득하는 경우 | 없음 |
| 비거주자 | 비거주자가 외국에 있는 금융기관과 내국통화표시예금거래를 하는 경우 | 없음 |
| 비거주자 | 비거주자 간에 예탁결제원, 증권금융회사 또는 「자본시장과 금융투자업에 관한 법률」 시행령상 인정된 증권대차거래의 중개업무를 영위하는 투자매매업자 또는 투자중개업자를 통하여 원화증권을 차입·대여하거나 이와 관련하여 원화증권 또는 현금(외국통화를 포함)을 담보로 제공하는 경우 | 없음 |
| 비거주자 | 외국인투자가가 「외국인투자촉진법」 또는 외국환거래규정[64]에 따라 취득한 증권을 비거주자에게 담보로 제공하는 경우 | 없음 |
| 비거주자 | 외국금융기관 및 외국환전영업자가 비거주자와 내국통화, 원화표시여행자수표 및 원화표시자기앞수표의 매매를 하는 경우 | 없음 |
| 비거주자 | 비거주자 간 상속·유증에 따른 내국통화로 표시되거나 지급받을 수 있는 채권의 발생 등에 관한 거래 | 없음 |
| 비거주자 | 비거주자 간 해외에서 행하는 내국통화표시 파생상품거래로서 결제 차액을 외화로 지급하는 경우 | 없음 |
| 비거주자 | 외환동시결제시스템을 통한 결제와 관련하여 비거주자와 다른 비거주자 간의 원화가 개재된 다음의 하나에 해당하는 거래를 하는 경우<br>가. CLS은행과 외환동시결제시스템의 비거주자 회원은행 간 또는 비거주자 회원은행과 다른 비거주자 간의 결제관련 약정<br>나. 외환동시결제시스템의 비거주자 회원은행이 CLS은행으로부터 CLS은행이 정한 일정 한도의 원화 지급포지션(Short Position)을 받거나 고객인 비거주자가 비거주자 회원은행으로부터 일중(Intra-day) 또는 일일(Over-night) 원화신용공여를 받는 거래나 외환동시결제시스템의 비거주자 회원은행간의 결제유동성 감축을 목적으로 하는 In/Out Swap 또는 이와 유사한 거래<br>라. 유동성공급약정에 따른 CLS은행과 비거주자(Liquidity Provider)간의 현물환, 선물환 또는 스왑거래<br>마. 외환동시결제시스템의 비거주자가 CLS은행 또는 회원은행으로부터 당초 약정한 통화와 다른 통화로 수령하는 거래<br>바. CLS은행과 외환동시결제시스템의 비거주자 회원은행간의 손실부담약정 체결<br>사. 외환동시결제시스템의 비거주자 회원은행과 고객인 비거주자와의 손실부담에 관한 합의 | 없음 |

---

64) 외국환거래규정 제7장 제6절 제3관

| 당사자 | 거래내용 | 신고의무 |
|---|---|---|
| 비거주자 | 비거주자가 외국으로의 원리금 송금이 자유로운 원화예금 및 원화신탁을 다른 비거주자에게 담보로 제공하는 경우 | 없음 |
| 비거주자 | 한국은행과 외국 중앙은행 간의 통화스왑 자금을 활용하여 비거주자 간 내국통화표시 금전대차 계약을 하는 경우 | 없음 |
| 비거주자 | 청산은행 및 청산은행이 지정된 국가의 외환시장에서 청산은행에 내국통화 계좌를 둔 외국금융기관[65] 간의 현지통화와 내국통화 간 매매 및 파생상품 거래와 내국통화표시 대차거래 | 없음 |
| 비거주자 | 청산은행이 지정된 국가의 외환시장에서 청산은행에 내국통화 계좌를 둔 외국금융기관[66]과 비거주자로서 해당국에 주소 또는 거소를 둔 자 간의 무역관련 현지통화와 내국통화 간 파생상품거래 또는 내국통화표시 대차거래(무역금융)를 하는 경우[67] | 없음 |
| 비거주자 | 청산은행이 지정된 국가의 외환시장에서 청산은행에 내국통화 계좌를 둔 외국금융기관[68]과 비거주자로서 해당국에 주소 또는 거소를 둔 자 간의 무역관련 현지통화와 내국통화 간 파생상품거래 또는 내국통화표시 대차거래(무역금융)를 하는 경우[69] | 없음 |

### 3) 신고대상 비거주자 간 내국통화표시 기타 자본거래

비거주자가 다른 비거주자와 신고예외에 해당하는 경우를 제외하고 기타자본거래 또는 행위를 하고자 하는 경우에는 기획재정부장관에게 신고를 하여야 한다.

## (4) 기타자본거래에 대한 실무사례 및 판례

〔표 80〕 기타자본거래에 대한 실무 사례 및 판례

| 실무 사례 및 판례 | 내용 | 신고의무 |
|---|---|---|
| 비거주자에게 임차사용료를 지급하는 경우 | 거주자 A사는 비거주자인 외국 B사와 장비임대차계약 체결하여 장비를 임차하면서 임차료를 지급하는 거래 | 외국환은행장 신고 |
| 국내본사가 해외지점에 성과급 지급 | 국내 본사가 해외지점의 영업실적에 따라 포상금을 지급하는 경우 | 한국은행총재 신고 |

---

65) 외국환거래법시행령 제14조 제1호에 준하는 금융기관으로 한정한다.
66) 외국환거래법시행령 제14조 제1호에 준하는 금융기관으로 한정한다.
67) 단, 확인된 무역거래 대금 범위 내로 한정한다.
68) 외국환거래법시행령 제14조 제1호에 준하는 금융기관으로 한정한다.
69) 단, 확인된 무역거래 대금 범위 내로 한정한다.

**사적화해 관련**

〈질의〉

한국법인 A회사(60%)와 중국법인 B회사(40%)가 지분투자 → 중국 현지 C합자회사(비상장)

C합자회사에 대한 A회사의 지분 60%를 무상양도 하고자 함.

C회사는 계속 손실이 나고 있으며, 손실보전이 불가능할 것으로 판단하고 사업 철수하고자 함.

A회사가 C회사로 공급하던 원재료에 대한 공급을 중단하기로 하고, 보상금으로 RMB 500,000을 지급하고자 함. 지분에 대한 무상양도와 함께 계약서에 기재.

이러한 경우, 은행에서 해당 송금을 클레임으로 진행하려면, 거주자와 비거주자 간의 분쟁 합의에 대해서 한국은행총재의 신고가 선행되어야 한다는 답변을 얻음.

한국은행총재에 신고하기 위한 신고서류 및 신고절차에 대하여 문의하고자 합니다.

〈회신〉

기존 계약 파기 등 계약위반에 따른 손해배상금을 지불하는 계약을 체결하고자 하는 경우 한국은행에 기타자본거래(사적화해) 신고를 하셔야 합니다.

현지금융이란 국내 기업이나 기업의 해외지점, 현지법인 등이 외국의 현지 금융기관으로부터 자금을 차입하거나 이를 위하여 지급보증을 하는 것을 포함한 금융거래를 말한다. 국내 기업이 외국에 설립한 현지법인이 신용이나 담보력이 부족하여 외국의 금융기관으로부터 대출을 받을 수 없는 경우가 대부분이다. 이럴 경우 본사인 국내 기업이 현지법인을 위하여 담보를 제공하거나 지급보증하여 현지법인이 외국 금융기관으로부터 대출을 받아 현지에서 사업자금으로 활용하는 경우가 많다.

국내 기업이 해외에 진출한 현지법인을 위하여 지급을 보증하는 경우가 현지금융거래의 일반적인 형태이다. 국내 기업의 지급보증으로 해외에서 대출을 받은 현지법인이 사업이 부실하거나 대출금을 사업에 사용하지 않고 다른 용도에 사용하는 경우 지급보증을 한 국내 기업은 지급보증을 이행하게 되면 자금유출이 발생하게 되므로 외환당국에서는 이를 관리할 필요가 있는 것이다.

한편, 국내 기업이 현지법인을 통해 외국에서 차입한 저금리의 자금을 국내로 유입하는 경우 그만큼 국내 금융시장을 이용하지 않게 되어 국내 금융시장이 교란될 우려가 있으므로 현지금융으로 조달한 자금은 국내에 예치하거나 국내로의 유입을 금지하고 있다[70].

외국환거래법에서는 현지금융을 받는 경우에는 지정거래외국환은행의 장에게 신고하도록 의무를 규정하고 있다. 차입한 자금은 그 신고한 바에 따라 사용되어야 하고, 그 사용 및 차입 원리금의 정당한 상환여부에 대하여 지정거래외국환은행의 장의 사후관리를 받아야 한다. 또한, 거주자 또는 현지법인 등이 신고한 내용을 변경하고자 하는 경우에는 당해 신고기관의 장에게 변경신고를 하여야 한다.

---

70) 정 8-1-3

## (1) 적용범위

[표 81] 현지금융거래의 범위

| 당사자 | 거래내용 | 근거 |
|--------|----------|------|
| 거주자(개인은 제외) | 현지금융을 받고자 하는 경우 | 정 8-1-1-i |
| 거주자의 해외지점[71] | 현지금융을 받고자 하는 경우<br>역외금융대출을 받는 경우 | 정 8-1-1-ii<br>정 8-1-2 |
| 거주자의 현지법인[72] | 현지금융을 받고자 하는 경우<br>역외금융대출을 받는 경우 | 정 8-1-1-iii<br>정 8-1-2 |

## (2) 신고대상 현지금융거래

[표 82] 신고대상 현지금융거래

| 당사자 | 거래내용 | 의무 |
|--------|----------|------|
| 거주자(개인은 제외) | 다른 거주자의 보증 및 담보제공이 없거나 당해 거주자가 본인의 담보를 제공하는 경우 또는 외국환은행(종합금융회사를 포함)이 보증을 하는 경우 | 지정거래외국환은행의 장에게 신고 |
| 거주자(개인은 제외) | 다른 거주자가 보증 등을 하는 경우 | 다른 거주자가 현지금융을 받는 거주자의 지정거래외국환은행에 신고 |
| 거주자(개인은 제외) | 외화증권발행방식에 의하여 미화 3천만불을 초과하는 현지금융을 받고자 하는 경우 | 지정거래외국환은행을 경유하여 기획재정부장관에게 신고 |
| 현지법인 등 | 외국환은행의 보증이 있는 경우 | 현지법인 등을 설치한 거주자[73]가 지정거래외국환은행의 장에게 신고 |
| 현지법인 등 | 당해 현지법인 등을 설치한 거주자 또는 다른 거주자가 보증 등을 하는 경우 | 보증 등의 제공자가 당해 현지법인 등을 설치한 거주자의 지정거래외국환은행의 장에게 신고[74] |
| 현지법인 등 | 현지법인 등이 거주자의 보증 등을 받지 아니하고 현지금융을 받고자 하는 경우 | 없음[75] |

---

71) 독립채산제의 예외적용을 받는 해외지점을 제외
72) 거주자의 현지법인이 100분의 50 이상 출자한 자회사를 포함
73) 국내 다른 기업과 공동출자하여 현지법인 등을 설치한 경우에는 출자지분이 가장 많은 기업, 출자지분이 같은 경우에는 자기자본이 가장 큰 기업으로 함.
74) 이 경우 동일 신용공여한도 제공은행으로부터 총액보증한도를 정하여 사전에 포괄신고를 할 수 있다. (다만,

## (3) 현지금융거래자의 기타 의무

### 1) 현지금융 자금의 국내유입 제한

현지금융으로 조달한 자금은 현지법인 등과 국내 거주자 간의 인정된 경상거래에 따른 결제자금의 국내 유입의 경우를 제외하고는 국내에 예치하거나 국내로 유입할 수 없다(정 8-3).

### 2) 사후관리받을 의무

외국환거래규정에 의하여 신고한 후 차입한 자금은 그 신고한 바에 따라 사용되어야 하며, 그 사용 및 차입원리금의 정당한 상환 여부에 대하여 지정거래외국환은행의 장의 사후관리를 받아야 한다.

### 3) 신고내용 변경에 대한 신고의무

거주자 또는 현지법인 등이 현지금융거래에 대하여 신고한 내용을 변경하고자 하는 경우 당해 신고기관의 장에게 변경신고를 하여야 한다(정 8-2-4).

### 4) 차입 및 상환 보고의무

현지금융을 받은 자[76]는 현지금융의 차입·상환 반기보를 당해 거주자의 지정거래외국환은행의 장에게 다음 반기 첫째 달 말일까지 보고하여야 한다(정 8-4-1).

### 5) 지정거래외국환은행 송금의무

현지금융을 받은 자 또는 현지금융관련 보증 등을 제공한 자가 그 원금 및 이자와 부대비용을 국내에서 외국에 지급하고자 하는 경우에는 지정거래외국환은행을 통하여 송금하여야 한다. 다만, 외국환은행이 보증과 관련하여 대지급하는 경우에는 그러하지 아니하다(정 8-5-1).

---

보증하두 제공은행으로부터 신용공여를 받는 현지법인의 현지금융 가능금액은 보증한도총액을 신용공여수혜 현지법인의 수로 나눈 금액의 2배 이내로 한다)

75) 다만, 해외지점 및 다음 각호의 1에 해당하는 현지법인의 경우에는 현지법인 등을 설치한 거주자가 당해 현지법인등의 현지금융 차입 및 상환 반기보를 다음 반기 첫째 달 말일까지 지정거래외국환은행의 장에게 보고하여야 한다(정 8-2-2).
   1. 거주자의 투자비율이 100분의 50 이상인 현지법인 2. 제1호의 현지법인이 100분의 50 이상 출자한 자회사

76) 이 항에서 "현지법인 등의 현지금융인 경우에는 당해 현지법인 등을 설치한 거주자"를 포함한다.

## (4) 기관통보의무

보고서를 제출받은 지정거래외국환은행의 장은 현지금융 차입 및 상환상황 반기보를 다음 반기 둘째 달 말일까지 한국은행총재에게 보고하여야 하며, 한국은행총재는 현지금융 차입 및 상환 상황을 국세청장 및 금융감독원장에게 통보하여야 한다(정 8-4-2).

## (5) 현지금융거래에 대한 실무사례 및 판례

〔표 83〕 현지금융거래에 대한 실무 사례 및 판례

| 실무 사례 및 판례 | 내용 | 신고의무 |
|---|---|---|
| 현지법인의 현지금융거래 | 거주자인 국내기업 A사는 현지법인 B사를 설립하였음. B사가 현지 사업에 활용하기 위하여 현지금융기관으로부터 대출을 받으면서 국내 기업 A사가 담보나 지급보증을 제공하지는 않음. | 없음 |
| 현지법인을 위한 이행보증거래 | 거주자인 국내기업 A사는 현지법인 B사를 설립하였음. B사가 현지에서 입찰에 참가하기 위하여 국내기업 A사가 B사를 위한 이행보증서를 제출함. | 한국은행총재에게 신고 |

● 한국은행 질의응답 사례

**현지금융 관련**

〈질의〉

태국에 있는 국내 어느 거주자의 현지법인의 현지금융을 위하여 국내 은행의 p-bond로 standby-L/C를 발급하고자 준비 중이나 해당 현지법인이 정상적인 해외투자절차를 거치치 않아(신고를 하지 않았던 것으로 판단됨) 외국환거래규정에 현지금융에 해당될 수 없는 것으로 사료됩니다. 해당 은행에서는 위의 사유로 보증관련 한 신고를 외국환은행이 아닌 한국은행 신고사항이라며 현시점에서는 보증서 발급을 거절하고 있고 관련 근거는 제7-19조를 이야기하고 있습니다. 제2-8조 3항에 인정된 거래에 관하여 보증을 하는 경우에는 신고 예외 사항이라는 조항도 있는데 이 경우 어떠한 규정을 적용하는 것이 올바른 것인지요?

1. 국내 어느 거주자의 자금으로 태국에 해외현지법인을 설립

2. 해외투자 신고절차를 거치지 않았으며 자금이 어떠한 경위로 태국으로 가게 되었는지는 확인불가

이처럼 현지금융의 조항에서 예외가 된다면 보증서 발급이 어려운가요? 한국은행으로 신고 요청한다면 상기의 경우는 불가능한 것인지 명확한 답을 원합니다.

〈회신〉

거주자(개인 제외)의 현지법인이 현지금융을 받고자 하는 경우 중에서 외국환은행의 보증이 있는 경우에는 외국환거래규정 제8-2조 제1항 제2호 가목에 따라 지정거래외국환은행의 장에게 신고하여야 합니다. 만일 거주자 개인의 현지법인인 경우 외국환은행의 보증과 관련하여 동 규정 제2-8조가 적용됩니다.

당초 현지법인 설치 시 필요한 해외직접투자 신고를 거치지 않은 경우 관련 사실을 제재기관의 장에게 보고하고 필요한 신고절차를 완료한 후 이후에 현지금융 관련 신고를 하시기 바랍니다.

● 한국은행 질의응답 사례

## 차입금에 대한 담보제공신고 후 차입금 단순만기연장 시 재신고 여부

〈질의〉

당사의 현지법인은 한국계은행의 해외지점으로부터 현지금융을 조달하고,

한국본사는 동 차입에 대해 예금을 담보로 제공하였습니다.

이에 대해 한국본사는 '담보제공신고서'를 외국환은행에 제출하였습니다.

이와 관련하여 외국환거래법 제3조(정의), 동법 제18조(자본거래의 신고),

동법 시행령 제9조(자본거래), 외국환거래규정 제8-2조(신고 등)에서는 발생·변경·소멸에 대해서 신고하도록 정하고 있는 것으로 알고 있습니다.

당사는 신고서의 담보제공기한을 '관련 현지금융 전액 상환 시까지'로 기재하였는바, 동 차입금의 약정 연장의 경우에는 기 신고내용에 어떠한 변경도 없으므로 신고대상이 아닌 것으로 이해하였지만, 은행측은 기존 신고서와 내용에 변경이 없더라도 차입약정이 연장되었을 경우에는 재신고를 하여야 한다는 입장입니다.

이에 다음의 사항에 대해 문의 드립니다.

(1) 담보제공신고의 내용변경이 전혀 없이 기존차입금이 단순만기연장 될 경우에도 법규상 발생·변경·소멸에 해당되어 재신고를 해야 하는지요?

(2) 만약 재신고를 해야 하는 상황이라면, 기존 담보제공신고를 소멸신고를 해야 하는지요?

상기 사항에 대해 어떻게 해야 아는지 실녕 마립니다.

〈회신〉

1. 지정거래외국환은행은 담보제공신고에 따라 차입한 자금에 대한 사용 및 차입원리금의 정당한 상환 여부에 대한 사후관리 의무가 있습니다(외국환거래규정 제8-2조 3항). 차

입금의 만기연장에 대한 신고는 지정거래외국환은행의 사후관리를 위해서 필요한 조치이
며, 변경신고의 의무가 있다고 판단됩니다(동규정 제8-2조 4항).
2. 신고절차에 대한 실무적인 내용은 소관기관인 지정거래외국환은행에 문의하시기 바랍니다.

## 10 해외직접투자에 대한 신고

외국환거래규정 제9장에서는 직접투자와 부동산 취득에 대하여 규정하고 있다. 구체
적으로 해외직접투자, 국내기업 등의 해외지사, 외국기업 등의 국내지사, 거주자의 부동
산취득을 규정하고 있다. 대부분의 자본거래는 거래유형별로 구분하여 제7장과 제8장에
서 다루고 있으나, 직접투자와 부동산취득은 다른 자본거래와 달리 한번 거래가 이루어
지면 상당기간 동안 그 행위가 이루어지고 그에 따른 관리의 필요성이 높아 제9장에서
별도로 규정하고 있다.

한편, 비거주자가 외국인투자촉진법에 의거하여 국내에 투자를 하는 경우에는 제9장
이 아닌 제7장의 적용을 받는다.[77] 금융기관이 직접투자하거나 지사를 설치하는 경우
2008년 이전에는 외국환거래법에서 이를 규정하였으나 2008년에 외국환거래법에서 삭
제하고 별도로 '금융기관의 해외진출에 관한 규정', '금융기관의 해외진출에 관한 규정
시행세칙'을 두어 운용하고 있다.

## (1) 해외직접투자의 개념

### 1) 해외직접투자의 정의

해외직접투자는 국내 기업(법인이나 개인)이 해외의 주식·채권과 같은 자본시장에
투자하는 것이 아니라 해외에 법인을 설립하거나 공장을 짓는 등 회사 경영에 참여하거
나 기술제휴 등의 목적으로 투자하는 것을 말한다. 해외직접투자의 주요 유형으로는 해
외 현지법인의 설립, 기존 외국법인 자본에 참여, 부동산 취득, 지점 설치 등이 있다.

---

77) 정 9-1

외국환거래법령에서 규정하는 "해외직접투자"의 개념[78]을 정리하면 아래와 같다.

〔표 84〕 해외직접투자의 정의

| 당사자 | 거래내용 | 근거 |
|---|---|---|
| 거주자 | 외국법령에 따라 설립된 법인(설립 중인 법인을 포함)이 발행한 증권을 취득하거나 그 법인에 대한 금전의 대여 등을 통하여 그 법인과 지속적인 경제관계를 맺기 위하여 하는 아래의 거래 또는 행위<br>- 외국법령에 따라 설립된 외국법인(설립 중인 법인을 포함)의 경영에 참가하기 위하여 취득한 주식 또는 출자지분이 해당 외국법인의 발행주식총수 또는 출자총액에서 차지하는 비율[79]이 100분의 10 이상인 투자(영 8-1)<br>- 투자비율이 100분의 10 미만인 경우로서 해당 외국법인과 다음 각 목의 어느 하나에 해당하는 관계를 수립하는 것(영 8-2)<br>　㉠ 임원의 파견<br>　㉡ 계약기간이 1년 이상인 원자재 또는 제품의 매매계약의 체결<br>　㉢ 기술의 제공·도입 또는 공동연구개발계약의 체결<br>　㉣ 해외건설 및 산업설비공사를 수주하는 계약의 체결<br>- 위에 따라 이미 투자한 외국법인의 주식 또는 출자지분을 추가로 취득하는 것(영 8-3)<br>- 위의 규정에 따라 외국법인에 투자한 거주자가 해당 외국법인에 대하여 상환기간을 1년 이상으로 하여 금전을 대여하는 것(영 8-4) | 법 3-1-18, 영 8 |
| 거주자 | 외국에서 영업소를 설치·확장·운영하거나 해외사업 활동을 하기 위하여 아래의 자금을 지급하는 행위<br>- 지점 또는 사무소의 설치비 및 영업기금<br>- 거주자가 외국에서 법인 형태가 아닌 기업을 설치·운영하기 위한 자금<br>-「해외자원개발 사업법」제2조에 따른 해외자원개발사업 또는 사회간접자본개발사업을 위한 자금. 다만, 해외자원개발을 위한 조사자금 및 해외자원의 구매자금은 제외한다. | 법 3-1-18, 영 8 |

## 2) 해외직접투자의 수단

거주자가 해외직접투자에 사용할 수 있는 수단은 지급수단을 포함하여 아래와 같은 것들이 있다.[80]

---

78) 법 3-1-18, 영 8

79) 주식 또는 출자지분을 공동으로 취득하는 경우에는 그 주식 또는 출자지분 전체의 비율을 말한다. 이하 이 항에서 "투자비율"이라 한다.

80) 정 9-1의2

〔표 85〕 해외직접투자의 수단

| 당사자 | 해외직접투자 수단 | 근거 |
|---|---|---|
| 거주자 | ① 지급수단<br>② 현지법인의 이익유보금 및 자본잉여금<br>③ 자본재(외국인투자촉진법 제2조 제1항 제9호의 자본재)<br>④ 산업재산권 기타 이에 준하는 기술과 이의 사용에 관한 권리<br>⑤ 해외법인 또는 해외지점·사무소를 청산한 경우의 그 잔여재산<br>⑥ 영 제12조 제3항의 규정에 의해 채권회수대상에서 제외된 대외채권<br>⑦ 주식<br>⑧ 기타 그 가치와 금액의 적정성을 입증할 수 있는 자산 | 법 3-1-18,<br>영 8 |

### 3) 해외직접투자금의 회수의무

해외직접투자신고를 한 거주자는 해외직접투자신고한 내용에 따라 투자원금과 과실을 원칙적으로 국내에 회수하여야 한다(정 9-4-1). 해외에서 외국환거래규정에 의해 인정된 자본거래를 하고자 하는 경우에는 투자원금과 과실을 회수하지 아니할 수 있다(정 9-4-2). 여기서 인정된 자본거래라 함은 법 및 영과 이 규정에 의하여 신고 등을 하였거나 신고 등을 요하지 아니하는 거래를 말한다(정 1-2-xxv). 거주자가 해외직접투자하였던 원금과 과실을 국내로 회수하지 않고 해외에서 다른 용도로 사용하기 위해서는 행위하기 전에 자본거래 신고를 이행하여야 한다. 해외직접투자자가 투자원금과 과실을 국내 회수하지 않고 이를 해외의 기업(비거주자)에게 대여하려면 외국환거래규정에 의거 한국은행에 신고를 하여야 한다(정 7-16).

### 4) 해외직접투자 사전 신고의 중요성

외환검사나 외환조사에서 해외직접투자신고는 대단히 중요한 의미를 가지는 행위이다. 외환검사관이나 조사관들은 해외 현지법인이나 특수목적법인(Special Purpose Company)에 대해서 외환검사 또는 조사를 하게 되면 1차적으로 해외직접투자 신고 여부를 확인한다. 해외직접투자 신고사실이 확인된 경우 해외 현지법인이나 특수목적법인의 입출금 내역을 확인하여 현지법인이나 특수목적법인의 해외직접투자 신고한 사업계획에 따른 정상적인 사업활동의 결과인지를 확인하는 절차로 끝이 난다. 만약 이 과정에서 현지법인이나 특수목적법인이 해외직접투자 신고한 사업내용과는 무관한 자금 집행이 드러난다면 행위의 성격을 규명한 다음 행위자와 책임자를 확인하여 외국환거래법 위반 여부를 확인하게 된다.

이와 반대로 해외 현지법인이나 특수목적법인(SPC: Special Purpose Company)이 해외직접투자 신고하지 않은 사실이 확인되는 경우 그 자체로 외국환거래법 위반이 성립하게 된다. 더 큰 문제는 그 후부터 이다. 외환검사관이나 조사관들은 해외직접투자 신고가 이루어지지 않은 것이 단순한 과실인지 고의적인 것인지를 확인하고 해외직접투자 금을 국내에서 해외로 송금한 방법 등을 확인한다.

해외직접투자 미신고 해외 현지법인은 현지 사무소, 현지 인력, 현지 사업활동이 있기 때문에 쉽게 실체를 부인당하지는 않지만 현지 사업활동이 미미한 경우 외환검사관이나 외환조사관들은 명목상의 사업활동으로 의심하면서 모든 자금 사용 내역을 밝히라고 요구하게 된다. 해외직접투자 미신고한 현지법인의 자금 사용 내역이 밝혀지지 않는 경우 미신고 해외직접투자를 결정한 행위자가 임의로 미신고 해외직접투자 자금을 유용한 것으로 추정하고 재산국외도피에 해당하는지 여부를 심층적으로 조사하게 된다.

해외직접투자 미신고 특수목적법인의 경우는 더욱 불리한 입장에 처하게 된다. 해외직접투자에 관한 사업계획이 신고된 바 없는 특수목적법인(SPC)은 외환검사관이나 외환조사관으로부터 공식적인 사업목적을 인정받기 어려워진다. 외환검사관이나 외환조사관들은 해외직접투자신고를 하지 않아 정부로부터 외환관리를 전혀 받지 않았고, 공식적으로 인정된 사업목적도 없기 때문에 특수목적법인(SPC)을 특수목적법인(SPC)으로 인정할 근거가 없어 페이퍼 컴퍼니로 인정하는 경우가 대부분이다. 특수목적법인(SPC)이 특수목적법인으로 인정받지 못하고 페이퍼 컴퍼니로 인정되면 특수목적법인(SPC) 명의로 개설된 은행 계좌는 법인의 은행계좌로 인정하지 않고 그 실질에 따라 특수목적법인(SPC)의 소유주의 개인 계좌로 인정하게 된다. 특수목적법인(SPC) 명의의 은행 계좌의 거래내역도 특수목적법인(SPC)의 소유주의 개인 계좌의 거래내역으로 보아 사업적 목적으로 자금을 사용한 경우를 제외하고는 특수목적법인(SPC)의 소유주가 자금을 유용한 것으로 추정하고 재산국외도피에 해당하는지 여부를 조사하게 되는 것이다.

## 참고

### 페이퍼 컴퍼니와 특수목적법인

외환 검사 및 조사실무에서는 해외직접투자신고를 하지 않은 특수목적법인(SPC)과 페이퍼컴퍼니를 구분하지 않고 모두 페이퍼컴퍼니(또는 유령회사)로 분류하여 처리하는 경향이 있으나 이 같은 처리가 정확한 것은 아니다. 해외직접투자 신고를 한 특수목적법인과 페이퍼 컴퍼니(유령회사)를 비교하여 본다.

**[표] 페이퍼컴퍼니와 특수목적법인 비교**

| 구분 | 페이퍼컴퍼니(유령회사) | 특수목적법인(SPC) |
|------|------------------------|-------------------|
| 설립목적 | 자금 관리 | 사업관리 |
| 회사존재 | 가공회사 | 실제로 존재 |
| 직원 | 없음 | 있음(또는 현지 업무를 대행사 등에 위탁) |
| 매입거래처 | 없음 | 있음 |
| 매출거래처 | 없음 | 있음 |
| 영업활동 | 없음 | 사업활동 수행 |
| 세무신고 | 없음 | 신고함 |

이와 같이 단순히 해외직접투자 신고의무를 불이행하였을 뿐인데 그 파장은 자연스럽게 재산국외도피에 해당하는지 여부를 조사하는 것으로 연결되는 것이다. 특경가법 제4조 재산국외도피죄의 처벌 수준을 고려하면 실로 엄청나게 큰 결과가 아닐 수 없다. 2000년대 초부터 세관의 재산국외도피사건에 대한 대응 경험이 가장 많은 전문가와 가장 많은 조사를 해본 전문가인 필자들은 그간의 경험에 비추어 해외에 미화 1달러의 특수목적법인(SPC)을 설립하더라도 반드시 해외직접투자 신고를 할 것을 권고한다.

특히 국내에서 해외직접투자를 위한 송금을 하지 않고 해외의 개인 명의 계좌에 있는 자금이나 해외의 지인으로부터 자금을 차입하여 해외직접투자를 하는 경우도 반드시 해외직접투자신고를 하여야 한다. 초기에 미미했던 해외의 투자회사가 급격히 성장을 하는 경우가 있는데 해외직접투자신고를 하지 않았다면 해외 투자회사의 배당금 등을 국내로 반입할 길이 없는 것이다.

## (2) 거주자의 해외직접투자(비금융기관)

### 1) 거주자(비금융기관)의 해외직접투자 신고[81]

금융기관이 아닌 거주자[82]가 해외직접투자(증액투자 포함)를 하고자 하는 경우에는 다음에서 정하는 외국환은행에 신고하여야 한다(정 9-5-1).

〔표 86〕거주자(비금융기관)의 해외직접투자신고의무

| 당사자 | 거래내용 | 의무 |
|---|---|---|
| 거주자<br>(금융기관 제외) | 해외직접투자(증액투자 포함)를 하고자 하는 경우 | 외국환은행장[83]<br>신고 |
| 거주자<br>(금융기관 제외) | 이미 투자한 외국법인이 자체유보금 또는 자본잉여금으로 증액투자 하는 경우로서 거주자가 최대주주가 아닌 경우 | 외국환은행<br>투자후보고[84] |

### 2) 해외직접투자 변경신고[85]

거주자가 해외직접투자 규정에 의하여 신고한 내용을 변경하고자 하는 경우 당해 신고기관의 장에게 변경신고를 하여야 한다(정 9-5-2).

변경신고의 내용에는 현지법인의 해외직접투자요건을 충족하는 자회사 또는 해외 직접투자요건을 충족하는 손회사의 설립·투자금액 변경·청산 및 외국법인에 투자한 거주자가 해당 외국법인에 대하여 상환기간을 1년 이상으로 하여 금전을 대여하였으나 해외직접투자자의 회생절차 등 신고기관의 장이 불가피하다고 인정하여 1년 이내에 회수하는 경우를 포함한다. 변경신고는 사전에 이루어져야 하나, 투자금의 변동과 관련이 없는 아래의 변경사유의 경우에는 변경사유가 발생한 후 3개월 이내에 사후보고 할 수 있다(정 9-5-2).

---

81) 정 9-5-1
82) 해외이주 수속 중이거나 영주권 등을 취득할 목적으로 지급하고자 하는 개인 또는 개인사업자는 제외한다.
83) 1. 주채무계열 소속 기업체인 경우에는 당해 기업의 주채권은행 2. 거주자가 주채무계열 소속 기업체가 아닌 경우에는 여신최다은행 3. 제1호 내지 제2호에 해당하지 않는 거주자의 경우 거주자가 지정하는 은행
84) 누적 투자금액이 미화 50만불 이내에서의 투자의 경우에는 투자금의 지급이 있은 날로부터 1개월 이내에 사후보고 할 수 있다.
85) 정 9-5-2

〔표 87〕 사후보고 대상 해외직접투자 변경신고

| 당사자 | 거래내용 | 의무 |
|---|---|---|
| 거주자<br>(금융기관<br>제외) | ① 투자자의 상호·대표자·소재지, 현지법인명, 현지법인의 소재지를 변경한 경우(투자자의 합병·분할에 의한 경우를 포함한다)<br>② 현지법인의 자회사 또는 손자회사의 지분율이 변경된 경우<br>③ 현지의 예상치 못한 사정이나 경영상 급박한 사정 등으로 사전에 제출한 사업계획을 사전신고 후 변경하는 것이 적절치 않은 경우로서 추가 투자금액을 필요로 하지 않는 경우 | 변경사유 발생후 3개월 내 보고[86] |

## 3) 해외직접투자신고 제출서류

해외직접투자를 하고자 하는 자는 별지 제9-1호 서식의 해외직접투자신고서(보고서)에 다음의 서류를 첨부하여 당해 신고기관에 제출하여야 한다(정 9-5-3).

〔표 88〕 해외직접투자신고 제출서류 및 첨부서류

| 해외직접투자누적<br>투자금액 | 제출서류 | 첨부서류 | 비고 |
|---|---|---|---|
| 미화 50만불 초과 | 해외직접투자신고서(보고서)(별지 제9-1호 서식) | • 사업계획서(자금조달 및 운용계획 포함)<br>• 주식을 통한 해외직접투자인 경우에는 「공인회계사법」에 의한 회계법인의 주식평가에 관한 의견서<br>• 해외직접투자를 하고자 하는 자가 「신용정보의이용및보호에관한법률」에 의한 금융거래 등 상거래에 있어서 약정한 기일 내에 채무를 변제하지 아니한 자로서 종합신용정보 집중기관에 등록되어 있지 않음을 입증하는 서류[87]<br>• 조세체납이 없음을 입증하는 서류<br>• 기타 신고기관의 장이 필요하다고 인정하는 서류 | 누적 투자금액이 미화 50만불 이내에서의 투자의 경우로서 사후에 보고하는 경우에도 같음 |

---

86) 다만, 해외직접투자를 한 거주자가 다른 거주자에게 당해 주식 또는 지분을 매각하는 경우에는 즉시 당해 신고기관의 장에게 보고하여야 한다.

87) 다만, 「회사정리법」 또는 「화의법」에 의하여 정리절차가 진행되고 있는 기업체가 기존의 유휴설비나 보유기술을 투자하거나 관련 법령이 정한 법원 또는 채권관리단의 결정에 의한 경우에는 그러하지 아니하다.

| 해외직접투자누적<br>투자금액 | 제출서류 | 첨부서류 | 비고 |
|---|---|---|---|
| 미화 50만불 이내 | 해외직접투자신고<br>서(보고서)(별지<br>제9-1호 서식) | • 사업계획서(자금조달 및 운용계획 포함)<br>• 해외직접투자를 하고자 하는 자가 「신용<br>정보의이용및보호에관한법률」에 의한 금<br>융거래 등 상거래에 있어서 약정한 기일<br>내에 채무를 변제하지 아니한 자로서 종<br>합신용정보 집중기관에 등록되어 있지<br>않음을 입증하는 서류[88]<br>• 조세체납이 없음을 입증하는 서류 | 서류를 제출하<br>여 사전송금가<br>능 |

## 4) 신고의무 위반에 대한 제재 및 사후신고

거주자가 신고를 하지 아니하거나 신고된 내용과 다르게 해외직접투자를 한 경우에는 당해 위반사실을 제재기관의 장에게 보고하고 당해 투자에 대하여 신고기관의 장에게 사후신고를 할 수 있다(정 9-5-5).

## 5) 시민권자 등에 대한 신고 예외

개인투자자가 영주권, 시민권을 취득한 경우에는 제9-4조(투자금의 회수) 및 제9-6조(해외직접투자사업의 청산) 내지 제9-9조(사후관리)의 규정은 적용하지 아니한다. 다만, 영주권을 취득한 개인투자자가 이후 국내에 체재하여 거주자가 된 경우에는 그러하지 아니하다(정 9-5-6).

## 6) 해외직접투자사업의 청산

해외직접투자자가 투자사업을 청산할 때에는 분배잔여재산을 제9-4조(투자금의 회수) 의 규정에 따라 즉시 국내로 회수하고 청산관련서류를 신고기관에 보고하여야 한다 (정 9-6-1). 청산 보고 후 해외에서 외국환거래규정에 의해 인정된 자본거래를 하고자 하는 경우에는 청산자금을 국내로 회수하지 아니할 수 있다(정 9-6-2).

## 7) 현지공관장에 대한 조사의뢰

기획재정부장관은 현지공관의 장에게 투자환경의 조사를 의뢰할 수 있으며, 현지공관

---

88) 다만, 「회사정리법」 또는 「화의법」에 의하여 정리절차가 진행되고 있는 기업체가 기존의 유휴설비나 보유기술을 투자하거나 관련 법령이 정한 법원 또는 채권관리단의 결정에 의한 경우에는 그러하지 아니하다.

의 장으로 하여금 현지국 정부의 외국인투자 관련조치 및 투자환경의 변화내용을 보고
하게 할 수 있다(정 9-8-3).

### 8) 사후관리

#### ① 투자자의 보고서 등 제출의무

해외직접투자자는 다음의 보고서 또는 서류를 정한 기일 내에 당해 신고기관의 장에
게 제출하여야 한다[89](정 9-9-1).

[표 89] 해외직접투자신고 사후관리 제출서류 및 제출기한

| 제출서류 | 제출기한 |
| --- | --- |
| 외화증권(채권)취득보고서(법인 및 개인기업 설립보고서 포함)[90] | 투자금액 납입 또는 대여자금 제공 후 6월 이내 |
| 송금(투자)보고서 | 송금 또는 투자 즉시(투자금액을 현지금융으로 현지에서 조달하는 경우 투자시점) |
| 연간사업실적보고서[91] | 회계기간 종료 후 5월 이내[92] |
| 청산보고서(금전대여의 경우 원리금회수내용을 포함) | 청산자금 수령 또는 원리금회수 후 즉시 |
| 기타 신고기관의 장이 해외직접투자의 사후관리에 필요하다고 인정하여 요구하는 서류 | |

연간사업실적보고서와 청산보고서를 제출할 경우에는 현지공인회계사의 감사를 받은
감사보고서(현지공인회계사가 확인한 결산서 또는 현지세무사의 세무보고서로 갈음할
수 있다)를 함께 제출해야 한다(정 9-9-6).

#### ② 신고기관의 사후관리대장 및 신고서류 제출의무

신고기관의 장은 신고를 받은 해외직접투자사업에 대한 사후관리를 위하여 해외직접

---

89) 다만, 해외직접투자자 또는 투자한 현지법인이 휴·폐업 등으로 인해 보고서 등을 제출하는 것이 불가능하다
고 신고기관의 장이 인정하는 경우에는 당해 휴·폐업 등의 기간에 다음 각호의 1의 보고서 또는 서류를 제
출하지 아니할 수 있다.
90) 다만, 해외자원개발사업 및 사회간접자본개발사업으로서 법인 형태가 아닌 투자의 경우에는 외화증권(채권)
취득보고서 제출을 면제한다.
91) 해외자원개발사업 및 사회간접자본개발사업으로서 법인 형태가 아닌 투자의 경우는 제외한다.
92) 신고기관의 장은 부동산관련업 이외의 투자사업으로서 투자금액의 합계가 미화 50만불 이하인 경우에는 연
간사업실적보고서의 제출을 면제할 수 있으며, 미화 100만불 이하인 경우에는 현지법인 투자현황표로 갈음
할 수 있다.

투자 관리대장을 작성하여야 하며, 다음에서 정한 기일 내에 한국수출입은행장에게 제출하여야 한다[93](정 9-9-2).

〔표 90〕해외직접투자신고 사후관리대장 및 신고서류 제출기한

| 의무자 | 제출기관 | 제출서류 | 제출기한 |
|---|---|---|---|
| 신고기관의 장 | 한국수출입은행장 | 해외직접투자 신고서 사본(내용변경보고서 포함), 해외직접투자 신고 및 투자실적(월보) | 매익월 15일 이내 |
| 신고기관의 장 | 한국수출입은행장 | 연간사업실적보고서(현지법인 투자현황표) | 해외직접투자자로부터 제출받은 즉시 |
| 신고기관의 장 | 한국수출입은행장 | 사후관리종합내역 등 기타 통계 또는 사후관리에 필요한 서류 | |

신고기관의 장이 신고, 송금, 사후관리(회수, 지분매각, 청산 등), 사업실적 내역을 한국수출입은행 해외직접투자 통계시스템에 입력하는 경우 제2항에 의한 서류를 제출한 것으로 본다. 입력기일은 위 [표 90]의 제출기한을 준용한다.

### ③ 한국수출입은행장의 해외직접투자기업 현황보고의무

한국수출입은행장은 매년 해외직접투자기업 현황을 작성하여 기획재정부장관 및 해외공관의 장에게 송부하여야 한다. 이 경우 기획재정부장관은 사실 확인 등을 위하여 추가적인 자료의 요청 및 실태 점검 등을 실시할 수 있다.

### ④ 신고기관의 기관통보의무

신고기관의 장은 개인, 개인사업자 또는 법인의 투자, 부동산관련업에 대한 투자 및 주식을 출자한 투자에 대하여는 다음의 보고서 등을 다음에서 정한 기일 내에 한국수출입은행을 경유하여 국세청장, 관세청장 및 금융감독원장에게 통보하여야 한다.

---

93) 다만, 해외직접투자자 및 투자한 현지법인이 휴·폐업 또는 소재불명 등의 상태에 있어 신고기관의 장이 해외직접투자자 및 투자한 현지법인으로부터 관련 보고서나 서류를 제출받는 것이 불가능한 것으로 인정되는 경우에는 그러하지 아니하며 이 경우 신고기관의 장은 휴·폐업 또는 소재불명 등의 사실을 한국수출입은행장에게 보고하여야 한다.

| 의무자 | 통보기관 | 통보내용 | 제출기한 |
|---|---|---|---|
| 신고기관의 장 | 한국수출입은행을 경유하여 국세청장, 관세청장 및 금융감독원장에게 통보 | 해외직접투자 신고내용, 송금(투자)보고 내용, 해외직접투자사업 청산 및 대부채권 회수보고 내용, 해외직접투자자 또는 투자한 현지법인의 휴·폐업, 소재불명 및 시민권의 취득 등의 사실 | 매익월 25일 이내 |
| 신고기관의 장 | 한국수출입은행을 경유하여 국세청장, 관세청장 및 금융감독원장에게 통보 | 연간사업실적보고서 | 매익년도 9월 말일 이내 |

## (3) 금융·보험업에 대한 해외직접투자

금융·보험업에 대한 해외직접투자에 대한 외국환거래규정 중 제9-10조(금융기관 등의 금융·보험업에 대한 해외직접투자), 제9-11조(금융기관을 제외한 거주자의 금융·보험업에 대한 해외직접투자), 제9-11조의2(비금융·보험업 영위하는 현지법인을 통한 금융·보험업에 대한 해외직접투자), 제9-12조(현지법인금융기관의 타회사에 대한 해외직접투자), 제9-13조(현지법인금융기관 등의 폐지절차), 제9-14조(현지법인금융기관 등의 신고내용 변경절차), 제9-15조(현지법인금융기관 등의 보고 등)은 기획재정부고시 2008-11호로 2008.7.25. 삭제되었다. 현재는 외국환거래규정은 금융·보험업에 대한 해외직접투자 규정 중 역외금융회사 등에 대한 해외직접투자에 대한 내용만 규정하고 있다.

### 1) 역외금융회사의 개념

외국환거래규정에서 "역외금융회사"라 함은 직접 또는 자회사 등을 통하여 증권, 채권 및 파생상품에 투자하여 수익을 얻는 것을 주된 목적으로 외국법에 따라 설립된 회사(설립중인 회사 및 계약형태를 포함한다)로서 설립준거법령지역에 실질적인 경영활동을 위한 영업소를 설치하지 않은 회사를 말한다(정 1-2-xv).

### 2) 역외금융회사 등에 대한 해외직접투자 신고

거주자(개인 및 개인사업자는 제외)가 역외금융회사 등에 대한 해외직접투자를 하고자 하는 경우에는 한국은행총재에게 신고하여야 한다(정 9-15의2-1).

〔표 92〕 신고대상 역외금융회사 등에 대한 해외직접투자(정 9-15의2-2)

| 당사자 | 해외직접투자내용 | 의무 |
|---|---|---|
| 거주자[94] | ① 해외직접투자에 준하는 투자의 경우(경영참여를 목적으로 10% 이상 지분투자 등)<br>② ①에 의한 투자금액을 포함하여 역외금융회사에 대하여 투자(부채성증권 매입, 제7장의 규정에서 정한 절차를 거친 대출·보증 및 담보제공을 말한다)한 총투자금액이 당해 역외금융회사 총자산의 100분의 10 이상인 경우(외국환업무취급기관이 투자목적이 아닌 업무로서 행하는 거래의 경우는 제외)<br>③ 역외금융회사에 대한 투자(① 또는 ②에 준하는 경우를 말함)를 목적으로 외국금융기관에 대하여 ②에 해당하는 투자를 하는 경우<br>④ 역외금융회사 또는 외국금융기관에 소속된 자금운용단위에 대한 ① 내지 ③에 해당하는 투자인 경우 | 한국은행총재에게 신고서(별지 9-2) 제출 |
| 거주자의 현지법인[95] 및 그 자회사, 손회사 또는 해외지점 | 상동 | 역외금융회사(현지법인금융기관) 지점(자회사·손회사) 설립 보고서(별지 9-3)를 투자일로부터 1개월 이내에 한국은행총재에게 보고 |

---

94) 공동으로 동일한 역외금융회사 등에 대하여 투자하고자 하는 경우에는 투자비율이 가장 높은 자
95) 역외금융회사를 포함한다.

| 역외금융회사 (현지법인금융기관)투자 신고서 | 처 리 기 간 |
|---|---|
| | |

## 1. 투자자 현황

| 상 호 ( 대 표 자 ) | ( ) | 설 립 년 월 일 | |
|---|---|---|---|
| 소 재 지 ( 주 소 ) | | | |
| 투 자 자 규 모 | □ 대기업 □ 중소기업 | | |
| 총 자 산 | 백만원 | 자기자본(자본금) | ( ) 백만원 |
| 업 종 | | 담 당 자 및 연 락 처 | |

## 2. 현지법인 현황
(단위 : 미불)

| 법 인 명 | | 설 립 ( 예 정 ) 일 | |
|---|---|---|---|
| 대 표 자 | | 업 종 | |
| 소 재 국 ( 세부주소 ) | ( ) | | |
| 총 자 본 금 | | 종 업 원 수 | 한국인 명, 현지인 명 |
| 투 자 형 태<sup>주1)</sup> | □ 단독투자 □ 공동투자 □ 합작투자(한국측 총지분율: %) | | |
| 주 투 자 자 내 역 | 상 호 | 사 업 자 번 호 | |
| | 대 표 자 명 | 법 인 등 록 번 호 | |
| 법 인 성 격 | □ 실제 영업법인 □ 특수 목적회사(SPC) - 최종 투자 목적국 : - 최종 투자 업종 : | 설 립 형 태 | □ 신설법인 설립 □ 기존법인 지분인수 - 지분인수비율 : % |
| 지 배 구 조 | □ 비지주회사 □ 지주회사(자회사수: 개, 주된 매출 자회사 업종 : ) | | |
| 투 자 목 적 | | | |

주1) "공동투자"라 함은 국내투자자와 공동으로 투자하는 경우를 의미하며 "합작투자"라 함은 비거주자
와 합작으로 투자하는 경우를 의미함.

## 3. 투자 방법

① 지분투자
(단위 : 미불)

| 취 득 증 권 | 증권종류 | 주수 | 액면 | | 취득가액 | |
|---|---|---|---|---|---|---|
| | | | 주당액면 | 합계 | 주당가액 | 합계 |
| | | | | | | |
| | 투 자 비 율(%) | | | | | |
| | 취득가액이 액면과 상이할 경우 그 산출근거 | | | | | |

210mm×297mm

| 출 자 형 태 | ① 현　　　금 | | ② 현　　　물 | |
|---|---|---|---|---|
| | ③ 주　　　식 | | ④ 이익잉여금 | |
| | ⑤ 기 타(　　) | | | |
| 합　　　계 | (①+②+③+④+⑤) | | | |

| 출　자　자　명 | | 출 자 전 | | 금 회 출 자 | | 출 자 후 | |
|---|---|---|---|---|---|---|---|
| | | 금 액 | 비율(%) | 금 액 | 비율(%) | 금 액 | 비율(%) |
| 한 국 측 | | | | | | | |
| | | | | | | | |
| | 소 계(①) | | | | | | |
| 현지측(②) | | | | | | | |
| 제3국(③) | | | | | | | |
| 합　계( ① + ② + ③ ) | | | 100.0 | | 100.0 | | 100.0 |

② 대부투자　　　　　　　　　　　　　　　　　　　　　　　　　　　　　(단위 : 미불)

| 대　부　액 | | 자 금 용 도 | |
|---|---|---|---|
| 이　　　율 | | 기　　　간 | 년 월 일 ~ 년 월 일 |
| 원 금 상 환 방 법 | | 이자징수방법 | |
| 대 부 자 금<br>조 달 방 법 | 자 기 자 금 | | 차 입 금 |

외국환거래법 제18조의 규정에 의하여 위와 같이 신고합니다.

년　　　월　　　일

신고인　　　(전화번호　　　　)

한국은행총재(외국환은행의 장) 귀하

| 신 고 ( 수 리 ) 번 호 | |
|---|---|
| 신 고 ( 수 리 ) 금 액 | |
| 유 효 기 간 | |

년　　　월　　　일

신고기관 : 한국은행총재(외국환은행의 장)　　　(인)

210mm×297mm

〈첨부서류〉 1. 현지법인의 향후 3년간의 사업계획서·예상수지계산서 및 배당계획서
　　　　　 2. 투자에 소요될 외화경비명세서 및 경비조달계획서
　　　　　 3. 현지법인의 최근 대차대조표·손익계산서 및 이사회의사록

| 역외금융회사(현지법인금융기관) 〔 지 점<br>자회사<br>손회사 〕 설립보고 | 처리기간 |
|---|---|
| | |

## 1. 현지법인 현황

(담당자명 :          전화번호 :          )

| 현 지 법 인 명 | | 대 표 자 | |
|---|---|---|---|
| 소 재 지(주 소) | | | |
| 총 자 산 | | 자 본 금 | |
| 업 종(제 품) | | 설 립 등 기 일 | |

## 2. 자회사 현황

| 설 치 구 분 | ☐ 지점 설립,   ☐ 자회사 설립,   ☐ 손회사 설립,   ☐ 손자회사 설립 | | |
|---|---|---|---|
| 자 회 사 명 | | 대 표 자 | |
| 소 재 지(주 소) | | 설 립(예정)일 | |
| 자 본 금 | | 종 업 원 수 | 한국인    명, 현지인    명 |
| 투 자 형 태 | ☐ 단독투자 ☐ 합작투자(지분율 :    %) | 업    종 | |
| 법 인 성 격 | ☐ 실제 영업법인<br>☐ 특수 목적회사(SPC)<br> - 최종 투자 목적국 :<br> - 최종 투자 업종 : | 설 립 형 태 | ☐ 신설법인 설립<br>☐ 기존법인 지분인수<br> - 지분인수비율:      % |

## 3. 투자 내용

(단위 : 미불)

| 취<br>득<br>증<br>권 | 증권종류 | 주 수 | 액 면 | | 취득가액 | |
|---|---|---|---|---|---|---|
| | | | 주당액면 | 합계 | 주당가액 | 합계 |
| | | | | | | |
| | 투 자 비 율(%) | | | | | |
| | 취득가액이 액면과 상이할 경우 그 산출근거 | | | | | |

외국환거래규정 제9-15조의2 제3항의 규정에 의하여 위와 같이 보고합니다.

년   월   일

보고인　　　　　　㊞　(전화번호　　　　　　　　)

한국은행총재(외국환은행의 장)　귀하

| | | |
|---|---|---|
| | 신 고 ( 수 리 ) 번 호 | |
| | 신 고 ( 수 리 ) 금 액 | |
| | 유  효  기  간 | |

년   월   일

신고기관 : 한국은행총재(외국환은행의 장)　　(인)

210㎜×297㎜

〈첨부서류〉 1. 향후 3년간의 사업계획서 및 예상수지계산서(지점·자회사 또는 손회사의 설치 또는 설립의
　　　　　　 경우에 한함)
　　　　　 2. 당해 자회사 또는 손회사의 향후 3년간의 배당계획서
　　　　　 3. 지점의 설치 자회사 또는 손회사에의 투자에 소요될 외화경비명세서 및 동 경비조달 계획서
　　　　　 4. 당해 자회사 또는 손회사의 최근 대차대조표·손익계산서 및 이사회의사록

## 3) 변경 및 폐지신고의무(정 9-15의2-4)

　역외금융회사 등에 대한 해외직접투자 신고를 한 자가 당해 신고내용을 변경하거나 역외금융회사를 폐지하는 경우에는 별지 제9-4호 서식의 역외금융회사(현지법인금융기관) 등의 변경(폐지)보고서를 변경(폐지)사유가 발생한 후 1개월 이내에 한국은행총재에게 보고하여야 한다. 다만, 역외금융회사 등에 대한 해외직접투자를 한 거주자가 다른 거주자에게 당해 주식 또는 지분을 매각하는 경우에는 변경(폐지)보고서를 변경(폐지)사유가 발생한 즉시 한국은행총재에게 보고하여야 한다.

| 역외금융회사(현지법인금융기관) 등의 [ 변경보고서 / 폐지보고서 ] | | | 처리기간 | |
|---|---|---|---|---|
| 투 자 자 | ① 상　호 ( 본 점 ) | | | |
| | ② 대 표 자 ( 본 점 ) | | | |
| | ③ 소 재 지 ( 본 점 ) | | | |
| 설　치<br>( 설 립 )<br>내　역 | ④ 　　구　　분 | □ 현지법인　　□ 지점　　□ 자회사<br>□ 손회사　　□ 손자회사 | | |
| | ⑤ 　　상　　호 | | ⑥ 설 립 연 월 일 | 년 월 일 |
| | ⑦ 대 　표 　자 | | ⑧ 　국　　적 | |
| | ⑨ 소 　재 　지 | | | |
| | ⑩ 자 　본 　금 | | ⑪ 　변　　경<br>( 폐 지 ) 일 자 | 년 월 일 |
| | ⑫ 사 업 내 용 | | | |
| 신　　고　　내　　용 | | | | |
| ⑬ 변 　경 　전 | | | ⑭ 변 　경 　후 | |
| | | | | |
| ⑮ 변 경 ( 폐 지 ) 사 유 | | | | |

외국환거래규정 제9-15조의2 제4항의 규정에 의하여 위와 같이 보고합니다.

년　　월　　일

보고인　　　　　　　㊞
(전화번호　　　　　　)
한국은행총재(외국환은행의 장)　귀하

| 신 고 ( 수 리 ) 번 호 | |
|---|---|
| 신 고 ( 수 리 ) 금 액 | |
| 유 　효 　기 　간 | |

년　　월　　일

신고기관 : 한국은행총재(외국환은행의 장)　　(인)

210㎜×297㎜

〈첨부서류〉 : 1. 당해 현지법인금융기관 등의 최근 대차대조표 및 손익계산서
　　　　　　 2. 또는 폐지사유에 관한 증빙서류

## 4) 보고 및 통보의무

역외금융회사 등에 대한 해외직접투자 신고(보고)를 한 자는 매분기별 역외금융회사의 설립 및 운영 현황 등을 다음 분기 첫째 달 20일까지 한국은행총재 및 금융감독원장에게 보고하여야 하며, 한국은행총재는 역외금융회사의 신고(수리)서 및 보고서 사본, 설립 및 운영현황 등을 종합하여 다음 분기 둘째 달 20일(역외금융회사 신고(수리)서 또는 보고서 사본의 경우에는 매익월 10일)까지 기획재정부장관에게 보고하고, 국세청장에게 통보하여야 한다(정 9-15의2-5).

## 5) 증권취득신고의제

거주자가 역외금융회사 등에 대한 해외직접투자 신고 후 1년간 투자금액(또는 해외직접투자 변경보고 후 6개월간 투자금액)이 역외금융회사의 총출자액 또는 총자산의 100분의 10 미만인 경우에는 그 역외금융회사 등에 대한 해외직접투자 신고는 제7-31조 제2항(증권취득)에 따른 신고를 한 것으로 본다(정 9-15의2-6).

## 6) 폐지보고 권고 권한

역외금융회사가 자본잠식 또는 투자금을 전액 회수한 상태에서 6개월 이상 존속하는 경우 한국은행총재는 해당 거주자에 대하여 역외금융회사에 대한 폐지보고를 권고할 수 있다. 한국은행총재의 폐지보고 권고 이후 1개월 이내에 투자지속의사를 밝히지 않은 역외금융회사는 폐지보고를 한 것으로 본다(정 9-15의2-7).

## 7) 회수내역보고

거주자가 역외금융회사 등에 대한 투자금을 회수한 경우 회수일로부터 1개월 이내에 한국은행총재에게 회수내역을 보고하여야 한다. 다만, 역외금융회사 등의 변경(폐지)보고를 한 경우에는 회수내역을 보고하지 아니한다.

(1) 요약

해외직접투자 미신고한 특수목적법인으로부터 금속제품을 수입하면서 특수목적법인 마진상
당액을 빼돌린 것으로 의심받은 사례

(2) 사실관계

A씨는 중소기업인 B사의 대표로서  핸드폰, OLED TV 디스플레이용 설비 금속기자재를
수입하여 납품하면서 A씨는 C국에 특수목적법인 D사를 설립해두고 B사가 특수목적법인 D
사를 경유하지 아니하고 해외 거래처인 E국 F사로부터 직접 수입할 수 있음에도 불구하고,
물품은 E국 F사로부터 직수입하면서 무역거래는 C국에 특수목적법인 D사를 통하여 수입하
면서 F사가 공급한 가격에 D사의 마진을 가산한 높은 수입가격으로 수입하는 방법으로
2013.7.~2016.11.까지 기간 동안 가격을 조작하여 수입하면서 D사 마진 상당액 약 79억원
상당을 빼돌린 것으로 의심받은 사례

(3) 세관의 판단

가격조작하여 관세법 위반, 특경가법 제4조(재산국외도피) 위반임.

(4) 검찰의 판단

가격조작하여 관세법 위반, 특경가법 제4조(재산국외도피) 위반임.

(1) 요약

해외에서 벌어들인 자금을 빼돌려 미국회사를 인수한 것으로 의심받은 사례

(2) 사실관계

A씨는 중소기업인 B사의 대표로서 2005년경 C국에 SPC인 D사를 설립하여 D사 명의로
C국 E은행과 F은행에 계좌를 각 1개씩 개설하고, D사가 제품 제조 및 수출을 통하여 벌어
들인 수입금을 A씨 개인 명의의 C국 E은행과 G국 H은행과 I은행 계좌를 개설하여 사용하
면서 해외 예금거래 신고를 하지 아니하여 외국환거래법을 위반하고, C국 D사 명의 의 계좌
및 A씨 개인 명의 계좌에 입금된 금원 중 국내로 반입하여야 하는 39억원 상당을 국내로
반입하지 아니하고 현금으로 전환하여 G국에서 J사를 인수하는데 사용하는 등 국외로 빼돌
렸다고 의심받은 사례

(3) 세관의 판단

대외채권회수의무 위반하여 외국환거래법 위반, 39억원은 특경가법 제4조(재산국외도피)
위반임.

(1) 요약

해외 광구투자 관련하여 저가의 광산을 고가로 부풀려 인수하여 비자금을 조성하였다고 의심받은 사례

(2) 사실관계

A씨는 대기업 B사의 대표이사로서 2009.11.~2012.10. 기간 동안 C국 광산투자와 관련하여, 지분가치가 110억에 불과한 광산을 245억으로 가치를 부풀려서 인수하는 방법으로 약 135억상당의 비자금을 조성한 후 D국, E국으로 빼돌렸다고 의심받은 사례

(3) 세관의 판단

대외채권회수의무 위반하여 외국환거래법 위반, 135억원은 특경가법 제4조(재산국외도피) 위반임.

(4) 검찰의 판단

외국환거래법 위반과 특경가법 제4조(재산국외도피) 위반은 증거불충분하여 무혐의 결정함.

(1) 요약

해외 공장 건설공사에 따른 감리비용을 친인척이 운영하는 회사에 지급한 후 이를 빼돌렸다고 의심받은 사례

(2) 사실관계

A씨는 중견기업 B사의 대표로 해외직접투자신고한 후 인도네시아에 봉제공장을 건설하면서 처남인 C씨가 운영하는 D사에 건설공사 감리계약을 체결하여 감리를 맡긴 후 해외투자 감리비 명목으로 3회에 걸쳐 28.5억원을 해외 계좌로 지급하는 방법으로 빼돌렸다고 의심받은 사례

(3) 세관의 판단

외국환거래법 대외채권회수의무 위반 및 특경가법 제4조(재산국외도피) 위반임.

(4) 검찰의 판단

외국환거래법 위반과 특경가법 제4조(재산국외도피) 위반은 증거불충분하여 무혐의 결정함.

(1) 요약

자회사(33% 지분)인 해외 SPC 소유의 공장들을 매입하면서 해외 SPC 지분 매각대금을 전부가 아닌 일부만 회수하였다고 의심받은 사례

(2) 사실관계

중견기업 A사의 대표이사인 B씨는 A사가 홍콩에 C사를 자회사로 설립하게 한 후 A사의 자회사인 중국 D공장이 약 30억의 가치가 있는데 이를 홍콩 C사에 출자하면서 고의적으로 15억으로 낮추어 출자하고, B씨가 소유하여 운영하는 미국 F사가 B씨가 운영하는 또 다른 회사로 추정되는 홍콩 G사에게 30억을 빌려주는 것처럼 하여 홍콩 C사의 주주인 홍콩 G사 : 한국 A사의 지분비율을 2:1로 낮게 만든 후 홍콩 C사는 B씨에게 스톡옵션 15%를 제공하고, 주당 1불로 투자한 다른 투자자들과 달리 0.1불로 출자금을 받는 방법 등을 이용하여 A사가 취득할 홍콩 C사의 지분 50%를 28.4%인 것처럼 낮게 하여 A사가 홍콩 C사의 자회사인 중국 공장들을 170억에 매입하게 하면서 A사가 홍콩 C사의 지분 28.4%에 해당하는 41억을 회수하였으나, 낮아진 지분 21.6%에 상당하는 32억은 회수하지 않았다는 것임.

(3) 세관의 판단

대외채권회수의무 위반하여 외국환거래법 위반, 32억은 특경가법 제4조(재산국외도피) 위반임.

(4) 검찰의 판단

외국환거래법 위반과 특경가법 제4조(재산국외도피) 위반은 증거불충분하여 무혐의 결정함.

(1) 요약

해외 회사 지분을 매각하면서 매각 대금 일부를 해외로 빼돌렸다고 의심받은 사례

(2) 사실관계

A씨는 국내 대기업 B사의 대주주이고, B사는 홍콩 C사의 지분 40%를 보유하고 있는데, 홍콩 C사의 대주주인 홍콩 D씨는 2008년 11월 경 홍콩 C사를 일본 E사에게 550억에 매각하였음. B사는 홍콩 C사의 지분 40%를 홍콩 D씨에게 220억에 매각하지 않고 2008년 9월 경 170억에 매각하고 차액 50억을 국내로 회수하지 않고 해외로 빼돌렸다고 의심받음.

(3) 세관의 판단

대외채권회수의무 위반하여 외국환거래법 위반, 50억은 특경가법 제4조(재산국외도피) 위반임.

(4) 검찰의 판단

외국환거래법 위반과 특경가법 제4조(재산국외도피) 위반은 증거불충분하여 무혐의 결정함.

(1) 요약

본사로부터 수입한 카지노용품에 대한 본사의 마진을 빼돌린 것으로 의심한 사례

(2) 사실관계

A씨는 중소기업인 B사의 대표로서 B사의 모회사로서 D국의 중소기업인 C사의 대표를 겸하면서 국내 카지노회사에 납품할 슬롯머신, 게임용 카드 등을 미국 소재 E사, F사 등 해외 제조사로부터 수입하면서, 해외 제조사로부터 직접 구매할 수 있고, 실제로 구매한 가격으로 대금을 지급하고 수입신고하여야 함에도 자신이 대표이사를 겸하고 있는 D국 소재 C사를 경유하여 수입하면서 실제 구매한 가격에 C사의 마진을 가산하는 방법으로 높은 수입신고가격으로 송금하여 실제 구매가격과 높은 수입가격과 차액만큼을 C사에 초과 송금하는 방법으로 2005년 12월부터 2010년 12월까지 기간 동안 본사의 마진 상당액 약 49억원 상당을 국외로 빼돌린 것으로 의심받은 사례

(3) 세관의 판단

가격조작하여 대외무역법 위반, 본사의 마진 약 49억원은 특경가법 제4조(재산국외도피) 위반임.

(4) 검찰의 판단

대외무역법 위반과 특경가법 제4조(재산국외도피) 위반은 증거불충분하여 혐의 없음.

 **참고판례**

3-13. 외국인투자를 가장한 밀수입

(대법원 1973.11.13. 선고 73도2216 판결[외국환거래법 위반 등])

**[판결요지]**

법원이 범죄사실에 대한 증거를 설시함에 있어 구체적으로 어느 증거의 어느 부분에 의하여 어느 범죄사실을 인정할 수 있다는 식으로 설시하지 아니하였더라도 그 적시한 증거들을 종합하여 판시범죄사실을 인정할 수 있으면 족하며, 또 그 판시 외화를 불법수출한 사실을 인정함에 있어 구체적으로 외화를 어디에다 어떠한 방법으로 은닉하여 수출했다는 식으로 범죄사실을 설시하지 아니하였다 하여 위법한 판결이라 할 수 없다.

**[원심판결]** 서울고등법원 1973.7.26. 선고 73노591 판결

## [주 문]

피고인 등의 상고를 각 기각한다.

상고 후의 미결구금일수 중 각 90일씩을 본형에 산입한다.

## [이 유]

변호인 등 및 피고인 2의 상고이유를 판단한다 먼저 피고인 1의 변호인 이용훈의 상고이유 제1점에 대한 판단,

기록을 검사하여도 피고인등에 대한 검찰의 피의자신문조서의 증거 능력을 배제할 자료를 찾아 볼 수 없으므로 원심이 위 검찰조서의 기재를 증거로 채택한 1심의 조치에 위법사유가 없다고 판단한 조치는 정당하고 거기에 채증법칙에 위배한 점을 발견할 수 없고, 법원이 범죄사실에 대한 증거를 설시함에 있어 구체적으로 어느 증거의 어느 부분에 의하여 어느 범죄사실을 인정 할 수 있다는 식으로 증거설시를 아니하였더라도 그 적시한 증거들을 종합하여 판시범죄사실을 인정할 수 있으면 이를 위법한 증거설시라고 할 수 없는 것이고, 또 1심 판결이 그 판시1의 외화를 불법수출한 사실을 인정함에 있어 구체적으로 외화를 어디에다 어떠한 방법으로 은닉하여 수출했다는 식으로 범죄사실을 설시하지 아니하였다하여 위법한 판결이라고 할 수 없으며 또 원심이 적법히 조사한 증거에 의하면 위 외화의 불법수출 사실을 인정할 수 있으니 원심이 처분한 증거에 의하거나 피고인의 자백만으로 이 사실을 인정했다는 논지는 이유없으므로 상고이유 1점에 대한 논지는 전부 그 이유없다.

제2점에 대한 판단,

원심이 유지한 1심판결 이유에 의하면 원심은 그 적시한 증거에 의하여 판시 2, 3항 기재의 물품을 수입한 것은 외국인의 투자를 가장한 밀수입이라고 인정한 바, 기록에 의하여 원심이 위 인정을 위하여 거친 증거의 취사관계를 검토하여 보아도 이를 유지한 원심의 조치는 정당하고 채증법칙에 위배하는 등 소론의 위법사유를 찾아 볼 수 없고 원심이 이 사실을 허위신고죄로 의율하지 않고 관세포탈로 인정한 조치는 정당하므로 논지는 이유없다.

3, 4점에 대한 판단,

원심이 유지한 1심판결이 적시한 증거들을 기록에 의하여 검토하니 1심판시 4, 5항의 범죄사실을 인정할 수 있으므로 증거없이 위 사실을 인정하였다는 논지는 이유없다.

피고인 2의 상고이유를 판단한다.

피고인 2의 상고이유의 요지는 본 건 외자수입은 외국인투자조로 합법적으로 도입한 것이고 외화를 불법반출한 사실이 없어 피고인은 본 건 범행을 저지른 사실이 없는데 원심의 채증법칙에 위배하여 본 건 공소사실을 유죄로 인정하였다는 취지이나 원심이 유지한 1심

판결이유에 적시한 증거를 기록에 의하여 검토하면 본 건 범죄사실을 인정할 수 있다함은 위 설시와 같으므로 논지는 이유없다.

변호인 한복의 피고인 등에 대한 상고이유의 요지는,

원심은 증거없이 사실을 인정하였고 피고인 등에 대한 양형이 과중하다는 점에 있는 바, 증거없이 사실을 인정하였다는 논지는 위 설시와 같이 원심이 유지한 1심판결이 적시한 증거를 검토하여 보면 충분히 피고인등에 대한 범죄사실을 인정할 수 있으므로 그 이유없고, 양형부당의 점에 대하여는 이 사건에 대한 적법한 상고이유가 되지 못하므로 논지는 이유없다.

그러므로 관여 법관의 일치된 의견으로 주문과 같이 판결한다.

대법관   홍순엽(재판장) 민문기 임항준 안병수

## 3-14. 신고대상인 해외직접투자의 의미

(대법원 2017.6.15. 선고 2015도5312 판결[외국환거래법 위반])

**[판시사항]**

구 외국환거래법 제18조 제1항에 의하여 신고의 대상이 되는 '해외직접투자'의 의미 및 외국법인이 외국에서 다른 외국법인이 발행한 증권을 취득하여 자회사 또는 손자회사를 설립하는 것이 여기에 포함되는지 여부(소극)

**[판결요지]**

구 외국환거래법(2016.3.2. 법률 제14047호로 개정되기 전의 것, 이하 '외국환거래법'이라 한다) 제3조 제1항 제18호, 제19호, 제18조 제1항, 제29조 제1항 제6호, 외국환거래법 시행령 제8조 제1항의 내용과 문언적 해석, 죄형법정주의 원칙 등에 비추어 보면, 외국환거래법 제18조 제1항에 의하여 신고의 대상이 되는 '해외직접투자'는 거주자가 직접 외국 법령에 따라 설립된 법인(설립 중인 법인을 포함한다. 이하 '외국법인'이라 한다)이 발행한 증권을 취득하거나 외국법인에 대한 금전의 대여 등을 통하여 외국법인과 지속적인 경제관계를 맺기 위하여 하는 거래 또는 행위를 의미하며, 외국법인이 외국에서 다른 외국법인이 발행한 증권을 취득하여 자회사 또는 손자회사를 설립하는 것은 여기에 포함되지 아니한다고 해석함이 타당하다.

**[원심판결]** 서울중앙지법 2015.4.3. 선고 2014노4498 판결

**[주 문]**

상고를 기각한다.

## [이 유]

상고이유를 판단한다.

1. 형벌법규의 해석은 엄격하여야 하고, 명문의 형벌법규의 의미를 피고인에게 불리한 방향으로 지나치게 확장해석하거나 유추해석하는 것은 죄형법정주의의 원칙에 어긋나므로 허용되지 아니한다(대법원 2009.12.10. 선고 2009도3053 판결 등 참조).

구 외국환거래법(2016.3.2. 법률 제14047호로 개정되기 전의 것, 이하 '외국환거래법'이라 한다) 제29조 제1항 제6호는 "제16조 또는 제18조에 따른 신고의무를 위반한 금액이 5억 원 이상의 범위에서 대통령령으로 정하는 금액을 초과하는 자"를 처벌하도록 규정하고, 제18조 제1항은 "자본거래를 하려는 자는 대통령령으로 정하는 바에 따라 기획재정부장관에게 신고하여야 한다."라고 규정하고 있다.

외국환거래법 제3조 제1항의 정의 규정에 의하면 제18호의 '해외직접투자'는 제19호의 '자본거래'에 해당하므로, 해외직접투자를 하려는 사람은 제18조 제1항에 의하여 신고의무를 부담한다. 그런데 외국환거래법 제3조 제1항 제18호는 "'해외직접투자'란 거주자가 하는 다음 각 목의 어느 하나에 해당하는 거래·행위 또는 지급을 말한다."라고 규정하면서 (가)목은 "외국법령에 따라 설립된 법인(설립 중인 법인을 포함한다)이 발행한 증권을 취득하거나 그 법인에 대한 금전의 대여 등을 통하여 그 법인과 지속적인 경제관계를 맺기 위하여 하는 거래 또는 행위로서 대통령령으로 정하는 것"이라고 규정하고, (나)목은 "외국에서 영업소를 설치·확장·운영하거나 해외사업 활동을 하기 위하여 자금을 지급하는 행위로서 대통령령으로 정하는 것"이라고 규정한다.

또한 외국환거래법 시행령(이하 '시행령'이라 한다) 제8조 제1항은 외국환거래법 제3조 제1항 제18호 (가)목에서 '대통령령으로 정하는 것'에 대하여, "외국 법령에 따라 설립된 법인(설립 중인 법인을 포함한다. 이하 '외국법인'이라 한다)의 경영에 참가하기 위하여 취득한 주식 또는 출자지분이 해당 외국법인의 발행주식총수 또는 출자총액에서 차지하는 비율(주식 또는 출자지분을 공동으로 취득하는 경우에는 그 주식 또는 출자지분 전체의 비율을 말한다. 이하 이 항에서 '투자비율'이라 한다)이 100분의 10 이상인 투자"(제1호), "투자비율이 100분의 10 미만인 경우로서 해당 외국법인과 다음 각 목의 어느 하나에 해당하는 관계를 수립하는 것"(제2호), "제1호 또는 제2호에 따라 이미 투자한 외국법인의 주식 또는 출자지분을 추가로 취득하는 것"(제3호), "제1호부터 제3호까지의 규정에 따라 외국법인에 투자한 거주자가 해당 외국법인에 대하여 상환기간을 1년 이상으로 하여 금전을 대여하는 것"(제4호)을 말한다고 규정하고 있다.

이와 같은 규정의 내용과 문언적 해석, 죄형법정주의 원칙 등에 비추어 보면, 외국환거래법 제18조 제1항에 의하여 신고의 대상이 되는 '해외직접투자'는 거주자가 직접 외국법인이 발행한 증권을 취득하거나 그 외국법인에 대한 금전의 대여 등을 통하여 그 외국법인과 지속적인 경제관계를 맺기 위하여 하는 거래 또는 행위를 의미하며, 그 외국법인이 외국에서 다른 외국법인이 발행한 증권을 취득하여 자회사 또는 손자회사를 설립하는 것은 여기에 포함되지 아니한다고 해석함이 타당하다.

2. 원심은 판시와 같은 이유를 들어, 다음과 같은 취지로 판단하였다.

(1) 비거주자인 해외 현지법인 '공소외 1 현지법인'이 외국법인 '공소외 2 외국법인'의 주식을 취득하여 자회사를 설립한 공소사실 기재 행위는 외국환거래법 제18조 제1항에서 신고의무의 대상으로 정한 '거주자의 해외직접투자'에 해당하지 아니한다. 다만 실질적으로 거주자인 피고인 2 주식회사가 '공소외 2 외국법인'의 주식을 취득한 것으로 평가할 수 있는 예외적인 경우에는 그에 대한 신고의무를 부담한다고 볼 수 있는데, '공소외 1 현지법인'이 명목상으로만 존재하는 형해화 된 법인이라거나 피고인 2 주식회사가 외국환거래법의 규제를 피하기 위해 형식적으로만 '공소외 1 현지법인'을 통하여 '공소외 2 외국법인'의 주식을 취득한 것이라고 볼 만한 사정이 있다고 인정되지 아니한다.

(2) 한편 구 외국환거래규정(2009.9.30. 기획재정부고시 제2009-18호) 제9-5조 제2항(이하 '이 사건 고시 규정'이라 한다)은 거주자가 설립한 해외 현지법인이 해외에서 자회사를 설립하는 경우에 거주자로 하여금 이를 신고하도록 규정하고 있다. 그렇지만 외국환거래법 제18조 제1항 본문, 시행령 제32조 제1항은 그 신고의 절차 및 방법 등에 관한 세부사항을 기획재정부장관이 정하여 고시하도록 위임하고 있을 뿐이다. 따라서 이 사건 고시 규정은 위 위임을 벗어나 외국환거래법 제18조 제1항에서 정한 신고의무의 대상을 확장하는 것이어서 효력이 없다.

(3) 결국 피고인 2 주식회사에는 외국환거래법 제18조 제1항에 의한 신고의무가 있다고 볼 수 없으므로, 이와 같은 취지에서 이 사건 공소사실에 대하여 무죄를 선고한 제1심의 판단은 정당하고, 검사의 법리오해에 관한 항소이유 주장은 이유 없다.

3. 원심판결 이유를 적법하게 채택된 증거들에 비추어 살펴보면, 위와 같은 원심의 판단은 이 사건 고시 규정이 법령의 위임 범위를 벗어나 법규명령으로서 대외적 구속력을 가지지 못하므로 그에 따른 신고의무가 인정되지 아니한다는 취지로서 앞에서 본 법리에 기초한 것으로 볼 수 있고, 거기에 상고이유 주장과 같이 외국환거래법의 해석 및 위임입법에 관한 법리를 오해하는 등의 위법이 없다.

4. 그러므로 상고를 기각하기로 하여, 관여 대법관의 일치된 의견으로 주문과 같이 판결한다.

대법관　김소영(재판장) 김용덕(주심) 김신 이기택

## (1) 국내기업 등 해외지사

해외지사란 해외지점과 해외사무소를 포함하는 용어이다. 해외지점이란 독립채산제를 원칙으로 하여 외국에서 영업활동을 영위하는 것이고, 해외사무소란 외국에서 영업활동을 영위하지 아니하고 업무연락, 시장조사, 연구개발 활동 등의 비영업적 기능만을 수행하거나 비영리단체(종교단체 포함)가 국외에서 당해 단체의 설립목적에 부합하는 활동을 수행하기 위하여 설치하는 것이다[96].

한편, 금융기관의 해외지사에 대하여는 2008.7. 기획재정부 고시 2008-11호로 외국환거래규정에서 전면 삭제되었고, 금융위원회에서 별도의 '금융기관의 해외진출에 관한 규정', '금융기관의 해외진출에 관한 규정 시행세칙'을 두어 운용하고 있다.

### 1) 통칙

#### ① 적용범위

거주자가 외국에 당해 거주자의 지점 또는 사무소(이하 "해외지사")를 설치·운용하기 위하여 법인의 국내에 있는 본점, 지점, 출장소, 그 밖의 사무소(이하 이 목에서 "사무소"라 한다)와 외국에 있는 사무소 사이에 이루어지는 사무소의 설치·확장 또는 운영 등과 관련된 행위와 그에 따른 자금의 수수(授受)에 관한 자본거래[97] 및 외국환거래법 시행령 제9조 제1항 및 제2항 제6호의 규정에 의한 행위 및 그에 따른 자금의 수수를 하고자 하는 경우에는 4. 국내기업 등 해외지사에서 규정하는 바에 의한다.

---

96) 정 9-17
97) 법 3-1-19-v

★

② 해외지사의 구분

〔표 93〕 해외지사의 구분

| 구분 | 내용 | 근거 |
|---|---|---|
| 해외지점 | 독립채산제를 원칙으로 하여 외국에서 영업활동을 영위하고자 설치 | 정 9-7-i |
| 해외사무소 | 외국에서 영업활동을 영위하지 아니하고 업무연락, 시장조사, 연구개발활동 등의 비영업적 기능만을 수행하거나 비영리단체(종교단체를 포함한다)가 국외에서 당해 단체의 설립목적에 부합하는 활동을 수행하기 위하여 설치 | 정 9-7-ii |

〔표94〕 현지법인과 해외지사 비교

| 구분 | 현지법인 | 해외지사(지점, 사무소) | 근거 |
|---|---|---|---|
| 개요 | 외국법에 의해 설립된 법인의 경영참가 목적으로 10% 이상 주식 또는 출자지분 취득<br>그 외 10% 미만인 경우 일정한 경제관계수립 등 | 외국에서 영업소를 설치, 확장, 운용<br>지점 : 영업활동<br>(사무소 : 영업활동 X) | 법 3-XVIII<br>영 8 |
| 거래은행 | 주채권은행, 여신최다은행 순 | 거래은행 임의지정 가능 | 정 9-5<br>정 9-18 |
| 설치신고<br>(변경신고) | 위 외국환은행에게 신고 | 지정외국환은행에 신고 | 정 9-5<br>정 9-18 |

| 구분 | 현지법인 | 해외지사(지점, 사무소) | 근거 |
|------|----------|----------------------|------|
| 영업활동 | 제한없음 | 지점은 제한없음(사무소는 불가)<br>(단, 부동산, 증권, 대부 등은 제한) | 정 9-22 |
| 영업기금 | 해당사항 없음 | 영업기금은 지정외국환은행을 통하여 송금<br>다만, 외항운송업자, 해외건설 등은 독립채산제 적용이 인정되지 않으므로 원칙적으로<br>영업기금 송금 불가<br>(설치비·유지활동비는 송금 가능) | 정 9-19 |
| 현지금융 | 현지법인의 현지금융 | 해외지점의 현지금융<br>(비독립채산지점은 현지금융 불가) | 정 8-1 |
| 사후관리 | 월보, 증권취득(법인설립)보고, 연간사업실적 및 결산보고 등 "해외직접투자관리대장" 비치 | 설치완료, 연간활동보고, 연간 영업기금·활동비지급 및 부동산거래 등 "해외지사종합관리카드" 비치 | 정 9-7~9<br>정 9-25 |
| 청산폐쇄 | 해외직접투자 청산보고서 및 부속명세서(공증요) 즉시 제출, 잔여재산 국내회수,<br>인정된 자본거래를 하고자 하는 경우 국내 회수 X | 재산목록, 대차대조표, 재산처분명세서 제출<br>폐쇄시 잔여재산 즉시회수<br>인정된 자본거래를 하고자 하는 경우 국내 회수 X | 정 9-6<br>정 9-23<br>정 9-24 |

## 2) 설치신고

〔표 95〕 비금융기관의 해외지사 설치신고

| 구분 | 해외지사 설치 자격 | 의무 |
|------|-------------------|------|
| 해외지점 | 가. 과거 1년간의 외화획득실적이 미화 1백만불 이상인 자<br>나. 기타 주무부장관 또는 한국무역협회장이 외화획득의 전망 등을 고려하여 해외지점의 설치가 필요하다고 인정한 자 | 지정거래외국환은행의 장 신고 |
| 해외사무소 | 가. 공공기관〈기획재정부고시 제2009-2호, 2009.2.4 개정〉<br>나. 금융감독원<br>다. 과거 1년간 외화획득실적이 미화 30만불 이상인 자<br>라. 과거 1년간 유치한 관광객수가 8천명 이상인 국제여행 알선업자<br>마. 2인 이상이 공동으로 하나의 해외사무소를 설치하고자 하는 자로서 공동으로 다목 또는 라목의 요건을 충족하는 경우<br>바. 외화획득업자나 수출품 또는 군납품 생산업자로 구성된 협회 또는 조합 등의 법인<br>사. 중소기업협동조합<br>아. 국내의 신문사·통신사 및 방송국 | 지정거래외국환은행의 장 신고 |

| 구분 | 해외지사 설치 자격 | 의무 |
|------|------------------|------|
| | 자. 산업기술혁신촉진법령에 의하여 산업통상자원부장관으로부터 국외에 기업부설연구소의 설치가 필요하다고 인정받은 자<br>**차. 「대외무역법」에서 정하는 바에 의하여 무역업을 영위하는 법인으로서 설립 후 1년을 경과한 자**<br>카. 기타 주무부장관 또는 한국무역협회장이 해외사무소의 설치가 불가피하다고 인정한 자(비영리단체를 포함한다) | |

## 3) 해외지점의 영업기금

해외지점을 설치한 자는 해외지점 설치신고시 신고한 금액범위 내에서 당해 해외지점에 영업기금(당해 해외지점의 설치비·유지운영비 및 영업활동을 위한 운전자금을 포함하고 현지금융차입에 의한 자금을 제외)을 지급하고자 하는 경우 지정거래외국환은행을 통하여 지급하여야 한다(정 9-19-1).

외항운송업자 및 원양어업자, 해외건설 및 용역사업자의 해외지점은 독립채산제를 적용하지 아니하며, 이 경우 영업기금(제9-20조의 규정에 의한 설치비 및 유지활동비 제외)을 지급할 수 없다. 다만, 부득이한 경우 한국은행총재에게 신고하여 수리를 받은 건에 한하여 독립채산제를 적용할 수 있으며, 매분기마다 해외지점으로의 지급내역 등에 대해 한국은행총재에게 보고하여야 한다(정 9-19-3).

〔표 96〕 해외지점의 영업기금(정 9 - 19 - 1~2)

| 구분 | 영업기금 | 의무 |
|------|---------|------|
| 해외지점을<br>설치한 자 | 해외지점 설치신고시 신고한 금액범위 내에서 당해 해외지점에 영업기금(당해 해외지점의 설치비·유지운영비 및 영업활동을 위한 운전자금을 포함하고 현지금융차입에 의한 자금을 제외)을 지급하고자 하는 경우 | 지정거래외국환은행을 통한 지급 |
| 해외지점을<br>설치한 자 | 해외지점 설치신고시 신고한 영업기금을 초과하여 영업기금을 송금하고자 하는 경우 | 지정거래외국환은행의 장에게 신고 |

## 4) 해외사무소의 경비

해외사무소 설치비 지급을 함에 있어서 증빙서류에 의한 지급이 곤란한 경우에는 해외사무소의 설치계획서에 의하여 사전개산 지급을 할 수 있으며, 이 경우 설치신고일부터 1년 이내에 당해 지급을 증빙하는 서류 등을 지정거래외국환은행의 장에게 제출하여 정산하여야 한다(정 9-20-3).

지정거래외국환은행의 장은 설치비의 정산 결과 미사용잔액이 있는 경우에는 이를 유지활동비로 전용하게 할 수 있으며, 그 전용금액은 당해 사무소의 유지활동비 지급총액에 합산하여 관리하여야 한다(정 9-20-4).

〔표 97〕 해외사무소의 경비

| 구분 | 경비 | 의무 |
|---|---|---|
| 해외사무소 설치한 자 | 설치비 및 유지활동비 | 지정거래외국환은행을 통한 지급의무 |
| 해외사무소 설치한 자 | 해외사무소의 확장에 따른 경비 | 지정거래외국환은행의 장에게 신고 |

## 5) 국내항공 또는 선박회사 해외지점의 운영경비

국내항공 또는 선박회사는 매년도별로 각 해외지점의 현지수입금 및 현지수입금 사용명세서를 당해 연도 종료일부터 2월 이내에 지정거래외국환은행의 장에게 제출하고 사후관리를 받아야 한다(정 9-21-2).

〔표 98〕 국내항공 또는 선박회사 현지수입금사용권한

| 당사자 | 운영경비 | 현지수입금사용권한 |
|---|---|---|
| 외국항로에 취항하는 국내항공 또는 선박회사 | 국내항공 또는 선박회사의 해외지점의 주재원급여·설치비 및 유지활동비 | 국내항공 또는 선박회사의 전 해외지점의 당해 연도 수입금의 100분의 30 범위 내에서 직접 사용 가능 |

## 6) 해외지점의 영업활동

해외지점이 다음과 같은 자본거래에 해당하는 거래 또는 행위를 하고자 하는 경우에는 한국은행총재에게 신고하여 수리를 받아야 한다.

〔표 99〕 해외지점의 신고대상 영업활동

| 당사자 | 거래행위 | 의무 |
|---|---|---|
| 해외지점 | 다음의 1에 해당하는 거래 또는 행위를 하고자 하는 경우<br>1. 부동산에 관한 거래 또는 행위[98]<br>2. 증권에 관한 거래 또는 행위[99]<br>3. 비거주자에 대한 상환기한이 1년을 초과하는 대부[100] | 한국은행총재에게 신고 |

한국은행총재는 해외지점의 부동산의 거래 또는 행위에 대하여 신고수리함에 있어서는 제9장 제4절(거주자의 외국부동산 취득)의 규정을 준용하여야 한다.

## 7) 해외지점의 결산 순이익금의 처분 등

독립채산을 하는 해외지점을 설치한 자는 당해 거주자의 매 회계기간별로 각 해외지점의 결산재무제표 및 그 부속서류와 결산결과 발생한 순이익금의 처분내역을 회계기간 종료 후 5월 이내에 지정거래외국환은행의 장에게 제출하여야 한다(정 9-23-1).

〔표 100〕 해외지점 결산 순이익금 처분내역 제출의무

| 당사자 | 순이익금 처분내역 | 의무 |
|---|---|---|
| 독립채산을 하는 해외지점을 설치한 자 | 당해 거주자의 매 회계기간별로 각 해외지점의 결산재무제표 및 그 부속서류와 결산결과 발생한 순이익금의 처분내역을 회계기간 종료 후 5월 이내에 제출의무 | 지정거래외국환은행의 장에게 제출 |

독립채산을 하는 해외지점을 설치한 자는 다음의 하나의 방법으로 순이익금을 처분하여야 한다(정 9-23-2).

〔표 101〕 해외지점 결산 순이익금 처분방법

| 당사자 | 순이익금 처분방법 | 근거 |
|---|---|---|
| 독립채산을 하는 해외지점을 설치한 자 | 1. 전기이월 결손에의 충당<br>2. 국내에 회수한 후 외국환은행에 내국지급수단을 대가로 매각하거나 거주자계정에의 예치<br>3. 당해 해외지점의 영업기금으로의 운용 | 정 9-23-2 |

---

98) 다만, 당해 해외지점이 영업기금과 이익금유보액 범위 내(독립채산제의 예외적용을 받는 해외지점의 경우에는 인정된 설치비 및 유지활동비 범위 내)에서 사무실 및 주재원의 주거용 부동산 등 해외에서의 영업활동에 필요한 외국에 있는 부동산의 취득 등과 관련하여 행하는 부동산 거래는 그러하지 아니하다.

99) 다만, 당해 해외지점의 영업활동과 관련하여 당해 주재국 법령에 의한 의무를 이행하기 위한 경우와 당해 주재국내의 정부기관 또는 금융기관이 발행한 증권으로서 즉시 환금이 가능하며 시장성이 있는 증권에 대한 거래는 그러하지 아니하다.

100) 다만, 제8-2조(현지금융신고)의 규정에 의한 경우를 제외한다.

## 8) 해외지사의 폐쇄 등

해외지사의 명칭 또는 위치를 변경한 자는 변경 후 3개월 이내에 지정거래외국환은행의 장에게 그 변경내용을 사후보고하여야 한다(정 9-24-1).

〔표 102〕 해외지사 변경 및 폐쇄

| 당사자 | 내용 | 의무 |
|---|---|---|
| 해외지사의 명칭 또는 위치를 변경한 자 | 해외지사의 명칭 또는 위치 등 변경된 내용 | 변경 후 3개월 이내에 지정거래외국환은행장에게 사후보고 |
| 해외지사를 폐쇄하려는 자 | 잔여재산을 국내로 즉시 회수하고 당해 해외지사의 재산목록, 대차대조표, 재산처분명세서, 외국환매각증명서류를 제출[101] | 지정거래외국환은행에 제출 |

## 9) 해외지사에 관한 사후 관리

### ① 사후관리

해외지사의 설치에 관한 신고를 한 자는 설치신고를 한 날부터 6월 이내에 현지법규에 의한 등록증 등 지사설치를 확인할 수 있는 서류를 첨부하여 그 설치신고를 한 지정거래외국환은행의 장에게 설치행위의 완료내용을 보고하여야 한다(정 9-25-1).

〔표 103〕 해외지사 사후관리

| 당사자 | 내용 | 의무 |
|---|---|---|
| 해외지사의 설치에 관한 신고를 한 자 | 설치신고를 한 날부터 6월 이내에 현지법규에 의한 등록증 등 지사설치를 확인할 수 있는 서류를 첨부하여 설치행위의 완료내용을 보고 | 지정거래외국환은행의 장에게 보고 |
| 해외지사의 설치에 관한 신고를 한 자 | 해외지사가 부동산을 취득 또는 처분하는 경우에는 그 취득 또는 처분일부터 6월 이내에 취득 또는 처분내용을 보고 | 지정거래외국환은행의 장에게 보고 |
| 해외지점(비독립채산제 해외지점을 제외)을 설치한 자 | 당해 해외지점의 연도별 영업활동 상황(외화자금의 차입 및 대여명세표를 포함)을 제출[102] | 회계기간 종료 후 5월 이내에 지정거래외국환은행의 장에게 제출 |

---

101) 다만, 해외에서 이 규정에 의해 인정된 자본거래를 하고자 하는 경우에는 국내로 회수하지 아니할 수 있다.

102) 다만, 해외지점을 설치한 자가 휴·폐업 등으로 인해 보고서를 제출하는 것이 불가능하다고 신고기관의 장이 인정하는 경우에는 당해 휴·폐업의 기간에 보고서를 제출하지 아니할 수 있다.

| 당사자 | 내용 | 의무 |
|--------|------|------|
| 해외지사의 설치에 관한 신고를 한 자 | 영업기금, 설치비, 유지활동비의 지급 부동산의 취득 및 처분, 결산, 자금의 차입 및 대여 등에 대하여 해외지사별로 종합관리카드를 작성 비치하여 사후관리를 하여야 한다. | 지정거래외국환은행 통한 송금 |
| 지정거래외국환은행 | 부동산의 취득 및 처분, 결산, 자금의 차입 및 대여 등 | 해외지사별로 종합관리카드를 작성·비치하여 사후관리 |

② 기관통보의무

지정거래외국환은행의 장(한국은행총재 신고내용을 포함)은 다음의 보고서 또는 서류를 작성하여 다음에서 정한 기일 내에 한국수출입은행을 경유하여 한국은행총재, 국세청장 및 관세청장에게 통보하여야 한다.[103] (정 9-25-5).

지정거래외국환은행의 장이 신고(수리), 송금, 사후관리(회수, 청산, 폐지 등), 사업실적 내역을 한국수출입은행 해외직접투자 통계시스템에 입력하는 경우 기관통보 서류를 제출한 것으로 본다. 다만, 본문의 규정에 의한 입력기일은 아래 [표 104] 기관통보 서류 또는 기한을 준용한다.

〔표 104〕 기관통보 서류 또는 기한

| 당사자 | 보고서 또는 서류 | 통보기한 |
|--------|-----------------|----------|
| 지정거래외국환은행의 장 | 해외지사 설치(변경·폐지)신고(수리)서 사본, 해외지사 설치·현황보고서(분기보) | 매분기 익익월 10일 이내 |
| 지정거래외국환은행의 장 | 연간영업활동보고서(해외사무소와 비독립채산제 해외지점은 제외) | 매익년도 9월 말일 이내 |
| 지정거래외국환은행의 장 | 사후관리종합내역 등 기타 통계 또는 사후관리에 필요한 서류(해외지사별 영업기금·유지활동비 지급 현황 및 부동산 취득·처분 현황 포함) | |

---

103) 다만, 해외지사를 설치한 자가 휴·폐업의 상태에 있어 신고기관의 장이 해외지사를 설치한 자로부터 보고서를 제출받는 것이 불가능한 것으로 인정되는 경우에는 그러하지 아니하며 이 경우 신고기관의 장은 휴·폐업의 사실을 한국수출입은행장에게 보고하여야 한다.

## (2) 외국기업 등의 국내지사

외국기업의 국내지사는 국내기업의 해외지사와 동일하게 국내에서 영업활동을 영위하는 "지점"과 국내에서 영업활동을 영위하지 아니하고 업무 연락, 시장조사, 연구개발활동 등 비영업적 기능만을 수행하는 "사무소"로 구분한다[104]. 국내기업 해외지사 중 금융기관의 해외지사 관련 규정은 2008년에 삭제되어 비금융기관에만 적용되는 것과 달리, 외국기업의 해외지사 관련 규정은 비금융기관은 물론 금융기관에도 적용된다.

### 1) 국내지사 설치신고

비거주자가 국내지사를 설치하고자 하는 경우에는 지정거래외국환은행의 장이나 기획재정부장관에게 신고하여야 한다(정 9-33-3).

〔표 105〕 외국기업 등의 국내지사 설치신고

| 당사자 | 내용 | 의무 |
|---|---|---|
| 비거주자 | 국내지사를 설치하고자 하는 경우 | 지정거래외국환은행의 장 신고 |
| 비거주자 | 다음 1에 해당하는 업무 또는 이와 관련된 업무의 영위를 목적으로 하는 국내지사를 설치하고자 하는 경우<br>1. 자금의 융자, 해외금융의 알선 및 중개, 카드업무, 할부금융 등 은행업 이외의 금융관련업무<br>2. 증권업무 및 보험업무와 관련된 업무<br>3. 「외국인투자촉진법」 등 다른 법령의 규정에 의하여 허용되지 아니하는 업무 | 기획재정부장관에게 신고 |

국내지사 설치신고를 하고자 하는 자는 별지 제9-8호 서식의 외국기업국내지사설치신고서와 첨부서류를 기획재정부장관 또는 지정거래외국환은행의 장에게 제출하여야 한다(정 9-33-4).

---

104) 정 9-32-2

| 외국기업국내지사설치신고서 | | | | 처리기간 | | |
|---|---|---|---|---|---|---|
| 외국<br>기업<br>내용 | ① 상 호 (본점) | | ② 설 치 년 월 일 | | 년    월    일 | |
| | ③ 대 표 자 (본점) | | | | | |
| | ④ 소 재 지 (본점) | | | | | |
| | ⑤ 사 업 내 용 | | | | | |
| | ⑥ 자 본 금 | | | | | |
| 국내<br>지사<br>내용 | ⑦ 상      호 | | | | | |
| | ⑧ 대   표   자 | | 주민등록번호<br>( 또 는  국 적 ) | | | |
| | ⑨ 소   재   지 | | | | | |
| | ⑩ 영 위 업 종 | | | | | |
| | ⑪ 설 치 구 분 | □ 지점 □ 사무소 | | | | |

외국환거래법 제3조 제1항 제19호 마목 및 외국환거래법시행령 제9조 제2항 제6호의 규정에
의하여 위와 같이 신고합니다.


년      월      일
신 고 인        인
기획재정부장관 귀하 (또는 대리인)
(외국환은행의 장)

| ※ 이 신고서는 외국기업의 국내지사 설치에 관한 신고에 관한 것으로서, 해당 업종에 대한 영업인·<br>허가 등을 의미하지 않음을 알려드립니다. | | |
|---|---|---|
| | 신 고 번 호 | |
| | 신 고 일 자 | |

신고기관 : 기획재정부장관
(외국환은행의 장)

210㎜×297㎜

〈첨부서류〉 1. 본점인 외국법인의 명칭·소재지 및 주된 영위업무의 내용을 증빙하는 서류
2. 다른 법령의 규정에 의하여 그 설치에 관한 허가·인가·특허·승인·신고·등록 등을
요하는 경우에는 그 사실을 증빙하는 서류
3. 국내에서 영위하고자 하는 업무의 내용과 범위에 관한 명세서

〔표 106〕외국기업 등의 국내지사 설치 및 변경신고서류

| 구분 | 제출서류 | 첨부서류 | 근거 |
|---|---|---|---|
| 설치신고 | 외국기업국내지사 설치신고서 | 1. 본점인 외국법인의 명칭·소재지 및 주된 영위업무의 내용을 증빙하는 서류<br>2. 다른 법령의 규정에 의하여 그 설치에 관한 허가 등을 요하는 경우에는 그 사실을 증빙하는 서류사본<br>3. 국내에서 영위하고자 하는 업무의 내용과 범위에 관한 명세서 | 정 9-33-3 |
| 변경신고 | 외국기업국내지사 변경신고서 | 1. 변경사실 입증서류<br>2. 사업계획서(지사의 업무내용 변경시) | 정 9-33-4 |

| 외국기업국내지사변경신고서 | | | 처 리 기 간 |
|---|---|---|---|
| | | | |

| 국 내 기 업 | ① 상        호 | |
|---|---|---|
| | ② 대  표  자 | |
| | ③ 소  재  지 | |
| | ④ 업        종 | |

| 변 경 내 용 | |
|---|---|
| ⑤ 이미 신고된 사항 | ⑥ 변경하고자 하는 사항 |
| | |

| 변 경 사 유 | |
|---|---|

외국환거래규정 제9-33조의 규정에 의하여 위와 같이 신고합니다.

년    월    일
신고인        인
(또는 대리인         )
(전화번호)
기획재정부장관 귀하
(외국환은행의 장)

| | 신 고 번 호 | |
|---|---|---|
| | 신 고 일 자 | |

신고기관 : 기획재정부장관
(외국환은행의 장)

210mm×297mm

〈첨부서류〉  1. 외국기업국내지사설치신고서 사본
2. 변경사유서
3. 사업계획서(지사의 업무내용 변경시)

## 2) 영업기금의 도입

국내지사가 외국의 본사로부터 영업기금을 도입하고자 하는 경우에는 지정거래외국환은행을 통하여 도입하여야 한다(정 9-34-1).

한국은행총재는 도입된 영업기금을 매년도별로 다음 연도 2월 말까지 금융감독원장에게 통보하여야 한다(정 9-34-2).

## 3) 결산순이익금의 대외송금

국내지사 설치신고를 한 지점이 결산순이익금을 외국에 송금하고자 하는 경우에는 지정거래외국환은행을 통하여 송금하여야 한다(정 9-35-1).

국내지사 설치신고를 한 지점이 결산순이익금을 외국으로 송금을 하고자 하는 자는 외국기업국내지사결산순이익금송금신청서와 첨부서류를 지정거래 외국환은행의 장에게 제출하여야 한다[105](정 9-35-1).

〔표 107〕 외국기업 등의 국내지사 결산순이익금 송금서류(정 9-35-2)

| 구분 | 제출서류 | 첨부서류 | 근거 |
|---|---|---|---|
| 결산순이익금의 대외송금 | 외국기업국내지사 결산순이익금송금 신청서 | 1. 당해 지점의 대차대조표 및 손익계산서<br>2. 납세증명<br>3. 당해 회계기간의 순이익금의 영업기금도입액에 대한 비율이 100분의 100 이상이거나 순이익금이 1억원을 초과할 경우에는 공인회계사의 감사증명서 | 정 9-33-3 |

---

105) 다만, 기획재정부장관에게 외국기업 국내지사 설치신고를 한 지점의 경우에는 결산순이익금 대외처분에 관한 관계법령에 의한 히기서 등으로 이를 갈음할 수 있다.

| 외국기업국내지사 결산순이익금 송금신청서 | 처 리 기 간 |
|---|---|
| | |

| ① 상 호 ( 본 점 ) | |
|---|---|
| ② 대 표 자 ( 본 점 ) | |
| ③ 본 점 소 재 지 | |
| 신 청 내 용 | |
| ④ 송 금 액 | 억원(U$ 상당) |
| ⑤ 송 금 예 정 일 자 | |
| ⑥ 송 금 액 산 출 근 거 | |
| ⑦ 결 산 기 간 | 년 월 일 ~ 년 월 일 |

외국환거래법 제18조 및 외국환거래규정 제9-35조의 규정에 의하여 위와 같이 신청합니다.

년 월 일

주 소

신청인 인

(전화)

외국환은행의 장 귀하

210㎜×297㎜

〈첨부서류〉 1. 당해 지점의 대차대조표 및 손익계산서

2. 납세승빙

3. 당해 회계기간의 순이익금의 영업자금도입액에 대한 비율이 100분의 100 이상이거나 순
이익금이 1억원을 초과하는 경우에는 공인회계사의 감사보고서

## 4) 감액된 영업기금의 지급

외국기업 국내지사 설치신고를 한 지점(금융기관에 한함)이 관계법령에서 정한 절차에 따라 감액된 영업기금을 외국에 송금하고자 하는 경우에는 외국기업 등의 국내지사 결산순이익금 송금서류(정 9-35-2)를 준용하여 서류를 제출하여야 한다(정 9-36).

## 5) 외국기업의 국내지사 폐쇄

외국기업의 국내지사 설치신고를 한 자가 국내지사를 폐쇄하고자 하는 경우에는 별지 제9-11호 서식의 외국기업국내지사폐쇄신고서를 해당 설치신고를 받은 자에게 제출하여야 한다(정 9-37-1).

외국기업 국내지사 폐쇄신고를 한 자가 국내보유자산의 처분대금을 외국으로 송금하고자 하는 경우에는 지정거래 외국환은행의 장에게 당해 국내지사의 관할세무서장이 발급한 납세증명을 제출하여야 한다(정 9-37-2).

| 외 국 기 업 국 내 지 사 폐 쇄 신 고 서 | | | 처리기간 |
|---|---|---|---|
| | | | |

| 국내기업 | ① 상  호 | |
|---|---|---|
| | ② 대  표  자 | |
| | ③ 소  재  지 | |
| | ④ 업  종 | |
| | ⑤ 폐  쇄  구  분 | ☐ 지점 ☐ 사무소 |

| 폐  쇄  일  자 | |
|---|---|
| 폐  쇄  사  유 | |

외국환거래규정 제9-37조의 규정에 의하여 아래와 같이 폐쇄신고합니다.


년   월   일
신고인        인
(또는 대리인)


기획재정부장관 귀하
(외국환은행의 장)

| 위와 같이 신고되었음을 확인함. | 신 고 번 호 | |
|---|---|---|
| | 신 고 일 자 | |


신고기관 : 기획재정부장관
(외국환은행의 장)

210㎜×297㎜

〈첨부서류〉 1. 국내지사설치신고서 원본
2. 폐쇄사유에 관한 증빙서류

## (3) 해외지사 및 국내지사 실무사례 및 판례

### 1) 건설회사 해외지사의 영업기금 송금사례

국내기업의 해외지점 중 비독립채산제로 규정하고 있는 업종에 대하여는 국내에서 영업기금 송금을 제한하고 있다. 비독립채산제로 규정된 대표적인 업종이 해외건설업이다. 해외건설업의 경우 현지에서 공사비를 지급하기 위하여 자금이 필요한데 외국환거래법령상의 영업기금 송금 제한이 있어 실무상 어려움이 많다.

해외지점의 영업기금에 대한 외국환거래규정 제9-19조는 비독립채산제 해외지점에 대한 영업기금지급의 제한을 규정하고 있을 뿐, 해외지점의 영업활동에 대하여 규제하는 것이 아니다. 해외지점의 영업활동에 대하여는 부동산·증권·비거주자에 대한 대부를 제외하고는 자유롭게 가능한 것으로 규정하고 있다[106]. 따라서, 국내에서 해외지점으로 영업기금 송금을 제한한다고 하여 현지 공사 등 영업활동을 제한하는 것으로 해석할 이유는 없다.

일반적으로 현지 공사비 지출은 국내에서 개별 거래 건별로 외국환은행에 지급 등의 증빙서류를 제출하여 거래처에 지급 등을 할 수 있다[107].

〔그림〕 영업기금 송금방법

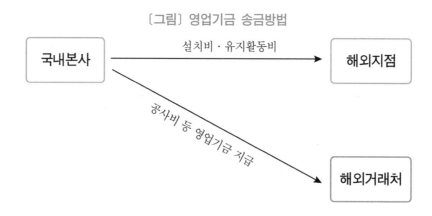

그러나, 현지법규 등으로 인하여 국내 본사가 해외 발주처와 계약을 체결하지 못하고 대신 해외지점이 계약을 체결하여 해외지점이 현지 하도급업자 등에게 직접 공사비를 지급하여야 하는 특수한 사정이 있는 등 부득이한 경우에는 정식 절차를 밟아 한국은행

---

106) 정 9-22
107) 정 4-2-1

으로부터 독립채산제 인정을 받는 것이 필요하며, 편법으로 지급하는 경우 제재를 받을 수 있다는 점에 유의하여야 한다.

한국은행에서는 해외지점의 영업기금에 대하여 여전히 보수적으로 운용하고 있기는 하나, 내부적으로 운영하는 「외국환거래업무 취급절차[108]」 별표 2 해외지점에 대한 예외적 영업기금 지급의 신고수리 세부심사기준에 따르면 업체가 부득이한 경우를 인정받기 위하여는 아래의 심사기준을 충족하는 신청서 및 관련서류[109]를 제출하여야 하고, 한국은행에서는 ① 국내 본사의 재무상태 및 해외지점의 영업활동 필요성, ② 당해 해외지점에 대한 영업기금 지급의 불가피성 여부, ③ 영업계획과 영업기금 송금액의 부합 여부, ④ 영업기금 송금액 재원의 적정성 기준을 심사하여 해외지점에 대한 예외적 영업기금 지급 여부를 판단하고 있다.

## 2) 해외직접투자 변경신고

대부분의 국내 기업들이 해외에 현지법인 또는 해외지사를 설립하는 경우 은행에 해외직접투자신고서를 제출하고, 해외직접투자사업을 청산하는 경우 잔여재산을 국내로 회수하는 등의 의무사항에 대하여는 대체로 인지하고 있으며 실제 투자 시 외국환은행에서도 관련 내용을 충실히 안내하고 있음에 따라 해외직접투자 관련 의무를 이행하는데에는 무리가 없는 것으로 보인다.

그러나, 내부 이익유보금을 무상증자의 방법으로 자본금으로 전환한다거나, 현지법인 등의 출자에 의하여 자회사(손회사 포함)를 설립한 경우 당초 해외직접투자를 한 거주자(국내기업)가 외국환은행에게 해외직접투자 변경신고를 하여야 한다는 내용을 잘 몰라 신고의무 위반으로 처벌을 받는 사례가 종종 발생한다.

위의 경우 외국환거래규정 ① 제9-1조의2에서 현지법인의 이익유보금 및 자본잉여금을 해외직접투자의 수단으로 정하고 있고, ② 제9-4조에서 해외직접투자는 당해 신고의 내용에 따라 투자원금과 과실(果實)을 국내에 회수하여야 한다고 규정하고 있으며, ③ 제9-5조 제1항에서 이미 거주자가 해외직접투자 한 현지법인이 자체 이익유보금 또는 자본잉여금으로 증액투자하는 경우를 해외직접투자 신고대상에 포함되는 것으로

---

108) 2012.10.18. 한국은행 외환심사팀-1222호

109) 한국은행 제출서류로는 ① 신청서, ② 국내본사의 재무상태 관련서류, ③ 영업기금 지급이 부득이함을 입증하는 서류, ④ 영업계획서, ⑤ 영업계획에 따른 송금액 적정성 입증서류, ⑥ 영업기금 조달 재원 입증서류가 있다(별표1 신고 등의 신청 시 제출서류)

규정하고 있으므로 신고의무를 이행하여야 한다.

또한, 해외 자회사 설립 역시 외국환거래규정 제9-5조 제2항에서는 '현지법인이 외국법인의 경영에 참가하기 위하여 취득한 주식 또는 출자지분이 해당 외국법인의 발행주식총수 또는 출자총액에서 차지하는 비율이 10% 이상인 투자를 하여 자회사 또는 손회사를 설립하는 경우, 당해 신고기관의 장에게 변경신고를 하여야 한다'라고 규정하고 있으므로 외국환거래법 제18조 제1항의 신고의무가 있다.

특히, 위 사례들은 일반적인 외국환거래와는 달리 국내에서 해외로 송금하는 행위 없이 해외 현지법인의 이익유보금으로 무상증자를 하였거나 투자하였다는 점에서 국내 모회사 재무부서에서도 쉽게 인지하지 못하여 신고위반 사례가 발생할 가능성이 높다.

### 3) 현지법인 설립비용 사전지급 여부

원칙적으로 해외의 현지법인 설립시 외국환거래규정에 따라 사전에 지정외국환은행의 장에게 해외직접투자신고를 하고, 신고금액 범위 내에서 송금을 하여야 한다[110].

그러나, 해외직접투자는 현지국의 법령에 의한 인·허가 등이 필요하고, 개업비 등의 비용이 사전에 지급될 수 있으므로, 이러한 경우를 위하여 해외직접투자신고 절차를 이행하기 전에 미화 1만불 범위 내에서 투자금을 사전 지급할 수 있도록 규정하고 있으며, 이 경우 거래의 계약이 성립한 날로부터 1년 이내에 신고 등의 절차를 이행하여야 한다[111].

위 사항의 경우 금번 규정의 개정으로 규정이 완화되었는데 누적 투자금액이 미화 50만불 이내에서의 투자의 경우에는 해외직접투자신고 전이라도 위 사업계획서, 조세체납이 없음을 입증하는 서류 등의 서류를 제출하고 투자자금을 사전에 송금할 수 있도록 하였다.

따라서, 아래의 절차로 업무처리가 가능하다.

ⅰ) 현지법인 사전 설립비용 우선 송금

(외국환거래규정 제4-2조에 의거 지급 등의 사유와 관련 입증서류 제출)

ⅱ) 송금일로부터 1개월 이내 외국환은행장에게 사후보고

(외국환거래규정 제9-5조 제1항에 의거 별지 제9-1호 서식 해외직접투자신고

---

110) 외국환거래규정 제9-5조
111) 외국환거래규정 제9-1조 제1항

서(보고서) 제출)

iii) 송금일로부터 1년 이내 외국환은행장에게 정식 해외직접투자신고

(외국환거래규정 제9-1조 제2항에 의거 별지 제9-1호 서식 해외직접투자신고

서(보고서) 제출)

● 한국은행 질의응답 사례

해외건설현장 공사비 송금(한국→베트남) 업무 문의

〈질의〉

해외 건설현장에 공사비 지원 목적으로 송금이 가능한지요? 일반적으로 지사관리비 정도의
소액 송금은 은행에 사용계획서를 제출하고 송금을 하는 것으로 아는데 공사비(발주처로부
터 기성을 받기 이전에 필요한 자금) 사용 목적의 큰 금액(ex : 백만불 단위 이상 금액)을
송금하고자 할 때에도 별도의 한국은행 신고 절차없이 은행에 사용계획서만 제출하고 송금
이 가능한지 궁금합니다.

〈회신〉 2010.11.29. 한국은행 외환심사팀

외국환거래규정 제9-19조 제3항에 따르면 해외 건설 및 용역사업자가 설치하는 해외지점
은 독립채산제를 적용하지 아니하며, 설치비 및 유지활동비 이외의 영업기금(운전자금 등)
을 지급할 수 없습니다. 따라서, 해외 건설업자의 해외지점의 경우 단순 설치, 유지비만 송금
가능합니다. 유지 설치비 이외의 영업자금(외주비 등의 공사비)은 송금할 수 없으며 본사가
직접 취급하는 것이 원칙입니다.

외국환거래법령은 부동산 취득에 대하여 거주자의 외국부동산 취득에 대한 신고와 비거주자의 국내부동산 취득에 대한 신고로 구분하여 규정하고 있다. 신고대상인 부동산취득은 부동산 또는 이에 관한 물권·임차권 기타 이와 유사한 권리의 취득을 포함한다.

## (1) 거주자의 외국부동산 취득에 대한 신고

### 1) 외국부동산 취득신고수리요건의 심사

거주자의 외국에 있는 부동산 또는 이에 관한 권리의 취득과 관련하여 한국은행총재 또는 지정거래외국환은행의 장은 외국부동산 취득신고가 있는 경우에는 다음의 사항을 심사하여 수리 여부를 결정하여야 한다(정 9-38).

〔표 108〕 외국부동산 취득신고수리요건

| 심사기관 | 수리요건 | 근거 |
|---|---|---|
| 한국은행총재 또는 지정거래외국 환은행의 장 | 1. 외국에 있는 부동산 또는 이에 관한 물권·임차권 기타 이와 유사한 권리를 취득하고자 하는 자가 다음 각목의 1에 해당하는 자가 아닌지 여부<br>　　가. 「신용정보의이용및보호에관한법률」에 의한 금융거래 등 상거래에 있어서 약정한 기일 내에 채무를 변제하지 아니한 자로서 종합신용정보집중기관에 등록된 자<br>　　나. 조세체납자<br>　　다. 해외이주수속중인 개인 또는 개인사업자<br>2. 부동산취득금액이 현지금융기관 및 감정기관 등에서 적당하다고 인정하는 수준인지 여부<br>3. 부동산취득이 해외사업활동 및 거주목적 등 실제 사용목적에 적합한지 여부 | 정 9-38 |

### 2) 신고예외 외국부동산취득거래

거주자가 외국에 있는 부동산 또는 이에 관한 권리를 취득하고자 하는 경우로서 다음의 1에 해당하는 경우에는 신고를 요하지 아니한다(정 9-39-1).

〔표 109〕 신고예외 외국부동산 취득거래

| 당사자 | 거래내용 | 의무 |
|---|---|---|
| 외국환업무취급기관 | 해외지사의 설치 및 운영에 직접 필요한 부동산의 소유권 또는 임차권을 취득하는 경우(당해 해외지점의 여신회수를 위한 담보권의 실행으로 인한 취득을 포함) | 없음 |
| 거주자 | 비거주자로부터 상속·유증·증여로 인하여 부동산에 관한 권리를 취득하는 경우 | 없음 |
| 정부 | 외국에 있는 비거주자로부터 부동산 또는 이에 관한 권리를 취득하는 경우 | 없음 |
| 외국인거주자와 거주자[112] | 외국환거래법 또는 영의 적용을 받는 거래 이외의 거래에 의하여 외국에 있는 부동산 또는 이에 관한 권리를 취득하는 경우 | 없음 |
| 외국환업무취급기관 | 외국환업무를 영위함에 따라 해외소재 부동산을 담보로 취득하는 경우 | 없음 |
| 부동산투자회사, 금융투자업자 | 부동산투자회사법과 자본시장과금융투자업에관한법률이 정한 바에 의하여 외국에 있는 부동산 또는 이에 관한 권리를 취득하는 경우 | 없음 |
| 법률에 따라 설립된 기금을 관리·운용하는 법인 및 국민연금기금의 관리·운용에 관한 업무를 위탁받은 법인 | 법률에 따라 설립된 기금을 관리·운용하는 법인 및 「국민연금법」 제102조 제5항에 따라 국민연금기금의 관리·운용에 관한 업무를 위탁받은 법인이 당해 법령에 따라 해외자산운용 목적으로 부동산을 매매 또는 임대하기 위한 경우 | 없음 |
| 은행, 보험회사, 종합금융회사 | 해외자산운용목적으로 부동산을 매매 또는 임대하기 위한 경우로서 당해 기관의 관련 법령이나 규정 등에서 정한 범위 내에서 외국에 있는 부동산 또는 이에 관한 권리를 취득하는 경우 | 없음 |
| 해외체재자 및 해외유학생 | 본인 거주 목적으로 외국에 있는 부동산을 임차하는 경우 | 없음 |

---

112) 법 3-1-15 단서에 해당하는 거주자

## 3) 신고대상 외국부동산취득거래

거주자가 다음의 1에 해당하는 외국에 있는 부동산 또는 이에 관한 권리를 취득하고자 하는 경우에는 별지 제9-12호 서식의 부동산취득신고(수리)서를 작성하여 지정거래외국환은행의 장이나 한국은행총재에게 신고하여 수리를 받아야 한다(정 9-39-2).

〔표 110〕 신고대상 외국부동산 취득거래

| 당사자 | 거래내용 | 의무 |
|---|---|---|
| 거주자 | 주거 이외의 목적으로 외국에 있는 부동산을 취득하는 경우 | 지정거래외국환은행 신고 |
| 거주자 | 거주자 본인 또는 거주자의 배우자가 해외에서 2년 이상 체재할 목적(신고당시 2년 이상 해외에서 체재하고 있는 배우자가 체재할 목적을 포함)으로 주거용 주택을 취득하는 경우(거주자의 배우자 명의의 취득을 포함) | 지정거래외국환은행 신고 |
| 거주자 | 외국에 있는 부동산을 임차하는 경우(임차보증금이 있는 경우로 한함) | 지정거래외국환은행 신고 |
| 거주자 | 위의 경우를 제외하고 거주자가 외국에 있는 부동산 또는 이에 관한 권리를 취득하고자 하는 경우 | 한국은행총재 신고 |

| 부동산취득신고(수리)서 | | 처 리 기 간 | |
|---|---|---|---|

<table>
<tr><td rowspan="3">신<br>청<br>인</td><td>상호 및 대표자 성명</td><td colspan="3" align="right">인</td></tr>
<tr><td>주 소 ( 소 재 지 )</td><td colspan="3">(전화번호)</td></tr>
<tr><td>업 종 ( 직 업 )</td><td colspan="3"></td></tr>
<tr><td rowspan="8">신<br>청<br>내<br>역</td><td>취 득 인</td><td>(성명)</td><td>(주소)</td><td>(전화번호)</td></tr>
<tr><td>취 득 상 대 방</td><td>(성명)</td><td>(주소)</td><td>(전화번호)</td></tr>
<tr><td>부 동 산 의 종 류</td><td colspan="3"></td></tr>
<tr><td>소 재 지</td><td colspan="3"></td></tr>
<tr><td>면 적</td><td colspan="3"></td></tr>
<tr><td>취 득 가 액</td><td colspan="3" align="center">(취득단가)</td></tr>
<tr><td>취 득 기 간</td><td colspan="3"></td></tr>
<tr><td>취 득 사 유</td><td colspan="3"></td></tr>
</table>

외국환거래법 제18조의 규정에 의하여 위와 같이 신고합니다.

년 월 일

한국은행총재 귀하
(외국환은행의 장)

| 신청(신고)인 귀하<br>위의 신고를 다음과 같이 신고수리함. | 신고(수리)번호 | |
|---|---|---|
| | 신고(수리)금액 | |
| | 유 효 기 간 | |

신고수리 조건 :   년   월   일
신고수리 기관 : 한국은행총재 인
(외국환은행의 장)

210mm×297mm

〈첨부서류〉  1. 부동산매매계약서

2. 부동산감정서

3. 기타 부동산 취득신고수리시 필요한 서류

┤ **거래사례** ├

유정씨앤씨(주)는 미국 현지 사업활동 활성화 차원에서 ABC Corporation으로부터 사무실 용도로 US＄4,000,000의 현지 부동산을 취득하기 위해 한국은행에 해외 부동산 취득 신고수리를 신청한 사례(자료출처 : 한국은행 외국환거래 신고 편람 2007.1. p.155~159의 내용을 필자가 일부수정)

**【부동산취득 신고(수리)서】**

〔별지 제7-8호 서식〕

| | | | 처 리 기 간 | |
|---|---|---|---|---|
| | **부동산취득 신고(수리)서** | | | |
| Ⓐ 신 청 인 | 상호 및 대표자 성명 | 유정씨앤씨(주) 대표이사 신민호<br>(또는 유정씨앤씨(주)의 대리인 이성준)　인 | | |
| | 주　소（소재지） | 서울시 강남구 언주로 723번지<br>(전화번호)123-4567 | | |
| | 업　종（직업） | 무역업 | | |
| 신 청 내 역 | Ⓑ 취　　득　　인 | (성명) 유정씨앤씨(주)<br>(주소) 서울시 강남구 언주로 723번지<br>(전화번호) 123-4567 | | |
| | Ⓒ 취 득 상 대 방 | (성명) ABC Company<br>(주소) 1122 Battery Street,San Francisco,USA<br>(전화번호)1-309-387-0000 | | |
| | Ⓓ 부 동 산 의 종 류 | 사무실 | | |
| | Ⓔ 소　　재　　지 | Suite 611, 1123 Battery Street,San Francisco,USA | | |
| | Ⓕ 면　　　　적 | 200㎡ | | |
| | Ⓖ 취　득　가　액 | U$4,000,000- (취득단가)U$20,000 | | |
| | Ⓗ 취　득　기　간 | 잔금 지급일부터 소유 | | |
| | Ⓘ 취　득　사　유 | 해외사업활동 원활화 | | |
| 외국환거래법 제18조의 규정에 의하여 위와 같이 신고합니다.<br>2018년 6월 30일<br>한국은행총재 귀하 | | | | |
| 신청(신고)인 귀하<br>위의 신고를 다음과 같이 신고수리함. | | 신고(수리)번호 | | |
| | | 신고(수리)금액 | | |
| | | 유 효 기 간 | | |
| 신고수리 조건 :　년　월　일<br>신고수리 기관 : 한국은행총재　인 | | | | |

210㎜×297㎜

Ⓙ 〈첨부서류〉 :　1. 부동산매매계약서

　　　　　　　　2. 부동산감정서

　　　　　　　　3. 기타 부동산 취득신고수리시 필요한 서류

Ⓐ **신청인**

- 개인의 경우는 신청인의 성명을 기재하고 서명 또는 날인, 법인의 경우는 상호와 대표이사명을 기재하고 법인 인감을 날인한다. 만약 대리인이 신청하는 경우에는 '유정씨앤씨(주)의 대리인 이성준'이라고 기재하고 대리인 이성준이 날인 또는 서명한다.

Ⓑ, Ⓒ **취득인 및 취득 상대방**

- 부동산을 매수하는 자를 취득인으로, 매도하는 자를 취득 상대방으로 하여 성명 등을 기재한다.

Ⓓ **부동산의 종류**

- 취득대상이 되는 부동산의 종류를 구체적으로 기재(예 : 사무실, 공장, 창고, 매장 등)한다.

Ⓔ **소재지**

- 취득대상 부동산의 소재지를 기재한다.

Ⓕ **면적**

- 현지에서 사용하는 적절한 단위로서 취득대상 부동산의 면적을 기재한다.

Ⓖ **취득가액(취득단가)**

- 당해 부동산의 총취득가액을 기재하며 취득단가는 단위 면적당 취득가액을 기재한다.

Ⓗ **취득기간**

- 취득대상 부동산을 임차할 경우에는 임차기간을 기재하고, 부동산의 소유권을 취득하는 경우에는 '잔금지급일부터 소유' 등으로 적절하게 기재한다.

Ⓘ **취득사유**

- 거주자가 해당 부동산을 취득하는 이유를 간략히 기재하며 위의 경우는 '해외사업원활화', '현지법인에 근무하는 자의 주거용 주택' 등 취득사유에 맞게 기재한다.

Ⓙ **첨부서류**

- 사유서 : 특별한 양식은 없으며 A4 용지 1매 내외의 분량으로 해당 신청 사유를 정확하고 상세하게 기재한다.
- 신청인 및 거래(계약) 상대방의 실체확인서류 : 개인의 경우에는 신분을 증명할 수 있는 주민등록증이나 여권 또는 운전면허증 사본, 법인의 경우에는 법인등기부등본, 사업자등록증
  • 국내기업의 경우에는 법인등기부등본, 해외법인 등의 경우는 이에 준하는 서류(예 : "Certificate of Incorporation" 등)

* 만약 대리인이 신청할 경우에는 동 서류 외에 당해 신고행위에 대한 권한을 위임하는 내용의 위임장(비거주자는 영사관 발행 또는 현지에서 공증받은 위임장)을 추가 제출
  - 부동산 매매계약서
  - 당해 부동산 등기부등본 내지 부동산의 실체를 확인할 수 있는 서류
  - 부동산 감정서 : 현지금융기관 및 감정기관 등에서 발급한 부동산 감정서

## 4) 외국부동산 취득대금 선지급

거주자가 외국부동산 매매계약이 확정되기 이전에 지정거래외국환은행의 장으로부터 내신고수리를 받은 경우에는 취득 예정금액의 100분의 10 이내(최대 미화 10만불로 한함)에서 외국부동산 취득대금을 지급할 수 있다. 이 경우 내신고수리를 받은 날로부터 3개월 이내에 외국부동산 취득 신고하여 수리를 받거나, 지급한 자금을 국내로 회수하여야 한다(정 9-39-3).

## 5) 외국부동산취득 투자금의 회수

부동산 또는 이에 관한 권리의 취득에 관하여는 제9-4조(투자금의 회수) 및 제9-6조(해외직접투자사업의 청산)를 준용한다(정 9-39-5).

개인투자자가 영주권, 시민권을 취득한 경우에는 제9-4조(투자금의 회수), 제9-6조(해외직접투자사업의 청산) 및 제9-40조(사후관리)의 규정은 적용하지 아니한다[113] (정 9-39-6).

## 6) 사후관리

한국은행총재 또는 지정거래외국환은행의 장은 거주자의 외국에 있는 부동산 또는 이에 관한 권리 취득에 대한 신고수리 내용을 매익월 20일까지 국세청장, 관세청장 및 금융감독원장에게 통보하여야 한다(정 9-40-1).

신고수리를 받아 외국에 있는 부동산 또는 이에 관한 권리를 취득한 자는 다음 각호의 보고서를 한국은행총재 또는 지정거래외국환은행의 장에게 제출하여야 하며, 한국은행총재 또는 지정거래외국환은행의 장은 제1호 및 제2호의 보고서를 제출받은 날이 속하는 달의 익월 말일까지 국세청장, 관세청장 및 금융감독원장에게 제출하여야 한다(정 9-

---

113) 다만, 영주권을 취득한 개인투자자가 이후 국내에 체재하여 거주자가 된 경우에는 그러하지 아니하다.

40-2). 다만, 신고인의 소재불명 등으로 다음 각호의 보고서를 제출받는 것이 불가능할 경우에는 예외로 하며, 이 경우 한국은행총재 또는 지정거래외국환은행의 장은 국세청장, 관세청장 및 금융감독원장에게 소재불명 등의 사실을 통보하여야 한다.

〔표 112〕 외국부동산취득 사후관리보고서 및 제출기한

| 당사자 | 보고서 | 제출기한 |
|---|---|---|
| 부동산 또는 권리취득자 | 해외부동산취득보고서 | 부동산 취득대금 송금 후 3월 이내 |
| 부동산 또는 권리취득자 | 해외부동산처분(변경)보고서 | 부동산 처분(변경) 후 3월 이내. 다만, 3월 이내에 처분대금을 수령하는 경우에는 수령하는 시점 |
| 부동산 또는 권리취득자 | 수시보고서 | 한국은행총재 또는 지정거래외국환은행의 장이 취득부동산의 계속 보유 여부의 증명 등 사후관리에 필요하다고 인정하여 요구하는 경우 |

## (2) 비거주자의 국내부동산 취득에 대한 신고

### 1) 신고예외 비거주자의 국내부동산 취득거래

비거주자가 국내에 있는 부동산 또는 이에 관한 물권·임차권 기타 이와 유사한 권리를 취득하고자 하는 경우로서 다음에 해당하는 경우에는 신고를 요하지 아니한다(정 9-42-1).

〔표 113〕 신고예외 비거주자의 국내부동산 취득거래

| 당사자 | 거래내용 | 의무 |
|---|---|---|
| 비거주자인 조광권자 | 「해저광물자원개발법」의 규정에 의하여 인정된 바에 따라 비거주자인 조광권자가 국내에 있는 부동산 또는 이에 관한 권리를 취득하는 경우 | 없음 |
| 비거주자 | 본인, 친족, 종업원의 거주용으로 국내에 있는 부동산을 임차하는 경우 | 없음 |
| 국민인 비거주자 | 국내에 있는 부동산 또는 이에 관한 권리를 취득하는 경우 | 없음 |
| 비거주자 | 국내에 있는 비거주자로부터 토지 이외의 부동산 또는 이에 관한 권리를 취득하는 경우 | 없음 |
| 외국인 비거주자 | 상속 또는 유증으로 인하여 국내에 있는 부동산 또는 이에 관한 권리를 취득하는 경우 | 없음 |

## 2) 신고대상 비거주자의 국내부동산 취득거래

신고예외 비거주자의 국내부동산 취득거래인 경우를 제외하고 비거주자가 국내부동산 또는 이에 관한 권리를 취득하고자 하는 경우로서 다음의 1에 해당하는 경우에는 별지 제9-12호 서식의 부동산취득신고(수리)서에 당해 부동산거래를 입증할 수 있는 서류 또는 담보취득을 입증할 수 있는 서류를 첨부하여 외국환은행의 장에게 신고하여야 한다(정 9-42-2).

〔표 114〕 신고대상 비거주자의 국내부동산 취득거래

| 당사자 | 거래내용 | 의무 |
|---|---|---|
| 비거주자 | 외국으로부터 휴대수입 또는 송금(대외계정에 예치된 자금을 포함)된 자금으로 국내부동산 또는 이에 관한 권리를 취득하는 경우 | 외국환은행의 장 신고 |
| 비거주자 | 거주자와의 인정된 거래에 따른 담보권을 취득하는 경우 | 외국환은행의 장 신고 |
| 비거주자 | 외국으로부터 휴대수입 또는 송금(대외계정에 예치된 자금을 포함)된 자금(외국에서 직접 결제하는 경우를 포함) 또는 신고예외 비거주자의 국내부동산취득거래 및 거주자와의 인정된 거래에 따른 담보권을 취득하는 방법으로 부동산 또는 이에 관한 권리를 취득한 비거주자로부터 부동산 또는 이에 관한 권리를 취득하는 경우 | 외국환은행의 장 신고 |
| 비거주자 | 위의 경우를 제외하고 국내에 있는 부동산 또는 이에 관한 권리를 취득하고자 하는 경우 | 한국은행총재 신고 |

## 3) 매각대금의 지급 등

비거주자가 다음의 1에 해당하는 방법으로 취득한 국내에 있는 부동산 또는 이에 관한 권리의 매각대금을 외국으로 지급하고자 하는 경우에는 당해 부동산 또는 이에 관한 권리의 취득 및 매각을 입증할 수 있는 서류를 외국환은행의 장에게 제출하여야 한다[114] (정 9-43-1).

---

114) 다만, 재외동포의 국내재산 반출의 경우에는 제4-7조의 규정을 적용한다.

[표 115] 신고대상 비거주자의 국내부동산 취득거래

| 당사자 | 취득거래내용 | 의무 |
|---|---|---|
| 비거주자 | 외국으로부터 휴대수입 또는 송금(대외계정에 예치된 자금을 포함)된 자금으로 신고예외대상인 국내부동산 또는 이에 관한 권리를 취득하는 경우 | 권리의 취득 및 매각을 입증할 수 있는 서류를 외국환은행의 장에게 제출 |
| 비거주자 | 신고대상 비거주자의 국내부동산취득 규정에 의하여 국내에 있는 부동산 또는 이에 관한 권리를 취득한 경우115) | 권리의 취득 및 매각을 입증할 수 있는 서류를 외국환은행의 장에게 제출 |
| 비거주자 | 상속 또는 유증으로 인하여 국내에 있는 부동산 또는 한국은행총재에게 신고대상인 국내에 있는 부동산 또는 이에 관한 권리를 취득하고자 하는 경우(정 9-42-3) | 권리의 취득 및 매각을 입증할 수 있는 서류를 외국환은행의 장에게 제출 |

위의 경우를 제외하고 비거주자가 국내에 있는 부동산 또는 이에 관한 권리의 매각대금을 외국으로 지급하기 위하여 대외지급수단을 매입하는 경우에는 거주자와 비거주자 간 대외지급수단, 채권 기타의 매매 및 용역계약에 따른 자본거래(정 7-21-3) 규정에 따라 별지 제7-4호 서식의 대외지급수단매매신고서에 의하여 한국은행총재에게 신고하여야 한다(정 9-43-2).

○ 외환조사 사례  1. 미신고 해외부동산 취득 사례

(1) 요약

    대기업 사장이 해외부동산을 취득하면서 미신고한 사례

(2) 사실관계

    A씨는 대기업인 B사의 사장으로 2008년 C국에 콘도를 25억원의 가격으로 구입하면서 정부에 신고하지 않은 것으로 의심받은 사례

(3) 검찰의 판단

    미신고 해외부동산 취득으로 외국환거래법 위반 및 취득부동산 몰수하거나 추징

(4) 법원의 판단

    미신고 해외부동산 취득으로 외국환거래법 위반으로 벌금 1,000만원 및 취득부동산 상당액 25.2억원 추징

---

115) 다만, 신고예외금전대차계약(정 7-13-4)의 규정에 의하여 국내부동산 또는 이에 관한 권리를 취득한 경우를 제외한다.

(5) 헌법재판소의 판단

　해외부동산을 몰수하도록 한 제도는 신고제도의 실효성을 확보하고 통화가치 안정을 위해 정당하여 합헌

 참고

언론기사(동아일보 정임수 기자 2014-10-28)

**대기업 오너일가 38명, 美 부동산 57건 위법 취득**

외환거래 신고의무 안지켜… 최수현 금감원장 "엄중 처리"
오너家 117명 5억달러 규모 보유

국내 대기업 오너 일가 110여 명이 미국에 4억9000만 달러(약 5180억원) 규모의 부동산을 보유하고 있는 것으로 나타났다. 일부는 해외 부동산 취득과 해외 직접투자 과정에서 신고를 제대로 하지 않는 등 관련 법규를 위반한 것으로 드러났다.

27일 금융감독원이 국회 정무위원회 김정훈 의원(새누리당)에게 제출한 자료에 따르면 금감원은 6월 말부터 21개 그룹의 대주주 등 117명을 대상으로 외환거래 검사를 진행하고 있다. 조사 대상에는 삼성 LG SK 한화 CJ 효성 한진 한솔 대림 LS그룹 등 주요 대기업 그룹이 상당수 포함됐다.

금감원은 117명이 직접 또는 해외법인 등을 통해 모두 272건, 4억9000만 달러 규모의 미국 부동산을 소유한 사실을 확인했다. 금감원은 이들이 해외 부동산을 취득하거나 현지 법인을 세우는 과정에서 신고 의무 등을 제대로 지켰는지 살펴보고 있다.

현재까지 검사가 완료된 인원은 94명으로, 이 중 38명이 57건의 외국환거래법을 위반한 것으로 확인됐다. 외국환거래법에 따르면 해외 부동산을 취득하는 등 외화자본 거래 때 금융당국에 관련 사실을 신고해야 하지만 38명은 이를 제대로 지키지 않았다. 모 그룹의 A 씨는 미국 하와이 마우이 지역에 1200만 달러 상당의 주택 7채를 보유하고 있지만 취득 과정에서 외국환거래법을 어긴 것으로 알려졌다.

**참고판례**

3-15. 제3자를 통한 해외부동산 취득에 대한 신고의무

　　　(대법원 1998.5.12. 선고 96도2850 판결[외국환관리법 위반])

**[판시사항]**

[1] 피고인이 해외부동산을 실질적으로 매수하면서 대외적으로는 제3자가 계약하고 소유권을 취득한 경우, 구 외국환관리법 제29조 소정의 '취득'에 해당한다고 본 사례

[2] 범인이 취득한 범칙물이 외국에 있어 재판권을 행사할 수 없는 경우, 법원의 조치

[3] 피고인만 항소한 항소심에서 주형을 감형하면서 추징액을 증액한 경우, 불이익변경금지원칙에 반하는지 여부(소극)

**[판결요지]**

[1] 구 외국환관리법(1991.12.27. 법률 제4447호로 개정되기 전의 것) 제29조에 의하여 규제되는 부동산의 '취득'은 거주자가 그 부동산에 관한 사실상의 소유권 내지 처분권을 취득하는 정도로서 충분하고, 그 소유권이나 처분권을 자신의 명의로 또는 사법상 유효하게 취득할 것을 요하는 것은 아니므로, 피고인이 프랑스에 거주하는 언니 부부에게 외화자금을 송금한 다음 그들의 명의를 빌려 아파트를 매수하고 그 이전등기를 마쳤다면, 언니 부부는 피고인의 자금으로 피고인을 위하여 아파트를 구입하면서 단지 그 명의만을 빌려준 것에 불과하다 할 것이므로, 피고인이 아파트의 실질적인 소유자로서 이를 취득하였다 할 것이고, 또한 그 아파트의 매매가 형식적으로는 언니 부부와 비거주자와의 사이에 이루어진 것이라고 하더라도 언니 부부의 행위는 피고인의 행위로 취급되는 것이므로, 피고인은 언니 부부가 아파트를 매수한 행위에 대한 죄책을 면할 수 없다고 본 사례

[2] 구 외국환관리법(1991.12.27. 법률 제4447호로 개정되기 전의 것)의 몰수, 추징은 같은 법 제36조의2 규정의 취지에 비추어 범인이 취득한 범칙물은 필요적으로 몰수되어야 하고, 범인이 이를 소비, 은닉, 훼손, 분실하는 등의 장애사유나 그 소재 장소로 말미암은 장애 사유로 인하여 몰수할 수 없는 때에는 이를 추징하여야 할 것인바, 외국환관리법 위반범죄의 범칙물인 아파트가 프랑스국 내에 있고 동 지역 내에는 프랑스국과 우리나라와의 사이에 사법공조에 관한 협약 등이 맺어지지 않고 있어 우리의 재판권을 행사할 수 없음으로 인하여 이를 몰수할 수 없는 때에 해당하므로, 그 가액을 추징하여야 한다.

[3] 불이익변경금지원칙의 적용에 있어서는 이를 개별적·형식적으로 고찰할 것이 아니라, 전체적·실질적으로 고찰하여 결정하여야 할 것인바, 항소심에서 주형을 감형하면서

추징액을 증액한 경우(제1심의 형량인 징역 2년에 집행유예 3년 및 금 5억여 원 추징을 항소심에서 징역 1년에 집행유예 2년 및 금 6억여 원 추징으로 변경), 불이익변경금지원칙에 반하지 않는다.

[**원심판결**] 서울지법 1996.10.16. 선고 95노6899 판결

[**주 문**]

상고를 기각한다.

[**이 유**]

상고이유를 판단한다.

1. 심리미진 및 채증법칙 위배의 점에 대하여

원심판결의 이유에 의하면 원심은, 그 거시의 증거에 의하여 피고인은 외국환관리법상 거주자로서 재무부장관의 해외부동산 취득허가 없이 프랑스 파리에 유학 중인 자녀들의 주거용 아파트를 구입할 목적으로, 1989.8.경부터 같은 해 10월경까지 평소 거래하는 증권회사 직원들의 명의를 빌어 파리에 거주하는 자녀들과 언니 공소외 1 등을 수취인으로 하여 1인당 송금 한도액인 미화 5,000불씩 계속 송금하는 방법으로 합계 미화 약 400,000불을 송금하고, 국내에서 피고인으로부터 돈을 차용한 공소외 2로 하여금 미국에서 프랑스 파리국립은행에 개설한 피고인 명의의 예금통장으로 미화 500,000불을 송금하게 한 후, 1989.10.25.경 위 공소외 1로 하여금 프랑스국 파리시 제17구 테오듈 리보가 14번지 소재 건물의 3층 부분 아파트(전용면적 198㎡)를 대금 6,100,000프랑에 매수하여 외국에 있는 부동산을 취득한 사실을 인정하였는바, 기록에 의하여 살펴보면 원심의 위와 같은 사실인정은 정당하고 거기에 지적하는 바와 같은 심리미진 내지 채증법칙 위배로 인한 사실오인의 위법이 있다고 할 수 없다.

상고이유는 받아들일 수 없다.

2. 구 외국환관리법(1991.12.27. 법률 제4447호로 개정되기 전의 것) 제29조와 제35조에 관한 법리오해의 점에 대하여

같은 법 제29조에 의하여 규제되는 부동산의 '취득'은 거주자가 그 부동산에 관한 사실상의 소유권 내지 처분권을 취득하는 정도로서 충분하고, 그 소유권이나 처분권을 자신의 명의로 또는 사법상 유효하게 취득할 것을 요하는 것은 아니라고 할 것인데, 원심판결이 들고 있는 증거에 의하면 피고인이 앞서 본 바와 같은 방법으로 프랑스에 거주하는 언니인 공소외 1 부부에게 외화자금을 송금한 다음, 그들의 명의를 빌어 이 사건

아파트를 매수하고 그 이전등기를 마친 사실을 알 수 있는바, 위 사실에 의하면 공소외인들은 피고인의 자금으로 피고인을 위하여 이 사건 아파트를 구입하면서 단지 그 명의만을 빌려 준 것에 불과하다 할 것이므로, 피고인이 이 사건 아파트의 실질적인 소유자로서 이를 취득하였다 할 것이고, 또한 이 사건 아파트의 매매가 형식적으로는 공소외인들과 비거주자와의 사이에 이루어진 것이라고 하더라도 공소외인들의 행위는 피고인의 행위로 취급되는 것이므로, 피고인은 공소외인들이 이 사건 아파트를 매수한 행위에 대한 죄책을 면할 수 없다 할 것이다.

따라서 이와 같은 취지의 원심 판단은 정당하고, 거기에 법리오해의 위법은 없다.

3. 추징에 관한 법리오해의 점에 대하여

구 외국환관리법상의 몰수, 추징은 같은 법 제36조의2 규정의 취지에 비추어 범인이 취득한 범칙물은 필요적으로 몰수되어야 하고, 범인이 이를 소비, 은닉, 훼손, 분실하는 등의 장애사유나 그 소재 장소로 말미암은 장애 사유로 인하여 몰수할 수 없는 때에는 이를 추징하여야 할 것인바(대법원 1976.6.22. 선고 73도2625 전원합의체 판결, 1977.5.24. 선고 77도629 판결 등 참조), 기록에 의하여 살펴보면 피고인이 프랑스국 파리에 있는 이 사건 아파트를 대금 6,100,000프랑에 취득한 이래 현재까지 이를 보유하고 있음을 인정할 수 있어, 구 외국환관리법 제36조의2 규정에 의하여 이를 몰수하여야 할 것이나, 이 사건 아파트가 프랑스국 내에 있고 동 지역 내에는 프랑스국과 우리나라와의 사이에 사법공조에 관한 협약 등이 맺어지지 않고 있어 우리의 재판권을 행사할 수 없음으로 인하여 이를 몰수할 수 없는 때에 해당하므로, 그 가액을 추징하여야 할 것이다.

그러므로 같은 취지에서 이 사건 아파트의 구입가액을 원화로 환산한 금액의 추징을 선고한 원심의 조치는 옳고, 거기에 지적하는 것과 같은 추징에 관한 법리오해의 위법이 없다.

4. 불이익변경에 해당하는지에 대하여

제1심이 피고인에 대하여 징역 2년에 집행유예 3년과 금 536,240,000원을 추징하는 판결을 선고하였는데, 피고인만이 항소한 이 사건에서 원심은 제1심판결을 파기하고 피고인에 대하여 징역 1년에 집행유예 2년과 금 657,275,000원을 추징하는 판결을 선고하였음은 지적하는 바와 같다.

그러나 원래 불이익변경금지원칙의 적용에 있어서는 이를 개별적, 형식적으로 고찰할 것이 아니라, 전체적, 실질적으로 고찰하여 결정하여야 할 것인바(대법원 1998.3.26. 선고 97도1716 전원합의체 판결 참조), 이러한 관점에서 제1심판결과 원심판결을 비교하여 볼 때 원심판결이 피고인에 대한 주형에서 징역 1년 및 집행유예기간 1년을 감축하고 있는 점에 비추어 추징액이 위와 같은 정도로 증액되었다는 사실만으로서 제1심판결보다 피고인에게 불이익하게 변경되었다고 할 수는 없으므로, 원심판결이 불이익변경금지원칙에 위배되었다는 주장은 채택할 수 없다.

상고이유가 지적하는 대법원 1982.4.13. 선고 82도256 판결과 1982.5.11. 선고 81도2685 판결은 이 사건과는 사안을 달리하는 것으로서 이 사건에서 적절한 예가 되지 못한다 할 것이다.

5. 그 밖에 기록을 검토하여 보아도 원심판결에 상고이유에서 지적하는 바와 같은 위법사유가 있음을 찾아볼 수도 없다.

그러므로 상고는 이유 없어 기각하기로 관여 법관의 의견이 일치되어 주문과 같이 판결한다.

대법관    서성(재판장) 최종영 이돈희(주심) 이임수


## 3-16. 융자에 의한 해외부동산 취득시 추징액의 산정기준

(대법원 1995.9.26. 선고 95도1714 판결[외국환관리법 위반])

### [판시사항]

가. 구 외국환관리법 제36조의2가 헌법 제23조에 위배되는지 여부

나. 외국에서 주택을 매입하면서 외국 은행으로부터 외국 통화를 융자받아 주택 매입대금의 일부로 사용한 경우, 추징액 산정 기준

### [판결요지]

가. 구 외국환관리법(1991.12.27. 법률 제4447호로 개정되기 전의 것) 제29조의 규정은 외국환과 그 거래 기타 대외거래를 관리하여 국제수지의 균형, 통화가치의 안정과 외화자금의 효율적 운용을 기할 목적으로 대한민국 거주자로 하여금 외국에 있는 부동산의 취득 자체를 규제하려는 것이므로, 이러한 규정에 위반하여 취득한 부동산을 몰수 또는 추징하기로 하는 규정인 같은 법 제36조의2가 헌법 제23조에 위배되어 무효라고 할 수는 없다.

나. 피고인이 미국에서 주택 2동을 매입함에 있어 미국 은행으로부터 미화를 융자받아 그 주택 매입대금의 일부로 사용하였다고 하더라도, 구 외국환관리법 제36조의2에 의한 추징액은 위 주택의 매입가액에서 위 융자금을 공제한 금액이 아니라 위 매입가액 자체를 기준으로 산정하여야 한다.

[**원심판결**] 서울고등법원 1995.6.23. 선고 95노634 판결

[주 문]

상고를 기각한다.

[이 유]

상고이유를 본다.

구 외국환관리법(1991.12.27. 법률 제4447호로 개정되기 전의 것) 제29조의 규정은 외국환과 그 거래 기타 대외거래를 관리하여 국제수지의 균형, 통화가치의 안정과 외화자금의 효율적 운용을 기할 목적으로 대한민국 거주자로 하여금 외국에 있는 부동산의 취득 자체를 규제하려는 것이므로, 이러한 규정에 위반하여 취득한 부동산을 몰수 또는 추징하기로 하는 규정인 같은 법 제36조의2가 헌법 제23조에 위배되어 무효라고 할 수는 없다.

한편 소론과 같이 피고인이 미국에서 주택 2동을 매입함에 있어 미국 은행으로부터 미화를 융자받아 그 주택 매입대금의 일부로 사용하였다고 하더라도, 구외국환관리법 제36조의2에 의한 추징액은 위 주택의 매입가액에서 위 융자금을 공제한 금액이 아니라 위 매입가액 자체를 기준으로 산정하여야 할 것이므로, 같은 취지에서 위 주택의 매입가액 전액을 기준으로 하여 추징을 선고한 제1심판결을 유지한 원심의 조치도 정당하고, 거기에 소론과 같은 추징에 관한 법리오해의 위법이 있다고 할 수 없다.

논지는 모두 이유 없다.

그러므로 피고인의 상고를 기각하기로 하여 관여 법관의 일치된 의견으로 주문과 같이 판결한다.

대법관    이돈희(재판장) 김석수(주심) 정귀호 이임수

## (1) 사후 자진신고의 필요성

외환검사나 외환조사를 받기 전에 외국환거래법에 따른 신고대상 행위를 미신고한 사실을 알게 된 분들은 반드시 전문가와 상의하여 사후에라도 자신신고할 것을 권고한다. 일부 전문가들은 고효율을 추구하는 업무의 특성상 의뢰인들에게 자진신고할 것을 권고하지 않는 경향이 있다는 것을 알아야 한다. 그들은 높은 생산성과 효율성을 추구하는 법 위반에 대한 조사업무와 달리 외국환거래법 위반에 대한 자진신고업무는 크게 돈이 되지도 않고 세관 조사관이나 금감원의 조사관을 일일이 상대해야 하기 때문에 업무만 번거롭다고 생각하기 때문에 자진신고를 권고하지 않는다. 오히려 그들은 의뢰인의 외국환거래법 위반 사례를 접하더라도 자진신고하지 않고 놔두었다가 공소시효가 지나가면 좋고, 혹 외환검사나 외환조사를 받더라도 그 때 가서 대응하면 되는데, 외환검사나 외환조사를 받을 가능성은 매우 낮다는 논리로 의뢰인을 설득한다.

그러나 그들은 자진신고하면 번거롭기는 하지만 비용이 적게 들고 형사적 리스크는 없어지지만, 자진신고하지 않으면 운이 좋은 경우 비용이 안들지만 그렇지 않은 경우 엄청나게 많은 대응 비용이 발생하고 형사적 리스크도 없어지지 않는다는 점을 설명해주지는 않는다. 그들은 외환조사가 시작되면 사건이 엄청나게 확대되어 외환조사관들이 기업의 외환거래내역의 전부를 샅샅이 조사하기 때문에 그에 적절히 대응하기 위해서는 많은 전문가들을 동원하여야 하고, 이 과정에서 엄청난 대응 비용이 발생하는 것을 경험상 잘 알고 있는 것이다.

특히 기업의 외국환거래법 위반 사건은 실무자가 형사책임을 지는 사례가 거의 없다. 기업의 대표자가 형사 책임을 지는 것이 대부분이다. 기업의 대표자로서 경영의 측면에서 자신이 운영하는 기업의 외국환거래법 위반사실을 확인했다면 반드시 자진신고하는 것이 가장 경제적인 처리이면서 자신의 형사적 리스크를 없애는 길이라는 것을 다시 한 번 강조한다.

## (2) 사후 자진신고의 절차와 방법

외국환거래법에 따른 자본거래 신고의무를 이행하지 않아 외국환거래법에 위반된다는 사실을 확인한 경우 거래외국환은행을 통하여 금융감독원에 외국환거래법 위반사실 보고서와 위반 경위서를 제출하여야 한다. 거래 외국환은행이 없는 경우에는 거래 외국환은행을 지정하여 보고서와 경위서를 제출하여야 하므로 외국환은행과 상의하여야 한다. 외국환은행의 경우 외국환거래법 위반행위를 사후에 보고하는 경우 위반당사자에 대한 관리의무를 부담하기 때문에 사후 자진신고 업무를 기피하는 경향이 있는데, 이때에는 전문가와 상의하여 사후 자진신고에 대한 전략을 세워 체계적으로 접근할 필요가 있다.

〈별지 제10호 서식〉 거래당사자의 외국환거래법 위반사실 보고 서식

# 외국환거래규정 제4-2조 제3항에 따른 보고서

## 1. 보고 내용

| | | | | |
|---|---|---|---|---|
| 위반자 | 성 명 | | 주민등록번호 | |
| | | | 여권번호(비거주자인 경우) | |
| | | | 법인실명번호 | |
| | | | 사업자등록번호 | |
| | 주 소 | | | |
| | 연 락 처 | (전화번호) | (팩스) | |
| | | (이메일) | 수신동의 여부 | ( O, X ) |
| 위반 거래 내용 | 거 래[1] | | | |
| | 거 래 일 자 | | | |
| | 거래통화 및 금액 | | 미화환산 | |
| | 거 래 상 대 방 | | 국 적 | |
| | 관 련 법 규[2] | (예) 외국환거래법 제○○조　외국환거래법시행령 제○○조 외국환거래규정 제○○조 | | |
| | 거 래 내 용 | | | |

1) 해외직접투자, 해외지사, 현지금융, 해외부동산취득, 금전대차, 외화증권취득, 해외예금, 비거주자 국내 부동산 취득, 기타자본거래 중 택일(복수거래의 경우에는 복수 기재 가능)
2) 법　시행령　규정을 조　항　호까지 모두 기재

〈첨부서류〉 1. 실명증표(주민등록사본, 사업자등록증 사본 등)
　　　　　　2. 경위서(위반거래관련 사실관계 및 법규위반 경위를 자유롭게 기술)
　　　　　　3. 관련 증빙서류(계약서, 송금내역 등 '3. 보고요건 확인필요사항' 참조)

## 2. 외국환거래 위규 내용

| 거래유형 | (예)해외직접투자 | | |
|---|---|---|---|
| 위규내역 | | | |
| 확인경위 | | | |
| 특이사항 | | | |
| | | 은행담당자<br>(영업점담당자) | XX 은행, OO지점, 김OO<br>(Tel : OO-OOO-OOO) |
| | | 은행담당자<br>(본점담당자) | XX 은행, 외환상품지원부,<br>차장 OOO<br>(Tel : 02-XXXX-1733) |

## 3. 보고요건 확인 필요사항

※ M(Mandatory) : 필수제출자료, O(Optional) : 자료징구 가능시 제출사항

| no | 체크사항 | 필수<br>여부 | 제출서류 | 제출<br>여부 | 미제출 사유 |
|---|---|---|---|---|---|
| 1 | 경위서 제출 | M | 경위서 | | |
| 2 | 신고인 인적사항 | M | 주민등록등본 | | |
| | | M | 사업자등록증, 법인등기부등본 | | |
| | | M | 출입국 증명서 | | |
| 3 | 신고서류 일체 | M | 해당 거래관련 기 신고 및 보고서류, 당타발 송금거래내역 등 사후관리서류일체(사후관리대장 포함) | | |
| 〔해외직접투자 및 해외지사 설치〕 | | | | | |
| 1 | 투자자금 이동경로 | M | 송금전문(해당 신고건 관련 범위 내, FX0012 FX0013 포함) | | |
| | | O | 세관신고서(현물출자, 휴대수출시) | | |
| | | O | 이사회의사록 | | |
| | | O | 금전대차계약서(현지조달시) | | |
| 2 | 외국법인 실체확인 | M | 법인등기부등본, 공증서류, 증권사본, 사업자등록증, 영업허가서, 현지법규에 의한 등록증 등 (택1) | | |
| | | O | 회사정관 | | |
| | | O | 이사회의사록 | | |
| | | O | 최근 재무제표 | | |
| | | O | 감사보고서 (USD100만 초과 지분투자) | | |
| | | O | 회계법인 주식평가보고서<br>(USD100만 초과 지분투자) | | |
| | | M | 주주명부, 주주변동내역서,<br>주금납입계좌 거래내역 | | |
| | | M | 지분양수도계약서, 양수대금 지급 증빙<br>(해당 사항 있을 경우) | | |
| 3 | 자(손)회사 설립 확인시 추가제출 | M | 자(손)회사 법인등기부등본, 공증서류,<br>증권사본, 사업자등록증, 영업허가서 등<br>(택1) | | |

| no | 체크사항 | 필수<br>여부 | 제출서류 | 제출<br>여부 | 미제출 사유 |
|---|---|---|---|---|---|
| | | O | 사업계획서 | | |
| | | O | 최근 재무제표 | | |
| | | O | 감사보고서(USD100만 초과 지분투자) | | |
| | | O | 회계법인 주식평가보고서<br>(USD100만 초과 지분투자) | | |
| | | M | 주주명부, 주주변동내역서,<br>주금납입계좌 거래내역 | | |
| | | M | 지분양수도계약서, 양수대금 지급 증빙<br>(해당 사항 있을 경우) | | |
| 4 | 증권취득 보고 위반<br>시 추가제출 필요 | O | 법원제출 소장, 계약해제 통보 문서 등 | | |
| | | O | 투자자금 입금사실 증명서류 | | |
| 5 | 청산보고 위반시 추<br>가제출 필요 | M | 지분양수도계약서 | | |
| | | M | 청산서류<br>(청산일, 청산사유 확인가능 자료) | | |
| | | O | 최근 재무제표 | | |
| | | O | 회계법인 주식평가보고서<br>(USD100만 초과 지분투자) | | |
| | | O | 감사보고서<br>(USD100만 초과 지분투자) | | |
| | | M | 대금수취 관련 증빙 | | |
| 〔해외부동산 투자〕 | | | | | |
| 1 | 실제 부동산 매매계<br>약 확인 | M | 해외부동산 매매계약서 | | |
| | | M | 부동산 등기부등본,<br>부동산 등기부등본이 없는 경우 부동산<br>에 관한 사용권한을 입증할 수 있는 서<br>류 (세금납부 영수증, 전기·수도료 등<br>관리비 납부 영수증 등) 제출 | | |
| | | O | 부동산감정평가서, 분양가격 확인 가능<br>자료 | | |
| | | M | 금전대차계약서(해당 사항 있을 경우) | | |
| | | M | 송금보고서 | | |
| | | M | 외국환은행 사후관리 대장 | | |
| 2 | 부동산 처분 | M | 처분 매매계약서 | | |

| no | 체크사항 | 필수 여부 | 제출서류 | 제출 여부 | 미제출 사유 |
|----|---------|-----------|----------|-----------|-------------|
| | | M | 등기부 등본 | | |
| | | M | 현지은행 계좌거래내역 등 잔여재산 확인가능 자료 | | |
| 〔금전의 대차계약〕 | | | | | |
| 1 | 금전 대차 계약 확인 | M | 금전대차계약서 | | |
| | | M | 송금전문 | | |
| | | M | 거래 상대방 실체 확인 서류 (법인등기부등본, 공증서류, 증권사본, 사업자등록증, 영업허가서, 현지법규에 의한 등록증 등 택1) | | |
| | | M | 회사정관 | | |
| | | O | 이사회의사록 | | |
| 〔비거주자의 국내 부동산 취득〕 | | | | | |
| 1 | 국내 부동산 취득 및 자금 출처 확인 | M | 부동산 매입 계약서 | | |
| | | O | 자금출처 증빙(송금전문, 금전대차계약서, 과거 예금 잔액 등) | | |

## 4. 경유 기관 및 위반자 확인

| 외국환 은행 | 보고 번호 | |
|------------|-----------|---|
| | 영업점 확인자(직, 성명) | |
| | 연락처 | |

외국환거래법 제15조 및 동 규정 제4-2조에 의거 위와 같이 위반사실을 확인하고 보고합니다.

년     월     일

보고기관 : 외국환은행의 장(인)

| 위반자 확인 | 위와 같이 외국환거래법규 위반사실이 있음을 확인합니다.<br><br>위반자:                                    (인) |
|------------|---|

* 외국환은행의 장(인)은 대리인이 아닌 직인 날인

# 경 위 서

주　소(우편번호)
담당자
연락처 (Tel)　　　　　　(FAX)　　　　　(e-Mail)

1. 위반 내용

2. 이에 외국환거래법규 위반을 인정하는 경위서 및 관련서류를 제출하오며, 추가 법규위반 사실이 확인되거나 허위자료 제출시 과태료 등 외국환거래법에 따른 제재를 감수할 것임을 확약합니다.

〈검사결과 등을 전자문서 형태로 송달받기 원하는 경우〉
3. 아울러, 당사(또는 본인)는 본 건 자진신고와 관련하여 향후 금융감독원 검사가 완료되는 경우 검사결과 등을 전자문서 형태(e-mail: xxx@xxx)로 송달받는 것에 동의합니다.

※거래관련 은행(지점명 포함) 및 담당자 연락처
○ XX 은행　　○○○ 지점
○ 과장 홍길동 (전화　　　　　, 팩스　　　　　, 이메일　　　　　　)

20××년 ××월 ××일
(주)△△△ 대표이사 ××× (또는 △ △ △) (서명 또는 인)

경위서(예시)

붙임) ① **본인의 실명증표**(최근 1개월이내 발급된 서류)
　　　법인: 사업자등록증 사본, 법인등기부 등본, 인감증명서
　　　　　　상장회사인 경우 상장관련 증빙서류
　　　개인: 주민등록등본(외국인경우 기타 실명증표)
　　　개인사업자: 주민등록등본, 사업자등록증 사본, 인감증명서
② **관련 증빙서류** (위반행위관련 증빙서류 일체)
③ **미신고 사유서**
　　(정상참작의 근거가 되므로 특기사항이 있는 경우 착오, 과실 등을
　　증빙할 수 있는 객관적 증빙을 첨부하여 구체적으로 기술)
④ **출입국 기록, 재외국민등록부**(등록된 경우) 등 거주성 증빙서류 (필요시)
⑤ **외국환거래법규 위반 사실보고서***(정리보고서 첨부)
⑥ **증빙서류 체크리스트***
　　*거래은행 작성

# 제 4 장

# 가상화폐 거래에
# 대한 신고 실무

## (1) 가상화폐(비트코인), 분산장부기술이란?

가히 폭발적이었던 비트코인과 가상화폐에 대한 투자 열풍이 많이 사그라들었다. 20 대 대학생들로부터 30대와 40대 직장인들까지 엄청나게 많은 사람들이 가상화폐 투자에 참여하여 이익을 본 사람도 있었으나 손해를 본 사람도 많았다. 이미 투자를 해본 많은 사람들은 가상화폐가 새로운 미래를 가져다 줄 것을 꿈꾸기도 하고, 신기루와 같다고도 하고, 다른 사람들은 하루 속히 거래소를 폐지해야 한다고 한다.

### 1) 분산장부기술은?

가상화폐를 이해하려면 먼저 분산장부기술(distributed ledger technology)을 알아야 한다. 분산장부기술은 수많은 사적인 거래 정보를 개별적인 데이터 블록(Block)으로 만들고 이를 차례차례 연결하는 기술을 말한다. 다른 말로 블록체인기술(block chain technology)이라고도 한다. 여기서 블록(Block)은 데이터를 말하는데, 결국 블록체인은 유효성이 검증된 데이터의 연결이다. 블록체인은 데이터를 보관하고 처리하는 구조가 블록의 연결로 이루어져 있는 것이고, 분산 데이터베이스의 한 형태이다. 분산장부기술 은 위조, 변조, 침입이 불가능한 최첨단 기록방식이다.

분산장부기술을 이용한 새로운 분산형 시스템은 중앙집중형 시스템과는 구별되는 특 징을 가지고 있다. 이를 정리해 보면 아래 그림과 같다.

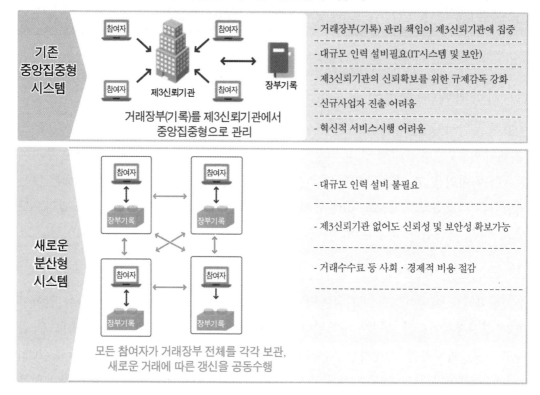

중앙집중형 시스템 · 분산형시스템 비교

| 기존 중앙집중형 시스템 | 거래장부(기록)를 제3신뢰기관에서 중앙집중형으로 관리 | - 거래장부(기록) 관리 책임이 제3신뢰기관에 집중<br>- 대규모 인력 설비필요(IT시스템 및 보안)<br>- 제3신뢰기관의 신뢰확보를 위한 규제감독 강화<br>- 신규사업자 진출 어려움<br>- 혁신적 서비스시행 어려움 |

| 새로운 분산형 시스템 | 모든 참여자가 거래장부 전체를 각각 보관, 새로운 거래에 따른 갱신을 공동수행 | - 대규모 인력 설비 불필요<br>- 제3신뢰기관 없어도 신뢰성 및 보안성 확보가능<br>- 거래수수료 등 사회 · 경제적 비용 절감 |

## 2) 분산장부기술을 활용한 가상화폐

가상화폐는 첨단 분산장부기술이 활용된 화폐이다. 비트코인은 가상화폐(Crypto Currency)의 한 형태이다. 세상에는 약 2,076여 종 이상의 다양한 가상화폐가 존재한다. 사실 맨처음으로 등장한 가상화폐는 비트코인이 아니고 1990년대의 디지캐시(DigiCash)였다. 디지캐시는 최초의 가상화폐였지만 분산장부기술을 이용하지 않고 중앙에서 집중관리하여 발행했다는 치명적인 단점이 있었다. 발행처가 디지캐시라는 회사여서 활성화되지 못했다.

디지캐시와 달리 비트코인과 이더리움 등 다른 가상화폐들은 분산장부기술을 토대로 하고 있다. 프로토콜(미리 약속한 규칙)에 따라 발행되는 화폐인 것이다. 따라서 비트코인 등 가상화폐들은 거래 방식도 다르다. 가상화폐들은 개인이 소프트웨어를 이용해 내려 받은 전자지갑에서 다른 전자지갑으로 송금이 실행되는 방식이다. 송금신호는 전부 암호화 되어 일일이 전자인증이 이루어지고, 상대방은 전자인증이 이루어진 송금신호를 통째로 넘겨 받게 된다. 그러니 여기에는 범죄자가 끼어 들 여지가 없는 것이다. 비트코인 시스템의 네트워크 안전성(무단침입 차단)은 결국 비트코인을 채굴하는 사람들의 거래에 의해 보증되는 방식이다. 우선 비트코인을 채굴하려면 컴퓨터 수십 대를 동원하여 복잡한 수학 및 물리 문제를 풀어야 한다. 뿐만 아니라 비트코인은 프로토콜에서 총 발행량이 2,100만 개로 한정되어 있어서 채굴할 때 풀어야 하는 수학 및 물리 문제가 일반인이 풀 수 없을 정도로 어렵다. 비트코인 한 개를 채굴하는 데에도 어마어마한 시간과 컴퓨터 설비 및 전력 비용이 들며, 이 과정에서 분산장부기술이 쓰이는 것이다. 비트코인의 모든 네트워크는 수학과 물리학 공식, 수학이론, 물리학 이론 등으로 통제된다. 거래 수단으로 사용할 때에도 역시 물리학 및 수학이론에 근거하여 결제 절차가 진행된다.

## 3) 분산장부기술은 장래 어떤 분야에서 사용될까?

우선 정부의 공식기록 관리에 쓰여질 것이다. 토지 등 부동산거래, 국민연금 정보, 개인의 납세내역, 부가가치세 거래 내역, 각종 선거에서 투표 등 기록이 상실되거나 불법으로 변조 혹은 침입되어서는 안되는 분야에서 분산장부기술이 널리 활용될 것이다. 사실 다이아몬드를 거래할 때는 이미 분산장부기술을 사용하고 있다고 한다.

최근 관세청도 분산장부기술(블록체인기술)을 이용하여 범정부 공공시범사업을 추진하고 있다. 관세청은 블록체인 기술을 수출 물류 분야에 적용하는 범정부 공공 시범사업의 성공적 추진을 위해 화주, 선사, 터미널, 관세사, 포워더, 운송사, 은행, 보험사 등 수출입에 관련된 48개 기업과 기관과 함께 협력을 추진하고 있다.

또 다른 활용분야는 상장회사의 주주투표이다. 현재 주주총회 전자투표는 한국예탁결제원에서 운영하는 K-evote 시스템을 이용하여 처리할 수 있다. 회사는 한국예탁결제원과 전자투표 위탁계약을 체결하여 주주들의 전자투표를 관리하도록 위탁하고 100만원~500만원의 수수료를 부담하면 된다. 현재는 중앙 집중형 시스템으로 운영되는데, 장래 분산장부기술을 활용하게 된다면 엄청난 인력과 서버 구축은 불필요하게 된다.

다른 나라에서는 대부분 아직도 글자가 이미지로 된 PDF 파일을 투표용지로 사용하고 있다. 이 투표 용지는 전송업체 쪽에서 배포하며, 주주들의 투표 기록은 관리자나 펀드매니저 쪽으로 들어간다. 투표 기록이 회수되면 그것을 찬성, 반대, 무기명, 백지로 분류하고 수를 집계해서 회사에 통지한다. 참 수고스럽기 그지없는 절차이다. 이런 절차에 드는 비용이 유럽과 미국에서는 연간 한화로 1조원 이상이라고 한다. 물론 수작업에 따른 실수도 있기 마련이고, 그에 따른 분쟁이나 비용도 적지 않다고 한다. 여기에 분산장부기술을 도입하면 회사와 주주는 전송업체나 집계 관리자 없이 기록을 직접 주고받을 수 있다. 분산장부기술에 근거한 이 기술을 쓰면 중간에 해커가 끼어들거나 반대표를 찬성표로 바꾸는 변조가 불가능하게 된다. 투표 절차가 한 번에 끝나므로 비용 및 시간도 대폭 절약된다.

### 4) 분산장부기술의 과제는?

현재의 비트코인에 적용된 분산장부기술 수준으로는 시간당 약 2만 건의 거래밖에 처리하지 못한다고 한다. 이런 속도라면 몇 백만 명의 주주가 마감날이 되어 일제히 투표하는 상황에 도저히 대응할 수 가 없는 것이다. 실제로 가상화폐거래소에서 특정 가상화폐의 거래량이 폭증하게 되면 가상화폐 대금을 지급한 사람이 자신의 전자지갑에 가상화폐를 영수하는데 때에 따라 몇 시간 또는 며칠이 걸리는 경우가 간혹 발생하게 되는 것이다. 그래서 세계는 블록체인의 속도향상을 위해서 연구·개발하고 있다. 그런 노력의 결과로 비트코인의 블록 생성(거래 처리) 속도를 4배로 빠르게 한 가상화폐 라이트코인(LTC) 등이 나오게 된 것이다. 현재는 분산정보를 디지털화해서 각각의 서버에 저장하고 있는데 내용 변경, 해커 침입, 버그 피해, 시스템 다운으로부터 완전히 벗어났다고 보기에는 아직 이른 단계이다. 분산장부기술에 선도적인 코델(codelmark.co.uk) 과 같은 많은 기업들이 이러한 문제들을 초고속 블록체인을 개발하여 해결하려고 노력하고 있으니 관심을 가지고 지켜볼 일이다.

## (2) 가상화폐(비트코인) 주식과 비교해보면?

비트코인을 포함하는 가상화폐를 상품(재화)으로 볼 것인가 자산으로 볼 것인가 하는 것이 2018년 새해부터 화두가 되었다. 가상화폐는 화폐라는 이름을 가지고 있지만, 정부는 화폐로 보지 않고 있다. 가상화폐거래소는 정부가 관망하는 사이 폭발적으로 회원을 모집하여 거래 규모를 상상을 초월할 정도로 키웠다. 이와 같이 짧은 기간 내에 가상화폐 거래규모가 커진 이유는 여러 가지가 있겠지만, 가상화폐를 거래하는 많은 사람들이 가상화폐를 소액으로 살 수 있는 주식과 같은 간편한 투자대상으로 생각했다는 점도 한 몫을 했다.

그러나 실제로 가상화폐를 주식과 비교해 보면 다른 점이 너무 많다. 가상화폐를 거래하는 분들은 최소한 이런 내용을 분명히 알고 가상화폐를 거래해야 한다.

## 1) 개념

주식은 IPO(Initial Public Offering: 신규상장)를 통해서 거래소에 상장된 주식회사의 주주권을 나타내는 유가증권이다. IPO는 엄격한 요건을 갖춘 회사들만 통과할 수 있으며 법률에 근거하여 정부 기관이 절차를 관리 감독한다. 주식은 상장회사의 자본을 구성하고, 주주의 권리와 의무를 나타내는 것이므로 주식을 투자 목적에서 구매하여 보유한다는 것은 주식수에 해당하는 만큼의 상장회사의 자본을 부담하면서 주주로서 권리와 의무를 가지는 것이다. 주식에 투자함으로써 상장회사가 가지는 수익성, 성장성, 안정성의 가치를 공유할 수 있게 되는 것이다.

가상화폐는 ICO(가상화폐공개: Initial Coin Offering)를 통해서 블록체인 기술에 기반한 데이터 형태의 코인이다. 가상화폐 발행자들은 가상화폐 발행 및 사용에 대한 규약(프로토콜)을 포함한 백서를 발간하여 ICO를 하면서 가상화폐 전부 또는 일부를 투자자들에게 판매하여 자금을 확보하고 있으며 ICO에 대하여 정부기관의 검증을 받지는 않는다. 특히 우리나라에서는 2017.9.29.부터는 ICO가 금지되었다. ICO에 대한 각국 정부의 규제 및 관리가 시작되지 않은 현재로서는 가상화폐 거래에 대한 모든 위험과 책임은 가상화폐 거래자가 부담하는 것이다.

## 2) 거래소

주식은 한국거래소(Korea Exchange)에서 거래한다. 한국거래소에서 유가증권과 코스닥 및 코넥스에 상장한 주식 종목을 모두 거래할 수 있다. 한국거래소는 법률(자본시장과금융투자업에관한법률)에 근거해서 운영되는 기관이다.

가상화폐는 빗섬, 업비트, 코빗, 코인원 등 사설거래소에서 거래한다. 사설 가상화폐거래소에 대한 정부의 인·허가는 없는 상태이며, 현재는 정부의 가상화폐거래소에 대한 법률이나 규정이 전무한 상태로 현재 모든 사설 가상화폐거래소는 통신판매업신고만 되어있는 상태이다.

## 3) 상장종목

주식은 현재 한국거래소에서 유가증권 879종목, 코스닥 1,272종목, 코넥스 116종목이 거래되고 있다.

| | 거래 종목수 | 거래량(주) | 거래대금(원) |
|---|---|---|---|
| 유가증권 | 879 | 322,115,354 | 4,253,176,163,846 |
| 코스닥 | 1,272 | 526,821,926 | 3,324,685,230,731 |
| 코넥스 | 116 | 417,842 | 5,453,495,239 |
| 합계 | 2,267 | 849,355,122 | 7,583,314,889,816 |

자료출처: 한국거래소 30001 실시간 거래현황(2019.1.2.)

가상화폐는 현재 비트코인, 이더리움 등 주요 가상화폐는 대부분의 거래소에서 거래할 수 있지만, 거래소마다 거래할 수 있는 가상화폐 종목이 다르다. 가상화폐는 전세계적으로 현재 2,076개 종목이 발행된 것으로 확인된다.(coinmarketcap.com 참조) 그러나 국내거래소는 이 중 일부 종목만을 거래하고 있다.

## 4) 계좌 개설 및 거래

증권회사(또는 금융투자회사)에서 본인 명의의 실명계좌를 열고 어느 은행에서든지 실명계좌에 투자금을 입금하면 주식거래를 할 수 있다.

가상화폐는 사설 가상화폐거래소에 회원가입하여 본인의 실명 계좌번호를 확인받은 후 본인 명의의 은행의 실명계좌에서 사설 가상화폐거래소 명의의 실명 은행계좌로 입금하면, 양자가 동일한 은행인 경우에만 송금할 수 있다. 사설 가상화폐거래소에서 입금 확인이 되면 가상화폐를 거래할 수 있다.

## 5) 해킹위험

주식은 한국예탁결제원에 맡겨서 관리한다. 한국예탁결제원에 맡겨진 증권회사 시스템을 이용하여 거래하는 중에 증권회사 시스템이나 거래소 시스템, 예탁결제원 시스템이 해킹되어 주식 거래자가 손해볼 가능성은 거의 없다.

거래자가 구매한 가상화폐는 각 사설거래소에서 관리한다. 사설 가상화폐거래소가 해킹되어 가상화폐 거래자가 손해볼 가능성은 상존한다. 특히 2018.1.27. 일본의 코인체크라는 거래소가 해킹되어 약 5,600억원의 피해가 발생했다. 현재로서는 우리나라에서 언제나 발생가능한 상황이다. 우리나라의 주요 가상화폐거래소 어느 곳에서도 해킹으로 피해가 발생했을 때 거래자의 피해에 대하여 가상화폐거래소가 책임을 진다는 약관은 없다. 또한 해킹 피해에 대비하여 손해보험에 가입했다는 가상화폐거래소도 없다.

## 6) 비밀번호 등 분실

주식은 거래 증권회사의 계좌번호나 ID나 비밀번호를 분실했더라도 증권회사에 본인 실명 확인을 하면 계좌에 있는 구매했던 주식을 찾을 수 있다. 심지어 어느 증권회사와 거래했는지를 잊었더라도 한국예탁결제원에서 본인 실명 확인을 하면 잊었던 주식을 찾을 수 있다. 전 재산을 투자하여 주식을 구매한 후 이를 잊어버렸더라도 몇 십년이 지나도 찾을 수 있는 것이다.

가상화폐는 거래하는 사설 가상화폐거래소에 보관되어 있는 전자지갑의 비밀번호를 잊어버린다면 사설 가상화폐거래소에서 실명 확인을 하더라도 가상화폐를 찾을 수 없다. 전 재산을 투자하여 가상화폐를 구매했더라도 전자지갑 비밀번호를 잊어버리면 10분 밖에 지나지 않았어도 이를 찾을 수 없다.

## 7) 발행 수

상장기업의 주식은 발행 수가 제한되어 있다. 가상화폐도 코인 백서에서 규정한대로 발행하는 가상화폐 수량이 제한되어 있다. 비트코인의 경우 최대 2,100만 개이다.

## 8) 가치평가

주식은 수익성, 성장성, 안정성 등의 측면에서 상장기업의 재무제표와 손익계산서를 분석하는 방법 등 여러 가지 방법으로 주식의 가치평가를 할 수 있다. 어느 주식에 대한 수요와 공급에 따라 시장가격이 결정되더라도 본질적인 가치인 상장기업을 분석하여 특정 주식이 저평가되었는지 고평가 되었는지 분석할 수 있는 것이다.

가상화폐는 발행자가 제시한 코인백서 외에는 본질 가치를 평가할 수 있는 방법이 없다. 일종의 디지털증표로서 가상화폐에 대한 수요와 공급에 따라 시장가격이 결정되는 것일 뿐 본질적인 가치를 분석할 수 있는 수단이나 방법이 없으므로 저평가된 것인지 고평가된 것인지 분석할 수도 없다.

## 9) 거래시 세금 등 비용

주식은 매수할 때 증권회사 수수료와 유관기관의 제비용을 부담한다. 주식을 매도할 때에는 증권거래세(0.3%), 증권회사 수수수료와 유관기관 제비용을 부담한다.

가상화폐는 아직까지 과세를 하기 위한 법령이 마련되지 아니하여 사설 가상화폐거래소 수수료 외에는 비용이 없다.

## 10) 거래 시간

주식은 평일 오전 9시부터 오후 3시30분까지 중간 휴장없이 거래한다. 토요일, 일요일, 공휴일 및 연말 휴장일에는 거래소를 개장하지 않아서 거래할 수 없다.

가상화폐는 365일 24시간 휴장없이 거래한다. 물론 사설 가상화폐거래소 시스템을 정비하는 시간만큼은 거래가 중단된다.

## 11) 가격제한폭 및 거래중단제도

주식은 2015.6.부터 가격제한폭이 상하 30%로 확대되었다. 주가가 갑자기 급락하는 경우 시장에 미치는 충격을 완화하기 위하여 주식매매를 일시 정지하는 '주식거래 중단제도(서킷브레이커)'를 두고 있다.

가상화폐는 가격제한폭이 없다. 가상화폐의 가격이 급락하는 경우에도 가상화폐매매를 일시 정지하는 제도는 없다.

## 12) 배당금

주식은 상장기업의 결산 결과 발생한 이익의 전부 또는 일부를 배당하여 주주에게 환원한다.

가상화폐는 배당기능을 도입한 가상화폐는 있으나 기본적으로 가상화폐 보유자에게 배당금을 지급하지는 않는다.

## 13) 채굴(mining)

주식은 거래하는 사람들이 무상증자나 유상증자에 참여하여 추가로 취득할 수 있지만 채굴이라는 개념은 없다.

가상화폐는 매수하지 않더라도 컴퓨터 수십 대를 연결하여 많은 시간을 투입하면 복잡한 수학 공식 등을 푸는 방식으로 채굴하는 것이 가능하다.

## 14) 차익거래(arbitrage)

주식은 거래되는 국가에서 동일한 가격으로 거래된다. 보통 한 국가 내에서 상장되어 거래되기 때문에 국가 간 차익거래가 불가능하다.

가상화폐는 여러 나라의 사설 거래소에서 다른 가격으로 거래되기 때문에 싼 거래소에서 가상화폐를 사서 비싼 거래소에서 이를 팔아서 이익을 얻는 차익거래가 가능하다.

## 15) 공시의무

주식은 상장기업은 공시기준에 따라 투자자 및 시장에 중요한 사항을 공시할 의무가 있다.

가상화폐는 공시기준도 없고 공시도 없다.

가상화폐를 매수하여 거래할 것인지는 주식과 가상화폐를 비교해보고 개인이 스스로 판단하여야 한다. 모든 위험 및 책임은 개인이 부담하기 때문이다. 사설 가상화폐거래소가 해킹되어 개인에게 피해가 발생하더라도 개인이 모든 위험 및 책임을 부담한다는 점을 명심해야 한다.

〔표 116〕주식과 가상화폐 비교

| 기준 | 주식 | 가상화폐 |
|---|---|---|
| 거래소 | 법률에 근거한 한국거래소 | 통신판매업신고를 한 사설 거래소 |
| 상장(거래)종목 | 2,267종목 | 세계 2,076개 발행 중 일부 국내 거래 |
| 계좌개설 및 거래 | 증권회사 실명계좌 개설 후 투자금 입금 | 동일은행간 실명 개인계좌에서 실명 거래소 계좌로 입금 |
| 해킹 위험 | 거의 없음 | 해킹 가능성 상존 |
| 비밀번호 등 분실 | 실명 확인 후 찾을 수 있음 | 전자지갑 비밀번호 분실하면 가상화폐도 분실 |
| 발행수 | 수량 제한 | 수량 제한 |
| 가치평가 | 분석 및 계량 가능 | 분석 및 계량 불가능 |
| 거래시 세금 등 비용 | 매수시: 증권회사 수수료와 제비용 매도시: 증권거래세(0.3%), 증권회사 수수료와 제비용 | 사설 거래소 수수료 |
| 거래 시간 | 평일 오전 9시~오후 3시30분, 토, 일, 공휴일 휴장 | 24시간 365일 |
| 가격제한폭 및 거래중단제도 | 상하 30%, 서킷브레이커 | 없음 |
| 배당금 | 있음 | 없음 |
| 체결 | 불가능 | 가능 |
| 차익거래 | 불가능 | 가능 |
| 공시의무 | 있음 | 없음 |

## (3) 가상화폐, 투자(채굴)할 것인가? 사용할 것인가?

비트코인을 포함하는 가상화폐(암호화폐)의 거래가격이 2017년 말 최고점을 찍은 후 급락하고 있다. 우리나라 정부의 가상화폐거래소 및 투자자에 대한 관리 강화 조치와 일본의 코인체크라는 가상화폐거래소가 약 580억엔(한화 약 5,600억원) 상당의 NEM 가상화폐가 부정 유출된 사건, 국내 가상화폐거래소에 대한 해킹 등이 맞물리면서 투자자들의 불안 심리가 작용한 것으로 보인다.

### 1) 가상화폐에 대한 시각 차이

가상화폐(암호화폐)를 보는 우리들의 시각은 입장 차이가 있다. 어느 날 갑자기 가상화폐가 우리 생활 속에 성큼 다가온 만큼 그 차이가 너무 크다. 우선 가상화폐는 가치 없는 돌덩이와 같기 때문에 규제 또는 폐지해야 한다는 일부 주장은 일반 대중의 시각과도 동떨어져 있어서 논외로 한다. 필자는 가상화폐의 실체와 현재와 미래의 가치를 인정하는 입장이다. 필자와 같이 가상화폐를 인정하는 사람들도 (1) 채굴해야 한다, (2) ICO(Initial Coin Offering)에 참여해야 한다, (3) 매매 거래 또는 투자해야 한다, (4) 사용해야 한다는 등 입장이 다양하다.

### 2) 희소가치 있는 재화를 통한 재산의 보전

30년, 50년 또는 100년의 장기간을 고려하여 우리의 소중한 재산을 보호하고 유지하려면 정부 발행 화폐에 의존하는 것이 현명할까? 예금자 보호를 받아 은행에 예금하더라도 정부 발행 화폐에 의존하는 방식은 현명하다고 보기 어렵다. [그래프 1]에서 보듯 1960년 146억원이었던 정부 화폐 발행 잔액(민간보유현금 + 금융기관 시재금)은 2017년 107조 9,076억원으로 늘어나게 되었다. 경제규모도 커졌겠지만 그만큼 화폐 공급량이 늘어나서 화폐의 가치가 떨어진 것도 사실이다.

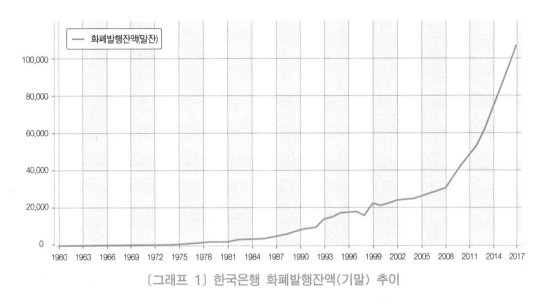

〔그래프 1〕한국은행 화폐발행잔액(기말) 추이

재산의 보호와 유지는 생산량이나 공급량이 한정되어 예나 지금이나 희소가치가 있는 재화에 의존하는 것이 현명한 방법이다. 금이나 미술품 같은 희소가치가 있는 재화가 그 예다. 금은 수천년 동안 생산량이 한정되어 그 희소한 가치는 역사가 입증한다. 금의 희소한 가치는 앞으로도 유지될 것이다.

## 3) 비트코인의 희소가치

비트코인을 포함하는 가상화폐는 금과 비슷한 희소가치를 가지고 있다. 비트코인은 최대 2,100만 개만 발행되도록 설계되어 금과 같이 생산량이 매우 한정된 화폐다. 비트코인은 실물 금만큼이나 생산(채굴)하기가 어렵다. 그래서 비트코인을 생산하는 것을 채굴(mining)이라고 한다. 달러나 원화 같은 정부발행 화폐는 정부의 정책 결정에 따라 얼마든지 더 발행할 수 있지만 비트코인은 금과 비슷하게 공급량이 한정되어 그 가치가 보존될 수 있는 것이다.

## 4) 채굴할 것인가?

실제로 비트코인을 채굴하는 것은 금 채굴 못지 않게 어렵다. 초기에 엄청난 컴퓨터 설비와 전력 등을 동원하여 비트코인을 채굴한 많은 사업가들이 실패한 이유다. 그렇다면 비트코인 채굴은 얼마나 어려울까? 수년전에 비트코인을 채굴해 본 경험이 있는 필자의 지인에 따르면 혼자서 비트코인을 채굴하려면 자신과 같이 높은 컴퓨터 지식을 갖추고 여러 대의 최첨단 컴퓨터를 구비하여 막대한 전력량을 투입하여도 몇 달이 필요하여 혼자서는 못하고 여러 명이 동업조합(팀 또는 길드)을 결성해서 채굴작업을 해야 할 정도로 어렵다고 한다. 코스피 상장회사의 대표인 필자의 다른 지인은 2015년에 거액을 투자하여 고성능 컴퓨터 시설을 구입한 후 비트코인을 채굴하였으나 결국 비트코인을 채굴하지 못하여 실패한 사실이 있다. 한 조합이 그토록 어렵게 비트코인 데이터 블록을 하나 채굴하면 25비트코인이 지급된다. 10명이 한 조합이었으면 2.5 비트코인씩 나누어 가지는 것이다. 이렇게 어렵기 때문에 비트코인 채굴투자 핑계하면서 돌려막기 식으로 폰지 사기를 벌이는 일들이 성행하는 것이다. 일반인이 비트코인 채굴에 관심을 가지는 것은 실제로 금광사업에 관심을 가지는 것과 같이 성공 가능성이 희박하다.

## 5) ICO에 참여할 것인가?

ICO란 가상화폐공개(Initial Coin Offering)로서 블록체인 기술에 기반한 데이터 형태의 가상화폐(코인)를 만든 사람들이 가상화폐 발행 및 사용에 대한 규약(프로토콜)을 포함한 백서를 발간하여 가상화폐의 전부 또는 일부를 투자자들에게 판매하여 자금을 확보하는 것을 말한다. 우리나라에서는 2017.9.29.부터는 ICO가 금지되었다. 신중하지 못한 결정이었다는 비판이 많다. 이후 우리나라에서 ICO에 참여하려는 사람들은 해외 ICO에 참여할 수 밖에 없기 때문이다. 그 만큼 외화가 유출되는 것이다. 만약 우리나라에서 ICO가 다시 허용된다면 기업들이 가상화폐 개발을 위해 노력할 것이므로 블록체인 기술이 발전되는 것은 물론이고 국내 ICO 참여자들이 늘어나서 외화 유출을 차단하고, 더불어 우리나라 ICO에 해외에서 참여자들이 유입되어 외화 유입효과가 생길 것이다. 블록체인 기술 활성화를 통한 미래 먹거리 마련을 위해서 정부가 나서서 ICO를 전면 허용하고, ICO에 대한 정부 검증 제도를 도입해야 한다. 국내의 관심있는 사람들이 가상화폐가 해킹되는 등 문제가 발생할까 불안해하지 않고 국내 ICO에 자연스럽게 참여할 수 있도록 환경을 조성해줄 수 있는 ICO에 대한 정부 검증제도를 조속히 도입하여야 한다. 그러나 ICO에 대한 각국 정부의 규제 및 관리가 시작되지 않은 현재로서는 가상화폐 거래에 대한 모든 위험과 책임은 가상화폐 거래자가 부담하는 것이므로 자제하여야 한다.

## 6) 투자목적으로 매매 거래해야 한다?

비트코인이 금과 같은 희소성이 있는 것은 맞다. 그러나 모든 가상화폐가 희소한 가치를 가지고 있는 것은 아니다. 특히 정부가 인정하지 않은 사설 거래소에서 거액의 자금을 맡겨 놓고 자금이 자유롭게 인출되지도 않는 사정에서 투자 차익을 목적으로 가상화폐를 매매하는 것은 엄청난 스트레스에 시달리는 일이다.

단순히 주식투자와 비교해도 시간적으로 24시간 거래가 가능한 가상화폐는 평일 6시간 30분만 거래하는 주식에 비해 5배 이상 많은 위험에 노출된다. 또 1일 가격제한 폭이 없는 가상화폐는 주식거래에 비하여 몇 배나 더 위험하다. 필자는 가상화폐를 거래하기 전에 먼저 소액으로 주식이나 펀드에 투자하여 훈련해 볼 것을 권한다. 주식이나 펀드를 투자해본 경험이 있는 분도 주식이나 펀드 투자 금액의 극히 일부 정도만 가상화폐를 매수해보는 것이 리스크를 줄이는 현명한 투자 자세라고 생각한다.

### 7) 사용해야 한다?

필자는 가상화폐는 투자 대상이 아니라 사용의 수단이라고 본다. 2018년 2월 노원구에서 블록체인 기술을 이용한 지역화폐를 상용화했다고 발표했다. 자원봉사나 기부 활동을 통해 가상화폐를 적립하고, 이를 지역 내 상권에서 사용한다는 것이다. 기업은 물론 정부나 지자체에서도 관심을 가지고 가상화폐를 실생활에 사용할 수 있도록 노력해야 한다. 택시는 물론 편의점까지 신용카드 결제가 되지 않는 곳이 없는 우리나라에서 가상화폐를 실생활에 사용하는 것이 세계에서 가장 빨리 확산될 수 있다. 정부규제 때문에 유럽이나 일본에 비해 많이 뒤쳐졌지만 우리도 실생활에서 가상화폐를 적극 사용하면 가상화폐 선진국이 되는 것이 꿈만은 아닐 것이다.

## (4) 가상화폐(암호화폐) 지원할 것인가? 규제할 것인가?

가상화폐(암호화폐)를 대하는 개인들의 입장은 단순하다. 무시할 것인지, 아니면 적극적으로 채굴할 것인지, ICO(Initial Coin Offering)에 참여할 것인지, 투자할 것인지, 또는 사용할 것인지 등을 고민하면 된다. 반면에 강력한 영향력을 지닌 정부의 입장에서는 국민들의 상당수가 지대한 관심을 가진 가상화폐 문제가 부담스럽고, 그에 대한 정책은 신중할 수 밖에 없다.

최근 중국 정부는 암호화폐 공개(ICO)와 거래소 폐쇄를 명령한 데 이어 암호화폐 채굴을 전면금지하는 정책을 집행하고 있다. 반면 스위스·캐나다·미국은 가상화폐 채굴자 모시기에 나서는 등 정반대의 정책을 펴고 있다. 우리 정부는 아직도 암중 모색 검토

중이다.

가상화폐(암호화폐) 선진국의 경우를 살펴보고, 우리 정부의 입장에서 정책적으로 무엇을 어떻게 지원해야 국민 경제에 도움이 될 것인지 그리고 규제한다면 무엇을 어떻게 규제할 것인지 검토해 본다.

## 1) 가상화폐 선진국 스위스

먼저 유럽에서 가상화폐와 블록체인 기술 실용화에 가장 열성적인 국가 스위스를 살펴보자. 이미 세계적으로 유명한 은행들을 지닌 국가이지만 크립토 밸리(Crypto Valley)를 선포하면서 블록체인 기술을 실용화하여 세계 금융산업의 중심이 되고자 노력하고 있다. 스위스의 추크라는 도시에서는 2016년 5월에 관공서 내에서 비트코인 사용을 인정한다고 발표했다. 실제로 관공서에서 비트코인 결제가 가능하게 되었다. 비트코인을 정식화폐로 인정하고 결제수단으로 사용하게 한 것은 공공기관 최초 사례다. 스위스의 추크 지방은 블록체인 기술 관련 IT 기업이 이미 수십여 개나 진출한 도시다.

스위스에는 비트코인 자동인출기(ATM)도 존재한다. 운영주체는 스위스 정부의 정식인가를 받은 비트코인스위스(bitcoinsuisse.ch)로 취리히, 베른, 바젤 등등 스위스 각지에 비트코인 자동인출기를 설치하여 운영하고 있다. 비트코인을 스위스 프랑이나 유로화로 인출할 수 있으며, 유로화나 스위스 프랑을 넣으면 본인 소유의 단말기 등에 비트코인이 충전될 정도로 이용법이 편리하다.

## 2) 가상화폐 투자자 보호 정책

가상화폐거래소 이용자들이 안심하고 거래할 수 있도록 통신판매업 신고만을 하고 영업을 하고 있는 가상화폐거래소에 대한 인가 및 관리 기준을 조속히 마련하여 단계적으로 시행하여야 한다. 가상화폐거래소 이용자들이 보호받을 수 있도록 불합리한 현행 거래약관이 있는 경우 이를 시정하고, 표준약관 마련도 검토하여야 한다.

## 3) 가상화폐거래소에 대한 점검 정책

투자자들로부터 엄청난 자금을 받아 보관하는 가상화폐거래소는 실제로 코인(가상화폐)을 보유하고 거래를 하고 있는지 주기적으로 점검하여야 하며, 해킹에 대비하여 안전한 시스템을 운영하고 있는지, 투자자들의 자금은 잘 관리되고, 입출금에 불편은 없는지 등이 확인되어야 한다. 해킹 등 피해 발생시 보상대책은 마련되어 있는지도 점검되어야 한다. 투자자들에 대한 사기 기타 부정한 행위를 하는 거래소에 대한 처벌 기준도 마련되어야 한다.

## 4) ICO(Initial Coin Offering) 육성 정책

가상화폐에 적대적인 중국 정부와 같이 우리 정부는 2017년 9월 29일부터 ICO를 전면 금지하였다. 하지만 블록체인 기술 활성화를 통한 미래 먹거리 마련을 위해서 정부가 나서서 ICO를 전면 허용하여야 한다. 국내의 블록체인 기술을 발전시키는 것은 물론 외국의 가상화폐 투자를 유치할 수 있도록 ICO를 조속히 전면 허용하는 것이 필요하다. 뿐만 아니라 국내 ICO에 대한 정부 인가 기준 및 검증 제도를 도입하여 국내의 투자자뿐만 아니라 외국의 투자자들도 한국에서 이루어지는 ICO를 신뢰할 수 있도록 투명하고 공정한 검증절차를 마련해주었으면 한다.

## 5) 가상화폐 실용화 정책

가상화폐 선진국 스위스의 경우와 같이 우리 정부 기관이나 지자체가 적극적으로 나서서 세금 및 공과금을 가상화폐로 받을 수 있을 정도로 파격적인 실용화 정책이 필요하다. 뿐만 아니라 미래 먹거리를 위하여 블록체인 스타트업이나 기업들이 가상화폐 실용화 사업을 적극 추진할 수 있도록 지원대책을 마련해 주었으면 좋겠다.

## 6) 정부 차원의 블록체인 기술 개발 정책

정부는 고유 업무에 블록체인 기술을 적용할 수 있도록 장기적으로 산·관·학 연구를 시작해야 한다. 토지 등 부동산거래, 국민연금 정보, 개인의 납세내역, 부가가치세 거래내역, 각종 선거에서 투표 등 기록이 상실되거나 불법으로 변조 혹은 침입되어서는 안되는 분야에서 블록체인기술을 개발·적용할 수 있도록 장기적인 개발정책이 필요하다.

정부나 지자체는 가상화폐에 대한 다수 국민의 엄청난 열정을 부담스러워 하지만 말고, 이를 활용하여 국민 경제에 활력을 불어 넣을 수 있는 방법을 고민해야 한다. 영향력을 가진 정부나 지자체가 가상화폐에 더 관심을 가지고 국민들이 가상화폐를 실생활에 사용할 수 있도록 정책적인 지원을 아끼지 않는다면 유럽이나 일본에 비해 많이 뒤처진 우리도 머지않아 가상화폐 선진국이 될 수 있을 것이다.

외국환거래법은 내국 법인, 자연인, 그의 대리인 등이 외국에서 행하는 재산 또는 업무에 관한 행위에도 적용된다. 다른 한편으로는 대한민국 내에서 거주자와 비거주자 상호 간의 채권 채무관계가 발생하는 경우에도 외국환거래법을 적용한다.

외국환거래법 제2조 및 제3조에서는 인적 적용대상인 거주자와 비거주자, 적용대상 행위인 외국환거래행위와 물적 적용대상인 외국환, 내국지급수단, 귀금속으로 구분하고 있다. 가상화폐 거래자, 가상화폐 거래행위, 가상화폐가 외국환거래법에서 어떤 지위를 가지는지, 가상화폐 거래자의 가상화폐 거래행위에도 외국환거래법이 적용되는지 구체적으로 살펴보자.

## (1) 외국환거래법상 거주자 또는 비거주자인 가상화폐 거래자

가상화폐 거래자는 내국 법인이거나 자연인인 개인이다. 개인이나 법인이 사설 가상화폐 거래소에 계정을 열고 가상화폐를 매수하거나 매도한다. 가상화폐를 거래하는 내국 법인이나 개인은 외국환거래법의 규정에 따르면 거주자 또는 비거주자에 해당한다. 가상화폐 거래자는 외국환거래법에 따른 거주자 또는 비거주자로서 가상화폐를 거래하는 경우 전부 외국환거래법이 적용되는 것은 아니다. 가상화폐 거래자가 가상화폐를 매수, 매도 또는 이전하는 거래하는 행위가 외국환거래법이 적용되는 대상행위일 때 외국환거래법이 적용된다.

## (2) 가상화폐 거래행위에 대한 외국환거래법 적용

아직까지 우리나라 법률상 가상화폐를 인정하고 있지 않기 때문에 가상화폐 거래행위에 대한 법적인 정의는 없다. 일반적으로 가상화폐 거래행위는 가상화폐를 채굴, 매매, 교환, 임대차, 증여 또는 이전하는 등 일련의 행위를 말한다.

### 1) 대한민국 내에서 행하는 가상화폐 거래행위

대한민국 내에서 거주자와 거주자 간, 거주자와 비거주자 간, 비거주자와 비거주자 간에 이루어지는 외국환, 외국환거래행위 및 그 밖에 이와 관련되는 행위에 대하여는 외국환거래법이 적용된다. 가상화폐가 외국환거래법상 지급수단으로 인정되지는 않지만 가상화폐를 거래하는 행위가 그 밖에 이와 관련되는 행위에 포함되는 것으로 해석해야 한다. 외국환거래법에서 그 밖에 이와 관련되는 행위란 거래·지급 또는 수령과 직접 관련하여 행하여지는 지급수단·귀금속·증권 등의 취득·보유·송금·추심·수출·수입 등을 말한다. 가상화폐 거래행위는 거래·지급 또는 수령과 직접 관련하여 행하여지는 행위로서 가상화폐가 외국환거래법에서 규정하는 지급수단·귀금속·증권은 아니지만 이와 유사한 디지털 증표 또는 자산으로서 이를 거래하는 행위는 취득·보유·송금·추심·수출·수입에 준하는 행위를 말한다. 그 밖에 이와 관련되는 행위는 제한적으로 해석해야 하는 열거 규정이 아니고 예시 규정으로 해석하는 것이 합리적이다.

## 2) 대한민국과 외국 간의 가상화폐 거래행위

대한민국과 외국 간에 거주자 간, 비거주자 간, 거주자와 비거주자 간 이루어지는 거래 또는 지급·수령 그밖에 이와 관련되는 행위(외국에서 하는 행위로서 대한민국에서 그 효과가 발생하는 것을 포함한다)에 대하여는 외국환거래법이 적용된다. 대한민국과 외국 간에 이루어지는 가상화폐 거래행위는 거래 또는 지급·수령 그밖에 이와 관련되는 행위에 해당하여 외국환거래법이 적용된다. 여기서 그 밖에 이와 관련되는 행위란 거래·지급 또는 수령과 직접 관련하여 행하여지는 가상화폐의 거래를 말하는 것으로 해석하는 것이 합리적이다.

## 3) 비거주자의 가상화폐 거래행위

외국에 주소 또는 거소를 둔 개인과 외국에 주된 사무소를 둔 법인이 하는 거래로서 대한민국 통화로 표시되거나 지급받을 수 있는 거래와 그 밖에 이와 관련되는 행위에는 외국환거래법이 적용된다. 하지만 외국에 주소 또는 거소를 둔 개인과 외국에 주된 사무소를 둔 법인이 하는 거래로서 가상화폐 거래는 대한민국 통화로 표시되거나 지급받을 수 있는 거래와 그 밖에 이와 관련되는 행위에 포함되지 않기 때문에 외국환거래법을 적용하지 않는 것으로 해석하는 것이 합리적이다. 가상화폐가 사설 가상화폐거래소에서 대한민국 통화로 교환될 수 있을 지라도 가상화폐 그 자체가 대한민국 통화는 아니기 때문이다.

### 4) 거주자의 외국에서의 가상화폐 거래행위

대한민국에 주소 또는 거소를 둔 개인 또는 그 대리인, 사용인, 그 밖의 종업원과 대한민국에 주된 사무소를 둔 법인의 대표자, 대리인, 사용인, 그 밖의 종업원이 외국에서 그 개인의 재산 또는 업무에 관하여 한 행위에는 외국환거래법이 적용된다. 대한민국에 주소 또는 거소를 둔 개인 또는 그 대리인, 사용인, 그 밖의 종업원과 대한민국에 주된 사무소를 둔 법인의 대표자, 대리인, 사용인, 그 밖의 종업원이 그 개인과 법인의 재산 또는 업무에 관하여 외국에서 가상화폐를 거래하는 행위는 그 개인과 법인의 재산 또는 업무에 관하여 한 행위로 보아 외국환거래법이 적용되는 것으로 해석하는 것이 바람직하다.

가상화폐 거래행위에 대한 외국환거래법 적용 여부를 요약하면 아래 표와 같다.

〔표 117〕 가상화폐 거래행위에 대한 외국환거래법 적용

| 가상화폐 거래행위 | 외국환거래법 |
|---|---|
| 대한민국 내에서 행하는 가상화폐 거래행위 | 적용 |
| 대한민국과 외국 간의 가상화폐 거래행위 | 적용 |
| 비거주자의 가상화폐 거래행위 | 비적용 |
| 거주자의 외국에서의 가상화폐 거래행위 | 적용 |

## (3) 외국환거래법상 규정이 없는 가상화폐

외국환거래법 적용 대상은 내국통화와 외국통화, 외국환, 지급수단 및 귀금속이다. 가상화폐는 아직까지 외국환거래법상 정의도 없고 지급수단으로 인정되지도 않는다.

외국환거래법상 지급수단이란 정부지폐·은행권·주화·수표·우편환·신용장, 대통령령으로 정하는 환어음, 약속어음, 그 밖의 지급지시, 증표, 플라스틱카드 또는 그 밖의 물건에 전자 또는 자기적 방법으로 재산적 가치가 입력되어 불특정 다수인 간에 지급을 위하여 통화를 갈음하여 사용할 수 있는 것으로서 대통령령으로 정하는 것을 말한다. 대통령령으로 정하는 것이란 대금을 미리 받고 발행하는 선불카드와 그 밖에 이와 유사한 것으로서 기획재정부장관이 인정하는 것을 말한다(영 3-2).

따라서 가상화폐가 외국환거래법상 지급수단으로 인정되기 위해서는 기획재정부장관의 지급수단 인정이 필요하다. 현재로서는 대한민국 청와대는 물론 정부 부처에서도 가상화폐에 대한 입장이 정리되지 않았기 때문에 가상화폐가 외국한거래법 상 지급수단으

로 인정되기에는 많은 시일이 소요될 것으로 보인다.

필자는 2018년 초에 약 6개월간 블록체인기술 전문가와 함께 블록체인기술을 이용한 전자상품권에 대한 특허를 출원한 후 여러 나라에서 사용할 수 있는 전자상품권을 개발하는 사업을 추진한 바 있다. 블록체인 전자상품권에 대하여 지급수단 인정을 받기 위하여 기획재정부의 담당 사무관과 협의를 한 사실이 있다. 기획재정부의 기본적인 입장은 대한민국과 외국간의 거래에 전자상품권이 사용된다면 외국환거래법 위반이라는 것이었다. 이후 블록체인 전자상품권 개발사업을 포기할 수 밖에 없었다.

가상화폐가 외국환거래법에 규정한 외국환이나 지급수단이 아니기 때문에 외국환거래법이 적용되지 않는다고 오해하는 분들이 많다. 외국환거래법은 가상화폐를 지급수단으로 인정하지 않을지라도 가상화폐를 거래하는 자가 가상화폐를 거래하는 경우 ① 대한민국 내에서 가상화폐를 거래하거나 ② 대한민국과 외국 간 가상화폐를 거래하거나 ③ 거주자가 외국에서 가상화폐를 거래하는 경우에는 그 밖의 관련되는 행위에 해당하여 외국환거래법이 적용된다는 점에 유의하여야 한다.

 ## 3 가상화폐 거래에 대한 신고

### (1) 가상화폐 거래에 대한 외국환 신고의무 준수가 필요한 이유

가상화폐를 거래하는 분들은 해외 사설 거래소의 전자지갑에서 국내 사설 거래소의 전자지갑으로 가상화폐를 송금하여 필요한 거래를 할 수 있는 것을 가상화폐의 큰 장점 중의 하나로 생각한다. 그러면서 정부에서 가상화폐에 대하여 아무런 대책을 내놓지 않는다고 불평을 하는 경우가 많다.

필자는 비트코인이나 이더리움과 같은 일부 가상화폐의 미래를 밝게 보는 전문가이다. 다만 전세계 약 2,070여 개 가상화폐 중 불과 몇 개의 가상화폐만 살아남아 화폐로서의 기능을 가질 것으로 예상한다. 그것도 그 전제가 있다. 가상화폐 거래에 있어 외국환거래법상 신고의무를 부담하는 경우 가상화폐 거래자가 반드시 외국환 신고의무를 이행하여야 가상화폐가 우리나라와 세계에서 통용되는 화폐로서 자리 잡을 수 있고, 제 역할을 할 수 있게 되어 궁극에는 법적 지위를 가진 화폐가 된다는 것이 필자의 소신이다.

우리나라의 경우 외국환거래법이 대한민국의 경제에 대단히 중요한 역할을 하기 때문에 거의 전 국민이 그 영향권에 있다고 하여도 과언이 아니다. 외국환거래법에 따른 외국환거래에 대한 신고제도를 유지하여 외환수급의 통계를 정확히 파악하는 일은 우리나라와 같이 부존자원이 없고 무역의존도가 높은 나라에서는 대단히 중요한 일이다. 외국환거래에 대한 신고제도의 기본 틀이 엄격하게 유지되지 않는 경우 국민경제에 미치는 악영향은 매우 크기 때문에 외국환거래법은 대부분의 신고의무 불이행이라는 절차위반에 대하여도 엄격하게 처벌하는 규정을 두고 있다.

가상화폐는 외국환거래법상 인정된 지급수단이 아니다. 가상화폐는 외국환거래법상 인정된 지급수단이 아니기 때문에 해외의 비거주자의 전자지갑으로부터 국내의 거주자의 전자지갑으로 송금받거나 그 반대의 경우 외국환거래법에 따른 신고의무가 발생한다. 외국환은행을 통하지 않고 지급 또는 영수를 한 것에 해당하기 때문에 한국은행총재에게 신고하여야 하는 의무가 있다. 국내의 거주자가 해외의 비거주자로부터 국내에서 미달러화를 수령하는 경우 미달러화는 지급수단이기 때문에 신고예외 대상이다. 그러나 국내의 거주자가 해외의 비거주자로부터 국내에서 가상화폐를 수령하는 경우 가상화폐는 외국환거래법상 지급수단이 아니기 때문에 신고대상인 것이다.

국내의 거주자가 사설 가상화폐거래소에 원화를 입금한 후 비트코인이나 이더리움을 구매하여 이를 전자지갑에 보관하다가 해외 비거주자의 전자지갑에 송금하면 실제로 국내의 거주자가 해외의 비거주자에게 외국환을 송금한 행위와 동일한 효과가 발생한다. 이러한 행위에 대하여 외국환거래법은 외국환은행을 통하지 않는 지급 행위로 규정하고 한국은행총재에게 신고하도록 규정하고 있는 것이다.

그럼에도 불구하고 아직까지 한국은행에 가상화폐에 대한 지급 또는 수령 사례가 신고된 바 없다. 이는 가상화폐가 우리 사회에 다가온 지 얼마 되지 않아 전문가들이 관심이 없기 때문에 가상화폐거래 행위 중 일부가 외국환거래법에 따른 신고대상 행위라는 것을 알려주는 전문가도 없고, 정부도 신고 대상 행위라는 것을 인지하지 못하고 있기 때문이다. 필자들은 외국환거래에 대한 검사 및 조사에 대한 대응 전문가이자 외환검사 및 조사 전문가로서 국내에서는 처음으로 가상화폐 거래행위 중 일부가 외국환거래법상 신고대상 행위라는 것을 밝힌다.

가상화폐 거래자 여러분들의 가상화폐 거래에 대한 성실한 외국환거래 신고의무 이행
이 정부가 가상화폐의 대외거래에 대한 정확한 수급통계를 확보할 수 있게 해주고, 이를
통하여 가상화폐의 대외거래의 자유를 보장하고 시장기능을 활성화하여 대외거래의 원
활화 및 국제수지의 균형과 통화가치의 안정을 도모하는 데 일조하게 되어 궁극적으로
가상화폐 거래자 개인의 경제의 발전은 물론 국민경제의 건전한 발전에 이바지할 수 있
게 되는 것이다.

## (2) 국내 사설 거래소에서 가상화폐 취득 및 처분

### 1) 거주자가 국내 사설 거래소에서 가상화폐 취득에 따른 신고의무

국내에서 사설 가상화폐거래소에서 법인이나 개인의 거래계정을 열고 원화를 입금하
여 내국인 회원으로부터 가상화폐를 취득하는 행위 자체는 외국환거래법상 신고의무가
발생하지 않는다. 가상화폐가 외국환이나 지급수단도 아니고, 원화를 입금하여 가상화
폐를 취득하는 행위 자체가 외국환 취득행위로 인정할 수도 없기 때문이다.

### 2) 거주자가 국내 사설 거래소에서 가상화폐 처분에 따른 신고의무

국내 사설 가상화폐거래소에서 회원인 법인이나 개인이 거래계정을 열고 원화를 입금
하여 취득한 가상화폐를 거주자인 국내 사설 거래소나 거주자인 회원에게 처분하여 원
화로 대금을 받는 행위를 하여도 외국환거래법상 신고의무가 발생하지 않는다. 역시 가
상화폐가 외국환이나 지급수단도 아니고, 가상화폐를 처분하여 원화로 대가를 받는 행
위 자체가 외국환 처분행위로 인정될 수도 없기 때문이다.

### 3) 국내 사설 거래소 또는 거주자인 회원이 비거주자인 회원으로부터 가상화
### 폐를 취득하거나 처분하는 경우

그러나 사설 거래소(거주자)가 외국인인 비거주자(외국 시민권자나 영주권자 등)를
회원으로 받고 거래계정을 열어주는 경우에는 대한민국과 외국 간에 비거수자와 거수사
간 가상화폐 원화거래가 이루어지게 된다. 비거주자와 거주자 간 가상화폐 원화거래는
비거주자와 거주자 간 외국환은행을 통하지 아니하는 지급 또는 수령 행위에 해당하여
외국환거래법상 신고대상 행위로서 한국은행총재에게 신고하여야 한다(정 5-11-3).

## 4) 거주자가 해외에서 취득한 가상화폐를 국내 사설 거래소에서 처분시 신고 의무

거주자가 해외 사설 거래소(비거주자)에서 해외 사설 거래소나 다른 비거주자로부터 취득한 가상화폐를 국내 사설 거래소의 전자지갑으로 송금하여 가상화폐를 원화를 대가로 처분하는 경우 외국환은행을 통하지 않는 수령 행위에 해당하여 외국환거래법상 신고대상 행위로서 한국은행총재에게 신고하여야 한다(정 5-11-3).

## 5) 외국환 신고의무 위반에 따른 처벌

국내 사설 거래소가 대한민국 국민이 아닌 비거주자를 회원으로 받아 거래 계정을 열어줌으로써 거래소가 스스로 비거주자와 거래하거나 국내 거주자와 거래하게 하고 거래 수수료를 취득하는 경우에는 외국환거래법 위반 또는 외국환거래법 위반 방조죄가 인정될 수 있으므로 유의하여야 한다.

구체적으로 비거주자인 회원으로부터 사설 거래소가 가상화폐를 취득하거나 사설 거래소가 비거주자인 회원에게 가상화폐를 처분한 경우에는 외국환은행을 통하지 아니하는 지급 또는 수령 행위에 해당하므로 한국은행총재에게 신고하지 않은 경우 외국환거래법 위반이 성립될 수 있으므로(법 29-1-6) 국내 사설 거래소는 비거주자가 회원으로 가입하여 거래를 하는지 반드시 확인하여야 한다.

국내 사설 거래소가 비거주자인 회원이 거주자인 회원과 가상화폐를 거래하도록 하고 수수료를 취득한 경우에는 외국환거래법 위반 방조죄(형법 32-1)가 성립될 여지가 있으므로 비거주자가 회원으로 가입하여 거래를 하는지 반드시 확인하여야 한다.

거주자가 해외에서 취득한 가상화폐를 국내 사설 거래소의 전자지갑으로 송금하여 가상화폐를 원화를 대가로 처분하면서 한국은행총재에게 신고하지 않는 경우에는 외국환은행을 통하지 않는 수령 행위에 해당하여 외국환거래법 위반이 성립될 수 있으므로(법 29-1-6) 주의하여야 한다.

## (3) 신용카드 등을 이용한 해외 사설 거래소에서 가상화폐 취득 및 처분

해외 사설 가상화폐거래소에 계정을 열고 해외 예금계좌를 등록하여 외국환을 해당 해외 예금계좌에 외국환을 입금한 후 가상화폐를 취득하거나 처분하는 행위 또는 해외 사설 거래소 계좌에 외국환을 입금하거나 신용카드 등으로 결제하여 가상화폐를 취득하거나 처분하는 행위에 관련하여 외국환거래법에 따른 신고의무가 발생한다. 구체적으로 살펴본다.

### 1) 신용카드나 페이팔로 결제하여 해외 사설 거래소에서 가상화폐를 취득하는 경우 신고의무

신용카드나 페이팔로 결제하여 가상화폐를 취득할 수 있는 해외 사설 거래소가 많이 있다. 거주자가 해외 사설 거래소에서 거래 계정을 열고 신용카드나 페이팔로 결제하여 가상화폐를 취득하는 경우에는 비거주자인 해외 사설 거래소와 외국환은행을 통하지 않는 지급을 한 경우에 해당하여 한국은행총재에 신고하여야 한다(정 5-11-2).

거주자가 신용카드를 이용하여 비거주자에게 결제하는 경우 외국환은행으로 통하지 않는 지급에 해당하지만 다음의 경우에만 신고 예외를 인정하고 있기 때문이다(정 5-11-1-viii).

〔표 118〕 신고 예외인 신용카드 등을 통한 지급

| 당사자 | 거래행위 | 신고의무 |
|---|---|---|
| 거주자 | 외국에서의 해외여행경비 지급(외국통화를 인출하여 지급하는 것을 포함) | 없음 |
| 거주자 | 국제기구, 국제단체, 국제회의에 대한 가입비, 회비 및 분담금을 지급하는 경우 | 없음 |
| 거주자 | 거주자의 외국간행물에 연구논문, 창작품 등의 발표, 기고에 따른 게재료 및 별책대금 등 제경비 지급 | 없음 |
| 거주자 | 기타 비거주자와의 인정된 거래(자본거래를 제외)에 따른 결제대금을 국내에서 지급(국내계정에서 지급하는 것을 의미)하는 경우 | 없음 |
| 거주자 | 신용카드 결제를 이용한 가상화폐 취득 | 한국은행총재 신고 |
| 거주자 | 페이팔 결제를 이용한 가상화폐 취득 | 한국은행총재 신고 |

## 2) 해외 사설 거래소에서 가상화폐를 처분하는 경우 신고의무

거주자가 해외 사설 거래소(비거주자)에 거래계정과 전자지갑을 열고 국내에서 취득한 가상화폐를 해외 사설 거래소에 송금하거나 해외 사설 거래소에서 가상화폐를 처분하여 해외 사설 거래소의 거래계정에 외화가 입금된 경우에는 외국환은행을 통하지 않는 지급을 한 경우에 해당하여 한국은행총재에 신고하여야 한다(정 5-11-2).

## 3) 국내 사설 거래소에서 가상화폐를 처분하는 경우 신고의무

거주자가 해외 사설 거래소(비거주자)에서 해외 사설 거래소나 다른 비거주자로부터 취득한 가상화폐를 국내 사설 거래소의 전자지갑으로 송금하여 가상화폐를 원화를 대가로 처분하는 경우 외국환은행을 통하지 않는 수령 행위에 해당하여 외국환거래법상 신고대상 행위로서 한국은행총재에게 신고하여야 한다(정 5-11-3).

## 4) 외국환신고의무 위반에 따른 처벌

거주자가 신용카드나 페이팔로 결제하여 해외 사설 거래소에서 가상화폐를 취득하거나 거주자가 해외 사설 거래소(비거주자)에 거래계정과 전자지갑을 열고 국내에서 취득한 가상화폐를 해외 사설 거래소에 송금하거나 해외 사설 거래소에서 가상화폐를 처분하면서 한국은행총재에게 신고하지 않는 경우에는 외국환은행을 통하지 않는 지급 행위에 해당하여 외국환거래법 위반이 성립될 수 있으므로(법 29-1-6) 주의하여야 한다.

# (4) 해외 예금계좌에 외국환을 송금하여 가상화폐를 취득 또는 처분하는 경우

## 1) 해외 예금계좌 개설시 신고의무

해외 사설 거래소에서 가상화폐를 취득하기 위하여 본인이 예금할 목적으로 본인이나 타인 명의의 해외 예금계좌에 외국환을 입금하려면 해외은행(비거주자)과의 예금거래에 대하여 지정거래외국환은행의장에게 신고하여야 한다(정 7-11-2).

## 2) 해외 예금거래 신고 후 가상화폐 취득 및 처분시 신고의무

해외 예금거래 신고를 한 후 본인이나 타인 명의의 해외 예금계좌에 입금한 자금으로 해외 사설 거래소에서 가상화폐를 취득하는 행위는 거주자가 외국환거래법에 따라 해외

예금거래 신고하여 인정된 자본거래를 한 자금으로 가상화폐를 취득하였으므로 외국환거래법상 추가적인 신고의무를 부담하지 않는 것으로 해석하는 것이 합리적이다.

## 3) 해외 예금거래 신고 후 취득한 가상화폐 해외 사설 거래소 처분시 신고의무

해외 예금거래 신고한 자금으로 취득한 가상화폐를 해외 사설 거래소에서 처분하는 경우에도 해외 예금거래 신고하여 인정된 자본거래를 한 자금으로 취득했던 가상화폐를 처분하였으므로 외국환거래법상 추가적인 신고의무를 부담하지 않는 것으로 해석하는 것이 합리적이다.

## 4) 국내 사설 거래소에서 가상화폐를 처분하는 경우 신고의무

거주자가 해외 사설 거래소(비거주자)에서 해외 사설 거래소나 다른 비거주자로부터 취득한 가상화폐를 국내 사설 거래소의 전자지갑으로 송금하여 가상화폐를 원화를 대가로 처분하는 경우 외국환은행을 통하지 않는 수령 행위에 해당하여 외국환거래법상 신고대상 행위로서 한국은행총재에게 신고하여야 한다(정 5-11-3).

## 5) 외국환신고의무 위반에 따른 처벌

해외 예금거래 신고의무를 위반한 거주자가 가상화폐를 취득하기 위하여 본인이나 타인 명의의 해외 예금계좌에 외국환을 입금하는 행위는 외국환거래법 위반죄(법 29-1-6)에 해당한다. 이후 외국환거래법을 위반하여 해외 예금을 한 자금으로 비거주자인 해외 사설 거래소에서 가상화폐를 취득하는 행위자체에 대하여 거주자와 비거주자 간의 외국환은행을 통하지 아니하는 지급 또는 수령을 한 행위로 보는 것은 비합리적이라고 본다. 본인이나 타인 명의의 해외 예금계좌에 입금된 자금은 외국환은행을 통하여 입금하였기 때문이다.

해외에서 가상화폐를 취득하기 위하여 거주자 본인 또는 타인 명의로 페이퍼 컴퍼니(또는 특수목적법인)를 설립하여 페이퍼 컴퍼니(또는 특수목적법인) 명의의 예금계좌를 개설한 후 페이퍼 컴퍼니 명의의 예금계좌에 외국환을 송금하는 행위는 해외직접투자 미신고에 해당하여 외국환거래법 위반죄(법 29-1-6)에 해당한다고 보는 것이 합리적이다.

거래 외국환은행에 해외직접투자신고를 한 후 설립한 해외 현지법인 명의의 계좌에 입금된 자금을 당초 사업용도에 사용하지 아니하고 이 자금을 전용하여 해외 사설 거래소에서 가상화폐를 취득하는 경우에는 허위의 해외직접투자신고를 한 것으로 보아 외국환거래법 위반으로 해석하는 것이 합리적이다.

## (5) 해외 사설 거래소 계좌에 외국환송금하여 취득하거나 처분하는 경우

### 1) 해외 사설 거래소 계좌에 외국환송금 가능 여부

해외 사설 거래소는 외국환거래법상 비거주자이다. 가상화폐를 취득하기 위하여 비거주자인 해외 사설거래소의 계좌에 외국환을 송금하려는 경우 외국환은행에 사실대로 송금사유를 밝히고 서류를 제시하면 송금자체가 불가능하다.

### 2) 허위서류를 통한 해외 사설 거래소 계좌에 외국환송금

이 경우 개인은 외국환송금이 불가하고 법인의 경우도 허위 상업송장(Commercial Invoice) 등 서류를 만들어 외국환은행에 제시하는 방법으로 외국환을 송금하는 방법 밖에 없다. 이 경우 거짓으로 신고를 하고 지급 또는 수령을 한 자에 해당하여 외국환거래법 위반이 된다.

### 3) 국내 사설 거래소에서 가상화폐를 처분하는 경우 신고의무

거주자가 해외 사설 거래소(비거주자)에서 해외 사설 거래소나 다른 비거주자로부터 취득한 가상화폐를 국내 사설 거래소의 전자지갑으로 송금하여 가상화폐를 원화를 대가로 처분하는 경우 외국환은행을 통하지 않는 수령 행위에 해당하여 외국환거래법상 신고대상 행위로서 한국은행총재에게 신고하여야 한다(정 5-11-3).

### 4) 외국환신고의무 위반에 따른 처벌

법인이 외국환은행에 허위 서류를 제시하여 외국환을 송금하는 경우 거짓으로 신고를 하고 지급 또는 수령을 한 자에 해당하여 위반금액이 25억원 이하인 경우 외국환거래법 위반(법 32)으로 5천만원 이하의 과태료 대상이다. 그러나 위반 금액이 25억원을 초과하는 경우에는 외국환거래법 위반(법 29-1-6)으로 1년 이하의 징역 또는 1억원 이하의 벌금에 해당하는 처벌을 받게 된다.

또한 거주자가 해외에서 취득한 가상화폐를 국내 사설 거래소의 전자지갑으로 송금하여 가상화폐를 원화를 대가로 처분하면서 한국은행총재에게 신고하지 않는 경우에는 외국환은행을 통하지 않는 수령 행위에 해당하여 외국환거래법 위반이 성립될 수 있으므로(법 29-1-6) 주의하여야 한다.

## (6) 해외 사설 거래소 전자지갑에 가상화폐를 송금하여 다른 가상화폐를 취득하는 경우

### 1) 가상화폐 송금시 신고의무

해외 사설 거래소는 외국환거래법상 비거주자이므로 해외 사설 거래소의 전자지갑에 가상화폐를 입금하여 다른 가상화폐를 취득하는 행위는 외국환은행을 통하지 아니하는 지급 행위에 해당하여 외국환거래법상 신고대상 행위로서 한국은행총재에게 신고하여야 한다(정 5-11-3).

### 2) 국내 사설 거래소에서 가상화폐를 처분하는 경우 신고의무

거주자가 해외 사설 거래소(비거주자)에서 해외 사설 거래소나 다른 비거주자로부터 취득한 가상화폐를 국내 사설 거래소의 전자지갑으로 송금하여 가상화폐를 원화를 대가로 처분하는 경우 외국환은행을 통하지 않는 수령 행위에 해당하여 외국환거래법상 신고대상 행위로서 한국은행총재에게 신고하여야 한다(정 5-11-3).

### 3) 외국환신고의무 위반에 따른 처벌

거주자가 해외 사설 거래소의 전자지갑에 가상화폐를 송금하거나 거주자가 해외에서 취득한 가상화폐를 국내 사설 거래소의 전자지갑으로 송금하여 가상화폐를 원화를 대가로 처분하면서 한국은행총재에게 신고하지 않는 경우에는 외국환은행을 통하지 않는 지급 또는 수령 행위에 해당하여 외국환거래법 위반이 성립될 수 있으므로(법 29-1-6) 주의하여야 한다.

## (7) 해외에서 ICO(initial coin offering)를 하는 경우

### 1) 해외 ICO의 개념

ICO란 가상화폐공개(Initial Coin Offering)로서 블록체인 기술에 기반한 데이터 형태의 가상화폐(코인)를 만든 사람들이 가상화폐 발행 및 사용에 대한 규약(프로토콜)을 포함한 백서를 발간하여 가상화폐의 전부 또는 일부를 투자자들에게 판매하여 자금을 확보하는 것을 말한다. 우리나라에서는 2017.9.29.부터는 ICO가 금지되었다. 따라서 블록체인 기술을 가진 우리나라의 전문가들은 해외에서 ICO를 진행하여 왔다. 해외 ICO는 거주자가 해외에 페이퍼컴퍼니 또는 특수목적법인(SPC: Special Purpose Company)을 설립하고 가상화폐를 발행한 후 그 중 일부를 대한민국 국민(거주자)이나 비거주자에게 판매하여 페이퍼컴퍼니 또는 특수목적법인 명의의 해외 예금계좌에 외화를 입금받고 가상화폐를 판매하거나, 원화 계좌에 입금받은 후 가상화폐를 판매하는 것을 말한다.

## 2) 해외 ICO에 따른 신고의무

해외에서 ICO를 하기 위한 목적으로 해외에 페이퍼컴퍼니 또는 특수목적법인(SPC: Special Purpose Company)을 설립하는 경우 지정거래 외국환은행에 해외직접투자신고를 하여야 한다(정 9-5-1).

ICO를 사업목적으로 신고하여 해외직접투자신고한 해외의 페이퍼컴퍼니 또는 특수목적법인(SPC: Special Purpose Company) 명의로 가상화폐를 발행하여 비거주자에게 판매하는 경우에는 비거주자인 해외의 페이퍼컴퍼니 또는 특수목적법인(SPC: Special Purpose Company)이 외국의 비거주자와 거래한 경우에 해당하여 외국환거래법상 신고의무를 부담하지 않는 것으로 해석하는 것이 합리적이다. ICO를 사업목적으로 밝히지 않고 다른 사업목적으로 신고하여 해외직접투자신고한 후 해외의 특수목적법인 명의로 가상화폐를 발행한 경우에는 허위의 해외직접투자신고를 한 것으로 해석하는 것이 합리적이다.

해외직접투자신고한 해외의 페이퍼컴퍼니 또는 특수목적법인(SPC: Special Purpose Company) 명의로 가상화폐를 발행하여 국내의 거주자에게 판매하는 경우에는 비거주자인 해외의 페이퍼컴퍼니 또는 특수목적법인(SPC: Special Purpose Company)은 외국환 신고의무가 없는 것으로 해석하는 것이 합리적이다.

그러나 해외의 페이퍼컴퍼니 또는 특수목적법인으로부터 직접 가상화폐를 취득한 거주자는 외국환은행을 통하지 아니하는 지급 행위에 해당하여 외국환거래법상 신고대상 행위로서 한국은행총재에게 신고하여야 한다(정 5-11-3).

해외의 페이퍼컴퍼니 또는 특수목적법인으로부터 직접 가상화폐를 취득한 거주자로부터 가상화폐를 취득한 다른 거주자는 외국환거래법에 따른 신고의무가 없는 것으로 해석하는 것이 합리적이다.

### 3) 외국환신고의무 위반에 따른 처벌

실제로 해외의 페이퍼컴퍼니 또는 특수목적법인(SPC: Special Purpose Company)을 설립하는 데에는 큰 비용이 들지 아니한다. 따라서 해외 ICO를 추진하는 대부분의 사람들은 해외직접투자신고를 하지 아니하고 페이퍼컴퍼니 또는 특수목적법인(SPC: Special Purpose Company)을 설립하여 ICO를 추진한다. 외국환거래법에 따른 자본거래신고의무 위반(법 29-1-vi)에 해당한다.

해외직접투자신고를 하지 아니하고 해외에 설립한 페이퍼컴퍼니 또는 특수목적법인(SPC: Special Purpose Company)이 ICO를 하여 설립한 페이퍼컴퍼니 또는 특수목적법인(SPC: Special Purpose Company)에 입금된 외화 등은 외국환거래법 위반 행위를 하여 취득한 외국환이나 그 밖에 증권, 귀금속, 부동산 및 내국지급수단에 해당하는 것으로 해석될 수 있다. 이 경우 해외 ICO를 통하여 확보한 자금 전부가 몰수·추징 될 수도 있으니 주의하여야 한다.

## (8) 외국환거래법 위반행위로 취득한 가상화폐 등의 몰수·추징

외국환거래법 제30조(몰수·추징)는 제29조 제1항 각 호의 어느 하나에 해당하는 자가 해당 행위를 하여 취득한 외국환이나 그 밖에 증권, 귀금속, 부동산 및 내국지급수단은 몰수하며, 몰수할 수 없는 경우에는 그 가액을 추징한다고 규정하고 있다. 몰수추징은 외국환거래법 위반에 대한 주된 형벌에 부가하는 부가형벌이다.

대법원 판례(대법원 2017.5.31. 선고 2013도8389 판결)에 의하면 형벌법규의 해석은 엄격하여야 하고 명문규정의 의미를 피고인에게 불리한 방향으로 지나치게 확장해석하거나 유추해석하는 것은 죄형법정주의의 원칙에 어긋나는 것으로서 허용되지 아니한다. 외국환거래법 제30조가 규정하는 몰수·추징의 대상은 범인이 해당 행위로 인하여 취득한 외국환 기타 지급수단 등을 뜻하고, 이는 범인이 외국환거래법에서 규제하는 행위로 인하여 취득한 외국환 등이 있을 때 이를 몰수하거나 추징한다는 취지로서, 여기서 취득이란 해당 범죄행위로 인하여 결과적으로 이를 취득한 때를 말한다고 제한적으로 해석함이 타당하다.

외국환거래법을 위반하여 취득한 가상화폐나 가상화폐를 처분하여 취득한 외국환이나 내국지급수단이 몰수·추징의 대상이 아니라고 단정할 근거는 찾아보기 어렵다.

　실제로 거주자가 해외 사설 거래소에서 취득한 가상화폐를 국내 사설 거래소에서 처분하여 원화를 취득한 경우 한국은행총재에게 비거주자(해외 사설 거래소)로부터 원화 상당액을 수령한 것으로 신고하여야 하는데 거주자가 이를 신고하지 않아서 외국환거래법을 위반함으로써 취득한 원화는 외국환거래법(법 29-1-ⅵ)을 위반하여 취득한 내국지급수단으로 해석될 수 있는 것이다. 이에 대하여 혹자는 터무니없는 해석이라고 주장할 수도 있다. 그러나 거주자가 외국환거래법 위반으로 취득한 해외부동산에 대한 몰수·추징 규정을 합헌으로 판단한 헌법재판소의 결정례(헌재 2012.5.31. 2010헌가97)를 참고할 필요가 있다.

★

헌재 2012.5.31. 2010헌가97

해외부동산 취득시 대규모의 자금이동 내지 비정상적인 거래가 이루어질 가능성이 있음에도 그 적발이 쉽지 않은 점, 대외적 요인에 취약한 우리나라의 경제규모나 구조, 자본의 불법적 유출입에 대한 감시의 필요성, 외국환거래법상의 몰수·추징의 징벌적 특성 및 부가형적인 성질 등에 비추어 볼 때, 거주자가 해외부동산을 신고하지 아니하고 취득한 경우 이를 형사처벌하는 외에 취득한 해외부동산을 필요적으로 몰수·추징하도록 하는 것은 신고제도의 실효성을 확보함과 동시에 미신고 해외부동산 취득에 관한 경제적 유인을 억제함으로써 국제수지의 균형과 통화가치의 안정을 달성하기 위한 것으로 그 입법목적이 정당하고, 이를 달성하기 위한 적절한 수단이다.

신고를 요건으로 하는 거주자의 해외부동산 취득절차에서 취득하려는 해외부동산에 대한 자발적 신고는 국제수지의 균형과 통화가치의 안정을 확보하기 위하여 가장 기본적으로 요구되는 사항이므로, 그 이행을 위해서는 신고의무에 정면으로 배치되는 미신고 해외부동산 취득행위를 방지하고 그 취득에 관한 경제적 유인을 금지하여 엄격하게 처벌할 필요가 있다. 그러므로 신고의무를 해태하는 경우 일반 행정법규상의 단순한 신고 미이행 등과 같은 질서벌이 아닌 형사범으로 다루는 것 외에 신고하지 아니하고 취득한 해외부동산을 반드시 몰수·추징할 필요성이 있고 이를 임의적 규정으로 하여서는 위와 같은 입법 목적을 달성하기에 부족하다.

한편, 주형의 구체적인 양형과정에서 필요적 몰수·추징의 부가형을 참작하여 구체적 형평성을 기할 수 있으며, 법관은 주형에 대하여 선고를 유예하는 경우에는 부가형인 몰수·추징에 대하여 선고를 유예할 수 있어 사안에 따라 필요적 몰수·추징이 가혹할 경우에는 선고유예를 통하여 구체적 형평성을 기할 수 있다. 나아가 외국환거래법이 거주자의 해외부동산 취득과 관련하여 기획재정부장관에게 수리 여부를 결정하거나 거래 내용의 변경을 권고할 수 있는 권한을 부여하고 있으므로, 거주자의 해외부동산 취득이 단순히 신고라는 절차적인 요건을 갖추기만 하면 완전히 자유롭게 허용되는 행위라고 볼 수도 없다. 따라서 이 사건 법률조항은 침해최소성원칙에 반하지 아니한다.

거주자의 미신고 해외부동산 취득행위는 곤궁범이 아닌 이욕범이자 재정범으로 국가경제에 미치는 부정적 영향이 지대하다는 점을 고려할 때, 이 사건 법률조항에 의해 제한되는 재산권 등 사익이 국제수지의 균형과 통화가치의 안정을 통한 건전한 외국환거래질서 확립이라는 공익보다 더 크다고 할 수 없다.
따라서 이 사건 법률조항은 과잉금지원칙에 위배되지 아니한다.

실제로 가상화폐 폭등 시에 해외 사설 거래소에서 가상화폐를 취득하여 국내 사설거래소에서 처분하여 엄청난 이익을 남기는 재정거래(arbitrage)를 통하여 많은 돈을 번 사람들이 있다. 외국환거래법 위반 행위가 없었다면 위와 같이 가상화폐를 해외 사설 거래소에서 취득하여 국내 사설 거래소에서 손쉽게 처분하여 폭리를 취하는 것은 불가능했다. 이러한 점을 감안할 때 아직까지 외국환거래법을 위반하여 가상화폐를 처분하여 취득한 외국환이나 내국지급수단을 몰수·추징한 사례가 나타나지 않았으나 필자는 그러한 사례가 조만간 나타날 것으로 예상한다.

## (9) 가상화폐 거래에 대한 사후 자진신고의 필요성

2017년 말부터 2018년 초 사이에 가상화폐 열풍이 불면서 초기에 가상화폐 재정거래(arbitrage)를 하였던 사람들이 많은 돈을 벌었다. 대부분 가상화폐 재정거래(arbitrage)에 대한 외국환신고가 없었음은 물론 종합소득세 신고도 이루어지지 않았다.

외국환신고가 이루어지면 외환정보가 국세청, 관세청, 금융감독원에 통보되어 정부기관이 모든 외국환거래에 대하여 정밀하게 체크하는 시스템을 가진 우리나라에서 유독 가상화폐 재정거래에 대하여 경미한 처벌을 할리가 없다.

세관이 외국환거래법 위반사건을 조사하는 경우 관세청과 국세청 간에 정보 공유 및 교환 협정에 따라 조사결과를 국세청에 통지하는 것이 일반적이다. 결국 가상화폐 재정거래를 통하여 취득한 부에 대하여는 외국환거래법 위반 문제와 조세범처벌법(종합소득세 포탈) 위반 문제가 남아있는 것이다. 외국환거래법을 위반한 경우 처벌을 받기 위한 공소시효는 5년이다.

불안에 떨면서 5년이 지나가도록 기다릴 것인가? 전문가의 조력을 받아 자진신고하여 가벼운 제재나 과태료를 부담하는 등 최소한의 처벌을 받고 국민으로서 소득에 대한 세금을 부담하고 떳떳하고 편하게 살 것인가? 미래는 오늘의 선택에 달려 있다.

## ─○ 외환조사 사례   1. 가상화폐를 이용한 카지노 자금 반입 사례

(1) 요약

중국과 한국 간 카지노 자금 목적으로 가상화폐를 이용하여 45억원대 환치기로 의심받은 사례

(2) 사실관계

재외동포(F-4) 비자로 국내 체류 중인 A씨는 국내 카지노 업체 3곳과 전문 서포터 계약을 맺은 뒤 현지 중국인들을 카지노의 고객으로 유치하는 일을 했음. A씨는 국내 카지노를 방문할 중국 현지 고객으로부터 카지노에서 사용할 칩 구매 자금을 위안화가 아닌 비트코인 등의 가상화폐로 자신의 전자지갑으로 송금받은 뒤, 국내 사설 가상화폐거래소에서 매도해 원화로 바꿔 카지노 측에 송금해 준 것으로 의심받은 사례

(3) 경찰청의 판단

외국환은행을 통하지 아니한 수령으로 외국환거래법 위반

## ─○ 외환조사 사례   2. 가상화폐 매각자금 환치기 반출 사례

(1) 요약

중국인의 가상화폐를 국내 사설거래소에서 매도한 원화 자금을 환치기업자를 통하여 중국으로 송금한 것으로 의심받은 사례

(2) 사실관계

국내 모 대학에 편입한 중국인 유학생 A씨는 2017.12.부터 2018.9.까지 중국의 사설 가상화폐거래소의 비트코인 시세에 비하여 국내 사설 가상화폐거래소의 비트코인 시세가 더 높다는 점을 이용하여 중국인들로부터 자신의 국내 사설 가상화폐거래소의 전자지갑으로 비트코인을 송금받은 후 이를 원화를 받고 매도한 뒤 채팅 애플리케이션인 위챗에서 알게 된 환치기 업자를 통해서 원화를 입금하고 중국의 비트코인 송금자들의 위안화 계좌로 위안화를 송금해주는 방법으로 약 296억원을 환치기상 지정 계좌로 송금하여 외국환은행을 통하지 아니한 지급을 한 것으로 의심받은 사례

(3) 경찰청의 판단

외국환은행을 통하지 아니한 지급으로 외국환거래법 위반

## ─○ 외환조사 사례  3. 비트코인 구매 목적의 무신고 해외예금거래 사례

(1) 요약

가상화폐 구매를 목적으로 한 1,700억원대 무신고 해외예금거래로 의심받은 사례

(2) 사실관계

A씨는 소프트웨어 개발업체인 B사의 대표로 2015.11.에 C국에 미신고 특수목적법인 D사를 설립하고, 2016.10.에는 E국에 미신고 특수목적법인 F사를 설립한 후 A씨는 가상화폐인 비트코인의 시세가 국내 사설거래소보다 해외 사설거래소에서 거래되는 가상화폐가 더 싸다는 점을 이용해 해외 사설거래소에서 가상화폐 비트코인을 구매하기 위하여 B사의 법인계좌에서 D사와 F사 명의의 계좌로 미달러화와 싱가포르화를 송금한 다음 해외 사설 거래소에서 D사와 F사 명의의 계정과 전자지갑을 개설한 후 비트코인을 구매하여 B사 명의의 국내 사설거래소 전자지갑으로 비트코인을 송금한 다음 이를 되팔아 차익을 남기는 방법으로 B사 명의의 국내 은행 계좌에서 359차례에 걸쳐 합계 1,710억여원을 해외 송금하여 무신고 해외예금거래를 한 것으로 의심받은 사례

(3) 세관의 판단

무신고 해외예금거래로 외국환거래법 위반

(4) 검찰의 판단

무신고 해외예금거래로 외국환거래법 위반

(5) 법원의 판단

무신고 해외예금거래로 외국환거래법 위반

제 **5** 장

# 외환검사 실무

## (1) 서울본부세관 조사2국 신설

관세청은 최근 증가하고 있는 무역금융 범죄, 재산국외도피 등에 적극적으로 대응하기 위하여 2018년 9월 관세청(서울본부세관)에 외환조사 전담조직을 만들었다. 관세청은 정부의 외환규제 완화, 자유무역협정(FTA)의 확대로 인한 관세율 하락 등으로 인해 무역거래를 이용한 재산·금융범죄가 늘어나고 있다고 분석하고 있다. 관세청의 무역금융 범죄에 대한 최근 단속 실적도 2016년 3,400억원 규모에서 2017년에는 3,757억원 규모로 늘었다.

2018년 9월 국무회의는 서울본부세관에 외환조사 전담조직인 조사2국을 신설하는 내용의 '관세청과 그 소속기관 직제 일부 개정령안'을 의결했다. 서울본부세관에 조사2국을 신설하기 전 조사국은 밀수 등과 불법 외환거래 등 단속을 병행했다. 서울본부세관에 조사2국이 신설된 후로는 밀수 등 관세법 및 대외무역법 등 위반행위 단속은 조사1국, 불법 외환거래 등 외국환거래법 위반행위 단속은 조사2국이 맡게 된다.

기존 서울본부세관 조사국에 있던 외환조사과, 외환조사 1~3관이 조사2국으로 이동했다. 또 수출입기업과 환전영업자의 외환거래를 모니터링하는 외환검사과가 새로 생겼다. 외환검사과는 불법 외환거래 조사 사건을 골라내기 위한 감시 역할을 한다. 조사2국엔 현재 기존 외환조사 인력보다 19명 많은 62명이 배치됐다.

관세청은 무역금융 범죄, 사회지도층의 재산 국외 도피 등 우리 사회의 공정과 정의를 해치는 반사회적 행위 근절을 위해 국부유출 단속 기능을 강화할 계획이다.

## (2) 수출입기업의 외환검사 리스크

1996년 관세법에 신고납부 및 사후신사제를 본격적으로 도입한 이래 관세청은 정기적으로 수출입기업에 대한 관세 기업심사를 실시하여 왔다. 관세청(세관)의 수출입기업들에 대한 약 20여 년간의 정기 관세심사를 통하여 많은 세액 추징이 있었고 과세처분에 대한 수출입기업의 불복절차를 통하여 관세 심사행정이 매우 정교하고 치밀해졌을 뿐만 아니라 납세자인 수출입기업의 성실 신고에 대한 의식수준이 많이 향상된 것이 사실이다. 관세청(세관)의 심사행정이 정교하고 치밀하여 짐에 따라 신고 누락에 따른 과세처분도 점차 그 규모가 축소되어 왔다. 수출입기업의 과세가격 및 관세율 등에 대한 신고오류가 발생하더라도 관세 등 납부는 대부분 기업의 실무자들이 담당을 하고, 기업의 대표가 관세 등의 신고와 납부에 관한 내용까지 아는 경우가 드물다. 따라서 수출입기업에서 관세등 신고 누락행위가 발생하더라도 누락세액만 추징될 뿐 관세법 위반 행위가 발생하는 경우는 드문 것이 현실이다.

관세청(서울본부세관)에 조사2국이 신설되면서 수출입기업의 외환검사 전담부서가 신설되었다. 2019년부터 관세청(서울본부세관)은 수출입기업들을 대상으로 정기적으로 외환검사를 실시할 계획이다. 수출입기업의 외국환거래 업무는 대부분 자금부서에서 집행하지만 기업의 대표(이사)가 최종적으로 결재하기 때문에 외국환거래에 대한 신고의무를 위반한 경우 대표가 외국환거래법 위반의 책임을 지는 경우가 대부분이다. 경상거래에 대한 신고의무 위반의 경우 위반금액이 25억원 이하, 자본거래 신고위반의 경우 10억원 이하인 경우에는 대표(이사)가 세관에 출석하여 피의자 신문을 받고 법인과 대표 개인에 대하여 각각 과태료(위반금액의 2%~3% 수준, 최대 7,500만원)를 부과하는 것으로 사건이 마무리된다. 그러나 경상거래의 경우 위반금액이 25억원을 초과하는 경우, 자본거래의 경우 위반금액이 10억원을 초과하는 경우에는 관세청(세관)도 피의자 신문을 받고 과태료를 부과하는 것만으로 사건을 마무리할 수 없고, 사건을 검찰에 송치하여야 한다. 검찰에서도 피의자를 소환하여 피의자신문을 하여야 하며, 조사 결과 사안이 가벼운 경우에는 벌금형을 과할 수 있으나, 사안이 중한 경우에는 공판을 받기 위하여 공소를 제기하여야 한다. 이와 같은 형사절차는 기업경영에 전념해온 대표(이사)에게는 엄청난 심적 압박감을 받는 일이 아닐 수 없다. 이와 같이 수출입기업의 외환검사는 관세에 대한 기업심사와 달리 형사적인 리스크를 수반하기 때문에 기업의 대표(이사)는 외환검사에 대하여 각별한 주의를 기울여야 한다.

### (3) 외환검사의 형사 리스크 제거 방안: 외환거래 Heath Check(사전점검)

수출입기업의 대표(이사)로서 자신이 경영하는 수출입기업이 외국환거래를 함에 따른 부지불식간에 이루어지는 외국환 신고의무 위반 행위에 대한 형사 리스크를 제거하는 방법이 없을까?

거래하는 은행의 외환담당 직원의 안내에 철저하게 따르면 외국환 신고의무 위반 행위가 일어나지 않고 형사 리스크도 없어지는 것일까? 결론부터 말하자면 외국환은행의 안내에 철저하게 따르더라도 외국환 신고의무 위반행위가 계속 발생하고 형사 리스크도 제거 되지 않는다. 왜냐하면 거래 은행의 외환담당 직원이 외국환거래법에 대한 전문가가 아니고, 외국환거래법의 모든 규제를 알 수도 없기 때문이다.

그렇다면 수출입기업의 대표(이사)나 자금담당 임직원이 지금부터 외국환거래법을 공부하여 외국환신고의무에 대하여 관심을 가지고 업무를 하면 외국환 신고의무 위반 행위가 일어나지 않고 형사 리스크도 없어지는 것일까? 대표나 임직원이 외국환거래법에 대한 공부를 하면 장기적으로 도움이 되는 것은 사실이다. 그러나 당장 외국환 신고의무 위반 행위가 일어나지 않고 형사 리스크도 없어지는 것은 아니다.

가장 바람직한 외국환거래의 형사 리스크 제거방안은 외환거래법 전문가를 통해서 외국환거래에 대한 헬스체크(사전 점검)를 하거나 또는 모의 외환검사를 받는 것이다. 외환거래법 전문가가 외국환거래에 대한 헬스체크(사전 점검)을 하여 외국환 신고를 누락한 것을 발견하면 이후부터 외국환 신고누락 행위가 발생하지 않으므로 과태료를 부과받지 않을 수 있고, 형사처벌도 받지 않게 되므로 실질적으로 외국환거래의 형사 리스크를 제거할 수 있다.

2019년부터 관세청이 본격적으로 외환검사를 시작하게 되면 수출입기업의 대표(이사)는 형사 리스크가 높아지게 되므로 외환검사를 대비하여 외국환거래법 전문가로부터 외국환거래에 대한 헬스체크(사전점검)를 통하여 형사 리스크를 제거하는 것이 바람직하다.

관세청의 수출입기업에 대한 외환검사권의 법적근거는 외국환거래법 제20조(보고·검사)이다.

## (1) 기획재정부장관의 보고 및 정보제출 요구권

기획재정부장관은 외국환거래법의 실효성을 확보하기 위하여 거래 당사자 또는 관계인으로 하여금 필요한 보고를 하게 할 수 있으며, 비거주자에 대한 채권을 보유하고 있는 거주자로 하여금 대통령령으로 정하는 바에 따라 그 보유 채권의 현황을 기획재정부장관에게 보고하게 할 수 있다(법 20-1).

기획재정부장관은 외국환거래법을 시행하기 위하여 필요하다고 인정되는 경우에는 국세청, 한국은행, 금융감독원, 외국환업무취급기관 등 이 법을 적용받는 관계 기관의 장에게 관련 자료 또는 정보의 제출을 요구할 수 있다. 이 경우 관계 기관의 장은 특별한 사유가 없으면 그 요구에 따라야 한다(법 20-2).

기획재정부장관(외국환검사 업무를 위탁받은 기관을 포함)은 외국환검사업무 수행을 위하여 필요한 경우 국세청장에게 사업자등록 관련 정보와 폐업사실 관련 정보 등 과세정보 제공을 요청할 수 있다. 이 경우 국세청장은 특별한 사유가 없으면 요청에 따라야 한다(영 35-18).

기획재정부장관(외국환검사 업무를 위탁받은 기관을 포함)은 외국환검사업무 수행을 위하여 필요한 경우 「전자정부법」 제36조 제1항에 따라 ① 출입국에관한사실증명 ② 외국인등록사실증명 ③ 국내거소신고사실증명 ④ 외국인부동산등기용증명 ⑤ 여권 ⑥ 해외이주신고확인서 ⑦ 주민등록표 등·초본 ⑧ 법인등기사항증명서 ⑨ 건물등기사항증명서 ⑩ 토지등기사항증명서 ⑪ 가족관계등록전산정보 등의 행정정보를 공동이용할 수 있다(영 35-19).

## (2) 기획재정부장관의 외환검사권한

### 1) 외환검사권한

기획재정부장관은 외국환거래법을 시행하기 위하여 필요하다고 인정되는 경우에는 소속 공무원으로 하여금 외국환업무취급기관 등이나 그 밖에 이 법을 적용받는 거래 당사자 또는 관계인의 업무에 관하여 검사하게 할 수 있다(법 20-3).

### 2) 자료제출요구권

기획재정부장관은 효율적인 검사를 위하여 필요하다고 인정되는 경우에는 외국환업무취급기관 등이나 그 밖에 이 법을 적용받는 거래 당사자 또는 관계인의 업무와 재산에 관한 자료의 제출을 요구할 수 있다(법 20-4).

### 3) 위법사실에 대한 시정 조치

기획재정부장관은 외환검사 결과 위법한 사실을 발견하였을 때에는 그 시정을 명하거나 그 밖에 필요한 조치를 할 수 있다(법 20-5).

## (3) 관세청장의 외환검사

기획재정부장관은 필요하다고 인정되는 경우에는 대통령령으로 정하는 바에 따라 한국은행총재, 금융감독원장, 그 밖에 대통령령으로 정하는 자(관세청장)에게 위탁하여 그 소속 직원으로 하여금 외환검사 업무를 수행하게 할 수 있다(법 20-6).

기획재정부장관이 관세청장에게 위탁하여 그 소속 직원으로 하여금 외환검사에 따른 업무를 수행하게 하는 경우에는 다음의 자에 대한 외환검사를 한다(영 35-3).

| 검사기관 | 검사대상 | 근거 |
|---|---|---|
| 관세청장 | • 환전영업자(개항장 안의 환전영업자에 한정한다)와 그 거래 당사자 및 관계인<br>• 수출입거래, 용역거래, 자본거래의 당사자 및 관계인[116) | 영 35-3 |
| 한국은행총재 | • 외국환중개업무를 영위하는 자와 그 거래 당사자 및 관계인<br>• 한국은행총재가 위탁받아 수행하는 업무의 대상인 외국환업무취급기관 중 「한국은행법」 제11조에 따른 금융기관<br>• 한국은행총재가 위탁받아 수행하는 업무에 관련되는 보고 대상자<br>• 한국은행총재가 위탁받아 수행하는 업무의 대상인 부담금납부의무자 | 영 35-3 |
| 금융감독원장 | • 외국환업무를 취급하는 자와 그 거래 당사자 및 관계인<br>• 소액해외송금업무를 영위하는 자와 그 거래 당사자 및 관계인<br>• 기타 전문외국환업무를 영위하는 자와 그 거래 당사자 및 관계인<br>• 수출입거래와 관련되지 아니한 용역거래 또는 자본거래 당사자 | 영 35-3 |

---

**3** 외환검사의 구분과 용어의 정의

## (1) 외환검사의 구분

외환검사는 서면검사 또는 실지검사로 구분하여 할 수 있다(영 35-1). 서면검사는 외국환거래의 검사업무 운영에 관한 훈령(이하 '검훈')에서 정하는 사항의 확인과 점검을 위하여 검사대상자로부터 필요한 서류나 장부를 제출 받아 세관에서 필요한 사항을 검사하는 것을 말한다. 실지검사는 '검훈'에서 정하는 사항의 확인과 점검을 위하여 검사대상자의 사업장이나 거주지를 직접 방문하여 검사하는 것을 말한다. 수출입기업의 입장에서는 외환검사를 실지검사로 받게 되어 수출입기업의 사업장에 외환검사요원이 직접 방문하여 조사를 받는 것은 매우 부담스러운 일이다. 외환검사에 대비하여 평소에 외환신고업무를 정확하게 관리하는 것이 수출입기업의 외환검사에 대한 부담을 최소화하는 방법이다.

---

116) 다만, 용역거래 및 자본거래의 경우 수출입거래와 관련된 거래 또는 대체송금을 목적으로 법 제16조 제3호 및 제4호의 방법으로 지급하거나 수령하는 경우로 한정한다.

〔표 120〕 외환검사의 구분

| 용어 | 정 의 | 근거 |
|------|-------|------|
| 서면검사 | '검훈'에서 정하는 사항의 확인과 점검을 위하여 검사대상자로부터 필요한 서류나 장부를 제출 받아 세관에서 필요한 사항을 검사하는 것 | 검훈 2-5 |
| 실지검사 | '검훈'에서 정하는 사항의 확인과 점검을 위하여 검사대상자의 사업장이나 거주지를 직접 방문하여 검사하는 것 | 검훈 2-6 |

## (2) 외환검사인의 증표 제시

외환검사를 하는 사람은 그 권한을 표시하는 증표를 지니고 이를 관계인에게 내보여야 한다(법 20-7).

## (3) 용어

외환검사에 관련하여 사용하는 용어의 뜻은 다음과 같다.

〔표 121〕 외환검사 관련 용어

| 용어 | 정 의 | 근거 |
|------|-------|------|
| 검사 | 「외국환거래법」 제20조 제3항, 「외국환거래법 시행령」 제35조 제3항 제3호 및 「외국환거래규정」 제10-7조에 따른 검사 | 외국환거래의검사업무의운영에관한훈령(검훈) 2-1 |
| 검사요원 | 외국환거래 검사를 담당하는 세관공무원 | 검훈 2-2 |
| 검사대상자 | 외국환거래당사자 또는 관계인에 해당하는 개인이나 법인 중 다음의 어느 하나에 해당하는 자를 말한다.<br>가. 환전업무를 영위하는 자<br>나. 수출입물품거래의 수입자(신고인 및 납세의무자를 포함), 수출자, 수출입대행자, 물품매도확인서 발행자, 중개인, 수출입물품의 운송인, 운송주선업자, 수출입물품에 직접적·간접적으로 관련되는 도매상, 소매상 등 국내외 유통에 관련되는 자<br>다. 용역거래의 수입자, 수출자, 소개자, 용역의 국내 사용자 및 용역을 이용한 물품제조지<br>라. 자본거래의 채권자, 채무자, 보증인, 임대인, 임차인, 권리 취득자, 권리 양도자 및 자본거래에 따른 채권의 발생·변경 또는 소멸에 관한 거래와 관련되는 자<br>마. 그 밖의 외국환거래 관계인 | 검훈 2-3 |

| 용어 | 정 의 | 근거 |
|------|-------|------|
| 기업심사 | 「종합인증우수업체 공인 및 관리업무에 관한 고시」 및 「기업심사 운영에 관한 훈령」에서 각각 정하는 종합심사 및 기업심사 | 검훈 2-4 |
| 공동검사 | 금융감독원장과의 공동검사 | 검훈 2-7 |

 **4** 외환검사의 범위와 원칙

## (1) 외환검사의 범위

외환검사의 범위는 외환검사대상자의 업무를 말한다. 다만, 용역거래 · 자본거래의 경우 수출입거래와 관련된 거래 또는 대체송금을 목적으로 법 16-iii(제3자지급) 및 법 16-iv(외국환은행을 통하지 아니하는 지급 등)의 방법으로 지급 또는 수령한 경우에 한정한다(검훈 3).

## (2) 외환검사의 관할

외환검사의 관할은 다음과 같다.

〔표 122〕 외환검사의 관할

| 구분 | 관 할 | 근거 |
|------|-------|------|
| 원칙 | 외환검사대상자의 사업장 소재지를 관할하는 본부세관장이 외환검사를 수행 | 검훈 4-1-1 |
| 예외 | 관세청장의 승인을 받아 본부세관장은 산하세관장으로 하여금 검사를 수행하게 할 수 있음 | 검훈 4-1-2 |
| 검사대상자의 사업장이 2개 이상의 세관의 관할에 속하는 경우 | 본사 또는 주된 사업장 소재지를 관할하는 세관장이 외환검사를 수행 | 검훈 4-1-3 |
| 관할 조정 | 관세청장은 검사사안의 중요성, 검사의 신속성, 세관장의 요청 등을 고려하여 직접 검사하거나 검사의 관할을 조정할 수 있음 | 검훈 4-2 |

## (3) 외환검사의 원칙

### 1) 외환검사요원의 준수사항

외환검사요원이 외환검사업무를 수행하는 경우에는 다음 사항을 준수하여야 한다.

① 검사대상자의 생활이나 기업활동에 지장을 최소화하는 방법으로 검사업무를 수행하여야 하며, 관계법령에 따라 검사대상자의 권익보호를 위하여 최대한 노력하여야 한다.

② 세관장의 승인 없이 자료 수집 등을 위하여 업체를 방문하거나 자료제출요구 및 검사대상자에게 출석요구 등을 하여서는 아니 된다.

③ 검사요원은 검사가 진행 중이거나 검사가 종결된 후에도 발견된 법규위반사항에 대한 구체적인 조치내용이 최종 확정되기 이전에 검사대상자에게 개별적으로 미리 알려서는 아니 된다.

④ 검사는 원칙적으로 검사대상자가 비치·기장한 장부와 증빙자료에 의하여야 하고, 검사내용이 검사대상자의 장부나 증빙자료와 다른 경우에는 객관적인 증거에 의하여야 하며, 이를 검사대상자에게 설명하고 열람할 수 있도록 하여야 한다.

⑤ 검사요원은 정당한 절차와 방법에 의하지 아니하고는 다음의 행위를 해서는 아니 된다.

ⓐ 검사대상자가 임의 제시하지 않았음에도 책상서랍, 서류보관 상자 등을 함부로 열거나 수색하는 행위

ⓑ 검사대상자의 의사에 반하여 서류나 장부를 일시 보관하는 방법으로 영치하거나 예치하는 행위

### 2) 서류 및 장부의 영치시 주의의무

외환검사요원이 부득이 외환검사대상자의 의사에 반하여 서류나 장부를 영치하거나 예치하는 행위를 할 때에는 그 내용, 영치하거나 예치할 서류, 장부의 인수인계 등을 명확하게 하여 향후에 분쟁이 없도록 하여야 한다.

### 3) 준수사항 위반 검사요원의 처리

세관장은 외환검사요원이 준수사항을 위반하는 행위를 한 경우에는 즉시 관세청장에게 보고하여야 한다.

## (1) 외환검사의 방법

외환검사는 서면검사와 실지검사 중 선택하여 실시하거나 병행하여 실시할 수 있다 (검훈 6-1).

〔표 123〕 외환검사의 방법

| 구분 | 방 법 | 근거 |
|---|---|---|
| 외환검사 | ① 서면검사<br>② 실지검사<br>③ 서면검사와 실지검사의 병행 | 검훈 6-1 |

원칙적으로 실지검사의 방법으로 외환검사를 하는 경우는 아래와 같다.

〔표 124〕 실지검사 사유

| 구분 | 사 유 | 근거 |
|---|---|---|
| 실지검사 | 1. 관세청장이 외환자료 분석 결과 등에 따라 검사를 지시하는 경우<br>2. 세관장이 자체 정보 및 자료 분석결과 검사가 필요하다고 인정한 경우<br>3. 환전업무를 영위하는 자의 업무 감독상 필요한 경우<br>4. 그 밖에 첩보가 있거나 외국환거래법령 위반 혐의가 있는 경우 | 검훈 6-2, 7-1 |

세관장이 서면검사를 실시할 수 있는 경우는 아래와 같다. 검사방법을 실지검사에서 서면검사로 변경하는 경우에는 관세청장의 승인을 받아야 한다.

〔표 125〕 서면검사 사유

| 구분 | 사 유 | 근거 |
|---|---|---|
| 서면검사 | 1. 검사대상자가 제출한 별지 제1호 서식의 외국환거래 자율점검표 검토결과, 서면검사로도 검사목적을 충분히 달성할 수 있다고 판단되는 경우<br>2. 그 밖에 검사대상자의 상황, 사안의 경중 등을 고려하여 서면검사가 적합하다고 판단되는 경우 | 검훈 6-2 |

(별지 제1호 서식) 외국환거래 자율점검표

## 외국환거래 자율점검표

| 구분 | 점 검 내 용 | 점 검 결 과 | | 위반시 벌칙*(과태료) |
|------|------------|-------------|--|---------------------|
| 지급 등의 방법 (상계) | **1** 수출입거래, 용역거래, 자본거래 등 대외거래를 함에 있어서 동일인에 대한 채권·채무가 발생하는 경우가 자주 있다. | ① 그렇다 | ② 그렇지 않다 | |
| | | ② **6**번으로 이동 | | |
| | **2** 비거주자와의 대외거래로 발생한 채권·채무를 비거주자에 대한 다른 채무·채권으로 상계하고 잔액을 결제하고 있다. (잔액에 대하여 Debit·Credit note를 발행하거나, 현금으로 지급하고 있다.) | ① 그렇다 | ② 그렇지 않다 | |
| | | ② **5**번(상호계산제도) 확인 후 **6**번으로 이동 | | |
| | **3** **2**항에 따른 상계를 하면서, 외국환은행의 장에게 사전 신고하였다. | ① 그렇다 | ② 그렇지 않다 | 〈건당위반금액 25억원 이하〉 위반금액 1%와 50만원 중 큰 금액 ('17.7.18.부터 위반금액 2%와 100만원 중 큰 금액) |
| | | ② 상계신고 위반 : 벌칙(과태료) 대상 | | |
| | **4** **2**항에 따른 상계를 다국적 기업의 상계센터를 통하여 상계하거나 다수의 당사자의 채권 또는 채무를 상계하면서 한국은행총재에게 사전 신고하였다. | ① 그렇다 | ② 그렇지 않다 | 〈건당위반금액 25억원 이하〉 위반금액 2%와 100만원 중 큰 금액 ('17.7.18.부터 위반금액 4%와 200만원 중 큰 금액) |
| | | ② 상계신고 위반 : 벌칙(과태료) 대상 | | |
| | **5** 비거주자와의 빈번한 채권·채무 결제에 따른 불편을 해소하고자 일정기간의 거래내역을 계정에 대기 또는 차기후 주기적(회계기간 내)으로 결산하여 정산하는 방식으로 채권을 서로 상계하기 위해 지정거래 외국환은행에 상호계산신고서를 제출하였다. | ※상호계산계정의 결산은 회계기간 범위 내에서 월단위로 결산주기를 정하여 실시하며, 적어도 1년에 1번 이상 결산해야 한다. | | |

\* 벌칙 : 건당 위반금액이 25억원 초과인 경우, 1년 이하의 징역 또는 1억원 이하의 벌금, 단, 위반행위 목적물 가액의 3배가 1억원을 초과하는 경우에는 목적물 가액의 3배 이하의 벌금

[210㎜×297㎜[일반용지 60g/㎡(재활용품)]]

| 구분 | 점 검 내 용 | 점 검 결 과 | | 위반시<br>벌칙*(과태료) |
|---|---|---|---|---|
| 지급 등 의 방법 （기간초과지급등） | ⑥ 계약 건당 미화 5만불 초과하는 수출거래가 있다. | ① 그렇다 | ② 그렇지 않다 | |
| | | ② ⑧번으로 이동 | | |
| | ⑦ ⑥의 수출거래와 관련하여 아래 각 호에 해당하는 방법으로 대금을 수령하는 경우가 있다.<br>가. 본지사 간의 수출거래로서 무신용장 인수인도조건방식 또는 외상수출채권매입방식에 의하여 결제기간이 물품의 선적 후 또는 수출환어음의 일람 후 3년을 초과하는 경우<br>나. 본지사 간의 수출거래로서 수출대금을 물품의 선적 전에 수령하고자 하는 경우<br>다. 본지사 간이 아닌 수출거래로서 수출대금을 물품의 선적 전 1년을 초과하여 수령하고자 하는 경우 | ① 그렇다 | ② 그렇지 않다 | |
| | | ① ⑩번 신고 여부 확인 | | |
| | ⑧ 계약 건당 미화 2만불 초과하는 수입거래가 있다. | ① 그렇다 | ② 그렇지 않다 | |
| | | ② ⑨번으로 이동 | | |
| | ⑨ ⑧의 수입거래와 관련하여 아래 각 호에 해당하는 방법으로 대금을 지급하는 경우가 있다.<br>가. 미가공 재수출할 목적으로 계약건당 미화 5만불을 초과하는 금을 수입하는 경우로서 수입대금을 선적서류 또는 물품의 수령일부터 30일을 초과하여 지급하거나 내수용으로 30일을 초과하여 연지급수입한 금을 미가공 재수출하고자 하는 경우<br>나. 계약 건당 미화 2만불을 초과하는 수입대금을 선적서류 또는 물품의 수령 전 1년을 초과하여 송금방식에 의하여 지급하고자 하는 경우 | ① 그렇다 | ② 그렇지 않다 | |
| | | ① ⑩번 신고 여부 확인 | | |
| | ⑩ ⑦, ⑨에 해당하여 한국은행총재에게 사전신고를 하고 지급, 수령을 하였다. | ① 그렇다 | ② 그렇지 않다 | 〈건당위반금액 25억원 이하〉<br>위반금액 2%와 100만원 중 큰 금액<br>（'17.7.18.부터<br>위반금액 4%와 200만원 중 큰 금액） |
| | | ② 기간초과지급 등 신고 위반 : 벌칙(과태료) 대상 | | |

* 벌칙 : 건당 위반금액이 25억원 초과인 경우, 1년 이하의 징역 또는 1억원 이하의 벌금, 단, 위반행위 목적물 가액의 3배가 1억원을 초과하는 경우에는 목적물 가액의 3배 이하의 벌금

[210mm×297mm[일반용지 60g/㎡(재활용품)]

| 구분 | 점 검 내 용 | 점 검 결 과 | | 위반시 벌칙*(과태료) |
|---|---|---|---|---|
| 지급 등 의 방법 (3 자 지 급 등 의 방 법) | **11** 거주자 간 또는 비거주자와의 거래 결제를 당사자가 아닌 자에게 지급하거나, 거래 당사자가 아님에도 거래당사자인 비거주자에게 지급하였다. | ① 그렇다 | ② 그렇지 않다 | |
| | | ② **16**번으로 이동 | | |
| | **12** 아래 각 호에 해당하는 거래를 하고 있다<br>가. 인정된 거래에 따른 채권의 매매 및 양도, 채무의 인수가 이루어진 경우(비거주자 간의 외화채권 이전 포함)<br>나. 인정된 거래에 따라 해외직접투자 또는 해외부동산 취득과 관련한 자금을 관계성이 확인된 중개·대리인에게 지급<br>다. 단순수입대행거래에서 위탁자인 거주자가 수입대금을 수출자인 비거주자에게 지급하는 경우<br>라. 거주자 간 결제를 위해 거래 당사자가 아닌 거주자와 지급 등을 하는 경우<br>마. 외국환은행 또는 이에 상응하는 외국 금융기관명의로 개설된 에스크로 계좌를 통해 비거주자와 지급 등을 하는 경우 | ① 그렇다 | ② 그렇지 않다 | |
| | | ① 제3자거래 신고예외 사항 **16**번으로 이동<br>② **14**, **15**번 신고 여부 확인 | | |
| | **13** 외화 채무를 거래당사자가 아닌 비거주자에게 지급하거나, 국내 거주자를 대신하여 거주자의 외화 채무를 대신 비거주자에게 지급하고 있다.<br>[사례] 비거주자와의 외화채무를 국내계좌(환치기계좌 등)에 입금하는 방식으로 지급 | ① 그렇다 | ② 그렇지 않다 | |
| | | ① **14**, **15**번 신고 여부 확인 | | |
| | **14** **12**를 제외하고 미화 3천불을 초과하고 미화 1만불 이내의 금액(분할시 합산금액)을 **11**, **13**과 같이 지급 하면서 외국환은행의 장에게 사전 신고하였다. | ① 그렇다 | ② 그렇지 않다 | 〈건당위반금액 25억원 이하〉<br>위반금액 1%와 50만원 중 큰 금액<br>('17.7.18.부터 위반금액 2%와 100만원 중 큰 금액) |
| | | ② 3자지급 등의 방법 신고 위반 : 벌칙(과태료) 대상 | | |
| | **15** **12**를 제외하고 미화 1만불을 초과하는 금액을 **11**, **13**과 같이 지급하면서 한국은행총재에 사전 신고하였다. | ① 그렇다 | ② 그렇지 않다 | 〈건당위반금액 25억원 이하〉<br>위반금액 2%와 100만원 중 큰 금액<br>('17.7.18.부터 위반금액 4%와 200만원 중 큰 금액) |
| | | ② 3자지급 등의 방법 신고 위반 : 벌칙(과태료) 대상 | | |

\* 벌칙 : 건당 위반금액이 25억원 초과인 경우, 1년 이하의 징역 또는 1억원 이하의 벌금, 단, 위반행위 목적물 가액의 3배가 1억원을 초과하는 경우에는 목적물 가액의 3배 이하의 벌금

[210mm×297mm[일반용지 60g/㎡(재활용품)]

| 구분 | 점 검 내 용 | 점 검 결 과 | | 위반시<br>벌칙*(과태료) |
|---|---|---|---|---|
| 지<br>급<br>등<br>의<br>방<br>법<br><br>(<br>외<br>국<br>환<br>은<br>행<br>을<br>통<br>하<br>지<br>않<br>은<br>지<br>급<br>등<br>) | ⑯ 거주자 간 또는 비거주자와의 거래 결제를 위해 외국환은행 등을 통하지 아니하고 수령하였다. | ① 그렇다 | ② 그렇지 않다 | |
| | | ① 수령은 신고 예외사항 | | |
| | ⑰ 아래 각 호에 해당하는 지급을 하고 있다. | ① 그렇다 | ② 그렇지 않다 | |
| | 가. 인정된 거래에 따른 지급을 위하여 송금수표, 우편환 또는 유네스코 쿠폰으로 지급 | ① 지급 신고 예외사항 | | |
| | 나. 외국에서 보유가 인정된 대외지급수단으로 인정된 거래에 따른 대가를 외국에서 직접 지급 | | | |
| | 다. 국내에서 내국통화로 표시된 거래를 함에 따라 내국지급수단으로 지급하고자 하는 경우 | | | |
| | 라. 법인의 예산으로 환전한 해외여행경비를 법인소속의 해외여행자가 휴대수출하여 지급하는 경우 | | | |
| | 마. 본인명의 신용카드로 지급하거나 미화 1만불 이하의 경우 경상거래에 따른 대가를 직접 지급하는 경우 | | | |
| | 바. 대외 채무 결제, 해외직접투자, 해외지사설치 및 해외부동산 취득을 위하여 휴대 반출하여 건당 미화 1만불 이하의 대외지급수단으로 직접 지급한 경우 | | | |
| | ⑱ 상기 ⑯, ⑰에 해당하지 아니한 경우로 외국환은행등을 통하지 아니하고 지급(물품 또는 용역의 제공, 권리의 이전 등으로 비거주자와의 채권·채무를 결제하는 경우 포함) 등을 하고자 한국은행총재에게 신고하였다 | ① 그렇다 | ② 그렇지 않다 | 〈건당위반금액 25억원 이하〉<br>위반금액 2%와 100만원 중 큰 금액 ('17.7.18.부터 위반금액 4%와 200만원 중 큰 금액) |
| | | ② 외국환은행을 통하지 않은 지급 신고 위반 : 벌칙(과태료) 대상 | | |

| 구분 | 점 검 내 용 | 점 검 결 과 | 위반시<br>벌칙*(과태료) |
|---|---|---|---|
| 자 본 거 래 | **19** 비거주자와 예금·신탁거래, 금전대차거래, 채무보증거래, 대외지급수단·채권·기타의 매매 및 용역계약에 따른 자본거래, 증권발행, 증권취득, 파생상품거래, 부동산거래, 담보계약에 따른 채권의 발생 등 거래, 임대차계약에 따른 채권의 발생 등 거래에 따른 자본거래를 하고 있다. | ① 그렇다　② 그렇지 않다<br><br>② **24**번으로 이동 | |
| | **20** 자본거래로서 거래 건당 지급 등의 금액 (분할하여 지급한 경우 합산한 금액)이 미화 3천불 이내이다.('17.7.17. 이전은 2천불) | ① 그렇다　② 그렇지 않다<br><br>① 자본거래 신고 예외사항 | |
| | **21** 자본거래로서 거래 건당 지급(수령)금액이 미화 3천불 초과 5만불 이내이고, 연간 지급(수령)누계금액이 5만불 이내인 경우로서 지정 거래외국환은행의 장으로부터 거래의 내용을 확인받아 지급(수령)하였다. ('17.7.17. 이전은 2천불 초과 5만불 이내) | ① 그렇다　② 그렇지 않다<br><br>① 자본거래 신고 예외사항 | |
| | **22** **20**, **21**의 자본거래를 제외하고 **19**의 자본거래를 위해 자본거래 신고(수리)기관 [외국환은행장, 한국은행총재, 기획재정부장관]에 신고하여 신고수리를 받거나 신고를 하였다. | ① 그렇다　② 그렇지 않다<br><br>② **자본거래 신고위반 : 벌칙(과태료) 처분**<br><br>※ 자본거래 거래 신고(신고수리) 대상 여부에 대하여는 자본거래 신고(수리)기관에 반드시 확인한 후 진행하여야 합니다. | 〈건당위반금액 10억원 이하〉<br>1) 외국환은행장 신고 대상 : 위반금액 1%와 50만원 중 큰 금액 ('17.7.18.부터 위반금액 2%와 100만원 중 큰 금액)<br>2) 기재부장관, 한은총재 신고 대상 : 위반금액 2%와 100만원 중 큰 금액 ('17.7.18.부터 위반금액 4%와 200만원 중 큰 금액) |
| | **23** 신고 내용에 변경이 있어 변경 사항 및 변경 사유를 첨부하여 당해 신고(수리)기관에 자본거래 신고내용에 대한 변경신고를 하였다. | ① 그렇다　② 그렇지 않다<br><br>② **자본거래 신고위반 : 벌칙(과태료) 처분** | |

| 구분 | 점 검 내 용 | 점 검 결 과 | | 위반시<br>벌칙*(과태료) |
|---|---|---|---|---|
| 해<br>외<br>직<br>접<br>투<br>자 | 24 아래 각 호에 해당하는 거래를 한 경우가 있다.<br>가. 외국법령에 의해 설립된(설립중) 법인의 주식 또는 출자지분의 10% 이상을 취득하여 경영에 참여<br>나. 투자비율이 10% 미만이더라도 임원파견, 공동연구개발 등을 통하여 지속적인 경제관계를 맺기 위한 거래 유지<br>다. 현지법인 등을 설립<br>라. 기 설립법인에 대한 금전대여로 대부투자를 하고 있다. | ① 그렇다<br><br>26 번으로 이동 | ② 그렇지 않다 | |
| | 25 24의 해외직접투자와 관련하여 지정거래외국환은행장에 사전 신고하고 절차를 진행하였다. | ① 그렇다<br>② 해외직접투자 신고위반 : 벌칙(과태료) 처분 | ② 그렇지 않다 | 〈건당위반금액 10억원 이하〉<br>위반금액 1%와<br>50만원 중 큰 금액<br>('17.7.18.부터<br>위반금액 2%와<br>100만원 중 큰 금액) |
| | 26 투자지분감액, 투자지분양도, 유효기간 연장, 현지법인의 자회사 또는 손회사(지분 10%이상 출자) 설립 등으로 25의 해외직접투자 내용이 변경되어 해외직접투자 신고 외국환은행장에 내용변경 신고를 하였다.<br>(다만 기설립한 현지법인에 대한 대부투자 및 증액투자는 해외직접투자 신규신청 절차에 준함) | ① 그렇다<br><br>② 해외직접투자 신고위반 : 벌칙(과태료) 처분 | ② 그렇지 않다 | |
| | 26 독립채산제를 원칙으로 외국에서 영업활동을 위해 해외지점을 설치 및 업무연락, 시장조사, 연구개발 등 비영리적 기능을 수행하거나, 국외에서 업무수행을 위해 해외사무소를 설치하기 위해 지정거래외국환은행장에게 설치신고를 하였다.<br>(해외지점의 영업기금은 해외지사경비지급 신고에 의해 지급, 해외사무소의 유지활동비는 송금신청서에 의해 지급) | ① 그렇다<br><br>② 해외직접투자 신고위반 : 벌칙(과태료) 처분<br><br>※ 자율점검 절차를 모두 종료하였습니다. | ② 그렇지 않다 | |

[210㎜×297㎜[일반용지 60g/㎡(재활용품)]

470

| 구분 | 점 검 내 용 | 점 검 결 과 |
|---|---|---|
| 수출입실적 및 외국환거래내역 | 1. 검사대상기간 수출입 및 외환 지급·영수 실적(세관 제공)<br>　－ 과지급 또는 미지급 사유(업체 제출)<br>　－ 과영수 또는 미영수 사유(업체 제출) | |
| | 2. 검사대상기간 중계무역 수출입 및 외환 지급·영수 실적(세관 제공)<br>　－ 과지급 또는 미지급 사유(업체 제출)<br>　－ 과영수 또는 미영수 사유(업체 제출) | |
| | 3. 해외직접투자 금액(세관 제공)<br>　－ 투자지역·내용·기간, 신고은행, 투자금액 회수 여부 등 해외직접투자 관련 전반적인 내용(업체 제출) | |
| | 4. 기타 검사대상자에 대한 정보분석 결과 업체 자율 점검이 필요한 사항 | |

[210㎜×297㎜[일반용지 60g/㎡(재활용품)]

## (2) 외환검사의 실시 및 승인

### 1) 외환검사의 실시 사유

세관장은 다음의 하나에 해당하는 경우에 검사를 실시할 수 있다(검훈 7-1). 다만, 환전업무를 영위하는 자의 경우에는 검사의 범위, 검사계획의 승인, 검사 실시 방법 및 검사결과 보고 등에 대하여 「환전영업자 관리에 관한 고시」 제13조부터 제17조까지의 규정을 적용한다.

〔표 126〕 외환검사 실시사유

| 구분 | 사유 | 근거 |
|------|------|------|
| 실지검사 | 1. 관세청장이 외환자료 분석 결과 등에 따라 검사를 지시하는 경우<br>2. 세관장이 자체 정보 및 자료 분석결과 검사가 필요하다고 인정한 경우<br>3. 환전업무를 영위하는 자의 업무 감독상 필요한 경우<br>4. 그 밖에 첩보가 있거나 외국환거래법령 위반 혐의가 있는 경우 | 검훈 6-2 |

### 2) 외환검사의 실시 승인

세관장이 외환검사를 실시하는 경우에는 외환검사계획을 관세청 조사정보시스템에 등록하여 관세청장의 승인을 받아야 하며, 승인받은 검사사항에 대하여 검사하여야 한다. 다만, 기업심사 대상자의 경우 「종합심사 운영에 관한 훈령」 및 「기업심사 운영에 관한 훈령」에 따른 심사계획보고서를 승인 받은 때에 외국환거래 검사계획을 승인 받은 것으로 본다(검훈 7-2).

## (3) 관세청장의 외환검사 조정과 범칙조사 실시

### 1) 관세청장의 외환검사 조정권

관세청장은 세관장이 수립한 검사계획을 검토하여 필요한 경우에는 검사방법, 검사기간 및 검사사항 등을 조정할 수 있다(검훈 7-3).

### 2) 범칙조사의 실시 사유

세관장은 다음의 하나에 해당하는 경우에는 검사를 생략하고 직접 「세관공무원의 범칙조사에 관한 훈령」에 따라 범칙조사를 실시할 수 있다(검훈 7-4).

〔표 127〕 외환 범칙조사 사유

| 구분 | 사유 | 근거 |
|------|------|------|
| 외환 범칙조사 | 1. 외국환거래법령 위반 혐의가 있으나 혐의자가 개인이나 해산된 법인 등으로서 실질적으로 외환검사가 곤란한 경우<br>2. 도주·증거인멸 등의 우려가 있어 신속한 범칙조사가 필요하다고 판단되는 경우<br>3. 「관세법」 등 다른 법령에서 정하는 범죄에 직접적으로 관련되어 있는 경우<br>4. 범법행위에 대한 구체적인 제보나 정보가 있는 경우<br>5. 그 밖에 법규위반의 혐의가 농후한 경우로서 범칙조사를 직접 실시하는 것이 효과적이라고 판단되는 경우 | 검훈 7-4 |

## (4) 외환검사 계획의 수립과 검사반의 편성

### 1) 검사계획의 수립

세관장은 외환검사의 실시에 앞서 다음 사항을 충분히 검토하여 검사계획을 수립하여야 한다(검훈 8-1). 외환검사계획에는 아래 포함내용 반드시 포함되도록 하여야 하며, 검사대상기간 및 검사사항은 구체적으로 밝히되, 검사목적 달성에 필요한 최소한으로 하여야 한다(검훈 8-2).

〔표 128〕 외환검사 계획시 검토사항 및 포함내용

| 검토사항 | 포함내용 | 근거 |
|----------|----------|------|
| 1. 검사대상자의 조직, 주거래은행, 업무의 전산화 등 업체의 업무운용 내용<br>2. 검사대상자의 외국환거래 내역<br>3. 검사대상거래의 회계처리에 대한 재무제표 등 내용<br>4. 검사대상자에 대한 과거 심사 및 검사내역, 행정처분 및 과태료 처분 내역<br>5. 그 밖에 수집된 정보·자료 | 1. 검사기간, 검사장소 및 검사 수행 요원<br>2. 검사방법 및 실지검사의 경우 검사방법 채택사유<br>3. 검사대상기간<br>4. 검사사항<br>5. 검사사유 | 검훈 7-4 |

### 2) 외환검사반의 편성

세관장은 검사대상자의 업체규모 및 외국환거래 실적 등을 감안하여 검사반을 편성·운영한다(검훈 9-1).

본부세관장은 필요한 경우 산하세관 소속 공무원을 검사요원으로 차출하여 검사반을 편성 · 운영할 수 있다(검훈 9-2).

### 3) 외환검사대상자의 자율 점검

세관장은 검사 실시 전에 검사대상자에게 별지 제1호 서식의 외국환거래 자율점검표를 제공하여 스스로 점검한 결과를 제출하게 할 수 있다(검훈 10-1).

세관장은 검사대상자가 제1항에 따른 자율점검 결과를 제출한 경우 그 점검결과를 검토한 후 검사를 실시하여야 한다(검훈 10-2). 세관장은 검사 시작일 전까지 자율점검 결과를 성실하게 제출한 검사대상자에 대해서는 영 및 「외국환거래법에 따른 행정처분 및 과태료 부과징수에 관한 훈령」에 따른 자진 신고로 보아 과태료를 감경할 수 있다(검훈 10-3).

## (5) 외환검사의 실시와 연기

### 1) 외환검사실시계획의 통보

세관장은 검사를 실시하려는 경우에는 검사 시작일 10일 전까지 별지 제1호 서식의 외국환거래 자율점검표 및 다음 각 호의 사항을 기재한 별지 제2호 서식의 외국환거래 검사 통지서를 검사대상자에게 서면으로 통보하여야 한다. 다만, 증거인멸 등의 우려가 있는 경우에는 검사당일 검사실시계획을 통보할 수 있다(검훈 11-1).

〔표 129〕 외국환거래검사 통지서 기재사항

| 항목 | 기재사항 | 근거 |
|---|---|---|
| 외국환거래 검사통지서 | 1. 검사사유<br>2. 검사방법<br>3. 검사일정 및 검사대상기간<br>4. 검사공무원<br>5. 그 밖에 검사에 필요한 안내 및 협조사항 | 검훈 11-1 |

(별지 제2호 서식)

# 행 정 기 관 명

수신자

（경유）

제목 　　　　　　　　　　　외국환거래 검사 통지서

1. 「외국환거래법」 제20조와 같은 법 시행령 제35조 및 「외국환거래의 검사업무 운영에 관한
   훈령」 제11조 제1항에 따라 아래와 같이 외국환거래 검사계획을 통지합니다.

2. 아울러 귀사가 천재지변·화재발생·노사분규 등으로 사업상 심한 어려움에 처하거나 검사
   를 받기가 곤란한 타당한 사유가 있는 경우 「외국환거래의 검사업무 운영에 관한 훈령」 제12
   조에 따라 검사기간 이전에 본 검사의 연기를 신청할 수 있음을 함께 알려드립니다.

- 아 래 -

| | |
|---|---|
| 검사사유 | |
| 검사대상기간 | |
| 검사기간 | |
| 검사방법 | ※실지검사 또는 서면검사를 기재 |
| 검사요원 | |

끝.

# ○ ○ 세 관 장

기안자 　직위(직급) 서명 　검토자 　직위(직급) 서명 　결재권자 　직위(직급) 서명

협조자

시행 처리과－일련번호　　　(시행일자) 　　　　　접수 처리과명－일련번호　　　(접수일자)
우 000－000 (주소) 　　　　　　　　　　　　　　　　　　　／ 홈페이지 주소
전화 000－000－0000 　전송 000－000－0000 ／ 기안자의 공식전자우편주소 ／ 공개구분

## 2) 외환검사 대상자 준비사항

세관장은 외환검사 대상자에게 사전통보를 하는 경우에는 검사대상자가 준비하여야 할 사항이나 다음 각 호의 자료 중 필요한 자료를 별지 제3호 서식의 검사준비목록표에 기재하여 통보하여야 한다(검훈 11-2).

〔표 130〕 외환검사 대상자 준비사항

| 항목 | 준비사항 | 근거 |
|------|----------|------|
| 외환검사 대상자 필요자료 | 1. 회사조직도, 부서별 업무분장표, 사규집, 사업계획서 등 일반자료<br>2. 송품장, 계약서, 상업서신철, L/C철, 물품매도확약서, 수입관리 대장 등 무역관련 자료<br>3. 결산보고서, 세무조정계산서, 매입·매출장, 계정과목 코드집, 그 밖의 전표 및 증명철 등 회계 관련 자료<br>4. 기술도입계약서, 로얄티 등에 대한 무역외지급인증서사본 등 용역비 지급 관련 자료<br>5. 특수관계자와의 계약서, 자본거래내역서, 품목별 제조원가계산서 등 특수관계자 간의 거래 관련 자료<br>6. 외국환거래 자율점검표에 대한 검증을 할 수 있는 별지 제4호 서식의 외국환거래 자율점검 항목 상세 내역 및 그 밖에 검사에 필요한 자료 | 검훈 11-1 |

# 검사준비 목록표

| 구 분 | 자 료 명 | 제출장소 | 제출기한 | 비 고 |
|-------|---------|---------|---------|-------|
|       |         |         |         |       |

[210㎜×297㎜[일반용지 60g/㎡(재활용품)]

### 3) 외환검사와 기업심사의 병행

기업심사와 외국환거래 검사를 병행하여야 할 필요가 있는 경우 종합심사 통지서나 기업심사 통지서의 통보로 외국환거래 검사통지서를 갈음할 수 있다(검훈 11-3).

### 4) 외환검사 대상자의 연기신청

세관장은 외환검사의 통지를 받은 검사대상자가 다음 하나에 해당하여 검사 연기를 요청하는 경우 검사를 연기할 수 있다(검훈 12-1).

〔표 131〕 외환검사 연기신청 검토사유

| 항목 | 검토사유 | 근거 |
|------|---------|------|
| 외환검사 연기신청 | 1. 천재·지변으로 인하여 검사를 받기가 곤란한 경우<br>2. 화재, 그 밖의 재해로 사업상 심한 어려움을 겪고 있는 경우<br>3. 검사대상자나 그 위임을 받은 자의 질병, 장기출장 등으로 검사가 곤란하다고 판단되는 경우<br>4. 권한 있는 기관에 의하여 장부 및 증빙서류가 압수 또는 영치된 경우<br>5. 그 밖에 위의 규정에 준하는 사유가 있는 경우 | 검훈 12-1 |

세관장은 검사 연기를 결정한 때에는 그 내용을 관세청장에게 보고한 후 검사대상자에게 서면으로 통보하여야 한다(검훈 12-2).

## (6) 외환검사의 자료요구와 검사거부의 처리

### 1) 외환검사에 필요한 자료요구

외환검사요원은 검사의 효율적인 수행을 위하여 다음의 자료에 대한 제출 요구, 질문·검사 등을 할 수 있다(검훈 13-1).

〔표 132〕 외환검사 자료요구

| 항목 | 제출 요구, 질문·검사 대상 자료 | 근거 |
|------|------------------------------|------|
| 외환검사 자료요구 | 1. 검사 관련 자료의 요구 및 제출된 자료의 확인·검사<br>2. 검사 수행에 필요한 서면질문<br>3. 검사대상자의 사무실에서의 외국환거래 관련 장부 및 서류의 열람·확인 검사와 구두 질문 | 검훈 13-1 |

외환검사 자료의 요구나 관련 장부 및 서류의 열람·확인은 검사대상자의 업무 수행에 지장이 없도록 최소한의 범위에서 요구하여야 한다(검훈 13-2).

세관장이 외환검사 자료요구에 따라 제출받은 각종 자료나 장부를 운반할 때에는 검사대상자의 차량을 이용하지 아니하며 부득이 검사대상자의 차량을 이용하는 때에는 이에 드는 비용을 지불하여야 한다(검훈 13-3).

## 2) 검사거부의 처리

외환검사반장은 검사대상자가 정당한 사유 없이 자료제출이나 검사를 거부하는 경우에는 즉시 세관장에게 보고하여야 한다(검훈 14-1).

세관장은 검사반장으로부터 검사대상자가 정당한 사유 없이 자료제출이나 검사를 거부한다는 보고를 받은 경우에는 「외국환거래법에 따른 행정처분 및 과태료 부과징수에 관한 훈령」에 따라 처리한다(검훈 14-2).

## (7) 외환검사기간 및 연장

### 1) 외환검사기간

세관장은 검사대상자에 대한 검사를 실시할 때 검사인원과 검사대상자의 규모 및 검사범위를 종합적으로 고려하여 다음의 기간 내에서 필요한 최소한의 기간을 검사기간으로 정하여야 한다(검훈 15-1).

〔표 133〕 외환검사기간

| 외환검사 구분 | 기 간 | 근거 |
|---|---|---|
| 실지검사 | 근무일(공휴일과 토요일을 제외한 날) 기준 20일 이내 | 검훈 15-1 |
| 서면검사 | 근무일 기준 30일 이내 | 검훈 15-1 |

### 2) 외환검사기간 연장사유

세관장은 다음의 사유가 발생한 경우에는 검사목적 달성에 필요한 범위에서 검사기간을 연장할 수 있으며, 이 경우 검사대상자에게 서면으로 검사연장의 사유와 기간을 통보하여야 한다(검훈 15-2).

〔표 134〕 외환검사기간 연장 사유

| 구분 | 사유 | 근거 |
|---|---|---|
| 외환검사<br>기간연장 | 1. 범칙조사를 할 필요가 있을 경우<br>2. 검사대상자가 질문검사에 불응하거나 장부, 증명자료의 제출을 기피하는 등 검사에 협조하지 아니하여 계획된 검사기간까지 검사목적 달성이 불가능하게 된 경우<br>3. 노사분규 등 검사대상자의 사정으로 검사가 중단된 경우<br>4. 그 밖에 위의 규정에 준하는 검사기간을 연장해야 할 중대한 사유가 발생한 경우 | 검훈 15-2 |

## (8) 외환검사 진행상황 보고 및 중복검사 보고

### 1) 외환검사 진행상황의 보고

외환검사요원은 검사가 종결될 때까지 검사진행상황 등 모든 활동사항을 별지 제5호 서식의 검사일일보고서에 기록하고, 검사반장을 경유하여 검사 담당과장에게 보고하여야 한다. 다만, 원격지 출장 등의 사유로 매일 보고할 수 없는 경우에는 검사반장이 검사 진행상황을 유선으로 보고한 후 사후결재를 받아야 한다(검훈 16-1).

외환검사 담당과장은 필요한 경우 검사의 주요사항을 세관장에게 보고하여야 하며, 세관장은 보고내용을 검토하여 검사방향 지시, 관세청장 보고 등 필요한 조치를 할 수 있다(검훈 16-2).

(별지 제5호 서식)

# 검사일일보고서

| 결재 | 검사반장 | 과 장 |
|---|---|---|
| | | |

20 . . . ( )요일

| 검사대상 업무 |
| --- |
| |
| |

| 검사한 사항(구체적으로) |
| --- |
| |

| 검사 결과 적발사항 또는 문제제기 사항 |
| --- |
| |

| 검사자 | |
| --- | --- |
| 비 고 | |

[210㎜×297㎜[ 일반용지 60g/㎡ (재활용품)]

## 2) 중복검사사실의 보고

외환검사반장은 검사 중 검사대상자가 최근 1년 이내에 같은 사유로 검사나 조사를 받은 사실을 확인한 경우에는 즉시 세관장에게 보고하여야 한다(검훈 17-1).

중복검사사실의 보고를 받은 세관장은 검사중단 등 필요한 조치를 한 후 관세청장에게 보고하고 관세청장의 지시에 따라 조치한다(검훈 17-2).

## (9) 외환검사 확대 및 결과 보고

### 1) 외환검사 대상기간 및 검사사항 등의 확대

외환검사반장은 검사의 대상기간이나 검사사항 등을 확대하여야 할 법규위반이나 필요성이 발견된 경우에는 세관장에게 보고하여야 한다(검훈 18-1).

〔표 135〕 외환검사의 확대(검훈 18-2)

| 사유 | 외환검사 대상자에 대한 통보 | 보고 |
|---|---|---|
| 세관장이 검사대상기간이나 검사사항 등을 확대하여야 할 중요한 사유가 있다고 판단하는 경우 | 외환검사 확대 사유, 검사대상기간, 검사사항 등을 검사대상자에게 서면으로 통보 | 통보 내용을 관세청장에게 보고 |

외환검사반장은 외환검사 중 발견한 위법부당한 사항이 검사대상자 이외의 다른 검사대상자에게도 있을 수 있는 사안이라고 판단되는 경우에는 즉시 세관장을 거쳐 관세청장에게 보고하여야 한다(검훈 18-3).

관세청장 또는 세관장은 외환검사 중 발견한 위법부당한 사항이 검사대상자 이외의 다른 검사대상자에게도 있을 수 있는 사안이라는 보고를 받은 경우에는 다른 검사대상자에 대하여 검사를 확대하도록 할 수 있다(검훈 18-4).

세관장은 검사인력의 부족 등으로 다른 검사대상자에 대한 확대검사가 곤란한 경우에는 관세청장에게 검사관할의 변경을 요청할 수 있다(검훈 18-5).

### 2) 증거자료의 확보

검사요원은 검사 진행 과정에서 확인한 사항에 대한 분쟁의 소지를 예방하기 위하여 명확한 증거자료를 확보하여야 한다(검훈 19).

## 3) 외환검사종결 및 결과보고

외환검사 담당과장이나 외환검사반장은 외환검사대상자에 대한 외환검사를 종결하려는 경우에는 세관장에게 보고하여야 하며, 세관장은 그 내용을 검토하여 외환검사의 종결 여부를 결정한다(검훈 20-1).

외환검사 담당과장이나 외환검사반장은 검사를 종결하는 때에는 외환검사대상자에게 검사결과 확인한 위법사항 및 시정 필요 사항, 추가검토 필요 사항, 외환검사결과 처리방향 등에 관하여 설명한 후에 소명할 수 있는 기회를 부여하여야 한다(검훈 20-2).

세관장은 외환검사기간 종료일로부터 1개월 이내에 그 결과를 조사정보시스템을 이용하여 관세청장에게 보고하고 승인을 받아야 한다. 다만, 범칙조사 전환으로 외환검사가 종결되는 건에 대해서는 범칙조사 전환보고로 관세청장 보고를 갈음하며, 이 경우에도 검사결과는 조사정보시스템에 등록하여야 한다(검훈 20-3).

## 4) 외환검사결과 등록기간 연장

세관장은 검사결과 다음에서 정한 사유로 검사결과 등록기한의 연장이 필요한 경우에는 조사정보시스템을 이용하여 관세청장에게 승인을 받아 2개월 이내의 기간을 연장할 수 있다(검훈 20-4).

〔표 136〕 외환검사결과의 등록기간 연장(검훈 20-4)

| 항목 | 등록기간 연장사유 | 근거 |
|---|---|---|
| 외환검사 결과 보고 | 1. 1개월 이내에 법규위반 여부 등이 확인되지 않은 경우<br>2. 압수·수색영장 집행 등 시급한 범칙사건을 조사하는 경우<br>3. 그 밖에 위의 규정에 준하는 부득이한 사유로 관세청장의 사전 승인을 받은 경우 | 검훈 20-4 |

## 5) 재검사 조치

관세청장은 외국환거래 검사 종결보고서를 검토한 결과 검사가 충분히 이루어지지 않았다고 판단되는 경우 재검사 등 필요한 조치를 시시킬 수 있다(검훈 20-5).

## 6) 외환검사업무의 통제

외환검사반의 편성 및 운용, 외환검사대상자의 선정, 외환검사의 준비 및 계획의 수립,

외환검사의 실시, 일일복명의 철저한 이행, 외환검사의 종결 등 전반적인 외환검사업무 수행은 세관장 및 외환검사 담당 국·과장의 적절한 통제에 따라 이루어져야 한다(검훈 21).

 ## 6 외환검사 결과의 처리

### (1) 범칙조사로의 전환

세관장은 외환검사 진행과정에서 명백하게 외국환거래법 제27조나 제29조의 벌칙에 해당하는 위반사항을 적발하여 범칙조사가 필요한 경우에는 관세청장의 사전승인을 받아 범칙조사로 전환한다(검훈 22-1).

세관장은 범칙조사로 전환하는 경우에는 「세관공무원의 범칙조사에 관한 훈령」에 따라 조치한다. 이 경우 범칙조사는 세관공무원의 사법경찰관리의 직무범위에 속하는 부분에 대하여 실시한다(검훈 22-2).

### (2) 외환검사결과 보고

세관장은 외환검사결과 「외국환거래법에 따른 행정처분 및 과태료 부과징수에 관한 훈령」 제3조 제1항 단서에 따라 외국환거래나 행위를 정지·제한할 필요가 있는 경우에는 관세청장에게 보고하여야 한다(검훈 23-1).

세관장이 외환검사결과 보고를 하는 경우에는 다음의 자료를 첨부하여야 한다(검훈 23-2).

〔표 137〕 외환검사결과 보고시 첨부자료(검훈 23-2)

| 항목 | 첨부자료 | 근거 |
|---|---|---|
| 외환검사 결과 처분보고 | 1. 위반내용<br>2. 확인서<br>3. 그 밖에 위반사실을 증명할 수 있는 자료<br>4. 세관장의 의견 | 검훈 23-2 |

관세청장은 외환검사결과에 따른 보고를 받은 경우 따로 정하는 절차 및 기준에 따라 조치한다(검훈 23-3).

## (3) 행정처분 및 과태료 부과

세관장은 검사결과 법 제19조[117]나 제32조[118]에 해당하는 사실을 적발한 경우에는 「외

---

117) 외국환거래법 제19조 (경고 및 거래정지 등)
　① 기획재정부장관은 이 법을 적용받는 자가 다음 각 호의 어느 하나에 해당하는 경우에는 경고를 할 수 있다.
　1. 제15조부터 제18조까지의 규정에 따라 허가를 받거나 신고를 한 경우 허가사항 또는 신고사항에 정하여진 기한이 지난 후에 거래 또는 행위를 한 경우
　2. 대통령령으로 정하는 금액(거래 또는 행위 유형에 따라 금액을 달리 정할 수 있다) 이하의 거래 또는 행위로서 제15조부터 제18조까지의 규정에 따른 절차 준수, 허가 또는 신고(이하 "신고 등"이라 한다)의 의무를 위반하여 거래 또는 행위를 한 경우
　② 기획재정부장관은 이 법을 적용받는 자의 거래 또는 행위가 제15조부터 제18조까지의 규정에 따른 신고 등의 의무를 5년 이내에 2회 이상 위반한 경우에는 각각의 위반행위에 대하여 1년 이내의 범위에서 관련 외국환거래 또는 행위를 정지·제한하거나 허가를 취소할 수 있다. 〈개정 2017.1.17.〉
　③ 기획재정부장관은 제2항에 따른 처분을 하려는 경우에는 청문을 하여야 한다.
　④ 제1항 또는 제2항에 따른 처분에 필요한 사항은 대통령령으로 정한다.
118) 외국환거래법 제32조(과태료)
　① 다음 각 호의 어느 하나에 해당하는 자에게는 1억원 이하의 과태료를 부과한다. 다만, 제29조에 해당하는 경우는 제외한다. 〈개정 2011.4.30., 2016.3.2., 2017.1.17.〉
　1. 제8조 제4항에 따른 변경신고를 하지 아니하거나 거짓으로 변경신고를 하고 외국환업무를 한 자
　2. 제9조 제1항 후단에 따른 변경신고를 하지 아니하거나 거짓으로 변경신고를 하고 외국환중개업무를 한 자 또는 같은 조 제2항을 위반하여 거래한 자
　3. 제16조에 따른 신고를 하지 아니하거나 거짓으로 신고를 하고 지급 또는 수령을 한 자
　3의2. 삭제 〈2017.1.17.〉
　4. 제18조 제1항에 따른 신고를 하지 아니하거나 거짓으로 신고를 하고 자본거래를 한 자
　5. 제18조 제5항을 위반하여 신고수리가 거부되었음에도 그 신고에 해당하는 자본거래를 한 자
　6. 제18조 제6항을 위반하여 같은 조 제4항 제3호의 권고내용과 달리 자본거래를 한 자
　② 다음 각 호의 어느 하나에 해당하는 자에게는 5천만원 이하의 과태료를 부과한다. 다만, 제29조에 해당하는 경우는 제외한다. 〈신설 2017.1.17.〉
　1. 제11조의3 제5항에 따른 자료를 제출하지 아니하거나 거짓으로 제출한 자
　2. 제15조 제1항에 따른 지급절차 등을 위반하여 지급·수령을 하거나 자금을 이동시킨 자
　3. 제17조에 따른 신고를 하지 아니하거나 거짓으로 신고를 하고 지급수단 또는 증권을 수출입하거나 수출입하려 한 자
　③ 다음 각 호의 어느 하나에 해당하는 자에게는 3천만원 이하의 과태료를 부과한다. 〈개정 2017.1.17.〉
　1. 제16조 또는 제18조를 위반하여 신고를 갈음하는 사후 보고를 하지 아니하거나 거짓으로 사후 보고를 한 자
　2. 제20조 제3항 또는 제6항에 따른 검사에 응하지 아니하거나 검사를 거부·방해 또는 기피한 자
　3. 제20조 제5항 또는 제6항에 따른 시정명령에 따르지 아니한 자
　4. 제21조에 따른 기획재정부장관의 명령을 위반하여 통보 또는 제공을 하지 아니하거나 거짓으로 통보 또는 제공한 자
　④ 다음 각 호의 어느 하나에 해당하는 자에게는 1천만원 이하의 과태료를 부과한다. 〈신설 2017.1.17.〉
　1. 제8조 제4항에 따른 폐지신고를 하지 아니한 자

국환거래법에 따른 행정처분 및 과태료 부과징수에 관한 훈령」에 따라 처리한다(검훈 23-4).

## (4) 무혐의 결과 통보

세관장은 검사결과 법규위반사실을 발견하지 못하여 무혐의로 확정한 경우에는 조사 정보시스템에 검사종결 등록 후 10일 내에 검사대상자에게 다음 내용을 포함한 검사결 과를 공문으로 통보하여야 한다(검훈 23-5).

〔표 138〕 외환검사결과 무혐의 통보내용(검훈 23-5)

| 항목 | 통보내용 | 근거 |
|---|---|---|
| 외환검사결과 무혐의 통보 | 1. 검사종류<br>2. 검사실시기간<br>3. 검사대상기간<br>4. 검사대상 외국환거래<br>5. 검사결과 | 검훈 23-2 |

2. 제9조 제3항에 따른 신고를 하지 아니한 자
3. 제19조 제1항에 따른 경고를 받고 2년 이내에 경고 사유에 해당하는 위반행위를 한 자
4. 제20조 제1항 또는 제2항에 따른 보고 또는 자료 제출을 하지 아니하거나 거짓으로 보고 또는 자료 제출을 한 자
5. 제20조 제4항 또는 제6항에 따른 자료를 제출하지 아니하거나 거짓으로 자료 제출을 한 자
6. 제24조 제2항에 따른 기획재정부장관의 명령을 위반하여 신고, 신청, 보고, 자료의 통보 및 제출을 전자문서의 방법으로 하지 아니한 자
⑤ 제1항부터 제4항까지의 규정에 따른 과태료는 대통령령으로 정하는 바에 따라 기획재정부장관이 부과·징수한다. 〈개정 2017.1.17.〉 [전문개정 2009.1.30.]

## (1) 정보분석팀의 구성

외국환거래 검사에 필요한 정보·자료를 효율적으로 수집·관리·분석하기 위하여 관세청 및 본부세관에 외국환거래 정보분석팀을 구성 운영할 수 있다(검훈 24).

## (2) 정보분석팀의 임무

관세청과 본부세관에 구성하는 외국환거래 정보분석팀은 다음의 업무를 수행한다(검훈 25-1).

〔표 139〕 정보분석팀의 임무(검훈 25-1~2)

| 구분 | 임무 | 근거 |
|------|------|------|
| 관세청<br>정보분석팀 | 1. 전산시스템에 의한 외국환거래 분석에 필요한 자료의 입력 및 관리<br>2. 외국환거래의 전산분석결과 생산된 자료 및 정보의 분석 및 관리<br>3. 관세청장이 지시하는 검사에 필요한 자료의 수집 및 분석<br>4. 세관장이 요청한 검사 수행에 필요한 자료 및 정보의 제공<br>5. 기획분석 및 정보수집<br>6. 그 밖에 필요한 자료 및 정보의 수집 및 관리 | 검훈 25-1 |
| 본부세관<br>정보분석팀 | 1. 관세청장이 지시한 사항에 대한 정보분석<br>2. 관할구역 내의 업체에 대한 외국환거래관련 정보자료의 수집·관리 및 기획분석<br>3. 첩보가 있거나 제보된 혐의에 대한 분석<br>4. 권역내세관에서 밀수 등의 조사 중 입수된 외국환거래정보의 분석<br>5. 그 밖에 외국환거래 관련 정보·자료의 수집 및 관리 | 검훈 25-2 |

## (3) 정보의 수집·관리 및 제보접수

정보의 수집·관리 및 제보접수 등에 관해서는 「세관공무원의 범칙조사에 관한 훈령」 제9조[119], 제19조[120] 및 제26조 제2항[121]을 준용한다(검훈 26).

---

119) 제9조 (사건의 이첩)
　① 세관조사직원이 인지한 범칙정보 또는 외부로부터 고소·고발된 사건이 제8조에 따른 관할범위에 속하

## (1) 공동외환검사의 범위

관세청장과 금융감독원장의 공동외환검사의 범위는 다음과 같다(검훈 32).

- 수출입업자의 용역거래나 자본거래와 관련된 행위
- 용역거래나 자본거래를 하는 자의 수출입거래와 관련된 행위
- 환전업무, 소액해외송금업무 및 기타전문외국환업무를 영위하는 자의 환전업무, 소액해외송금업무 및 기타전문외국환업무

## (2) 관세청장의 공동외환검사 요구절차

관세청장은 수출입업자의 용역거래나 자본거래와 관련된 행위 또는 소액해외송금업무 및 기타전문외국환업무를 영위하는 자의 행위가 외국환거래 질서에 위해를 초래하거나 초래할 우려가 있다고 인정되는 경우에는 금융감독원장에게 용역거래나 자본거래의 당사자에 대한 공동외환검사를 요구할 수 있다(검훈 33-1).

관세청장이 금융감독원장에게 공동외환검사를 요구하는 경우 공동외환검사목적, 공동외환검사대상, 공동외환검사기간, 공동외환검사인원 및 공동외환검사직원 명단 등을

---

지 아니하거나 소속 세관에서 처리하는 것이 부적당하다고 인정될 때에는 관련 서류와 증거물 등을 관할 세관장에게 신속히 이첩한다.

② 고소·고발된 사건을 제1항에 따라 이첩한 경우 이첩 세관장은 3일 이내에 고소인 또는 고발인에게 그 사실을 통지한다.

120) 제19조 (정보활동)

① 조사요원은 일상 업무를 수행하면서 항상 적극적인 자세로 조사에 활용할 수 있는 범칙 정보와 자료를 발굴·수집한다.

② 조사요원이 범칙정보를 입수하였을 때에는 육하원칙에 따라 정보입수보고서를 작성하여 세관장에게 서면으로 보고한다.

121) ② 밀수신고 등에 대한 사건처리 결과는 통고이행, 고발, 송치 또는 사건종결시 다음 각 호에 따라 처리한다.

1. 민간인 제보사건은 「민원사무처리에 관한 법률」 또는 「밀수 및 탈세신고 처리에 관한 훈령」에서 정하는 바에 따라 통지
2. 다른 기관 이첩사건은 이첩기관의 요구가 있는 경우에만 통지
3. 다른 세관 이첩사건은 이첩세관에 통지
4. 같은 세관 내의 다른 부서 고발의뢰 사건은 의뢰부서에 통지
5. 그 밖에 제1호부터 제4호까지에서 정하지 아니한 사건은 통보기관의 요구가 있는 경우에만 통지

구체적으로 명시하여 금융감독원장에게 문서로 요구한다(검훈 33-2).

## (3) 금융감독원장의 공동외환검사요구에 대한 답변

관세청장은 금융감독원장으로부터 공동외환검사를 요구받은 날부터 근무일 기준 5일 내에 공동외환검사의 실시 여부 등을 결정하여 금융감독원장에게 문서로 통보하여야 한다.

## (4) 관세청장과 금융감독원장의 공동외환검사 방법

관세청장은 금융감독원장과 공동검사를 할 때 공동검사반을 편성·운영하는 것을 원칙으로 한다. 다만, 필요한 경우 금융감독원장과 협의하여 각각 검사반을 편성하여 운영할 수 있다(검훈 34-1).

관세청장과 금융감독원장은 공동검사 기간, 중점검사 분야 등 세부사항을 사전에 협의하여야 한다(검훈 34-2).

## (5) 관세청장과 금융감독원장의 정보교환

관세청장과 금융감독원장은 공동검사대상자에 대한 각종 등록 및 신고자료, 업무현황 자료 및 공동검사 과정에서 습득한 정보 등을 공유할 수 있다(검훈 35).

## (6) 관세청장과 금융감독원장의 공동검사 결과에 따른 조치

관세청장은 공동검사가 끝난 후 금융감독원장에게 공동검사결과를 문서로 송부하여야 한다(검훈 36-1).

관세청장은 공동검사 결과 법령 등을 위반한 사항이 발견된 검사대상자에 대하여 필요한 시정조치를 하도록 금융감독원장에게 요구할 수 있다(검훈 36-2).

## 9  정보 · 자료의 관리 및 보안

### (1) 누설금지의무

외국환거래 정보분석팀 및 검사요원은 외환정보집중기관의 장 또는 외국환업무취급기관의 장으로부터 제공된 외국환거래에 관한 정보 또는 자료, 금융감독원장으로부터 제공받은 자료 및 정보, 검사업무 수행 시 알게 된 사실 및 그 밖에 업무상 알게 된 사실을 이 훈령에 따른 검사 및 「세관공무원의 범칙조사에 관한 훈령」에 따른 외환조사 용도 이외의 용도에 사용하거나 다른 사람에게 제공 또는 누설해서는 아니 된다(검훈 37-1).

### (2) 관리의무

외환정보집중기관장 또는 외국환업무취급기관의 장으로부터 제출받은 자료는 외부에 유출되지 않도록 「통합정보시스템 이용에 관한 훈령」에 따라 철저하게 관리하여야 한다(검훈 37-2).

## 10  외환검사와 외환조사

### (1) 외환검사 및 외환조사의 개념

외환검사는 외국환거래법에 따른 외환검사기관인 관세청이 외환검사대상인 수출입기업 등의 외국환거래업무에 대하여 외국환거래법 제20조에서 규정하고 있는 자료제출요구권 및 질문검사권을 활용하여 외국환거래 법규준수 여부를 심사하고 그 결과 위법한 사실을 발견하였을 때에는 그 시정을 명하거나 그 밖에 과태료 처분 등 필요한 조치를 하는 외국환거래법상의 제도이다.

외환조사는 '외국환거래 관련 범죄의 유무와 범인의 체포 및 증거의 수집을 위한 수사기관의 활동'을 의미한다. 외환조사의 경우 조사기관인 세관의 특별사법경찰관리가 외국환거래법 제20조에 의한 자료제출요구권 및 질문검사권을 활용하여 외환검사를 하고 위법한 사실을 발견하였을 때에는 추가로 「사법경찰관리의 직무를 수행할 자와 그 직무범위에 관한 법률」 제6조 제14호에 의거 사법경찰관리로 지명된 세관공무원이 검사의 지휘에 따라 외국환거래 범죄사실을 조사하는 것을 의미한다.

## (2) 외환조사의 법적 근거

외환조사(외환수사)에 대한 법적 근거는 「사법경찰관리의 직무를 수행할 자와 그 직무범위에 관한 법률」로 이에 근거하여 세관공무원은 외국환거래법 위반혐의가 있는 외국환거래에 대한 수사권을 행사한다.

 관세청 외환조사의 법적근거

**사법경찰관리의 직무를 수행할 자와 그 직무범위에 관한 법률**
**제5조 (검사장의 지명에 의한 사법경찰관리)** 다음 각 호에 규정된 자로서 그 소속 관서의 장의 제청에 의하여 그 근무지를 관할하는 지방검찰청검사장이 지명한 자 중 7급 이상의 국가공무원 또는 지방공무원 및 소방위 또는 지방소방위 이상의 소방공무원은 사법경찰관의 직무를, 8급 · 9급의 국가공무원 또는 지방공무원 및 소방장 또는 지방소방장 이하의 소방공무원은 사법경찰관리의 직무를 수행한다.
**17. 관세법에 따라 관세범의 조사업무에 종사하는 세관공무원**

**제6조 (직무범위와 수사관할)** 제4조와 제5조에 따라 사법경찰관리의 직무를 수행할 자의 직무범위와 수사 관할은 다음 각 호에 규정된 범죄로 한정한다.
14. 제5조 제17호에 규정된 자의 경우에는 다음 각 목의 범죄
가. ~생략
「외국환거래법」에 규정된 지급수단 · 증권의 수출입에 관한 범죄, 「외국환거래법」에 규정된 수출입거래에 관한 범죄, 수출입거래와 관련되거나 대체송금을 목적으로 「외국환거래법」 제16조 제3호 · 제4호의 방법으로 지급 또는 수령하는 경우의 용역거래 · 자본거래에 관하여 「외국환거래법」에 규정된 범죄, 「외국환거래법」 제8조 제3항을 위반한 범죄, 「외국환거래법」 제8조 제3항 제1호의 외국환업무를 한 자와 그 거래 당사자 · 관계인에 관하여 「외국환거래

관세청의 외환조사 권한에 따라 세관공무원은 소속관서 관할 구역 내에서 발생하는 외국환거래법 위반사범 중 ① 수출입 거래 및 이와 직접 관련되는 용역거래, 자본거래에 관한 외국환거래법 위반사범과 ② 지급수단 또는 증권의 불법 수출입사범에 대한 수사권을 가지고 있다.

 ## 11 외환검사의 실무적 방법과 주요 검토사항

## (1) 외환검사의 실무적 방법

### 1) 국가 외환전산망시스템 및 관세청 정보분석시스템의 이용

관세청은 외환검사를 위하여 국가 외환전산망시스템인 한국은행 외환정보센터가 보유한 외환정보시스템의 자료와 관세청 자체 정보분석시스템을 이용하며, 한국은행 외환정보시스템에는 은행 및 종금사의 주전산기의 외환시스템으로부터 외환거래자료를 입수하여 기본통계를 작성하고 Data Base를 지속적으로 갱신하여 관리한다.

### 2) 외환정보분석

#### ① 정보분석을 위한 자료의 활용현황

관세청의 정보분석시스템은 금융정보분석원(FIU), 관세청 유니패스시스템, 한국은행 외환전산망, 외국세관(해외주재관), 외교통상부 및 법무부의 출입국여권자료, 국세청의 과세자료, 신용조사기관의 신용조사자료를 취합하여 외환거래를 검사 또는 조사하고 있다.

② 외환정보분석절차

외환정보분석은 통상 수출입통관실적집계→외환자료 Data Cleansing→통관자료 및 외환자료 연계(출입국 및 여권자료 등 외부 입수자료 추가연계)→ 거래 유형별 분석요소설정(신용등급 등 외부분석요소추가)→기초분석→정밀분석의 절차를 거친다.

③ 외환자료와 통관자료의 연계

외환정보분석의 외환자료와 통관자료의 건별 비교검토가 어려우므로 사업자(법인 별 사업체별 누계)별로 분석대상기간 내 총 누적금액을 대비하는 방법으로 분석하고, 외환 수입실적은 수입결제와 연계하고, 수출실적은 수출환어음 매입(추심)실적을 집계하여 연계하여 분석하게 된다.

## (2) 외환검사 시 주요 검토사항

### 1) 외국환거래법 상 주요 의무

외환검사시 외환검사팀이 검토하는 외국환거래법상 주요의무는 아래와 같다.

〔표 140〕 외환검사시 주요 검토사항

| 구분 | 검토사항 | 검토내용 |
|------|----------|----------|
| 외국환거래법상 주요의무 | 지급과 영수에 관련된 의무 | 지급 등의 증빙서류 제출의무 이행 여부 |
| 외국환거래법상 주요의무 | 지급 등의 방법에 관한 의무 | 상계처리에 의한 지급, 상호계산방법에 의한 지급, 제3자에 대한 지급, 외국환은행을 통하지 아니하는 지급, 지급수단의 수출입 등에 대하여 사전 신고 또는 보고 이행 여부 |
| 외국환거래법상 주요의무 | 자본거래 관련 의무 | 자본거래에 따른 제반 행위의 사전 신고 또는 보고 이행 여부 |

### 2) 외환정보 기초분석의 주요내용

관세청은 일반적으로 특정회사에 대하여 외환정보 기초분석을 마친 결과 다음에 해당하는 경우 정밀분석을 위하여 구체적인 자료 제출을 요구하는 경우가 일반적이다.

① 외환실적과 통관실적의 불일치 비율이 높거나 금액이 많은 경우

② 수출대금 미회수 비율이 높거나 금액이 많은 경우

③ 수입대지급 실적이 많은 경우

④ 중계무역 지급·영수 불일치금액이 많은 경우

⑤ Tax Haven 지역국가와 거래가 많은 경우

⑥ 다른 결제방식에 비하여 T/T방식의 거래비율이 많은 경우

## 3) 일반적 외환사범 유형

① 신고 등 절차의무 위반

위 외국환거래법상 신고 등 절차에 관한 주요 의무 등을 위반하는 경우가 대다수이다.

② 무역 위장 거래

수입통관실적보다 외화를 과다지급한 경우에서 많이 나타나며 허위 선적서류를 이용하여 불법거래하는 유형으로 재산국외도피 등과 관련되는 경우가 많다.

③ 수입대금의 대지급

은행의 L/C Usance 제도를 악용하여 은행의 대지급 후 수입물품을 무상 반출하는 방법으로 대지급 상당액을 해외유출하는 경우도 있다.

④ 가격조작행위

실제거래가격보다 고가수입하여 외화유출하거나 저가수출하여 외화 영수 차액을 해외에 유출하는 경우도 많다.

⑤ 현지금융 이용한 대지급

해외 자회사가 본사의 지급보증을 받아 보증신용장을 개설받아 개설금액 상당액을 차입하여 사용한 후 만기일에 상환하지 않는 경우 지급보증한 국내의 본사가 이를 대신 상환하는 방법으로 외화유출하는 경우도 있다.

## (1) 관세청의 외환검사에 대한 대응 요령

관세청이 외환검사대상자인 수출입기업(검사대상기업)에 외환검사를 통지하여 외환검사가 실시되는 경우 무역 및 외국환업무에 경험이 많은 직원을 전담직원으로 선정하여 검사기간 중 외환검사팀, 검사대상기업 간 공식적인 의사소통 채널을 일원화하는 것이 바람직하다. 전담직원은 검사팀 요청자료, 제출자료 내역, 수감자 인터뷰 내용을 실시간으로 기록하여 관리하도록 한다.

심사팀의 자료제출 요구 및 자료제출 역시 전담직원을 통하여 사전검토를 한 후에 이루어지도록 하는 것이 좋다.

일반적으로 세관 검사요원들은 자신이 사전 정보분석단계에서 의심을 품은 사안이 있다고 하더라도 처음부터 직접적으로 동 사안에 한정하여 검사를 진행하고자 하지 않고, 즉 제출된 자료를 통하여 전반적인 자금흐름과 거래상황을 정리하고 분야별 업체 담당자들과의 인터뷰를 통하여 자신이 분석한 내용과의 연결고리를 찾아나가게 된다.

검사요원들이 담당자들과의 인터뷰를 요청할 경우 전담직원과 대리인으로부터 질의응답 시 유의사항을 들은 후에 외환검사장소에 입실하도록 하며, 퇴실한 후에도 인터뷰 내용이나 제출을 요구받은 자료에 대하여 전담직원과 대리인에게 보고하도록 하여 전반적인 조사진행내용을 관리하여야 하다. 특히 검사요원들이 확인서를 작성하여 서명할 것을 요구하는 경우에는 외환거래 검사 및 조사 경험이 많은 관세사 등 전문가의 조력을 받아 제출 여부를 결정하도록 하는 것이 바람직하다.

## (2) 관세청의 외환검사시 유의사항

세관에서는 외환자료 및 수출입통관자료를 보유하고 있으며, 국세청 세적자료 및 금융감독원 회계보고서 등을 기초로 사건에 정보를 분석하고 외환검사에 임하고 있으므로 검사대응 시나 자료제출 시 거짓을 말하거나 허위로 작성된 가공의 자료를 제출하여 불이익을 받는 일은 없도록 해야 할 것이다.

다만, 굳이 제출하지 않아도 될 자료를 임의로 제출하거나, 명확하지 않은 사실관계에 대하여 구체적인 확인절차 없이 추정에 의존하여 진술하는 경우, 외환검사팀으로부터 불필요한 오해를 일으키게 되고 만일 외환검사에서 외환조사로 전환하는 경우, 범죄혐의를 입증하는 증거자료로 활용될 수도 있으므로 명확하지 않은 사실관계는 추후에 확인하여 보완하는 식으로 설명하고, 제출자료에 대하여는 사전에 반드시 담당자의 검토를 받을 필요가 있다.

## (3) 관세청의 외환검사 및 외환조사 업무 흐름

외국환거래업무와 관련한 관세청의 외환검사 및 외환조사 절차는 아래 표와 같다.

〔흐름도1〕 관세청의 외환검사 및 외환조사 업무 흐름도

| 외환검사 | • 외국환거래법 전반에 대한 위반내역 검토 |
|---|---|
| ↓ | |
| 외환검사결과 조치 | • 외환 절차 위반내역 → 과태료(행정처분) |

명백한 위반행위가 있어 과태료 이상 처분 시 조사로 전환

| 조사전환 | • 위반행위(범칙혐의사항) 조사<br>• 사실관계 추가 확인, 담당자 의견 청취 |
|---|---|
| ↓ | |
| 외환조사 | • 책임자(대표) 및 관련자 신문 등 절차 진행<br>• 재산국외도피, 자금세탁 해당 여부 등 검토 |
| ↓ | |
| 검찰 송치<br>(세관 → 검찰청) | • 세관 송치 내역 검토<br>• 사실관계 추가 확인, 변호인 의견 등 검토 |
| ↓ | |
| 검찰수사<br>(검찰청) | • 특경가법, 범죄수익은닉 등 책임자에 대한 처벌사항 검토<br>• 기소 여부 결정 |
| ↓ | |
| 재판<br>(법원) | • 불복 시 소 제기 후 소송 절차 진행<br>  (1심 ~ 3심) |

# 제 6 장

# 행정제재 및 벌칙

관세청(본부세관) 및 소속 공무원의 수출입기업 등에 대한 외환검사 및 외환조사 결과 외국환거래법에 따른 신고의무 위반사항이 확인되는 경우에는 외국환거래법의 입법목적을 달성하고 실효성을 확보하기 위하여 처벌 등 제재 규정을 적용하게 된다.

외국환거래법은 신고 등 의무사항 위반에 대하여 행정처분, 행정질서벌과 행정형벌을 규정하고 있다. 외국환거래법은 동일한 위반행위라고 하더라도 위반금액이 일정금액 이하인 경우에는 검찰에 사건을 송치하지 아니하고 세관 등 행정관청이 과태료를 부과하여 처벌하고, 일정금액을 초과하는 경우에는 검찰에 사건을 송치하여 벌금 등으로 처벌하는 방식을 취하고 있다.

##  행정처분

### (1) 개요

외국환거래법에서는 경미한 신고 등 외국환거래법상 의무 위반에 대하여 행정처분을 부과한다.

외국환거래법의 행정처분은 경고, 인가의 취소, 정지, 거래의 정지, 과징금 등이 있다. 외국환거래법의 행정처분은 외국환업무취급기관에 대한 내용이 많으며, 수출입기업의 경우 경고처분을 규정하고 있다.

외국환거래법령상 외국환거래 신고 의무를 5년 이내에 2회 이상 위반한 경우에 행정청이 할 수 있는 거래정지 등의 처분의 구체적 기준이 미비하고, 외국환거래법령 위반에 따른 경고 및 거래정지 등 처분의 면제 근거가 없었다. 2019년 외국환거래법 시행령을 개정하면서 거래정지 등의 구체적 처분 기준 및 면제 근거를 신설하여 행정처분의 수용성과 탄력성을 높이도록 개정하였다(영 33-3).

외국환거래법에 따른 행정처분 및 과태료 부과징수에 관한 훈령에 따른 행정처분의 기준은 아래와 같다.

## 외국환거래법 시행령 별표 5. 행정처분의 기준(제33조 관련)

### 1. 일반기준

가. 5년 이내에 법 제19호 제2항에 해당하는 위반행위를 하여 행정처분을 부과받은 이후에 동일하게 법 제19조 제2항에 해당하는 위반행위를 한 경우에는 위반행위의 횟수 및 위반금액에 따라 1년 이내의 범위에서 관련 외국환거래 또는 행위를 정지·제한하거나 허가를 취소(이하 "거래정지"라 한다)할 수 있으며 각각의 위반행위에 대한 거래정지 기간은 제2호와 같다.

나. 다음의 어느 하나에 해당하는 경우에는 제2호에 의한 거래정지 기간을 2분의 1의 범위에서 가중할 수 있다. 다만, 가중하는 경우에도 1년을 넘을 수 없다.
   1) 위반행위가 고의나 중대한 과실에 따른 것으로 인정되는 경우
   2) 법 제20조에 의한 검사에 응하지 아니하거나 검사를 거부·방해 또는 기피한 것으로 인정되는 경우
   3) 그 밖에 위반행위의 동기와 그 결과, 위반 정도 등에 비추어 가중이 필요하다고 인정되는 경우

다. 부과권자는 다음의 어느 하나에 해당하는 경우에는 제2호에 의한 거래정지기간을 2분의 1의 범위에서 감경할 수 있다.
   1) 위반의 내용·정도가 경미하여 즉시 시정할 수 있다고 인정되는 경우
   2) 위반행위가 고의나 중대한 과실이 아닌 사소한 부주의나 단순한 오류에 따른 것으로 인정되는 경우
   3) 위반행위자가 해당 위반행위를 자진하여 신고하고 법 제20조에 의한 검사에 협조한 것으로 인정되는 경우
   4) 그 밖에 위반행위의 정도, 위반행위의 동기와 그 결과 등을 고려하여 감경이 필요하다고 인정되는 경우

라. 부과권자는 다음의 어느 하나에 해당하는 경우에는 경고 및 거래정지 등 행정처분을 면제할 수 있다.
   1) 신고기관의 착오로 인하여 이 법에 따른 신고 등의 의무가 있는 자가 잘못된 기관에 해당 절차를 이행한 경우
   2) 위반행위자의 사망, 폐업, 해산, 파산, 회생절차 개시 등으로 행정처분 부과의 실효성이 없는 경우
   3) 해당 위반행위가 종료된 날로부터 5년이 경과하고 과거 위반사실이 없는 경우
   4) 그 밖에 위반행위의 동기와 그 결과, 위반 정도 등에 비추어 면제가 필요하다고 인정되는 경우

### 2. 개별기준

이 법을 적용받는 자의 거래 또는 행위가 법 제19조 제2항에 해당하는 경우 위반사항, 위반횟수 및 위반금액에 따라 각각의 위반행위에 대하여 부과할 수 있는 거래정지 기간은 다음 표와 같다.

| 최근 5년 이내 위반횟수 | 위반사항 | 근거 법령 | 위반금액 | | | |
|---|---|---|---|---|---|---|
| | | | 1억원 이하 | 1억원 초과 3억원 이하 | 3억원 초과 5억원 이하 | 5억원 초과 |
| 2회 | 가. 법 제15조 제1항에 따른 지급 절차 등을 위반하여 지급·수령을 하거나 자금을 이동시킨 경우(나목의 경우는 제외한다) | 법 제32조 제2항 제2호 | 1개월 | 1개월 | 3개월 | 6개월 |
| | 나. 법 제15조 제1항에 따른 지급 절차 등을 위반하여 지급·수령을 하거나 자금을 이동시킨 경우(거짓으로 증명서류를 제출한 경우로 한정한다) | 법 제32조 제2항 제2호 | 1개월 | 3개월 | 3개월 | 6개월 |
| | 다. 법 제16조에 따른 신고를 하지 않거나 거짓으로 신고를 하고 지급 또는 수령을 한 경우 | 법 제32조 제1항 제3호 | | | | |
| |   1) 외국환업무취급기관의 장에 대한 신고사항 위반 | | 1개월 | 1개월 | 3개월 | 6개월 |
| |   2) 기획재정부장관, 한국은행총재에 대한 신고사항 위반 | | 1개월 | 3개월 | 3개월 | 6개월 |
| | 라. 법 제16조 또는 제18조를 위반하여 신고를 갈음하는 사후 보고를 하지 않거나 거짓으로 사후 보고를 한 경우 | 법 제32조 제3항 제1호 | 1개월 | 1개월 | 3개월 | 6개월 |
| | 마. 법 제17조에 따른 신고를 하지 않거나 거짓으로 신고를 하고 지급수단 또는 증권을 수출입하거나 수출입하려 한 경우 | 법 제32조 제2항 제3호 | 1개월 | 3개월 | 3개월 | 6개월 |
| | 바. 법 제18조 제1항에 따른 신고를 하지 않거나 거짓으로 신고를 하고 자본거래를 한 경우 | 법 제32조 제1항 제4호 | | | | |
| |   1) 외국환업무취급기관의 장에 대한 신고사항 위반 | | 1개월 | 1개월 | 3개월 | 6개월 |

| 최근 5년 이내 위반횟수 | 위반사항 | 근거 법령 | 위반금액 | | | |
|---|---|---|---|---|---|---|
| | | | 1억원 이하 | 1억원 초과 3억원 이하 | 3억원 초과 5억원 이하 | 5억원 초과 |
| 2회 | 2) 기획재정부장관, 금융위원회, 금융감독원장, 한국은행총재에 대한 신고사항 위반 | | 1개월 | 3개월 | 3개월 | 6개월 |
| | 사. 법 제18조 제5항을 위반하여 신고 수리가 거부되었음에도 그 신고에 해당하는 자본거래를 한 경우 | 법 제32조 제1항 제5호 | | | | |
| | 1) 외국환업무취급기관의 장에 대한 신고사항 위반 | | 1개월 | 1개월 | 3개월 | 6개월 |
| | 2) 기획재정부장관, 금융위원회, 금융감독원장, 한국은행총재에 대한 신고사항 위반 | | 1개월 | 3개월 | 3개월 | 6개월 |
| | 아. 법 제18조 제6항을 위반하여 같은 조 제4항 제3호의 권고 내용과 달리 자본거래를 한 경우 | 법 제32조 제1항 제6호 | | | | |
| | 1) 외국환업무취급기관의 장에 대한 신고사항 위반 | | 1개월 | 1개월 | 3개월 | 6개월 |
| | 2) 기획재정부장관, 금융위원회, 금융감독원장, 한국은행총재에 대한 신고사항 위반 | | 1개월 | 3개월 | 6개월 | 6개월 |
| 3회 이상 | 자. 법 제15조 제1항에 따른 지급절차 등을 위반하여 지급·수령을 하거나 자금을 이동시킨 경우(나목의 경우는 제외한다) | 법 제32조 제2항 제2호 | 3개월 | 3개월 | 6개월 | 12개월 |

| 최근 5년<br>이내<br>위반횟수 | 위반사항 | 근거<br>법령 | 위반금액 | | | |
|---|---|---|---|---|---|---|
| | | | 1억원<br>이하 | 1억원<br>초과<br>3억원<br>이하 | 3억원<br>초과<br>5억원<br>이하 | 5억원<br>초과 |
| 3회 이상 | 차. 법 제15조 제1항에 따른 지급<br>절차 등을 위반하여 지급·수<br>령을 하거나 자금을 이동시킨<br>경우(거짓으로 증명서류를<br>제출한 경우로 한정한다) | 법 제32조<br>제2항<br>제2호 | 3개월 | 6개월 | 6개월 | 12개월 |
| | 카. 법 제16조에 따른 신고를 하지<br>않거나 거짓으로 신고를 하고<br>지급 또는 수령을 한 경우<br>　1) 외국환업무취급기관의 장<br>　　에 대한 신고사항 위반<br>　2) 기획재정부장관, 한국은<br>　　행총재에 대한 신고사항<br>　　위반 | 법 제32조<br>제1항<br>제3호 | 3개월<br><br>3개월 | 3개월<br><br>6개월 | 6개월<br><br>6개월 | 12개월<br><br>12개월 |
| | 타. 법 제16조 또는 제18조를 위<br>반하여 신고를 갈음하는 사<br>후 보고를 하지 않거나 거짓<br>으로 사후 보고를 한 경우 | 법 제32조<br>제3항<br>제1호 | 3개월 | 3개월 | 6개월 | 12개월 |
| | 파. 법 제17조에 따른 신고를 하<br>지 않거나 거짓으로 신고를<br>하고 지급수단 또는 증권을<br>수출입하거나 수출입하려 한<br>경우 | 법 제32조<br>제2항<br>제3호 | 3개월 | 6개월 | 6개월 | 12개월 |
| | 하. 법 제18조 제1항에 따른 신고<br>를 하지 않거나 거짓으로 신고<br>를 하고 자본거래를 한 경우<br>　1) 외국환업무취급기관의 장<br>　　에 대한 신고사항 위반<br>　2) 기획재정부장관, 금융위<br>　　원회, 금융감독원장, 한국<br>　　은행총재에 대한 신고사<br>　　항 위반 | 법 제32조<br>제1항<br>제4호 | 3개월<br><br>3개월 | 3개월<br><br>6개월 | 6개월<br><br>6개월 | 12개월<br><br>12개월 |

| 최근 5년 이내 위반횟수 | 위반사항 | 근거 법령 | 위반금액 | | | |
|---|---|---|---|---|---|---|
| | | | 1억원 이하 | 1억원 초과 3억원 이하 | 3억원 초과 5억원 이하 | 5억원 초과 |
| 3회 이상 | 거. 법 제18조 제5항을 위반하여 신고 수리가 거부되었음에 도 그 신고에 해당하는 자본 거래를 한 경우<br><br>1) 외국환업무취급기관의 장에 대한 신고사항 위반<br><br>2) 기획재정부장관, 금융위 원회, 금융감독원장, 한국 은행총재에 대한 신고사 항 위반 | 법 제32조 제1항 제5호 | 3개월<br><br>3개월 | 3개월<br><br>6개월 | 6개월<br><br>6개월 | 12개월<br><br>12개월 |
| | 너. 법 제18조 제6항을 위반하여 같은 조 제4항 제3호의 권 고내용과 달리 자본거래 를 한 경우<br><br>1) 외국환업무취급기관의 장에 대한 신고사항 위반<br><br>2) 기획재정부장관, 금융위 원회, 금융감독원장, 한국 은행총재에 대한 신고사 항 위반 | 법 제32조 제1항 제6호 | 3개월<br><br>3개월 | 3개월<br><br>6개월 | 6개월<br><br>6개월 | 12개월<br><br>12개월 |

〔표 141〕훈령에 따른 행정처분의 기준[122)]

| 외국환거래법 | 기준 | 행정처분 |
|---|---|---|
| 제19조 제1항 제1호 | 제15조부터 제18조까지의 규정에 따라 허가를 받거나 신고를 한 경우 허가사항 또는 신고사항에 정하여진 기한이 지난 후에 거래 또는 행위를 한 경우 | 경고 |
| 제19조 제1항 제2호 | 대통령령으로 정하는 금액 이하의 거래 또는 행위로서 제15조부터 제18조까지의 규정에 따른 절차 준수, 허가 또는 신고 의무를 위반하여 거래 또는 행위를 한 경우<br>[대통령령으로 정하는 금액]<br>제15조~제17조 위반 : 미화 1만달러<br>제18조 위반 : 미화 2만달러 | 경고 |

기획재정부장관(기획재정부장관의 권한을 위임·위탁받은 기관의 장을 포함)은 위반의 동기, 위반 금액, 위반 시기, 위반 이력 등을 고려하여 행정처분(법 19)을 감경 또는 면제할 수 있다(영 33-3).

## (2) 등록인가취소 및 업무정지

외국환거래법 시행령 제22조는 외국환거래법 위반 행위에 대한 등록인가취소 및 업무정지를 규정하고 있다. 등록인가취소 및 업무정지의 기준은 아래와 같다.

● 등록·인가취소 및 업무정지의 기준(제22조 관련)

### 1. 일반기준

기획재정부장관은 위반행위의 동기·내용 및 위반의 정도 등을 고려하여 다음 각 목에 따라 100의 50 범위에서 가중하거나 감경할 수 있다. 다만, 위반행위가 등록 또는 인가 취소 대상인 경우(법 제12조 제1항 제3호에 따른 등록 또는 인가 취소인 경우는 제외한다)에는 3개월 이상의 업무정지 처분으로 감경할 수 있고, 외국환업무취급기관 등의 위반행위가 착오 또는 과실로 인한 것임이 인정되는 경우이거나 위반의 내용 정도가 경미한 위반행위자가 처음 해당 위반행위를 한 경우에는 경고로 처분을 갈음할 수 있다.

### 가. 가중 사유

1) 1년에 2회 이상 위반한 경우 각각의 위반행위에 해당하는 업무정지 기간을 합산하여 총업무정지기간을 계산하되, 동일한 사항을 위반한 경우에는 총업무정지기간을 기준

---

122) 외국환거래법에 따른 행정처분 및 과태료 부과징수에 관한 훈령 제3조 제3항

으로 가중 처분할 수 있다.

2) 위반행위가 고의나 중대한 과실에 의한 경우에는 100분의 30 범위에서 가중할 수 있다.

나. 감경 사유

1) 위반의 내용·정도가 경미하여 외환시장 및 금융기관 이용자에 미치는 피해가 적다고 인정되는 경우

2) 위반행위자가 처음 해당 위반행위를 한 경우로서 5년 이상 해당 외국환업무를 모범적으로 수행한 사실이 인정되는 경우

3) 위반행위로 인하여 취득한 이익이 5천만원 미만인 경우

4) 위반 사유를 지체 없이 시정한 경우

## 2. 개별기준

| 해당 행위 | | 해당 법조문 | 처분기준 |
|---|---|---|---|
| 가. 거짓이나 그 밖의 부정한 방법으로 등록을 하거나 인가를 받은 경우 | | 법 제12조 제1항 제1호 | 등록 또는 인가 취소 |
| 나. 업무의 제한 또는 정지 기간에 그 업무를 한 경우 | | 법 제12조 제1항 제2호 | 등록 또는 인가 취소 |
| 다. 등록 또는 인가의 내용이나 조건을 위반한 경우 | 1) 등록 또는 인가의 내용이나 조건을 처음 위반한 경우 | 법 제12조 제1항 제3호 | 업무정지 3개월 |
| | 2) 등록 또는 인가의 내용이나 조건을 위반하여 법 제12조에 따른 처분을 받은 자가 처분일부터 3개월 이내에 시정하지 않은 경우 | | 등록 또는 인가 취소 |
| 라. 법 제8조 제2항을 위반하여 외국환업무를 한 경우 | | 법 제12조 제1항 제4호 | 업무정지 2개월 |
| 마. 법 제8조 제4항 또는 제9조 제3항에 따른 인가를 받지 않은 경우 또는 신고를 하지 않거나 거짓으로 신고를 한 경우 | | 법 제12조 제1항 제5호 | 업무정지 2개월 |
| 바. 법 제8조 제6항에 따른 외국환업무취급기관 및 전문외국환업무취급업자의 업무 수행에 필요한 사항을 따르지 않은 경우 | | 법 제12조 제1항 제5호의2 | 업무정지 2개월 |
| 사. 법 제8조 제7항에 따른 보증금 예탁 등 필요한 조치를 따르지 않은 경우 | | 법 제12조 제1항 제5호의3 | 업무정지 2개월 |
| 아. 법 제8조 제7항에 따른 조치에도 불구하고 전문외국환업무취급업자의 파산 또는 지급불능 우려 사유가 발생한 경우 | | 법 제12조 제1항 제5호의4 | 업무정지 2개월 |

| 해당 행위 | | 해당 법조문 | 처분기준 |
|---|---|---|---|
| 자. 법 제9조 제2항을 위반하여 거래한 경우 또는 같은 조 제4항에 따른 보증금 예탁 명령을 따르지 않은 경우 | | 법 제12조 제1항 제6호 | 업무정지 2개월 |
| 차. 법 제10조 제1항에 따른 확인 의무를 위반한 경우 | | 법 제12조 제1항 제7호 | 업무정지 2개월 |
| 카. 법 제10조 제2항에 해당하는 행위를 한 경우 | | 법 제12조 제1항 제7호 | 업무정지 3개월 |
| 타. 법 제11조 제1항에 따른 감독상의 명령 또는 같은 조 제2항에 따른 업무상 제한을 위반한 경우 | | 법 제12조 제1항 제8호 | 업무정지 2개월 |
| 파. 법 제20조 제1항 또는 제2항의 보고 또는 자료·정보 제출을 하지 않거나 거짓으로 한 경우 | 1) 보고 또는 자료·정보 제출을 하지 아니한 경우 | 법 제12조 제1항 제9호 | 업무정지 2개월 |
| | 2) 거짓 보고 또는 거짓 자료·정보를 제출한 경우 | | 업무정지 3개월 |
| 하. 법 제20조 제3항 또는 제6항에 따른 검사에 응하지 않거나 검사를 거부·방해 또는 기피한 경우 | | 법 제12조 제1항 제10호 | 업무정지 3개월 |
| 거. 법 제20조 제4항 또는 제6항에 따른 자료의 제출을 거부하거나 거짓 자료를 제출한 경우 | | 법 제12조 제1항 제11호 | 업무정지 3개월 |
| 너. 법 제20조 제5항 또는 제6항에 따른 시정명령에 따르지 않은 경우 | | 법 제12조 제1항 제12호 | 업무정지 2개월 |
| 더. 법 제21조에 따른 기획재정부장관의 명령을 위반하여 통보 또는 제공을 하지 않거나 거짓으로 통보 또는 제공한 경우 | | 법 제12조 제1항 제13호 | 업무정지 2개월 |
| 러. 법 제24조 제2항에 따른 기획재정부장관의 명령을 위반하여 신고, 신청, 보고, 자료의 통보 및 제출을 전자문서의 방법으로 하지 않은 경우 | | 법 제12조 제1항 제14호 | 업무정지 1개월 |

## (3) 과징금

외국환거래법 시행령은 업무정지처분을 갈음하여 기획재정부장관이 과징금을 부과할
수 있도록 규정하고 있다.

**[별표 3] 과징금의 부과기준** (시행령 제23조 관련)

> 1. 기획재정부장관은 업무정지처분을 갈음하여 과징금을 부과할 수 있으며, 위반행위로 취득
>    한 이익에 다음 각 목의 부과 비율을 곱한 금액을 상한으로 한다.
>    가. 업무정지 1개월에 해당하는 경우: 100분의 20
>    나. 업무정지 2개월에 해당하는 경우: 100분의 40
>    다. 업무정지 3개월에 해당하는 경우: 100분의 50
>    라. 업무정지 4개월에 해당하는 경우: 100분의 70
>
> 2. 제1호에도 불구하고 다음 각 목의 어느 하나에 해당하는 경우에는 위반행위로 인하여 취득
>    한 이익의 100분의 50 이상을 과징금으로 부과하여야 한다. 다만, 별표 2 제1호 나목 1)
>    또는 4)에 해당하는 경우에는 그러하지 아니하다.
>    가. 위반행위가 1년 이상 지속되거나 최근 1년간 3회 이상 반복적으로 이루어진 경우
>    나. 위반행위로 인하여 취득한 이익의 규모가 1억원 이상인 경우

---

## 2 과태료(행정질서벌)

## (1) 과태료의 개요

### 1) 개념

과태료는 행정법에 규정된 의무를 위반하는 행위에 대한 제재로서 형법에 없는 행정
벌을 말한다. 과태료는 형법에 규정된 형벌이 아니므로 원칙적으로 형법 총칙과 형사소
송법이 적용되지 않는다. 과태료의 부과 절차는 특별한 규정이 없는 한 질서위반행위규
제법에 의하며, 과태료 처분에 대한 불복절차는 비송사건절차법과 질서위반행위규제법
에 의하여 관할법원에서 과태료 재판을 한다.

## 2) 과태료 부과의 제척기간

행정기관(행정청)은 과태료 부과 대상행위(질서위반행위)가 종료된 날로부터 5년이 경과한 경우에는 해당 과태료 부과 대상행위(질서위반행위)에 대하여 과태료를 부과할 수 없다(질서위반행위규제법. 이하 질서법. 질서법 19).

## 3) 과태료의 징수권 소멸시효

과태료는 행정기관(행정청)의 과태료 부과처분이 이루어진 후 또는 법원의 과태료 재판의 판결로 과태료가 확정된 후 5년간 징수하지 아니하거나 집행하지 아니하면 소멸시효가 환성되어 과태료 채권은 소멸한다. 과태료의 소멸시효의 중단 및 정지에 관하여는 국세기본법 제28조를 준용한다(질서법 15).

외국환거래법 제32조 규정에 의한 과태료는 대통령령으로 정하는 바에 따라 기획재정부장관이 부과·징수한다(법 32-5).

## 4) 과태료의 감경

국민기초생활수급자 등 사회적 약자에 대한 과태료 감경제도가 시행되고 있다(질서법 2의2). 과태료 감경대상자는 아래와 같다.

〔표 142〕 과태료 감경대상자

| 감경대상자 | 근거 |
|---|---|
| • 국민기초생활보장법 제2조에 따른 수급자<br>• 한부모가족지원법 제5조, 제5조의2 제2항, 제3항에 따른 보호대상자<br>• 장애인복지법 제2조에 따른 제1급부터 제3급까지의 장애인<br>• 국가유공자 등 예우 및 지원에 관한 법률 제6조의 4에 따른 1급부터 3급까지의 상이등급 판정을 받은 사람<br>• 미성년자<br>• 심신미약자 | 질서법 2의2 |

## (2) 외국환거래법에 의한 과태료 부과

### 1) 과태료 부과권의 위임 및 위탁

외국환거래법에 따른 과태료를 부과하는 권한을 가진 행정기관(행정청)은 기획재정부장관이다. 외국환거래법 제32조 제1항부터 제4항까지의 규정에 따른 과태료는 대통령령으로 정하는 바에 따라 기획재정부장관이 부과·징수한다(법 32-5).

  기획재정부장관은 과태료 부과권한을 외국환거래법 제37조(권한의 위임·위탁)의 규정에 따라 관세청장(승인하에 세관장에게 재위임)에 위임하고, 금융위원회에 위탁하고 있다(법 37).

〔표 143〕 기획재정부장관의 과태료부과 권한의 위임 및 위탁

| 위임위탁사무 | 부과권자 | 위임위탁기관 | 재위임기관 |
|---|---|---|---|
| 과태료의 부과·징수 | 기획재정부장관 | 관세청장 | 세관장<br>(기획재정부장관의 승인) |
| 과태료의 부과·징수 | 기획재정부장관 | 금융위원회 | 금융감독원장<br>(기획재정부장관의 승인) |

## 2) 외국환거래법 위반 과태료부과와 형벌부과의 기준

  일반 기업이나 개인이 외국환거래법에 관하여 위반 행위가 가장 많이 발생하는 경우는 경상거래 지급 등에 대한 신고의무(법 16) 위반과 자본거래에 대한 신고의무(법 18) 위반이다. 경상거래 지급 등에 대한 신고의무 위반과 자본거래 신고의무 위반은 그 위반금액이 일정금액 이하인 경우 행정기관(행정청)이 과태료를 부과하고 일정금액을 초과하는 경우에는 검찰에 사건을 송치하여 형벌을 과하게 된다. 과태료처분과 형벌을 과하는 신고의무 위반금액은 아래와 같다.

〔표 144〕 외국환거래법 과태료 및 형벌 부과 기준

| 신고의무 위반 | 기준 금액 | 처벌 | 근거 |
|---|---|---|---|
| 법 16 지급 등 | 건당 25억원 이하 | 과태료 | 법 29-1, 영 40 |
| 법 16 지급 등 | 건당 25억원 초과 | 형벌 | 법 29-1, 영 40 |
| 법 18 자본거래 | 건당 10억원 이하 | 과태료 | 법 29-1, 영 40 |
| 법 18 자본거래 | 건당 10억원 초과 | 형벌 | 법 29-1, 영 40 |
| 법 17 지급수단 등 수출입 | 건당 3만달러 이하 | 과태료 | 법 29-1, 영 40 |
| 법 17 지급수단 등 수출입 | 건당 3만달러 초과 | 형벌 | 법 29-1, 영 40 |

## 3) 외국환거래법 위반에 대한 과태료 금액

외국환거래법 위반에 대하여 부과되는 과태료 금액은 아래와 같다.

〔표 145〕 외국환거래법 위반에 대한 과태료 부과(법 32 - 1~4)

| 외국환거래법<br>근거 | 위반행위자 | 과태료 |
|---|---|---|
| 법 32 - 1<br>(법 29에 해당<br>하는 경우는<br>제외) | 1. 제8조 제4항에 따른 변경신고를 하지 아니하거나 거짓으로 변경신고를 하고 외국환업무를 한 자<br>2. 제9조 제1항 후단에 따른 변경신고를 하지 아니하거나 거짓으로 변경신고를 하고 외국환중개업무를 한 자 또는 같은 조 제2항을 위반하여 거래한 자<br>3. 제16조에 따른 신고를 하지 아니하거나 거짓으로 신고를 하고 지급 또는 수령을 한 자<br>4. 제18조 제1항에 따른 신고를 하지 아니하거나 거짓으로 신고를 하고 자본거래를 한 자<br>5. 제18조 제5항을 위반하여 신고수리가 거부되었음에도 그 신고에 해당하는 자본거래를 한 자<br>6. 제18조 제6항을 위반하여 같은 조 제4항 제3호의 권고내용과 달리 자본거래를 한 자 | 1억원 이하 |
| 법 32 - 2<br>(법 29에 해당<br>하는 경우는<br>제외) | 1. 제11조의3 제5항에 따른 자료를 제출하지 아니하거나 거짓으로 제출한 자<br>2. 제15조 제1항에 따른 지급절차 등을 위반하여 지급·수령을 하거나 자금을 이동시킨 자<br>3. 제17조에 따른 신고를 하지 아니하거나 거짓으로 신고를 하고 지급수단 또는 증권을 수출입하거나 수출입하려 한 자 | 5천만원 이하 |
| 법 32 - 3 | 1. 제16조 또는 제18조를 위반하여 신고를 갈음하는 사후 보고를 하지 아니하거나 거짓으로 사후 보고를 한 자<br>2. 제20조 제3항 또는 제6항에 따른 검사에 응하지 아니하거나 검사를 거부·방해 또는 기피한 자<br>3. 제20조 제5항 또는 제6항에 따른 시정명령에 따르지 아니한 자<br>4. 제21조에 따른 기획재정부장관의 명령을 위반하여 통보 또는 제공을 하지 아니하거나 거짓으로 통보 또는 제공한 자 | 3천만원 이하 |
| 법 32 - 4 | 1. 제8조 제4항에 따른 폐지신고를 하지 아니한 자<br>2. 제9조 제3항에 따른 신고를 하지 아니한 자<br>3. 제19조 제1항에 따른 경고를 받고 2년 이내에 경고 사유에 해당하는 위반행위를 한 자<br>4. 제20조 제1항 또는 제2항에 따른 보고 또는 자료 제출을 하지 아니하거나 거짓으로 보고 또는 자료 제출을 한 자 | 1천만원 이하 |

| 외국환거래법<br>근거 | 위반행위자 | 과태료 |
|---|---|---|
| | 5. 제20조 제4항 또는 제6항에 따른 자료를 제출하지 아니하거나 거<br>짓으로 자료 제출을 한 자<br>6. 제24조 제2항에 따른 기획재정부장관의 명령을 위반하여 신고, 신<br>청, 보고, 자료의 통보 및 제출을 전자문서의 방법으로 하지 아니<br>한 자 | |

### 4) 과태료의 부과기준

과태료는 위반행위의 유형에 따라 구분되는데, 외국환거래법 시행령 제41조 별표 4에 의거한 구체적인 과태료의 부과기준은 아래와 같다.

## 과태료 부과기준(제41조 관련)

### 1. 일반기준

가. 부과권자는 벌칙 또는 과태료 처분을 받고 2년 이내에 과태료 사유에 해당하는 위반행위를 한 경우(법 제29조 제1항 제6호에 해당하는 경우는 제외한다)에는 제2호에 따른 과태료 금액의 100분의 40 범위에서 가중할 수 있다. 다만, 가중하는 경우에도 법 제32조 각 항에서 정한 최고액을 넘을 수 없다.

나. 부과권자는 위반행위자가 다음의 어느 하나에 해당하는 경우 제2호에 따른 과태료 금액의 100분의 50 범위에서 감경할 수 있다. 이 경우 감경 사유를 여러 개 적용하는 경우에도 총감경액은 그 과태료 금액의 100분의 75를 넘을 수 없다.
1) 위반행위를 사전에 자진 신고한 경우
2) 「질서위반행위규제법 시행령」 제2조의2 제1항 각 호의 어느 하나에 해당하는 경우
3) 「중소기업기본법」 제2조에 따른 중소기업의 경우
4) 법에 따른 신고 또는 허가를 받을 의무가 있는 자가 과실로 잘못된 기관에 해당 절차를 이행한 경우
5) 법 제18조에 따른 자본거래 신고의무를 위반하였으나 해당 거래에 따른 지급·수령이 이루어지지 않은 경우
6) 그 밖에 경미한 과실로 인한 위반행위로서 위반행위자의 위반정도와 경제적 사정 등에 비추어 감경이 필요하다고 인정되는 경우

다. 부과권자는 위반행위자가 다음의 어느 하나에 해당하는 경우 과태료 부과를 면제할 수 있다.
1) 질서위반행위규제법 제7조 내지 제10조에 따라 과태료를 부과하지 아니하는 경우
2) 위반자의 사망, 폐업, 해산, 파산, 회생절차개시 등으로 과태료 부과가 실효성이 없는 경우
3) 신고기관의 착오로 인하여 이 법에 따른 신고 또는 허가를 받을 의무가 있는 자가 잘못된 기관에 해당 절차를 이행한 경우
4) 그 밖에 위반행위의 동기와 그 결과, 위반정도 등에 비추어 면제가 필요한 경우

### 2. 개별기준

| 위반행위 | 근거 법조문 | 과태료 금액 |
|---|---|---|
| 가. 법 제8조 제4항에 따른 변경신고를 하지 않거나 거짓으로 변경신고를 하고 외국환업무를 한 경우 | 법 제32조 제1항 제1호 | |
|   1) 중대한 사항(제13조 제1항 제3호 및 제15조의2 제1항 제3호부터 제7호까지에 해당하는 사항을 말한다)의 경우 | | 5천만원 |
|   2) 1) 외의 사항의 경우 | | 1천만원 |
| 나. 법 제8조 제4항에 따른 폐지신고를 하지 않은 경우 | 법 제32조 제4항 제1호 | 700만원 |
| 다. 법 제9조 제1항 후단에 따른 변경신고를 하지 않거나 거짓으로 변경신고를 하고 외국환중개업무를 한 경우 | 법 제32조 제1항 제2호 | 5천만원 |

| 위반행위 | 근거 법조문 | 과태료 금액 |
|---|---|---|
| 라. 법 제9조 제2항을 위반하여 외국환거래를 한 경우 | 법 제32조 제1항 제2호 | 5천만원 |
| 마. 법 제9조 제3항에 따른 신고를 하지 않은 경우 | 법 제32조 제4항 제2호 | 1천만원 |
| 바. 법 제11조의3 제5항에 따른 자료를 제출하지 않거나 거짓으로 제출한 경우 | 법 제32조 제2항 제1호 | 3천만원 |
| 사. 법 제15조 제1항에 따른 지급절차 등을 위반하여 지급·수령을 하거나 자금을 이동시킨 경우(아목의 경우는 제외한다) | 법 제32조 제2항 제2호 | 100만원과 위반금액의 100분의 2 중 큰 금액 |
| 아. 법 제15조 제1항에 따른 지급절차 등을 위반하여 지급·수령을 하거나 자금을 이동시킨 경우(거짓으로 증명서류를 제출한 경우로 한정한다) | 법 제32조 제2항 제2호 | 200만원과 위반금액의 100분의 4 중 큰 금액 |
| 자. 법 제16조에 따른 신고를 하지 않거나 거짓으로 신고를 하고 지급 또는 수령을 한 경우 | 법 제32조 제1항 제3호 | |
|   1) 외국환업무취급기관의 장에 대한 신고사항 위반 | | 100만원과 위반금액의 100분의 2 중 큰 금액 |
|   2) 기획재정부장관, 한국은행총재에 대한 신고사항 위반 | | 200만원과 위반금액의 100분의 4 중 큰 금액 |
| 차. 법 제16조 또는 제18조를 위반하여 신고를 갈음하는 사후 보고를 하지 않거나 거짓으로 사후 보고를 한 경우 | 법 제32조 제3항 제1호 | 100만원과 위반금액의 100분의 2 중 큰 금액 |
| 카. 법 제17조에 따른 신고를 하지 않거나 거짓으로 신고를 하고 지급수단 또는 증권을 수출입하거나 수출입하려 한 경우 | 법 제32조 제2항 제3호 | 위반금액의 100분의 5에 해당하는 금액 |
| 타. 법 제18조 제1항에 따른 신고를 하지 않거나 거짓으로 신고를 하고 자본거래를 한 경우 | 법 제32조 제1항 제4호 | |
|   1) 외국환업무취급기관의 장에 대한 신고사항 위반 | | 100만원과 위반금액의 100분의 2 중 큰 금액 |
|   2) 기획재정부장관, 금융위원회, 금융감독원장, 한국은행총재에 대한 신고사항 위반 | | 200만원과 위반금액의 100분의 4 중 큰 금액 |
| 파. 법 제18조 제5항을 위반하여 신고 수리가 거부되었음에도 그 신고에 해당하는 자본거래를 한 경우 | 법 제32조 제1항 제5호 | |
|   1) 외국환업무취급기관의 장에 대한 신고사항 위반 | | 100만원과 위반금액의 100분의 2 중 큰 금액 |
|   2) 기획재정부장관, 금융위원회, 금융감독원장, 한국은행총재에 대한 신고사항 위반 | | 200만원과 위반금액의 100분의 4 중 큰 금액 |
| 하. 법 제18조 제6항을 위반하여 같은 조 제4항 제3호의 권고내용과 달리 자본거래를 한 경우 | 법 제32조 제1항 제6호 | |
|   1) 외국환업무취급기관의 장에 대한 신고사항 위반 | | 100만원과 위반금액의 100분의 2 중 큰 금액 |

| 위반행위 | 근거 법조문 | 과태료 금액 |
|---|---|---|
| 2) 기획재정부장관, 금융위원회, 금융감독원장, 한국은행총재에 대한 신고사항 위반 | | 200만원과 위반금액의 100분의 4 중 큰 금액 |
| 거. 법 제19조 제1항에 따른 경고를 받고 2년 이내에 경고사유에 해당하는 위반행위를 한 경우 | 법 제32조 제4항 제3호 | 300만원 |
| 너. 법 제20조 제1항 또는 제2항에 따른 보고 또는 자료 제출을 하지 않거나 거짓으로 보고 또는 자료 제출을 한 경우 | 법 제32조 제4항 제4호 | 700만원 |
| 더. 법 제20조 제3항 또는 제6항에 따른 검사에 응하지 않거나 검사를 거부·방해 또는 기피한 경우 | 법 제32조 제3항 제2호 | 3천만원 |
| 러. 법 제20조 제4항 또는 제6항에 따른 자료를 제출하지 않거나 거짓으로 자료 제출을 한 경우 | 법 제32조 제4항 제5호 | 700만원 |
| 머. 법 제20조 제5항 또는 제6항에 따른 시정명령에 따르지 않은 경우 | 법 제32조 제3항 제3호 | 3천만원 |
| 버. 법 제21조에 따른 기획재정부장관의 명령을 위반하여 통보 또는 제공을 하지 않거나 거짓으로 통보 또는 제공한 경우 | 법 제32조 제3항 제4호 | 2천만원 |
| 서. 법 제24조 제2항에 따른 기획재정부장관의 명령을 위반하여 신고, 신청, 보고, 자료의 통보 및 제출을 전자문서의 방법으로 하지 않은 경우 | 법 제32조 제4항 제6호 | 700만원 |

※ 비고

1. 제2호 사목부터 하목까지의 규정에 따른 위반금액이란 법 제15조, 제16조, 제17조 및 제18조에 따른 절차 준수, 허가 또는 신고의 의무를 위반하여 신고 등을 하지 아니한 금액을 말한다.
2. 제2호 타목부터 하목까지를 적용할 때에 위반금액을 산정하기 어려운 경우에는 과태료 금액란의 과태료 금액을 각각 200만원으로 한다.
3. 제2호 사목부터 하목까지를 적용할 때에 수개의 동일한 위반행위가 일시에 적발된 경우에는 과태료 금액을 다음의 구분에 따른 금액으로 한다.
   1) 과태료 금액이 100만원과 위반에 따른 과태료금액의 100분의 2 중 큰 금액에 해당하는 경우: 위반금액의 100분의 2에 해당하는 금액. 다만, 수개의 동일한 위반행위에 대한 위반금액이 5천만원 미만인 경우에는 100만원으로 한다.
   2) 과태료 금액이 200만원과 위반금액의 100분의 4 중 큰 금액에 해당하는 경우: 위반금액의 100분의 4에 해당하는 금액. 다만, 수개의 동일한 위반행위에 대한 위반금액이 5천만원 미만인 경우에는 200만원으로 한다.
4. 제2호 사목부터 하목까지의 규정에 따른 위반금액의 세부적인 산정기준은 금융위원회 또는 관세청장이 기획재정부장관과 협의하여 고시한다.

## 5) 과태료 부과 절차

### ① 행정기관(행정청)의 통지의무 및 의견제출의 기회부여

기획재정부장관의 승인을 받아 과태료부과권한을 재위임 또는 재위탁받은 세관장 또는 금융감독원장은 과태료를 부과하고자 하는 경우에는 미리 과태료 처분을 받게 되는 당사자에게 대통령령으로 정하는 사항을 서면으로 통지하고, 10일 이상의 기간을 정하여 의견을 제출할 기회를 주어야 한다(질서법 16-1).

〔표 147〕 과태료부과 사전통지서 기재사항(질서영 3 - 1)

| 과태료 | 기재사항 | 근거 |
|---|---|---|
| 사전통지서 | 1. 당사자의 성명(법인인 경우에는 명칭과 대표자의 성명)과 주소<br>2. 과태료 부과의 원인이 되는 사실, 과태료 금액 및 적용 법령<br>3. 과태료를 부과하는 행정청의 명칭과 주소<br>4. 당사자가 의견을 제출할 수 있다는 사실과 그 제출기한<br>5. 법 제18조에 따라 자진 납부하는 경우 과태료를 감경받을 수 있다는 사실(감경액이 결정된 경우에는 그 금액을 포함한다)<br>6. 제2조의2에 따라 과태료를 감경받을 수 있다는 사실(감경액이 결정된 경우에는 그 금액을 포함한다)<br>7. 그 밖에 과태료 부과에 관하여 필요한 사항 | 질서영 3-1 |

세관장 또는 금융감독원장으로부터 과태료부과에 대한 서면통지를 받은 당사자는 서면 또는 구두로 의견을 제출할 수 있고, 관련 증거자료를 제출할 수 있다. 과태료부과에 관한 서면통지서에 기정된 기일까지 의견제출이 없는 경우에는 의견이 없는 것으로 본다(질서법 16-2).

세관장이나 금융감독원장은 당사자가 제출한 의견에 상당한 이유가 있는 경우에는 과태료를 부과하지 아니하거나 통지한 내용을 변경할 수 있다(질서법 16-3).

### ② 과태료의 부과

세관장이나 금융감독원장은 의견 제출 절차를 마친 후에 서면(당사자가 동의하는 경우에는 전자문서를 포함)으로 과태료를 부과하여야 한다(질서법 17-1).

과태료를 부과하는 서면에는 질서위반행위, 과태료 금액, 그 밖에 대통령령으로 정하는 사항을 명시하여야 한다(질서법 17-2).

| 과태료 | 기재사항 | 근거 |
|---|---|---|
| 부과고지서 | 1. 당사자의 성명(법인인 경우에는 명칭과 대표자의 성명)과 주소<br>2. 과태료 부과의 원인이 되는 사실, 과태료 금액 및 적용법령<br>3. 과태료를 부과하는 행정청의 명칭과 주소<br>4. 과태료 납부 기한, 납부 방법 및 수납 기관<br>5. 과태료를 내지 않으면 다음 각 목의 불이익이 부과될 수 있다는 사실과 그 요건<br>　가. 법 제24조에 따른 가산금 부과<br>　나. 법 제52조에 따른 관허사업 제한<br>　다. 법 제53조 제1항에 따른 신용정보 제공<br>　라. 법 제54조에 따른 감치(監置)<br>　마. 법 제55조에 따른 자동차 등록번호판의 영치<br>6. 법 제20조에 따른 이의제기 기간과 방법<br>7. 그 밖에 과태료 부과에 관하여 필요한 사항 | 질서영 4 |

③ 자진납부자에 대한 과태료 감경

세관장과 금융감독원장은 의견 제출기한 이내에 과태료를 자진하여 납부하고자 하는 경우에는 부과될 과태료의 100분의 20의 범위 이내에서 과태료를 감경할 수 있다(질서법 18-1, 질서영 5).

당사자가 제1항에 따라 감경된 과태료를 납부한 경우에는 해당 질서위반행위에 대한 과태료 부과 및 징수절차는 종료한다(질서법 18-2).

④ 이의제기 기한 및 이의제기의 효과

세관장과 금융감독원장의 과태료 부과에 불복하는 당사자는 과태료 부과통지를 받은 날부터 60일 이내에 해당 행정청에 서면으로 이의제기를 할 수 있다(질서법 20-1). 이의제기가 있는 경우에는 행정청의 과태료 부과처분은 그 효력을 상실한다(질서법 20-2). 당사자는 세관장과 금융감독원장으로부터 관할법원에 통보하였다는 통지를 받기 전까지는 행정청에 대하여 서면으로 이의제기를 철회할 수 있다.

⑤ 법원에의 통보

과태료 부과처분을 받은 당사자로부터 이의제기를 받은 세관장과 금융감독원장은 이의제기를 받은 날부터 14일 이내에 이에 대한 의견 및 증빙서류를 첨부하여 관할 법원에 통보하여야 한다(질서법 21-1).

세관장과 금융감독원장은 관할 법원에 과태료부과에 대한 이의제기 사실을 통보를 하거나 통보하지 아니하는 경우에는 그 사실을 즉시 당사자에게 통지하여야 한다(질서법 21-3).

#### ⑥ 가산금 징수 및 체납처분

세관장과 금융감독원장은 당사자가 납부기한까지 과태료를 납부하지 아니한 때에는 납부기한을 경과한 날부터 체납된 과태료에 대하여 100분의 3에 상당하는 가산금을 징수한다(질서법 24-1). 체납된 과태료를 납부하지 아니한 때에는 납부기한이 경과한 날부터 매 1개월이 경과할 때마다 체납된 과태료의 1천분의 12에 상당하는 가산금("중가산금")을 제1항에 따른 가산금에 가산하여 징수한다. 이 경우 중가산금을 가산하여 징수하는 기간은 60개월을 초과하지 못한다(질서법 24-2). 행정청은 당사자가 이의제기 기한 이내에 이의를 제기하지 아니하고 가산금을 납부하지 아니한 때에는 국세 또는 지방세 체납처분의 예에 따라 징수한다.

## (3) 법원의 과태료 재판

과태료 부과처분을 한 행정기관(행정청)으로부터 과태료 부과처분에 대한 이의제기 통보와 이에 대한 의견 및 증빙서류를 통보받은 법원은 비송사건절차법에 따라 과태료 재판을 한다.

### 1) 관할법원

과태료 사건은 다른 법령에 특별한 규정이 있는 경우를 제외하고는 당사자의 주소지의 지방법원 또는 그 지원의 관할로 한다(질서법 25).

법원의 관할은 세관장과 금융감독원장이 법원에 이의제기 사실을 통보한 때를 표준으로 정한다.

법원은 과태료 사건의 전부 또는 일부에 대하여 관할권이 없다고 인정하는 경우에는 결정으로 이를 관할 법원으로 이송한다(질서법 27-1).

세관장과 금융감독원장으로부터 과태료부과를 받은 당사자 또는 검사는 이송결정에 대하여 즉시항고를 할 수 있다(질서법 27-2).

## 2) 검사에 통지

법원은 과태료부과를 받은 당사자가 이의를 제기하였다는 세관장과 금융감독원장의 통보가 있는 경우 이를 즉시 검사에게 통지하여야 한다(질서법 30).

## 3) 심문

### ① 심문기일 및 의견진술

법원은 심문기일을 열어 과태료부과에 대하여 과태료 부과처분을 받은 당사자의 진술을 들어야 한다(질서법 31-1). 또한 법원은 과태료 부과처분에 대하여 검사의 의견을 구하여야 하고, 검사는 심문에 참여하여 의견을 진술하거나 서면으로 의견을 제출하여야 한다(질서법 31-2). 법원은 당사자 및 검사에게 심문기일을 통지하여야 한다(질서법 31-3).

### ② 세관장과 금융감독원장에 대한 출석 요구

법원은 행정청의 참여가 필요하다고 인정하는 때에는 세관장과 금융감독원장으로 하여금 심문기일에 출석하여 의견을 진술하게 할 수 있다(질서법 32-1).

세관장과 금융감독원장은 법원의 허가를 받아 소속 공무원으로 하여금 심문기일에 출석하여 의견을 진술하게 할 수 있다(질서법 32-2).

## 4) 직권에 의한 사실탐지와 증거조사

법원은 직권으로 사실의 탐지와 필요하다고 인정하는 증거의 조사를 하여야 한다(질서법 33-1). 증거조사에 관하여는 「민사소송법」에 따른다(질서법 33-2).

## 5) 조서의 작성

법원서기관·법원사무관·법원주사 또는 법원주사보(이하 "법원사무관 등"이라 한다)는 증인 또는 감정인의 심문에 관하여는 조서를 작성하고, 그 밖의 심문에 관하여는 필요하다고 인정하는 경우에 한하여 조서를 작성한다(질서법 35).

## 6) 과태료 재판

과태료 재판은 이유를 붙인 결정으로써 한다(질서법 36-1). 결정서의 원본에는 판사가 서명날인하여야 한다. 다만, 이의제기서 또는 조서에 재판에 관한 사항을 기재하고 판사가 이에 서명날인함으로써 원본에 갈음할 수 있다(질서법 36-2). 결정서의 정본과 등본에는 법원사무관 등이 기명날인하고, 정본에는 법원인을 찍어야 한다(질서법 36-3). 서명날인은 기명날인으로 갈음할 수 있다(질서법 36-4).

### 7) 과태료 결정의 고지

과태료 결정은 당사자와 검사에게 고지함으로써 효력이 생긴다(질서법 37-1). 결정의 고지는 법원이 적당하다고 인정하는 방법으로 한다. 다만, 공시송달을 하는 경우에는 「민사소송법」에 따라야 한다(질서법 37-2). 법원사무관 등은 고지의 방법·장소와 연월일을 결정서의 원본에 부기하고 이에 날인하여야 한다(질서법 37-3).

### 8) 항고

과태료 부과를 받아 이의를 제기한 당사자와 검사는 과태료 재판에 대하여 즉시항고를 할 수 있다. 이 경우 항고는 집행정지의 효력이 있다(질서법 38-1). 검사는 필요한 경우에 즉시항고 여부에 대한 행정청의 의견을 청취할 수 있다(질서법 38-2).

### 9) 항고법원의 재판 및 항고의 절차

① 항고법원의 재판

항고법원의 과태료 재판에는 이유를 적어야 한다(질서법 39).

② 항고의 절차

「민사소송법」의 항고에 관한 규정은 특별한 규정이 있는 경우를 제외하고는 이 법에 따른 항고에 준용한다(질서법 40).

### 10) 과태료 재판비용

과태료 재판절차의 비용은 과태료에 처하는 선고가 있는 경우에는 그 선고를 받은 자의 부담으로 하고, 그 외의 경우에는 국고의 부담으로 한다(질서법 41-1).

항고법원이 당사자의 신청을 인정하는 과태료 재판을 한 때에는 항고절차의 비용과 전심에서 당사자의 부담이 된 비용은 국고의 부담으로 한다(질서법 41-2).

### 11) 과태료 재판의 집행

① 검사의 명령

과태료 재판은 검사의 명령으로써 집행한다. 이 경우 그 명령은 집행력 있는 집행권원과 동일한 효력이 있다(질서법 42-1). 과태료 재판의 집행절차는 「민사집행법」에 따르거나 국세 또는 지방세 체납처분의 예에 따른다. 다만, 「민사집행법」에 따를 경우에는 집행을 하기 전에 과태료 재판의 송달은 하지 아니한다(질서법 42-2). 과태료 재판의 집행에 대하여는 가산금징수와 체납처분 규정(질서법 24, 24의2) 준용한다. 이 경우 가산금징수와 체납처분 규정(질서법 24, 24의2) 중 과태료 부과처분에 대하여 "이의를 제기하지 아니한 채 이의제기 기한이 종료한 후"는 "과태료 재판이 확정된 후"로 본다(질서법 42-3). 검사는 과태료 재판을 집행한 경우 그 결과를 해당 행정청에 통보하여야 한다(질서법 42-4).

② 과태료 재판 집행의 위탁

검사는 과태료를 최초 부과한 세관장과 금융감독원장에 대하여 과태료 재판의 집행을 위탁할 수 있고, 위탁을 받은 행정청은 국세 또는 지방세 체납처분의 예에 따라 집행한다(질서법 43-1). 지방자치단체의 장이 집행을 위탁받은 경우에는 그 집행한 금원(金員)은 당해 지방자치단체의 수입으로 한다(질서법 43-2).

## (4) 법원의 과태료 약식 재판

법원은 상당하다고 인정하는 때에는 심문 없이 과태료 재판을 할 수 있다(질서법 44).

### 1) 과태료 약식재판에 대한 이의신청

당사자와 검사는 약식재판의 고지를 받은 날부터 7일 이내에 이의신청을 할 수 있다(질서법 45-1). 검사는 필요한 경우에는 과태료 약식재판에 대한 이의신청 여부에 대하여 행정청의 의견을 청취할 수 있다(질서법 45-2). 과태료 약식재판에 대한 이의신청 기간은 불변기간으로 한다. 당사자와 검사가 책임질 수 없는 사유로 과태료 약식재판에 대한 이의신청 기간을 지킬 수 없었던 경우에는 그 사유가 없어진 날부터 14일 이내에 이의신청을 할 수 있다. 다만, 그 사유가 없어질 당시 외국에 있던 당사자에 대하여는 그 기간을 30일로 한다(질서법 45-3).

### 2) 과태료 약식재판에 대한 이의신청 방식

이의신청은 대통령령으로 정하는 이의신청서를 제44조에 따른 약식재판을 한 법원에 제출함으로써 한다(질서법 46-1).

■ 질서위반행위규제법 시행령 [별지 제3호 서식] 〈개정 2017.6.2.〉

# 약식재판에 대한 이의신청서

| 접수번호 | 접수일자 | 발급일 | 처리기간 | 즉시 |
|---|---|---|---|---|
|  |  |  |  |  |

| 사건번호 | | |
|---|---|---|
|  |  |  |

| 이의신청인 | 성명(법인명)<br><br>※검사의 경우: ○○지방검찰청(지청) 검사○○○ | 생년월일(법인등록번호) |
|---|---|---|
|  | 주소<br><br>(전화번호: ) | |

위 사건에 관하여 이의신청인은 20 . . . 귀원의 약식재판 결정을 받았으나, 이에 불복하여 이의를 신청합니다.


년     월     일


이의신청인

(서명 또는 인)

### 지방법원 귀하

210mm×297mm[백상지 80g/㎡]

법원은 과태료 약식재판에 대한 이의신청이 있은 때에는 이의신청의 상대방에게 이의신청서 부본을 송달하여야 한다(질서법 46-2).

## 3) 이의신청 취하

이의신청을 한 당사자 또는 검사는 정식재판 절차에 따른 결정을 고지받기 전까지 이의신청을 취하할 수 있다(질서법 47-1).

이의신청의 취하는 대통령령으로 정하는 이의신청취하서를 과태료 약식재판을 한 법원에 제출함으로써 한다. 다만, 심문기일에는 말로 할 수 있다(질서법 47-2).

■ 질서위반행위규제법 시행령 [별지 제4호 서식] 〈개정 2017.6.2.〉

# 약식재판에 대한 이의신청 취하서

| 사건번호 | | |
|---|---|---|
| 이의신청인 | 성명(법인명)<br><br>※검사의 경우: ○○지방검찰청(지청) 검사○○○ | 생년월일(법인등록번호) |
| | 주소<br><br>(전화번호:　　　　　) | |

위 사건에 관하여 이의신청인은 이의신청을 취하합니다.


년　　월　　일


이의신청인 취하인

(서명 또는 인)

### 지방법원 귀하

210mm×297mm[백상지 80g/㎡]

법원은 이의신청서 부본을 송달한 뒤에 이의신청의 취하가 있은 때에는 그 상대방에게 이의신청취하서 부본을 송달하여야 한다(질서법 47-3).

## 4) 이의신청 각하

법원은 이의신청이 법령상 방식에 어긋나거나 이의신청권이 소멸된 뒤의 것임이 명백한 경우에는 결정으로 이를 각하하여야 한다. 다만, 그 흠을 보정할 수 있는 경우에는 그러하지 아니하다(질서법 48-1).

이의신청 각하 결정에 대하여는 즉시항고를 할 수 있다(질서법 48-2).

## 5) 약식재판의 확정

약식재판은 다음의 어느 하나에 해당하는 때에 확정된다(질서법 49-1).

1. 제45조에 따른 기간 이내에 이의신청이 없는 때
2. 이의신청에 대한 각하결정이 확정된 때
3. 당사자 또는 검사가 이의신청을 취하한 때

## 6) 이의신청에 따른 정식재판절차로의 이행

법원이 이의신청이 적법하다고 인정하는 때에는 약식재판은 그 효력을 잃는다(질서법 50-1). 법원이 이의신청이 적법하다고 인정하는 경우 심문을 거쳐 다시 재판하여야 한다(질서법 50-2).

형벌(행정형벌)

행정형벌은 행정법상 의무위반에 대한 제재로서 형벌을 과하는 것이다. 형법 제41조는 사형, 징역, 금고, 자격상실, 벌금, 구류, 과료, 몰수 9개의 형을 규정하고 있는데, 외국환거래법은 9개의 형 중에서 징역, 벌금, 몰수의 세 가지 형벌만 규정하고 있다.

## (1) 징역과 벌금에 의한 처벌

외국환거래법은 아래와 같은 외국환거래법 위반행위자에 대하여 징역과 벌금에 의한 처벌을 규정하고 있다. 징역과 벌금은 병과할 수 있다.

〔표 144〕 외국환거래법 위반에 대한 처벌(법 27~29)

| 외국환거래법 근거 | 위반행위자 | 처벌 |
|---|---|---|
| 법 27-1 | 1. 제5조 제2항을 위반하여 기준환율 등에 따르지 아니하고 거래한 자<br>2. 제6조 제1항 제1호의 조치를 위반하여 지급 또는 수령이나 거래를 한 자<br>3. 제6조 제1항 제2호의 조치에 따른 보관·예치 또는 매각 의무를 위반한 자<br>4. 제6조 제1항 제3호의 조치에 따른 회수의무를 위반한 자<br>5. 제6조 제2항의 조치에 따른 허가를 받지 아니하거나, 거짓이나 그 밖의 부정한 방법으로 허가를 받고 자본거래를 한 자 또는 예치의무를 위반한 자<br>6. 제10조 제2항을 위반하여 외국환업무를 한 자 | 5년 이하의 징역 또는 5억원 이하의 벌금(다만, 위반행위의 목적물 가액(價額)의 3배가 5억원을 초과하는 경우에는 그 벌금을 목적물 가액의 3배 이하)<br>징역과 벌금 병과 가능 |
| 법 27의2-1 | 1. 제8조 제1항 본문 또는 같은 조 제3항에 따른 등록을 하지 아니하거나, 거짓이나 그 밖의 부정한 방법으로 등록을 하고 외국환업무를 한 자(제8조 제4항에 따른 폐지신고를 거짓으로 하고 외국환업무를 한 자 및 제12조 제1항에 따른 처분을 위반하여 외국환업무를 한 자를 포함)<br>2. 제9조 제1항 전단, 같은 조 제3항 또는 제5항에 따른 인가를 받지 아니하거나, 거짓이나 그 밖의 부정한 방법으로 인가를 받고 외국환중개업무를 한 자(제9 | 3년 이하의 징역 또는 3억원 이하의 벌금(다만, 위반행위의 목적물 가액(價額)의 3배가 3억원을 초과하는 경우에는 그 벌금을 목적물 가액의 3배 이하)<br>징역과 벌금 병과 가능 |

| 외국환거래<br>법 근거 | 위반행위자 | 처벌 |
|---|---|---|
|  | 조 제3항에 따른 신고를 거짓으로 하고 외국환중개 업무를 한 자 및 제12조 제1항에 따른 처분을 위반 하여 외국환중개업무를 한 자를 포함) <br> 3. 제15조 제2항에 따른 허가를 받지 아니하거나, 거짓 이나 그 밖의 부정한 방법으로 허가를 받고 지급 또 는 수령을 한 자 |  |
| 법 28-1 | 제22조를 위반하여 정보를 이 법에서 정하는 용도가 아닌 용도로 사용하거나 다른 사람에게 누설한 사람 | 2년 이하의 징역 또는 2억원 이하의 벌금 <br> 징역과 벌금 병과 가능 |
| 법 29-1 | 1. 제8조 제5항에 따른 인가를 받지 아니하거나, 거짓 이나 그 밖의 부정한 방법으로 인가를 받고 계약을 체결한 자 <br> 2. 제10조 제1항을 위반하여 확인하지 아니한 자 <br> 3. 제16조 또는 제18조에 따른 신고의무를 위반한 금 액이 5억원 이상의 범위에서 대통령령으로 정하는 금액을 초과하는 자 <br> 4. 제17조에 따른 신고를 하지 아니하거나 거짓으로 신고를 하고 지급수단 또는 증권을 수출하거나 수 입한 자(제17조에 따른 신고의무를 위반한 금액이 미화 2만달러 이상의 범위에서 대통령령으로 정하 는 금액을 초과하는 경우로 한정) - 미수범도 처벌 <br> 5. 제19조 제2항에 따른 거래 또는 행위의 정지·제한 을 위반하여 거래 또는 행위를 한 자 <br> 6. 제32조 제1항에 따른 과태료 처분을 받은 자가 해당 처분을 받은 날부터 2년 이내에 다시 같은 항에 따 른 위반행위를 한 경우 | 1년 이하의 징역 또는 1억원 이하의 벌금(위반행위의 목적 물 가액의 3배가 1억원을 초과 하는 경우에는 그 벌금을 목적 물 가액의 3배 이하로 함) <br> 징역과 벌금 병과 가능 |

## (2) 몰수·추징에 의한 처벌

외국환거래법 제27조 제1항 각 호, 제27조의2 제1항 각 호 또는 제29조 제1항 각 호의 어느 하나에 해당하는 자가 해당 행위를 하여 취득한 외국환이나 그 밖에 증권, 귀금속, 부동산 및 내국지급수단은 몰수하며, 몰수할 수 없는 경우에는 그 가액을 추징한다(법 30). 외국환거래법의 몰수·추징 규정은 외국환거래법에 의한 의무 위반행위로 취득한 외국환이나 그 밖에 증권, 귀금속, 부동산 및 내국지급수단은 몰수하여야 한다는 필요적 규정으로 외국환거래법 위반자에게는 엄청난 부담이 되는 규정이다.

위 몰수·추징은 범죄로 인한 이득의 박탈을 목적으로 한 형법상의 몰수·추징과는 달리 거주자의 외국환거래법 위반을 통한 외국환이나 그 밖에 증권, 귀금속, 부동산 및 내국지급수단 취득행위에 대한 징벌의 정도를 강화하여 취득한 외국환이나 그 밖에 증권, 귀금속, 부동산 및 내국지급수단을 필요적으로 몰수하고 그 몰수가 불능인 때에는 그 가액을 납부하게 하는 징벌적 제재의 성격을 띠고 있으므로, 그 부동산으로 인하여 이득을 취하였는지 여부를 불문하고 이를 몰수하거나 그 가액 전부를 추징할 수 있다(대법원 1998.5.21. 선고 95도2002 전원합의체 판결 참조).

〔표 145〕 몰수·추징에 의한 처벌(법 27~29)

| 외국환거래법 근거 | 위반행위 | 몰수·추징 |
|---|---|---|
| 법 30 | 법 27-1 위반행위<br>1. 제5조 제2항을 위반하여 기준환율 등에 따르지 아니하고 거래한 자<br>2. 제6조 제1항 제1호의 조치를 위반하여 지급 또는 수령이나 거래를 한 자<br>3. 제6조 제1항 제2호의 조치에 따른 보관·예치 또는 매각 의무를 위반한 자<br>4. 제6조 제1항 제3호의 조치에 따른 회수의무를 위반한 자<br>5. 제6조 제2항의 조치에 따른 허가를 받지 아니하거나, 거짓이나 그 밖의 부정한 방법으로 허가를 받고 자본거래를 한 자 또는 예치의무를 위반한 자<br>6. 제10조 제2항을 위반하여 외국환업무를 한 자 | 위반행위를 하여 취득한 외국환이나 그 밖에 증권, 귀금속, 부동산 및 내국지급수단은 몰수하며, 몰수할 수 없는 경우에는 그 가액을 추징 |
| 법 30 | 법 27의2-1 위반행위<br>1. 제8조 제1항 본문 또는 같은 조 제3항에 따른 등록을 하지 아니하거나, 거짓이나 그 밖의 부정한 방법으로 등록을 하고 외국환업무를 한 자(제8조 제4항에 따른 폐지신고를 거짓으로 하고 외국환업무를 한 자 및 제12조 제1항에 따른 처분을 위반하여 외국환업무를 한 자를 포함)<br>2. 제9조 제1항 전단, 같은 조 제3항 또는 제5항에 따른 인가를 받지 아니하거나, 거짓이나 그 밖의 부정한 방법으로 인가를 받고 외국환중개업무를 한 자(제9조 제3항에 따른 신고를 거짓으로 하고 외국 | 위반행위를 하여 취득한 외국환이나 그 밖에 증권, 귀금속, 부동산 및 내국지급수단은 몰수하며, 몰수할 수 없는 경우에는 그 가액을 추징 |

| 외국환거래법<br>근거 | 위반행위 | 몰수·추징 |
|---|---|---|
| | 환중개업무를 한 자 및 제12조 제1항에 따른 처분을 위반하여 외국환중개업무를 한 자를 포함)<br>3. 제15조 제2항에 따른 허가를 받지 아니하거나, 거짓이나 그 밖의 부정한 방법으로 허가를 받고 지급 또는 수령을 한 자 | |
| 법 30 | 법 29-1 위반행위<br>1. 제8조 제5항에 따른 인가를 받지 아니하거나, 거짓이나 그 밖의 부정한 방법으로 인가를 받고 계약을 체결한 자<br>2. 제10조 제1항을 위반하여 확인하지 아니한 자<br>3. 제16조 또는 제18조에 따른 신고의무를 위반한 금액이 5억원 이상의 범위에서 대통령령으로 정하는 금액을 초과하는 자<br>4. 제17조에 따른 신고를 하지 아니하거나 거짓으로 신고를 하고 지급수단 또는 증권을 수출하거나 수입한 자(제17조에 따른 신고의무를 위반한 금액이 미화 2만달러 이상의 범위에서 대통령령으로 정하는 금액을 초과하는 경우로 한정) - 미수범도 처벌<br>5. 제19조 제2항에 따른 거래 또는 행위의 정지·제한을 위반하여 거래 또는 행위를 한 자<br>6. 제32조 제1항에 따른 과태료 처분을 받은 자가 해당 처분을 받은 날부터 2년 이내에 다시 같은 항에 따른 위반행위를 한 경우 | 위반행위를 하여 취득한 외국환이나 그 밖에 증권, 귀금속, 부동산 및 내국지급수단은 몰수하며, 몰수할 수 없는 경우에는 그 가액을 추징 |

## (3) 양벌규정에 의한 처벌

법인의 대표자나 법인 또는 개인의 대리인, 사용인, 그 밖의 종업원이 그 법인 또는 개인의 재산 또는 업무에 관하여 제27조, 제27조의2, 제28조 및 제29조의 어느 하나에 해당하는 위반행위를 하면 그 행위자를 벌하는 외에 그 법인 또는 개인에게도 해당 조문의 벌금형을 과(科)한다. 다만, 법인 또는 개인이 그 위반행위를 방지하기 위하여 해당 재산 또는 업무에 관하여 상당한 주의와 감독을 게을리하지 아니한 경우에는 그러하지 아니하다.

공소시효란 검사의 공소제기 없이 범죄가 있었던 때로부터 일정한 기간이 경과되면 그 범죄에 대한 국가의 소추권이 소멸되고 더 이상 검사가 공소를 제기할 수 없도록 하는 제도이다(형사소송법 249-1). 외국환거래법 위반죄의 공소시효는 형사소송법의 규정에 따라 결정된다.

외국환거래법의 벌칙은 각 3년(법 27), 2년(법 28), 1년(법 29) 이하의 징역이므로 5년의 공소시효가 적용된다(형사소송법 249-1-5).

〔표 146〕 외국환거래법 위반죄의 공소시효

| 해당법조 | 위반행위 | 법정형 | 공소시효 |
|---|---|---|---|
| 법 27 | – 외국환업무 등록 위반(제8조 제1항)<br>– 환전업무 등록 위반(제8조 제3항)<br>– 지급 등 허가 위반(제15조 제2항) | 3년 이하의 징역 또는 3억원 이하의 벌금 | 5년 |
| 법 28 | – 비밀보장(제22조) 위반 | 2년 이하의 징역 또는 2억원 이하의 벌금 | |
| 법 29 | – 외국환 및 환전업무 변경신고 위반(제8조 제4항)<br>– 외국환업무취급기관 등의 확인 위반(제10조)<br>– 지급방법 및 자본거래 신고의무 위반(제16조, 제18조)<br>– 지급수단 등의 수출입신고 위반(제17조)<br>– 행정처분을 위반한 거래 및 지급(제19조 제2항)<br>– 과태료 처분 후 2년 이내 재위반 | 1년 이하의 징역 또는 1억원 이하의 벌금 | |

외국환거래법 위반죄는 재산국외도피의죄(특정경제범죄가중처벌등에관한법률 제4조)의 전제범죄가 되고, 범죄수익은닉의규제및처벌등에관한법률 위반죄로도 확대될 수 있으므로 외국환거래법 공소시효를 검토하는 경우에는 아래 관련 법률의 공소시효도 같이 검토하여야 한다. 아울러, 위 법률 위반죄의 경우 공소시효가 10년 이상의 장기인 경우도 있으므로 2007.12.21. 형사소송법 개정 이전, 이후 여부를 비교하여 검토하여야 한다.

〔표 147〕 재산국외도피죄 벌칙 및 공소시효(2007.12.21. 형사소송법 개정 후)

| 해당법조 | 위반행위 | 법정형 | 공소시효 |
|---|---|---|---|
| 특정경제범죄가중처벌등에관한 법률 제4조 | – 재산국외도피의 죄 (도피액 50억원 이상) | 무기 또는 10년 이상의 징역 | 15년 |
| | – 재산국외도피의 죄 (도피액 5억원 이상) | 5년 이상의 유기징역 | 10년 |
| | – 재산국외도피의 죄 (도피액 5억원 미만) | 1년 이상의 유기징역 또는 2~10배 이하의 벌금 | 10년 |
| 범죄수익은닉의규제및처벌등에관한 법률 제3조 | – 범죄수익 등의 은닉 가장 | 5년 이하의 징역 또는 3천만원 이하의 벌금 | 7년 |
| | – 범죄수익 등의 은닉 가장 (예비, 음모) | 2년 이하의 징역 또는 1천만원 이하의 벌금 | 5년 |

〔표 148〕 재산국외도피죄 벌칙 및 공소시효(2007.12.21. 형사소송법 개정 전)

| 해당법조 | 위반행위 | 법정형 | 공소시효 |
|---|---|---|---|
| 특정경제범죄가중처벌등에관한법률 제4조 | – 재산국외도피의 죄 (도피액 50억원 이상) | 무기 또는 10년 이상의 징역 | 10년 |
| | – 재산국외도피의 죄 (도피액 5억원 이상) | 5년 이상의 유기징역 | 7년 |
| | – 재산국외도피의 죄 (도피액 5억원 미만) | 1년 이상의 유기징역 또는 2~10배 이하의 벌금 | 7년 |
| 범죄수익은닉의규제및처벌등에관한 법률 제3조 | – 범죄수익 등의 은닉 가장 | 5년 이하의 징역 또는 3천만원 이하의 벌금 | 5년 |
| | – 범죄수익 등의 은닉 가장 (예비, 음모) | 2년 이하의 징역 또는 1천만원 이하의 벌금 | 3년 |

5-1. 카지노칩의 몰수, 추징 대상 여부

　　(대법원 1998.12.22. 선고 98도2460 판결[외국환관리법 위반])

[판시사항]

[1] 외국환관리법 제33조 소정의 몰수, 추징의 대상이 되는 대외지급수단의 요건

[2] 카지노에서 사용되는 '칩'이 외국환관리법 제3조 제1항 제11호 소정의 대외지급수단에 해당하지 않는다고 본 사례

[판결요지]

[1] 외국환관리법 제33조 소정의 몰수, 추징의 대상이 되는 대외지급수단으로 인정되기 위하여는 현실적으로 대외거래에서 채권·채무의 결제 등을 위한 지급수단으로 사용할 수 있으며 또한 그 사용이 보편성을 가지고 있어야 한다.

[2] 카지노에서 사용되는 '칩'은 그것에 표시된 금액 상당을 카지노에서 보관하고 있다는 증표에 지나지 않는다는 이유로, 외국환관리법 제3조 제1항 제11호 소정의 대외지급수단에 해당하지 않는다고 본 사례

[원심판결] 서울지법 1998.7.21. 선고 97노9633 판결

[주 문]

상고를 기각한다.

[이 유]

상고이유를 본다.

외국환관리법 제33조는 "제30조 내지 제32조의 각 호의 1에 해당하는 자가 당해 행위로 인하여 취득한 외국환 기타 증권, 귀금속, 부동산 및 내국지급수단은 이를 몰수하며, 이를 몰수할 수 없을 때에는 그 가액을 추징한다."고 규정하고 있고, '외국환'을 대외지급수단·외화증권 및 외화채권으로(같은 법 제3조 제1항 제11호), '대외지급수단'을 외국통화, 외국통화로 표시된 지급수단 기타의 표시통화에 관계없이 외국에서 사용할 수 있는 지급수단으로(같은 항 제4호), '지급수단'이라 함은 정부지폐·은행권·주화·수표·우편환·신용장과 대통령이 정하는 환어음·약속어음 기타의 지급지시로 각 정의하고 있으며(같은 항 제3호), '대통령령이 정하는 환어음·약속어음·기타의 지급지시'라 함은 같은법 시행령 제5조의 규정에 의한 증권에 해당하지 아니한 환어음·약속어음 기타 지급받을 수 있는

내용이 표시된 것으로 규정하고 있는바(같은법 시행령 제4조), 이와 같은 **여러 규정의 취지를 종합하여 보면, 외국환관리법상의 대외지급수단으로 인정되기 위하여는 현실적으로 대외거래에서 채권·채무의 결제 등을 위한 지급수단으로 사용할 수 있으며 또한 그 사용이 보편성을 가지고 있어야 할 것이다.**

**원심이 같은 취지에서 피고인이 그 판시 외화차용행위로 인하여 취득한 이 사건 '칩'에는 미화로 표시된 금액과 미라지호텔의 로고가 기재되어 있을 뿐 지급받을 수 있는 내용이 표시된 문구는 전혀 기재되어 있지 않으므로, 이는 단순히 '칩'에 표시된 금액 상당을 카지노에서 보관하고 있다는 증표에 지나지 않는 것으로 인정한 다음, 이 사건 '칩'은 외국환관리법상의 몰수·추징의 대상이 되는 대외지급수단이라고는 볼 수 없다고 판단한 조치는 정당하고, 거기에 상고이유로 주장하는 바와 같이 대외지급수단의 해석에 관한 법리오해 등의 위법이 있다고 할 수 없다.**

그러므로 상고를 기각하기로 하여 관여 법관의 일치된 의견으로 주문과 같이 판결한다.

대법관　이용훈(재판장)　정귀호(주심)　김형선　조무제

## 5-2. 50억원 미만 자본거래 신고의무 위반의 면소 여부

(대법원 2012.4.26. 선고 2011도17639 판결[외국환거래법 위반])

### [판시사항]

미신고 자본거래 행위를 처벌하는 외국환거래법령의 형이 가볍게 개정되면서 형사처벌의 대상이 모든 미신고행위에서 미신고금액 10억 원을 초과하는 행위로, 다시 미신고금액 50억 원을 초과하는 행위로 변경된 사안에서, 위와 같은 법규 개정은 법률이념의 변경이 아니라 다른 사정의 변천에 따라 그때그때의 특수한 필요에 대처하기 위하여 법령이 개폐된 경우로서 형법 제1조 제2항이 적용되지 않는다고 본 원심판단을 정당하다고 한 사례

### [원심판결] 서울중앙지법 2011.12.14. 선고 2011노3568 판결

### [주 문]

상고를 기각한다.

### [이 유]

상고이유를 판단한다.

구 외국환거래법(2009.1.30. 법률 제9351호로 개정되기 전의 것, 이하 같다) 제28조 제1항 제4호는 같은 법 제18조 제1항의 규정에 의한 자본거래 신고를 하지 아니하고 지급 등을

한 자를 2년 이하의 징역 또는 1억 원 이하의 벌금에 처하도록 규정하다가 2009.1.30. 법률 제9351호로 개정되어, 외국환거래법 제29조 제1항 제6호에서 같은 법 제18조에 따른 신고 의무를 위반한 금액이 5억 원 이상의 범위에서 대통령령으로 정하는 금액을 초과하는 자에 대하여 1년 이하의 징역 또는 1억 원 이하의 벌금에 처하는 것으로 변경되었고 그 외의 자본거래 미신고자에 대하여는 같은 법 제32조 제1항에 따라 과태료를 부과하는 것으로 변경되었다. 구 외국환거래법 시행령(2009.2.3. 대통령령 제21287호로 전부 개정된 것, 이하 같다) 제40조는 제2호에서 형사처벌 대상인 미신고 자본거래 금액을 10억 원으로 규정하였으나 2011.7.25. 대통령령 제23041호로 개정된 외국환거래법 시행령 제40조 제2호는 그 금액을 50억 원으로 증액하였다. 한편 외국환거래법 부칙(2009.1.30. 법률 제9351호) 제3조는 "이 법 시행 전의 행위에 대한 처분, 벌칙 및 과태료의 적용은 종전의 규정에 따른다."라고 규정하고 있으나, 외국환거래법 시행령 부칙(2011.7.25. 대통령령 제23041호)에는 이와 같은 경과규정이 없다.

그리고 형법 제1조 제2항 및 제8조에 의하면 범죄 후 법률의 변경에 의하여 형이 구법보다 가벼운 때에는 원칙적으로 신법에 따라야 하지만, 신법에 경과규정을 두어 이러한 신법의 적용을 배제하는 것도 허용되는 것으로서, 형을 종전보다 가볍게 형벌법규를 개정하면서 그 부칙에서 개정된 법의 시행 전의 범죄에 대하여는 종전의 형벌법규를 적용하도록 규정한다 하여 형벌불소급의 원칙이나 신법우선의 원칙에 반한다고 할 수 없다(대법원 2011.7.14. 선고 2011도1303 판결 등 참조).

또한 형법 제1조 제2항의 규정은 형벌법령 제정의 이유가 된 법률이념의 변천에 따라 과거에 범죄로 보던 행위에 대하여 그 평가가 달라져 이를 범죄로 인정하고 처벌한 그 자체가 부당하였다거나 또는 과형이 과중하였다는 반성적 고려에서 법령을 개폐하였을 경우에만 적용하여야 할 것이고, 이와 같은 법률이념의 변경이 아니라 다른 사정의 변천에 따라 그때그때의 특수한 필요에 대처하기 위하여 법령이 개폐된 경우에는, 전에 성립한 위법행위를 나중에 관찰하여도 행위 당시의 사정에 의해서는 가벌성이 유지되는 것이므로, 그 법령이 개폐되었다 하더라도 그에 대한 형이 폐지된 것이라고는 할 수 없다(대법원 2005.1.14. 선고 2004도5890 판결 등 참조).

원심은, <u>피고인의 자본거래 미신고금액이 50억 원에 미치지 못하는 이 사건 공소사실에 대하여 형법 제1조 제2항에 따라 현행 외국환거래법 제29조 제1항 제6호 및 그 시행령 제40조가 적용되어야 하므로 면소가 선고되어야 한다는 피고인의 주장에 대하여, 그 판시와 같은 사정 등을 고려하면 위와 같은 법규의 개정은 법률이념의 변경이 아니라 다른 사정의 변천에 따라 그때그때의 특수한 필요에 대처하기 위하여 법령이 개폐된 경우에 해당</u>

한다고 할 것이어서 형이 폐지된 것이라고 할 수 없다는 이유로 피고인의 위 주장을 배척한 다음, 이 사건 공소사실을 모두 유죄로 인정한 제1심판결을 그대로 유지하였다.

앞서 본 관련 법령규정과 법리 및 기록에 비추어 살펴보면 원심의 위와 같은 조치는 정당한 것으로 수긍이 가고, 거기에 상고이유의 주장과 같이 형법 제1조 제2항의 해석에 관한 법리를 오해한 위법이 없다.

그러므로 상고를 기각하기로 하여 관여 대법관의 일치된 의견으로 주문과 같이 판결한다.
대법관    전수안(재판장) 양창수 이상훈(주심) 김용덕


## 5-3. 특경가법 몰수추징의 성격

(대법원 2005.4.29. 선고 2002도7262 판결[외국환거래법 위반 등])

**[판시사항]**

[1] 분식회계에 의한 재무제표 등으로 금융기관을 기망하여 대출을 받은 경우, 사기죄의 성립 여부(적극)

[2] 보증채무를 부담한 금융기관이 주채무자에게 신규대출을 실행하여 주채무를 변제하게 하고 신규대출채권을 취득한 경우 또는 이미 발행한 회사채를 보증한 금융기관이 지급자금의 확보를 위해 새로이 발행하는 회사채를 다시 보증한 경우를 이른바 '대환'으로 볼 수 있는지 여부(소극)

[3] 분식회계에 의한 회사채 공모로 인한 사기죄에 있어서 피해자의 범위

[4] 특정경제범죄가중처벌등에관한법률 제4조 제2항 제1호에 정한 재산국외도피죄의 규정이 위헌인지 여부(소극)

[5] 특정경제범죄가중처벌등에관한법률 제10조 제3항, 제1항에 의한 몰수·추징의 성격

[6] 이른바 자금순환 목적으로 해외로 송금한 경우 재산국외도피의 범의 유무(소극)

[7] 검찰에 자진 출석하여 범행을 사실대로 진술한 후 법정에서 범행을 부인한 경우, 자수감경을 할 수 있는지 여부(적극)

**[판결요지]**

[1] 사기죄는 상대방을 기망하여 하자 있는 상대방의 의사에 의하여 재물을 교부받음으로써 성립하는 것이므로 분식회계에 의한 재무제표 등으로 금융기관을 기망하여 대출을 받았다면 사기죄는 성립하고, 변제의사와 변제능력의 유무 그리고 충분한 담보가 제공되었다거나 피해자의 전체 재산상에 손해가 없고, 사후에 대출금이 상환되었다고 하더라도 사기죄의 성립에는 영향이 없다.

[2] 대환이라 함은 현실적인 자금의 수수 없이 형식적으로만 신규대출을 하여 기존 채무를 변제하는 것으로 특별한 사정이 없는 이상 대환은 형식적으로는 별도의 대출에 해당하나 실질적으로는 기존채무의 변제기의 연장에 불과한 것이므로, 보증채무를 부담하는 금융기관이 채무자에게 새로운 대출을 하여 채무자로 하여금 주채무를 변제하게 하고 자신이 그 대출채권을 가지게 되는 경우나, 이미 발행한 회사채를 보증한 금융기관이 그 지급자금의 확보를 위하여 새로이 발행하는 회사채에 대하여 보증하는 것은, 실질적으로 변제기의 연장에 불과한 대환이라고 볼 수 없다.

[3] 회사채 공모는 상법, 증권거래법에서 자격이 제한된 수탁회사에 의하여 이루어지는 것이므로 발행회사로부터 기망 당하여 착오에 빠진 수탁회사를 신뢰하여 공모에 응한 투자자들도 역시 기망에 빠져 재산적 처분행위를 하였다고 볼 수 있으므로 결국 회사채 공모에 의하여 회사채를 취득한 투자자와 잔액인수한 주간사 또는 인수회사도 피해자가 된다.

[4] 특정경제범죄가중처벌등에관한법률 제4조 제2항 제1호의 경우 입법자는 도피액 50억 원 이상의 국내재산을 해외에 도피한 자에 대하여는 그 불법과 비난가능성이 높다고 보아 법률상 감경사유가 없는 한 법관이 작량감경은 할 수 있으나, 집행유예는 선고하지 못하도록 입법적인 결단을 내린 것이라 할 것이고, 이러한 입법자의 결단은 일응 수긍할 만한 합리적인 이유가 있다고 인정되므로 위 법률조항이 입법재량의 한계를 벗어난 자의적인 것이라거나 법관의 양형결정권을 침해하여 법관독립의 원칙에 위배된다고 할 수 없고, 헌법 제11조의 평등의 원칙이나 헌법 제37조 제2항에서 유래하는 비례의 원칙 내지 과잉금지의 원칙에 위배된다고 보기 어렵고, 나아가 헌법 제10조의 인간존중의 이념에도 위배된다고 할 수 없다.

[5] 특정경제범죄가중처벌등에관한법률 제10조 제3항, 제1항에 의한 몰수·추징은 범죄로 인한 이득의 박탈을 목적으로 한 형법상의 몰수추징과는 달리 재산국외도피 사범에 대한 징벌의 정도를 강화하여 범행 대상인 재산을 필요적으로 몰수하고 그 몰수가 불능인 때에는 그 가액을 납부하게 하는 소위 징벌적 성격의 처분이라고 보는 것이 상당하므로 그 도피재산이 피고인들이 아닌 회사의 소유라거나 피고인들이 이를 점유하고 그로 인하여 이득을 취한 바가 없다고 하더라도 피고인들 모두에 대하여 그 도피재산의 가액 전부의 추징을 명하여야 한다.

[6] 재산국외도피죄는 자신의 행위가 법령에 위반하여 국내재산을 해외로 이동한다는 인식과 그 행위가 재산을 대한민국의 법률과 제도에 의한 규율과 관리를 받지 않고 자신이 해외에서 임의로 소비, 축적, 은닉 등 지배·관리할 수 있는 상태에 두는 행위라는 인식을 가지고 국내재산을 해외로 이동하여 대한민국 또는 대한민국 국민의 재산이 유출될 위험

이 있는 상태를 발생하게 하는 것, 즉 도피시킴으로써 범죄는 성립한다고 할 것이나, 처음부터 해외에서의 사용을 예정하지 않고 즉시 반입할 목적으로 송금하였다면, 해외로 이동하여 지배·관리한다는 재산도피의 범의가 있었다고 볼 수는 없다.

[7] 피고인들이 검찰에 조사 일정을 문의한 다음 지정된 일시에 검찰에 출두하는 등의 방법으로 자진 출석하여 범행을 사실대로 진술하였다면 자수가 성립되었다고 할 것이고, 그 후 법정에서 범행 사실을 부인한다고 하여 뉘우침이 없는 자수라거나, 이미 발생한 자수의 효력이 없어진다고 볼 수 없다.

[**원심판결**] 서울고법 2002.11.29. 선고 2001노2063, 2002노1718 판결

[주 문]

원심판결 중 주문 제6항 전문에서 피고인 2, 피고인 3에게서 각자 금 3,106,574,717,864원, 피고인 1에게서 피고인 2, 피고인 3과 각자 위 금액 중 금 2,836,923,179,823원, 피고인 4에게서 피고인 1, 피고인 2, 피고인 3과 각자 위 금액 중 금 2,643,784,170,551원의 각 추징을 명한 부분을 각 파기한다. 피고인 2, 피고인 3으로부터 각자 금 1,786,520,214,609원을, 피고인 1로부터 피고인 2, 피고인 3과 각자 위 금액 중 금 1,562,438,950,295원을, 피고인 4로부터 피고인 1, 피고인 2, 피고인 3과 각자 위 금액 중 금 1,472,455,206,174원을, 각 추징한다. 피고인 5, 피고인 6, 피고인 7의 상고와 피고인 1, 피고인 2, 피고인 3, 피고인 4의 나머지 상고 및 검사의 상고를 모두 기각한다.

[이 유]

1.
생략

라. 추징에 관한 법리오해의 주장에 관하여(피고인 1, 피고인 2, 피고인 3, 피고인 4, 피고인 5, 피고인 6, 피고인 7)

(1) 추징규정의 위헌성 주장에 관하여

특정경제범죄가중처벌등에관한법률 제10조 제1항, 제3항의 입법 취지는 불법한 범죄행위의 대상인, 해외로 도피시킨 재산이나 도피시키려고 한 재산을 그 범죄 행위자로부터 배제함으로써 구체적 정의를 실현하려는 것으로서 정당성이 인정되고, 나아가 그 재산을 몰수할 수 없을 때에는 그 범행대상 재산 가액을 추징하도록 하여 적정한 비례관계가 성립하였으므로 헌법 제37조 제2항에서 유래하는 비례의 원칙 내지 과잉금지의 원칙 그리고 헌법 제10조, 제12조 제1항, 제23조 제1항에 위배된다고 할 수 없으므로 재산국외도피죄에 대한 몰수·추징 규정에 관한 위 피고인들의 상고이유는 받아들일 수 없다.

(2) 위 피고인들에 대한 몰수·추징의 적법성

(가) 피고인들에 대한 몰수·추징의 근거 규정인 특정경제범죄가중처벌등에관한법률 제10조 제3항, 제1항에 의한 몰수·추징은 범죄로 인한 이득의 박탈을 목적으로 한 형법상의 몰수·추징과는 달리 재산국외도피 사범에 대한 징벌의 정도를 강화하여 범행 대상인 재산을 필요적으로 몰수하고 그 몰수가 불능인 때에는 그 가액을 납부하게 하는 소위 징벌적 성격의 처분이라고 보는 것이 상당하므로 그 도피재산이 위 피고인들이 아닌 회사의 소유라거나 위 피고인들이 이를 점유하고 그로 인하여 이득을 취한 바가 없다고 하더라도 위 피고인들 모두에 대하여 그 도피재산의 가액 전부의 추징을 명하여야 하는 것이므로 (대법원 1995.3.10. 선고 94도1075 판결 참조) 피고인들에게 공동연대하여 추징을 명한 원심판결은 수긍할 수 있고, 거기에 상고이유에서 주장하는 바와 같은 위법이 없다.

(나) 한편, 원심판결 이유를 기록에 비추어 살펴보면, 원심은, 피고인 1, 피고인 2, 피고인 3, 피고인 4에 대한 재산국외도피의 공소사실 중 소위 자금순환 목적의 송금 중 2-3일 내로 국내로 재반입된 부분을 무죄로 인정하면서도, 제1심판결 범죄사실 제4의 가. 부분의 추징액을 계산함에 있어서는 무죄 부분의 재산 가액까지를 포함함으로써 결과적으로 무죄를 선고하는 공소사실에 대하여 추징을 하게 되었는바, 무죄가 선고된 부분은 특정경제범죄가중처벌등에관한법률에 의하여 추징할 수 없음은 물론이고, 허가 없이 송금한 자금이 구 외국환관리법 또는 구 외국환거래법을 위반한 행위로 인하여 취득한 것이라고 볼 수도 없어 구 외국환관리법이나 구 외국환거래법에 의한 추징대상도 아니라고 할 것이므로, 위 범죄사실 제4의 가. 부분의 추징액 중 위 피고인들에 대하여 무죄를 선고한 부분의 재산가액에 대하여까지 추징을 한 원심판결은 추징의 법리를 오해하여 판결 결과에 영향을 미친 위법이 있다고 할 것이다.

(다) 정당한 추징액

원심판결 이유를 기록에 비추어 살펴보면, 원심판결의 무죄부분에 대한 미국 달러화를 원심이 변론종결시의 환율로 인정한 1달러에 1,207원으로 계산하여 환산하면, 피고인 2, 피고인 3에 대한 부분은 각 1,093,910,712.12 × 1,207 = 1,320,054,503,255원, 피고인 4에 대한 부분은 970,446,532.21 × 1,207 = 1,171,328,964,377원, 피고인 1에 대한 부분은 1,055,910,712.12 × 1,207 = 1,274,484,229,528원이 되므로 위 금액은 위 피고인들에 대한 추징금에서 제외되어야 할 것인바, 이 사건에서 정당한 추징액은 원심판결의 주문 제6항에서의 무죄부분을 포함하여 범죄사실 4의 가.에 대하여 피고인 2, 피고인 3에게서 각자 금 3,106,574,717,864원을, 피고인 1에게서 피고인 2, 피고인 3과 각자 위 금액 중 금 2,836,923,179,823원을, 피고인 4에게서 피고인 1, 피고인 2, 피고인 3과 각자 위 금액 중

금 2,643,784,170,551원을, 각 추징한 금액에서 위에서 계산한 무죄부분에 해당하는 금액을 제외하면, 피고인 2, 피고인 3로부터 각자 금 1,786,520,214,609원을, 피고인 1로부터 피고인 2, 피고인 3과 각자 금 1,562,438,950,295원을, 피고인 4로부터 피고인 1, 피고인 2, 피고인 3과 각자 금 1,472,455,206,174원을, 각 추징하여야 하는 것이다.

마. 피고인 5의 양형부당의 상고이유에 관하여

위 피고인에게 징역 10년 미만의 형이 선고된 이 사건에서 원심의 형의 양정이 과중하다는 사유는 적법한 상고이유가 되지 아니하므로 위 피고인의 상고이유는 받아들일 수 없다.

2. 검사의 상고이유에 관한 판단

생략

다. 자수에 관하여( 피고인 1, 피고인 2, 피고인 3, 피고인 4, 피고인 5, 피고인 6, 피고인 7)

원심판결 이유와 기록에 비추어 살펴보면, 위 **피고인들이 검찰에 조사 일정을 문의한 다음 지정된 일시에 검찰에 출두하는 등의 방법으로 자진 출석하여 범행을 사실대로 진술하였음을 인정할 수 있으므로 자수가 성립되었다고 할 것이고, 그 후 법정에서 범행 사실을 부인한다고 하여 뉘우침이 없는 자수라거나, 이미 발생한 자수의 효력이 없어진다고 볼 수 없어, 원심이 위 피고인들에 대하여 자수감경을 한 것은 옳고, 거기에 상고이유에서 주장하는 바와 같은 위법이 없다.**

3. 파기의 범위

위에서 본 바와 같이 원심은 피고인 1, 피고인 2, 피고인 3, 피고인 4에게 무죄 부분의 재산 가액까지를 포함하여 위 범죄사실 제4의 가.에 대하여 추징을 선고함으로써 특정경제범죄가중처벌등에관한법률과 구 외국환관리법 또는 구 외국환거래법에서의 추징에 관한 법리를 오해한 위법이 있다 할 것이므로 원심판결 중 범죄사실 제4의 가. 부분에 대한 추징 부분은 파기되어야 할 것이다.

4. 결 론

그런데 이 사건은 당원이 직접 판결하기에 충분하다고 인정되므로 형사소송법 제391조, 제396조 제1항에 의하여 원심판결 중 범죄사실 제4의 가. 부분에 대하여 추징을 명한 부분을 파기하고, 위 범죄사실 중 무죄 부분에 대하여 추징된 금액을 제외한 위 금액을 특정경제범죄가중처벌등에관한법률 제10조 제3항, 제1항에 의하여 위 피고인들로부터 각 추징하기로 하고, 피고인 5, 피고인 6, 피고인 7의 상고와 피고인 1, 피고인 2, 피고인 3, 피고인 4의 나머지 상고 및 검사의 상고는 각 이유 없어 모두 기각하기로 하여, 관여 대법관의 일치된 의견으로 주문과 같이 판결한다.

대법관    유지담(재판장) 배기원 이강국(주심) 김용담

## 5-4. 특경가법 몰수추징의 범위

### (대법원 1995.3.10. 선고 94도1075 판결[외국환거래법 위반 등])

[판시사항]

가. 약 3년 10개월 동안에 43회에 걸쳐 저지른 재산국외도피행위를 포괄1죄로 봄이 상당하다고 한 사례

나. 법인의 종업원인 피고인이 그 법인의 업무에 관하여 다른 공범자들과 함께 국외로 도피시킨 법인 소유 재산을 피고인으로부터 추징할 수 있는지 여부

[판결요지]

가. 피고인 등이 저지른 수차례의 재산국외도피행위가 약 3년 10개월 동안 43회에 걸쳐 피고인 갑 회사 소유의 케냐국 소재 호텔 재건축자금을 마련할 목적으로 피고인 을이 책임자로 있던 회사의 동경사무소에서 해외거주 고객으로부터 회사가 운영하는 국내 소재 호텔 카지노의 이용자금을 외화로 받아 이를 인편으로 회사의 홍콩사무소로 보낸 다음 그 곳에서 은행을 통하여 케냐국에 송금하는 방법으로 행하여졌다면, 이는 동일인들이 동일한 목적을 가지고 단일하고 동일하며 계속적인 범의하에 동일한 수단과 방법을 통하여 동일범죄의 구성요건에 해당하는 행위를 계속적으로 실행한 것이어서 그 모두를 포괄1죄로 봄이 상당하다고 한 사례

나. '가'항의 피고인 을에 대한 추징은 특정경제범죄가중처벌등에관한법률 제10조 제3항, 제1항에 의한 것으로서 형법상의 몰수, 추징과는 달리 범죄로 인한 이득의 박탈을 목적으로 한 것이라기보다는 재산국외도피사범에 대한 징벌의 도를 강화하여 범행대상인 재산을 필요적으로 몰수하고 그 몰수가 불능인 때에는 그 가액을 납부하게 하는 징벌적 성질의 처분이라고 봄이 상당하므로 그 도피재산이 피고인 을이 아닌 '가'항 회사의 소유라거나 피고인 을이 이를 점유하지 아니하고 그로 인하여 이득을 취한 바가 없다고 하더라도 추징할 수 있다.

[원심판결] 서울고등법원 1994.3.11. 선고 93노4029 판결

[주 문]

상고를 모두 기각한다.

[이 유]

피고인 1 및 피고인들의 변호인의 상고이유를 판단한다.

1. 원심판결 이유에 의하면, 원심은 피고인들에 대한 이 사건 범죄사실을 유죄로 인정한

제1심의 조치를 그대로 유지하고 있는 바, 기록에 비추어 살펴보면, 원심은 제1심이 그 판시 범죄사실에 대한 증거로 들고 있는 검사 작성의 이상국에 대한 진술조서사본이 피고인들이 이를 증거로 함에 동의한 사실이 없을 뿐만 아니라 공판준비 또는 공판기일에서 원진술자인 이상국에 의하여 성립의 진정함이 인정된 일이 없음에도 불구하고 이를 증거로 사용한 제1심을 그대로 유지하여 증거능력없는 증거를 사실인정의 자료로 삼은 채증법칙 위반의 잘못을 저지른 것이나, 위 증거를 제외한 나머지 증거들만으로도 피고인들의 범죄사실을 인정하기에 충분하므로, 원심이 피고인들에 대한 범죄사실을 증거없이 인정하였다고 할 수 없으며, 위와 같은 위법은 판결 결과에 아무런 영향이 없다. 상고이유는 받아들일 수 없다.

2. **단일하고 계속된 범의하에 동종의 범행을 일정기간 반복하여 행하고 그 피해법익도 동일한 경우에는 각 범행을 통틀어 포괄일죄로 보아야 할 것인 바**, 원심이 유지한 제1심이 인정한 그 판시 범죄사실에 의하면, 피고인 등이 저지른 이 사건 수차례의 재산국외도피행위는 약 3년 10개월 동안 43회에 걸쳐 피고인 2투자개발 주식회사 소유의 케냐국 소재 호텔 재건축자금을 마련할 목적으로 피고인 1이 책임자로 있던 위 회사의 동경사무소에서 해외거주 고객으로부터 위 회사가 운영하는 워커힐호텔 카지노의 이용자금을 외화로 받아 이를 인편으로 위 회사의 홍콩사무소로 보낸 다음 그 곳에서 은행을 통하여 케냐국에 송금하는 방법으로 행하여졌으므로 이는 동일인들이 동일한 목적을 가지고 단일하고 동일하며 계속적인 범의하에 동일한 수단과 방법을 통하여 동일범죄의 구성요건에 해당하는 행위를 계속적으로 실행한 것이어서 그 모두를 포괄일죄로 봄이 상당하다 할 것이고, 그 결과 도피된 재산 총액을 기준으로 특정경제범죄가중처벌등에관한법률이 적용되어 가중처벌된다 하여 책임주의에 위배된다고 말할 수 없다. 이 점을 지적하는 상고이유도 받아들일 수 없다.

3. 피고인 1에 대한 **이 사건 추징은 위 특정경제범죄가중처벌등에관한법률 제10조 제3항, 제1항에 의한 것으로서 이는 형법상의 몰수, 추징과는 달리 범죄로 인한 이득의 박탈을 목적으로 한 것이라기보다는 재산국외도피사범에 대한 징벌의 도를 강화하여 범행대상인 재산을 필요적으로 몰수하고 그 몰수가 불능인 때에는 그 가액을 납부하게 하는 징벌적 성질의 처분이라고 봄이 상당하므로 그 도피재산이 피고인 1이 아닌 위 회사의 소유라거나 피고인 1이 이를 점유하지 아니하고 그로 인하여 이득을 취한 바가 없다고 하더라도 추징할 수 있는 것이다.** 상고이유는 받아들일 수 없다.

4. 그러므로 상고를 모두 기각하기로 관여 법관의 의견이 일치되어 주문과 같이 판결한다.

대법관 박준서(재판장) 박만호 김형선 이용훈(주심)

## 5-5. 추징액의 산정방법

### (대법원 2001.11.27. 선고 2001도4829 판결[외국환거래법 위반])

**[판시사항]**

[1] 이른바 암달러상의 외국환 환전행위에 대한 처벌규정 및 외국환거래법 제27조 제1항 제6호에 해당하는 행위를 같은 항 제5호로 처벌한 것이 판결에 영향이 있는지 여부(소극)

[2] 외국환거래법 제30조에 의한 추징액의 산정방법에 관한 사례

**[판결요지]**

[1] 이른바 암달러상이 미화 등의 외국환을 매입하거나 매도하는 경우, 그 행위는 외국환거래법 제27조 제1항 제6호, 제8조 제3항 소정의 무등록 환전업무를 영위한 것에 해당하고, 원심이 이에 대하여 외국환거래법 제27조 제1항 제6호, 제8조 제3항을 적용하지 아니하고 같은 법 제27조 제1항 제5호, 제8조 제1항을 적용한 것은 그 법령의 적용에 잘못이 있다 할 것이나, 외국환거래법 제27조 제1항 제5호는 같은 법 제8조 제1항의 규정에 의한 등록을 하지 아니하고 외국환업무를 영위한 자에 대한 처벌규정이고 외국환거래법 제27조 제1항 제6호는 같은 법 제8조 제3항의 규정에 의한 등록을 하지 아니하고 외국환업무 중 환전업무만을 영위한 자에 대한 처벌규정으로서 그 죄질과 법정형에 있어서 차이가 없으므로, 원심의 위와 같은 법령적용의 잘못은 판결에 영향을 미쳤다고 할 수 없다.

[2] 외국환을 몰수할 수 없게 되어 그 가액을 추징하면서 외국환에 대한 판결 선고 당시의 가액 상당으로 추징액을 산정한 원심의 조치를 정당하다고 한 사례.

**[원심판결]** 서울지법 2001.8.22. 선고 2001노3546 판결

**[주 문]**

상고를 기각한다.

**[이 유]**

1. 법령적용의 위법에 대하여

원심은, 피고인이 재정경제부장관에게 등록하지 아니하고 2000년 2월 중순경 서울 중구 회현동 소재 피고인의 사무실에서 공소외 불법환전상(일명 암달러상)들로부터 외국환인 미국 달러를 매입하고 상피고인에게 한화를 미화 5만불로 환전하여 주어 외국환 매매업무를 하였다는 범죄사실을 유죄로 인정하면서 이에 대하여 외국환거래법 제27조 제1항 제5호, 제8조 제1항을 적용하였다.

그러나 원심이 인정한 위 범죄사실은 외국환거래법 제27조 제1항 제6호, 제8조 제3항 소정의 무등록 환전업무를 영위한 것에 해당하고, 기록에 의하여도 피고인이 외국통화 매매의 환전업무 이외의 다른 외국환업무를 영위하였다고 볼 자료가 없다. 따라서 원심이 위 범죄사실에 대하여 외국환거래법 제27조 제1항 제6호, 제8조 제3항을 적용하지 아니하고 같은 법 제27조 제1항 제5호, 제8조 제1항을 적용한 것은 그 법령의 적용에 잘못이 있다 할 것이나, 외국환거래법 제27조 제1항 제5호는 같은 법 제8조 제1항의 규정에 의한 등록을 하지 아니하고 외국환업무를 영위한 자에 대한 처벌규정이고 외국환거래법 제27조 제1항 제6호는 같은 법 제8조 제3항의 규정에 의한 등록을 하지 아니하고 외국환업무 중 환전업무만을 영위한 자에 대한 처벌규정으로서 그 죄질과 법정형에 있어서 차이가 없으므로, 원심의 위와 같은 법령적용의 잘못은 판결에 영향을 미쳤다고 할 수 없다.

결국, 이 부분에 관한 상고이유의 주장은 이유 없다.

2. 추징에 대하여

원심은, 피고인이 외국환거래법 제27조 제1항 제6호 소정의 무등록 환전업무를 영위하면서 미화 5만 달러를 매입하여 취득하였다가 이를 매도함으로써 몰수할 수 없게 된 것으로 보고 피고인에 대하여 외국환거래법 제30조를 적용하여 미화 5만 달러에 대한 원심판결 선고일 무렵의 가액 상당인 64,325,000원의 추징을 명하였는바, 관계 법령과 기록에 비추어 살펴보면, 원심의 위와 같은 조치는 정당하고 거기에 상고이유에서 주장하는 바와 같은 추징에 관한 법리오해의 위법이 없다.

이 부분에 관한 상고이유의 주장도 이유 없다.

3. 그러므로 상고를 기각하기로 하여 관여 법관의 일치된 의견으로 주문과 같이 판결한다.

대법관    송진훈(재판장) 변재승 윤재식(주심) 이규홍

5-6. 외국환거래법 몰수추징규정의 위헌 여부

(헌재 2012.5.31. 2010헌가97[구 외국환거래법 제30조 위헌제청])

[판시사항]

거주자가 대통령령이 정하는 바에 의하여 기획재정부장관에게 신고를 하지 아니하고 취득한 해외부동산을 필요적으로 몰수추징하도록 규정한 구 외국환거래법(1998.9.16. 법률 제5550호로 제정되고, 2000.1.30. 법률 제0351호로 개정되기 전의 것, 이하 '외국환거래법'이라 한다) 제30조 중 '제28조 제1항 제4호 가운데 제18조 제1항의 규정에 의한 신고를 하지 아니하고 자본거래를 한 자가 당해 행위로 인하여 취득한 부동산에 관하여 적용되는 부분'(이하 '이 사건 법률조항'이라 한다)이 과잉금지원칙에 위배되는지 여부(소극)

## [결정요지]

해외부동산 취득시 대규모의 자금이동 내지 비정상적인 거래가 이루어질 가능성이 있음에도 그 적발이 쉽지 않은 점, 대외적 요인에 취약한 우리나라의 경제규모나 구조, 자본의 불법적 유출입에 대한 감시의 필요성, 외국환거래법상의 몰수·추징의 징벌적 특성 및 부가형적인 성질 등에 비추어 볼 때, 거주자가 해외부동산을 신고하지 아니하고 취득한 경우 이를 형사처벌하는 외에 취득한 해외부동산을 필요적으로 몰수·추징하도록 하는 것은 신고제도의 실효성을 확보함과 동시에 미신고 해외부동산 취득에 관한 경제적 유인을 억제함으로써 국제수지의 균형과 통화가치의 안정을 달성하기 위한 것으로 그 입법목적이 정당하고, 이를 달성하기 위한 적절한 수단이다.

신고를 요건으로 하는 거주자의 해외부동산 취득절차에서 취득하려는 해외부동산에 대한 자발적 신고는 국제수지의 균형과 통화가치의 안정을 확보하기 위하여 가장 기본적으로 요구되는 사항이므로, 그 이행을 위해서는 신고의무에 정면으로 배치되는 미신고 해외부동산 취득행위를 방지하고 그 취득에 관한 경제적 유인을 금지하여 엄격하게 처벌할 필요가 있다. 그러므로 신고의무를 해태하는 경우 일반 행정법규상의 단순한 신고 미이행 등과 같은 질서벌이 아닌 형사벌로 다루는 것 외에 신고하지 아니하고 취득한 해외부동산을 반드시 몰수·추징할 필요성이 있고 이를 임의적 규정으로 하여서는 위와 같은 입법 목적을 달성하기에 부족하다. 한편, 주형의 구체적인 양형과정에서 필요적 몰수·추징의 부가형을 참작하여 구체적 형평성을 기할 수 있으며, 법관은 주형에 대하여 선고를 유예하는 경우에는 부가형인 몰수·추징에 대하여 선고를 유예할 수 있어 사안에 따라 필요적 몰수·추징이 가혹할 경우에는 선고유예를 통하여 구체적 형평성을 기할 수 있다. 나아가 외국환거래법이 거주자의 해외부동산 취득과 관련하여 기획재정부장관에게 수리 여부를 결정하거나 거래 내용의 변경을 권고할 수 있는 권한을 부여하고 있으므로, 거주자의 해외부동산 취득이 단순히 신고라는 절차적인 요건을 갖추기만 하면 완전히 자유롭게 허용되는 행위라고 볼 수도 없다. 따라서 이 사건 법률조항은 침해최소성원칙에 반하지 아니한다.

거주자의 미신고 해외부동산 취득행위는 곤궁범이 아닌 이욕범이자 재정범으로 국가경제에 미치는 부정적 영향이 지대하다는 점을 고려할 때, 이 사건 법률조항에 의해 제한되는 재산권 등 사익이 국제수지의 균형과 통화가치의 안정을 통한 건전한 외국환거래질서 확립이라는 공익보다 더 크다고 할 수 없다.

따라서 이 사건 법률조항은 과잉금지원칙에 위배되지 아니한다.

## [주 문]

구 외국환거래법(1998.9.16. 법률 제5550호로 제정되고, 2009.1.30. 법률 제9351호로 개정되기 전의 것) 제30조 중 '제28조 제1항 제4호 가운데 제18조 제1항의 규정에 의한 신고를 하지 아니하고 자본거래를 한 자가 당해 행위로 인하여 취득한 부동산에 관하여 적용되는 부분'은 헌법에 위반되지 아니한다.

## [이 유]

### 1. 사건개요 및 심판대상

가. 사건개요

(1) 당해 사건의 피고인인 제청신청인은, 「거주자가 외국에 있는 부동산 또는 이에 관한 권리를 취득하고자 하는 경우에는 지정거래 외국환은행의 장에게 신고하여 수리를 받아야 함에도, 지정거래 외국환은행의 장에게 신고하지 아니하고, 2008.8.1.경 미국 하와이(Hawaii)주 호놀룰루(Honolulu)시에 있는 콘도(1151 Ala Wai Blvd. Suite ○○○○, Honolulu, HI 96815)를 미화 2,623,150달러(한화 2,661,447,990원 상당)에 구입하여 외국에 있는 부동산에 대한 소유권을 취득하였다.」는 이유로, 구 외국환거래법 제28조 제1항 제4호, 제18조 제1항 위반으로 서울중앙지방법원에 기소되었다(서울중앙지방법원 2010고단4148).

(2) 제청신청인은 1심 계속 중 신고를 하지 아니하고 자본거래를 한 자가 당해 행위로 인하여 취득한 부동산 등을 필요적으로 몰수·추징하도록 규정한 구 외국환거래법 제30조에 대하여 위헌법률심판제청신청(서울중앙지방법원 2010초기3691)을 하였고, 제청법원은 2010.11.25. 위 제청신청을 받아들여 위 조항이 위헌이라고 인정할 만한 상당한 이유가 있다며 이 사건 위헌법률심판제청을 하였다.

나. 심판대상

이 사건 심판대상은 구 외국환거래법(1998.9.16. 법률 제5550호로 제정되고, 2009.1.30. 법률 제9351호로 개정되기 전의 것, 이하 '외국환거래법'이라 한다) 제30조 중 '제28조 제1항 제4호 가운데 제18조 제1항의 규정에 의한 신고를 하지 아니하고 자본거래를 한 자가 당해 행위로 인하여 취득한 부동산에 관하여 적용되는 부분'(이하 '이 사건 법률조항'이라 한다)이 헌법에 위반되는지 여부이며, 그 내용 및 관련 조항은 다음과 같다.

### [심판대상조항]

구 외국환거래법(1998.9.16. 법률 제5550호로 제정되고, 2009.1.30. 법률 제9351호로 개정되기 전의 것) 제30조(몰수·추징) 제27조 제1항·제28조 제1항 및 제29조 제1항의 각 호의 1에 해당하는 자가 당해 행위로 인하여 취득한 외국환 기타 증권·귀금속·부동산 및 내국지급수단은 이를 몰수하며, 몰수할 수 없는 때에는 그 가액을 추징한다.

구 외국환거래법(2009.1.30. 법률 제9351호로 개정되기 전의 것) 제28조 (벌칙) ① 다음 각 호의 1에 해당하는 자는 2년 이하의 징역 또는 1억 원 이하의 벌금에 처한다. 다만, 위반행위의 목적물의 가액의 3배가 1억 원을 초과하는 경우에는 그 벌금을 목적물의 가액의 3배 이하로 한다.

4. 제18조 제1항 또는 제3항의 규정에 의한 신고를 하지 아니 하거나 허위로 신고(동조 제6항 또는 제7항의 규정에 위반한 경우를 포함한다)하고 자본거래를 한 자

제18조(자본거래의 신고 등) ① 자본거래를 하고자 하는 자는 대통령령이 정하는 바에 의하여 기획재정부장관에게 신고하여야 한다. 다만, 경미하거나 정형화된 자본거래로서 기획재정부장관이 대통령령이 정하는 바에 의하여 지정한 자본거래는 그러하지 아니하다.

② 생략

③ 제2항의 규정에 불구하고 다음 각 호의 1에 해당하는 자본거래의 경우에는 대통령령이 정하는 구분에 의하여 제1항의 규정에 의한 신고대상으로 하거나 허가 및 신고대상에서 제외할 수 있다.

1. 외국환업무취급기관 등이 그 업무로서 행하는 거래로서 기획재정부장관이 정하는 거래

2. 외국환중개회사 또는 '자본시장과 금융투자업에 관한 법률'에 따른 투자매매업자·투자중개업자가 중개하는 파생금융거래

3. 해외직접투자

4. 거주자에 의한 비거주자로부터의 증권 또는 이에 관한 권리의 취득으로서 '자본시장과 금융·투자업에 관한 법률'에 따른 투자매매업자·투자중개업자 또는 집합투자업자가 위탁매매·중개·판매대행하는 거래

5. 기타 당해 자본거래가 허가를 받지 아니하고 이루어지더라도 이 법의 실효성을 확보하는 데 지장이 없다고 인정하여 기획재정부장관이 지정한 거래

④ 제1항 및 제3항의 규정에 의하여 기획재정부장관에게 신고하도록 정한 사항 중 거주자의 해외직접투자 및 해외부동산이나 이에 관한 권리의 취득에 대하여 기획재정부장관은 그 내용을 심사하여 신고수리 여부 등을 결정할 수 있다.

⑤ 기획재정부장관은 제4항의 규정에 의한 신고에 대하여 대통령령이 정하는 처리기간 내에 다음 각 호의 1에 해당하는 결정을 하여 신고인에게 통지하여야 한다.

1. 신고의 수리

2. 신고의 수리거부

3. 거래내용의 변경권고

⑥ 기획재정부장관이 제5항 제2호에 해당하는 결정을 한 경우에는 그 신고를 한 거주자는 당해 거래를 하여서는 아니 된다.

⑦～⑧ 생략

제3조 (정의) ① 이 법에서 사용하는 용어의 정의는 다음과 같다.

12. "거주자"라 함은 대한민국 안에 주소 또는 거소를 둔 개인과 대한민국 안에 주된 사무소를 둔 법인을 말한다.

18. "자본거래"라 함은 다음 각 목의 1에 해당하는 거래 또는 행위를 말한다.

　사. 거주자에 의한 외국에 있는 부동산이나 이에 관한 권리의 취득 또는 비거주자에 의한 국내에 있는 부동산이나 이에 관한 권리의 취득

제23조 (위임·위탁 등) ① 기획재정부장관은 이 법에 의한 권한의 일부를 대통령령이 정하는 바에 의하여 금융위원회·증권선물위원회·관계행정기관의 장·한국은행총재·금융감독원장·외국환업무취급기관 등의 장 기타 대통령령이 정하는 자에게 위임 또는 위탁할 수 있다.

구 외국환거래법 시행령(2009.2.3. 대통령령 제21287호로 개정되기 전의 것) 제35조 (권한의 위임·위탁) ⑤ 법 제23조 제1항의 규정에 의하여 다음 각 호의 사항에 관한 기획재정부장관의 권한은 이를 외국환업무취급기관의 장에게 위탁한다.

2. 법 제18조의 규정에 따른 자본거래신고의 수리 또는 접수(기획재정부장관이 고시하는 것에 한한다)

2. 제정법원의 위헌제청이유

가. 외국환거래법은 해외부동산 취득 자체를 금지하는 것이 아니라 신고만 있으면 언제든지 해외부동산을 취득할 수 있도록 하고 있으므로 미신고 해외부동산 취득의 불법성은 신고의무를 이행하지 않았다는 행정법규 위반에 그 중심이 있는 것이다. 따라서 구체적인 사안에 따라 몰수나 추징이 필요한 경우에 임의적으로 몰수·추징을 하더라도 외국환거래법의 입법목적 달성에 장애가 없고, 한편 해외부동산 취득행위가 단순한 미신고를 넘어 재산을 국외로 도피시키는 행위에 이른 경우에는 특정경제범죄가중처벌법 위반죄로 처벌하면서 그 도피재산에 대해 필요적으로 몰수하거나 추징하게 되어 있다. 그럼에도 이 사건 법률조항은 해외부동산 거래행위에 대한 신고를 단순히 업무상 착오나 과실로 해태한 경우와 같이 행위자의 책임이 경미한 경우에도, 취득한 해외부동산을 필요적으로 몰수추징하도록 하고 있는바, 이는 형벌 본래의 기능과 목적을 달성함에 있어 필요한 정도를 현저히 일탈하여 헌법 제37조 제2항의 과잉금지원칙에 위반된다.

나. 형의 선고에 있어 주형에 대하여 선고를 유예하지 아니하면서 그에 부가할 추징에 대

해서만 선고를 유예할 수는 없는바, 이 사건 법률조항은 범행에 이르게 된 경위나 구체적인 양형사유를 고려하지 않고 취득한 해외부동산 자체를 필요적으로 몰수추징하도록 하고 있어, 법관으로서는 행위의 불법성이 크지 않은 경우에도 주형에 비해 과도하게 높은 부가형을 선고하여야 하거나 이를 피하기 위해서는 주형마저도 선고를 유예할 수밖에 없게 되는데, 이는 법관의 양형선택과 판단권을 극도로 제한하여 범죄자의 책임의 정도에 알맞은 형벌을 선고할 수 없게 하므로 위헌적인 법률조항이다.

## 3. 판 단

### 가. 거주자의 해외부동산 취득에 관한 규제변화

(1) 규제내용의 변화

거주자의 해외부동산 취득에 대한 규제는 원칙적 금지에서 허가제, 신고제로 점차 완화되어 왔다.

1961.12.31. 법률 제933호로 제정된 외국환관리법은 거주자의 해외부동산 취득에 관하여 처음으로 규율하였는바, 같은 법 제29조에서 "거주자는 법령이 정하는 경우를 제외하고는 외국에 있는 부동산을 취득하여서는 아니된다."고 규정하여 거주자가 투자 또는 주거 목적으로 해외부동산을 취득하는 것을 원칙적으로 금지하였다. 1991.12.27. 법률 제4447호로 개정된 외국환관리법은 기존의 규제위주의 금지법 체계에서 원칙적인 자유화와 예외적인 제한 방식으로 대외거래에 관한 규율을 개편하면서 주거 목적의 해외부동산 취득도 자본거래의 한 유형으로 포섭하여 허가제로 완화하였고(제21조), 1995.12.29. 법률 제5040호로 개정된 외국환관리법은 거주자의 주거 목적 해외부동산 취득과 관련하여 일부 거래유형에 대하여 신고제를 도입하여 허가제와 신고제를 병존시켰다(제21조).

그 후 외국환관리법이 폐지되고 외국환거래법이 1998.9.16. 법률 제5550호로 제정되었는데, 위 법은 거주자의 해외부동산 취득과 관련하여 신고제를 원칙으로 하였다(제18조 제1항).

(2) 형사처벌 규정

구 외국환관리법은 제정 당시부터 해외부동산 취득 금지규정을 위반한 거주자를 형사처벌하는 규정을 두어 온 이래 그 법정형의 변경을 거쳐 현행 외국환거래법에 이르고 있다. 2009.1.30. 법률 제9351호로 개정된 외국환거래법은 거주자의 해외부동산 취득에 관한 신고의무 위반 행위에 대하여 그 신고의무를 위반한 금액이 5억 원 이상으로서 대통령령이 정하는 금액을 초과하는 경우에만 1년 이하의 징역 또는 1억 원 이하의 벌금(위반행위의 목적물 가액의 3배가 1억 원을 초과하는 경우에는 그 벌금을 목적물 가액의 3배 이하로 한다)에 처하도록 하고(제29조 제1항 제6호), 그 밖의 경우에는 5천만 원 이하의 과태료를 부과하는 것으로 규정하였고(제32조 제1항 제3호), 2009.2.3. 대통령령 제21287호로 개정된 외국환거래법 시행령 제40조는 신고의무 위반으로 처벌의 대상이 되는 금액을 10억 원으로 규정하고 있었다. 그러나 2011.7.25. 대통령령 제23041호로 개정된 외국환거래법 시행령 제40조는 형사처벌 대상자를 줄이기 위하여 형벌을 부과하는 대상이 되는 신고의무 위반의 기준금액을 50억 원으로 상향 조정하였다. 다만, 2009.1.30. 법률 제9351호로 개정된 외국환거래법 부칙 제3항은 이 법 시행 전의 행위에 대한 벌칙 등의 적용은 종전의 규정에 따르도록 규정하고 있어, 당해 사건의 경우 위와 같은 법령의 개정에도 불구하고 구 외국환거래법(1998.9.16. 법률 제5550호로 제정되고, 2009.1.30. 법률 제9351호로 개정되기 전의 것)이 적용된다.

(3) 필요적 몰수·추징 조항

1966.7.28. 법률 제1799호로 개정된 외국환관리법에서 거주자의 해외부동산 취득 금지의무를 위반한 자를 형사처벌하는 외에 당해 행위로 인하여 취득한 부동산을 필요적으로 몰수추징하는 규정(제36조의2)을 신설한 이래 현행 외국환거래법에 이르기까지 기본적인 내용의 변화 없이 이어져 오고 있다.

나. 이 사건 법률조항의 위헌 여부에 관한 판단

(1) 거주자의 미신고 해외부동산 취득의 처벌과 필요적 몰수·추징

이 사건 법률조항은 기획재정부장관에게 신고를 하지 아니하고 외국에 있는 부동산을 취득한 거주자를 2년 이하의 징역 또는 1억원 이하의 벌금(위반행위의 목적물의 가액의 3배가 1억 원을 초과하는 경우 벌금은 목적물의 가액의 3배 이하)으로 형사처벌하는 외에 거주자가 취득한 해외부동산을 몰수하고, 몰수할 수 없는 때에는 그 가액을 추징하도록 규정하고 있다.

위 몰수·추징은 범죄로 인한 이득의 박탈을 목적으로 한 형법상의 몰수추징과는 달리 거주자의 미신고 해외부동산 취득행위에 대한 징벌의 정도를 강화하여 취득한 해외부동산을 필요적으로 몰수하고 그 몰수가 불능인 때에는 그 가액을 납부하게 하는 징벌적 제재의 성격을 띠고 있으므로, 그 부동산으로 인하여 이득을 취하였는지 여부를 불문하고 이를 몰수하거나 그 가액 전부를 추징할 수 있다(대법원 1998.5.21. 선고 95도2002 전원합의체 판결 참조).

(2) 필요적 몰수추징 규정의 위헌 여부에 대한 심사 기준

어떤 행위를 범죄로 규정하고 그에 대하여 어떠한 형벌을 과할 것인가 하는 문제는 원칙적으로 입법자가 우리의 역사와 문화, 입법 당시의 시대적 상황과 국민 일반의 가치관 내지 법감정, 범죄의 실태와 죄질 및 보호법익 그리고 범죄 예방 효과 등을 종합적으로 고려하여 결정하여야 할 국가의 입법정책에 관한 사항으로서, 광범위한 입법재량 내지 형성의

자유가 인정되어야 할 부분이다.

**몰수·추징은 전적으로 법관의 재량에 맡겨져 있는 임의적 몰수·추징의 경우도 있으나 요건이 충족되는 한 반드시 몰수·추징을 선고하여야 하는 필요적 몰수·추징의 경우도 있는바, 몰수·추징을 임의적으로 할지 아니면 필요적으로 할지는 기본적으로는 입법정책에 관한 사항이다. 그러나 이러한 입법형성권도 무제한적인 것이 아니라 어느 범죄에 대한 법정형이 지나치게 가혹하여 헌법상 평등의 원칙이나 과잉금지의 원칙에 반하는 경우 헌법에 반하므로, 형의 일종인 몰수·추징도 지나치게 가혹할 경우 과잉금지원칙 등에 위반되어 헌법에 위반된다**(헌재 2008.10.30. 2008헌바11, 판례집 20-2상, 868, 881 참조).

(3) 과잉금지원칙 위배 여부

(가) 목적의 정당성 및 수단의 적절성

거주자의 해외부동산 취득을 포함한 자본거래는 그 거래 또는 행위의 성질상 비교적 용이하게 국제적으로 대규모 자금이동을 수반하므로 외화 수요를 증가시켜 환율 상승의 요인이 되는 등 국제수지 불균형과 통화가치의 불안정을 초래하여 국가경제에 큰 영향을 미칠 우려가 있다. 그럼에도 불구하고 외환당국이 그 거래내용이나 진실성을 파악하기는 쉽지 아니하다.

이와 같이 해외부동산 취득시 대규모의 자금이동 내지 비정상적인 거래가 이루어질 가능성이 있음에도 그 적발이 쉽지 않은 점, 대외적 요인에 취약한 우리나라의 경제규모나 구조, 자본의 불법적 유출입에 대한 감시의 필요성, 외국환거래법상의 몰수·추징의 징벌적 특성 및 부가형적인 성질 등에 비추어 볼 때, 거주자가 해외부동산을 신고하지 아니하고 취득한 경우 이를 형사처벌하는 외에 취득한 해외부동산을 필요적으로 몰수·추징하도록 하는 것은 신고제도의 실효성을 확보함과 동시에 미신고 해외부동산 취득에 관한 경제적 유인을 억제함으로써 국제수지의 균형과 통화가치의 안정을 달성하기 위한 것으로 그 입법목적이 정당하고, 이를 달성하기 위한 적절한 수단이다.

(나) 침해최소성

임의적 규정으로는 법의 목적을 실현하기에 부족하고 필요적인 규정이 입법목적 달성에 반드시 필요한 경우라면, 필요적인 제재 규정이라고 하더라도 '최소 침해성의 원칙'에 위배되지 않는다(헌재 2002.4.25. 2001헌가19등, 판례집 14-1, 235, 244-246; 헌재 2003.6.26. 2001헌바31, 판례집 15-1, 691, 700 참조).

**대외적 요인에 취약한 우리나라의 경제구조나 규모 등 지정학적 특성에 해외부동산 취득시 대규모의 자금이동 내지 비정상적인 거래가 이루어질 가능성이 있음에도 그 적발이 쉽지 않은 점을 보태어 보면, 안정적인 국가경제의 운용을 위해서는 국가가 자국의 경제상황**

에 맞는 외국환관리를 실시할 필요가 크다. 이에 따라 해외부동산을 취득하고자 하는 거주자에게 신고의무를 부과하고, 해외부동산 취득 후 3월 이내에 해외부동산 취득보고서를, 해외부동산 처분 후 3월 이내에 해외부동산처분보고서를, 취득부동산의 계속 보유여부의 증명 등 사후관리에 필요하여 요청받는 경우에는 수시 보고서를 지정거래 외국환은행에 각 제출하도록 하고 있으며, 지정거래 외국환은행은 이와 같이 보고받은 해외부동산 취득·양도자료를 국세청에 통보하도록 하고 있다. 이러한 신고의 내용은 우리 경제의 건전한 발전을 저해할 수 있는 불법거래, 탈세 등을 방지하고 우리 경제의 이상 징후를 포착하여 적시에 필요한 정책대응을 모색하는 데 활용된다. 따라서 신고를 요건으로 하는 거주자의 해외부동산 취득절차에서 취득하려는 해외부동산에 대한 자발적 신고는 국제수지의 균형과 통화가치의 안정을 확보하기 위하여 가장 기본적으로 요구되는 사항이다.

그런데 거주자에 의한 해외부동산 취득 신고가 이루어지지 않을 경우 신고를 전제로 한 모니터링 제도의 근간이 무너져 국제적인 자본 유출입을 효과적으로 파악할 방법이 없을 뿐만 아니라 사후관리도 불가능하기 때문에, 그 이행을 위해서는 신고의무에 정면으로 배치되는 미신고 해외부동산 취득행위를 방지하고 그 취득에 관한 경제적 유인을 금지하여 엄격하게 처벌할 필요가 있다. 그러므로 신고의무를 해태하는 경우 일반 행정법규상의 단순한 신고 미이행 등과 같은 질서벌이 아닌 형사벌로 다루는 것 외에 신고하지 아니하고 취득한 해외부동산을 반드시 몰수·추징할 필요성이 있고 이를 임의적 규정으로 하여서는 위와 같은 입법 목적을 달성하기에 부족하다.

한편, 거주자의 미신고 해외부동산 취득행위에 대한 법정형이 그리 높지 아니하므로 이 사건 법률조항의 적용으로 부가형이 주형보다 높은 경우가 발생할 수 있다. 그러나 외국환거래법상의 몰수·추징은 재산상 이익을 환수하는 데 그치는 것이 아니고 징벌적인 성격을 가지며, 행위자의 책임과 형벌의 비례관계는 주형과 부가형을 통산하여 인정되는 것이므로 주형의 구체적인 양형과정에서 필요적 몰수·추징의 부가형을 참작하여 구체적 형평성을 기할 수 있다. 또한 법관은 주형에 대하여 선고를 유예하지 아니하면서 그에 부가할 추징에 대하여서만 선고를 유예할 수는 없으나(대법원 1979.4.10. 선고 78도3098 판결 참조), 주형에 대하여 선고를 유예하는 경우에는 부가형인 몰수·추징에 대하여 선고를 유예할 수 있어(대법원 1980.12.9. 선고 80도584 판결; 대법원 1978.4.25. 선고 76도2262 판결 참조), 사안에 따라 필요적 몰수추징이 가혹할 경우에는 선고유예를 통하여 구체적 형평성을 기할 수 있다. 따라서 부가형이 주형보다 중할 수 있다는 점만으로 법관의 양형 재량이 과도하게 제한된다거나 책임과 형벌의 비례원칙에 반한다고 볼 수 없다.

나아가 **외국환거래법이 거주자의 해외부동산 취득과 관련하여 형식적으로는 신고를 하도**

록 규정하고 있지만 그 내용 면에서는 여전히 기획재정부장관에게 수리 여부를 결정하거나 거래 내용의 변경을 권고할 수 있는 권한을 부여하고 있으므로(법 제18조 제4항 내지 제7항 참조), 거주자의 해외부동산 취득이 단순히 신고라는 절차적인 요건을 갖추기만 하면 완전히 자유롭게 허용되는 행위라고 볼 수도 없다. 즉 거주자가 신고를 하지 아니하고 취득한 해외부동산 중에는 신고만 하면 취득할 수 있었던 경우만 존재하는 것이 아니라 신고를 하더라도 수리거부 등으로 취득하지 못하였을 경우도 얼마든지 존재할 수 있다.

청구인은, 거주자가 외국에서 발생한 수입으로 해외부동산을 취득한 경우에는 국제수지의 균형과 통화가치의 안정에 하등의 영향을 미치지 아니하므로 이러한 경우까지 이 사건 법률조항을 적용하여 해외부동산을 몰수·추징하는 것은 과도한 제한이라고 주장하나, 대한민국에 주소 또는 거소를 둔 개인 등이 외국에서 얻은 수입으로 해외부동산을 취득하였다 하여도 국가가 외환에 관한 일련의 자금흐름을 유기적으로 파악하여 감독하기 위하여는 이에 대한 신고의무를 부과하고 이를 위반한 경우 해외부동산을 몰수추징할 필요가 있으므로, 이를 지나친 제한이라고 할 수 없다.

결국 위 법률조항은 침해최소성원칙에 반하지 아니한다.

(다) 법익균형성

거주자의 미신고 해외부동산 취득행위는 곤궁범이 아닌 이욕범이자 재정범으로 국가경제에 미치는 부정적 영향이 지대하다는 점을 고려할 때, 이 사건 법률조항에 의해 제한되는 재산권 등 사익이 국제수지의 균형과 통화가치의 안정을 통한 건전한 외국환거래질서 확립이라는 공익보다 더 크다고 할 수 없다.

(라) 소결

따라서 이 사건 법률조항은 과잉금지원칙에 위배되지 아니한다.

4. 결 론

그렇다면 이 사건 법률조항은 헌법에 위반되지 아니하므로 관여 재판관 전원의 일치된 의견으로 주문과 같이 결정한다.

5-7. 몰수·추징 규정의 취지

(대법원 2013.7.12. 선고 2013도4721 판결[외국환거래법 위반])

[판시사항]

외국환거래법 제30조가 범인이 해당 행위로 인하여 취득한 외국환 기타 지급수단 등을 몰수·추징 대상으로 규정하는 취지 및 '취득'의 의미

[원심판결] 광주지법 2013.4.3. 선고 2013노76 판결

[주 문]

상고를 기각한다.

[이 유]

상고이유를 판단한다.

외국환거래법 제30조가 규정하는 몰수·추징의 대상은 범인이 해당 행위로 인하여 취득한 외국환 기타 지급수단 등을 뜻하고, 이는 범인이 외국환거래법에서 규제하는 행위로 인하여 취득한 외국환 등이 있을 때 이를 몰수하거나 추징한다는 취지이며, 위의 '취득'이라 함은 해당 범죄행위로 인하여 결과적으로 이를 취득한 때를 말한다고 할 것이다(대법원 1982.3.9. 선고 81도2930 판결 등 참조).

원심은, 무등록 외국환업무 등을 영위하면서 환전을 위하여 받은 국내지급수단이나 외국환 자체는 외국환거래법상 몰수·추징 대상이 아니고, 다만 수수료로 받은 금액에 대하여 몰수·추징할 수 있을 뿐이라고 판단한 후, 환전을 위하여 피고인 등이 받은 홍콩달러 합계액 전액을 피고인으로부터 추징한 제1심판결을 파기하고, 피고인으로부터 환전을 위하여 받은 한화 합계액 중 2%에 해당하는 수수료 146,792,470원만을 추징하였다.

앞서 본 법리와 기록에 비추어 살펴보면, 원심의 위와 같은 조치는 정당한 것으로 수긍이 가고, 거기에 상고이유로 주장하는 바와 같은 외국환거래법상 추징에 관한 법리오해의 위법이 없다.

그러므로 상고를 기각하기로 하여, 관여 대법관의 일치된 의견으로 주문과 같이 판결한다.

대법관　민일영(재판장) 이인복 김신(주심)

5-8. 외국환거래법 위반 차입금의 몰수추징 여부
(대법원 2017.5.31. 선고 2013도8389 판결[외국환거래법 위반])

[판시사항]

[1] 형벌법규의 해석 원칙 / 외국환거래법 제30조가 범인이 해당 행위로 인하여 취득한 외국환 기타 지급수단 등을 몰수추징의 대상으로 규정하는 취지 및 여기서 '취득'의 의미

[2] 갑 재단법인의 이사 겸 사무총장으로서 자금관리 업무를 총괄하는 피고인이, 거주자인 갑 재단법인이 비거주자인 을 회사로부터 원화자금 및 외화자금을 차입하는 자본거래를 할 때 신고의무를 위반하였다는 내용으로 외국환거래법 위반죄가 인정된 사안에서, 금전대차계약의 차용 당사자는 갑 재단법인으로서, 피고인이 위 계약에 의하여 결과적으로 외국환거래법에서 규제하는 차입금을 취득하였다고 인정하기 어려워 피고인으로부터 차입금을 몰수하거나 그 가액을 추징할 수 없다고 한 사례

## [판결요지]

[1] 형벌법규의 해석은 엄격하여야 하고 명문규정의 의미를 피고인에게 불리한 방향으로 지나치게 확장해석하거나 유추해석하는 것은 죄형법정주의의 원칙에 어긋나는 것으로서 허용되지 아니한다. **외국환거래법 제30조가 규정하는 몰수·추징의 대상은 범인이 해당 행위로 인하여 취득한 외국환 기타 지급수단 등을 뜻하고, 이는 범인이 외국환거래법에서 규제하는 행위로 인하여 취득한 외국환 등이 있을 때 이를 몰수하거나 추징한다는 취지로서, 여기서 취득이란 해당 범죄행위로 인하여 결과적으로 이를 취득한 때를 말한다고 제한적으로 해석함이 타당하다.**

[2] 갑 재단법인의 이사 겸 사무총장으로서 자금관리 업무를 총괄하는 피고인이, 거주자인 갑 재단법인이 비거주자인 을 회사로부터 원화자금 및 외화자금을 차입하는 자본거래를 할 때 신고의무를 위반하였다는 내용으로 외국환거래법 위반죄가 인정된 사안에서, **금전대차계약의 차용 당사자는 갑 재단법인으로서, 비록 피고인이 금전대차 거래행위를 실제로 집행하였지만 갑 재단법인을 대표하는 지위에 있지 아니하여 갑 재단법인의 기관으로서 한 것이라고 볼 수 없는 점,** 위 계약에 따른 차입금은 모두 대여자인 을 회사로부터 갑 재단법인 계좌로 입금되었다가 그 후 갑 재단법인으로부터 그 금액이 을 회사에 반환되었고, 피고인은 갑 재단법인 계좌로 직접 입금된 차입금을 교부받았다고 볼 수 없으며, 달리 차입금을 피고인이 개인적으로 분배받는 등으로 실질적으로 자신에게 귀속시켰다고 인정할 만한 자료가 없는 점 등의 사정에 비추어 보면, 피고인이 금전대차계약에 의하여 결과적으로 외국환거래법에서 규제하는 차입금을 취득하였다고 인정하기 어려워 피고인의 취득을 이유로 외국환거래법 제30조에 따라 피고인으로부터 차입금을 몰수하거나 그 가액을 추징할 수 없는데도, 이와 달리 **본 원심판결에 외국환거래법 제30조에서 정한 추징에 관한 법리오해의 위법이 있다고** 한 사례

[**원심판결**] 서울중앙지법 2013.6.21. 선고 2012노4404 판결

## [주 문]

원심판결을 파기하고, 사건을 서울중앙지방법원 합의부에 환송한다.

## [이 유]

1. 상고이유(상고이유서 제출기간이 지난 후에 제출된 각 상고이유보충서의 기재는 상고이유를 보충하는 범위 내에서)를 판단한다.

가. 상고이유 제1점에 대하여

원심은, 피고인이 공소외 1 재단법인(이하 '공소외 1 법인'이라 한다)의 이사 겸 사무총장으로 전 세계에서 △△그룹에 들어오는 헌금, 기부금을 취합하고, △△그룹 예산을 각 국가에 있는 협회나 본부에 편성·분배하는 역할을 총괄하는 실무책임자라는 사실을 비롯한 판시 사실들을 인정한 후, 그 인정 사실과 같은 피고인의 △△그룹에서 차지하는 지위와 역할, 공소외 2, 공소외 3 등과의 관계, 차용 경위 등에 비추어 보면, 피고인이 외국환거래법 제3조 제1항 제19호, 제18조, 제31조에 의하여 자본거래에 관한 신고의무를 부담하는 '법인 명의의 금전대차계약을 주도한 사람'에 해당하므로, 그 신고의무 위반에 따른 죄책을 진다고 판단하였다.

원심판결 이유를 적법하게 채택된 증거들에 비추어 살펴보면, 이러한 원심의 판단은 피고인이 양벌규정인 외국환거래법 제31조에 의하여 벌칙규정인 외국환거래법 제29조, 제18조 제1항의 적용대상이 되는 해당 위반행위를 한 행위자로서 위 법인의 자본거래에 관하여 신고의무를 위반하였다는 취지로 이해된다.

따라서 원심의 이유 설시에 다소 미흡한 부분이 있더라도, 위와 같은 결론에 이른 원심의 판단에 상고이유 주장과 같이 미신고 자본거래로 인한 외국환거래법 위반의 행위주체, 책임주의 원칙 등에 관한 법리를 오해한 위법이 없다.

나. 상고이유 제2점에 대하여

(1) 외국환거래법 제18조 및 외국환거래규정(2009.2.3. 재정경제부고시 제2009-2호로 개정된 것) 제4-2조, 제7-14조, 제7-17조 등 자본거래의 신고에 관한 규정들에 의하면, 외국환거래법에서 정한 신고대상인 자본거래를 하려는 자는 원칙적으로 해당 자본거래를 하기 전에 외국환거래규정에서 정한 절차 및 방법에 따라 그 자본거래에 관하여 신고하여야 한다.

한편 형법 제16조에서 자기가 행한 행위가 법령에 의하여 죄가 되지 아니한 것으로 오인한 행위는 그 오인에 정당한 이유가 있는 때에 한하여 벌하지 아니한다고 규정하고 있는 것은 일반적으로 범죄가 되는 경우이지만 자기의 특수한 경우에는 법령에 의하여 허용된 행위로서 죄가 되지 아니한다고 그릇 인식하고 그와 같이 그릇 인식함에 정당한 이유가 있는 경우에는 벌하지 아니한다는 취지이다(대법원 1992.5.22. 선고 91도2525 판결, 대법원 2002.1.25. 선고 2000도1696 판결 등 참조). 그리고 이러한 정당한 이유가 있는지 여부는 행위자에게 자기 행위의 위법의 가능성에 대해 심사숙고하거나 조회할 수 있는 계기가 있어 자신의 지적 능력을 다하여 이를 회피하기 위한 진지한 노력을 다하였더라면 스스로의 행위에 대하여 위법성을 인식할 수 있는 가능성이 있었음에도 이를 다하지 못한 결과 자기 행위의 위법성을 인식하지 못한 것인지 여부에 따라 판단하여야 할 것이고, 이러한 위법성의 인식에 필요한 노력의 정도는 구체적인 행위정황과 행위자 개인의 인식능력 그리고 행위자가 속한 사회집단에 따라 달리 평가되어야 한다(대법원 2006.3.24. 선고 2005도3717 판결, 대법원 2009.12.24. 선고 2007도1915 판결 등 참조).

그리고 범죄사실의 인정은 합리적인 의심이 없는 정도의 증명에 이르러야 하나(형사소송법 제307조 제2항), 사실 인정의 전제로 행하여지는 증거의 취사 선택 및 증거의 증명력은 사실심 법원의 자유판단에 속한다(형사소송법 제308조).

(2) 원심은 판시와 같은 이유로, 공소외 1 법인 측에서는 2009.11.9. 공소외 4 외국회사(영문 명칭 생략, 이하 '공소외 4 회사'라 한다)로부터 외화자금 및 원화자금을 차입하는 금전대차계약(이하 '이 사건 금전대차계약'이라 한다)을 하면서 당일 안에 이 사건 금전대차계약에 의한 송금절차를 마무리하기 위하여 의도적으로 신고의무를 회피하려 하였다고 인정하고, 이와 달리 피고인에게 신고의무 위반에 대한 고의가 없었다고 다투거나 신고하지 않더라도 죄가 되지 않는다고 인식할 만한 정당한 이유가 있었다는 취지의 사실오인 및 법리오해에 관한 피고인의 항소이유 주장을 받아들이지 아니하였다.

(3) 원심판결 이유 설시에 일부 적절하지 아니한 부분이 있지만, 원심의 판단은 이 사건 금전대차계약이 외국환거래법상 신고대상에 해당하는 자본거래임을 피고인이 알고 있었음을 전제로 하여 그 신고의무를 회피하려 한 사실이 인정된다는 취지로서, 이러한 원심의 사실인정을 다투는 상고이유 주장 부분은 실질적으로 사실심 법원의 자유판단에 속하는 원심의 증거 선택 및 증명력에 관한 판단을 탓하는 것에 불과하다. 그리고 원심판결 이유를 위 법리와 적법하게 채택된 증거들에 비추어 살펴보아도, 위와 같은 원심의 결론에 상고이유 주장과 같이 증거재판주의, 범죄의 고의 등에 관한 법리를 오해하거나 논리와 경험의 법칙을 위반하여 자유심증주의의 한계를 벗어나 판결에 영향을 미친 위법이 있다고 할 수 없다.

2. 직권으로 판단한다.

  가. 형벌법규의 해석은 엄격하여야 하고 명문규정의 의미를 피고인에게 불리한 방향으로 지나치게 확장해석하거나 유추해석하는 것은 죄형법정주의의 원칙에 어긋나는 것으로서 허용되지 아니한다(대법원 2002.2.8. 선고 2001도5410 판결 등 참조). 외

국환거래법 제30조가 규정하는 몰수·추징의 대상은 범인이 해당 행위로 인하여 취득한 외국환 기타 지급수단 등을 뜻하고, 이는 범인이 외국환거래법에서 규제하는 행위로 인하여 취득한 외국환 등이 있을 때 이를 몰수하거나 추징한다는 취지로서 (대법원 1979.8.31. 선고 79도1509 판결 등 참조), 여기서 취득이란 해당 범죄행위로 인하여 결과적으로 이를 취득한 때를 말한다고 제한적으로 해석함이 타당하다 (대법원 1979.9.25. 선고 79도1309 판결 등 참조).

나. 원심판결 이유 및 기록에 의하면 아래와 같은 사정들을 알 수 있다.

(1) 이 사건 금전대차계약의 차용 당사자는 공소외 1 법인으로서, 비록 피고인이 이 사건 금전대차 거래행위를 실제로 집행하였지만 공소외 1 법인을 대표하는 지위에 있지 아니하여 공소외 1 법인의 기관으로서 한 것이라고는 볼 수 없다.

(2) 위 계약에 따른 이 사건 차입금은 모두 대여자인 공소외 4 회사로부터 공소외 1 법인 계좌로 입금되었고 그 후 공소외 1 법인으로부터 그 금액이 공소외 4 회사에 반환되었다. 피고인은 공소외 1 법인 계좌로 직접 입금된 이 사건 차입금을 교부받았다고 볼 수 없고, 달리 이 사건 차입금을 피고인이 개인적으로 분배받는 등으로 실질적으로 자신에게 귀속시켰다고 인정할 만한 자료가 없다.

다. 이러한 사정을 앞에서 본 법리에 비추어 살펴보면, 피고인이 이 사건 금전대차계약에 의하여 결과적으로 외국환거래법에서 규제하는 이 사건 차입금을 취득하였다고 인정하기에는 부족하므로, 피고인의 취득을 이유로 외국환거래법 제30조의 규정에 따라 피고인으로부터 이 사건 차입금을 몰수하거나 그 가액을 추징할 수 없다.

그럼에도 이와 달리 원심은 이 사건 차입금 가액인 235억 3,200만 원을 피고인으로부터 추징한 제1심판결을 그대로 유지하였으니 원심판결에는 외국환거래법 제30조에서 정한 추징에 관한 법리를 오해하여 판결에 영향을 미친 위법이 있다.

3. 결론

그러므로 원심판결을 파기하고, 사건을 다시 심리·판단하게 하기 위하여 원심법원에 환송하기로 하여, 관여 대법관의 일치된 의견으로 주문과 같이 판결한다.

대법관    김소영(재판장) 김용덕(주심) 김신 이기택

5-9. 밀수입 금괴에 대하여 지급한 외국환의 몰수추징 여부

(대법원 1979.8.31. 선고 79도1509 판결[외국환관리법 위반 등])

[판시사항]

외국환관리법 소정의 변경요구와 재량

외국환관리법 제36조의2에서 몰수 또는 추징의 대상으로 삼는 것은 "범인이 당해 행위로 인하여 취득한" 외국환 기타 지급수단이므로 외국환을 수출하는 행위에 있어서는 그 행위 자체로 인하여는 취득한 외국환이 있을 수 없으므로 몰수나 추징은 부당하다.

[참조조문]

외국환관리법 제36조의2

[원심판결] 광주고등법원 1979.5.24. 선고 79노93,94 판결

[주 문]

원심판결 중 피고인 1, 3, 4, 4, 7, 2에 관한 부분을 각 파기하고 그들 사건을 광주고등법원에 환송한다.

피고인 6, 8의 상고와 검사의 상고를 각 기각한다.

피고인 6, 8에 대하여는 이 판결 선고전의 구금일수 중 70일씩을 본형에 각 산입한다.

[이 유]

1. 피고인 2의 변호인 변호사 변정수의 상고이유 제1점을 본다.

기록에 의하면 1심은 피고인 2에 대한 판시 증거의 요지로서 검사 작성의 이 사건 각 피고인들에 대한 피의자신문조서를 내세우고 있는 바, 그들 피의자신문조서 가운데 같은 피고인의 이 사건 범죄사실을 뒷받침할 수 있는 것으로 진술내용이 기재된 피고인 1에 대한 위 신문조서는 검사가 피고인 2에 대한 1심과 원심의 어느 공판정에서도 이를 증거로 제출하여 이에 대한 증거조사를 거친 흔적을 찾아볼 수 없어 그 피의자신문조서는 같은 피고인에 대한 유죄의 증거로 쓸 수 없는 바이고, 검사 작성의 피고인 12, 9에 대한 피의자신문조서는 검사가 이들을 단순히 그들에 대한 진술조서로써 법정에 제출하여 증거조사를 거친 증거들이라고 보더라도 이 증거만으로는 피고인 2의 이 사건 공소 범죄사실을 인정하기에는 부족하고 달리 이를 인정할 증거가 없음에도 불구하고, 원심에서는 위 검사 작성의 피고인 1에 대한 피의자신문조서를 적법한 증거로 보아서 피고인 2를 유죄로 인정한 1심 판결을 그대로 유지한 위법이 있어 판결에 영향을 미쳤다 할 것이므로 이 점을 탓하는 논지는 이유 있다.

2. 같은 피고인의 변호인의 상고이유 2점과 피고인 1, 3, 4, 5, 7에 대한 추징부분에 관하여 직권으로 살피건대 **외국환관리법 제36조의2에서 몰수 또는 추징의 대상으로 삼는 것은 "범인이 당해 행위로 인하여 취득한" 외국환 기타 지급수단등인 바, 이는 범인이 외국**

환관리법에서 규제하는 행위로 인하여 취득한 외국환 등이 있을 때 이를 몰수하거나 추징하는 취지이므로 그 위반행위가 이 사건에 있어서와 같이 외국환을 외국에 수출하는 행위에 있어서는 그 행위자체로 인하여는 취득한 외국환이란 있을 수 없을 뿐 아니라, 그 수출한 외국환과 그것으로 구입하여 반입한 금괴와는 특별한 사정이 없는 한 동등한 가치로서 형태만이 바뀐 것으로 볼 것인데, 이와 같은 경우 부정한 이익을 범인에게 귀속시키지 않으려는 몰수나 추징의 법리로 볼 때, 반입한 금괴에 대하여 몰수나 추징을 하는 외에 수출한 외국환 등에 대하여 또한 몰수나 추징을 과하는 것은, 2중의 부담을 주는 결과가 되어서 부당한 결과를 초래하는 바, 원심에서는 피고인들이 반입한 금괴 등에 대하여 그 가액을 추징하는 외에 일본국에 수출한 그들 금괴의 구입자금이 된 위 외국환 등에 대하여도 이를 몰수하여야 할 것인데 이미 소비하여 몰수할 수 없으므로 그 가액을 피고인 등으로부터 추징하거나(피고인 1에 대하여) 이와 같은 1심의 조치 (피고인 3, 4, 5, 7, 2)를 그대로 받아들이고 있다.

따라서 같은 피고인들에 대한 원심판결은 이점에 있어서 법리오해로 인하여 판결에 영향을 미쳤다 할 것이므로 이를 탓하는 논지는 이유 있어 같은 피고인들에 대한 원심판결은 나머지 상고이유를 판단하기에 앞서 각 파기를 면치 못한다 할 것이다.

3. 피고인 6, 8의 상고이유를 본다.

원심이 인용한 1심 판결적시의 같은 피고인들에 대한 증거들을 기록과 함께 검토하여 보니, 그들 증거는 모두 적법하고 검사 작성의 피의자신문조서가 고문에 의한 임의성없는 증거라는 논지는 받아들일 수 없으며 이들을 종합하면 같은 피고인들에 대한 1심 판시의 각 범죄사실을 인정할 수 있어 이를 유지한 원심판결은 정당하고, 거기에 소론과 같이 채증법칙 위배나 이로인한 사실오인의 위법이 없어 논지는 이유 없다.

4. 검사의 피고인 9, 같은 박길환, 11, 12, 13에 대한 상고이유를 본다.

원심 판결이유에 의하면 같은 피고인들에 대한 갈취의 점 또는 이를 방조하였다는 점에 관하여, 같은 피고인들이 피고인 6을 협박한 사실에 대하여는 이를 인정할 증거가 없으며 6으로부터 돈을 받은 것은 금괴 반환의 대가관계라고 보아서 각 무죄를 선고한 1심 판결의 조치를 그대로 유지하고 있는 바, 1심판결이 이와 같은 사실인정을 함에 있어서 거친 증거에 대한 판단을 기록에 의하여 살펴보니 정당하고, 달리 피고인 6을 협박하였음을 인정할 증거가 없으며, 피고인 13은 상고도 않았으므로 위 피고인들로부터 금 400,000원을 받은 점에 관하여 장물취득죄를 인정한 것은 이 사건 갈취의 점이 무죄인 것과는 직접 관계가 없어 판시 이유에 모순이 있다는 소론 등 이유 없고 또 채증법칙 위배로 인한 사실오인의 위법이나 법령적용을 잘못한 위법이 있다고 하는 논지도 모두 이유없다.

5. 따라서 피고인 1, 3, 4, 5, 7, 2에 대하여는 원심판결을 각 파기하여 그들 사건을 각 원심 법원에 환송하기로 하고, 피고인 6, 8의 상고와 검사의 피고인 9, 같은 박길환, 11, 12, 13에 대한 상고는 모두 이유 없어 이를 각 기각하기로 하고, 피고인 6, 8에 대하여는 형법 제57조에 의하여 상고 이후의 구금일수 중 70일씩을 본형에 산입하기로 하여 관여 법관의 일치된 의견으로 주문과 같이 판결한다.

**대법관 김윤행(재판장) 민문기 한환진 김용철**

## 5-10. 취득의 의미

(대법원 1979.9.25. 선고 79도1309 판결[외국환관리법 위반 등])

**[판시사항]**

외국환관리법 제36조의2 소정의 "취득"의 의미

**[판결요지]**

외국환관리법 제36조의2 소정의 "취득"이라 함은 당해 범죄 행위로 인하여 결과적으로 이를 취득한 경우를 말하고 그 수출 행위에 제공하기 위하여 일시 취득하였다가 이를 타에 전달한 경우까지를 말하는 것은 아니다.

**[원심판결]** 서울형사지방법원 1979.4.18. 선고 79노1228 판결

**[주 문]**

원판결을 파기하고 사건을 서울형사지방법원 합의부에 환송한다.

**[이 유]**

피고인의 변호인의 상고 이유 제2점을 판단한다.

원심이 유지한 1심 판결이유에 의하면 1심은 피고인에 대하여 그 판시와 같이 징역형과 금 60,000,000원의 추징을 선고하고 있으며 원심은 제1심이 인정한「피고인은 공소외 1, 2와 공모하여 1978.1.8경 공소외 2가 미국으로 이주하면서 공소외 1에 맡겨 중앙투자금융 주식회사에 예금해 둔 동인의 무기명 신탁예금 71,000,000원중 금 60,000,000원을 공소외 1이 인출하여 이를 모두 한일은행 또는 한국상업은행 발행의 자기앞수표 액면 10,000,000 원권 4매 및 5,000,000원권 4매 도합 액면 60,000,000원으로 교환하여 피고인에게 교부하고 피고인은 이를 서류로 위장 휴대하고 동년 1.14.18:00경 김포공항발 로스엔젤레스행

비행기로 출국하여 동월 15.24:00경 미국 샌프란시스코시 소재 센트럴 프란시스호텔에서 공소외 2에게 위 전액을 전달함으로써 내국 지급수단인 동 수표를 수출함과 동시에 국내에 있는 재산을 도피시킬 목적으로 외국에 이동하게 한 것이다」라는 사실에 대하여, 피고인은 외국환관리법 제36조의 2 소정의 내국 지급수단의 취득자로 판단하고 피고인에 대하여 동법 조항에 의하여 위와 같이 추징을 선고한 것은 정당하다고 판단하였다. 살피건대, **외국환관리법 제36조의2 소정의 「취득」이라 함은 당해 범죄행위로 인하여 결과적으로 이를 취득한 경우를 말하고 본 건과 같이 피고인이 그 수출행위에 제공하기 위하여 일시 취득하였다가 이를 타에 전달한 경우까지를 말하는 것이 아니라 할 것인 바, 그렇다면 원심이 위와 같이 위 법조항을 적용하여 피고인에 대하여 위 추징을 선고한 1심의 조치를 정당하다고 판단하였음은 위 법조항의 법리를 오해한 위법을 저질러 판결 결과에 영향을 미쳤다 할 것이므로 이 점에 관한 논지는 이유있어 원판결은 다른 상고이유에 관한 판단을 할 것 없이 파기를 면치 못한다 할 것이다.**

따라서 원판결을 파기하고, 다시 심리 판단케 하기 위하여 사건을 원심인 서울형사지방법원 합의부에 환송하기로 하여 관여 법관의 일치된 의견으로 주문과 같이 판결한다.

대법관    이일규(재판장) 민문기 김용철 정태원


## 5-11. 휴대입국한 외화의 몰수 여부

(대법원 1982.3.9. 선고 81도2930 판결[외국환관리법 위반])

### [판시사항]

외국환관리법 제18조에 따라 등록하지 아니한 미화가 몰수대상인가(소극)

### [판결요지]

미화를 휴대하여 우리나라에 입국한 후 외국환관리법 제18조, 동법시행령 제28조 제1항의 규정에 따라 등록하지 아니한 경우에 있어서는 그 행위자체에 의하여 취득한 미화는 있을 수 없는 것이므로 동법 제36조의 2에 정하는 바에 따라 이 사건 미화를 몰수할 수 없다.

**[원심판결]** 서울형사지방법원 1981.10.6. 선고 81노5314 판결

### [주 문]

상고를 기각한다.

### [이 유]

외국환관리법 제36조의 2가 규정하는 몰수 추징의 대상은 범인이 당해 행위로 인하여 취득한 외국환 기타 지급수단 등을 뜻하고, 이는 범인이 외국환관리법에서 규제하는 행위로 인하여 취득한 외국환 등이 있을 때 이를 몰수하거나 추징한다는 취지라고 함이 당원판례의 일관된 견해(당원 1979.8.31. 선고 79도1509 판결, 1979.12.11. 선고 79도2168 판결 등 참조)이며, 한편 위의 취득이라 함은 당해 범죄행위로 인하여 결과적으로 이를 취득한 때를 말하는 것으로(당원 1979.9.25. 선고79도1309 판결 참조), 원심이 유지한 제 1 심판결이 적법하게 확정한 바와 같이 **피고인이 미화를 휴대하여 우리나라에 입국한 후 이를 외국환관리법 제 18조 동법 시행령 제28조 제 1항의 규정에 따라 등록하지 아니한 경우에 있어서는 그 행위 자체에 의하여 취득한 미화는 있을 수 없는 것이므로 위 외국환관리법 제36조의 2에 정하는 바에 따라 이 사건 미화를 몰수할 수 없음 은 물론, 위 확정사실을 외국에서 휴대하고 입국한 미화를 등록하지 아니하였다는 것이니 이 미화가 범행에 제공되거나 제공하려 한 물건도 아니었음이 또한 명백하여 형법 제48조 제1항 제1호에 의한 몰수의 대상이 된다고 할 수도 없으므로, 이와 같은 취지에서 압수된 미화 100달러권 668매와 50달러권 4매(증 제1,2호)를 몰수하지 아니한 제 1 심판결을 유지한 원심 조치는 정당하여 아무런 위법이 있을 수 없고, 이 사건은 실상은 미화의 밀수출 행위이고, 압수된 미화는 이미화의 밀수출 행위에 제공된 물건이나 이 대외지급수단의 밀수출 행위를 금하는 외국환관리법 제27조에 미수범처벌 규정이 없어 부득이 같은 법 제18조, 제35조 위반으로 기소한 것이므로 범죄행위로 인하여 취득한 물건은 아니라 할지라도 범죄행위에 제공하려 한 물건임이 명백하니 형법이 정하는 바에 따라 몰수하여야 한다는 소론 논지는 소추관이 그 기소사실 자체가 진실이 아니라고 하는 것을 전제로 하여 공소사실 아닌 사실에 입각하여 법률적용을 구하는 것이어서 더 나아가 판단할 필요없이 그 이유없음이 명백하다.**

그러므로, 상고를 기각하기로 관여법관의 일치한 의견으로 주문과 같이 판결한다.

대법관　　이일규(재판장) 이성렬 전상석 이회창

5-12. 대법원 1982.11.23. 선고 81도1737 판결[외국환관리법 위반 등]

**[판시사항]**

가. ~아. 생략

자. 내국법인의 해외지사가 외국회사 등으로부터 수출대전을 선수한 경우 외국환관리법 제23조 제2호에 해당하는지 여부

차. 외국환관리법 제36조의2의 몰수추징의 성질

카. 생략

**[판결요지]**

가.~아. 생략

자. 외국환관리법 제23조 제2호의 규정은 거주자와 비거주자 간의 채권발생의 당사자가 되는 경우를 규제하는 것이므로 외국환관리규정 제1-14조 제2항 소정의 비거주자인 피고인 회사의 동경사무소와 같은 비거주자인 일본회사 등간의 어획물의 수출대전의 선수도는 이에 해당하지 아니한다.

차. 외국환관리법 제36조의2가 규정하는 몰수와 추징은 그 범칙사실에 대한 응징적 제제라고 할 것이므로 범칙자가 여러 사람이 있는 경우에 그 추징은 각 범칙자 전원에 대하여 그 가액 전액의 추징을 명하여야 할 것이며 이 중 한 사람이 추징금 전부를 납부하였을 때에는 다른 사람은 추징의 집행을 면할 것이나 전부 납부가 되지 못하였을 때는 각 범칙자는 추징의 집행을 면할 수 없다.

카. 생략

**[원심판결]** 서울고등법원 1981.4.29. 선고 77노1134 판결

**[주 문]**

원심판결을 파기하여, 사건을 서울고등법원에 환송한다.

**[이 유]**

피고인 등의 변호인 변호사 주운화, 같은 박승서의 상고이유에 관하여 판단한다.

1. ~7.

8. 상고이유 제10점.

원심판결 이유 기재에 의하면, 원심은 피고인 1과 같은 2주식회사가 1973.1.17.부터 1976.6.30.까지 사이에 제1심 판결 별첨 제1목록 외환명세표 기재와 같이 재무부장관의 허가없이 일본국 무역상사인 마루베니(환홍), 도쇼꾸(동식)등 회사와 소미도모(주우)은행, 도오꼬오(동경)은행 등으로부터 미화 7,584,974달러88센트와 일화 472,995,681엥을 차입하여 거주자인 피고인 2주식회사와 비거주자인 위 회사 및 은행 등과의 사이에 채권발생의 당사자가 된 사실을 인정하고 이에 대하여 외국환관리법 제35조 제1항, 제23조 제2호를 적용하였다.

이에 원심이 확정한 차입금이라는 것을 기록에 의하여 살펴보면, 이 외화는 모두가 피고인 2주식회사의 어선이 국내 기지에 귀항하지 아니하고 피고인 2 주식회사 동경사무

소를 통하여 직접 현지에서 수출하는 형식으로 매각하는 어획물의 수출대전의 선수금으로 위 동경사무소에서 받은 것인바 외국환관리법 제23조제2호의 규정은 거주자와 비거주자 간의 채권발생의 당사자가 되는 경우를 규제하는 것이므로 외국환관리규정 제1－14조 제2항 소정의 비거주자인 위 동경사무소와 같은 비거주자인 피고인 2 주식회사 등과의 이건 수출대전의 선수도는 이에 해당하지 아니할 뿐만 아니라 위 외국환관리규정 제9－3조 제1항 제5호에 의하면 위 전단과 같은 결재방법이 정상결재방법으로 허용되는 것임이 명백하므로 원심은 이 점에서 외국환관리법 등의 법리를 오해하고 심리를 다하지 아니하였다는 비의를 면할 수 없을 것이므로 논지는 이유있다.

9. 상고이유 제11점.

원심판결에 의하면, 원심은 외국환관리법 제36조의2 후단을 적용하여 피고인 1로부터 금 240,000,000원을 추징하였다.

외환관리법 제36조의 2는 전 2조의 경우에는 범인이 당해 행위로 인하여 취득한 외국환 및 기타 증권, 귀금속, 부동산, 채권을 화체하는 서류와 내국지급수단은 몰수하며 이를 몰수할 수 없을 때에는 그 가액을 추징한다고 규정하고 있는바 이 규정의 취지에 비추어 외국환관리법상의 몰수와 추징은 그 범칙사실에 대한 응징적 제재라고 할 것이므로 범칙자가 여러 사람이 있는 경우에는 그 추징은 각 범칙자 전원에 대하여 그 가액 전액의 추징을 명하여야 할 것이며 이중 한 사람이 추징금 전부를 납부하였을 때에는 다른 사람은 추징의 집행을 면할 것이나 전부납부가 되지 못하였을 때에는 각 범칙자는 추징의 집행을 면할 수 없는 것이라고 풀이 할 것이므로 비록 직접 피고인이 취득하는 외화가 없다고 하더라도 채권을 화체하는 서류와 내국 지급수단이 몰수의 대상이 되며 몰수할 수 없을 때에는 그 가액을 추징할 수 있을 것이나 한편 원심판시 외국환관리법 위반 범칙 외환은 미화가 총 8,175,985달러18센트, 일화가 총1,324,021,048엥임이 명백한데 어떠한 근거와 계산에서 금 240,000,000원을 피고인으로부터 추징한 것인지 아무런 설시가 없으므로 원심판결에는 이 점에서 심리미진과 이유불비의 위법이 있다고 하지 않을 수 없다.

논지 또한 이유가 있다.

10.~14. 생략

대법관 　이일규(재판장) 이성렬 전상석 이회창

5-13. 서울고등법원 2018.9.6. 선고 2017노2315 판결[외국환거래법 위반 등]

[**원심판결**] 서울중앙지법 2017.7.20. 선고 2016고합722, 773(병합) 판결

**[주문]**

원심판결 중 피고인 A, B, D 주식회사의 ① 각 유죄 부분(이유무죄 부분 포함), ② 각 무죄 부분 가운데 별지 범죄일람표(2-2), (2-4), (2-9) 기재 각 외국환거래법 위반의 점 부분, ③ 각 면소 부분 가운데 별지 범죄일람표 (2-5), (2-6), (2-7), (2-8), (2-10) 기재 각 외국환거래법 위반의 점 부분을 각 파기한다.

피고인 A를 징역 2년 6월 및 벌금 21억원에, 피고인 B를 징역 2년 6월에, 피고인 D 주식회사를 벌금 3억1,000만원에 각 처한다.

피고인 A가 위 벌금을 납입하지 않을 경우, 300만원을 1일로 환산한 기간 피고인 A를 노역장에 유치한다.

다만, 이 판결 확정일로부터 각 3년간 피고인 A에 대한 위 징역형, 피고인 B에 대한 위 형의 집행을 유예한다.

피고인 B에 대한 벌금형의 선고를 유예한다.

피고인 A, B, D 주식회사로부터 별지 범죄일람표(3) 연번 4 기재 선박을 몰수한다.

피고인 A, B, D 주식회사에 대한 이 사건 공소사실 중 ① 별지 범죄일람표(1) 연번 47, 59, 62~65 기재 각 특정경제범죄가중처벌등에관한법률 위반(재산국외도피)의 점, ② 별지 범죄일람표(1) 연번 47, 59, 62~65 기재 각 범죄수익은닉의규제및처벌등에관한법률 위반의 점, ③ 별지 변경된 범죄일람표(2-1) 연번 17, 19~172, (2-2) 연번 18~69, (2-3) 연번 53~55, (2-4) 연번 9, (2-9) 연번 5~24, (2-11) 연번 46~54, (2-12) 연번 15~34 기재 각 외국환거래법 위반의 점, ④각 대외무역법 위반의 점은 각 무죄, 피고인 A, B, D 주식회사에 대한 이 사건 공소사실 중 별지 변경된 범죄일람표(2-1) 연번 1~16, (2-2) 연번 1~17, (2-3) 연번 1~52, (2-4) 연번 1~8, (2-5), (2-6), (2-7), (2-8), (2-9) 연번 1~4, (2-10), (2-11) 연번 1~45, (2-12) 연번 1~14 기재 각 외국환거래법 위반의 점은 각 면소.

피고인 C의 항소와 검사의 ① 피고인 A, B, D 주식회사의 각 무죄 및 면소부분[피고인 A, B, D 주식회사의 별지 범죄일람표 (2-2), (2-4), (2-5), (2-6), (2-7), (2-8), (2-9), (2-10) 기재 각 외국환거래법 위반의 점에 대한 부분 제외]에 대한 항소, ②피고인 C에 대한 항소를 모두 기각한다.

**[이유]**

1. 항소이유의 요지

생략

2. 판단

가. 직권판단

생략

나. 항소이유 주장에 관한 판단

1) 피고인 A, B, D의 특정경제법 위반(재산국외도피), 범죄수익은닉규제법 위반, 대외무역법 위반의 점 관련 사실오인 및 법리오해 주장에 관하여

가) 공소사실의 요지

생략

나) 원심의 판단

생략

다) 당심의 판단

그러나 원심의 위와 같은 판단은 그대로 수긍하기 어렵다.

(1) 특정경제범죄법 제4조 제1항의 재산국외도피죄는, 자신의 행위가 법령에 위반하여 국내재산을 해외로 이동하거나 국내로 반입하여야 할 재산을 국외에서 은닉한다는 인식과, 그 행위가 재산을 대한민국의 법률과 제도에 의한 규율과 관리를 받지 않고 자신이 해외에서 임의로 소비, 축적, 은닉 등 지배·관리할 수 있는 상태로 두는 행위라는 인식을 가지고, 국내 재산을 해외로 이동하거나 국내로 반입하여야 할 재산을 국외에서 은닉 또는 처분하여 대한민국 또는 대한민국 국민의 재산이 유출될 위험이 있는 상태를 발생하게 함으로써 성립한다.(대법원 2014.7.24. 선고 2012도1379 판결 참조). 국내재산을 해외로 이동하거나 국내로 반입하여야 할 재산을 국외에서 은닉한다는 인식을 가지고 재산을 해외로 이동하거나 국내에 반입하여야 할 재산을 국외에서 은닉 또는 처분하여 도피시켰다면 이미 그 범죄는 성립이 되고, 그 후 그 재산의 일부가 국내에 다시 반입된 여부나, 혹은 애초부터 그 은닉된 재산을 다시 국내로 반입하여 소비할 의사가 있었는지 여부는 그 범죄의 성립에는 영향을 미치지 않는다 (대법원 2006.10.27. 선고 2006도2197판결 참조)

다만 재산국외도피죄의 입법취지가 국내의 재산을 해외에 도피시킴으로써 국부에 손실을 가져오는 행위를 처벌함으로써 국가재산을 보호하려는 데에 있다는 점을 고려하더라도, 그 법정형이 1년 이상의 유기징역 또는 당해 범죄행위의 목적물 가액의 2배이상 10배 이하에 상당하는 벌금으로 중하게 설정되어 있을 뿐만 아니라, 특정경제범죄법 제10조에서 범행 대상인 재산을 필요적으로 몰수하고 그 몰수가 불능인 때에는 그 가액을 추징하도록 규정하고 있는 등 재산국외도피사범에 대한 징벌의 정도를

강화하고 잇는 점이나, 국가경제의 발전과 세계화 추세 등에 따라 외환거래에 관한 규제가 크게 완화된 점 등에 비추어 볼 때, 어떠한 행위가 특정경제범죄법 제4조 제1항 소정의 재산국외도피에 해당하는지를 판담하에 있어서는 당시 행위자가 처하였던 경제적 사정 내지 그 행위를 통하여 추구하고자 한 경제적 이익의 내용 등 그러한 행위에 이르게 된 동기, 행위의 방법 내지 수단이 은밀하고 탈법적인 것인지 여부, 행위 이후 행위자가 취한 조치 등 여러 사정을 두로 참작하여 엄격하고 신중하게 판단하여야 한다(대법원 2010.9.9. 선고 2007도3681 판결 참조). 그리고 국내 재산을 처음부터 해외에서의 사용을 예정하지 않고 즉시 반입할 목적으로 송금하였다면, 해외로 이동하여 지배·관리한다는 재산도피의 범의가 있었다고 볼 수 없다(대법원 2005.4.29. 선고 2002도7262판결 참조)

(2) 원심이 인정한 사실 및 사정, 특히 ① 선박 매매대금을 부풀려 초과송금하기 우해 매매계약서와 회계장부를 허위로 작성하는 등 불법 혹은 탈법적인 방법을 동원한 점, ② 피고인 B이 아닌 S의 이름으로 설립한 SPC 명의의 예금계좌로도 송금을 하였고, 송금한 돈을 다른 해외 SPC 명의의 예금계좌로 다시 이체하기도 한 점, ③ 선가조작 및 초과송금 이후 SPC 명의의 예금계좌에서 현금을 인출한 빈도나 금액이 이전보다 높은 점 등에 비추어 보면, 원심의 판단과 같이 피고인들이 피고인 D의 국내재산을 해외에서 지배·관리할 수 있는 상태에 두는 행위라는 인식을 가지고, 국내재산을 해외로 이동하여 국내재산이 유출될 위험이 있는 상태를 발생하게 하였다고 볼 여지도 없지 않다.

(3) 그러나 형사재판에서 범죄사실의 인정은 법관으로 하여금 합리적인 의심을 할 여지가 없을 정도의 확신을 가지게 하는 증명력을 가진 엄격한 증거에 의하여야 하므로, 검사의 증명이 위와 같은 확인을 가지게 하는 정도에 충분히 이르지 못한 경우에는 비록 피고인의 주장이나 변명이 모순되거나 석연치 않은 면이 있는 등 유죄의 의심이 간다고 하더라도 피고인의 이익으로 판단하여야 한다(대법원 2011.4.28. 선고 2010도14487판결 참조). 그런데 원심 및 당심이 채택한 증거에 의하면, 특히 선가조작 및 초과송금 행위 이후 피고인들이 취한 조치 등에 관하여 다음 사실 및 사정을 인정할 수 있다.

(가) 검사는 별지 범죄일람표(1)연번 47 기재 재산국외도피행위에 관하여, 피고인 D가 Y 선박을 4,043,500달러에 수입하면서 4,930,000달러로 신고하고, 2013.5.21. T 명의의 예금계좌에 493,000달러, 2013.6.5. ○ 명의의 예금계좌에 3,998,462달러, 2013. 8.12.

위 선박의 선주인 AC 사에 473,000 달러를 각 송금함으로써 실제매매대금과 부풀린 매매대금의 차액인 886,500달러를 2013.5.30. 추가송금하였다고 기소하였다.

그런데 피고인 D 은 ㉮ 2013.5.13. 경 X와 체결한 위 선박의 매매계약(증 제4호의 10)에 따라 O명의의 예금계좌에서 AC사에 2013.6.10. 411,500달러, 2013.8.6. 3,195,000달러를 각 지급하였고 ㉯ 2013.3.26.경 AD와 체결한 냉동운반선 AE의 매매계약(증 제4호의 8)에 따라 2013.6.14.경 O명의의 계좌에서 AD에 3만달러를 지급하였다.(증 제4호의11). 또한, ㉰ O명의의 예금계좌에서 2013.6.7. 439,024.39달러가 현금으로 인출되었고, ㉱ P명의의 예금계좌에서 2013.7.2. 피고인 D 명의의 예금계좌에 399,970달러가 송금되었는데(증 제4호의 11), 피고인들은 위 ㉰항의 439,024.39달러 역시 곧바로 국내로 반입하여 피고인 D의 관리비, 선원급여 등 어선사업경비로 사용하였다고 주장한다. 나아가 ㉲ 피고인들은 위와 같이 초과송금된 돈 중 17,475.61달러 또한 2013.7. 경 피고인 D의 어선사업경비로 사용되었다고 주장한다.

위 ㉮, ㉯, ㉱항과 같이 이 부분 초과송금 이후 해외 SPC 명의 예금계좌에 입금된 돈이 Y, AE 선박의 매매대금 중 일부로 지출되거나 국내에 반입된 사실은 객관적으로 명확하고, 다만 위 ㉰, ㉲항과 같은 현금 인출액이 국내로 반입되어 피고인 D의 어선 사업경비로 사용되었는지 여부를 구체적인 지출항목별로 따져 보기는 어려우나, 아래에서 보는 것처럼 해외합작법인인 M, N, AF(이하 'AF'이라 한다)을 통한 원양어업은 피고인 D이 이를 실제로 운영하였고, 2013.5.경 이후에도 여전히 피고인 D의 어선사업경비가 상당 부분 현금으로 지출되었는바, 위 ㉰, ㉲항의 현금 인출액도 피고인들의 주장처럼 국내로 반입되거나 피고인 D의 어선사업경비로 사용되었다고 볼 여지가 충분하다.

(나) 검사는 별지 범죄일람표(1) 연번 59, 62 기재 재산국외도피 행위에 관하여, 피고인 D이 Z 선박을 340만 달러에 수입하면서 450만 달러로 신고하고, W명의의 예금 계좌에 2014.1.22. 45만 달러, 2014.3.28. 405만 달러를 각 송금함으로써 실제 매매대금과 부풀린 매매대금의 차액인 110만달러 중 11만달러를 2014.1.22. 99만 달러를 2014.3.28.에 각 추가송금하였다고 기소하였다.

그런데 O명의의 예금계좌에서 ㉮ 2014.1.27. N에 9만 달러가 송금되었고(증 제4호의 38), ㉯ 2014.4.1. 싱가포르화 40만 달러가 현금으로 인출되었으며, ㉰ 피고인 D 명의의 예금계좌에 2014.4.2. 248,777달러, 2014.4.4. 79,995달러가 각 송금되었는데, 피고인들은 위 ㉯항의 싱가포르화 40만 달러가 곧바로 국내로 반입되어 피고인 D의 운영경비로 사용되었다고 주장한다. 또한, ㉱ P 명의의 예금계좌에서 2014.4.2. 피고인 D 명의의 예금계좌로 256,388.77달러가 송금되었다(증 제4호의 52). 나아가 ㉤ 피고인들은 초과송금된 돈 중 24,829.63달러는 2014.4.4.경부터 2014.4.7.경까지 피고인 D의 어선사업 경비로 사용되었다고 주장한다.

위 ㉮, ㉡, ㉣항과 같이 이 부분 초과송금 이후 해외 SPC 명의의 예금계좌에 입금된 돈이 어선사업경비로 지출되거나 국내로 반입된 사실은 객관적으로 명확하고, 다만 위 ㉡, ㉤항과 같은 현금 인출액이 국내로 반입되어 피고인 D의 어선사업경비 등으로 사용되었는지 여부를 구체적인 지출항목별로 따져 보기는 어려우나, 위에서 본 바와 같은 이유로 위 ㉡, ㉤항의 현금 인출액 역시 피고인들의 주장처럼 국내로 반입되거나 피고인 D의 어선사업경비 등으로 사용되었다고 볼 여지가 충분하다.

(다) 검사는 별지 범죄일람표(1) 연번 63~65 기재 재산국외도피 행위에 관하여, 피고인 D이 AB, AA 선박을 각 200만 달러에 수입하면서 각 250만 달러로 신고한 후, AB 선박에 관하여는 W 명의의 예금계좌에 2014.11.14. 25만 달러, 2015.5.15. 225만 달러를 각 송금하고, AA선박에 관하여는 같은 예금계좌에 2014.11.14. 25만 달러, 2015.2.2. 225만 달러를 각 송금함으로써 실제 매매대금과 부풀린 매매대금의 차액인 합계 100만 달러 중 10만 달러를 2014.11.14., 45만 달러를 2015.5.15.에 각 추가송금하였다고 기소하였다.

그런데 ㉮ W명의의 예금계좌에서 2015.2.3. 선박 수리업체인 AG사에 합계 15만 달러가 송금되었다. 그리고 O 명의의 예금계좌에서 피고인 D 명의의 예금계좌로 ㉯ 2015.5.22. 445,000달러, ㉰ 2015.6.15. 229,820.50달러가 각 송금되었다(증 제4호의 53).

위 ㉮~㉰항과 같이 이 부분 초과송금 이후 해외 SPC 명의의 예금계좌에 입금된 돈이 피고인 D을 위한 수리비로 지출되거나 국내로 반입된 사실은 객관적으로 명확하다.

(라) 아래에서 살펴보는 것처럼 피고인 D은 해외합작법인 M, N, AF을 설립하거나 인수하여 투발루, 피지 현지에서 원양어업을 하였는데, 선가조작 및 추가송금이 처음 이루어진 2013.5.경 이후에도 투발루, 피지 현지 및 국내에서 현금으로 지출된 어선사업비용의 액수가 상당하였다. 피고인들이 검찰에 제출한 '어선별 채산현황' 자료(증거기록 6권 3965면)에 의하면, 피고인 D이 2010년 ~ 2014년 어선사업에 지출한 현금비용이 합계 5,373,239,191원에 이르고, 그중 2013년에 지출된 금액이 1,322,747,878원, 2014년에 지출된 금액이 1,568,667,018원으로 나타나며, 영수증 등 지출내역이 제출되어 있는 것 가운데 ㉮ 2013.11.22.경부터 2015.4.23.경까지 어선 수리비로 지출된 금액이 합계 약 551,100달러(증거기록 2권 1035면 이하), ㉯ 2013.6.2.경부터 2015.6.16.경까

지 선원 퇴직금으로 지출된 금액이 합계 약 338,767달러(증거기록 2권 1069면 이하)
㉰ 2013.6.19.경부터 2015.2.12.경까지 투발루 해역 감시지원금으로 지출된 금액이 합
계 22만달러(증거기록 2권 1165면 이하), ㉱ 2014년과 2015년 해외합작법인 임원 배
당금 명목으로 지출된 금액이 합계 약 74,800달러(증거기록 2권 1166면 이하), ㉲
2014년과 2015년 직원 현지 체류비 명목으로 지출된 금액이 합계 약 37,400달러(증
거기록 2권 1168면 이하), ㉳ 2014년과 2015년 어업 라이센스경비 명목으로 지출된
금액이 합계 약 3만달러(증거기록 2권 1171면 이하)였다.

(마) 한편 피고인 A은 피고인 D을 운영하면서 AH 등 다수의 개인으로부터 자금을 차입
해 피고인 D에 가수금 또는 가지급금 반제 명목으로 입금하고, 돈을 빌려준 사람들
에게는 정기적으로 고액의 이자를 지급해 왔는데, 2013.5.경 이후에도 현금에 의한
이자지급은 2015.5.30.경까지 지속되었다(증거기록 5권 3156면 이하). 해외 SPC 명
의의 계좌에 입금된 피고인 D의 자금을 현금으로 인출해 위와 같이 이자를 변제한
행위가 다른 불법을 구성하고 있음은 별론, 그 돈이 국내로 다시 반입되어 위와 같은
용도로 사용된 사실 자체는 쉽게 부정할 수 없다.

(바) 원심의 지적처럼 2013년 ~2015년에는 피고인 D의 영업이익 규모가 상당히 증가하
였고, 2013.5.경 이후 싱가포르 현지에서 거액의 현금인출 양상이 두드러지기는 하였
으나, 그 이전과 달리 해외 SPC 명의의 예금계좌로 송금된 돈이 현금으로 인출된 후
해외에서 피고인 A, B의 비자금 등 명목으로 조성·관리되었다고 인정할 만한 뚜렷
한 자료는 찾기 어렵다[서울지방국세청장의 피고인들에 대한 고발서에는 피고인 D의
'현찰 국내 반입내역' 자료가 첨부되어 있는데, 거기에는 2010.9.경부터 2014.12.경까
지 합계 5,147,265,272원의 현금이 국내로 다시 반입되었고, 그중 2013.6. 이후에 반입
된 금액은 3,294,227,344원에 이르는 것으로 나타난다(증거기록 13권 4971면)].

(4) **이처럼 선가조작에 의해 초과송금된 선박 매매대금은 대부분 피고인 D의 선박구입대
금, 어선사업비용 등으로 사용되거나, 국내로 회수되어 피고인 D의 운영비용, 이자
등의 명목으로 사용되었다고 볼 여지가 상당하여, 피고인들이 피고인 D의 필요경비
마련 또는 법인세 절감을 위한 자금순환 등의 의도 아래 위와 같은 추가송금 행위를
하였을 가능성 역시 충분히 상정할 수 있으므로[피고인 A은 검찰에서 선가조작 및
초과송금의 동기에 관하여 '구매하는 선박이 중고선이어서 수리비와 유류비가 많이
소요되는데, 회사 자금이 부족하였던 상황에서 실제 가격으로 대출을 받으면 운영자
금이 부족해져 자금난을 겪게 되므로 회사경비로 사용하기 위하여 수입대금을 부풀리**

게 되었다'고 진술한 바 있다(증거기록 5권 3418면)]. 원심이 인정한 사실 또는 사정을 감안하더라도 검사가 제출한 증거만으로는 위와 같은 추가송금 당시 피고인 A, B에게 재산국외도피의 범의가 있었음이 합리적인 의심을 가질 여지가 없을 정도로 증명되었다고 보기 어렵다.

그렇다면, 피고인들이 선가조작 및 초과송금의 방법으로 피고인 D의 국내재산인 2,986,500달러를 국외로 이동하여 도피시켰다고 인정하기 어려우므로, 피고인들의 특정경제범죄법 위반(재산국외도피)죄와 위 죄의 성립을 전제로 하는 범죄수익은닉규제법 위반죄, 외화를 국외로 도피할 목적을 주관적 구성요건으로 하는 대외무역법 위반죄는 모두 성립하지 않는다. 피고인들의 이 부분 주장은 특정경제범죄법 위반(재산국외도피)죄의 죄수 등 나머지 점에 관해 나아가 살펴볼 필요 없이 이유 있다.

2) 피고인 C의 사실오인 주장에 관하여
생략
3) 검사의 사실오인 또는 법리오해 주장에 관하여
생략

3. 결론

가. 파기부분

원심판결 중 피고인 A, B, D의 ① 각 유죄 부분(이유무죄 부분 포함), ② 각 무죄 부분 가운데 별지 범죄일람표(2-2), (2-4), (2-9) 기재 각 외국환거래법 위반의 점 부분, ③ 각 면소 부분 가운데 별지 범죄일람표(2-5), (2-60, (2-7), (2-8), (2-10) 기재 각 외국환거래법 위반의 점 부분은 위에서 본 직권파기사유가 있으므로 형사소송법 제364조 제2항에 의해 각 파기되어야 한다.

또한, 피고인 A, B, D의 각 특정경제범죄법 위반(재산국외도피), 범죄수익은닉규제법 위반의 점 중 각 유죄 부분과 각 대외무역법 위반의 점에 관한 사실오인 또는 법리오해 주장이 이유 있는데, 원심은 위와 같이 무죄로 되는 각 특정경제법 위반(재산국외도피), 범죄수익은닉규제법 위반, 대외무역법 위반의 점과 피고인 A, B, D의 나머지 원심 판시 각 죄를 형법 제37조 전단의 경합범으로 처리하여 하나의 형을 선고하였으므로, 원심판결 중 피고인 A, B, D의 각 유죄 부분(이유무죄 부분 포함)은 형사소송법 제364조 제6항에 의하여 파기되어야 한다.

그러므로 피고인 A, B, D의 외국환거래법 위반의 점에 관한 법리오해 주장 및 향형부당 주장, 검사의 피고인 A, B, D에 대한 외국환거래법 위반의 점 관련 사실오인 또는 법리오해 주장 및 양형부당 주장에 관한 판단을 생략한 채 원심판결 중 위 각 부분을 파기하고 변론을 거쳐 다시 아래와 같이 판결한다.

나. 항소기각부분

피고인 C의 사실오인 주장 및 양형부당 주장과 검사의 ① 피고인 A, B, D의 각 무죄 및 면소 부분[피고인 A, B, D의 별지 범죄일람표 92-2], (2-4)～(2-10) 기재 각 외국환거래법 위반의 점 부분 제외]에 대한 사실오인 또는 법리오해 주장, ② 피고인 C에 대한 법리오해 주장 및 양형부당 주장은 이유 없으므로, 피고인 C의 항소와 검사의 ① 피고인 A, B, D의 각 무죄 및 면소부분[피고인 A, B, D의 별지 범죄일람표 92-2], (2-4)～(2-10) 기재 각 외국환거래법 위반의 점 부분 제외]에 대한 항소, ② 피고인 C에 대한 항소는 형사소송법 제364조 제4항에 의하여 이를 모두 기각한다.

**[피고인 A, B, D에 대한 파기 부분에 관하여 다시 쓰는 판결 이유]**

**범죄사실**

**[피고인 A, B]**

1. 외국환거래법 위반

거주자가 해외에서 비거주자와 예금계약에 따른 채권의 발생·변경 또는 소멸에 관한 거래를 하고자 하는 경우에는 기획재정부장관에게 신고하여야 함에도, 피고인들은 기획재정부장관에게 신고하지 않고, 별지 변경된 범죄일람표(2-1) 연번 18 기재와 같이 2011.5.16.경 D의 국내 예금계좌에서 960,660달러(1,056,245,670원)를 해외송금하여 비거주자인 싱가포르 소재 OCBC 은행에 개설된 O명의의 USD 계좌(BT)에 예금하였다.

2. 특정범죄가중법 위반(관세)

3. 특정범죄가중법 위반(조세) 및 조세범처벌법 위반

4. 원양산업발전법 위반

**[피고인 D]**

5. 외국환거래법 위반

피고인은 그 대표이사 A, 상무이사 B이 피고인의 업무에 관하여 위 1항과 같이 기획재정부장관에게 신고하지 않고 자본거래를 하였다.

6. 관세법 위반

7. 조세범처벌법 위반

**증거의 요지**

생략

**법령의 적용**

생략

**무죄 및 면소부분**

1~4. 생략

5. 피고인 A, B, D의 별지 변경된 범죄일람표(2-1) 연번 18을 제외한 나머지 각 외국환거래법 위반의 점

가. 공소사실의 요지

거주자가 해외에서 비거주자와 예금계약에 따른 채권의 발생·변경 또는 소멸에 관한 거래를 하고자 하는 경우 기획재정부장관에게 신고하여야 하는데, 피고인 A, B은 2010.11.8.경 피고인 D의 국내 예금계좌에서 53,772.65달러를 해외송금하여 비거주자인 싱가포르 OCBC 은행에 개설된 O명의의 USD 예금계좌(BT)에 예금한 것을 비롯하여, 2007.1.19.경부터 2015.5.22.경까지 해외 SPC 명의로 개설한 예금계좌에 별지 변경된 범죄일람표(2-1, 단 연번 18은 제외)~(2-12)기재와 같이 합계 126,934,042.32달러(140,556,982,570원), 싱가포르화 합계 9,887,552.07달러(8,491,258,773원)를 예금함으로써, 공모하여 기획재정부장관에게 신고하지 않고 각 자본거래를 하였고, 피고인 D은 그 대표이사인 피고인 A, 상무이사인 피고인 B이 피고인 D의 업무에 관하여 위와 같이 미신고 자본거래를 하였다.

나. 판단

1) 구 외국환거래법(2016.3.2. 법률 제14047호로 개정되기 전의 것) 제3조 제1항 제19호 가목에 의하면, 자본거래는 예금계약 등에 따른 채권의 발생·변경 또는 소멸에 관한 거래 등을 말하고, 같은 법 제18조 제1항에 의하면, 자본거래를 하려는 자는 대통령령으로 정하는 바에 따라 기획재정부장관에게 신고하여야 하되, 경미하거나 정형화된 자본거래로서 대통령령으로 정하는 자본거래는 사후에 보고하거나 신고하지 않을 수 있으며, 같은 법 제32조 제1항 제4호(2011.4.30. 법률 제10168호로 개정되기 전에는 제3호)에 의하면, 같은 법 제18조 제1항에 따른 신고를 하지 않거나 거짓으로 신고하고 자본거래를 한 자에 대하여는 5,000만원 이하의 과태료를 부과하고, 같은 법 제29조 제1항 제6호에 의하면, 같은 법 제18조에 따른 신고의무를 위반한 금액이 5억원 이상의 범위에서 대통령령으로 정하는 금액을 초과하는 자에 대하여는 1년 이하의 징역 또

는 1억원 이하의 벌금(다만, 위반행위의 목적물 가액의 3배가 1억원을 초과하는 경우에는 그 벌금을 목적물 가액의 3배 이하에 처한다)에 처하게 되어 있다.

그런데 형사벌 대상이 되는 미신고자본거래의 금액기준에 관하여 외국환거래법 시행령이 다음과 같이 개정되어 왔다.

| 대통령령<br>제21287호(2009.2.3.전부<br>개정)〔시행 2009.2.4.〕 | 대통령령<br>제23041호(2011.7.25.일부<br>개정)〔시행 2011.8.1.〕 | 대통령령<br>제27038호(2016.3.22.일부<br>개정)〔시행 2016.3.22.〕 |
|---|---|---|
| 제40조 (벌칙 등)<br>법 제29조 제1항 제6호에서 "대통령령으로 정하는 금액"이란 다음 각 호의 금액을 말한다.<br>2. 법 제18조 위반의 경우 : 10억원 | 제40조 (벌칙 등)<br>법 제29조 제1항 제6호에서 "대통령령으로 정하는 금액"이란 다음 각 호의 금액을 말한다.<br>2. 법 제18조 위반의 경우 : 50억원 | 제40조 (벌칙 등)<br>법 제29조 제1항 제6호에서 "대통령령으로 정하는 금액"이란 다음 각 호의 금액을 말한다.<br>2. 법 제18조 위반의 경우 : 10억원 |

한편 구 외국환거래규정(2007.12.17. 재정경제부고시 제2007-62호로 제정되고 2014.10.31. 기획재정부고시 제2014-18호로 개정되기 전의 것) 제7-2조 제7호에 의하면, 자본거래로서 거래 건당 지급 등의 금액(분할하여 지급 등을 하는 경우에는 각각의 지급 등의 금액을 합산한 금액을 말한다)이 1,000달러(2014.10.31. 개정된 기획재정부 고시 제2014-18호에서는 '2,000달러', 2017.6.2.9. 개정된 기획재정부고시 제2017-19호에서는 '3,000달러'로 각 변경되었다) 이내인 경우에는 소액 자본거래로서 신고하지 않을 수 있었다.

자본거래의 신고 등에 관한 외국환거래법령의 위와 같은 내용을 살펴보면, 외국환거래법 시행령이 2009.2.3. 개정되어 2009.2.4. 시행된 이후의 미신고 자본거래 중 ① 거래 건당 지급 등의 금액(분할하여 지급하는 경우에는 각각의 지급 등의 금액을 합산한 금액을 말한다)이 미화 1,000달러 등 이내인 경우에는 소액 자본거래로서 신고의무가 없어 과태료 대상에도 해당하지 않고, ② 1,000달러 등 초과, 10억원 또는 50억 원 이하인 경우에는 과태료 대상이 되며, ③ 10억원 또는 50억원을 초과하는 경우에는 형사벌 대상이 됨을 알 수 있다.

2) 한편 외국환거래규정 제7-4조 제1호 별지 제7-1호는 예금에 따른 채권의 발생 등에 관한 거래를 신고할 경우 제출하여야 하는 신고서의 서식을 규정하고 있는데, 위 서식 중 신청내역란에는 '예금 개설인', '예치 금액', '예치 후 잔액', '예치 사유', '지급 상대방', '송금은행'을 각 기재하도록 되어 있어, 각 예금계좌에 대하여 하는 개별 예금행위가 신고 대상 자본거래임을 전제하고 있다.

3) 검사는 피고인들에 대한 각 외국환거래법 위반의 점은 그 전체가 모두 포괄일죄에 해

당한다고 주장한다.

그러나 앞서 살펴본 자본거래의 신고에 관한 외국환거래법령의 개정 연혁, 미신고 자본거래를 신고면제 대상·과태료 대상·형사벌 대상으로 엄격히 구분하는 규정의 취지, 외국환거래규정이 정한 예금거래신고서의 양식과 그에 따라 이루어지고 있는 자본거래의 신고의 방법 등에, 포괄일죄느 동일 죄명에 해당하는 수 개의 행위 또는 연속한 행위를 단일하고 계속된 범의 하에 일정 기간 계속하여 행하고, 그 피해법익도 동일한 경우에 성립하는 것으로서, 그것을 구성하는 개별 행위도 원칙적으로 각각 그 범죄의 구성요건을 갖추어야 하는 것이므로(대법원 2015.12.23. 선고 2013도15113 판결 참조), 다수의 미신고 자본거래 행위가 포괄일죄로서 외국환거래법 위반죄를 구성하는 경우로는, 단일하고 계속된 범의하에 일정 기간 10억 원 또는 50억 원을 초과하는 개별 형사벌 대상 미신고 자본거래를 반복적으로 행하거나, 그렇지 않으면 행위자가 10억 원 또는 50억 원을 초과하는 형사벌 대상 미신고 자본거래에 관하여 단일하고 계속된 범의를 가지고 개별 미신고 자본거래를 반복적으로 행함으로써 위와 같은 범의를 실현하는 것을 상정할 수 있는 점 등을 더하여 볼 때, 외국환거래법령에서 정한 금액기준을 우회적으로 잠탈하기 위해 의도적으로 한 번에 예금할 금액을 나누어 예금하는 이른바 쪼개기 방식의 자본거래에 해당한다는 등의 특별한 사정이 없는 한, 미신고 자본거래가 형사벌 대상에 해당하는지 여부는 원칙적으로 개별 자본거래, 이 사건에서는 개별 예금 행위를 기준으로 판단함이 타당하다. 만일 그렇게 보지 않는다면, 신고면제 대상이거나 과태료 대상에 불과한 다수의 미신고 예금 행위를 장기간 지속해 오다가 누적 예금액이 형사벌 대상 금액을 초과하게 되는 순간 이전의 예금액 전부를 합산하여 신고해야 하고, 그렇지 않을 경우 그 이전의 예금 행위 모두가 대상 예금계좌의 수나 예금 행위의 수를 불문하고 포괄하여 하나의 형사벌 대상이 되는 경우도 발생할 수 있어 부당하다.

4) 그런데 피고인들이 특별히 외국환거래법령상 형사벌 대상 미신고 자본거래의 금액 기준인 10억 원이나 50억 원을 넘지 않도록 여러 예금계좌로 분산하거나 예금액수를 분할하는 쪼개기 방식의 예금행위를 하였다고 볼 만한 뚜렷한 정황은 발견되지 않는다.

그리고 피고인들이 피고인 D을 운영하면서 편의치적 선박의 운영, 원양어업의 영위 등 필요에 따라 그때그때 여러 해외 SPC를 설립하고, 싱가포르에서 위 각 SPC 명의로 다수의 예금계좌를 개설한 후 관계당국에 신고하지 않은 채 반복적인 예금거래를 해왔으며, 위 각 해외 예금계좌별로 명의자인 법인명, 그 대표자, 개설은행, 대상 화폐, 이용기간, 입금액 등이 서로 다르기는 하나, 특별히 각각의 예금계좌별로 단일하고 계속된 범의를 가지고 동일한 자본거래를 분산하여 해 왔다고 볼 만한 정황 역시 찾기 어렵다.

그렇다면, 앞서 든 법리에 따라 피고인들의 개별 예금 행위를 기준으로 미신고 자본거래가 형사벌 대상에 해당하는지 여부를 살펴보아야 할 것인데, 각 예금 행위 시의 법령상 형사벌 대상 금액기준을 초과하는 미신고 자본거래는 아래에서 보는 바와 같이 공소시효가 완성된 일부 예금 행위를 제외하면, 앞서 유죄로 인정한 별지 변경된 범죄일람표(2-1) 연번 18 기재 자본거래가 유일하다.

미신고 자본거래로 인한 외국환거래법 위반죄에 대하여, 구 외국환거래법(2009.1.30. 법률 제9351호로 일부 개정되기 전의 것) 제29조 제1항 제6호, 제18조 제1항은 법정형을 1년 이하의 징역 또는 1억 원 이하의 벌금으로 규정하고 있는바, 피고인들의 각 외국환거래법 위반의 점에 대한 공소시효 기간은 형사소송법 제250조, 형법 제50조, 형사소송법 제249조 제1항 제5호에 의해 모두 5년인데, 이 사건 공소는 2016.5.11. 제기되었으므로, 2011.5.11. 이전에 이루어진 피고인들의 별지 변경된 범죄일람표(2-1) 연번 1~16, (2-2) 연번 1~17, (2-3) 연번 1~52, (2-4) 연번 1~8, (2-5), (2-6), (2-7), (2-8), (2-9) 연번 1~4, (2-10), (2-11) 연번 1~45, (2-12) 연번 1~14 기재 각 외국환거래법 위반의 점은 공소시효가 완성되었다. 피고인들의 위 각 외국환거래법 위반의 점에 대하여는 형사소송법 제326조 제3호에 의해 면소를 선고한다.

그리고 공소시효가 완성되지 않은 미신고 자본거래 중 피고인들의 별지 변경된 범죄일람표(2-1) 연번 17, 19~172, (2-2) 연번 46~54, (2-12) 연번 15~34 기재 각 외국환거래법 위반의 점은 각 예금행위가 행위 시의 법령상 형사벌 대상 금액기준을 초과하는 미신고 자본거래에 해당하지 않아 범죄사실의 증명이 없는 때에 해당한다. 피고인들의 위 각 외국환거래법 위반의 점에 대하여는 형사소송법 제325조 후단에 의해 무죄를 선고한다.

**참고문헌**

외국환거래법 해설 및 수사실무, 이병학 · 곽민규, 세인북스, 2018.

외국환거래법 실무, 조정철 · 정운상 · 서창희, 세경사, 2018.

대외무역법 · 외국환거래법, 김용태 · 정재완, 도서출판 두남, 2011.

한국은행 외국환거래 신고편람, 2007.1.

## ■ 신 민 호(申旼昊)

(현) 관세법인 HnR 대표 관세사
(현) 건국대학교 대학원 겸임교수

### [학력]

- 건국대학교 대학원 국제무역학과 경제학 박사(2010)
- 건국대학교 대학원 국제무역학과 경제학 석사 (2002)
- 제14회 관세사자격 시험 합격(1997)
- 한양대학교 정치외교학과 졸업(1991)

### [경력]

- 법무법인 율촌 관세사(택스파트너)(2006~2017)
- 법무법인 충정 관세사(2002~2006)
- 남경관세사무소 대표(2001~2002)
- 건국대학교 사회교육원 외래교수(1998)
- 사단법인 한국관세학회 종신회원
- 사단법인 한국조세연구포럼 부학회장(대외협력)
- 대한상사중재원 중재인
- 관세청 관세평가분류원 관세평가협의회 위원(전)
- 서울세관 포상심사위원회 위원(전)
- 관세사자격시험 출제위원(무역영어, 관세평가)(전)
- 한국관세사회 자문위원회 간사(전)

### [주요 저서 및 논문]

- 부가가치세법론, 삼일인포마인, 2018
- 무역실무, 세학사, 2014
- 무역실무, 박문각, 2007
- 무역실무 상하, 지원미디어, 2002
- 무역원활화를 위한 보세공장 과세의 개선방안에 관한 연구, 관세학회지 제14권 제3호(2014)
- 이전가격의 관세평가 검증방법에 관한 연구, 건국대 대학원 박사학위논문(2010)
- 관세형벌규정상 신고물품의 동일성에 관한 연구, 관세학회지, 제7권 제2호(2006)
- 해외위탁가공물품의 관세평가에 관한 연구, 조세연구 연구논총 제4집, 사단법인 조세연구포럼(2004)
- 특수관계자간 거래가격에 대한 관세평가에 관한 연구, 건국대학교 대학원 석사학위논문(2002) 등 다수

■ 이 성 준(李盛俊)

(현) 관세법인 HnR 고문

**[학력]**
• 국민대학교 행정대학원 졸업(행정학 석사)
• 세무사시험 합격(제36회)

**[자격]**
• 관세사
• 행정사

**[경력]**
• 관세청 공무원 임직(1978)
• 관세청 조사총괄과 근무
• 서울본부세관 조사관실 및 외환조사관실 근무
• 인천공항세관 조사관실 근무
• 대형 밀수사건 및 외환사건 다수
• 관세청 공무원 정년퇴직(옥조근정훈장 포장)

■ 마 성 태(馬成泰)

(현) 관세법인 HnR 부회장

**[학력]**
• Asian Institute of Technology 졸업(MBA)
• 국립세무대학 졸업(1987)

**[자격]**
• 행정사

**[경력]**
• 법무법인 율촌 조세그룹 상무(2005~2009)
• 기획재정부 세제실, 관세청, 세관 근무(1987~2005)
• 행정사(2018)

**[주요 저서 및 논문]**
• The Strategy of Korea FTA, 2004.

## CEO와 실무자를 위한
최신판
# 외국환거래신고 · 검사 실무

2019년 2월 22일  초판 인쇄
2019년 3월  4일  초판 발행

|  |  |  |  |
| 저 자 | 신 민 호 | | |
| | 이 성 준 | | |
| | 마 성 태 | | |

발 행 인  송 상 근
발 행 처  **삼일인포마인**

저자협의
인지생략

서울특별시 용산구 한강대로 273 용산빌딩 4층
등록번호 : 1995. 6. 26 제3 - 633호
전    화 : (02) 3489 - 3100
F A X : (02) 3489 - 3141
I S B N : 978 - 89 - 5942 - 728 - 4  93320

♣ 파본은 교환하여 드립니다.

정가 58,000원